聚合物结构与性能

（结构篇）

马德柱　主编

科学出版社

北　京

内 容 简 介

本书共9章，包括聚合物链近程结构，聚合物链远程结构，聚合物非晶态，聚合物结晶态，聚合物液晶态，聚合物共混物相分离热力学，聚合物共混物相分离动力学，结晶聚合物共混物相容性、结晶、熔融与相分离，聚合物分子运动。

本书深入地阐述了高分子物理基本概念，概念的论证主要用实验研究成果，同时适当引用高分子物理基本理论。重点介绍溶液光散射、固体小角激光光散射、广角X射线衍射及其径向分布函数测定，小角中子散射及相互作用参数测定方法原理与应用，尽量反映当今高分子科学对高分子物理基本概念的认识水平。本书的章和节划分得比较细，各章具有明显的独立性，各节也有相对独立性，方便教与学，各章列有相关文献，便于拓展学习内容。

本书可作为高等学校高分子物理及相关专业的高年级本科生和研究生教材，还可供学校、研究院所、工厂企业的高分子科学与工程等领域的科研人员参考。

图书在版编目(CIP)数据

聚合物结构与性能．结构篇/马德柱主编．—北京：科学出版社，2012

ISBN 978-7-03-034047-4

Ⅰ．①聚… Ⅱ．①马… Ⅲ．①高聚物结构-结构分析-高等学校-教材 Ⅳ．①O631.1

中国版本图书馆CIP数据核字(2012)第070275号

责任编辑：丁 里 / 责任校对：赵桂芬

责任印制：赵 博 / 封面设计：迷底书装

科学出版社 出版

北京东黄城根北街16号

邮政编码：100717

http://www.sciencep.com

固安县铭成印刷有限公司印刷

科学出版社发行 各地新华书店经销

*

2012年5月第 一 版 开本：787×1092 1/16

2025年2月第八次印刷 印张：28 1/2

字数：702 000

定价：119.00元

（如有印装质量问题，我社负责调换）

《聚合物结构与性能》(结构篇)编写委员会

第 1 章	聚合物链近程结构	马德柱
第 2 章	聚合物链远程结构	
	高分子链柔性与构象统计 高分子晶格中链与蠕虫状链的构象	马德柱
	聚合物的分子量与分子量分布 无规共聚物的组成统计分布与序列分布	薄淑琴
第 3 章	聚合物非晶态	马德柱
第 4 章	聚合物结晶态	闫寿科　刘天西
第 5 章	聚合物液晶态	黄　勇
第 6 章	聚合物共混物相分离热力学	
	引言	马德柱
	聚合物共混物相分离热力学	安立佳　马德柱
第 7 章	聚合物共混物相分离动力学	马德柱
第 8 章	结晶聚合物共混物相容性、结晶、熔融与相分离	马德柱
第 9 章	聚合物分子运动	马德柱

序 言

中国科学技术大学的高分子物理专业和高分子物理教学开创人是已故的钱人元先生，50 年前他亲自讲授基础物理化学、专业基础课高分子物理化学及高分子物理专业课(高分子链构象统计、高分子溶液、聚合物力学性能及聚合物电性能)。学生一致反映其教学概念清楚，内容精练严谨，深入浅出。他的第一遍全面讲授高分子物理为我国高分子物理教学奠定了坚实的基础。他很重视培养锻炼中国科学院化学研究所高分子物理研究室的研究员，他们先后为中国科学技术大学高分子物理与高分子化学专业本科生接续讲授了上述课程，与此同时中国科学技术大学高分子物理教研室的教师们也已开始成长，只是在中国科学技术大学下迁到合肥后才独立承担起高分子物理专业的全部本科生的专业教学，经过 10 年多的锻炼提高，根据钱人元先生讲授高分子物理化学课的笔记整理出版了《高聚物的结构与性能》一书(科学出版社，1981 年第一版)。在该书出版前后，中国科学院化学研究所高分子物理研究室的研究工作对中国科学技术大学高分子物理教研室有着多方面的影响，钱人元先生对我们当中的每一位的起始性研究工作都给予过鼓励与指导。应该专门提及的是，钱人元先生在 1982 年 12 月教育部委托中山大学在广州举办的全国高等学校高分子化学与物理教学研讨会(中华人民共和国成立 30 多年以来第一次高分子教学学术会议，会上冯新德、唐敖庆、何炳林、于同隐、林尚安几位老先生也做了专题报告)上做了题为“高分子聚集态的几个基本问题”的报告，由马德柱、何平笙根据录音整理，经钱人元先生审阅后发表于冯新德、唐敖庆、钱人元、何炳林、于同隐、林尚安等著的《高分子化学与物理专论》一书中(中山大学出版社，1984 年)。这一报告实际是后来钱人元先生主持的“高分子凝聚态基本物理问题重大项目”的研究思想首次在全国会议上提出，对我国高分子物理的研究与发展起了重要的推动作用。在这之后，在全国改革开放的大潮中我校高分子物理教研室的同仁们也纷纷出国进修深造。就是在这样的背景之下，科学出版社提出修改《高聚物的结构与性能》第一版的要求，由马德柱、何平笙、徐种德、周漪琴四位执笔，从结构、力学性能、电学性能、溶液性质等方面充实提高，使之更适应高分子物理教学发展中的需要，于 1995 年《高聚物的结构与性能》一书的第二版由科学出版社出版，在中国科学技术大学及其他高校高分子物理教学中应用至今。

2003 年科学出版社提出修改《高聚物的结构与性能》第二版，从实际情况考虑科学出版社同意由我出面邀请中国科学院化学研究所和长春应用化学研究所有关研究员重新编写，书名定为《聚合物结构与性能》，由结构篇与性能篇构成。本书编写曾获中国科学院科学出版基金支持，由于多方面实际困难未能如期完成编写，承蒙科学出版社能够理解，并耐心协助，时至 9 年后的今天才完成编写和出版。在编写过程中继续学习钱人元先生开创高分子物理教学的精神，认真借鉴至今国内外出版的高分子物理教科书和有关专著。

本书深入地阐述了高分子物理基本概念，概念的论证主要用实验研究成果，同时适当引用高分子物理基本理论。比较详细地介绍溶液光散射、固体小角激光光散射、广角 X 射线衍射及其径向分布函数测定，小角中子散射及分子间相互作用参数测定的实验方法原理与应用，尽量做到反映当今高分子科学对高分子物理基本概念的认识水平。特别是翻译了 Flory 的

“Molecular Configuration in Bulk Polymers”和 de Gennes 的“Reptation of a Polymer Chain in the Presence of Fixed Obstacles”两篇具有代表性的论文,希望学生和读者走近这两位高分子物理大师。所属各章比较正规地列出相关文献,以便学生和读者查阅原始文献或拓展学习内容。

《聚合物结构与性能》(结构篇)内容要旨

聚合物链近程结构:近代研究成果确认大分子链概念,链结构单元化学结构与构型,链内与链间分子相互作用。

聚合物链远程结构:大分子链柔性与统计构象,大分子链尺寸与无扰形态,链远程相互作用与排除体积效应,大分子链多分散性与统计分子量,共聚物链组成与分布,链序列结构与分布。

聚合物非晶态:聚合物非晶态判据,无定形聚合物的短程有序概念及广角 X 射线衍射径向分布函数定量表征,中子衍射测定本体均方旋转半径直接证明了本体聚合物无定形态链无扰构象,聚合物无定形态链堆砌的基本物理图像。

聚合物结晶态:聚合物结晶形成具有三维远程有序点阵结构的多晶体,晶相与非晶相并存,聚合物结晶形态球晶最普遍,只有聚合物稀溶液可长成单晶,聚合物结晶熔融转变为一级热力学相变,聚合物结晶分子链堆砌为非近邻规整折叠,聚合物结晶动力学表明聚合物结晶速率差异悬殊。

聚合物液晶态:聚合物液晶态形成的必要条件是无论主链或支链必须具有刚性长径比足够的介晶结构单元,统计热力学理论阐明溶致液晶有一临界浓度,向列型、胆甾型及近晶型聚合物液晶呈现一维或二维有序,聚合物液晶相转变也有动力学特征,聚合物液晶纺丝呈现高模高强而其电磁性质决定显示功能。

聚合物共混物相分离热力学:聚合物共混物相容性概念。聚合物相分离热力学揭示了最低和最高临界共容温度曲线相分离行为,它们的每一种行为都可以呈现不稳(旋节)相分离和亚稳(双节)相分离。

聚合物共混物相分离动力学:旋节相分离线性理论给出了相分离过程中组成涨落弛豫速率线性方程,固体小角激光光散射证明了旋节相分离初期线性行为,从而可以得到旋节相分离参数及相应的分子参数。旋节相分离后期则呈现为非线性行为,需要用标度律(或幂律)来描述,在相应条件可发生双节(成核与生长)相分离,固体小角激光光散射可用于展示因条件变化而发生从旋节相分离转变到双节相分离的旋节曲线。从浊度法可以测定双节线。旋节线与双节线的重合顶点就是最低和最高临界共容温度。

结晶聚合物共混物相容性、结晶、熔融与相分离:单组分可结晶聚合物共混物相容性通过玻璃化转变随组成变化确定,相容体系常从谱带位移揭示分子间特殊相互作用是否存在或强与弱,反向色谱测定分子间相互作用参数有力证实了体系相容性。单组分可结晶聚合物共混物非晶组分分聚与结晶动力学特征。这种体系的热力学相互作用决定其熔点降低,进而可测定分子间相互作用参数。这种体系结晶与相分离的交叠导致它们的相互竞争。

聚合物分子运动:大分子链主干运动可分为两类,即局部链结构单元运动和大分子链整体运动,前者与聚合物玻璃化转变相关,后者应与聚合物熔体弛豫转变相关。玻璃化转变表现为体积收缩的转折点和 DSC 曲线的阶跃,也表现为动态力学谱和介电谱在温度及频率变化时主损耗峰和模量与介电常数的突变。自由体积理论已成功地解释玻璃化转变,并推导出了 WLF

方程和玻璃化转变 T_g 的分子量依赖关系式，与众多实验结果符合，而热力学理论和动力学理论对玻璃化转变的阐述远未达到同样水平。高分子科学界已取得的共识，玻璃化转变是一弛豫转变。与此同时玻璃化转变本质的理论问题尚未解决。大分子链整体运动在聚合物溶液中、熔体中客观存在，Rouse 的珠簧链模型成功地用于描述稀溶液中的分子动态力学(dynamics)，而在聚合物本体中 de Gennes 的蛇行理论描述了分子动态力学行为，并得出大分子链构象更新弛豫时间(相当于零剪切黏度 η_0)和大分子链扩散系数(D)与分子量 M 的标度依赖关系两个重要推论，已为大量实验结果证实，从而确立了熔体聚合物中蛇行运动是描述大分子链整体运动的主要模型。至今有明确物理意义的大分子链整体运动的弛豫转变，尚未像玻璃化转变那样被实验所证实。

《聚合物结构与性能》(性能篇)共包括 11 章：

第 10 章聚合物高弹性，第 11 章聚合物黏弹性，第 12 章聚合物屈服、断裂与强度，第 13 章聚合物流变性，第 14 章聚合物介电性，第 15 章导电聚合物结构与性能，第 16 章聚合物光学性质，第 17 章聚合物热性能，第 18 章聚合物表面性质，第 19 章聚合物溶液热力学与溶液光散射，第 20 章发展中的聚合物结构与性能关系。

聚合物分子链内与链间相互作用和聚合物分子运动是高分子物理的两块基石，它们的相互结合与作用决定了聚合物结构的形成，同样决定了聚合物性能的实现。它们的相互结合与作用的演变规律决定了聚合物结构与性能的关系。

本书的编写得到了科学出版社的信任和支持，特别是王志欣、杨向萍、丁里编辑的帮助为本书的编写成功提供了难得的条件。施良和先生和乔金梁教授推荐申报中国科学院科学出版基金，徐懋教授多次提供有益讨论与建议，所有编写人员友好合作，马永梅研究员在编写全过程中给予了多方面具体支持，他的实验室曹新宇和刘晓明老师及研究生们热情帮助，过梅丽教授、方世璧研究员、刘正平教授、贺昌城副教授、任志勇研究员、王志刚教授、杨靓博士、牛艳华副研究员、马荣堂教授、刘景江研究员参与有益讨论，在这里一并表示衷心感谢。本书选用了大量国内外专著与论文中的数据图表，在此一并表示感谢。

最后感谢我家人的关心与长时间支持，我的夫人罗筱烈教授一直身体欠佳，但始终是我的高分子化学的家庭顾问。

鉴于编者的学识水平有限，书中难免存在疏漏与不妥，恳请读者不吝指正。

马德柱

中国科学技术大学

2011 年 12 月于北京

目　录

第1章 聚合物链近程结构

1.1 聚合物的特性与地位

本节标题中的聚合物主要指的是合成聚合物,特性指的是聚合物相对于金属、陶瓷、无机材料和有机小分子材料所具有的特性。

天然高分子材料(如纤维素、淀粉、蚕丝、天然橡胶等)早就为人类所利用。19世纪就已经进行了天然高分子材料改性成功的试探,并逐步实现工业生产。人工合成的高分子材料(如聚甲醛、有机玻璃、聚苯乙烯、聚氯乙烯)也早在19世纪及20世纪初进行过成功的合成实验。但很长时间内人们都没有正确认识所合成的产物,不了解合成得到的聚合物是由链状大分子所构成。1920年,Staudinger[1]明确提出由主共价键连接而成的链状大分子概念,经过多方面的研究认证,于20世纪30年代初确认了链状大分子的概念[2],被高分子科学界、工业界普遍接受,并促使高分子材料合成迅速发展。到了20世纪50年代,在高分子材料工业(合成工业与加工成型工业)发展的基础上,高分子科学基本建立。高分子科学研究成果又推动高分子材料工业更迅速地发展。表1.1中列出了20世纪90年代初各种材料的世界产量。

表1.1 20世纪90年代初各种材料的世界产量 (单位:10^6 t)

材料(material)	1984年	1993年
聚乙烯(polyethylene)	19.5	24.7
聚氯乙烯[poly(vinyl chloride)]	12.1	14.8
聚丙烯(polypropylene)	7.4	12.5
聚苯乙烯(polystyrene)	6.8	7.5
合成橡胶(synthetic rubbers)	9.0	7.4
酚和甲酚塑料(phenolic and cresylic plastics)	1.4	2.6
氨基塑料(amino plastics)	2.3	2.6
醇酸树脂(alkyd resins)	1.7	1.5
再生纤维素(regenerated cellulose)	0.5	0.2
非纤维素纤维(non-cellulosic fibres)	4.6	5.7
纤维素纤维(cellulosic fibres)	0.9	0.7
原钢(crude steel)	717.8	717.9
生铝(unwrought aluminium)	18.2	18.3
非精制铜(unrefined copper)	8.7	8.6

资料来源:Industrial Commodities Statistics Yearbook,New York,1995.

从表1.1中可以看出,在这10年中,一些重要的金属世界年产量几乎没有变化,或者说是零增长。与此同时,聚合物中比较主要的品种年产量增长是明显的。这就表明高分子材料工业生产在这10年中的发展尤其快。如果粗略估计铝的密度是聚合物密度的2倍,而铜和钢的密度是聚合物密度的6倍,那么一些比较通用的聚合物年产量所占有的体积已经等于或者超过铝和钢年产量所占体积的 60%。到了 21 世纪的今天,20 多年过去,虽然还不能列出更新的数据,但可以肯定地说,世界每年生产的高分子材料所占有的体积已经全面超过了各种金属材料占有的体积。高分子材料工业生产如此迅速地发展,其原因是多方面的,但最根本的原因应该是高分子材料具有其他类材料所无法取代的独有特性。

聚合物具有许多特性,具体介绍如下。

1. 聚合物的高弹性

最典型的高分子材料就是天然橡胶,各种轮胎基本上就是由硫化橡胶制成。它们所呈现的高弹性主要特征是:模量低,施加很小的力就可以发生很大的形变;可逆形变,形变量达百分之几百(如 600%)仍是可逆的,迅速形变恢复率可达 95%以上。

表 1.2 所列简单数据表明橡胶与钢材的力学性能差别很大,实际上橡胶的高弹性是聚合物所特有的,不同的聚合物在不同的条件下(温度、作用力、作用时间)呈现高弹性,橡胶的高弹性在室温使用条件下就可以充分地表现出来。

表 1.2 橡胶与钢力学性能简单对照

力学性能	钢	橡胶
弹性模量/Pa	2×10^{11}	$\leqslant10^{6}$
可逆形变($\Delta l/l$)	$<1\%$	$>700\%$
断裂强度/Pa	2×10^{9}	3×10^{7}
断裂形变($\Delta l/l$)	1%~5%	$>800\%$

2. 聚合物的黏弹性

聚合物的黏弹性是指一种聚合物样品同时具有经典的弹性特征和黏性流动性特征的力学行为。金属和很多无机材料可以在强力的作用下表现出一定的弹性,也可以在高温下(1000 ℃左右)呈现黏性流动性。很多小分子有机材料本身就是黏流体,只有在特殊快速作用下才可能呈现为弹性体。但它们都很难同时表现出弹性和流动性。沥青是一种有机物固体,它比较容易同时显示出弹性和黏性流动。然而对于线形聚合物,黏弹性是一种普遍的特性,在一种应力应变过程中可以既有弹性形变又有黏性流动发生,永久形变出现是很容易的。研究聚合物黏弹性对于高分子材料的加工成型和应用十分重要,聚合物黏弹性吸引着众多的现代物理学家。一方面,还需要深入揭示链状大分子特征的力学行为以及宏观弛豫行为与微观弛豫行为的关系;另一方面,研究聚合物黏弹性是认识天然高分子材料和生物大分子材料各种行为的有效途径。

3. 聚合物的成纤性与成膜性

金属、无机材料也可以形成纤维和薄膜,而并非只有聚合物才具有成纤性和成膜性。聚合物成纤性与成膜性的特点是容易发生、能耗低、多样性和用途极为广泛。聚合物纤维已经是人类所用织物中最主要的成员,从最普通的织物到高级的纤维、手术缝合线、尖端科学技术中用的高模高强纤维及耐高温的碳纤维都是聚合物纤维或由聚合物纤维制备的。仅从农用膜、工业包装用膜、人类生活用膜就已经不难看出聚合物膜的地位,而各种各样的功能性聚合物膜(如多种多样的水净化过滤膜、选择性透气膜、电解质膜、光学器件膜、隐形眼镜膜、非线性光学器件膜）更展示出了它们的发展前景。所有这一切都是与聚合物成纤与成膜特性直接相关的。

4. 聚合物的坚韧性

聚合物作为有使用价值的材料或部件，必须具备坚韧性（坚韧而轻）。尽管聚合物的弹性模量、抗张强度、断裂强度、冲击强度比金属材料低得多，但聚合物的基本力学性能完全可以满足很多使用要求，而且具有所要求的使用寿命。不仅如此，聚合物相对于金属还具有自身的优越性能，如抗腐蚀、质量轻、容易加工成型（低耗能）、隔热性能好等，因此已经代替金属用塑料做门窗、上下水管、汽车飞机多种结构部件、各种电器外壳、内部框架、部件等，塑料的使用寿命和价值已经为人们长期实践所证实。20 多年来，人们在塑料改性，特别是大品种（如聚乙烯、聚氯乙烯、聚丙烯、聚苯乙烯等）的增韧改性方面取得了辉煌的成就，实现了工程塑料化、高性能化，使大品种高分子材料的使用价值大幅度提高。

正如前面所述，聚合物的产量就体积而言已经超过了金属材料，加之聚合物所具有的特征性能，毫不过分地说，在所有材料中，合成高分子材料在实际使用中的有效作用占据第一位。

1.2　链状大分子概念

Staudinger 于 1920 年就明确地提出聚苯乙烯和聚甲醛的链分子式：[1]

$$\text{—}CH_2\text{—}\underset{\displaystyle C_6H_5}{\underset{|}{CH}}\text{—}CH_2\text{—}\underset{\displaystyle C_6H_5}{\underset{|}{CH}}\text{—}$$

$$\text{—}CH_2\text{—}O\text{—}CH_2\text{—}O\text{—}CH_2\text{—}O\text{—}$$

后来不断被证实而为大家所公认。他坚信烯类单体双键在聚合过程中被打开，并互相以共价键相连而成为链状大分子。这在当时是非常难能可贵的，因为那时占优势的倾向性观点是认为所谓高分子实际是一种缔合物，类似于胶体化合物。他还观察了橡胶氢化及其转化成衍生物的反应，如果是胶体缔合物应该在反应后有相应的变化[3]。

实际上大分子在可以将其溶解的溶剂中都能显示溶胶性质，而这种溶胶性质在橡胶氢化及转化成衍生物的反应中是不被破坏的，这就证明聚苯乙烯、聚甲醛和天然橡胶确实是原来的单体单元由主共价键连接成的长链分子[4-7]。

20 世纪 20 年代，受到分子量①测定方法的限制，所测聚合物分子量的值都比较低[8-9]，因此“聚合物是某种环状结构的化合物”的观点有相当的影响，纤维素和淀粉是由一些 $C_6H_{10}O_5$ 组成的环结构的观点曾被拥护[10-13]。当时的 X 射线衍射测定表明，橡胶和纤维素的晶胞尺寸与简单小分子物质晶体的晶胞尺寸相似，于是持“聚合物是具有环状结构的低分子化合物”观点的人就以此为依据，认为聚合物（橡胶、纤维素）分子是同样尺寸的小分子化合物[14-15]。Staudinger 则坚持链状大分子概念，认为聚合物晶体的尺寸与聚合物分子尺寸没有必然的关系[16-17]。Sponsler 和 Dore 于 1926 年发表的 X 射线衍射的研究结果表明，纤维素纤维是由具

① 对于本书中涉及的“高分子的分子量”或“聚合物的分子量”等术语在不同的文献和专著中有同样称谓的，也有称为“聚合物的摩尔质量”或“聚合物的相对分子质量”。但一直以来使用相同的符号，如分别称 M_n 为数均分子量、数均摩尔质量或数均相对分子质量；称 M_w 为重均分子量、重均摩尔质量、质均摩尔质量或质均相对分子质量。除质谱法外，多数物理方法测定的聚合物的分子量是平均摩尔质量而不是分子的质量，我们从习惯和简洁方便出发，在此对每项仍沿用以往的“分子量”、“数均分子量”和“重均分子量”或“质均分子量”等术语。

有无数多个结构单元组成的链状分子所构成[18-19]。结构单元在晶胞中的作用与单体物质在晶体的晶胞中的作用一样。纤维素分子从一个晶胞到另一个晶胞连续通过整个晶体的晶格。这一结果使缔合成环的理论失去了原来的影响。这一观点迅速推广到其他的线形聚合物中，从而阐明了聚合物 X 射线纤维图的特征。

Staudinger 对加聚反应的链式反应机理研究作出了开创性的贡献，之后 Carothers[20] 又对缩聚反应的链式反应机理研究作出了开创性的贡献，并成功地合成了高分子量的聚酯和聚酰胺。Carothers 的这些研究一开始就明确指出他的研究方向就是利用有机化学已确立的反应来制备(合成)确定结构的聚合物分子，并进一步研究这些聚合物的性质如何依赖于其结构[21]。阐明单体通过加聚或缩聚反应以主共价键相互连接成线形链状大分子的机理的同时，正确测定线形链状大分子的分子量，证明它们是又细又长的大分子，显然这是建立链状大分子概念不可缺少的部分。

Staudinger 于 1930 年就明确指出线形聚合物的分子量可能与其稀溶液的黏度成正比例关系[22]，具体表示式为

$$\left(\frac{\eta_r-1}{c}\right)_{c\to 0}=kM$$

式中，η_r为浓度为 c 的聚合物溶液的相对黏度；M 为聚合物的分子量；k 为系列聚合物的特征比例常数。实际上，这一比例关系没有反映聚合物分子量与其稀溶液黏度的正确关系，用它计算得到的分子量偏低，直到 20 世纪 40 年代这一关系式才得到校正[23]。尽管如此，推动建立黏度法测定聚合物分子量的重要贡献仍应属于 Staudinger。

主共价键链状大分子概念一建立，理论化学家就迅速地深入这一领域。1930 年 Kuhn 发表了将统计理论用于聚合物研究的第一篇论文[24]。假设纤维素结构单元间化学键断裂是无规的，他推导了裂解纤维素中的分子量分布的表达式。链状大分子的形成过程是复杂的，形成以后其构象变化自然也很复杂，当时由于分子链绕共价键内旋转的存在，统计理论在表征链构象方面得以大显身手。Guth 和 Mark[25]、Kuhn[26](1934 年)以及 Kuhn[27](1936 年)用统计理论又研究了聚合物稀溶液的黏度、流动双折射及橡胶的高弹性。与此同时由 Carothers 领导的杜邦实验室的 Flory 于 1935 年用统计理论推导了聚合物缩聚反应的分子量分布。他假定官能团的反应速率常数不依赖于增长链的长度，并且详细研究了聚酯反应动力学，有力地证明了这一点。理论研究结果再经过实验验证，以链式大分子为出发点的理论就使得链状大分子的概念得以更完善地确立。

1.2.1 现代线形大分子概念

现在回过头来，应该如何描述链式大分子？高分子科学、高分子工程学及高分子工业经过半个世纪的发展，使人们对线形大分子的链式结构有了怎样的认识？具体描述如下：

(1) 各种单烯类单体、双烯类单体、二醇二酸(或二胺二酸)单体、环氧单体经自由基聚合、阴阳离子活性聚合、缩聚及开环等反应以共价键将单体结构单元连续连接成线形序列，即形成线形大分子。

(2) 细而长的线形序列中结构单元结构连续重复，因而整个线形序列具有结构的周期性，即呈现为链式结构特征。

(3) 连接在一起的结构单元序列中绕单键有内旋转自由度，这一因素决定了线形大分子链可以是很柔软的，即具有极好的柔性。

(4) 典型的线形链式大分子的分子量约为 280 000。商品聚合物的平均分子量为 $3\times10^4\sim1\times10^6$。超高分子量聚合物的平均分子量在 1×10^7 以上。

(5) 最大品种聚合物是聚乙烯，典型的聚乙烯平均分子量为 280 000，所含碳原子数约为 20 000。这样的大分子链的长度约为微米(μm)数量级，而聚乙烯链式的截面直径约为零点几纳米(nm)。按这样的长度和截面直径比，可以想象同样长径比的缝线可能多么柔软，而实际聚乙烯分子链比想象的缝线柔软得多，只是按现有知识水平难以准确地估计出来。

(6) 一般的自由基聚合过程、缩聚过程和开环聚合过程都是随机性的，这就导致了聚合产物的分子有长有短，它们的分子量有一个分布，质均分子量与数均分子量的比值(多分散指数)一般为 1.5～2.0。阴离子活性聚合过程不具有这样的随机性，活性中心产生几乎是瞬间完成的，同时链增长速度也几乎是相同的，因此聚合产物可以非常接近单分散的，分子量分布很窄，其多分散指数可达到 1.05 以下。

1.2.2　现代高分子科学研究成果确认线形链式大分子概念

(1) 从 20 世纪 50 年代至今，傅里叶变换红外光谱、^{1}H 核磁共振谱、^{13}C 核磁共振谱、固体高分辨核磁共振谱及傅里叶变换拉曼光谱已经成为强大的表征手段，聚合反应前后物料化学结构变化可以被精确测定，可以实时观测，已建立了自由基聚合反应、缩聚反应、阴离子反应及开环反应中单体转变成链式大分子的重复结构单元的机理及动力学过程研究的成熟表征方法，并已有大量的数据积累[28-35]。

(2) 气相渗透压法与膜渗透压法相结合可以精确地测定数均分子量为 $10^4\sim10^6$ 的物质，静态光散射和动态光散射可以精确地测定质均分子量大于 10^2 的物质。凝胶渗透色谱可以测定质均分子量和数均分子量大于 10^2 的物质及其分子量分布。多种测定方法可以有效地测量链式大分子的真实长度[2,36-44]。

(3) 从具有内旋转自由度链式大分子模型出发，统计计算结果表明高斯链的均方末端距为 $\overline{h_0^2}=Nb^2$，N 为聚合度，b 为统计链段长度，即均方末端距与分子量成正比例关系 $\overline{h_0^2}\propto M$。这就是链式大分子呈现为无规线团的本质特性。稀溶液的形态测定表明，在 θ 溶剂中大分子链处于无扰状态，即排除体积效应消失，$\overline{h_0^2}\propto M$ 的关系确实存在。小角中子散射实验结果证明，聚合物本体在非晶态大分子链也呈现为无规线团，即 $\overline{h_0^2}\propto M$。这些研究结果有力地证明线形链式大分子概念的准确性。从高斯无规线团出发，统计力学计算得到应力应变关系式与实验测定结果实质上相符，说明了大分子链的力学行为的熵弹特征，也证明了链状分子概念的真实性[2,45-60]。

(4) 聚合物在极稀溶液中可以长成单晶，已经积累了大量的实验结果。高分辨电子显微镜已观察到规整的单晶形貌，其尺寸可达微米数量级，同时电子衍射还证明在单晶中大分子链的走向是垂直于规则多边形单晶的俯视平面。这就有力地证明了大分子链堆砌成单晶必须经过近邻规整折叠。聚合物单晶的结构特征表明只有从线形链式大分子概念出发才能想象和理解。X 射线衍射证明全同立构聚丙烯在其晶体点阵结构中呈现为具有三重螺旋轴的螺旋链构象。很多其他聚合物在其晶体点阵结构中也呈现自己的螺旋链构象。同样不从线形链式大分子概念出发是无法理解这样的实验事实的[61-74]。

(5) 无数实验已经证明非晶态聚合物具有由高弹态向玻璃态(反过来也可)转变的性质，即玻璃化转变。在这一转变过程中，大分子链结构单元间的协调运动状况发生了变化。所谓协调运动指的是与任意一个结构单元相近的同一大分子链上的结构单元间具有一定的相互作用，即具有一定的相关性，因而相关的链结构单元间才能且只能协调一起运动。一个链结构单元在任何情况下都不可能单独运动，整个大分子链的结构单元也不可能协调在一起运动，由于缠结的限制，只能是局部的链结构单元的协调运动，而且没有任何固定的局部链结构单元的协调运动，任意一个链结构单元可以从大分子链上一个局部链结构单元的协调运动转入另一个局部链结构单元的协调运动。局部范围所含大分子链结构单元平均数对于一定的聚合物是一定的，这一大分子链的局部链结构单元数与统计链段内包含的结构单元数是一致的。因此，可以认为实验证实的非晶态聚合物在玻璃化转变过程中局部大分子链结构单元协调运动的结果是线形链式大分子概念的又一有力证据[75-80]。

（6）从聚合物分子量大于临界值 M_c 时存在拓扑缠结出发，de Gennes 提出蛇行理论，论证了大分子链的蛇行运动的两大规律。

当聚合物分子量大于临界值 M_c 时：①聚合物熔体黏度 $\eta_0 \propto M^{3.4}$；②聚合物分子链自扩散系数 $D \propto M^{-2}$。

这两大规律已被现代聚合物黏弹性实验、流变学实验、聚合物分子动态力学（dynamics）实验充分证明。而聚合物大分子链蛇行理论的建立、确认与发展都是以聚合物链式大分子学说为前提的[81-91]。

虽然至今由于聚合物大分子链自身与背景的反差不足，尚未通过最先进的电子显微镜和探针显微镜直接观察到线形链式大分子，但上述六个方面论据已经足以使我们确信大量人工合成的聚合物大分子是具有极大柔性的链式大分子。链式大分子学说在未来的聚合物研究和应用中一定会发挥更大的作用，并取得新的进展。

1.3　大分子链化学结构

本节叙述线形大分子链结构单元化学组成变化规律，包括均聚物和共聚物链结构单元化学结构的变化。如果将大分子链的结构分级，链结构单元的化学结构应属于一级结构，它对聚合物性能起一级影响作用。

1.3.1　全碳碳主链聚合物

这是指聚合物分子链的线形主链全由碳原子组成。

1. 碳氢链

1）聚乙烯

$$\left[CH_2-CH_2 \right]_n$$

在高温高压下，大量氧引发乙烯自由基聚合反应、链转移反应导致聚乙烯大分子链为多支化的，支链为甲基、丁基等，它们降低了聚乙烯的密度，也减弱了聚乙烯的结晶能力，称为低密度聚乙烯或高压聚乙烯。它是化学惰性材料，容易成型为片材和薄膜，大量用于电绝缘（电缆外皮）和食品包装，也适用于制作各种低载荷器具。

乙烯也可以在室温和常压下，用齐格勒（Ziegler）催化剂合成线形聚乙烯，结晶能力强，密度也比较高，称为高密度聚乙烯或低压聚乙烯，它的熔融温度 $T_m \approx 135$ ℃，玻璃化转变温度 $T_g = -120 \sim -70$ ℃，可成型为薄片材和管材，用于制作输水管和输油管。

2）聚丙烯（全同立构聚丙烯）

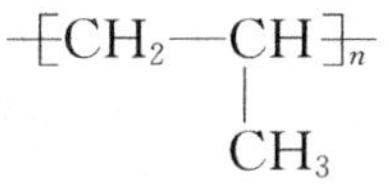

用齐格勒-纳塔（Natta）催化剂配位聚合可以得到全同立构聚丙烯。从它的结构单元化学组成可看出，与聚乙烯相比它有较强的极性，分子间相互作用决定了它有较高的力学强度，聚丙烯的玻璃化转变温度 $T_g=-10\sim20$ ℃，熔融温度 $T_m\approx165$ ℃，这些因素就决定了聚丙烯使用的温度范围比聚乙烯高，如在 80～100 ℃下可长时间使用。全同立构聚丙烯纺丝为丙纶，可织成地毯，因物美价廉而得到广泛应用。它也可以制成编织袋用于建筑、农业等方面物料的存储与运输，或制成无纺布用作服装配料，近年来广泛用于一次性服装或其他用品。全同立构聚丙烯可双拉成透明度极好的薄膜，用于精美包装和各种彩色印刷品。它还可以采用注塑成型制备各种家电设备的部件，除性能适合多方面要求外，聚丙烯质最轻是其极为重要的塑料特性。近年来超高分子量全同立构聚丙烯或特殊改性聚丙烯可以挤压成型，用于制作耐一定压力的上水管。总之，全同立构聚丙烯近年来发展最为迅速，已成为高分子材料的第三大品种。

3）聚异丁烯

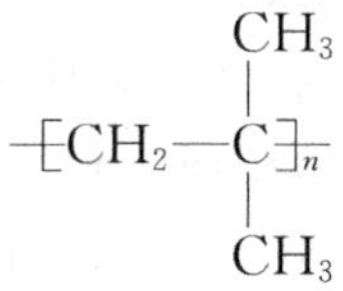

聚异丁烯用阳离子聚合方法制备。它的 α-碳原子上有两个对称的甲基，有利于结晶，但在大分子链上两个甲基作用的结果，键角不取四面体的碳-碳键夹角 109.5°，而取 123°，使分子链更趋伸直，因而可以更有效地堆砌，聚异丁烯在无定形态的密度比较高，为 0.917 g/cm^3，这样就降低了分子链结晶的驱动力。聚异丁烯常是在分子链有应力状态下结晶的，它的熔融温度 $T_m\approx128$ ℃，玻璃化转变温度 $T_g\approx-65$ ℃，由于聚异丁烯无定形态密度高，因此作为弹性体有很好的气密性，异丁烯与少量二烯类单体（1%～2%）共聚形成的丁基橡胶常用于汽车内胎、气球汽艇的气密镀层。丁基橡胶的另一特性就是高阻尼性，所以常用于制作发动机垫。

4）顺式 1,4-聚丁二烯

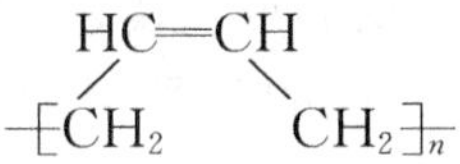

顺式 1,4-聚异戊二烯

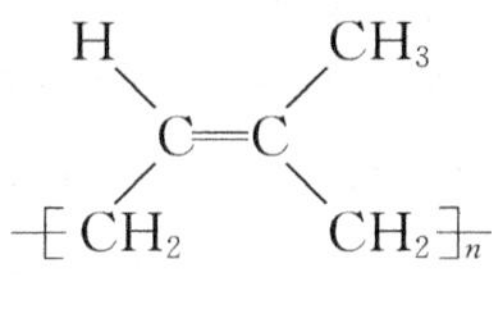

反式 1,4-聚异戊二烯

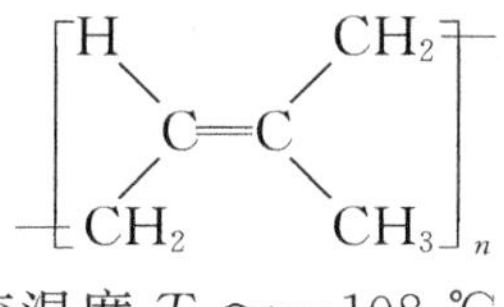

顺式 1,4-聚丁二烯的玻璃化转变温度 $T_g\approx-108$ ℃或 -120 ℃，它可以结晶，熔融温度 $T_m\approx10$ ℃，室温下不结晶，呈现为无定形高弹态，一般称为顺丁橡胶，用于制造汽车轮胎。

顺式 1,4-聚异戊二烯的玻璃化转变温度 $T_g\approx-72$ ℃，它也可以结晶，熔融温度 $T_m\approx29$ ℃，室温呈现为无定形高弹态，它的链化学结构与天然橡胶主体链化学结构相同。天然橡胶最重要的来源是三叶胶树，天然橡胶乳液为顺式 1，4-聚异戊二烯颗粒吸附某种蛋白质，呈现为稳定的胶体。天然橡胶也是轮胎的主要材料，常与合成橡胶合用。

反式 1，4-聚异戊二烯的玻璃化转变温度 $T_g \approx -60$ ℃，容易结晶，其熔融温度 $T_m \approx 74$ ℃，虽然它不是弹性体，但作为绝缘材料使用仍有特色，如已用于法国与美国的海底电缆涂层以及高尔夫球的外涂层。

5）聚苯乙烯(无规立构聚苯乙烯)

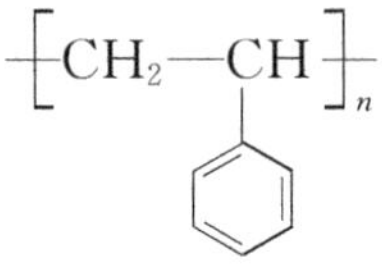

无规立构聚苯乙烯不结晶，呈现为透明的无定形塑料，它的玻璃化转变温度 $T_g \approx 100$ ℃，所以它的使用温度只能在 80 ℃以下。它具有质轻、透明、便宜、容易加工等特点，所以广泛地用于制造多种容器、工具和设备的部件、玩具和娱乐器具。它可以制成泡沫塑料，广泛且大量地用于包装、保温、保暖、隔热(如冷柜、保温墙壁等)。苯乙烯单体相当多的部分用于与其他单体共聚，如高抗冲聚苯乙烯、ABS 工程塑料、丁苯橡胶、SBS 热塑弹性体等。无规聚苯乙烯链段在这些性能优良的材料中都有不可取代的重要作用。无规立构聚苯乙烯具有很好的加工性能，它与加工成型有困难的聚苯醚成功地组成了相容的聚合物共混对，使工程塑料聚苯醚得以在医疗设备和电气设备方面大批量地使用。无规立构聚苯乙烯已成为红外光谱仪的标样，阴离子聚合法合成得到的单分散无规聚苯乙烯也已成为凝胶渗透色谱的单分散标样，同时也是很多高分子科学研究中的模型聚合物。

6）聚乙炔(反式聚乙炔)

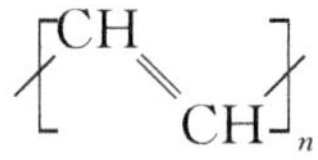

反式聚乙炔的分子链是一个共轭 π 键分子链，这样的分子链上的电子具有离域性，但它本身不能导电，只有经过掺杂才能成为导体。1974 年，白川英树(Shirakawa)在 195 K 的温度下用高浓度齐格勒-纳塔催化剂，使乙炔在玻璃容器壁上聚合，呈现为具有金属光泽的聚乙炔自支撑膜。当时所得到的是 98%顺式结构的聚乙炔，在 150～200 ℃下处理半小时可完全转化为更稳定的反式结构。当时正在日本访问的美国 MacDiarmid 教授(University of Pennsylvania)和 Heeger 教授(University of California of Santa Barbara)给予了重视，他们与白川英树合作，于 1977 年发现这种聚乙炔膜经过 AsF_5 掺杂后电导率提高到 10^3 S/cm，即与金属可比的导电性。这一实验的成功突破了有机物质不能导电的传统认识，从而引起了对导电聚合物研究、开发与应用的热潮。他们因此而获得 2000 年诺贝尔化学奖。

人们从理论和实际应用上已经对聚乙炔进行了广泛深入的研究，但聚乙炔不耐氧化，尚不能成为稳定的导电聚合物。与此同时，人们对聚吡咯、聚苯胺、聚噻吩、聚对苯撑等导电聚合物也进行了十分富有成效的研究开发，展示了极具吸引力的美好前景。

2. 含卤素聚合物

1）聚氯乙烯

聚氯乙烯用自由基聚合法制备，聚合产物一般可能含有近50%的间同立构序列，但聚氯乙烯总体上结晶度很低(为5%～10%)，它可以增加力学强度，但没有改变聚氯乙烯基本上仍是非晶的这一事实，聚氯乙烯的玻璃化转变温度 $T_g \approx 80$ ℃。聚氯乙烯作为材料应用分两大类：硬聚氯乙烯和软聚氯乙烯。无论哪一类，都需加入稳定剂，以尽可能地减少脱氯化氢和与之相连的氧化降解。一般软聚氯乙烯中还加有相当量的增塑剂。硬聚氯乙烯具有相当高的硬度与力学强度，再加上特有的阻燃性，已经广泛用于制作房屋的塑钢门窗、建筑物的下水管、耐溶剂和酸碱的设备外壳等。软聚氯乙烯可用于制作耐溶剂的软管、电缆电线外皮、多种多样的织物、多种多样的垫片、屋顶涂料、压延薄膜等。总之，聚氯乙烯用途广泛，由于原料来源充足，价格比较低廉，至今仍是仅次于聚乙烯的第二大品种高分子材料。

2) 聚氯丁二烯

$$-\!\!\left[CH_2-\underset{\displaystyle Cl}{\underset{|}{C}}=CH-CH_2\right]\!\!-_n$$

乙烯基乙炔与氯化氢加成反应得氯丁二烯，再用自由基聚合得到聚氯丁二烯，成为氯丁橡胶(neoprene)。它的空间立构异构体与聚异戊二烯相似，一般反式1,4-加成异构体含量高，对聚合温度依赖性较强，温度低反式含量高，室温呈现为非晶弹性体，商品氯丁橡胶的玻璃化转变温度 $T_g \approx -50$ ℃，聚氯丁二烯与聚异戊二烯链结构单元化学组成差别是后者的甲基被氯原子取代，从而使氯丁橡胶具有天然橡胶不具备的耐汽油、耐臭氧及耐油的优异性能。因此氯丁橡胶用于制作特殊电缆套、床垫、鞋垫、工业用软管及重载荷传动带。它抗海水透过，因而用于核潜艇外覆盖层。

3) 聚偏氯乙烯

$$-\!\!\left[CH_2-CCl_2\right]\!\!-_n$$

聚偏氟乙烯

$$-\!\!\left[CH_2-CF_2\right]\!\!-_n$$

聚偏氯乙烯的链结构单元的化学结构具有对称性，容易结晶，熔融温度 $T_m \approx 200$ ℃，聚偏氯乙烯非晶相的玻璃化转变温度 $T_g \approx -19$ ℃，它的分子链同时具有较好的柔性。其膜气密性好、水蒸气透过系数低，适用于微波炉较高温度的食物包封加热处理。

聚偏氟乙烯的链结构单元的化学结构也具有对称性，容易结晶，有 α、β、γ、δ 等晶形，α 晶形晶体的熔融温度 $T_m \approx 210$ ℃，聚偏氟乙烯的非晶相的玻璃化转变温度 $T_g \approx -40$ ℃。α 晶形经拉伸取向转化为全反式的 β 晶形后具有比较强的压电性，已经用于制作电子控制器件。聚偏氟乙烯的热电、铁电性也很重要。

4) 聚四氟乙烯

聚四氟乙烯是含氟聚合物的最大品种，应用最广。从链结构单元化学结构对称性来说，聚四氟乙烯与聚乙烯相仿，其玻璃化转变温度 $T_g \approx -73$ ℃，但由于氟原子代替了氢，它的物理性质就发生了很大的变化。由于链结构单元化学结构的对称性，它很容易结晶，而且结晶的熔融温度很高，但不好测定，因为很容易在高温分解，经实验表明直至327 ℃它都不熔融，所以在300 ℃以下它是可以使用的。聚四氟乙烯的力学性能并不突出，这与它的特征分子间相互作用有关。聚四氟乙烯一般采用粉末冶金的办法，先将其粉料冷压成型，然后再适当加热定型。聚四氟乙烯最突出的特性是它的表面张力低和摩擦系数低。前者决定了聚四氟乙烯的不粘性，用得最广的是不粘锅的表面涂层。后者决定了它的自润滑性，用于轴封。聚四氟乙烯号称塑料王,它很耐溶剂及酸碱侵蚀,加上使用温度高,用于制作一些极端条件下的部件。聚四氟乙烯可以制成薄膜,很柔软,可以用作多种密封材料。

3. 带强极性侧基聚合物

1) 聚丙烯酸甲酯

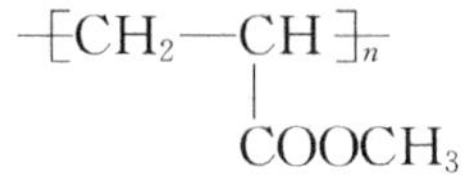

聚丙烯酸乙酯

聚丙烯酸丁酯

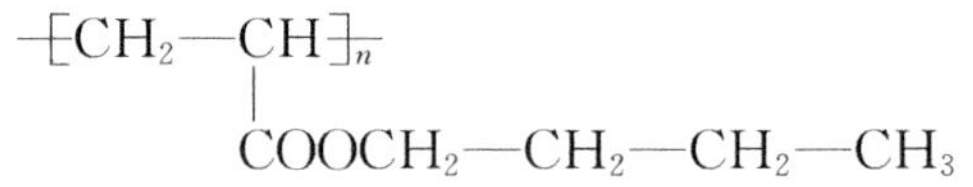

这是三种代表性的聚丙烯酸酯类聚合物,均为自由基聚合产物,属于无定形聚合物,它们的玻璃化转变温度分别是 3 ℃、−24 ℃、−56 ℃,侧基越长,玻璃化转变温度越低。它们都是比较软的材料,适于要求柔性和延展性的应用,如汽车内外的涂料,用于精制织物的改善耐磨性、染料粘牢度,减少毛织物、服装、地毯背衬的收缩,以及用于发动机油和其他流体添加剂、船体堵缝,为极佳密封材料。

2) 聚甲基丙烯酸甲酯

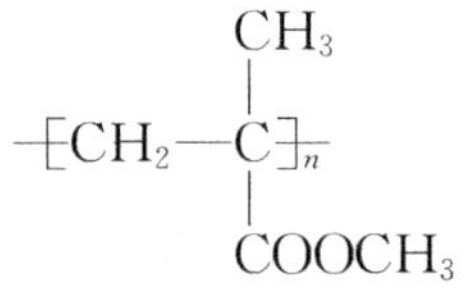

聚甲基丙烯酸甲酯比聚丙烯酸甲酯多一个 α-甲基,它的玻璃化转变温度 $T_g \approx 105$ ℃,提高了 102 ℃,室温时呈现为非晶坚硬透明体,常称为有机玻璃。有机玻璃具有优异的光透性,比无机玻璃相对轻,不易碎,受到冲击也不会造成很大的威胁。这就决定了它是各种择优选择材料,如已熟知的飞机驾驶舱的视窗和盖,有很多方法提高它的安全性以用于防弹。有机玻璃用于制作眼镜已很普遍,也可制作短距离传输的光纤。生活中的各类门窗、银行、财务办公台的透明挡板、曲棍球场透明挡板等。有机玻璃也是制造假牙、补牙、人造颅盖骨的材料。多种艺术品也常用有机玻璃制作。

3) 聚丙烯酸

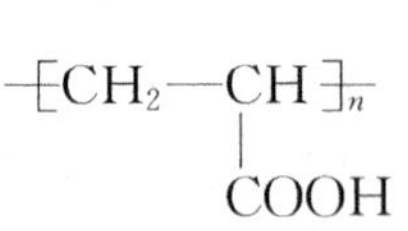

聚甲基丙烯酸

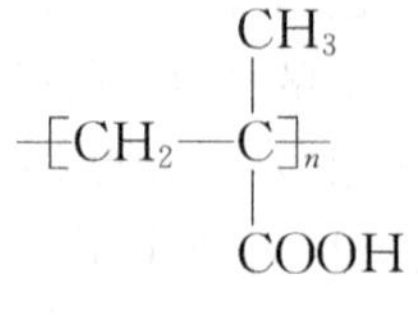

聚丙烯酰胺

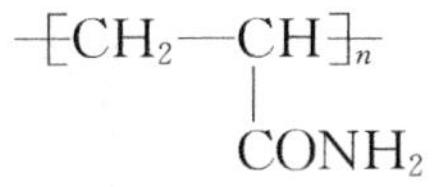

这类聚合物，无论含侧羧基还是含侧酰胺基，突出的特性是它们容易溶于水，形成水溶液、水乳液。它们都比较容易生成高分子量产物，同时它们的侧基容易离子化。这就决定了它们可以作为增稠剂用于石油的二次采油、三次采油、改性织物的胶乳、涂料中无机颜料分散、水处理的絮凝剂、交联的离子交换树脂。聚丙烯酰胺常与特定离子型共聚单体共聚后用于工业废水处理、饮水处理、造纸工业水处理、金属矿砂絮凝，交联的聚丙烯酰胺还用于电泳工艺。

4）聚丙烯腈

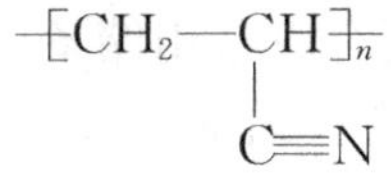

聚丙烯腈经自由基聚合得到，为非晶聚合物，其玻璃化转变温度 $T_g \approx 104$ ℃，腈基使得它成为强极性聚合物，在很多溶剂中都不溶，然而它可以纺丝，商品名为腈纶，是主要的合成纤维品种，它呈现为类毛的性质，而且耐热、耐化学药品、耐紫外辐射。但一般需共聚改性，少量甲基丙烯酸和乙酸乙烯酯共聚单体可改进其溶解性，少量丙烯酰胺共聚单体可以改进其染色性。改性的聚丙烯腈纤维广泛用于制作毛衣、袜、套衫等，也用于制作工业用织物。

聚丙烯腈热处理发生环化反应形成碳纤维，具有类石墨形态，用于制作耐高温、高强度及其他高性能复合材料。聚丙烯腈碳纤维与环氧树脂复合早已用于制作飞机部件。

5）聚乙酸乙烯酯

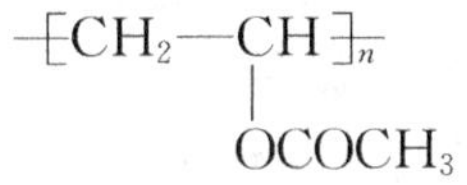

聚乙烯醇

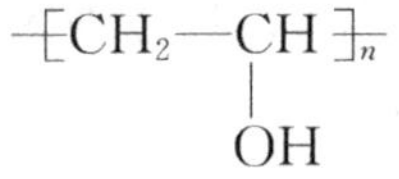

聚乙酸乙烯酯用自由基聚合制备，为非晶聚合物，它的玻璃化转变温度 $T_g \approx 34$ ℃。乳液聚合得到的聚乙酸乙烯酯胶乳可直接作为浆料黏结织物和木材制品。聚乙酸乙烯酯水解能生成聚乙烯醇，物理性质发生了较大变化，尽管聚乙酸乙烯酯链的结构不是有规立构，水解后的聚乙烯醇的羟基也不具备有规立构，但仍能结晶，其晶体的熔融温度 $T_m \approx 200$ ℃，而其非晶相的玻璃化转变温度 $T_g \approx 85$ ℃，这与它的侧羟基可以形成较强的氢键有关，聚乙烯醇溶于水，可以作浆糊，多用作乳化剂、增稠剂。聚乙烯醇缩丁醛后，可以纺丝，商品名是维尼纶。聚乙烯醇缩丁醛可用作安全玻璃的夹层材料。

6）聚乙烯基吡咯烷酮

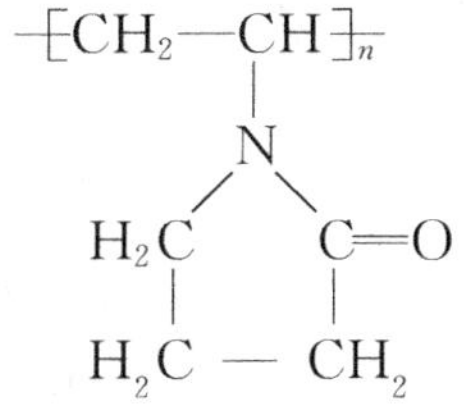

聚乙烯基咔唑

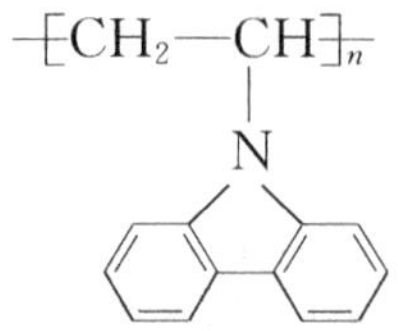

这两种聚合物也是自由基聚合产物,都是非晶聚合物,聚乙烯基吡咯烷酮的玻璃化转变温度 $T_g \approx 175$ ℃,它溶于水及其他极性有机试剂。它有一项比较大的用处是用于头发的喷雾与定型,因为它有很好的成膜性,与头发有很好的黏合性,又有光泽,最后还很容易用水洗掉。它也用于手油和很多液体的化妆品。在纺织工业中也有重要应用,它与很多染料有很好的亲和性,有时用来萃取染料。在胶料与修饰剂中也常用,常有助于染料均匀化。聚乙烯基吡咯烷酮广泛地用于血浆代替物,在一些国家还有应急用储备。

聚乙烯基咔唑的玻璃化转变温度 $T_g \approx 150$ ℃,它具有良好的光电导性,广泛用于静电复印。它也曾用作电容器的介质,有很好的电阻抗性,而且适用频率与温度范围很宽。

1.3.2　主链含异性原子的聚合物

1. 聚醚

1) 聚甲醛

$$-\!\!\left[CH_2-O\right]_n\!\!-$$

聚甲醛可以通过阴离子聚合由甲醛制备,也可以通过阳离子聚合由三氧环己烷开环聚合得到。产物需用乙酸酐封端,以使聚甲醛具有稳定性。封端的聚甲醛仍不能耐强碱和强酸的侵蚀。稳定的聚甲醛容易结晶,其熔融温度 $T_m \approx 175$ ℃,聚甲醛的非晶相的玻璃化转变温度 $T_g \approx -83$ ℃。聚甲醛具有优异的综合力学性能、较高的抗张强度、韧性好,具有抗蠕变性、耐疲劳、低摩擦系数、低吸湿性、耐有机溶剂等特性,是一种性能优异的工程塑料。因此聚甲醛可以用于制作机械齿轮、轴承、油泵壳体、浮球阀、各种阀门、多种手柄,它有很好的电绝缘性,可制作音频和视频的各种部件、控制盘等。

2) 聚环氧乙烷

$$-\!\!\left[CH_2-CH_2-O\right]_n\!\!-$$

聚环氧丙烷

$$-\!\!\left[CH_2-\underset{\displaystyle CH_3}{\underset{|}{CH}}-O\right]_n\!\!-$$

环氧乙烷、环氧丙烷可用阴离子聚合法或阳离子聚合法制备,当分子量为 500～6000 时常称为聚乙二醇和聚丙二醇,它们可以作为大醇成为聚氨酯多嵌段共聚物的软链段;当分子量达到 10^4 以上时,常称为聚环氧乙烷和聚环氧丙烷。聚环氧乙烷很容易结晶,它的熔融温度 $T_m \approx 70$ ℃,非晶相的玻璃化转变温度 $T_g \approx -60$ ℃。聚环氧乙烷溶于水。聚环氧丙烷是非晶的,它的玻璃化转变温度 $T_g \approx -20$ ℃。商品可得的环氧乙烷和环氧丙烷均聚物及它们的共聚物分子量可达 20 000,用作液压机的工作液体、润滑剂、化妆品的添加剂、陶瓷和粉末冶金的黏合剂。分子量为 $10^5 \sim 10^6$ 的环氧乙烷均聚物的水溶液黏度高,可用作絮凝剂、牙齿黏合剂、酸清洗剂的增稠剂、水基涂料的增稠剂以及降低摩擦的助剂等。聚环氧乙烷及其共聚物与离子盐结合后可形成电解质，是具有离子导电性的离子导体，可用作固体可充电电池。

聚环氧乙烷-聚环氧丙烷三嵌段共聚物：水溶性的聚环氧乙烷和不溶于水的聚环氧丙烷都不显示表面活性，而由亲水和亲液嵌段组成的 ABA 嵌段共聚物是一种典型的表面活性剂。环氧乙烷嵌段是亲水的（hydrophilic），而环氧丙烷嵌段是相对疏水的（relatively hydrophobic）。它们的嵌段共聚物在水溶液中形成很多胶束，亲水部分向外伸展，而疏水部分形成内核，被伸展出去的环氧乙烷嵌段与水屏蔽。在适宜的有机液体中也可以形成另一种胶束，这种胶束中，疏水的环氧丙烷嵌段向外伸展，而环氧乙烷嵌段形成内核。

2. 聚酯

聚酯可分为脂肪族聚酯和芳香族聚酯，它们都是缩聚产物。

1）聚己二酸丁二醇酯

$$\left[O(CH_2)_4OCO(CH_2)_4CO \right]_n$$

聚 ε-己内酯

$$\left[O(CH_2)_5CO \right]_n$$

这两种脂肪族聚酯商品化已有很长的历史了，它们的熔融温度和玻璃化转变温度比较接近，$T_m \approx 65$ ℃，$T_g \approx -65$ ℃。前者是典型的通用脂肪族聚酯，一般产品的分子量在 3000 以下，羟基封端，多作为聚氨酯的软链段用，聚 ε-己内酯的分子量可以达到几万，羟基封端的聚 ε-己内酯也可以用作为聚氨酯的软链段。它与其他许多聚合物混容性好，甚至达到热力学相容，可改善共混物的应力开裂、染色性及黏接性。ε-己内酯的生产成本较高，因此影响了它的应用范围。

2）聚[（*R*）-3-羟基丁酸]（P3HB）

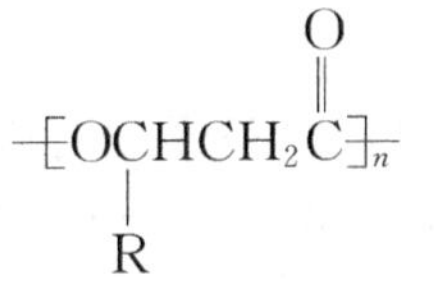

$R = (CH_2)_x CH_3$，$x = 0 \sim 8$

聚乙交酯和聚丙交酯

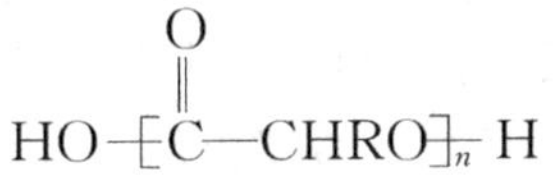

R=H，聚乙交酯

$R=CH_3$，聚丙交酯

前者是微生物合成得到的，链结构规整度高，容易结晶，熔融温度 $T_m \approx 179$ ℃，玻璃化转变温度 $T_g \approx 10$ ℃。后者由乳酸环二聚体开环聚合，结晶的熔融温度 $T_m \approx 225$ ℃和 174 ℃，其玻璃化转变温度 $T_g \approx 35$ ℃和 65 ℃。这两种聚酯与脂肪族聚酯都是可生物降解的，但聚酯物理性质及力学性能都不能达到独立使用的可生物降解材料的要求，而后两种聚酯作为医用材料已取得成功，特别是聚 L-乳酸已成为很多药物的植入剂、手术缝线。

3）聚对苯二甲酸乙二醇酯

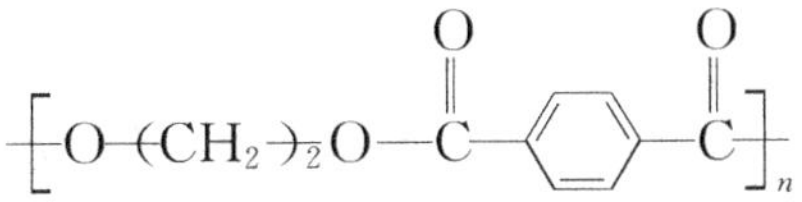

聚对苯二甲酸丁二醇酯

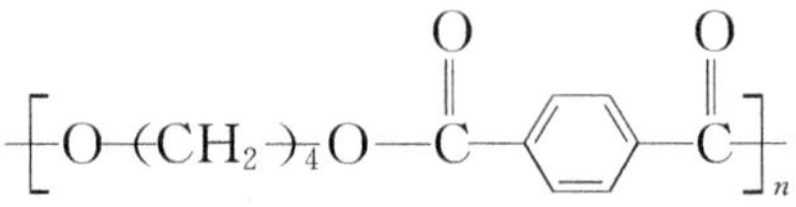

这两种芳香族聚酯都是典型的缩聚产物,它们都是结晶的,聚对苯二甲酸乙二醇酯结晶速率相对慢,而聚对苯二甲酸丁二醇酯仅多了两个亚甲基,其结晶速率就快多了,它们的熔融温度 T_m(PET)≈265 ℃和 T_m(PBT)≈230 ℃,而它们的非晶相的玻璃化转变温度 T_g(PET)≈80 ℃和 T_g(PBT)≈36 ℃。聚对苯二甲酸乙二醇酯常称为涤纶,已是应用很广的合成纤维,它的织物比较挺括是一大优异性能,经化学改性及纺织工艺变化,染色性、吸湿透气等也有显著改善,品种不断增加。它的双拉薄膜广泛用作片基、吹塑瓶子及多种容器,除力学性能及耐热性能优异外,低二氧化碳透过性很适合饮料分装和保存。聚对苯二甲酸丁二醇酯则是非常优良的工程塑料,大量用于注塑(铸塑)产品。

3. 聚碳酸酯

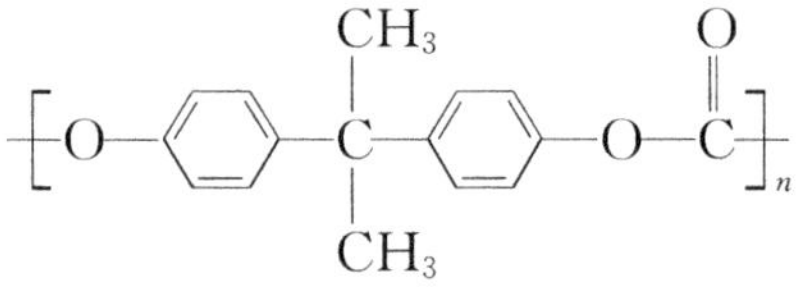

聚碳酸酯由碳酰氯(光气, Cl—C(=O)—Cl)与双酚 A 缩聚而成。它结晶很困难,但在一定条件下(如溶剂诱导)可以结晶,熔融温度 T_m≈270 ℃。一般经熔融成型为无定形透明体,玻璃化转变温度 T_g≈145 ℃。聚碳酸酯为具有优异力学性能(高强度、耐冲击、尺寸稳定性好)、透明性好的工程塑料,使用温度达 120 ℃,广泛用作汽车车灯罩、优质容器。它可以成膜,用于制作太阳热能收集器。它虽不能耐有机试剂侵蚀,但经与聚对苯二甲酸乙二酯共混改性,可得到比较好的改善。

聚碳酸酯的另一重要应用是制作光盘。它透明度高,对激光没有歧变效应。非记录性光盘在聚碳酸酯薄片顶面镀一金属层。激光在聚碳酸酯-金属膜界面凹凸的反射性不同,从而可以解读信息。记录光盘的聚碳酸酯薄片与金属膜之间还涂有有机染料。激光光束在有机染料层通过光化学反应刻出不同反射性的面积元。光盘在制作过程中,从半导体光电二极管发出的激光光束探寻两类光盘(CDS)的低层,找出反射面积元,标定为二进制的“1”光束,非反射面积元标定二进制的“0”元素。认读信息的能力不依赖于激光的波长。当今大多数光盘机用的是近红外激光,因为它有很好的稳定性。

4. 聚酰胺

1) 聚己内酰胺(尼龙 6,锦纶)

$$\text{-}\!\!\left[\text{NH}\left(\text{CH}_2\right)_5\text{CO}\right]\!\!\text{-}_n$$

聚己二酸己二胺(尼龙 66)

$$\text{-}\!\!\left[\text{NH}\left(\text{CH}_2\right)_6\text{NH—CO}\left(\text{CH}_2\right)_4\text{CO}\right]\!\!\text{-}_n$$

尼龙 6 和尼龙 66 是脂肪族聚酰胺产品中两大品种,应用广泛。分子间氢键对尼龙的凝聚态结构(无论晶态还是非晶态)影响都很大。尼龙 6 结晶后的熔融温度 T_m≈223 ℃,而尼龙 66 结晶后的熔融温度 T_m≈265 ℃,它们的非晶相的玻璃化转变温度 T_g≈50 ℃。尼龙 6 和尼龙 66 都是最早商品化的工程塑料,它们有高抗张强度、较高抗冲强度、低蠕变、耐磨、耐有机试剂等特性，摩擦系数低（自润滑性），主要缺点为较易吸湿而引起水解，多用于制作齿轮、轴承多种铸塑件。它们很容易纺丝成纤，多用于制作地毯、衣服、轮胎的帘子线、渔网等。

2）聚间苯二甲酰间苯二胺

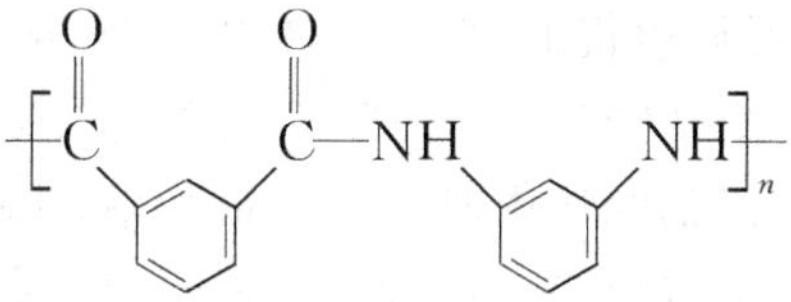

聚对苯二甲酰对苯二胺

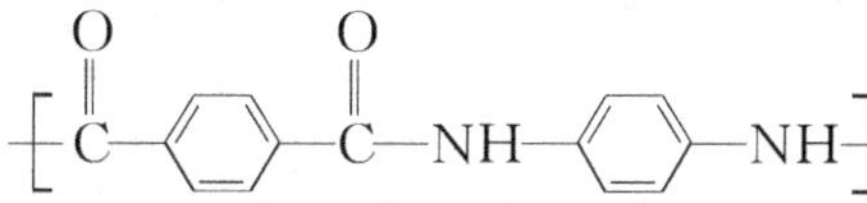

这两种典型的芳香聚酰胺由间苯二酰氯或对苯二酰氯与间苯二胺或对苯二胺经溶液或界面缩聚而得。它们都可以采用溶液纺丝。聚间苯二甲酰间苯二胺是热稳定阻燃聚合物，在 370 ℃以上才分解。聚对苯二甲酰对苯二胺是著名的液晶，它经结晶、纺丝取向成为高模高强纤维，更耐高温，在 500 ℃以上才会分解，用于制作高阻燃用品（如消防人员的衣服、拳击防护服、防火保护罩、涂层等）、耐高温用品（如熨烫板罩布，电动机、变压器的绝缘膜，飞机驾驶员、宇航员的服装）以及高模高强材料（如防弹背心、线路板、光纤线和功率线、船的停泊绳索、轮胎帘子线等）。

5. 主链含硫聚合物

1）聚亚烷基聚硫醚

$$\left[\left(CH_2\right)_a S_b\right]_n$$

式中，a 为亚甲基数；b 为聚硫品级。这种聚亚烷基聚硫醚为弹性体，具有低温柔性、耐臭氧、耐候、耐油、耐溶剂等特性，只是热稳定性和抗蠕变性不理想，可用作密封胶、堵缝胶、垫片、O 形环、隔离玻璃用胶、油软管等。

2）聚砜

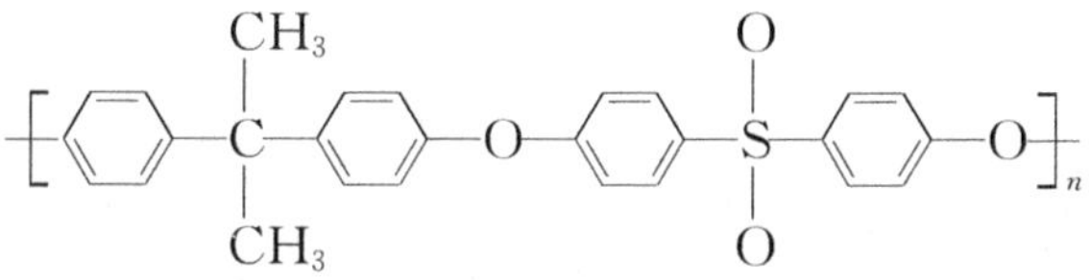

聚砜是刚性链聚合物，但它是透明的无定形聚合物，其玻璃化转变温度 T_g＝180～230 ℃，可在 150～200 ℃长时间连续使用。聚砜很耐水环境，并具有耐酸、耐碱、耐氧化的特性。它也耐芳香和含卤的有机试剂，此外还具有优异的热稳定性和抗水解稳定性，因而在微波炉中很有用；很适合医用设备、生物制品设备、食品加工设备的要求，不怕反复多次热水与蒸汽清洗；在电气设备中制作电流切断器、电子连接器、开关与继电器基材、雷达天线罩、电池盒子、飞机内部部件、反渗透膜等。它的缺点是不够耐紫外辐射，户外使用受到限制。

6. 主链含无机元素聚合物

1）聚硅氧烷

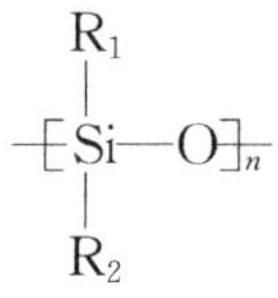

氧与硅原子在主链上交替排列，取代基 R_1 和 R_2 可能是烷基、氰烷基、全氟烃及苯基。用得最多也最重要的是聚二甲基硅氧烷。它是柔性最强的聚合物，它的玻璃化转变温度 $T_g \approx -127$ ℃。高分子量的聚二甲基硅氧烷交联以后，在 $-30 \sim 200$ ℃温度范围内呈现为极好的橡胶弹性体，然而它的摩擦系数也很低，但 250 ℃以上要分解，生成环状四聚体。低分子量聚二甲基硅氧烷可以用作非常惰性的油，用于油浴、循环油、密封油等。它的黏度依赖于分子量。苯基或其他极性更强的取代基取代甲基后的聚硅氧烷的韧性和热稳定性更好。聚硅氧烷也是择优选用的生物医用高分子材料之一，聚硅氧烷橡胶广泛用于制作人工肺膜，因为它对于呼吸气体具有高透过性，同时它与血液有很好的互容性。

2）聚氯化磷腈

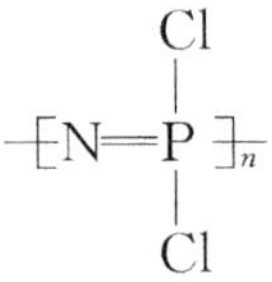

五氯化磷与氯化铵反应，生成六氯环三磷腈，再经热开环聚合得聚二氯磷腈，再进行取代反应。这一聚合物很早就已合成出来，因为它遇水水解，未能成为商品，然而当侧基氯被氟原子、氨基、烷氧基、芳氧基等取代，聚磷腈就变得抗湿了。当聚二氯磷腈与亲核试剂三氟乙氧基化钠、甲酚钠及仲胺一起回流，将发生下列反应：

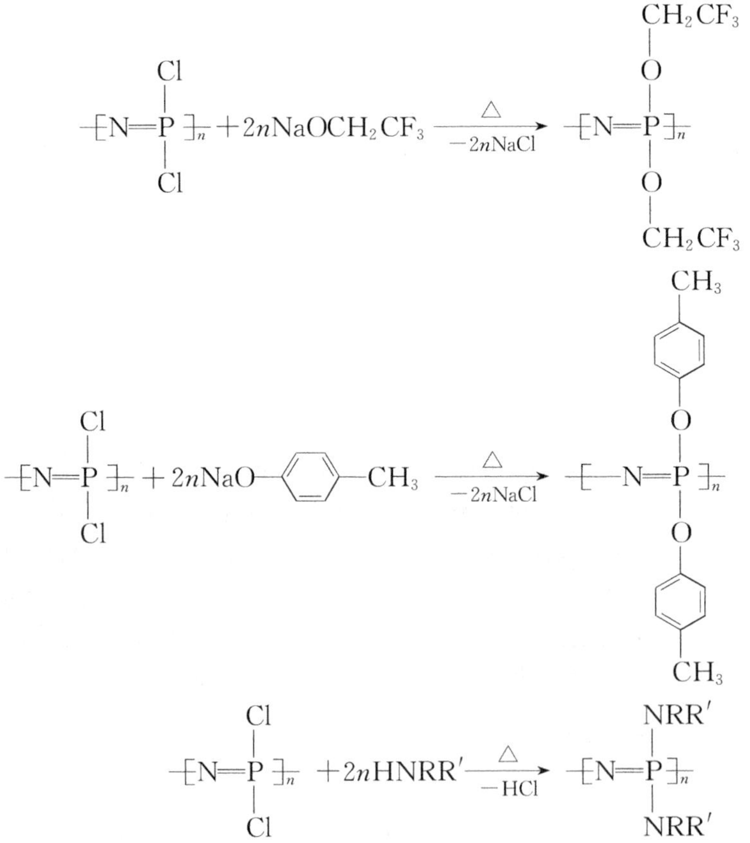

所得产物为无定形弹性体。当采用不同亲核试剂混合物进行反应可得到多种共聚物。利用双官能团反应物如二羟基苯(对苯二酚或氢醌)可以使聚磷腈交联。多种聚磷腈可纺丝成纤，从聚黑磷可制成片材，它是半导体，加热后转变成白磷或红磷。

比较多的聚磷腈的内旋转能垒比较低，所以玻璃化转变温度也比较低。例如，聚三氟乙氧基磷腈的玻璃化转变温度 $T_g \approx -66$ ℃，结晶后的熔融温度 $T_m \approx 242$ ℃，它是很好的热塑弹性体，具有较好的热稳定性和化学稳定性，已用作医用材料。

1.3.3　主链含环聚合物

1. 聚对二甲苯

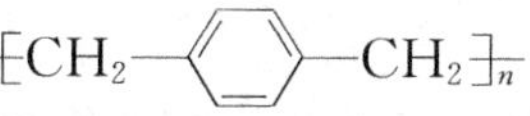

聚对二甲苯是从对二甲苯热裂解成对亚二甲苯二聚体，再转化成对亚二甲苯单体（气体），然后在固体表面聚合得到。它是结晶的，其熔融温度 $T_m \approx 400$ ℃。它具有非常出色的力学性能和电绝缘性能，并可以在 $-200 \sim 200$ ℃长期稳定，已经用于微电路的包封，可耐恶劣的环境。聚对二甲苯还可以用于矫形肢体（如骨钉、修复关节）的保护膜以及档案和文物的保护膜。

2. 聚苯醚

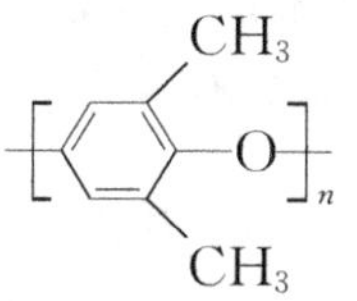

以铜-胺络合物为催化剂，2,6-二甲酚经氧化聚合得聚苯醚。它可以结晶，但很弱，熔融温度 $T_m = 262 \sim 267$ ℃，玻璃化转变温度 $T_g = 205 \sim 210$ ℃。聚苯醚具有很好的力学性能，又耐相当高的温度，其电绝缘性能在很宽的湿度范围保持很好，还耐蒸煮，然而它的熔体黏度太高，难以加工成型。幸运的是它与聚苯乙烯是一理想的互容对，性能互补也比较理想，虽然使用温度有所下降，但仍能满足电气设备和医用设备的要求。此外，还出现了一些扩展改性的共混体系，如聚苯醚与高抗冲聚苯乙烯共混后，成为更理想的工程塑料，耐有机溶剂性也有所改善。

3. 不溶性聚酰亚胺

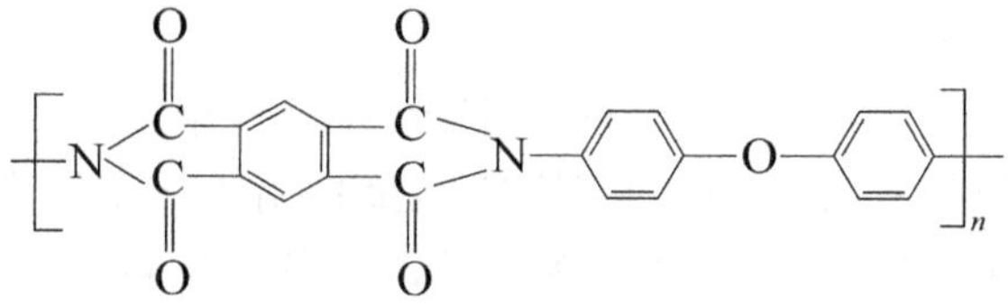

可溶性聚酰亚胺

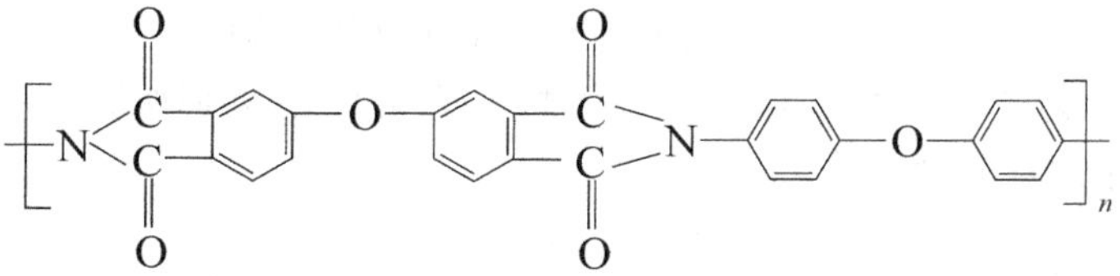

均苯四酸二酐与 4,4′-二氨基二苯醚在二甲基甲酰胺溶剂中经缩聚成为聚酰胺酸胶液，在铝箔上成膜，经环化反应脱水干燥成不溶于溶剂的聚酰亚胺膜。它在酸性条件下耐水解耐氧化性可以与涤纶相比，优于锦纶，在强碱环境下耐水解可以与聚碳酸酯相比。它是无定形聚合物，在 300 ℃高温下长时间使用，可作为马达、导弹、飞机上的电线电缆高级绝缘膜。

二苯醚四酸二酐与 4,4′-二氨基二苯醚在二甲基乙酰胺溶剂中缩聚，经脱水沉淀成可溶性聚酰亚胺，可用作耐磨润滑材料，具有优异的电绝缘性和耐辐射性。

4．聚苯并咪唑

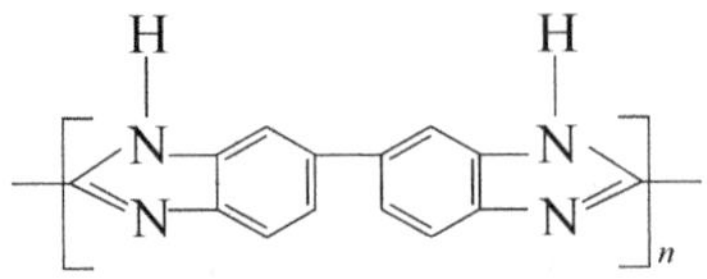

3,3′-二氨基联苯胺与间苯二甲酸二苯酯经熔融缩聚脱苯酚得聚氨基酰胺预聚物，再经脱水环化而成聚苯并咪唑。它具有很好的环境稳定性、耐水解性及优异的力学性能，在 300 ℃温度下长时间使用，不燃烧自熄。因此，已成为宇航服和设备的优选材料及消防人员工作服材料，磺化后可显著降低服装的收缩性。

1.3.4　共聚物

一种单体形成的均聚物的性能通常不能完全满足使用的要求，两种或两种以上的单体共聚物可以兼顾两种均聚物的性能，也可能具有完全新的性能。下面介绍一些典型共聚物。

1．无规共聚物

(1) 丁苯橡胶，由丁二烯与苯乙烯按一定比例共聚而成。苯乙烯结构单元的引入改善了顺丁橡胶的坚韧性。

(2) 丁腈橡胶，由丁二烯与丙烯腈按一定比例共聚而成。丙烯腈结构单元的引入使其成为耐油橡胶。

(3) EVA 共聚物，由乙烯与乙酸乙烯酯按一定比例共聚而成。它是弹性体，能成膜用于包装，大量用于改性聚氯乙烯和聚丙烯，有增韧作用。

(4) 乙丙橡胶，由乙烯和丙烯按一定比例用离子聚合法合成，为耐氧化橡胶，并用于改性聚丙烯。

2．SBS 三嵌段共聚物

$$-\!\!\left[\mathrm{S}\right]_m\!\!-\!\!\left[\mathrm{B}\right]_n\!\!-\!\!\left[\mathrm{S}\right]_m\!\!- \qquad n<m$$

聚苯乙烯-聚丁二烯-聚苯乙烯(SBS)三嵌段共聚物用阴离子聚合法得到，根据使用要求控制聚丁二烯和聚苯乙烯嵌段的长度，丁二烯与苯乙烯的比例也可调节。聚苯乙烯的聚集区(玻璃体)起物理交联点作用，同时也可以起补强作用。聚丁二烯嵌段一般分子量比较大，它的聚集体呈现为弹性体。SBS 三嵌段共聚物整体上可以热塑成型，在聚苯乙烯聚集体的玻璃化转变温度以下，呈现为类似于交联橡胶的高弹性。它可以用于制作胶鞋、鞋底及其他橡胶部件，也有相当量用于改性其他聚合物。

3．多嵌段共聚物

$$-\!\!\left[\mathrm{A}-\mathrm{B}\right]_n\!\!-$$

1) 聚酯醚多嵌段共聚物

聚对苯二甲酸乙二酯-聚四氢呋喃多嵌段共聚物

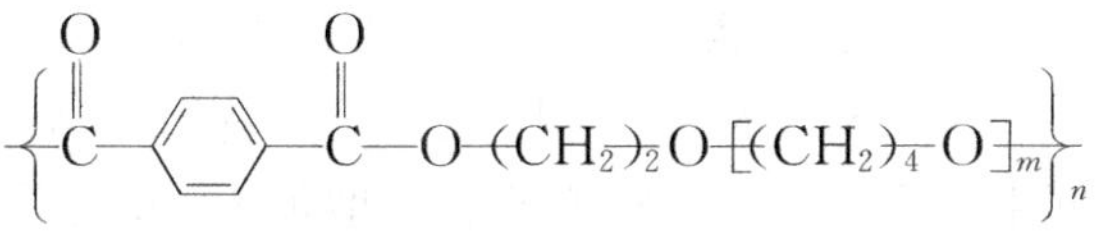

聚对苯二甲酸丁二酯-聚四氢呋喃多嵌段共聚物

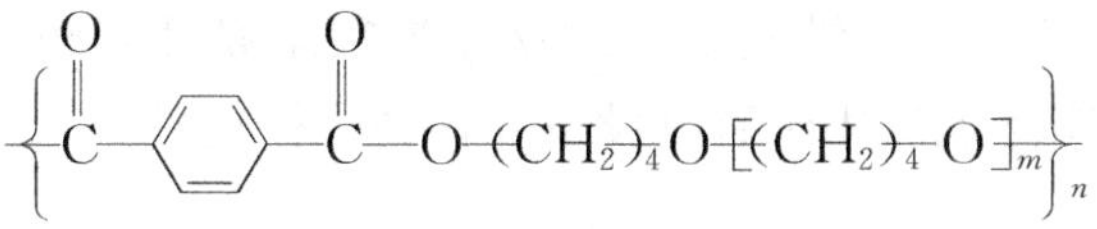

这两种多嵌段共聚物都是热塑弹性体，聚芳酯为硬链段，其聚集相为物理交联点，也起补强作用。聚四氢呋喃软链段一般不结晶，其玻璃化转变温度比纯聚四氢呋喃的玻璃化转变温度（$T_g=-65$ ℃）要高，但仍可保证多嵌段共聚物在室温为高弹体。它的硬链段可以结晶，其熔融温度 $T_m\approx150\sim160$ ℃，这就决定了这类热塑弹性体比 SBS 三嵌段共聚物的使用温度要高。这两种多嵌段共聚物热塑弹性体已经用于制作弹力纤维，用于共混改性聚氯乙烯。

2）聚氨酯多嵌段共聚物

硬链段由二异氰酸酯[4,4′-二苯基甲烷二异氰酸酯（MDI）、甲苯二异氰酸酯（TDI）]和扩链剂（1,4-丁二醇、乙二胺）反应而成。

软链段为脂肪族聚酯（聚己二酸丁二醇酯、聚 ε-己内酯）或聚醚（聚四氢呋喃、聚环氧丙烷）。以 MDI 二异氰酸酯（或 TDI 二异氰酸酯）、1,4-丁二醇、聚己二酸丁二醇酯（或聚四氢呋喃、聚环氧丙烷）为原料，先合成预聚物，再进行扩链反应而成聚酯型聚氨酯或聚醚型聚氨酯。

聚醚型聚氨酯

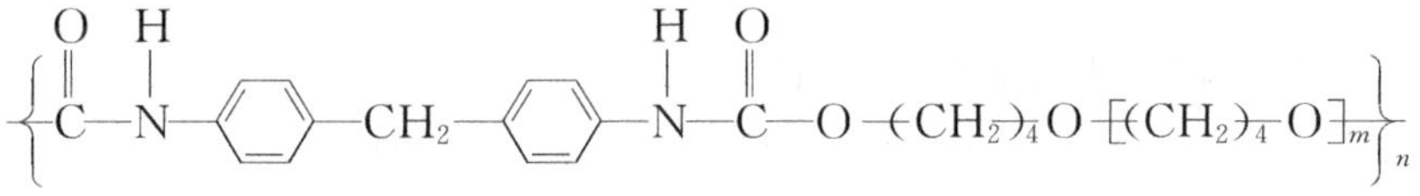

聚酯型聚氨酯

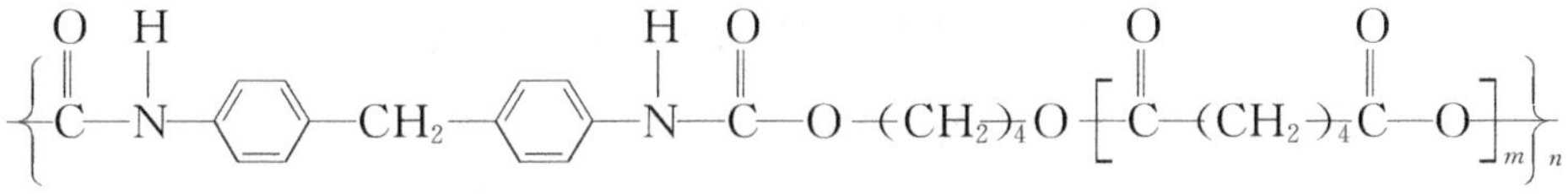

聚氨酯热塑弹性体的模量比较高，它的硬链段可以结晶，熔融温度 $T_m=160\sim180$ ℃，硬链段非晶相的玻璃化转变温度 $T_g\approx110$ ℃，这就决定了它的使用温度也比 SBS 三嵌段共聚物的高。软链段的聚集相与聚酯醚多嵌段共聚物类似。聚氨酯热塑弹性体已广泛用于制作多种耐油、耐候弹性体及弹力纤维。采用专门的工艺可以生产软泡沫塑料，具有优异弹性及高回弹性，获得了广泛应用。

4. 接枝共聚物

（1）高抗冲聚苯乙烯 HiPS：无规聚苯乙烯的主要缺点就是抗冲击性能不好，但经接枝共聚得以显著改善。具体方法是：将顺式 1,4-聚丁二烯溶于苯乙烯单体中，经自由基引发，在顺式 1,4-聚丁二烯主链上接枝上一定量的聚苯乙烯枝链。形成的接枝共聚物就是高抗冲聚苯乙烯。它已广泛用于制作餐具、杯子、可携带食品容器、厨房用具等，生产成本较低，是极具竞争力的材料。

（2）ABS 共聚物是久经考验的优秀工程塑料，它的制备过程是将顺丁橡胶、丁苯橡胶、丁腈橡胶中任意一种或三种橡胶的某种混合物溶于苯乙烯单体或苯乙烯和丙烯腈混合单体中，经自由基引发聚合，聚苯乙烯或苯乙烯和丙烯腈无规共聚物以枝链接枝在橡胶主链上，可以想象是一种复杂的接枝共聚物的混合物，结构调节的余地很大，可以根据性能的要求确定结构与配方的选择。ABS 工程塑料呈现为尺寸稳定性、耐油耐化学腐蚀性、耐热性、电绝缘性均好的坚韧塑料。主要的缺点是丁二烯结构单元的存在带来耐候性和耐环境老化不理想。尽管如此，ABS 工程塑料一直广泛地应用于家电设备和各种机械设备。

1.4　大分子链结构单元构型

聚合物大分子链的结构单元化学组成确定之后，接着就是结构单元的构型问题。构型指的是分子中的化学键所决定的原子空间排布。这种原子的空间排布只有通过化学键的断裂与重组才能改变。大分子链结构单元的构型指的是链结构单元键接方式，有规立构、旋光异构、序列结构及聚合物链的支化与超支化、交联网状结构。

1.4.1　链结构单元键接方式

对于缩聚和开环聚合反应，单体是以某种确定的方式连接在一起的。化学结构对称的烯类单体(如乙烯和四氟乙烯等)聚合时结构单元间只有一种键接方式。但是，对于

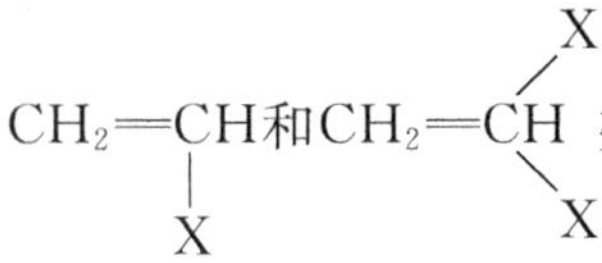

类单体，有取代基的一端称为“头”，而亚甲基的一端称为“尾”，聚合时链结构单元间的键接方式可能有三种，即

头尾接

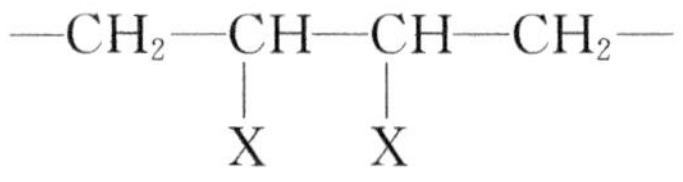

头头接

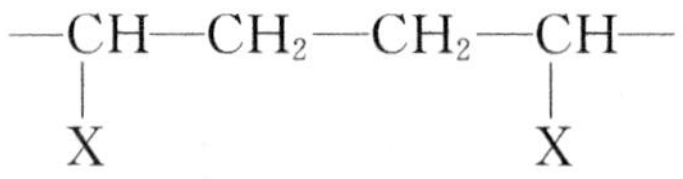

尾尾接

研究结果表明，对于烯类聚合物，无论自由基聚合还是离子型聚合，反应产物中大多数是以头尾接方式键接成链的。对于含氟聚合物，链结构单元头头接和尾尾接比较容易出现，因为非对称取代的氟原子尺寸小，空间位阻小。例如，聚偏氟乙烯的头头接含量可达 10%～20%，聚氟乙烯的头头接含量甚至可达 32%。聚偏氟乙烯中的头头接对其压电性有比较明显的影响。聚乙烯醇中的头头接也比较多见，对其缩醛化反应有不利影响。

1.4.2　链结构单元的有规立构

所谓有规立构聚合物是指其链结构单元中至少含有一个带有两个不同取代原子或基团的主链碳原子，并且沿整个分子链环绕这种碳原子的构型是有规律的。如果大分子链用 Fischer 投影法表示，在相邻结构单元中同一种取代基都排列在表示主链的线的同一侧，那么这种聚合物就称为全同立构聚合物。其结构为

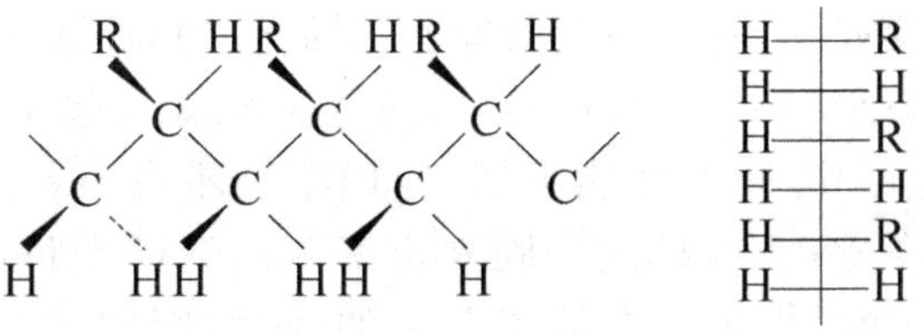

若在相邻结构单元中同一种取代基间隔排列在表示主链的线的不同侧，则这种聚合物称为间同立构聚合物。其结构为

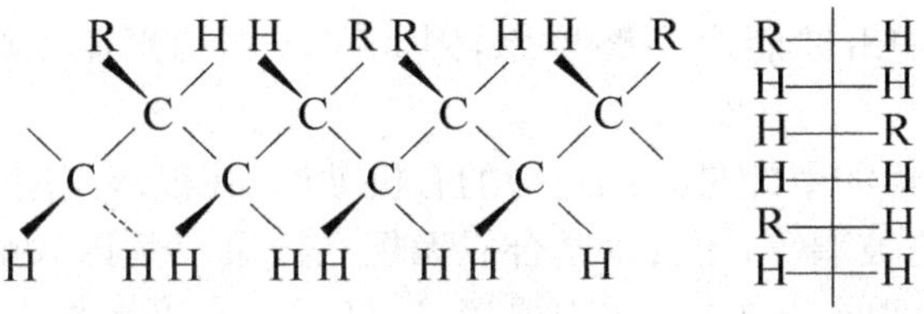

若在相邻结构单元中一种取代基在表示主链的线的两侧排列没有规律，则这种聚合物称为无规立构聚合物。通常自由基聚合得到的聚合物是无规立构的，而齐格勒-纳塔催化剂作用下的定向聚合得到的聚合物是有规立构的。高分子链的有规立构对聚合物物理性质的影响见表 1.3。

表 1.3　高分子链的有规立构对聚合物物理性质的影响

聚合物	熔融温度① T_m/ K	玻璃化转变温度② T_g/ K	密度/(g/cm³)
全同立构聚丙烯	α 444, β 418 (T_m^0=186 ℃)	255	0.936，0.91
间同立构聚丙烯	455(T_m^0=182 ℃)	269	0.87～0.89
无规立构聚丙烯	—	267	—
间同立构聚氯乙烯	538(64%有规度) 658(100%有规度)	—	1.42
无规立构聚氯乙烯	—	360	1.39
全同立构聚苯乙烯	516	360	1.13(ρ_c)，1.052(ρ_a)
间同立构聚苯乙烯	560	378	1.033($\rho_{c\alpha}$)，1.068($\rho_{c\beta}$)，1.049(ρ_a)
无规立构聚苯乙烯	—	373	1.06
全同立构聚甲基丙烯酸甲酯	411	316	1.22
间同立构聚甲基丙烯酸甲酯	＞398	433	1.19
无规立构聚甲基丙烯酸甲酯	—	378	1.188

从聚丙烯来看，它的大分子链具有有规立构，而且有规立构度达到 90%以上，全同立构聚丙烯和间同立构聚丙烯显示了比较强的结晶能力，因而具有优异的力学性能，使用温度稍高于 100 ℃，纺成丝、拉成膜及注塑成型后显示了多种多样的有特色用途，近 30 年来发展很快，还展示了诱人的发展前景。无规立构聚丙烯力学性能差得很远，一般作为辅助共混料，不具备独立的使用价值。

间同立构聚氯乙烯并未成为单独的产品，自由基聚合得到的聚氯乙烯往往含有 50%甚至更多的间同立构聚氯乙烯，它可以结晶，但结晶度很低(低于 10%)。所以间同立构聚氯乙烯

① James E M. Physical Properties of Polymers Handbook. 2nd ed. New York：Springer，2007.

② van Kvevelen D W，te Nijenhuis K. Properties of Polymers. 4th ed. New York：Elsevier B V，2009.

结晶后,实际相当于物理交联点,对无规立构聚氯乙烯基质起补强作用,也可以形成凝胶。作为广泛使用的聚氯乙烯就是这种自增强材料。无规立构聚苯乙烯早已是应用广泛的高分子材料,它的主要缺点是脆性大,抗冲击性能不好,使用温度不高(低于 80 ℃)。全同立构聚苯乙烯结晶后熔融温度高达 240 ℃,显然全同立构聚苯乙烯已允许在高得多的温度下使用,然而由于它的结晶速率太慢,再加上合成工艺上的问题,因此 20 世纪 50 年代就已经合成出来的全同立构聚苯乙烯一直未能批量生产。茂金属催化剂合成的间同立构聚苯乙烯有了突破,发展至今已显示了优异的力学性能和加工性能,它的熔融温度高达 270 ℃,已经实现了商品化生产,其抗冲击性能尚不够理想,因此间同立构聚苯乙烯的抗冲击性仍是人们十分关注的研究方向。

无规立构聚甲基丙烯酸甲酯是人们熟知的有机玻璃,在很多应用领域,它相对于无机玻璃具有明显的优势,如航空玻璃等,用自由基合成无规立构聚甲基丙烯酸甲酯的过程中,聚甲基丙烯酸甲酯结构单元以间同立构构型实现连接具有优势,所以无规立构聚甲基丙烯酸甲酯的分子链中常有高于 50%的间同立构构型,无规立构聚甲基丙烯酸甲酯与间同立构聚甲基丙烯酸的玻璃化转变温度很接近。全同立构聚甲基丙烯酸甲酯的玻璃化转变温度 $T_g \approx 45$ ℃,有待实验进一步检验。

“有规立构”这一概念也可以包含几何异构,即顺反异构这一情况。例如,1,4-加成聚丁二烯就有顺反异构体,顺式 1,4-加成聚丁二烯就是轮胎中大量应用的顺丁橡胶。1,4-加成聚异戊二烯的顺反异构体则是另一个典型例子。所谓顺式和反式指的是在聚 1,4-加成二烯烃中,主链上的双键两边的单键处在双键的同一侧还是处在双键的两侧,前一种情况就是顺式 1,4-加成,后一种情况则是反式 1,4-加成,示意如下:

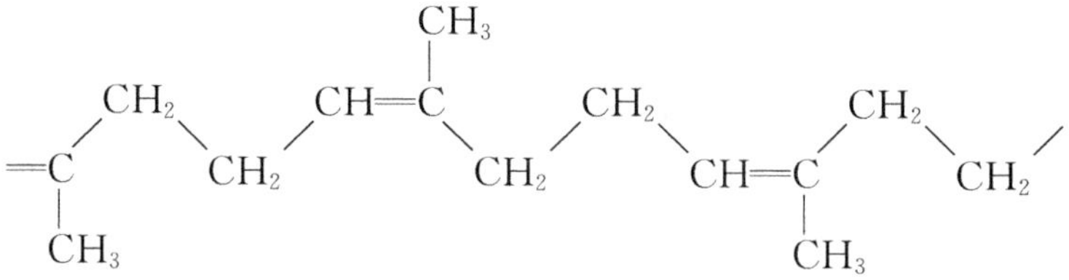

顺式 1,4-加成

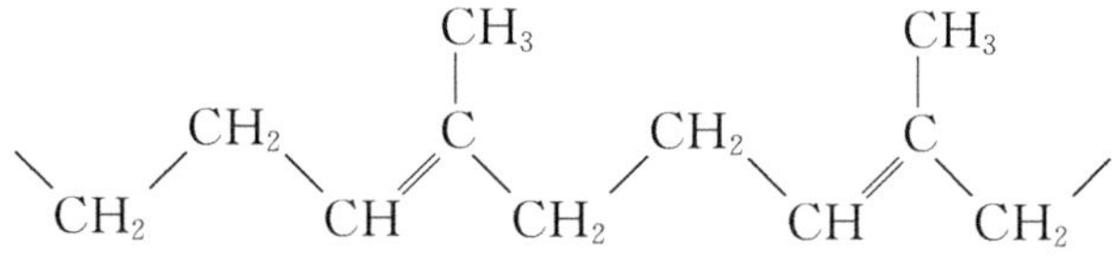

反式 1,4-加成

无论顺式 1,4-加成还是反式 1,4-加成聚异戊二烯,都是可以结晶的。顺式 1,4-加成聚异戊二烯就是天然橡胶,反式 1,4-加成聚异戊二烯则是所谓的古塔波胶(杜仲胶)。它们的玻璃化转变温度比较接近,都远低于室温,它们的非晶态在室温都可以呈现高弹性,但结晶会影响它们的高弹性,对于顺式 1,4-加成聚异戊二烯,结晶没有影响它在室温上下的高弹性,因为它的结晶速率很慢,熔融温度仅为 28 ℃。顺式 1,4-加成聚异戊二烯如果在−50～−40 ℃被放置比较长时间,就会结晶变硬而失去弹性。实践已证明,天然橡胶就其综合性能来说是比较理想的弹性体。然而古塔波胶就不同了,它结晶速率快,而且其熔融温度为 74 ℃,是有特色的塑料。

1.4.3 链结构单元的旋光异构

旋光性指的是一定波长的偏振光通过某物质或其溶液时,光的偏振面旋转一个角度。依偏振面旋转方向，顺时针旋转称为右旋或正旋，反时针旋转称为左旋或负旋(反旋)。氯溴乙烷就是这样一种物质，碳的四个取代基都不一样，C^* 就是所谓的不对称碳原子，按照四面体模型，以碳原子 C^* 为中心可以构成四面体，两种四面体互为映像，示意图为

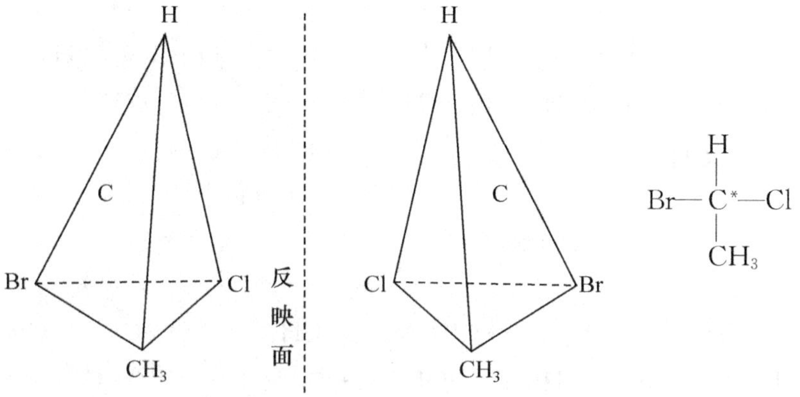

它们就是氯溴乙烷的两种旋光异构体，可以在相反的方向(右旋或左旋)旋转入射偏振光的偏振面。具有这样性质的物质又称为手性物质，两种手性异构体互为映像，上面所示的反映面两边的四面体就像人的左右手的关系，这里的不对称碳原子也常称为手性中心。一种化合物是否有不对称碳原子，或它是否有手性中心，就是它是否具有光学活性的必要条件。

聚合物是否具有光学活性取决于聚合物的链结构单元是否具有不对称碳原子，或者说它的链结构单元是否具有手性中心。例如，选用光学活性催化剂，如二乙基锌-R-冰片体系，可使L-氧化丙烯开环聚合生成具有光活性的聚氧化丙烯。

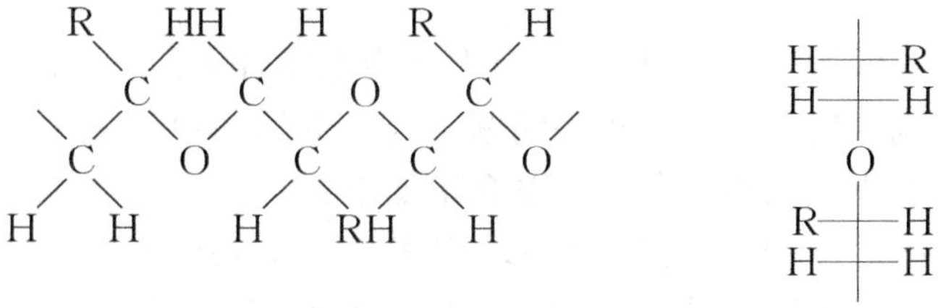

这一聚合物的链结构单元中都有一个不对称碳原子。α-甲基-α-乙基-β-丙内酯经阴离子聚合法开环聚合，得到不同光学活性组成的聚(α-甲基-α-乙基-β-丙内酯)。

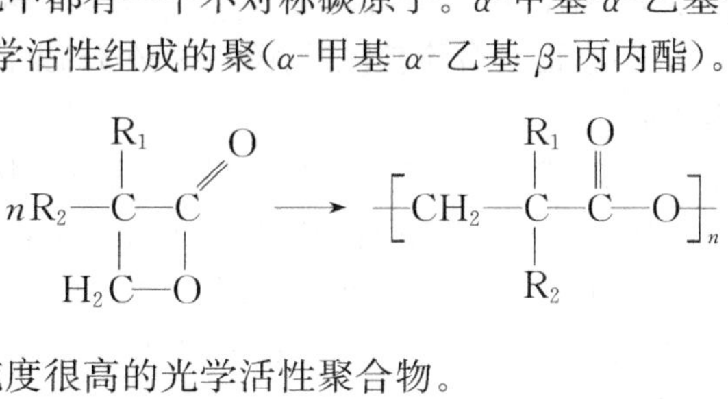

聚合产物再分离可得到纯度很高的光学活性聚合物。

乳酸(羟基丙酸)的化学结构式为

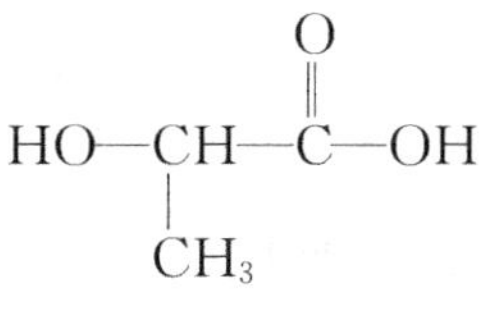

为了得到分子量符合要求的聚乳酸,需要先使羟基丙酸生成环状二聚体丙交酯,然后再开环聚合得到聚乳酸。羟基丙酸已具有旋光性,它的左旋异构体常称为 L-乳酸,右旋异构体常称为 D-乳酸。它们所形成的环状二聚体丙交酯分别表示为

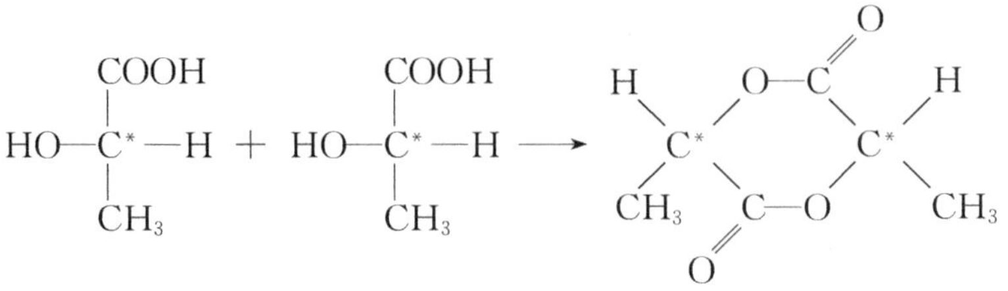

L-乳酸　　　　L-丙交酯

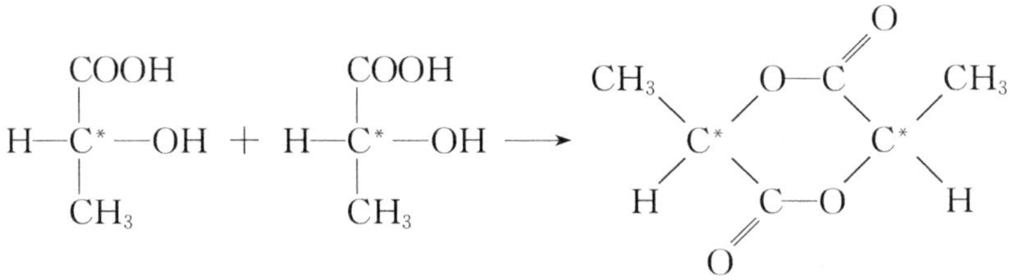

D-乳酸　　　　D-丙交酯

丙交酯开环聚合分别生成聚 L-乳酸(PLLA)和聚 D-乳酸(PDLA)。这两种聚乳酸的结构单元都有手性中心,所以它们都是光学活性聚合物。聚乳酸特别是聚 L-乳酸已经是很重要的植入体内的医用材料,因为它们有很好的生物相容性,而且是可生物降解的聚合物。

1.4.4　链结构单元的序列结构

共聚物(如二元共聚物)的链近程结构的构型除上述各方面外,还有两种链结构单元间排列顺序、各自的序列长度与长度分布等问题。这种链结构单元的序列结构的表征方法将在第 2 章详细叙述,这里仅从构型角度简单介绍如下:

假定无规共聚物由 A 和 B 结构单元组成,则邻接二单元组可以有(AA)、(BB)和(AB)或(BA)3 种;如果考虑三个邻接的结构单元,即三单元组,则有(AAA)、(AAB)、(BAB)、(ABA)、(BBA)和(BBB)6 种;类推四单元组可以有 10 种。研究结果表明,红外光谱一般可以反映出三单元组的序列结构变化,而高分辨核磁共振(220 MHz 以上的核磁共振)可以观测出五单元组以上的序列结构变化。

AB 嵌段共聚物是指其分子链基本由 A 序列和 B 序列组成,AB 接很少。AB 交替共聚物分子链则只有 AB 接,A 和 B 结构单元不形成各自的序列。无规共聚物的分子链可能有各种二单元组、三单元组和更高级单元组,可用共聚理论计算序列结构出现的概率,这里只考虑比较简单的情况,即 A 和 B 结构单元在链增长的过程中反应几乎不依赖于已形成的链序列结构。

引入交替次数 R 表示共聚物结构单元序列变化情况,其定义为在共聚物的每 100 个链结构单元中序列交替的次数。例如,由下面 20 个链结构单元组成的共聚物链

—A—B—A—A—B—A—B—A—A—A—B—B—A—B—B—B—B—A—A—B—

凡非 A—A 和 B—B 连接即称为一次交替,所以这一共聚物链中共交替了 12 次,相当于在 100 个链结构单元中总共交替了 60 次,即交替次数 $R=60$。R 最大等于 100,R 越大,越接近于交

替共聚物；序列中一种链结构单元自身连接的长度越长，R 越小，嵌段性越强，R 最小为零，相当于均聚物。因此，R 值是表征共聚物序列结构的重要参数之一。

如果聚合度很大，端基的影响可以忽略，那么链结构单元 A 序列的每一次交替到链结构单元 B 序列就有一个 A—B 键接，因此 A—B 键接的百分数，即每 100 个链结构单元中 A—B 键接的数为

$$\%(\text{A—B})\text{键接} = R/2$$

或

$$\%(\text{B—A})\text{键接} = R/2$$

在链结构单元 B 的右侧是链结构单元 B 相邻的数，应等于全部 B 结构单元数减去右侧是链结构单元 A 相邻的数，即

$$\%(\text{B—B})\text{键接} = \%\text{B} - \%(\text{B—A})\text{键接} = \%\text{B} - R/2$$

或

$$\%(\text{A—A})\text{键接} = \%\text{A} - R/2$$

式中，%A 和%B 分别为共聚物中的链结构单元 A 和 B 的摩尔分数。

链结构单元 A 和 B 的数均序列长度 $\overline{L_{n\text{A}}}$ 和 $\overline{L_{n\text{B}}}$ 为每 100 个链结构单元中存在的各种单元数除以相应链结构单元序列数，即

$$\overline{L_{n\text{A}}} = \%\text{A}/(R/2)$$

$$\overline{L_{n\text{B}}} = \%\text{B}/(R/2)$$

在 B 链结构单元右侧是 A 链结构单元的概率 P_{BA} 等于全部 B—A 键接的数目除以全部 B 链结构单元数，即

$$P_{\text{BA}} = (R/2)/\%\text{B}$$

$$P_{\text{AB}} = (R/2)/\%\text{A}$$

$$P_{\text{BB}} = (\%\text{B} - R/2)/\%\text{B}$$

$$P_{\text{AA}} = (\%\text{A} - R/2)\%\text{A}$$

因此，如果共聚物的组分比（%A，%B）和 R 已知，则 $\overline{L_{n\text{A}}}$ 和%（A—A）键接数等可求。反之，共聚物的组分比和%（A—B）键接数等值已知，则可求得 R 值。

下面以含少量第二单体的聚乙烯和聚丙烯共聚物为例，说明链结构单元序列结构的重要性。

这里所看到的聚乙烯共聚物和聚丙烯共聚物也可以认为是比较特殊的共聚物，它们的第二单体含量低（质量分数为 10%左右或更少），聚乙烯和聚丙烯的基本物理性质仍然保留。

线形低密度聚乙烯，在聚合时引入第二单体，可以是丁烯、戊烯、己烯或庚烯，第二单体在线形低密度聚乙烯中以等长度的短支链存在，不同的第二单体所形成的短支链长度不一样，这些短支链在主链上的分布也会有差别。规整的短支链对线形低密度聚乙烯的力学性能有重要作用，使其抗撕裂强度显著提高。与此同时短支链在聚乙烯主链上的分布直接影响主链乙烯的序列长度及其分布，乙烯序列长度不同，结晶能力不同；乙烯序列长度的分布将影响线形低密度聚乙烯晶相、非晶相及其界面，进而也会影响线形低密度聚乙烯的力学性能与热性能。近 20 年来，用升温淋洗分级的方法分离分析线形低密度聚乙烯链乙烯序列长度及其分布很有成效，其原理就在于不同序列长度的乙烯链段的结晶尺寸与完善程度不同，因而在不同温度下才能被淋洗出来，这样就可以将线形低密度聚乙烯中不同主链乙烯序列长度的级分分离出来，从分离结果就可以得到有关主链乙烯序列长度分布的信息。序列长度分布数据对控制聚合工艺条件和产物性能有重要意义。

高抗冲聚丙烯就是低乙烯含量聚丙烯共聚物,用不同溶剂萃取分离这种聚丙烯共聚物,结果表明,它由四种不同乙烯和丙烯结构单元含量的级分组成:第一级分是在链的尾部仅含10%左右乙烯结构单元的聚丙烯共聚物,它的凝聚态结构与性能和均聚聚丙烯几乎没什么区别,其质量分数约为70%,这一级分决定了聚丙烯共聚物的基本物理和化学性质;第二级分是乙烯、丙烯无规共聚物(乙丙橡胶),乙烯和丙烯结构单元序列都很短,都不能结晶,其质量分数约为20%;第三级分是乙烯、丙烯短嵌段共聚物,丙烯嵌段稍长,已可以结晶,质量分数为7%~8%;第四级分为乙烯、丙烯嵌段共聚物,乙烯嵌段和丙烯嵌段都已足够长,可以结晶,质量分数约为2%。第一级分相当于共混体系的基质,第二级分相当于分散相,起增韧作用,第三级分和第四级分可以起增溶和调节界面的作用。这四个级分是在聚合过程中原位自然形成的,四个级分间乙烯、丙烯组成关系以及乙烯、丙烯链结构单元序列结构(序列长度与长度分布)也是原位自然匹配而成。正是这一情况决定了低乙烯含量聚丙烯共聚物作为抗冲改性聚丙烯与非聚合过程的物理共混改性聚丙烯所具有的优越性。聚丙烯共聚物经济上的优势更决定了它的迅速增长与发展趋势。这里要强调的是,在聚丙烯共聚物原位合成过程中所形成的级分的序列结构及它们之间的匹配关系起了非常重要的作用。

这里还应指出的是,有规立构均聚聚丙烯也存在序列结构问题。无论是全同立构聚丙烯还是间同立构聚丙烯,它们的链结构单元的有规立构序列都可能存在缺陷,就是说分子链中有规立构序列被打断,不同长度的有规立构序列的长度有一定的分布,从分布可以计算得到有规立构序列的平均长度。无论是全同立构还是间同立构,它们的平均序列长度及序列长度分布都是可以用统计理论处理得到的参数,并从高温^{13}C核磁共振高分辨谱定量计算得到。

1.4.5　聚合物链的支化与超支化

烯类自由基聚合过程中,自由基链转移导致无规支化,支化点无规地分布在主链上,深度支化可能导致无法辨认主链与支链,最典型的支化结构就是低密度聚乙烯,如图1.1(b)所示。

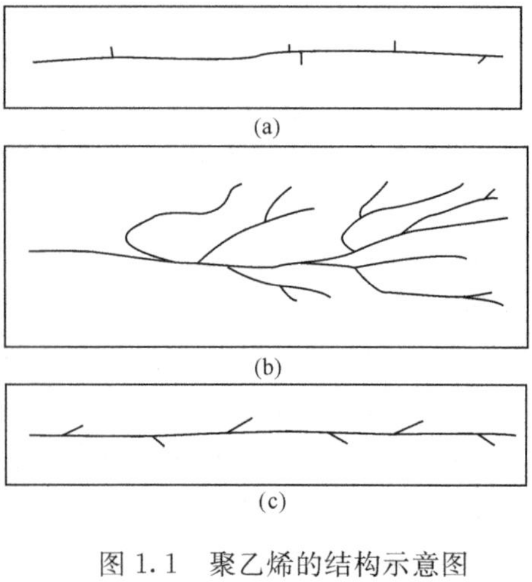

图1.1　聚乙烯的结构示意图

(a) 高密度聚乙烯(HDPE);(b) 低密度聚乙烯(LDPE);(c) 线形低密度聚乙烯(LLDPE)

支化使得低密度聚乙烯结晶能力变弱,熔融温度与熔体黏度降低,比较容易加工成型,反而形成了它的某种优势。线形高密度聚乙烯结晶度可以很高,使其具有坚硬、强度高、耐较高温度的特性。它易于加工成粉料,能满足一些特殊需要。线形低密度聚乙烯成膜性能非常优异,决定了它诞生以来的竞争力,这是它规整的短支链作用的结果。

支化的另一种途径是在某种聚合过程中添加少量官能度大于2的第二单体,如在聚酯缩聚过程中加入少量丙三醇;烯类聚合过程中加入少量二烯类单体,聚合产物中剩余双键再活化,都可以形成支化高分子。星形聚合物的成功合成开辟了非线形聚合物发展的有效途径,其主要方法是在利用多官能度偶联剂的基础上,再经阴离子引发得到的活性聚合物促使关联反应完成，从而得到各种多臂星形聚合物。比较典型的多官能度偶联剂是氯硅烷(chlorosilane)，下面列出了 3 臂和 12 臂氯硅烷：

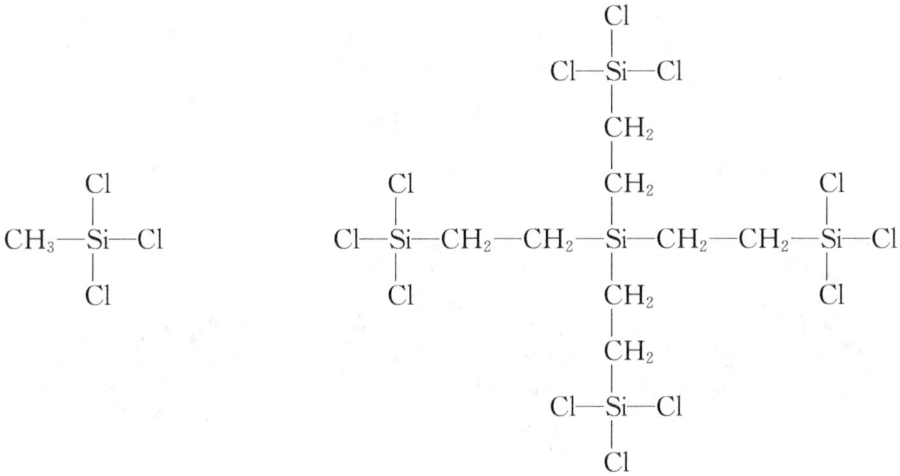

活性聚合物大分子(如活性聚苯乙烯或活性聚丁二烯大分子链)与氯硅键的偶合反应受空间位阻影响较小，偶合取代反应效率比较高。这种星形聚合物的核是稳定的硅烷化合物。核的臂数就决定了星形聚合物的臂数，而阴离子活性聚合物就决定了星形聚合物等长的臂。

树枝链聚合物是支化聚合物的更新的发展，也是典型的超支化聚合物。如果一个核伸出三个或更多个臂，每个臂的末端仍带有多官能度，可以再与过剩单体或其他类型单体反应，所有支化点具有同样的官能度和支化点间链段是等长的，这样的超支化大分子称为树枝链(dendrimer)。例如，以 NH_3 作为三官能度的核进行丙烯酸甲酯的迈克尔(Michael)反应，生成中间体 $N(CH_2CH_2COOCH_3)_3$，大量过剩的 $H_2NCH_2CH_2NH_2$ 接续反应生成 $N(CH_2CH_2CONHCH_2CH_2NH_2)_3$，它称为第零代扩展的核胞，过剩的丙烯酸甲酯进一步发生 Michael 加成，与过剩的乙二胺缩合反应生成具有 6 个氨基的第一代氨基胺树枝链，其树枝链的化学结构式为

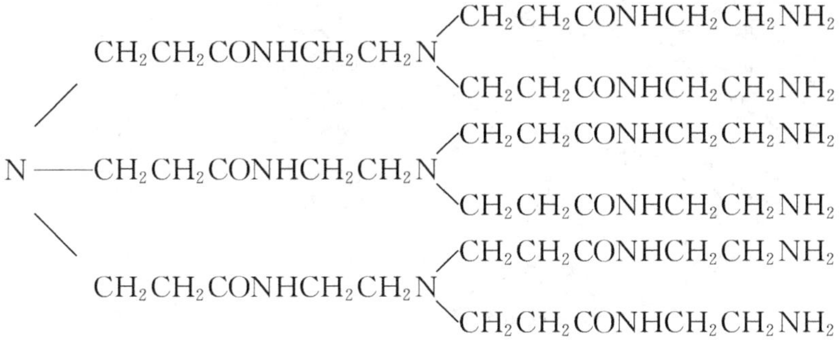

第零代　　　　第一代

从核胞向外两分枝方法已能合成到第十代树枝链。产物的分子量分布很窄，分子链结构相当均匀。12 个氨基 24 个官能度的第二代树枝链示意如下：

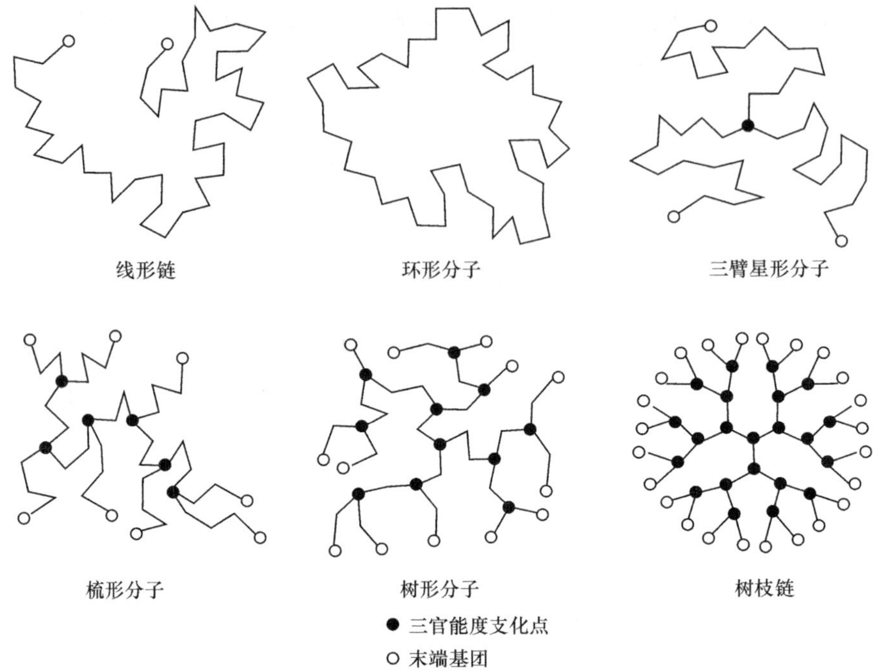

这里示出的是 45 个单体单元可能实现的各种聚合物分子的二维联结示意图。

树枝链的另一例是聚丙烯亚胺超支化[DAB-dendr-(NH_2)$_x$]。从 1,4-二氨基丁烷开始，与 4 个丙烯亚胺单体加成，得到具有 4 个氨基端基(x=4)的第一代聚丙烯亚胺树枝链。丙烯亚胺单体逐步加成可得到第五代树枝链(x=8,16,32,64)，如图 1.2 所示。

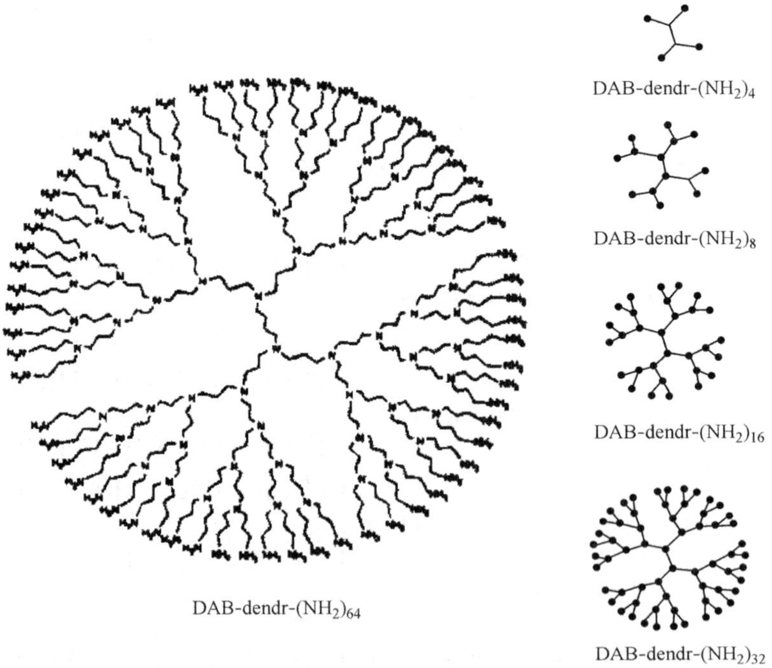

图 1.2　聚丙烯亚胺树枝链[DAB-dendr-(NH_2)$_x$]结构示意图

由于树枝链最外壳的空间限制，更高代的聚丙烯亚胺树枝链的完善结构已难以合成。

这种树枝链聚合物已显示出的溶液黏度特点是随分子量增加呈现出一极大值，然后随分子量继续增加而降低。透射电镜观测到乙二胺与丙烯酸甲酯反应生成的树枝链形态呈现为球状，它的第十代树枝链的分子量的理论值为 934 721，所具有的平均直径为 14.7 nm。人们已经在预示和探索这种新的非线形聚合物可能的应用前景。

(1) 药物释放输载器。树枝链聚合物用于药物释放具有重要特征，如能使药物在血液中循环周期延长，改进药物与细胞膜的作用，施用抗体针对性强，改善疏水药物的胶囊包装和溶解等。

树枝链聚合物有两种存放药物的区域：第一区域，树枝链的外壳可以制成带有反应性基团的，这些基团可以与药物键接；第二区域，树枝链的内部区域平均密度比较低，低于其表面密度。药物在树枝链内部有充分的储存空间，客体药物分子可慢慢地扩散出来。

用树枝链发展控制药物释放已经研究成功，通过络合作用改善疏水药物的水溶性。利用树枝链结构特征可以为特殊的药物设置疏水空间，从而改进药物释放的控制。

(2) 在聚合物体系中制作金属和半导体的纳米颗粒。

(3) 树枝链络合物可以作为配位体与毒物金属离子结合，可用于治理被污染的水和土壤。

(4) 利用树枝链提高临界断裂能量的释放速率，以增韧塑料对抗断裂。

(5) 在离子交换色谱中，树枝链可以作为固定液，实现可调制的分离的选择性。

1.4.6　聚合物的交联网状结构

很多具有交联网状结构的聚合物有比较悠久的发展史，如硫化的天然橡胶、热固性的酚醛塑料等，至今它们仍被广泛使用，而且仍然显示着无可取代的性能与作用。之所以这样，交联网状结构的作用是非常重要的。交联指的是聚合物分子链间通过化学键(主要是共价键)联系在一起，聚合物内的分子链形成链网，化学键连接起来的位置称为交联点，交联点间分子链称为网链。根据聚合物内交联点密度高和低(重交联和轻交联)可分为两类：密集型交联网状聚合物和疏松型交联网状聚合物。

1. 疏松型交联网状聚合物

典型的实例是顺式 1,4-加成聚丁二烯和顺式 1,4-加成聚异戊二烯用硫交联而成的网状结构。一般来说，硫化的顺丁橡胶与天然橡胶的分子量为 1×10^5，硫化后交联点间的分子量为 $5\times10^3\sim10\times10^3$，相当于原橡胶的每个分子链上形成了 10～20 个交联点。这样的交联点密度保证了交联橡胶的高弹性，交联点间足够长的分子链决定了交联网的熵弹性，一定量的交联点决定了交联网的弹性回复，甚至在理想情况下永久形变为零。

聚氨酯是二异氰酸酯与聚醚或聚酯大醇先生成预聚物，再用小分子二醇或二胺经扩链反应生成。聚氨酯可以是线形热塑弹性体，呈现高弹性，硬链段聚集构成物理交联点，而软链段构成物理交联网的网链，一般也是疏松型交联网。如果在聚氨酯合成过程中适当加入三官能团的大醇或适量三官能团的扩链剂，形成化学交联点及相应的交联网，交联网的交联密度很容易调节控制，可以得到比较理想的高回弹性疏松型交联网。

聚苯乙烯与少量二乙烯苯交联，聚酯类缩聚过程中加入少量多官能团组分，可以得到疏松型交联网。交联的聚羟乙基丙烯酸甲酯或聚乙烯基吡咯烷酮都是疏松型交联网聚合物，它们可以吸收相当量的水，但仍保持为具有橡胶弹性的固体，已用于制作隐形眼镜(膜状)。此外，聚丙烯酰胺轻度交联后，可吸收大量的水而溶胀，可用作高吸水材料及储水材料。

2. 密集型交联网状聚合物

最具代表性的密集型交联网状聚合物是酚醛树脂与环氧树脂。应用最普遍的环氧树脂是双酚 A 与环氧氯丙烷反应生成预聚物,再与二醇、二胺、二酸或酸酐进一步交联,就成为重度交联密集网环氧树脂,大量用作双组分黏合剂、复合材料。酚醛树脂就是苯酚与甲醛反应,在碱性催化剂作用下生成可溶性线形酚醛树脂,在酸性催化剂作用下生成密集型交联网酚醛树脂,后者不溶于溶剂,也不熔融,常用作电绝缘材料。

离子交换树脂是功能性密集型交联网状聚合物,苯乙烯与大量二乙烯苯共聚,再经磺化或硝化反应生成离子交换树脂,可以是阳离子型的也可以是阴离子型的,广泛用于净化水、药物分离等方面。

1.5　天然高分子

天然高分子可基本上认为由四类组成:多糖(polysaccharide)、蛋白质(protein)、核酸(nucleic acid)(或者它们的组合物)及碳氢聚合物。最后一类包括天然橡胶(natural rubber)和古塔波胶(Gutta-percha),在前面已有所介绍,这里就前三类进行介绍。

1.5.1　多糖

多糖是低分子量多羟基化合物(如糖)构成的聚合物。绝大多数多糖是葡萄糖或其衍生物的聚合物。葡萄糖 $C_6H_{12}O_6$ 是一环状半缩醛,有两种异构体:α 型和 β 型。

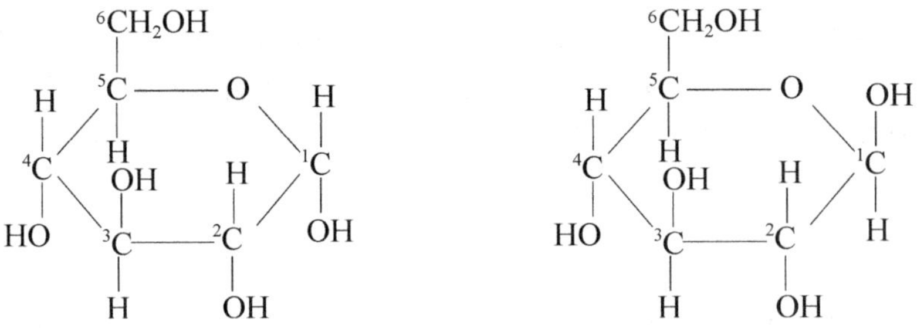

α 型葡萄糖　　　　β 型葡萄糖

这两种异构体在半缩醛 C_1 的位置上构型不同。在溶液中它们容易相互转换。然而,在绝大多数多葡萄糖苷内,C_1 位置上的羟基与另一葡萄糖分子上的羟基形成醚键。对于 α 型葡萄糖或 β 型葡萄糖,这一醚键都将半缩醛转变成稳定的缩醛。

纤维素分子组成为$(C_6H_{10}O_5)_n$,是由 β 型葡萄糖苷键与脱水 D-六环葡萄糖所组成的线形多糖,其结构式如下:

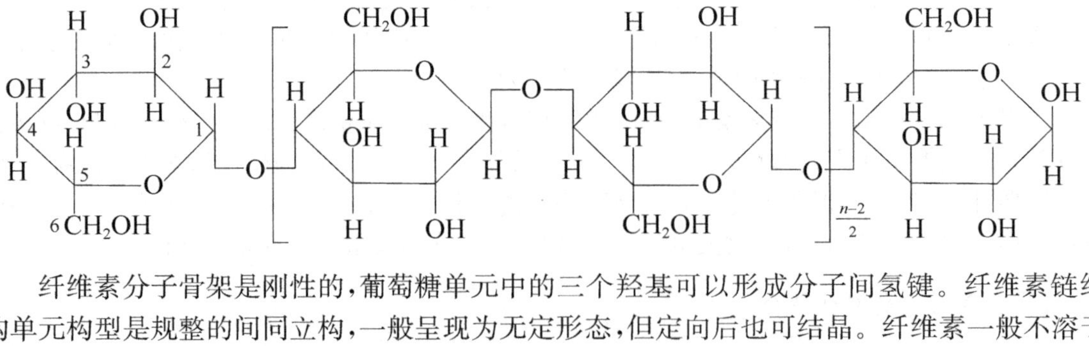

纤维素分子骨架是刚性的,葡萄糖单元中的三个羟基可以形成分子间氢键。纤维素链结构单元构型是规整的间同立构,一般呈现为无定形态,但定向后也可结晶。纤维素一般不溶于有机溶剂,只溶于铜氨等特殊溶液。在浓硫酸或锌锑氯化物的浓溶液中虽然也能溶,但有水解

反应发生。纤维素存在于各种植物的机体以及海洋生物的外膜中。不同植物中所含纤维素的分子量不同，亚麻纤维的分子量最高，达 5.9×10^6；棉花的分子量为 1.9×10^6；β-纤维素的分子量最低，约为 2.7×10^4。纤维素的相对密度为 1.25，不熔融，在 200 ℃以上分解。纤维素官能团可发生多种化学反应，其硝酸酯称为硝化纤维素，可用于制造火药、皮革及涂料。醋酸纤维素可用作塑料及各种过滤膜。甲基纤维素溶于水，乙基纤维素溶于有机溶剂，前者可形成凝胶用作增稠剂，后者可用作塑料、油墨。羟乙基纤维素是水溶性的非离子型纤维素醚，有增稠作用。羟丙基纤维素则是憎水的，可用作热塑性塑料，它的浓溶液可形成液晶。羧甲基纤维素是重要的水溶性纤维素衍生物，其钠盐具有更好的水溶性，呈现为阴离子型，可用作食品添加剂，在我国产量很大，世界上生产的规格也很多。氰乙基纤维素可用于制备过滤膜，可溶于丙酮，且具有耐酸、碱水解和抗微生物性能。

淀粉是另一种主要的多糖，化学结构式为$(C_6H_{10}O_5)_n$，其结构单元为脱水葡萄糖。具体结构为

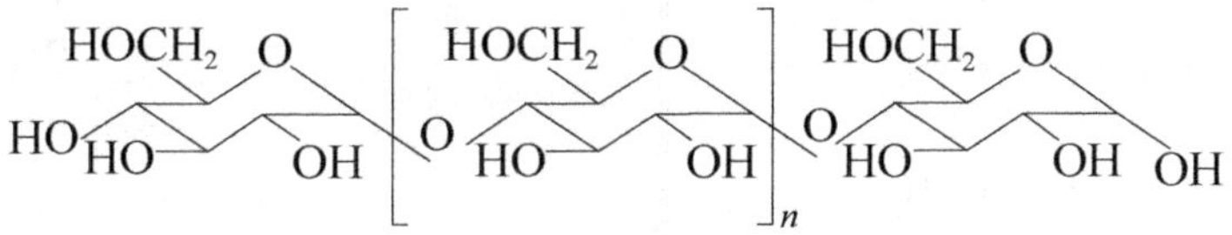

直链淀粉是可溶的，支化淀粉则是不可溶的。直链淀粉分子中脱水葡萄糖结构单元间通过 α-D-1，4-糖苷键连接。直链淀粉分子链并不是完全伸直的，呈螺旋形卷曲，6 个葡萄糖结构单元构成一个螺旋周期。直链淀粉的分子量有一个范围，玉米直链淀粉的聚合度为 200～1200，马铃薯直链淀粉的聚合度为 1000～6000。自然界存在的淀粉一般都是由直链淀粉与支化淀粉共同组成。支化淀粉一般主链为直链淀粉，脱水葡萄糖单元由 α-1，4-糖苷键连接，同样结构的支链的支化点位置则是由 α-1，6-糖苷键连接。在天然淀粉中，直链淀粉占 70%～80%，支化淀粉平均聚合度高达 10^6 以上，分子量在 2×10^8 以上，为天然高分子化合物中分子量最大的。

1.5.2　蛋白质与多肽

在活的组织中各种蛋白质有多方面的功能。尽管如此，所有蛋白质的主体结构有着异常的相似性。决定蛋白质特殊性质的通常是蛋白质大分子的高阶构象结构。而构象结构必然是蛋白质的主体化学结构作用的一种结果，活体中蛋白质的主体结构经过极为巧妙和精密的设计以达到具有各种功能。与这种精密的设计相比，化学家通过变化聚合物化学结构以实现聚合物改性的设想与行为看来确实非常粗糙。蛋白质给我们的启示是大分子工程发展的前景是无限的，不要把这一工程的目标设想得太低。所有蛋白质的变种可以通过极为简单的途径得到。所有蛋白质都是从 α-氨基酸衍生而成的聚酰胺，确切地说，它们是 20 种 α-氨基酸衍生而成的聚酰胺，更确切地说，它们是 20 种 α-氨基酸的共聚物，这 20 种氨基酸列于表 1.4。

蛋白质大分子骨架通过羰基和 α-氨基间的酰胺键形成，如—NH—CHR—CO—基团，这里 R 为依附在 α-碳上的基团。每一种 α-氨基酸中只有一个羰基和一个 α-氨基可能成为骨架的一部分，而 α-氨基酸中的另一些羰基或氨基则不能再成为蛋白质分子骨架的一部分。每一种蛋白质有特有的氨基酸数量和序列。所以说，每一种蛋白质都有如同低分子量物质一样确定的化学结构，而不像合成聚合物那样多分散组成，也可以说每一种蛋白质的链结构都是单分散的。

表 1.4　构筑蛋白质嵌段的氨基酸(amino acids-building blocks of proteins)

化合物	结构式	化合物	结构式
甘氨酸 glycine	H_2N-CH_2-COOH	精氨酸 arginine	$H_2N-CH(CH_2CH_2CH_2NH-C(=NH)-NH_2)-COOH$
丙氨酸 alanine	$H_2N-CH(CH_3)-COOH$	苯丙氨酸 phenylalanine	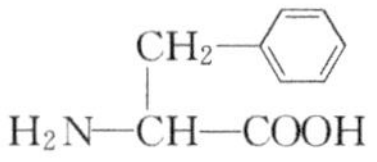
缬氨酸 valine	$H_2N-CH(CH(CH_3)_2)-COOH$	酪氨酸 tyrosine	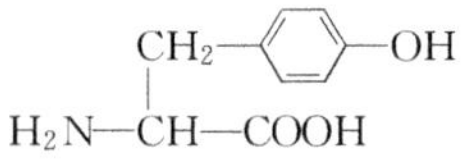
亮氨酸 leucine	$H_2N-CH(CH_2CH(CH_3)_2)-COOH$	色氨酸 tryptophan	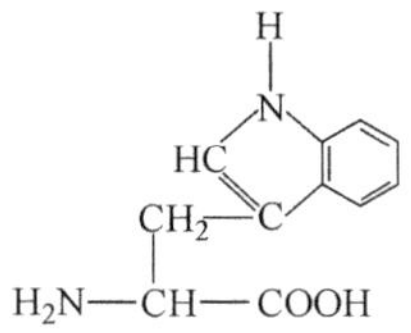
异亮氨酸 isoleucine	$H_2N-CH(CH(CH_3)CH_2CH_3)-COOH$	组氨酸 histidine	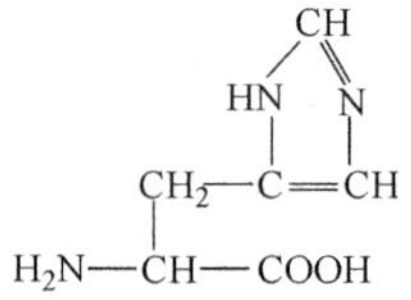
丝氨酸 serine	$H_2N-CH(CH_2OH)-COOH$	半胱氨酸 cysteine	$H_2N-CH(CH_2SH)-COOH$
苏氨酸 threonine	$H_2N-CH(CH(CH_3)OH)-COOH$	蛋氨酸 methionine	$H_2N-CH(CH_2CH_2SCH_3)-COOH$
天门(冬)酰胺 asparagine	$H_2N-CH(CH_2CONH_2)-COOH$	脯氨酸 proline	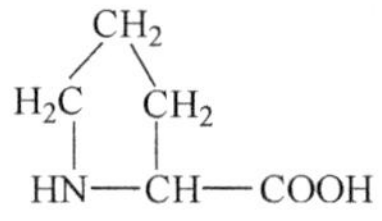
谷氨酰胺 glutamine	$H_2N-CH(CH_2CH_2CONH_2)-COOH$		
天门(冬)氨酸 aspartic acid	$H_2N-CH(CH_2COOH)-COOH$		
谷氨酸 glutamic acid	$H_2N-CH(CH_2CH_2COOH)-COOH$		
赖氨酸 lysine	$H_2N-CH(CH_2CH_2CH_2CH_2NH_2)-COOH$		

20 种氨基酸的每一种都赋予蛋白质某种特征的性质，而这种性质一方面将影响蛋白质分子的构象，另一方面还会影响它的对外作用性质。表 1.4 中所列前五种氨基酸给予蛋白质一种主要的疏水特征，而且疏水性随侧基尺寸增加而增强。侧基的形状在蛋白质分子链的折叠过程中起重要的作用。而丝氨酸和苏氨酸属于羟氨酸，它们增强了链蛋白质的亲水性，并因此而参与氢键的形成。在天门(冬)酰胺和谷氨酰胺中酰胺侧基可形成更强的氢键。天门(冬)氨酸和谷氨酸贡献酸性，而赖氨酸和精氨酸贡献弱碱性，组氨酸则贡献碱性。在给定 pH 下，酸性基团和碱性基团如同纯电荷一样决定蛋白质的聚电解质性质。在苯丙氨酸、酪氨酸、色氨酸中的芳香基团及组氨酸具有特征的电子给体-受体性质，这类性质在酶的催化部位起主要作用。在半胱氨酸和蛋氨酸中硫的独特化学性质同样受此影响。

两个氨基酸：半胱氨酸和脯氨酸对于蛋白质分子的构象有特殊作用，半胱氨酸的两个分子容易可逆地被氧化成带有一个二硫桥（CyS—SCy）的二聚体，这个二聚体有时被看成分离的酰胺酸，即胱氨酸，胱氨酸分子的两个半个可以存在于拓扑完全远离的链的组成部分，并使这些链段靠得很近。在一些情况下，胱氨酸的二硫桥（—S—S—）可以以共价键将两个蛋白质链连接起来，否则两个蛋白质链是不连在一起的。脯氨酸的作用就更微妙了。蛋白质链骨架倾向于形成螺旋。然而，脯氨酸不能适应进入这种螺旋，它的存在就是自然界用以限制蛋白质链螺旋性质程度的方法之一。

氨基酸可以形成各种长度的链。带有 2～10 个氨基酸残基的短链称为肽链（peptide）。肽链存在于活的组织中；某些肽就是活性激素（potent hormones），如催产素（oxytocin）、后叶加压素或抗利尿激素（vasopressin）、脑啡肽（enkephalin）。肽也来自于蛋白质的不完全水解。肽链达到含有10～30 个氨基酸就称为多肽，肽和多肽之间没有明确的分界线。合成的 α-氨基酸或它们的改性衍生物的聚合物常称为多肽。合成的多肽比天然的大分子（蛋白质）结构简单得多。

从形态方面来看，蛋白质可分为两类：纤维蛋白质和球形蛋白质。纤维蛋白质主要执行活组织的结构功能和保护功能。这里只介绍三种纤维蛋白质：α-角蛋白（α-keratin）纤维、β-角蛋白（β-keratin）纤维及胶原蛋白（collagen）纤维。

α-角蛋白纤维是不溶物质，构成头发、毛、指甲、角、羽毛等。头发的 α-角蛋白纤维在蒸汽加热条件下可伸长几乎 2 倍。然而，在环境温度 α-角蛋白纤维完全是硬的。从化学组成来看，它们富有疏水特征的氨基酸，包括苯丙氨酸、异亮氨酸、缬氨酸、蛋氨酸及丙氨酸。它们同时富有使相邻链构成二硫桥的胱氨酸残基。这些桥增强了 α-角蛋白纤维的不溶解性质和坚硬性。

β-角蛋白纤维不能拉伸，加热也不能拉伸。具有代表性的 β-角蛋白纤维是丝心蛋白。丝心蛋白的化学结构相对简单（简单的蛋白），由 6 个氨基酸残基周期重复组成的齐聚肽（如甘氨酸-丝氨酸-甘氨酸-丙氨酸-甘氨酸-丙氨酸）纵向拉伸形成可结晶序列。丝心蛋白也含有不结晶的系列。

胶原蛋白纤维在身体中最富集。它分布在各种类型的结缔组织内，包括皮肤、骨、腱及软骨。胶原蛋白纤维的主要氨基酸是甘氨酸、丙氨酸、脯氨酸及 4-羟脯氨酸（4-hydoxyproline），5-羟赖氨酸（5-hydroxylysine）也存在。

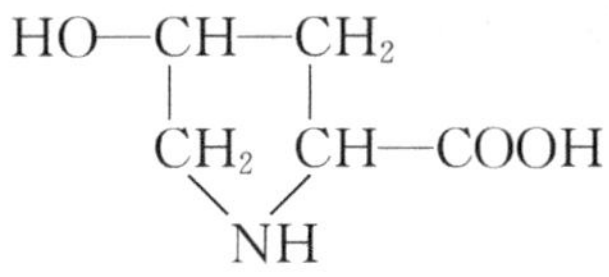

4-羟脯氨酸

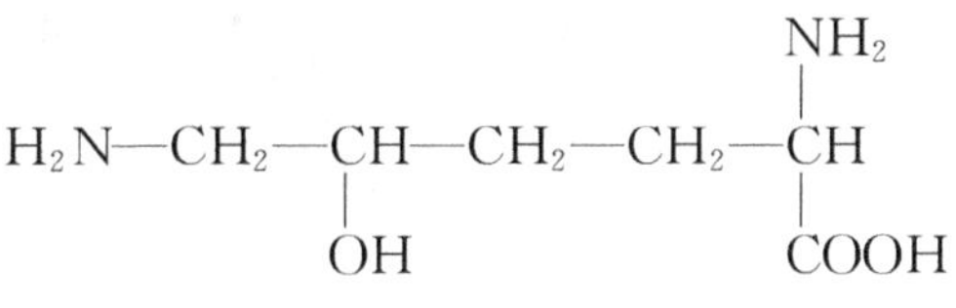

5-羟赖氨酸

已知蛋白质中只在胶原蛋白中发现了 4-羟脯氨酸和 5-羟赖氨酸。沿胶原蛋白链的每个第三位置被甘氨酸占据。煮沸变性使胶原蛋白转化为黏稠物质，如已知的凝胶化。

球形蛋白质在它们的原生态具有的链非常紧密地堆砌成或多或少硬的颗粒，其形状从几乎为球形到伸长状态都有。球形蛋白有很多类：酶 enzyme（胃蛋白酶 pepsin、胰蛋白酶 trypsin及其他蛋白酶）、运输蛋白 transport protein（血红蛋白 hemoglobin、血清 serum、白蛋白 albumin）、储存蛋白 storage protein（卵清蛋白 ovalbumin、酪蛋白 casein）、肌蛋白 myoprotein

(肌动蛋白 actin、肌球蛋白 myosin)、受体蛋白 receptor protein(T 细胞受体 T cell receptor)及抗体 antibody(γ-球蛋白 γ-globulin)。

1.5.3　核酸

核酸在活组织中具有最重要的功能。它们携带每个组织的全部基因信息,在其繁殖再生过程中复制信息,通过为特定氨基酸系列编码决定蛋白质的合成。它们也密切地参与蛋白质的实际合成。在军事专家开始采用信息编码和计算机专家发展二进位和六进位世界的描述之前几十亿年,自然界已经完善了通过发明四进位制核酸的编码行动。编码的四个字符是杂环碱,包括两个嘌呤(purine)和三个嘧啶(pyrimidine)。

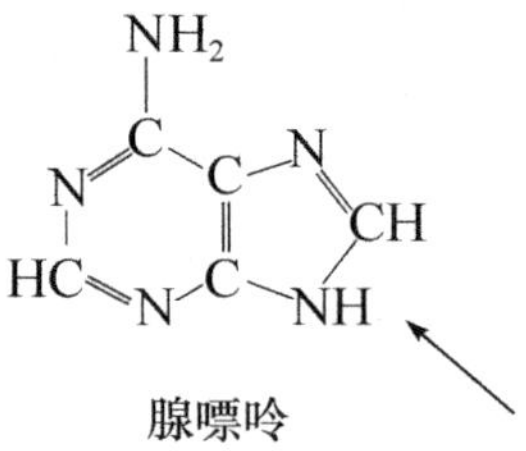

腺嘌呤
adenine

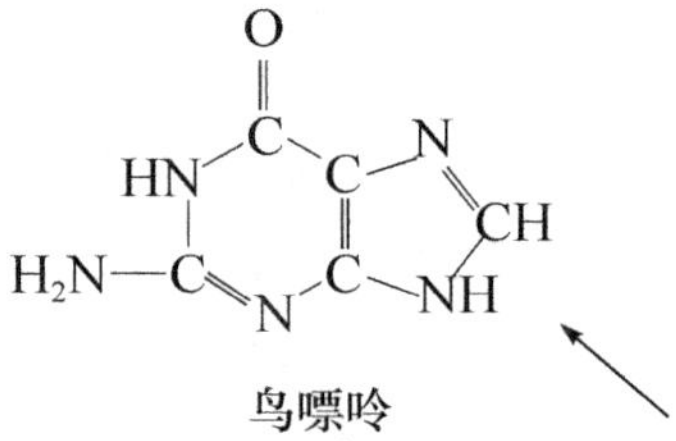

鸟嘌呤
guanine

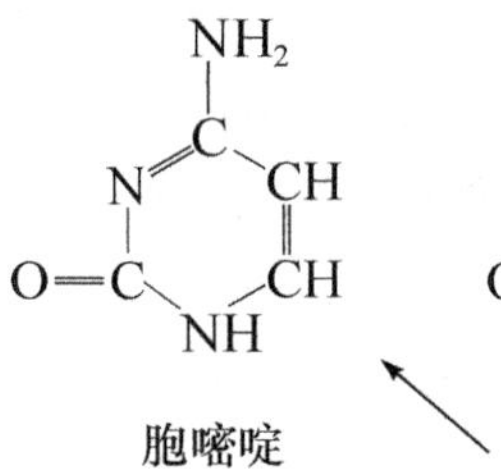

胞嘧啶
cytosine

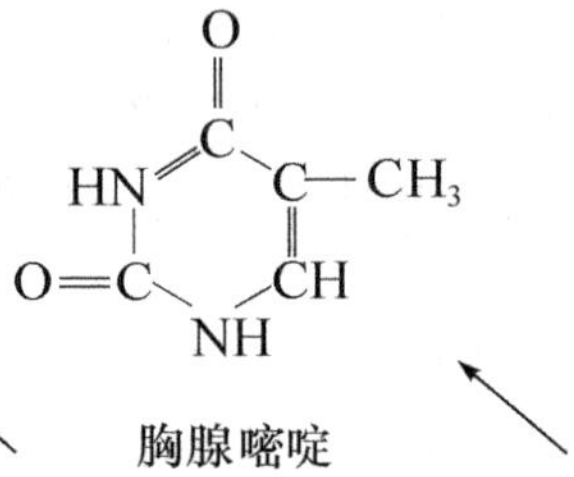

胸腺嘧啶
thymine

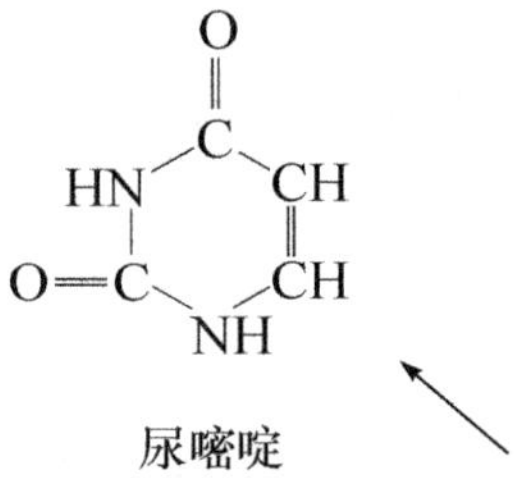

尿嘧啶
uracil

实际四进位制编码时,有两种编法,区别为用尿嘧啶或者用胸腺嘧啶,还是同时用。为了进行编码,这些碱必须排列成一维序列,就是说它们需要形成一种聚合物链式结构。大自然将它们附着在这两种五碳(5-carbon)的糖环上。

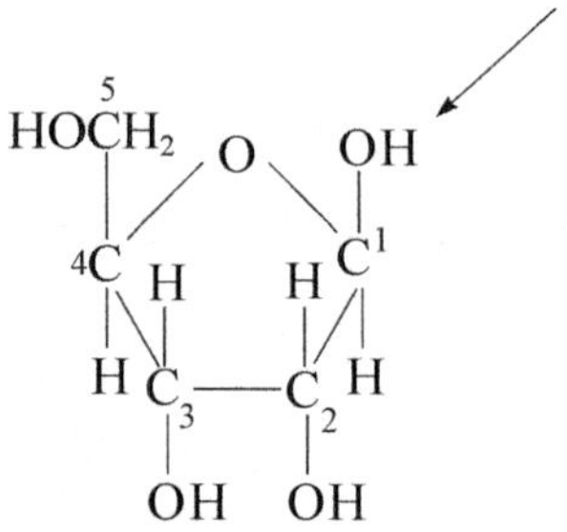

D-核糖
D-ribose

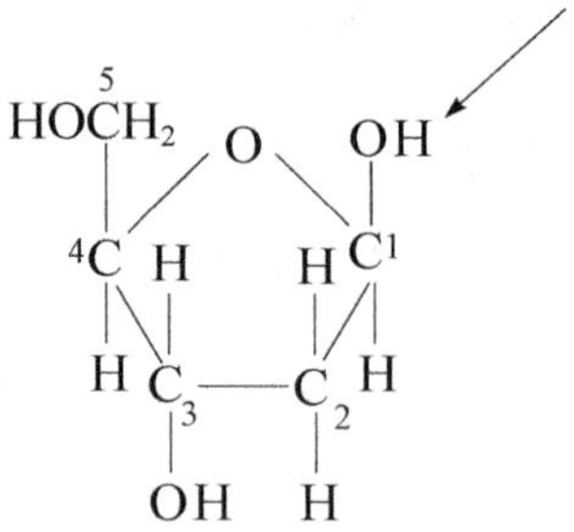

脱氧-D-核糖
deoxy-D-ribose

上述氨基碱按化学式中箭头指向位置识别相应糖环,并取代糖环中半缩醛羟基。碱与糖组合分子称为核苷(nucleoside)。当核苷糖环上的任一个(或几个)羟基被磷酸酯化后,形成的分子称为核苷酸(nucleotide)。很多核苷酸在新陈代谢过程中,特别是在利用糖和食物喂养活组织生物化学过程中起着多方面中枢作用。同一个磷酸分子可以与属于两个不同核苷上的两个羟基酯化。核酸就是以上述方式通过糖环的 C-3 和 C-5 联系在一起的核苷酸长系列，如图 1.3所示。

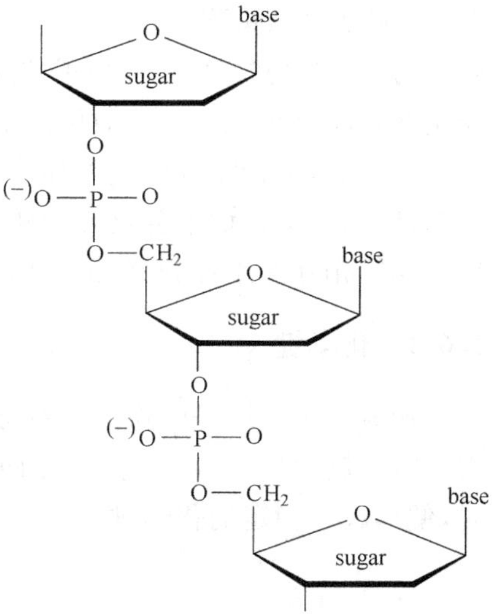

图 1.3　核酸中的核苷酸的结合

suger—糖；base—碱

在核酸中核苷酸的联结磷酸中的第三酸氢原子给予核酸酸性特性。在生理 pH 环境下这一磷酸氢原子解离，使核酸成为纯正的聚电解质。脱氧核糖核酸(deoxyribonucleic acid，DNA)的糖为脱氧核糖(deoxyribose)，核糖核酸(ribonucleic acid，RNA)的糖为核糖(ribose)。

DNA 栖息于活的细胞的内核，作为基因信息的储藏器；它通常具有很高的分子量，约为 10^7 或更大。虽然 DNA 的很多功能仍在研究中，但它在酶的合成及其他蛋白质合成中的作用已经被认识。DNA 含有四种碱基：

腺嘌呤 adenine(A)
鸟嘌呤 guanine(G)
胸腺嘧啶 thymine(T)
胞嘧啶 cytosine(C)

氨基酸残基序列在蛋白质中的编码就是这四种碱基序列。三种核苷酸中的每个基团称为一个密码子(codon)，四类核苷酸可形成 64 个不同的密码子。绝大部分密码子是对一种氨基酸编码，一些氨基酸根据几种不同的密码子进行编码。对于多肽链有起始密码(initiation codon)和终止密码(termination codon)。然而 DNA 的一些功能还没有被完全认识。核酸的每一个片段对某种特定的蛋白质或其他功能编码以后，就称为基因(gene)。显然认识基因结构、性质及功能是非常重要的。现在快速形成 DNA 中碱基序列的技术已经发展，科学家已经分析清楚了人的基因序列。

RNA 直接参与蛋白质的合成，存在三种不同的 RNA：

(1) 信使核糖核酸(messenger RNA，mRNA)，从细胞核(DNA)携带基因编码至核糖体，在此蛋白质的实际合成发生，形成细胞结构。

(2) 核糖体核糖核酸(ribosomal RNA，rRNA)，它是核糖体的主要组成部分。

(3) 转运核糖核酸(transfer RNA，tRNA)，它认读编码，并将所需要的特殊氨基酸送至合成的地方。

RNA 采用稍不同的碱基配置，它采用的碱基是

腺嘌呤 adenine(A)
鸟嘌呤 guanine(G)
尿嘧啶 uracil(U)
胞嘧啶 cytosine(C)

1.6　聚合物分子链内与分子链间相互作用

物质的结构是指物质的组成单元(原子或分子)之间在相互吸引和排斥达到平衡时的空间排

布。因此为了认识聚合物的各层次的结构，了解聚合物分子链内和分子链间的相互作用是十分必要的。不难想象，聚合物分子链内和分子链间的相互作用还将与聚合物分子链的运动，在外力作用下的各种各样的分子链的动态行为，以及最终与聚合物各种各样的性质和性能密切相关。

实际上，聚合物分子链内和分子链间的相互作用总是通过局部链结构单元的相互作用实现的，所以分析认识聚合物分子链内和分子链间相互作用归结起来就是分析认识局部链结构单元间的相互作用，因此分析认识近程结构中局部链结构单元间的相互作用就变得必要了。

1.6.1　化学键

构成分子的原子间作用力有吸引力和排斥力，吸引力是原子形成分子的结合力，称为主价力，或称键合力。排斥力是各原子的电子云之间的相互排斥力。当吸引力和排斥力达到平衡时，便形成了稳定的化学键。

1. 共价键

聚合物分子链一般都是原子通过共价键连接而成的。共价键的特点是具有饱和性和方向性。电子云分布在成键方向上呈轴对称的 σ 键是形成链状大分子的最基本的键。若主链上引入双键，则聚合物分子链上的电子云分布除具有轴对称外，还有 π 键的对称面，这将影响分子链的柔性。共价键的键能一般为每摩尔数百千焦(或约 100 kcal①/mol)，表 1.5 列出了聚合物分子链中共价键键能和键长。

表 1.5　聚合物分子链中共价键键能和键长

共价键	键能/(kJ/mol)	键能/(kcal/mol)	键长/Å
C—H	414	99	1.09
C—F[a]	431～515	103～124	1.32～1.39
C—C	347	83	1.54
C═C	615	147	1.34
C≡C	812	194	1.20
C—O	351	84	1.43
C═O	715	171	1.23
C—N	307	73	1.47
C═N	615	147	1.27
C≡N	891	213	1.16
C—S	259	62	1.81
C═S	477	114	1.71
C—Si	328	78	1.87
C—Cl	340	81	1.77
O—H	464	111	0.96
O—O	146	35	1.32
N—H	389	93	1.01
Si—O	445	106	1.64
S—S	213	51	2.04

a. 当几个 F 原子结合在一个 C 原子上时，键长缩短，键能增加。

① 1 cal=4.1868 J。

2. 离子键

由正、负离子间的静电相互作用形成的键称为离子键。离子键没有方向性和饱和性。在聚合物中，聚电解质含有由离子键形成的取代基，即可以解离成聚离子和带有相反电荷的对应离子，再以离子相互作用结合。例如，聚合酸-聚丙烯酸可以形成聚阴离子和 H^+ 后以离子键相结合，聚合碱-聚乙烯胺侧基中的 NH_3 可以接受质子而变成聚阳离子，再与 OH^- 以离子键相结合。

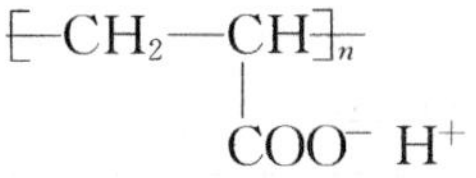

聚丙烯酸

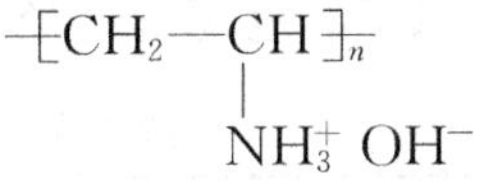

聚乙烯胺

离子型聚合物中也有离子键存在，如以乙烯和 10%左右的丙烯酸的共聚物为主链，以金属离子 Mg^{2+} 为交联剂的高聚物。

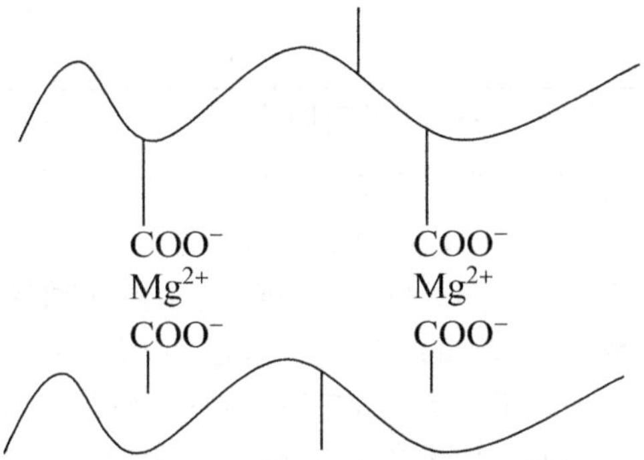

这种离子键具有在常温下起作用而在高温下解离的特点。因此，这类聚合物可以在高温下方便地成型加工，冷却后离子键重新又发挥作用，形成交联结构，其结晶度低，透明性好，耐冲击强度和抗拉强度都比较高。

3. 金属键

金属键是由金属原子的价电子和金属离子晶格之间的相互作用而形成的，它没有方向性和饱和性，处于导带的自由电子决定了金属的高导电性。

有机聚合物不具有金属键，一般都是绝缘体，但近 30 年来实验和理论已证明具有 π 电子的聚乙炔、聚苯胺、聚吡咯及聚噻吩等经掺杂后，能带变化使导带电子呈现导电性，甚至在一定情况下其导电性可与金属相比。显然，在这种聚合物大共轭 π 键体系中特别是掺杂以后，存在着特殊而复杂的 π 电子与大分子骨架及分子链间的相互作用。

1.6.2　范德华相互作用[92]

范德华力是存在于分子间或分子内非键合原子间的相互作用力。两分子间的范德华力 $F(r)$ 及相互作用能 $E(r)$ 是分子之间距离 r 的函数，如图 1.4 所示。

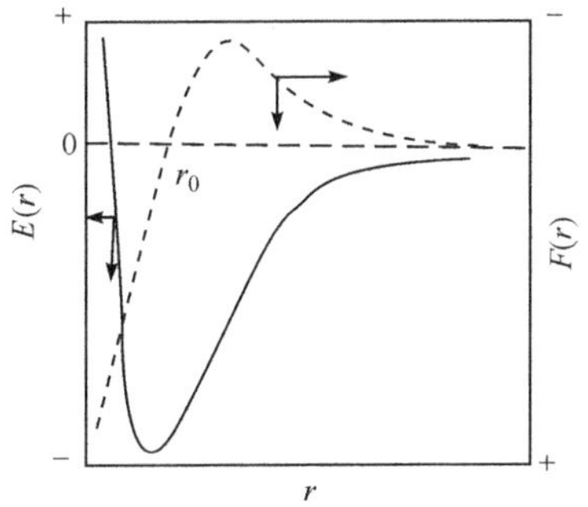

图 1.4　分子间相互作用能 $E(r)$ 和作用力 $F(r)$

$F(r)$ 与 $E(r)$ 间有下列关系：

$$F(r)=-\frac{dE(r)}{dr}$$

当 $r\to\infty$ 时,分子间作用力为零。随着 r 减小,$F(r)<0$,开始出现越来越大的引力,但是 r 进一步减小,引力通过某一极大值后而下降,因为在这一过程中,斥力产生但小于引力,当 $r=r_0$ 时,斥力与引力相互抵消,$F(r_0)=0$,而相互作用能为极小值,即 $\left.\frac{dE(r)}{dr}\right|_{r=r_0}=0$,定义 r_0 为范德华距离。部分原子的范德华半径列于表 1.6。

表 1.6　部分原子的范德华半径(r_{vdw})　　(单位:Å)

				氢 H	1.20	氦 He	1.30
氮 N	1.50	氧 O	1.40	氟 F	1.35	氖 Ne	1.40
磷 P	1.90	硫 S	1.85	氯 Cl	1.80	氩 Ar	1.70
砷 As	2.00	硒 Se	2.00	溴 Br	1.95	氪 Kr	1.80
锑 Sb	2.20	碲 Te	2.20	碘 I	2.15	氙 Xe	2.05

注:CH_3 和 CH_2 基团的范德华半径为 2.00 Å,指从基团中碳原子中心至 H 原子距离。芳环的厚度为 2×1.85 Å。

当 $r<r_0$ 时,分子间作用力呈现为完全的斥力。非球形分子的势函数除取决于分子质心间距外,还与分子间的取向有关,应采用多变量函数描述。一般范德华力的作用能比化学键作用能小得多,其平衡距离要长一些。从表 1.5 所列化学键的键能值为数百千焦/摩尔,而范德华力作用能仅为数十千焦/摩尔,氢键键能介于二者之间,为 10~100 kJ/mol。范德华作用力的本质是电相互作用,可区分为两类:远程相互作用和近程相互作用。远程相互作用包括永久偶极的静电作用、诱导偶极的静电作用及瞬时偶极相互作用(色散相互作用)。远程相互作用的能量在分子间距离较大时随 r^{-n} 变化,n 通常为小于或等于 6 的正整数,近程相互作用能则随 $\exp(-br)$ 变化。远程力比近程力起作用尺度大,但没有明确的界限。

1. 永久偶极相互作用

如果某一分子在无扰状态下具有一永久偶极矩,那么它的核的电荷中心与电子的电荷中心不重合。中性分子的永久偶极矩为 0~15 deb(德拜)(1 deb=3.3356×10^{-30} C · m)。一些常见小分子化合物的偶极矩列于表 1.7。

表 1.7　一些常见小分子化合物的偶极矩 μ^0

化合物	μ^0/deb	μ^0/(10^{-30}C · m)	化合物	μ^0/deb	μ^0/(10^{-30}C · m)
n-丁烷(*n*-butane)	0.00	0.00	1,2-二氯乙烷(1,2-dichloroethane)	1.39	4.64
n-戊烷(*n*-pentane)	0.00	0.00	二氯甲烷(dichloromethane)	1.58	5.27
n-己烷(*n*-hexane)	0.00	0.00	四氢呋喃(tetrahydrofuran)	1.76	5.87
环己烷(cyclohexane)	0.00	0.00	乙酸甲酯(methyl acetate)	1.80	6.00
苯(benzene)	0.00	0.00	水(water)	1.84	6.13
甲苯(toluene)	0.36	1.20	吡啶(pyridine)	2.23	7.44
三乙胺(triethylamine)	0.78	2.60	环己酮(cyclohexanone)	2.90	9.67
氯化氢(hydrogen chloride)	1.10	3.67	丙酮(acetone)	2.90	9.67
二乙醚(diethylether)	1.21	4.04	硝基乙烷(nitroethane)	3.20	10.7

续表

化合物	μ^0/deb	μ^0/(10^{-30}C·m)	化合物	μ^0/deb	μ^0/(10^{-30}C·m)
丙腈(propionitrile)	3.50	11.7	氟化锂(lithium fluoride)	6.40	21.3
二甲基乙酰胺(dimethylacetamide)	3.70	12.3	氯化锂(lithium chloride)	7.09	23.6
二甲基甲酰胺(dimethylformamide)	3.90	13.0	氯化钠(sodium chloride)	9.06	30.2
二甲亚砜(dimethylsulfoxide)	3.92	13.1	氯化钾(potassium chloride)	10.70	35.7
丙烯碳酸酯(propylene carbonate)	4.98	16.6			

Keesom 于 1912 年推导得到了永久偶极矩为 μ_A^0 的分子 A 与永久偶极矩为 μ_B^0 的分子 B，相互距离为 r 的永久偶极矩间相互作用能表示为

$$\varepsilon_{\mu_A^0\mu_B^0} = -\frac{2N_A^2}{3RT}\frac{\mu_A^{0^2}\mu_B^{0^2}}{r^6}$$

式中，R 为摩尔气体常量；T 为热力学温度。这一相互作用能是永久偶极相互作用在气相分子中引起的摩尔作用能降低值。

2. 诱导偶极作用能

诱导偶极矩就是在外电场 E 作用下分子中核与电子电荷中心位移所形成的偶极矩。这一诱导偶极矩 μ^{ind} 与施加的外电场 E 成比例，即

$$\mu^{ind} = \alpha E$$

式中，比例系数 α 为分子的极化率，可利用 Lorenz-Lorentz 公式计算得到，即

$$\alpha = \frac{3}{4\pi N_A}\frac{n^2-1}{n^2+1}\frac{M_B}{\rho}$$

式中，n 为折光指数；ρ 为密度；M_B 为分子 B 的分子量；N_A 为阿伏伽德罗(Avogadro)常量。极化率具有 10^{-24} cm^3数量级。它对温度和物质密度的变化不敏感。它依赖于交变电场的频率，即

$$\alpha_\nu = \frac{a_B}{\nu_B^2 - \nu^2}$$

式中，a_B 和 ν 为物质的特征常数；ν_B 为分子 B 的“色散”频率，其数量级为 10^{15} s^{-1}。各种分子的色散频率值列于表 1.8。

表 1.8　各种分子的色散频率 ν_B　　(单位：s^{-1})

气体	ν_B	液体	ν_B
氦气(He)	5.9×10^{15}	水(water)	3.17×10^{15}
氖气(Ne)	5.2×10^{15}	环己烷(cyclohexane)	3.24×10^{15}
氩气(Ar)	3.5×10^{15}	二乙醚(diethylether)	2.37×10^{15}
氙气(Xe)	2.8×10^{15}	苯(benzene)	3.13×10^{15}
氢气(H_2)	4.0×10^{15}	甲醇(methanol)	3.34×10^{15}
氮气(N_2)	4.1×10^{15}	乙醇(ethanol)	3.54×10^{15}

Debye 于 1920 年计算得到永久偶极矩为 μ_A^0 的分子 A 与可极化分子 B 间的摩尔相互作用能表示式

$$\varepsilon_{\mu_A^0\alpha_B} = -\mu_A^{0^2}\alpha_B N_A / r^6$$

式中,r 为永久偶极矩与可极化分子 B 间的距离。

3. 瞬时色散偶极矩

色散频率与电子运动直接相关。对于可极化分子,在短于色散频率倒数的时间中,原子或分子(甚至非极性的)可显示由于电子运动而产生的瞬时偶极矩。London 于 1930 年推导得到处于气相的分子瞬时偶极矩相应作用能表示式

$$\varepsilon_{\alpha_A\alpha_B} = -\frac{3N_A}{2}\frac{h\nu_A^0\nu_B^0}{\nu_A^0+\nu_B^0}\frac{\alpha_A^0\alpha_B^0}{r^6}$$

式中,α_A^0 和 α_B^0 为在永久场中($\nu=0$)的极化率;h 为普朗克(Planck)常量(6.626×10^{-34} J·s)。各种物质的色散频率都有相同的数量级。在给定温度和压力下,气体的摩尔体积(并因此分子的平均相互距离)不依赖于气体的本质。所以可以得出,气体的凝聚能取决于两种分子特性:极化率和永久偶极矩。

在非极性物质中,只有色散力对凝聚能起作用。根据 London 关系式,在气相源于色散力的单位体积凝聚能直接与极化率的平方成比例。在气相极化率对密度的变化很不敏感。液体的情况就不同了,它的摩尔体积依赖于其本质。均匀系列物质的单位体积凝聚能将趋于某一极限值,如表 1.9 所示结果证实了这一点。实验测定的摩尔气化能 $\overline{\Delta U}_{vap}$ 与非极性物质的极化率有以下相关性[94]:

$$\overline{\Delta U}_{vap} = k\alpha^2/\overline{V} \approx k'\,\overline{V}\frac{n_D^2-1}{n_D^2+2}$$

式中,$\overline{V}$ 为摩尔体积;n_D 为钠线折光指数(取一级近似的静态极化)。

表 1.9　25 ℃时非极性液体的摩尔气化能 $\overline{\Delta U}_{vap}$、折光指数 n_D^{25}、摩尔体积 $\overline{V}$、极化率 α 及比值 $k(\overline{\Delta U}_{vap}\overline{V}/\alpha^2)$

液体	$\overline{\Delta U}_{vap}$/(kJ/mol)	n_D^{25}	$\overline{V}$/(cm³/mol)	$\alpha/10^{-24}$ cm³	k/[10^{49} kJ/(cm³·mol²)]
2,2-二甲基丙烷	19.37	1.3417	118.2	9.86	2.36
n-戊烷	23.95	1.3560	116.1	10.05	2.75
n-己烷	29.07	1.3735	131.6	11.90	2.70
n-庚烷	34.07	1.3861	147.5	13.74	2.67
n-辛烷	39.01	1.3957	163.5	15.56	2.64
2,2,4,4-四甲基戊烷	35.68	1.4032	179.2	17.34	2.12
n-壬烷	43.96	1.4037	179.6	17.40	2.61
n-癸烷	48.89	1.4085	195.9	19.18	2.61
2,2,3,4-四甲基戊烷	38.36	1.4111	174.5	11.18	2.26
四氯化硅($SiCl_4$)	27.60	1.4151	115.1	11.43	2.46
n-十一烷	53.86	1.4154	212.2	21.03	2.59
三氯化硼(BCl_3)	20.60	1.4173	88.1	3.79	2.36
n-十二烷	58.81	1.4189	228.6	22.92	2.51
2,3,3,4-四甲基戊烷	39.37	1.4204	170.8	17.15	2.29
2,2,3,3-四甲基戊烷	38.69	1.4218	174.3	17.55	2.19

续表

液体	$\overline{\Delta U}_{vap}$/(kJ/mol)	n_D^{25}	$\overline{V}$/(cm³/mol)	$\alpha/10^{-24}$ cm³	k/[10^{49} kJ/(cm³ · mol²)]
环己烷	29.16	1.4248	108.8	11.08	2.62
n-十三烷	63.75	1.4272	244.9	24.93	2.51
n-十四烷	68.69	1.4284	261.3	26.67	2.53
n-十五烷	73.67	1.4297	277.7	28.42	2.53
n-正十六烷	78.61	1.4327	294.1	30.28	2.52
n-正十七烷	83.78	1.4351	310.4	32.11	2.52
四氯化锗($GeCl_4$)	31.40	1.4592	116.8	12.68	2.23
四氯化碳(CCl_4)	30.30	1.4610	97.8	10.64	2.63
1,4-二乙基苯	50.00	1.4946	156.5	18.08	2.39
1,3,5-三甲基苯	45.00	1.4973	139.2	16.15	2.39
苯	31.40	1.4990	89.4	10.40	2.60
四氯化锡($SnCl_4$)	37.50	1.5128	117.6	14.01	2.25
三氯化砷($AsCl_3$)	33.90	1.6006	84.2	11.43	2.19
二硫化碳(CS_2)	25.50	1.6253	60.4	8.47	2.14

从表 1.9 中所列测试与计算结果看，上述关系式中系数 k 对于 30 个非极性化合物合理地保持为常数，即 $k=(2.45\pm0.18)\times10^{49}$ kJ/(cm³ · mol²)[而 $k'=(3.97\pm0.29)$ kJ/cm³]。

对于极性物质，需考虑非色散凝聚力(如偶极-偶极相互作用、氢键)对液体摩尔气化能的贡献。在总的摩尔凝聚能中，非色散凝聚力的贡献可利用上述色散凝聚力所贡献的摩尔气化能表示式得到，也就是从液体总的摩尔气化能中除去色散凝聚力的贡献，即

$$\overline{\Delta U}_{res} = \overline{\Delta U}_{vap} - 3.97\left(\frac{n_D^2-1}{n_D^2+2}\right)^2 \overline{V}$$

式中，$\overline{\Delta U}_{res}$ 为非色散凝聚力所贡献的凝聚能，有关测定与计算结果列于表 1.10[95]。

表 1.10 25 ℃时各化合物的偶极矩 μ^0、摩尔体积 $\overline{V}$、折光指数 n_D^{25}、极化率 α、摩尔气化能 $\overline{\Delta U}_{vap}$、色散力贡献部分 $\overline{\Delta U}_{disp}$、极性物质的剩余部分贡献 $\overline{\Delta U}_{res}$

液体	μ^0/deb	$\overline{V}$/(cm³/mol)	n_D^{25}	α/10^{-24} cm³	$\overline{\Delta U}_{vap}$/(kJ/mol)	$\overline{\Delta U}_{disp}$/(kJ/mol)	$\overline{\Delta U}_{res}$/(kJ/mol)
二乙醚(diethylether)	1.21	104.4	1.3492	8.89	25.9	18.5	7.4
1,2-二氯乙烷(1,2-dichloroethane)	1.39	80.8	1.4452	8.46	30.8	21.7	9.1
二氯甲烷(dichloromethane)	1.58	64.3	1.4208	8.46	25.2	12.7	12.5
四氢呋喃(tetrahydrofuran)	1.76	81.7	1.4023	7.89	28.3	18.7	9.6
乙酸甲酯(methyl acetate)	1.80	79.7	1.3576	6.93	30.6	14.8	15.8
吡啶(pyridine)	2.23	80.9	1.5062	9.53	38.8	27.5	11.3
环己酮(cyclohexanone)	2.90	104.0	1.4478	11.03	42.9	28.7	14.2
丙酮(acetone)	2.90	74.0	1.3567	6.42	29.3	13.6	15.7
硝基乙烷(nitroethane)	3.20	71.5	1.3888	6.70	36.8	15.4	21.4

续表

液体	μ^0 / deb	$\overline{V}$/ (cm^3/mol)	n_D^{25}	α/ 10^{-24} cm^3	$\overline{\Delta U}_{vap}$ /(kJ/mol)	$\overline{\Delta U}_{disp}$ /(kJ/mol)	$\overline{\Delta U}_{res}$ /(kJ/mol)
丙腈(propionitrile)	3.50	70.8	1.3624	6.23	33.3	13.4	19.9
N,*N*-二甲基乙酰胺(*N*,*N*-dimethylacetamide)	3.70	92.5	1.4269	9.57	45.1	24.3	20.8
二甲基甲酰胺(dimethylformamide)	3.90	77.0	1.4273	7.84	47.4	19.6	27.8
二甲亚砜(dimethylsulfoxide)	3.90	71.3	1.4739	7.94	42.8	21.7	27.1
丙烯碳酸酯(propylene carbonate)	4.98	85.0	1.4158	8.45	62.9	20.6	42.3
甲醇(methanol)	1.70	40.7	1.3265	3.26	34.9	6.6	28.3
乙醇(ethanol)	1.70	58.7	1.3594	5.12	39.8	11.3	28.5
1-丙醇(1-propanol)	1.70	75.1	1.3837	6.86	45.1	16.3	28.8
2-丙醇(2-propanol)	1.70	76.9	1.3752	6.98	42.9	16.0	26.9
1-丁醇(1-butanol)	1.70	92.0	1.3971	1.79	49.95	21.2	28.8
异丁醇(isobutanol)	1.70	92.9	1.3938	8.81	48.32	21.1	27.2
2-丁醇(2-butanol)	1.70	92.4	1.3949	8.77	47.19	21.1	26.1
1-戊醇(1-pentanol)	1.70	108.7	1.4080	10.62	54.49	26.3	28.2
2-戊醇(2-pentanol)	1.70	109.5	1.4044	10.62	50.66	26.0	24.6
3-戊醇(3-pentanol)	1.70	109.0	1.4079	10.56	51.08	26.3	24.7
1-己醇(1-hexanol)	1.70	125.2	1.4161	12.43	59.49	31.3	28.2

表 1.10 中第一部分所涉及的是不形成氢键的极性液体。偶极-偶极相互作用在总凝聚能中贡献是很明显的。可比较粗略地认为非色散剩余凝聚能 $\overline{\Delta U}_{res}$ 与单位体积内的偶极矩成比例,即

$$\overline{\Delta U}_{res} = (622 \pm 102)\mu^0 / \overline{V}$$

然而,在气相表示式基础上所期望的 $\overline{\Delta U}_{res}$ 与 $\mu^0 / \overline{V}^2$ 间的比例系数未被观测到。表 1.10 中醇化合物有两个重要情况需指出:第一,剩余摩尔凝聚能比用上述关系式得到值明显大。甲醇的剩余摩尔凝聚能为 28.3 kJ/mol,而用上述关系式得到的是 21.8 kJ/mol,1-己醇剩余摩尔凝聚能为 28.2 kJ/mol,从关系式得到的仅有 7.1 kJ/mol。第二,对于所有伯醇,$\overline{\Delta U}_{res}$ 值都很接近。因而对所有这些醇,附加的凝聚能实际是相同的。事实上,这种在液相醇分子的附加凝聚力相联系的就是氢键。

综上所述可知,范德华力相对化学键是比较弱的分子间相互作用,而且没有方向性和饱和性,但它普遍地存在于分子中非键合原子或原子基团间;对于聚合物,大分子链之间总的范德华相互作用就相当强了,甚至强于大分子链的键合力,以至于在消除大分子链之间全部范德华力之前化学键就断裂了,所以聚合物没有气态,只有液态和固态。

1.6.3 氢键[96-98]

Huyskens[99-100]曾经对分子间特殊相互作用给予了这样的定义:

分子间特殊相互作用是分子间近程位置关联的凝聚力,它同时使相互作用配偶之一的确定化学键被大大削弱。

氢键作用构成了这样一种特殊的相互作用，其中被削弱的化学键包含一个氢原子和一个电负性强的原子(一般为 O、N、S 和卤素)，也就是说，A—H…B 相互作用称为氢键，如果 A 和 B 都是电负性强的原子，A—H 作为质子给体作用于原子 B，反过来这一作用又使 A—H 化学键被削弱。这样的氢键具有以下性质：

(1) 氢键 A—H…B 明显地使质子 H^+ 与携有孤对电子的 B 原子核间距离缩短。这一间距比相应原子的范德华半径和小得多。以乙醇与吡啶形成的氢键为例，H^+ 与 N 原子核间距离为 1.80 Å，明显小于相应原子 H 和 N 的范德华半径和 2.70 Å。当然，这一间距比化学键 N—H 的原子核间距 1.00 Å 明显大，这就表明氢键处于凝聚色散作用键接和化学键的中间状态。

(2) 氢键 A—H…B 的形成同时使被削弱的化学键 A—H 的核间距增加。对于羟基 O—H 键，这一核间距的增加与其相对气相伸缩振动频率降低的关系如下[101]：

$$-\Delta r(\text{Å}) = 0.28(\text{Å})\frac{\Delta\nu}{\nu}$$

根据这一关系式乙醇-吡啶氢键的 O—H 键原子核间距仅增加 0.03 Å。看上去增加值很小，但它比范德华力的扰动要明显得多。

(3) 氢键 A—H…B 的形成，使化学键 A—H 键能变弱，同时使 A—H 键与 B 原子间凝聚力大大加强。对于 A—H…B 整体而言，体系的能量降低幅度为 10～35 kJ/mol。

(4) 氢键 A—H…B 可以激起中性分子中沿氢键形成方向形成永久偶极矩。对于乙醇和丙酮复合体系，这一永久偶极矩增量为 0.4 deb[102]；对于苯酚和三乙基胺体系，这一永久偶极矩就大多了，依赖于质子给体的酸性，永久偶极矩增量可为 1～8 deb[103]。

在氢键分析基础上，必然可以揭示氢键的本质。中性分子 A—H 和 B 之所以能形成氢键 A—H…B，就在于质子受体 B 与从质子给体衍变成的阴离子 A^- 间能够共同分享质子 H^+，而这种分享质子的状态恰好是如下所示两种极端状态下的中间状态，即

$$AH + B \rightleftharpoons A^- \cdots H^+ \cdots B \rightleftharpoons A^- + H^+B$$

左边是两个分立的中性分子；右边是质子转移后的离子对。

从氢键性质与本质的讨论中自然可以得出氢键的两个重要特征：

(1) 氢键的化学计量性(stoichiometry)。离子 H^+B 的化学计量性是明显的。通常氢键也具有化学计量性。质子受体 B 能形成几个氢键取决于它的孤对电子数[只有对于很弱的氢键，如液氨(liquid ammonia)，一个给定的孤对电子才可能构成几个氢键。在离子 H^+B 中，这种孤对电子已溶入共价键 H—B]。与此同时，氢键的化学计量性从根本上使它们区别于强的偶极-偶极相互作用，后一种作用从来就没有固定的匹配数量。

(2) 氢键成键的方向性(directionality)。在离子 H^+B 中，H—B 共价键的方向相对相邻离子中的共价键是固定的。在氢键形成的初始状态中，液相偶极测试结果表明，H…B 氢键的方向也是在一定程度上相对相邻 B 分子的共价键是固定的。这里也呈现出一种相对偶极-偶极相互作用的明显差别，对于偶极-偶极相互作用的可能相对取向永远必须看成是整个扇形范围。

氢键的化学计量性与方向性实例：

羰基 C═O 有着相当大的偶极矩(3 deb)，围绕它的其他羰基数可变，依赖于所在液体中羰基 C═O 的浓度。一般相邻基团总倾向于这样取向以使得偶极-偶极相互作用尽可能是放热的(趋向于能量降低)。偶极平行取向指的是偶极平行于原子核间距矢量，偶极反平行取向

指的是偶极垂直于核间距矢量。偶极取向的趋势同时受到热扰动的干扰。

在氢键形成过程中,作为质子受体羰基 C═O 与质子的相互作用是不同的。一个羰基 C═O 最多可以形成两个氢键,因为它自身只配置有两个自由电子对。氢键化学计量特性的直接结果就是质量作用定律决定各种复合物的浓度,与化学键计量类似。

一个羰基 C═O 对应于形成 1∶1 的复合物的过程可用第一平衡常数 K_1 表征

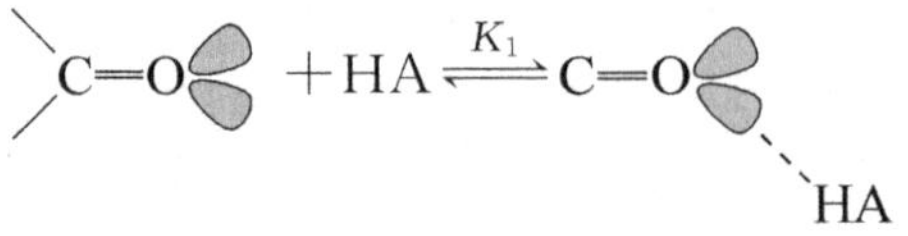

而增补 HA 分子的加成过程则要用第二个加成常数表征

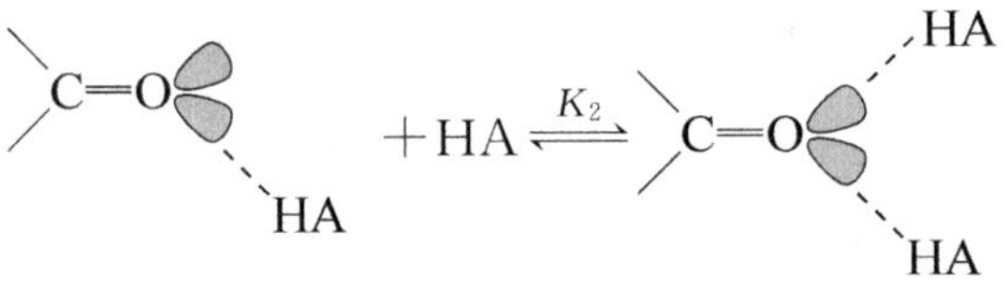

偶极-偶极相互作用没有这样的化学计量性。

氢键的方向性就是孤对电子的方向性作用的结果。对于羰基的 sp^2 杂化轨道,两个电子对都相对 C═O 键方向以 60°取向。例如,羰基与 HCl 形成的氢键可描述为

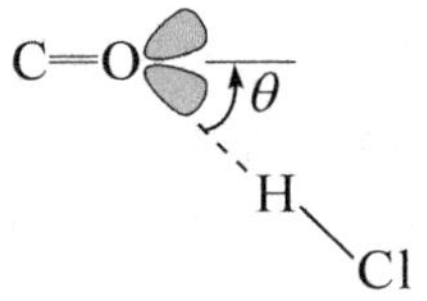

$\theta = 60°$

这一夹角的精确值可以从气态的旋转光谱得到。

对于 $R_2CO \cdots HF$ 氢键复合物,θ 角已从微波波谱实验测得为 70°[104]。从头计算理论计算了 $R_2CO \cdots H_2O$ 复合物,所得结果表明最稳定的取向是 $\theta = 60°$[105-106]。羰基和羟基质子给体复合物的偶极矩测定实验证实了计算结果[107]。

值得指出的是,氢键形成的方向并不对应最有利的偶极取向,即并不像如下所示:

C═O
H—Cl　或　C═O…H—Cl

这就是强氢键与强偶极-偶极相互作用的基本差别。一个氢键复合物的结构并不取决于整体偶极的相互作用,而只取决于在离子中的共价键方向。

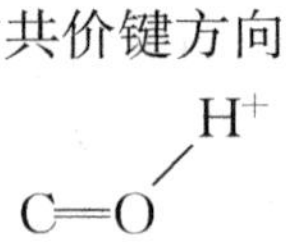

这一方向在一定程度上对应于羰基 C═O 的孤对电子之一的方向。当氢键相互作用强度下降时,这一方向性特征变弱,并且这种方向性在 N—H…N 弱氢键中比在 O—H…N 和 O—H…O 强氢键中远不是那么严格。

在晶体中,堆砌力可能使氢键中的 C═O…HO 角度明显偏离 60°[108]。为了增强晶格能,氢键中的质子可能在一定程度上偏离 O…O 线方向。其他氢键相邻环境也可能引起偏离线性,如环三聚物

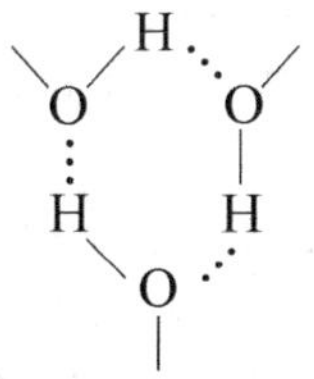

或者在 β-二酮的烯醇形式的分子内氢键的氢键方向也会受到影响。

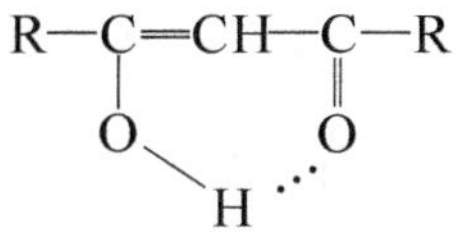

氢键中质子给体与质子受体的亲和力强弱对质子如何被分享影响最大。氢键在很多聚合物中都有着重要的作用,聚酰胺系列聚合物中的氢键对其晶体结构的形成、玻璃化转变、熔融转变、力学性能都有重要作用。聚氨酯已成为聚合物的第五大品种,硬链段间的氢键是聚氨酯热塑弹性体物理交联点的重要决定因素,对其力学性能、热性能起重要作用,氢键作为分子的特殊相互作用,对聚合物共混物的混容性有很大影响,是设计有应用价值的聚合物共混体系的重要因素。近年来,在聚合物自组装方面,在超分子自组装方面氢键起着重要的决定性作用。氢键对生物大分子的生物功能起着重要作用早已被认识,也是未来重要发展的研究方向。

氢键的研究方法已有多方面的重要发展,对氢键的认识不断深入,氢键的理论研究和实验研究都将出现新的突破,特别是在聚合物结构与性能控制、超分子自组装、生物医用大分子结构与功能设计和控制方面展示出更大的作用。

本章参考文献

[1] Staudinger H. Ber,1920,53:1073.

[2] Flory P J. Principles of Polymer Chemistry. London:Cornell University Press,1953.

[3] Staudinger H,Fritschi J. Helv Chim Acta,1922,5:785.

[4] Staudinger H. Ber,1924,57:1203.

[5] Staudinger H. Kautschuk,1927,63.

[6] Staudinger H. Ber,1926,59:3019.

[7] Staudinger H,Frey K,Starck W. Ber,1927,60:1782.

[8] Pummerer R,Nielsen H,Gündel W. Ber,1927,60:2167.

[9] Gee G. Trans Fraday Soc,1942,38:109.

[10] Hess K,Weltzein W,Messmer E. Ann,1924,435:1.

[11] Bergmann M. Ber,1926,59:2973.

[12] Prinsheim H. Naturwissenschaflen,1925,13:1084.

[13] Herzog R O. Naturwissenschaflen,1924,12:955;J Phys Chem,1926,30:457.

[14] Ott E. Physik Z,1926,27:174.

[15] Ott E. Naturwissenschaflen,1926,14:320;Hauser E A,Mark H. Kolloidchem Beihefte,1926,22:94.

[16] Staudinger H. Ber,1928,61:2427.

[17] Staudinger H. Angew Chem,1929,42:67.

[18] Sponsler O L. J Gen Physiol,1926,9:677.

[19] Sponsler O L,Dore W H. Colloid Symposium Monograph. New York:Chemical Catalog Co.,1926:Ⅳ,174.

[20] Carothers W H. J Am Chem Soc,1929,51:2548.
[21] Mark H,Whitby G S. Collected Papers of Wallace Hume Carothers on High Polymeric substances. New York:Interscience Publishers,1940.
[22] Staudinger H,Heuer W. Ber,1930,63:222;Staudinger H,Nodzu R. Ber,1930,63:721;Staudinger H. Die Hochmolekularen Organischen Verbindungen:Berlin:Verlag von Julius Springer,1932.
[23] Goldfinger G,Hohenstein W P,Mark H. J Polymer Sci,1947,2:503.
[24] Kuhn W. Ber,1930,63:1503.
[25] Guth E,Mark H. Monatsh,1934,65:93.
[26] Kuhn W. Kolloid Z,1934,68:2.
[27] Kuhn W. Kolloid Z,1936,76:258.
[28] Ebinden R. Infrared Spectroscopy of High Polymers. New York,London:Academic Press,1964.
[29] Siesler H W,Holland-Moritz K. Infrared and Raman Spectroscopy of Polymers. New York:Marcel Dekker Inc. Press,1980.
[30] 沈德言,红外光谱法在高分子研究中的应用. 北京:科学出版社,1982.
[31] Bower D I,Maddams W F. The Vibrational Spectroscopy of Polymers. London:Cambridge Press,1989.
[32] 薛奇. 高分子研究中的光谱方法. 北京:高等教育出版社,1995.
[33] Bovey F A. High Resolution NMR of Macromolecules. New York:Academic Press,1971.
[34] Tonalli A. NMR Spectroscopy and Polymer Microstructure:The Conformational Connection. New York:VCH Publishers,Inc. ,1989.
[35] Bovey F A,Mirau P A. NMR of Polymers. New York:Academic Press,1996.
[36] Slade Jr. P E,Polymer Molecular Weight. Parts Ⅰ and Ⅱ. New York:Dekker,1975.
[37] Debye P. J Phys Coll Chem,1947,51:18.
[38] Zimm B H. J Chem Phys,1948,16:1093.
[39] Zimm B H. J Chem Phys,1948,16:1099.
[40] Mark H. Der Feste Korper. Leipzig:Hirzal,1938.
[41] Yau W W,Kirk land J J,Bly D D. Modern Size-Exclusion Liquid Chromatography. New York:Wiley-Interscience,1979.
[42] Balke S T. Quantitative Column Liquid Chromatography. New York:Elsevier,1984.
[43] Brown W. Light Scattering Principles Development. Oxford:Claredon Press,1996.
[44] Pasch H,Trathnigg B. HPLC of Polymers,High Pressure Liquid Chromatagraphy of Polymers. Berlin:Springer,1998.
[45] Kuhn W. Kolloid Z,1939,87:3.
[46] Kuhn W,Grün F. Kolloid Z,1942,101:248.
[47] Flory P J. J Chem Phys,1949,17:303.
[48] Flory P J,Krigbaum W R. J Chem Phys,1950,18:1086.
[49] Flory P J,Fox T G,Jr. J Am Chem Soc,1951,73:1904.
[50] Krigbaum W R,Flory P J. J Chem Phys,1952,20:873.
[51] Krigbaum W R,Flory P J. J Am Chem Soc,1953:75:1775.
[52] Flory P J. J Chem Phys,1949,17:1347.
[53] Flory P J. Proc R Soc (London),1956,A234:60-67.
[54] Flory P J. Pure Appl Chem,Macromol Chem,1972,8:1-12.
[55] Kirste R G,Kruse W A,Ibel K. Polymer,1975,16:120.
[56] Flory P J. Macromol J Sci Phys,1976,B12(1):1.
[57] Benoit H. Macromol J Sci Phys,1976,B12(1):27.

[58] Wignall G D, Ballard D G H, Schelten J. J Macromol Sci Phys, 1976, B12(1): 75.
[59] Flory P J. Faraday Discuss Chem Soc, 1979, 68: 15.
[60] Flory P J. 高分子通讯, 1979, 2: 120-129.
[61] Bunn C W. Frans Faraday Soc, 1939, 35: 482.
[62] Natta G, Corradini P. Rubber Chem Tech, 1960, 33: 703.
[63] Charlesby A Proc Phys Soc (London), 1945, 57: 496; Busing W R. Macromolecules, 1990, 23: 4608.
[64] Natta G, Corradini P. J Polym Sci, 1959, 39: 29.
[65] Holmes D R, Bunn C W, Smith D J. J Polym Sci, 1955, 17: 159.
[66] Daubery R de P, Bunn C W, Brown C J. Proc R Soc(London), 1954, A226: 531.
[67] Bunn C W. Chemical Crystallography. London: Oxford University Press, 1954.
[68] Tadokuro H. Structure of Crystalline Polymers. New York: Wiley Interscience, 1979.
[69] Keller A. Philos Mag, 1957, 2: 1171.
[70] Fisher E W. Z Naturforsch, 1957, 12a: 753.
[71] Till P H, Jr. J Polym Sci, 1957, 24: 301.
[72] Schilling F C, Bovey F A, Tseng S, et al. Macromolecules, 1983, 16: 808.
[73] Bovey F A. Org Coat Appl Polym Sci Propr, 1983, 48(1): 76.
[74] Oyama T, Shiokawa K, Murata Y. Polym J, 1974: 6: 549.
[75] Boyer R F. *In*: Bikales N M. Encyclopedia of Polymer Science and Technology, Suppl. Vol. 2. New York: Interscience, 1977: 745, 822-823.
[76] Katz D, Zervi L G. J Polym Sci, 1974, 46c: 139.
[77] Katz D, Salee G. J Polym Sci, 1986, A2(6): 801.
[78] Ueberreiter K, Kanig G. J Chem Phys, 1950, 18: 399.
[79] Martin G M, Mandelken L. J Res Natl Bur Stand, 1959, 62: 141.
[80] Branduys J, Immergut E H. Polymer Handbook. 2nd ed. New York: Wiley, 1975: Ⅲ-139; (a) Ⅲ-150.
[81] de Gennes P G. J Chem Phys, 1971, 55: 572.
[82] Doi M, Edwards S F. J Chem Soc Faraday Trans, 1978, 2(74): 1789.
[83] Doi M, Edwards S F. J Chem Soc Faraday Trans, 1978, 2(74): 1802.
[84] Doi M, Edwards S F. J Chem Soc Faraday Trans, 1978, 2(74): 1818.
[85] de Gennes P G. Scaling Concept in Polymer Physics. New York: Cornell University Press, 1979.
[86] Graessley W W. J Polym Sci, Polym Phys Ed, 1980, 18: 17.
[87] Graessley W W. Adv Polym Sci, 1982, 47: 68.
[88] Struglinski M J, Graessley W W. Macromolecules, 1985, 18: 2630.
[89] Doi M, Edwards S F. The Theory of Polymer Dynamics. Oxford: Clarendon Press, 1986.
[90] Dearson D S. Rubber Chem Technol, 1987, 60: 439.
[91] 吴大诚, Hsu S L. 高分子的标度和蛇行理论. 成都: 四川教育出版社, 1989.
[92] 吴大诚. 高分子构象统计理论导引. 成都: 四川教育出版社, 1985.
[93] Mc Clellan A I. Tables of Experimental Dipole Moments. El Cerrito. Rahara Enterpises, 1974.
[94] Huyskens P L. J Mol Struct, 1989, 198: 123.
[95] Weast R C, Astle M J. CRC Handbook of Chemistry and Physics. Boca Raton Fl. CrC Press, 1980. Zwolinski B J, Wilhoit R C. Vapor pressures and heats of Vaporization of hydrocarbons and related compounds Thermodynamics Research Center College Station 1971. Wllhoit R C, Zwolinski B J. J Phys Chem Ref Data, 1973, 2: 23; Roth W, Scheel K. 1936. Landolt-Börnstein Physikalische Chemische Taellen. Berlin: Springer, 1984.
[96] Huyskens P L, Luck W A P, Zeegers-Huyskens T. Intermolecular Forces(An Introduction to Modern Methods

and Results). Berlin: Spinger-Verlag, 1991.

[97] Jeffrey G A. An Introduction to Hydrogen Bonding. New York: Oxford University Press, 1997.

[98] Steiner T. Angew Chem, 2002, 41: 48-76.

[99] Huyskens P L. J Mol Struct, 1986, 135: 67.

[100] Huyskens P L. Pure and Applied Chem, 1987, 59: 1103.

[101] Novak A. Structure and Bonding, 1974, 18: 177.

[102] Ratajczak H, Sobczyk L. J Chem Phys, 1969, 50: 556.

[103] Zeegers-Huyskens T, Huyskens P. *In*: Ratajczak H, W J Crville Thumas. Molecular Interactions Vol. 2. New York: Wiley, 1980.

[104] Ac Legon, Millen D. J Chem Soc Rev, 1987, 16: 467.

[105] Morokuma K. J Chem Phys, 1971, 55: 1236.

[106] Del Bene J E. J Chem Phys, 1975, 62: 1314.

[107] Huyskens P L, Cleuren W, Van Braball-Coraerts H M. Vuylsteke MA, 1980, 84: 2740.

[108] Olovsson I, Jönsson P G. *In*: Schuster P, Zundel G, Sandorfy C. The Hydrogen Bond Ⅱ. North Holland, Amsterdam: Elsevier, 1976.

第 2 章　聚合物链远程结构

2.1　高分子链柔性与构象统计

高分子具有链状结构。一般高分子是直径为几埃，而长度为几千、几万甚至几十万埃的长链分子。这样的长链分子可以比拟为直径为 1 mm、长达几十米的钢丝。经验告诉我们，如果没有外力的作用，这样的钢丝不可能保持直线形状，一定要卷曲成团。高分子长链比钢丝更为柔软，更容易卷曲成无规线团。高分子长链能以不同程度卷曲的特性称为柔性。长链分子的柔性是聚合物特有的属性，是橡胶具有高弹性的根由，也是决定高分子链形态的主要因素，对聚合物的物理力学性能也有根本的影响。

2.1.1　分子的内旋转和高分子链的柔性[1-4]

1. 小分子的内旋转

已经知道，C—C 键是 σ 键，其电子云分布具有轴对称性。因此，绕 σ 键相连的两个碳原子可以相对旋转而不影响电子云的分布。原子（或原子基团）围绕单键内旋转的结果将使原子在空间的排布方式不断地变换。如果旋转过程中不发生能量的变化（分子中原子在空间的各种排布方式在能量上是等价的），内旋转就是自由的。例如，在图 2.1 中 C—C 键在保持键角 $\alpha=109°28'$ 不变的情况下可以自由内旋转，那么 C—C 键 2 可以处在以 C—C 键 1 为轴旋转所形成的圆锥面的任何位置上。当然，实际上围绕单键的内旋转并不是自由的，这已为实验和理论所证明。例如，Mizushima 用拉曼光谱方法研究了乙烯的衍生物，说明了旋转异构体的存在，首先认识了内旋转是受阻的。另外，热力学的实验和理论也证明内旋转对热力学函数的贡献，测定和计算了内旋转势垒，这就是说，绕单键内旋转必须消耗一定能量以克服相应的势垒。以简单的乙烷分子为例来分析内旋转过程中能量的变化。乙烷分子的两个甲基所属的氢原子之间没有化学键相连，是非键合原子。对于非键合原子，当其间距离小于该原子范德华半径之和时，原子满层电子之间的斥力将起主要作用。乙烷分子中氢原子距离为 2.26～2.37 Å，小于两氢原子的范德华半径之和（$d_0=2.4$ Å），因此乙烷分子中氢原子间所呈现的相互作用是相斥作用，它要求氢原子之间尽可能地保持较远的距离。氢原子间距离越远，相斥力越小，它所对应的空间排布方式就越稳定。这种由于绕 C—C 键内旋转而形成的空间排布称为构象①。显然，乙烷分子的交叉式(staggered form)[图 2.2(a)]是稳定结构，而叠同式(eclipsed form)

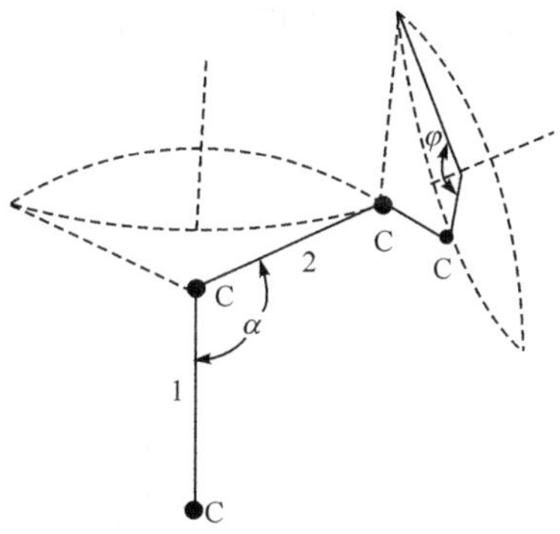

图 2.1　单键的内旋转

① 构型和构象是不同的概念。构型是指分子中由化学键所固定的几何排列。这种排列是稳定的，要改变构型必须经过化学键的断裂。构象之间的转换则是通过绕单键的内旋转，分子热运动就足以使之实现，各种构象之间转换速度极快，因而构象是不稳定的。

[图 2.2(b)]最不稳定。

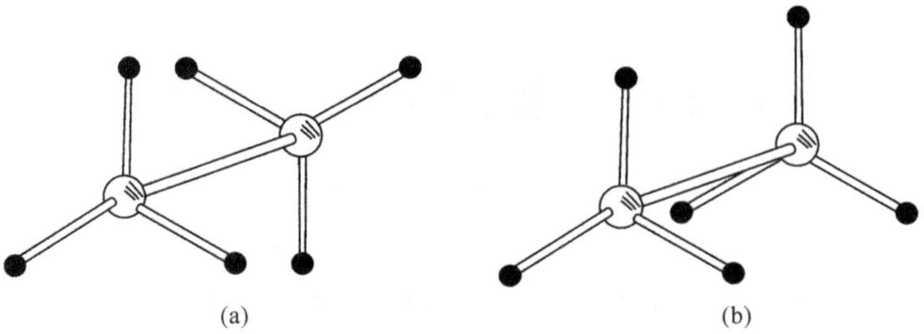

图 2.2　乙烷分子中氢原子在空间的不同排布

(a) 交叉式;(b) 叠同式

以乙烷分子内旋转势能 U 对内旋转角 φ 作图,可以得到内旋转势能曲线 $U(\varphi)$ (图 2.3)。当 $\varphi=0°$、120°、240°时,势能曲线上出现最低值,它所对应的分子中原子排布方式最稳定(交叉式),而当 $\varphi=60°$、180°、300°时,势能达到极大值,这时结构最不稳定(叠同式)。乙烷分子势能曲线近似地用式(2.1)表示[11]

$$U=\frac{1}{2}U_0(1-\cos 3\varphi) \tag{2.1}$$

式中,U_0 为内旋转势垒,其大小取决于非键合原子间的相互作用,反映了内旋转的难易程度。从乙烷分子的热力学性质研究中测得内旋转势垒为 2.9 kcal/mol。

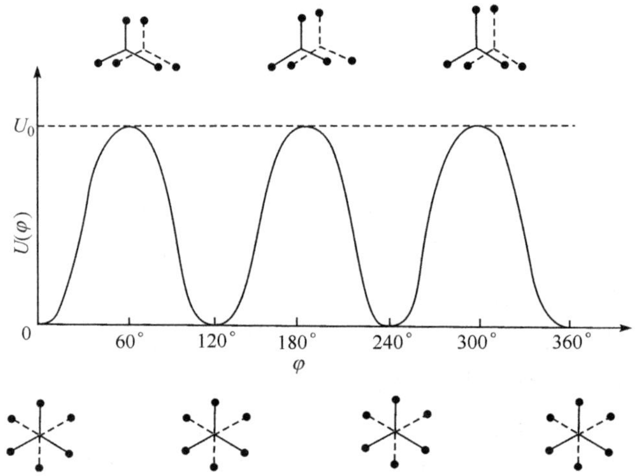

图 2.3　乙烷分子的内旋转势能曲线

当乙烷分子中氢原子被其他原子或原子基团取代时,势能曲线就变得较为复杂了。图 2.4 是 1,2-二氯乙烷分子的内旋转势能曲线。当两个氯原子相距最远时,其原子间斥力最小,势能最低,这时 1,2-二氯乙烷处于稳定的反式构象。若以分子处在反式时作为计算内旋转角的起点 ($\varphi=0$),它对应于势能曲线中势能谷最深的位置,那么当内旋转角 $\varphi=120°$、240°时,氯原子距离次远,势能较低,分子处于左右式构象。$\varphi=180°$时,氯原子相距最近,势能最高,它对应于不稳定的叠同式构象。

在这些构象中,对应于势能曲线上不同深度位谷的相对稳定的构象称为内旋转异构体,图 2.5 是 1,2-二氯乙烷分子的几种内旋转异构体。通过分子热运动,构象时刻在变换,在室温时

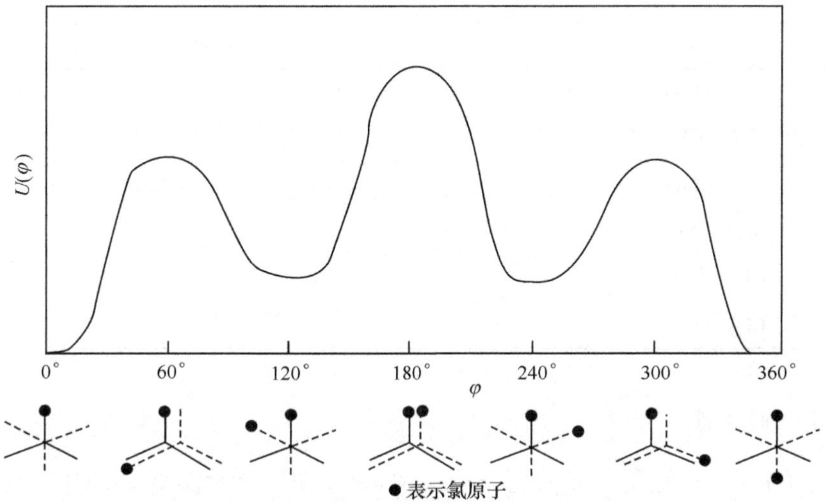

图 2.4　1,2-二氯乙烷的内旋转势能曲线

各种构象的存留时间仅有 $10^{-12}\sim10^{-11}$ s 数量级。在没有外力作用条件下，当温度一定时，各种内旋转异构体的相对含量达到平衡，内旋转异构体一般不能用化学方法分离。例如，在液态或气态时，1,2-二氯乙烷就是各种内旋转异构体（反式构象和左右式构象）的混合物，各种异构体的相对含量随温度而变。在晶态中内旋转被冻结，分子动能低于反式和左右式间势垒高度，绝大部分 1,2-二氯乙烷分子处于反式构象。

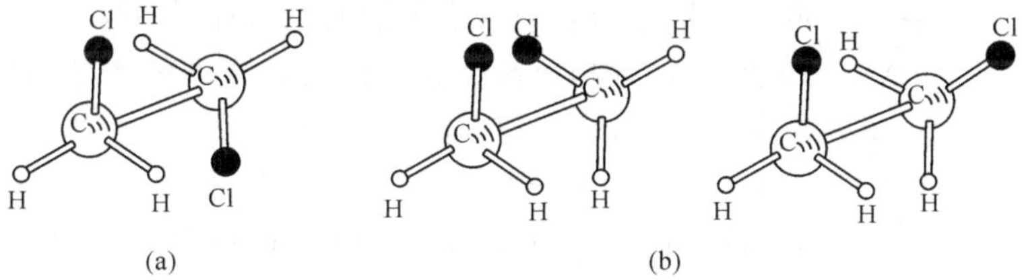

图 2.5　1,2-二氯乙烷的内旋转异构体

(a) 反式；(b) 左右式

表 2.1 列出了某些有机化合物的内旋转势垒高度。由表 2.1 可见，当分子中甲基数目增多或有卤素存在时，内旋转势垒增高。如果分子含有双键，绕相邻双键的单键内旋转就容易实现。此外，围绕 C—O、C—S、C—Si 等单键的内旋转势垒都比绕 C—C 键低。

表 2.1　某些有机化合物的内旋转势垒高度

化合物	势垒高度/(kcal/mol)
$CH_3—CH_3$	2.9
$CH_3—CH_2F$	3.31
$CH_3—CH_2Cl$	3.69
$CH_3—CH_2Br$	3.57
$CH_3—CHF_2$	3.18
$CH_3—CHO$	1.17
$CH_3—CH{=}CH_2$	1.98

续表

化合物	势垒高度/(kcal/mol)
$CH_3—OCH_3$	2.72
$CH_3CH_2—CH_2CH_3$	3.5
$CH_3—OH$	1.07
$CH_3—SH$	1.27
$CH_3—NH_2$	1.90
$CH_3—SiH_3$	1.66

2. 高分子链的柔性

由成千上万个 C—C 键所组成的高分子链中,每个单键围绕其相邻的单键做不同程度的内旋转,分子内原子在空间的排布方式随之不断地变更而取不同构象。如果一个高分子链含有 n 个单键,每个单键内旋转可取 m 个位置,那么该分子可能的构想数是 m^n,这是一个非常庞大的数字。

最简单的情况是,一个键角不固定的孤立长链分子,它完全由单键所组成,并假定围绕单键可以自由内旋转,即一个单键可以不依赖于前一个键而在空间取任何位置,分子取任一构象的概率都相同,这种长链分子称为自由联结链,是柔性链的理想情况。

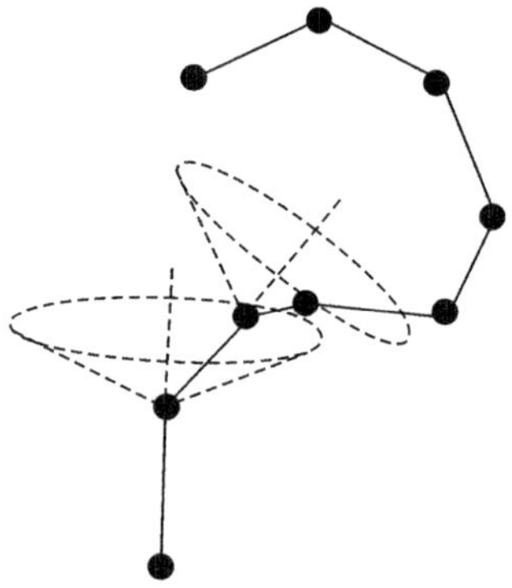

图 2.6　键角固定的高分子链的内旋转

在实际高分子链中键角是固定的,每一个单键在空间可能采取的位置都与其前一个单键的位置相关(图 2.6)。这时围绕单键即使能自由内旋转,高分子链可能实现的实际构象数也已受到一定限制。不过它仍然是一个很大的数字。由图 2.6 可以看到第二个 C—C 键可处在以第一个键为轴、顶角为 2θ($\theta=\pi-\alpha$)的圆锥面的任何位置。同样第三个 C—C 键可处在以第二个键为轴、顶角为 2θ 的圆锥面的任何位置。显然,第三个键相对第一个键,其空间位置的任意性已很大,这样,两键相隔越远,内旋转时所取空间位置的相互依赖性越小。可以设想,从链中第 $i+1$ 个键起,原子在空间可取的位置已与第一个键完全无关。这就是说,整个长链可以看成由许多个包含 i 个键($i \ll$ 聚合度 N)的链段所组成。这些链段之间是自由联结的,它们各自具有相对运动的独立性。因此,对于键角固定的长链高分子,可取的构象数目依然很大,长链能够很大程度地卷曲。

根据统计热力学,熵是度量体系无序程度的热力学函数。若用 W 表示高分子链在空间一切可取的构象数,那么高分子链的构象熵 S 与 W 之间的关系服从玻耳兹曼(Boltzmann)公式

$$S=k\cdot\ln W \tag{2.2}$$

式中,k 为玻耳兹曼常量。当高分子长链取伸直形态时,构象只有一种,构象熵等于零。如果高分子长链取卷曲形态,那么分子可取的构象数将很大。构象数越大,相应的构象熵就越大,分子链卷曲越厉害。由熵增原理,孤立高分子链在没有外力作用下总是自发地采取卷曲形态,使构象熵趋于最大,这就是高分子长链柔性的实质。

高分子链相邻链节中非键合原子间相互作用——近程相互作用的存在，总是使实际高分子的内旋转受阻。分子内旋转受阻的结果使高分子链在空间所可能有的构象数远远小于自由内旋转的情况。受阻程度越大，可能有的构象数目越少。因此高分子链的柔性大小就取决于分子内旋转的受阻程度。并且，高分子链由一种构象转变到另一种构象时，各原子基团间的排布发生相应的变化，其间相互作用能也随之改变。因此构象熵的改变实际上总是伴随分子热力学能的变化。然而在柔性链中，分子内原子间相互作用较小，决定高分子链形态的本质因素仍然是构象熵。

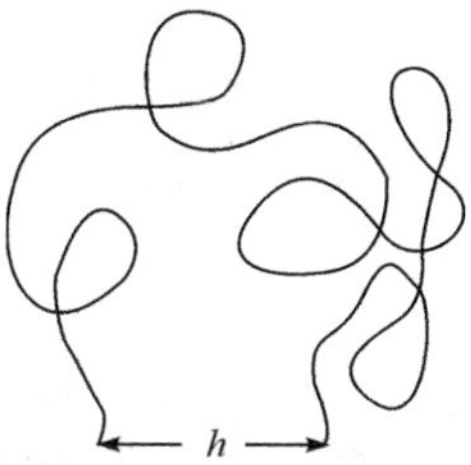

图 2.7　柔性高分子链的末端距

2.1.2　高分子链的构象统计

长链分子主链单键的内旋转赋予高分子以柔性，致使高分子链可任取不同的卷曲程度。高分子链的卷曲程度可以用高分子链两端点间直线距离——末端距 h 来度量(图 2.7)。高分子链卷曲越厉害，末端距越短。高分子链的末端距是一个统计平均值，通常采用它的平方的平均，称为均方末端距 $\overline{h^2}$

$$\overline{h^2}=\frac{\int h^2W(h)\mathrm{d}h}{\int W(h)\mathrm{d}h} \tag{2.3}$$

式中，$W(h)$为末端距为 h 的出现概率，$\int W(h)\mathrm{d}h$ 在数值上等于1(归一化)。因此求解均方末端距的问题实际上归结为寻求末端距的概率分布函数 $W(h)$[1,2,4-6]。

在计算高分子链末端距[5,6]的统计分布时可套用古老的数学课题“三维空间无规行走”的结果。一盲人若能在三维空间随意行走，他由坐标原点出发，每跨一步的距离是 b，走了 $Z(Z\gg1)$步之后，他出现在点(x,y,z)附近体积元 $\mathrm{d}x\mathrm{d}y\mathrm{d}z$ 中的概率是多少？

首先讨论一维空间的无规行走。

假定一个人从原点出发，沿 x 轴无规行走，每步长 b，总共走了 Z 步，沿 x 轴正方向走了 Z_+ 步，沿 x 轴负方向走了 Z_- 步，最后停在 x 轴正方向离原点距离为 mb 的地方。

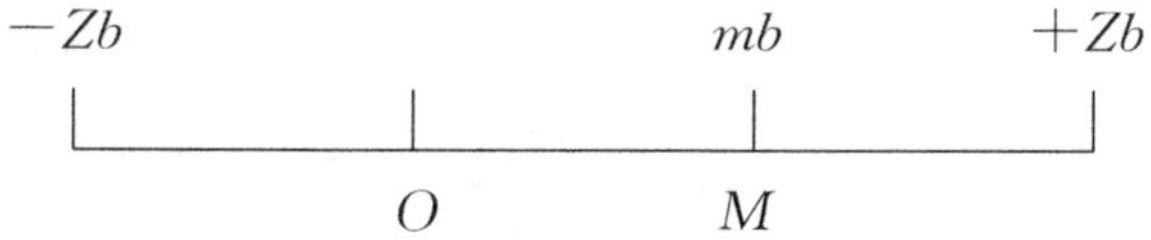

一维无规行走

在这一行走过程中，显然

$$Z_+ + Z_- = Z \qquad Z_+ - Z_- = m$$

解此联立方程得

$$Z_+=\frac{Z+m}{2} \qquad Z_-=\frac{Z-m}{2}$$

实现这样一种无规行走的概率为多少呢？既然是无规行走，那么当 $Z\gg1$ 时，每走一步向 x 轴正方向和负方向迈出的概率是相同的，都等于1/2。因此走出 Z_+ 步和 Z_- 步的概率应该等于 $(1/2)^{Z_+}\cdot(1/2)^{Z_-}$。而且，走出 Z_+ 步和 Z_- 步可以有多种不同的走法，其方法数应为

$$W(Z_{\pm}) = \frac{Z!}{Z_{+}!Z_{-}!} = \frac{Z!}{\frac{Z+m}{2}!\frac{Z-m}{2}!}$$

所以,实现上述无规行走的概率为

$$W(Z,m) = \frac{Z!}{\frac{Z+m}{2}!\frac{Z-m}{2}!} \cdot \left(\frac{1}{2}\right)^{Z_{+}} \cdot \left(\frac{1}{2}\right)^{Z_{-}}$$

$$= \frac{Z!}{\frac{Z+m}{2}!\frac{Z-m}{2}!} \cdot \left(\frac{1}{2}\right)^{Z} \tag{2.4}$$

在 $Z \gg 1, m \ll Z$ 的假设条件下,利用阶乘的斯特林(Stirling)近似公式

$$\ln Z! = Z\ln Z - Z + \ln\sqrt{2\pi Z} \tag{2.5}$$

得

$$\ln W(Z,m) = -\frac{Z+m}{2}\ln\left(1+\frac{m}{Z}\right) - \frac{Z-m}{2}\ln\left(1-\frac{m}{Z}\right) + \ln\sqrt{\frac{2}{\pi Z}} - \ln\sqrt{1-\left(\frac{m}{Z}\right)^2}$$

由于 $m \ll Z$, $\frac{m}{Z} \ll 1$,则可以将上式有关项作级数展开,略去高次项后得

$$W(Z,m) = \sqrt{\frac{2}{\pi Z}} \cdot e^{-\frac{m^2}{2Z}} \tag{2.6}$$

这一概率函数称为高斯函数。

在上述无规行走过程中,走 Z 步后离原点的距离 $x = mb$。若在 x 轴正方向多走了一步,则在 x 轴负方向少走了一步,即 m 值的改变为 2,x 值的变化为 $2b$,现将式(2.6)中变数 m 换成 x,得到走 Z 步后停在距原点为 $x \to x + \Delta x$ 处的概率表示式为

$$W(Z,x)\Delta x = \sqrt{\frac{2}{\pi Z}} \cdot e^{-\frac{x^2}{2Zb^2}} \cdot \frac{\Delta x}{2b} \tag{2.7}$$

令 $\beta'^2 = \frac{1}{2Zb^2}$,则

$$W(Z,x) = \frac{\beta'}{\sqrt{\pi}} \cdot e^{-x^2\beta'^2} \tag{2.8}$$

式(2.8)就是一维无规行走的概率分布函数。

为了得到三维空间无规行走概率分布函数,需要分析一下,在三维空间无规行走过程中每走一步 b 时,它在各坐标轴上投影(b_x, b_y, b_z)等于什么?

假定每走一步 b 的方向与 x 轴的夹角用 θ 表示,则 b 在 x 轴上的投影 $b_x = b\cos\theta$,其平均值为

$$\overline{b}_x = b\,\overline{\cos\theta}$$

因为每走一步在空间的方向是完全任意的

$$\overline{\cos\theta} = \int_0^{x} \cos\theta \frac{2\pi b^2 \sin\theta}{4\pi b^2} d\theta = 0 \tag{2.9}$$

所以

$$\bar{b} = b\,\overline{\cos\theta} = 0$$

因此需要计算 b 的投影平方的平均值

$$\overline{b_x^2} = b^2\,\overline{\cos^2\theta}$$

$$\overline{\cos^2\theta} = \int_0^x \cos^2\theta \frac{2\pi b^2 \sin\theta}{4\pi b^2}\mathrm{d}\theta = \frac{1}{2}\int_0^x \cos^2\theta\sin\theta\mathrm{d}\theta = \frac{1}{3} \tag{2.10}$$

所以

$$\overline{b_x^2} = \frac{1}{3}b^2 \tag{2.11}$$

这就表明，在空间每走一步其在 x 轴方向移动的平均距离为

$$\sqrt{\overline{b_x^2}} = \frac{b}{\sqrt{3}}$$

且不依赖于坐标，因而可以把三维无规行走问题化为其投影的一维无规行走分别进行处理。

假定三维无规行走 Z 步后，停在空间某点(x,y,z)，此点由矢量 $\boldsymbol{h}$ 决定。矢量 $\boldsymbol{h}$ 在三个坐标轴上的投影分别为 $h_x=x,h_y=y,h_z=z$。显然，应用式(2.8)，三维无规行走 Z 步后，在三个坐标轴上投影值为

$$h_x \rightarrow h_x + \mathrm{d}h_x \qquad h_y \rightarrow h_y + \mathrm{d}h_y \qquad h_z \rightarrow h_z + \mathrm{d}h_z$$

其概率分别为

$$\left.\begin{aligned} W(Z,h_x)\mathrm{d}h_x &= \frac{\beta}{\sqrt{\pi}}\mathrm{e}^{-\beta^2 h_x^2}\mathrm{d}h_x \\ W(Z,h_y)\mathrm{d}h_y &= \frac{\beta}{\sqrt{\pi}}\mathrm{e}^{-\beta^2 h_y^2}\mathrm{d}h_y \\ W(Z,h_z)\mathrm{d}h_z &= \frac{\beta}{\sqrt{\pi}}\mathrm{e}^{-\beta^2 h_z^2}\mathrm{d}h_z \end{aligned}\right\} \tag{2.12}$$

式中

$$\beta^2 = \frac{1}{2Z\overline{b_x^2}} = \frac{1}{2Z\overline{b_y^2}} = \frac{1}{2Z\overline{b_z^2}} = \frac{3}{2Zb^2} \tag{2.13}$$

因为在三维无规行走过程中，在某一坐标轴方向投影值的概率与在另一坐标轴方向投影值的概率无关，所以空间无规行走 Z 步后，出现在空间坐标 (h_x,h_y,h_z) 的体积元 $\mathrm{d}h_x\mathrm{d}h_y\mathrm{d}h_z$ 的概率为 $W(Z,h)\mathrm{d}h$

$$\begin{aligned} W(Z,h)\mathrm{d}h &= W(Z,h_x)W(Z,h_y)W(Z,h_z)\mathrm{d}h_x\mathrm{d}h_y\mathrm{d}h_z \\ &= \left(\frac{\beta}{\sqrt{\pi}}\right)^3 \mathrm{e}^{-\beta^2(h_x^2+h_y^2+h_z^2)}\mathrm{d}h_x\mathrm{d}h_y\mathrm{d}h_z \end{aligned} \tag{2.14}$$

所得无规行走的结果适用于描述满足以下假设条件的高分子链末端距的分布[7-9]：

(1) 高分子链可以分为 Z 个统计单元。

(2) 每个统计单元可以看成长度为 b 的刚性棒。

(3) 统计单元间自由联结，即每一统计单元的空间位置不依赖于其他任何单元，完全自由取向。

(4) 高分子链不占有体积。

对于这样的理想柔性链，如果链的一端固定在坐标原点，那么另一端落在体积元$(\mathrm{d}h_x\mathrm{d}h_y\mathrm{d}h_z)$的概率可以用式(2.14)表示。$W(Z,h)$ 就是长度为 h 的链末端距向量一端固定

在坐标原点,另一端指向 (h_x, h_y, h_z) 方向的概率密度。这种链末端距分布的概率密度函数对链末端距作图所得的末端距分布曲线如图 2.8 所示。

由图 2.8 可知,当 $h=0$ 时,概率密度值最大。不难理解,因为空间各个方向是等概率的,末端距取正值和负值的概率也相同。

如果只对无规行走终点至原点的距离感兴趣,也就是只考虑一定长度的链末端距出现的概率,不管其方向如何,如图 2.9 所示,那么链末端距一端固定在原点上,另一端落在离原点距离 $h \to h+\mathrm{d}h$ 的球壳 $4\pi h^2\mathrm{d}h$ 内的概率密度函数应表示为

$$W(h)\mathrm{d}h = \left(\frac{\beta}{\sqrt{\pi}}\right)^3 \mathrm{e}^{-\beta^2 h^2} 4\pi h^2 \mathrm{d}h \tag{2.15}$$

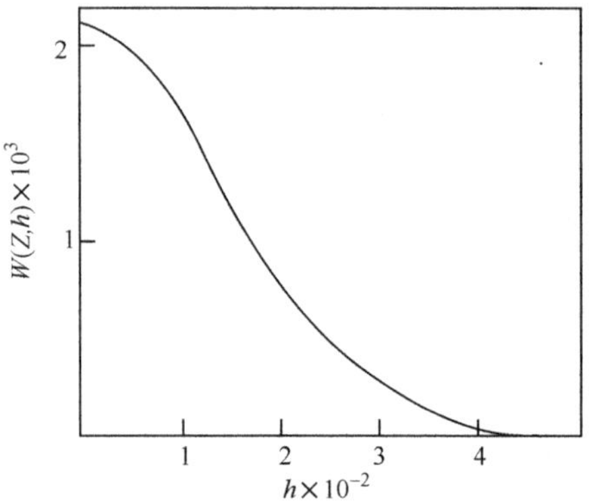

图 2.8 末端距分布概率密度函数

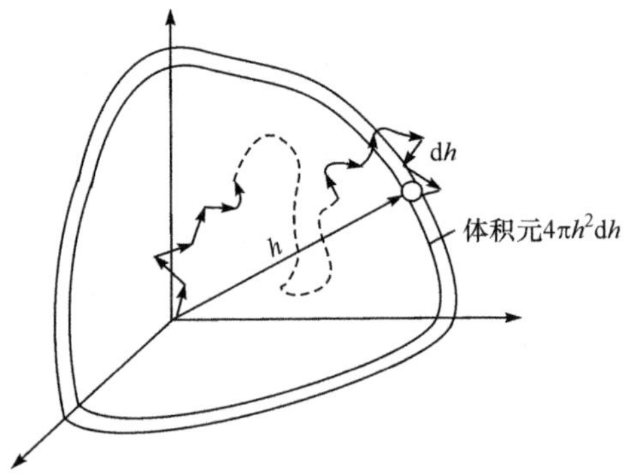

图 2.9 三维空间无规行走

这时如果再以 $W(h)$ 对 h 作图,则可以得到另一种末端距分布曲线,如图 2.10 所示。

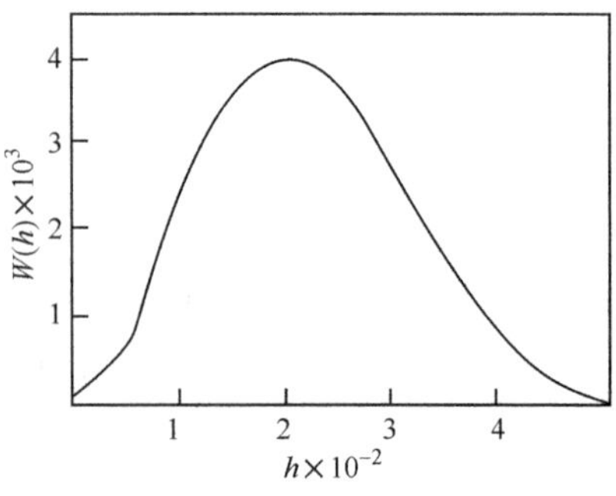

图 2.10 末端距径向分布函数

从分布曲线可以看出,不是 $h=0$ 时,概率最大,而是末端距为某一定值时,概率最大。比较式(2.14)和式(2.15)可知,后一式中概率密度函数包含两个部分:指数函数和 $4\pi h^2$ 。指数函数值随 h 增加而降低,而后一因子则随 h 增加而增加,也就是说各个方向等概率因素虽仍导致 $h=0$ 时概率最大。但同时随着 h 的增加球的壳层也越大,链端落入的概率也越大。两种因素作用的结果导致链末端距有一最可几值。链末端距分布可用具有高斯函数形式的式(2.14)和式(2.15)描述的高分子链常称为高斯链。

对式(2.15)中概率密度函数取导数,并令其等于零,即可求得最可几末端距

$$\frac{\partial W}{\partial h} = 0$$

$$h_0^* = \frac{1}{\beta} = \sqrt{\frac{2Z}{3}}b \tag{2.16}$$

平均末端距

$$\overline{h_0} = \int_0^\infty hW(h)\mathrm{d}h = \frac{2}{\sqrt{\pi}\beta} = \sqrt{\frac{8Z}{3\pi}}b$$

均方末端距

$$\overline{h_0^2} = \int_0^{\infty} h^2 W(h)\mathrm{d}h = \frac{3}{2\beta^2} = Zb^2 \tag{2.17}$$

显然,这三种不同统计意义的末端距(下标"0"是指高斯链)具有以下关系:

$$\sqrt{\overline{h_0^2}} > \overline{h_0} > h_0^*$$

由于用了统计的方法,因此除需要满足前述的假设外,高分子链还必须满足统计单元数目足够大($Z \gg 1$),末端距长度远小于完全伸直链长度,即 $h \ll Zb$ 时,才能用高斯分布函数描述高分子链。

2.1.3　高分子链尺寸的几何计算

高斯链末端距 h 的分布函数不包括任何实际链的参数,而实际分子链是由化学键组成的,有一定的键长和键角。如何通过分子的键长和键角来求解均方末端距 $\overline{h^2}$ 呢?下面就以最典型的碳链高分子为例具体计算高分子链的平均尺寸[10]。

C—C 键的键长 $l = 1.54$ Å,键角 $\alpha = 109°28'$。假定每个键都不占有体积,且内旋转是自由的。现把每个键都标上矢量 $\boldsymbol{l}_i$,从键的始端指向末端(图 2.11),那么均方末端距为

$$\overline{h_\mathrm{f}^2} = \overline{\sum_{i=1}^{N}\boldsymbol{l}_i \sum_{j=1}^{N}\boldsymbol{l}_j} = \overline{(\boldsymbol{l}_1+\boldsymbol{l}_2+\boldsymbol{l}_3+\cdots+\boldsymbol{l}_N)(\boldsymbol{l}_1+\boldsymbol{l}_2+\boldsymbol{l}_3+\cdots+\boldsymbol{l}_N)}$$

式中,下标"f"指自由内旋转。

$$\begin{aligned}\overline{h_\mathrm{f}^2} = &\ \overline{\boldsymbol{l}_1\boldsymbol{l}_1}+\overline{\boldsymbol{l}_1\boldsymbol{l}_2}+\overline{\boldsymbol{l}_1\boldsymbol{l}_3}+\cdots+\overline{\boldsymbol{l}_1\boldsymbol{l}_N}\\ &+\overline{\boldsymbol{l}_2\boldsymbol{l}_1}+\overline{\boldsymbol{l}_2\boldsymbol{l}_2}+\overline{\boldsymbol{l}_2\boldsymbol{l}_3}+\cdots+\overline{\boldsymbol{l}_2\boldsymbol{l}_N}\\ &+\overline{\boldsymbol{l}_3\boldsymbol{l}_1}+\overline{\boldsymbol{l}_3\boldsymbol{l}_2}+\overline{\boldsymbol{l}_3\boldsymbol{l}_3}+\cdots+\overline{\boldsymbol{l}_3\boldsymbol{l}_N}\\ &+\cdots\cdots\cdots\cdots\cdots\cdots\cdots\cdots\cdots\cdots\\ &+\overline{\boldsymbol{l}_N\boldsymbol{l}_1}+\overline{\boldsymbol{l}_N\boldsymbol{l}_2}+\overline{\boldsymbol{l}_N\boldsymbol{l}_3}+\cdots+\overline{\boldsymbol{l}_N\boldsymbol{l}_N}\end{aligned}$$

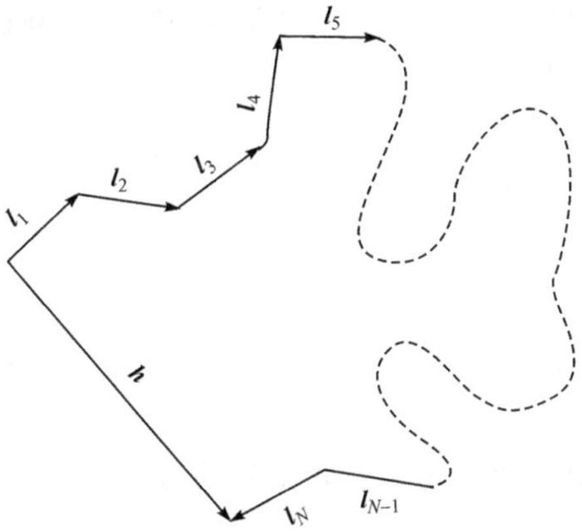

图 2.11　末端距的几何计算

式中,每一项 $\overline{\boldsymbol{l}_i\boldsymbol{l}_i}$ 都等于 l^2,总共有 N 项;每一项 $\overline{\boldsymbol{l}_i\boldsymbol{l}_{i\pm1}}$ 都等于 $l^2\cos\theta$(在数学上 $\overline{\boldsymbol{l}_i\boldsymbol{l}_{i\pm1}}$ 表示 $\boldsymbol{l}_{i\pm1}$ 在 $\boldsymbol{l}_i$ 上的投影与 $|\boldsymbol{l}_i|$ 的乘积);θ 角为键角的补角。由于是自由内旋转,内旋转角 φ 的所有值都为同等可几,因此每一项 $\overline{\boldsymbol{l}_i\boldsymbol{l}_{i\pm2}}$ 都等于 $l^2\cos^2\theta$,其通式为 $\overline{\boldsymbol{l}_i\boldsymbol{l}_{i\pm m}} = l^2\cos^m\theta$,则

$$\begin{aligned}\overline{h_\mathrm{f}^2} = l^2\{N+2[&(\cos\theta+\cos^2\theta+\cos^3\theta+\cdots+\cos^{N-1}\theta)\\ &(\cos\theta+\cos^2\theta+\cdots+\cos^{N-2}\theta)\\ &+(\cos\theta+\cdots+\cos^{N-3}\theta)\\ &+\cdots+\cdots\cdots\cdots\\ &+\cos\theta]\}\end{aligned}$$

求和即得[10]

$$\overline{h_\mathrm{f}^2} = l^2\left[N\frac{1+\cos\theta}{1-\cos\theta} - \frac{2\cos\theta(1-\cos^N\theta)}{(1-\cos\theta)^2}\right]$$

当 $N \gg 1$ 时

$$\overline{h_\mathrm{f}^2} = Nl^2\frac{1+\cos\theta}{1-\cos\theta} \tag{2.18}$$

因为 $\theta=\pi-109^\circ28'$，$\cos\theta\approx1/3$，那么

$$\overline{h_{\mathrm{f}}^2}\approx 2Nl^2\propto N$$

完全伸直的高分子链的均方末端距为

$$\overline{h^2_{\text{完全伸直}}}\approx\left(Nl\cos\frac{\theta}{2}\right)^2\propto N^2$$

所以

$$\frac{\overline{h^2_{\text{完全伸直}}}}{\overline{h_{\mathrm{f}}^2}}=N\frac{1-\cos\theta}{2}$$

在 $\cos\theta\approx1/3$ 的条件下

$$\frac{\overline{h^2_{\text{完全伸直}}}}{\overline{h_{\mathrm{f}}^2}}\approx\frac{N}{3}$$

N 是一个很大的数字，$\frac{N}{3}$ 当然也很大，因此完全伸直的高分子链的末端距比卷曲的高分子链的末端距要大得多。作为橡胶使用的聚合物都属于柔性链高分子。卷曲的分子链受力伸直展开，其末端距可变程度高达 $\frac{N}{3}$ 倍，这正是橡胶拉伸时产生大形变的原因。去除外力，分子又回复到卷曲状态，重使构象熵增加，显示出高弹性。

若考虑相邻链节非键合原子之间的相互作用(受阻内旋转)，假设内旋转势能函数为偶函数[$U(+\varphi)=U(-\varphi)$]，而且每个键的内旋转互不相关，均方末端距更为一般的表示式为[11-14]

$$\overline{h^2}=Nl^2\frac{1+\cos\theta}{1-\cos\theta}\frac{1+\alpha}{1-\alpha} \tag{2.19}$$

式中

$$\alpha=\overline{\cos\varphi}=\frac{\int_0^{2\pi}\mathrm{e}^{-U(\varphi)/kT}\cos\varphi\,\mathrm{d}\varphi}{\int_0^{2\pi}\mathrm{e}^{-U(\varphi)/kT}\,\mathrm{d}\varphi} \tag{2.20}$$

式中，α 为表征内旋转受阻的参数。对于自由内旋转，$\overline{\cos\varphi}=0$，式(2.19)仍回复到式(2.18)。因为 $\frac{1+\alpha}{1-\alpha}>1$，所以受阻内旋转的均方末端距总比自由内旋转时的大，即 $\overline{h^2}>\overline{h_{\mathrm{f}}^2}$。

式(2.19)是在假定内旋转势能函数为偶函数的基础上求得的，它仅适用于带有对称碳原子的碳链高分子，即内旋转异构体左式和右式具有相同势能的情况，如聚乙烯分子链 $\text{-}\!(CH_2\text{—}CH_2)\!\text{-}_n$ 或是聚偏二氯乙烯分子链 $\text{-}\!(CH_2\text{—}CCl_2)\!\text{-}_n$ 等，对于含有不对称碳原子的高分子链，如聚甲基丙烯酸甲酯 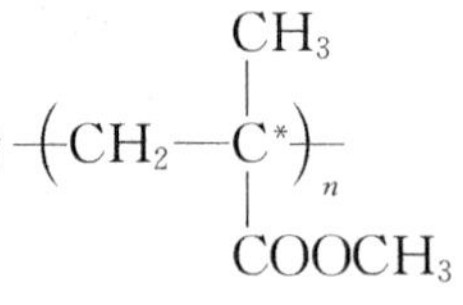 或者聚苯乙烯 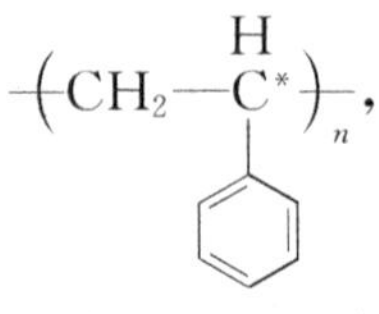，其内旋转势能函数已不是偶函数。由于不对称碳原子 C* 的存在，分子应有 D、L 构型的区别，计算末端距时还要分析高分子链的空间立构属于哪一种，是全同立构、间同立构，还是无规立构。有人对此做了计算，结果是

全同立构高分子

$$\overline{h^2} = Nl^2 \frac{1+\cos\theta}{1-\cos\theta} \frac{1-\alpha^2-\beta^2}{(1-\alpha)^2+\beta^2} \tag{2.21}$$

式中

$$\beta = \sin\varphi = \frac{\int_0^{2\pi} e^{-U(\varphi)/kT} \sin\varphi d\varphi}{\int_0^{2\pi} e^{-U(\varphi)/kT} d\varphi} \tag{2.22}$$

间同立构高分子

$$\overline{h^2} = Nl^2 \frac{1+\cos\theta}{1-\cos\theta} \frac{1-(\alpha^2+\beta^2)^2}{(1-\alpha)^2+(\alpha-\alpha^2-\beta^2)^2} \tag{2.23}$$

至于无规立构高分子，还要考虑分子链内 D、L 构型出现的相对概率，情况更为复杂。

一般来说，一个聚合度为 N 的线性柔性链高分子，其均方末端距可写为

$$\overline{h^2} = NG_0(l,\theta,\alpha,\beta) \tag{2.24}$$

式中，G_0 为一个由高分子链近程结构所决定的几何因子。

2.1.4　近程相互作用对高分子链柔性的影响

在高分子链尺寸的几何计算中，从高分子链具有固定的键角出发，已经考虑了非键合原子间的相互作用对内旋转的影响以及空间立构对高分子链尺寸的影响[15-16]，这些影响均属于高分子链内近程相互作用，它是分子链上近邻非键合原子间电子云相斥作用的结果。

近程相互作用的大小主要取决于高分子链的近程结构，同时又对高分子链柔性起着本质的影响。这样，实际上就常把高分子链近程结构与高分子链柔性联系起来分析讨论。

这里要介绍一下关于平衡态柔性和动态柔性的区别。对于每一个高分子链都可以画出相应内旋转势能曲线 $U(\varphi)$，曲线的形状由高分子链的近程结构所决定，$U(\varphi)$ 反映了内旋转受阻的程度。一般来说，高分子链的势能曲线具有多个峰值和谷值。图 2.12 是高分子链内旋转势能曲线局部示意图。图中 U_1 表示高分子链势能曲线上某一势谷的能量值，它对应于高分子链的某一构象；U_2 表示另一势谷的能量值，它对应于高分子链的又一构象。由两种构象分别对应的势谷的能量之差(ΔU)所决定的高分子链柔性通常称为平衡态柔性(又称为热力学柔性)，是指在热力学平衡条件下的柔性。在高分子长链中，每一个键都可能取反式、左式或右式三种实际构象，平衡态柔性就由在热力学平衡条件下这三种构象的相对含量及其序列所决定。它反映在溶液中高分子链的形态上，如反映在 $\overline{h_0^2}$、$\overline{\rho_0^2}$ 等参数的大小上。因此可以从 $\overline{h_0^2}$、$\overline{\rho_0^2}$ 的温度依赖性来进行研究。动态柔性是指在外界条件的影响下从一种平衡态构象向另一种平衡态构象转变的难易程度，这是一个速度过程，所以又称为动力学柔性。构象间的转变速率取决于势能曲线上内旋转势垒值与外场作用能之间的关系。

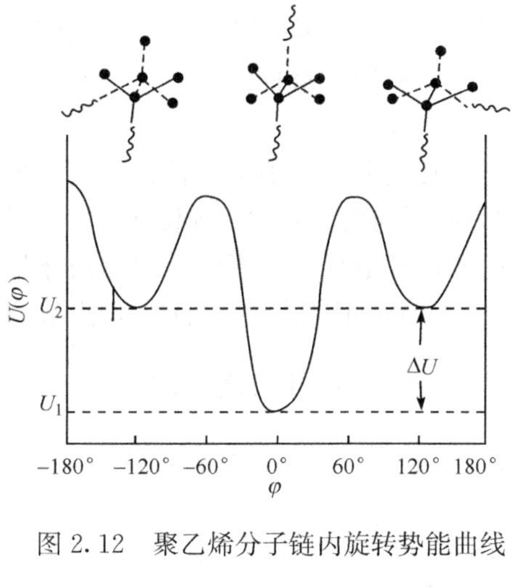

图 2.12　聚乙烯分子链内旋转势能曲线

Kuhn曾提出用形态参数改变速率$\left[\frac{d(\overline{h}^2)^{\frac{1}{2}}}{dt}\right]$表征动态柔性。动态柔性的概念用于在外力作用下高分子链的表现。例如,在研究高分子溶液黏度的切变速度依赖性时,就要考虑高分子链的动态柔性。

下面列举的高分子链近程结构对高分子链柔性的影响指的是平衡态柔性。

1) 主链结构

在碳链高分子中,极性最小的是高分子碳氢化合物。它们分子内相互作用不大,内旋转势垒较小,高分子链具有较大柔性。属于这一类的聚合物有聚乙烯、聚丙烯和乙丙共聚物等。

双烯类聚合物的主链中含有双键。虽然绕双键-(C=C)-本身并不能发生旋转,但是它使最邻接双键的单键的内旋转更为容易。例如,在聚丁二烯$\text{-(}CH_2\text{—CH=CH—}CH_2\text{)}_n\text{-}$中,与双键相连的$\sigma$单键的内旋转势垒值仅有500 cal/mol,在室温下已接近自由内旋转。

但是,具有共轭双键$\text{-(C=C—C=C)}_n\text{-}$的高分子链由于$\pi$电子云没有轴对称性,且$\pi$电子云在最大程度交叠时能量最低。而内旋转会使$\pi$键的电子云变形和破裂,因此这类分子就不能旋转。例如,聚对苯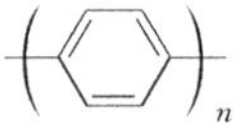、聚乙炔$\text{-(C=C)}_n\text{-}$等都是典型的刚性分子链。

在杂链高分子中,围绕C—O、C—N、Si—O等单键进行的内旋转,势垒均较C—C键的小(表2.1)。因此,聚酯、聚酰胺、聚二甲基硅氧烷、聚氨酯等一系列聚合物的分子链都是柔性链。特别是聚二甲基硅氧烷$\text{-(}Si(CH_3)_2\text{—O)}_n\text{-}$,由于主链为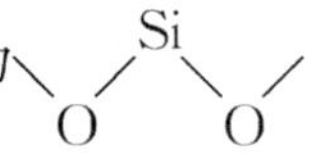链结构,其键长(1.64 Å)、键角(分别为142°及110°)都比C—C键的键长(1.54 Å)、键角(109°28′)大,因此甲基间的距离相应增大,内旋转受阻较小,内旋转的势垒值仅为几百卡/摩尔,分子链的柔性很大,是在低温下仍能使用的特种橡胶[17-19]。

2) 取代基

在高分子中引进极性取代基将增加分子内的相互作用,从而影响高分子链的柔性。取代基对分子链柔性的影响取决于取代基的极性大小、取代基沿分子链排布的距离以及对称情况。而非极性取代基的影响主要取决于取代基体积的大小。

(1) 取代基团的极性。取代基的极性越大,非键合原子间相互作用力越强。聚丙烯腈分子主链上虽有可以旋转的—C—C—键,但由于取代基的高度负电性($\rangle$C—CN的偶极矩$\mu=3.4$ deb),内旋转困难,致使聚丙烯腈分子链刚性较大。当取代基的极性减小时,如聚氯乙烯($\rangle$C—Cl的偶极矩$\mu=1.8\sim1.9$ deb),柔性就较聚丙烯腈大。而取代基极性更小的聚丙烯分子链的柔性又比聚氯乙烯好。

(2) 取代基沿分子链排布的距离。假如极性基团沿分子链的排布十分邻近,非键合原子呈现斥力,这类聚合物分子链的柔性较小。但是,当取代基团沿分子链排布距离较远时,高分子链具有较大的柔性。比较氯化聚乙烯和聚氯乙烯就能说明这个问题。在氯化聚乙烯分子中,由于极性取代基氯原子在主链中的数目较聚氯乙烯分子少,因此氯化聚乙烯分子链的柔性较大,并随氯化程度的增加而降低。

(3) 取代基在主链上的对称性。对于 $\left[\!-CH_2-\underset{X}{\overset{X}{C}}-\!\right]_n$ 型高分子链，如聚偏氯乙烯 $\left[\!-CH_2-\underset{Cl}{\overset{Cl}{C}}-\!\right]_n$ 和聚偏氟乙烯 $\left[\!-CH_2-\underset{F}{\overset{F}{C}}-\!\right]_n$ 的分子链，左式和右式的构象在势能曲线上具有相同的能量值。但在 $\left[\!-CH_2-\underset{Y}{\overset{X}{C}}-\!\right]_n$ 型高分子链中左式和右式的势能数值就不相等了，其柔性相应降低。

(4) 取代基的体积。非极性取代基对分子链柔性的影响主要是空间位阻效应。例如，聚乙烯、聚丙烯、聚苯乙烯的侧基依次增大，空间位阻效应也相应增大，因而分子链的柔性依次降低。

尽管高分子链近程结构所决定的近程相互作用对高分子链柔性有着根本性的影响，理论计算仍然得到了高分子链均方末端距正比于聚合度 N 这一基本结论。高斯链是这样[式(2.17)]，考虑了固定的键长、键角以及受阻内旋转时得到的结果也是这样[式(2.18)、式(2.19)、式(2.21)、式(2.23)、式(2.24)]。这就是说，近程相互作用并没有改变高分子链末端距分布函数的基本形式，高斯分布函数对于具有近程相互作用的实际高分子链依然适用。

怎样来理解这个问题呢？原来，高分子链近程相互作用的大小可以反映在统计单元——链段长度上。链段就是由高分子链中划分出来的可以任意取向的最小链单元，如图 2.13 所示。

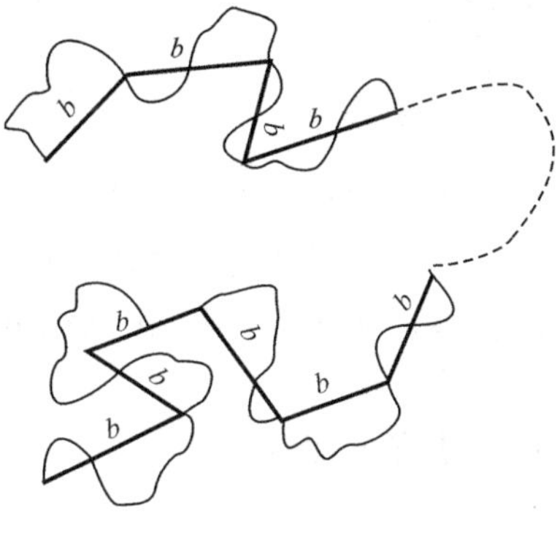

图 2.13　高斯链

每个链段可能包含有若干个结构单元，相互作用大内旋转困难，分子链柔性减小，相当于链段内包含的结构单元多，反之亦然。这样通过调节链段的长度，照样可以应用高斯链的结果。高分子链越柔顺，高分子链可能实现的构象数越多，链段所包含的结构单元数就越少。如果链段等于一个结构单元时，这种链状分子就是完全自由内旋转的理想柔顺链。因此，可以用每一链段所包含的结构单元数来表征高分子链的柔性程度。几种常见聚合物的链段长度和所包含的结构单元数列于表 2.2。

表 2.2　几种常见聚合物的链段长度和所包含的结构单元数

聚合物	单体分子量	链段长度/Å	链段含结构单元数
聚乙烯	28	8.1	2.7
聚甲醛	44	5.6	1.25
聚苯乙烯	104	15.3	5.1
聚甲基丙烯酸甲酯	100	13.4	4.4
纤维素	162	25.7	5
甲基纤维素	186	81.0	16

用链段的长度来表征高分子链的柔性具有直观的物理意义。但由于实验上的困难,实际应用还不多。实际上常用 $(\overline{h_0^2}/\overline{h_f^2})^{1/2}$ 来表征高分子链的柔性,显然 $(\overline{h_0^2}/\overline{h_f^2})^{1/2}$ 是高分子链内旋转受阻程度的量度。表 2.3 列出了某些高分子链的 $(\overline{h_0^2}/\overline{h_f^2})^{1/2}$ 数据。

表 2.3 某些高分子链的 $(\overline{h_0^2}/\overline{h_f^2})^{1/2}$ 数据

聚合物	$(\overline{h_0^2}/\overline{h_f^2})^{1/2}$
聚丙烯	1.8
顺式 1,4-聚丁二烯	1.6
聚苯乙烯	2.2~2.4
聚 3,4-二氯苯乙烯	2.9
聚甲基丙烯酸甲酯	2.0~2.4
聚二甲基硅氧烷	1.4
天然橡胶	1.5
古塔波胶	1.3

$\overline{h_0^2}$ 不能由实验直接测定,但是可以通过光散射法测定高分子链均方半径 $\overline{\rho_0^2}$ 后推算。均方半径定义为

$$\overline{\rho_0^2} = \frac{1}{Z}\sum_{i=1}^{Z}\overline{r_i^2} \tag{2.25}$$

式中,Z 为链段数;r_i 为由质心到第 i 个链段的矢距。高斯链均方末端距与均方半径之间的关系为[29]

$$\overline{\rho_0^2} = \frac{1}{6}\overline{h_0^2} \tag{2.26}$$

此关系式的推导见 2.2 节末附录。

在高分子链的柔性表征中,还经常采用称为特征比的量 C_n,定义为均方末端距 $\overline{h^2}$ 与 nl^2 的比值。显然,对于自由联结链有

$$C_n = \overline{h^2}/(nl^2) = 1 \tag{2.27}$$

而对于完全伸直链有

$$C_n = \overline{h^2}/(nl^2) = n \tag{2.28}$$

假如将特征比 C_n 视为 n 的函数,当 $n \to \infty$ 时,对应的 C_n 可定义为 C_∞。对于自由联结链 $C_\infty = 1$,而对于完全伸直链 $C_\infty \to \infty$。因而 C_n 对于 n 依赖性的大小也是链柔性的一种反映,而且 C_∞ 值越大,链的刚性通常也越大[30-32]。

2.1.5 远程相互作用:排除体积效应[20]

前边已指明链状大分子的构象(空间构型)和步长为一定的无规行走之间的相似性。由于每一个键的方向都和链上相邻的键的方向部分相关,用半无规行走来表示分子链的构象可能更合适。由键角和围绕键的受阻旋转势所形成的相关性在任何情况下都是有一定范围的,如对各种不同链模型的处理所表明的,两个键的相关性和这两键之间键的数目相关。对于具有一定程度构象柔性的键,$(\boldsymbol{l}_i \cdot \boldsymbol{l}_j)$ 为键 i 在键 j 方向投影,其平均值随 $|j-i|$ 数的增大而减小,当 $|j-i|$ 无限增大时趋于零。事实上,如一对键之间的相关只由键角和键的旋转势能所决定,则当 $|j-i|$ 的差值很大时,$(\boldsymbol{l}_i \cdot \boldsymbol{l}_j)$ 应随此值按指数趋于零。

高分子链在一个最重要的方面有别于无规行走模型，即有别于 $\overline{h^2} = Zb^2$ 。无规行走可以和自己的轨迹相交，而一个链状分子并不能如此。虽然用无规行走轨迹来表示链状高分子构象时，给定的一步和其他步相交的可能性较小，然而，对于步数多的行走，此类事件的总数平均起来可以远超过 1。因此，无规行走模型在一定条件下可描述真实高分子链。真实高分子链比起无规行走模型是受干扰的，其结果是链的整体尺寸增大了。由 $(\boldsymbol{l}_i \cdot \boldsymbol{l}_j)$ 项对求和的贡献可能不再随 $|j-i|$ 的增大而消失。这就是说，存在着远程相互作用。事实上，正是这些相距较大的单元对之间的相互作用主要地决定了链尺寸的扰动，即偏离了无规行走的模型。

长链分子的空间构型(包括整链的构象)问题很自然地分为完全不同的两部分：一部分涉及链的结构、在链上互相邻近的原子以及基团之间的局部相互作用，称之为近程相互作用；另一部分属于远程相互作用，即那些在链序列上相距较远但在空间上可能相距很近的单元对之间的相互作用。为了明确这个概念，令 $\overline{h_0^2}$ 表示分布没有受到远程相互作用扰动的均方末端距。根据定义，仅由近程相互作用决定。令 α 为反映由远程相互作用而引起的平均构象的线性尺寸所发生的变化的因子，即 α 表示体积排除作用造成的扰动。$\overline{h^2}$ 是 h 的二次距有效值，则按定义有

$$\overline{h^2} = \alpha^2 \, \overline{h_0^2}$$

把这两种效应分开的方法在目前只是形式上的。但至少在概念上这种差别是清楚的。近程效应主要是指很少几个键隔开的基团之间的相互作用。远程“体积效应”则取决于被许多个键隔开的基团对之间的相互作用。可以证明，当中间的键数接近链的总键数 Z 时，基团对之间的远程相互作用具有极为重要的意义。

可以通过结构数据并结合对影响键旋转势能的估计来计算无扰平均尺寸 $\overline{h_0^2}$ (或和它有关的旋转半径 $\overline{\rho_0^2}$)，这里要考虑的是比较理论计算和实验结果的共同基础。

远程效应(或体积排除效应)不仅取决于链重复单元的真实体积，而且还和重复单元与溶剂的相互作用有关。因此，正如最初理解排除体积效应时所强调指出的[21]，不是链的重复单元的真实体积，而是沉浸在溶剂中一对单元的有效共体积决定对空间构型(实际指构象)的扰动。所以 α^2 明显地与溶剂有关，其次也与温度有关。这种情况可能使下面问题变得更为复杂。因此，排除了从组成链的结构单元的尺寸来计算 α 的所有可能性。

这种情况绝不意味着前面所述的是不适宜的。正如高分子的良溶剂能使链单元对的共体积膨胀一样，仅能够溶解聚合物的不良溶剂也可使其缩小。通过正确地选择溶剂和温度，单元的有限体积可以被在不良溶液中链单元之间互相吸引而恰好抵消，于是有效共体积为零，体积排除效应消失[21]，$\alpha = 1$，并且 $\overline{h^2} = \overline{h_0^2}$ 。

这和真实气体的玻意耳(Boyle)点相同。在玻意耳温度时，分子对之间的斥力(排除体积)恰好被它们之间的引力所抵消。对于这对分子，总的排除体积为零，一直到很高的压力这个真实气体服从理想气体的等温线。进一步和气体的玻意耳点类比，高分子溶液的 θ 点可以定义为某一温度，在此温度对渗透压作维里展开时，第二项为零，即在 θ 点时，直至浓度为百分之几的溶液渗透压还服从范特霍夫(van't Hoff)定律，其他实验也可用于准确地确定 θ 点[20,22-23]。

在 θ 点时，一对链结构单元的有效共体积(排除体积)的消失表明空间构型(构象)的扰动应当同样地消失了。在这一点上理论是明确的[23]。由于一个链上距离较远的单元之间的相互作用而带来的麻烦，完全可能通过选择合适地测定链尺寸的实验条件来避免。这个方法的可靠性自其开始以来已获得大量的证据。

虽然一般最好是在 θ 点直接测定链的尺寸，但在这种条件下有时实验是无法进行的，在良

溶剂中进行测量时,共体积大而且空间构型(构象)被远程相互作用所扰动。应用正确理论提出的方法可以把它校正搭配“理想的”或 θ 点的条件。为了方便,在 θ 点直接得到或校正到这点的实验结果加一个零下标,如 $\overline{h_0^2}$ 或 $\overline{\rho_0^2}$ 。

只有在稀溶液的环境中,线形大分子的空间构型(构象)才能由于远程相互作用而扩张。当浓度增大到一定程度,在无规线团区域的许多地方是重叠的,使扩张大大受到抑制。因此,在无定形本体中可以预言构型(构象)不受干扰。这些结论是来自简单无误的理论[20-23]。但是由于高浓度时测定分子尺寸很困难,上述结论是不容易用实验证明的[24-26]。

根据理论,链空间构型(构象)的体积排除扰动在高浓度范围是无效的,但在良溶剂中高度稀释时却非常显著。在对高分子惯用的多数物理化学测试中,良溶剂是常用的条件。因此,在研究大分子时排除体积效应是很重要的。

总之,分散在稀溶液中的线形聚合物的链状分子空间构型的描述可以分为近程和远程两部分。前者取决于前边所述的几何因子 l(键长)和 θ(键角)以及围绕键旋转的势能,其中包括链上与相邻的原子或基团之间的立体相互作用。后者是在链的序列上相距很远的单元之间的相互作用所决定的。远程效应可以用上述办法在实验中消除。用这种方法得到的无扰尺寸便可以用链状分子的近程特征来解释。这就是这里所采用的方法。

2.2 高分子晶格中链与蠕虫状链的构象

对于晶格中的链和蠕虫状链的构象不能用上述统计手法表征,这里简单分述如下。

2.2.1 高分子晶格中链的构象

高分子结晶形成晶格后,链的构象取决于分子链内及分子链之间的相互作用。分子链内和分子链间的作用必然影响链的堆砌,分子聚集体的密度发生变化就是表现之一。就聚烯烃结晶而言,密度的最大差异所对应的能量差异仅为 1.20 kJ/mol(对每一个单体单元计)。这说明只有构象能非常低(分子链柔性极大)时,这种分子间较弱的相互作用才能显著地影响分子链的构象。在许多情况下,只考虑分子内的相互作用能,就可以对结晶高分子的构象进行估算,而分子间相互作用的影响通常可以不计。但在分子链间存在较强相互作用时,如尼龙分子链间形成的氢键,则分子间相互作用对构象的影响就不能忽略不计。

在高分子晶格中,比较常见的是螺旋形构象(包括锯齿形构象)。螺旋构象的特征可以用符号 p_q 代表,其意义是 p 个单体单元将在螺旋中转 q 圈,构成螺旋周期结构。按照 Natta 等的研究,某些全同立构聚合物的螺旋构象如图 2.14 所示。

图 2.14 中大球表示侧基或侧链,它可以是图下方所注的任何基团。螺旋的特征周期结构 p_q 与构象有着密切的关系。简单地说,分子链中各键的构象序列(t-反式,$g^{\pm}$-左右式)决定了晶格中螺旋的周期结构 p_q 。下面介绍一些实例。

聚乙烯能量最低的构象是全反式构象,即 tttt…,这可用碳链中相邻碳原子上的 H 在反式构象时的距离(2.5 Å)大于其范德华半径和(2.4 Å)来解释。环绕任一单键内旋转使反式构象转变为左右式构象时,将导致某些非键合原子靠近,使体系的能量增加约 33 kJ/mol。全反式构象在几何图形上表示为平面锯齿形,用螺旋符号 1_1 表示,即一个结构单元(注意包括两个键)就完成螺旋的一圈。聚氯乙烯的构象与聚乙烯相似,也是同样类型的全反式。聚四氟乙烯链的情况则不同,反式锯齿形结构的能量并不是最低的,因为 F 原子的范德华半径等于

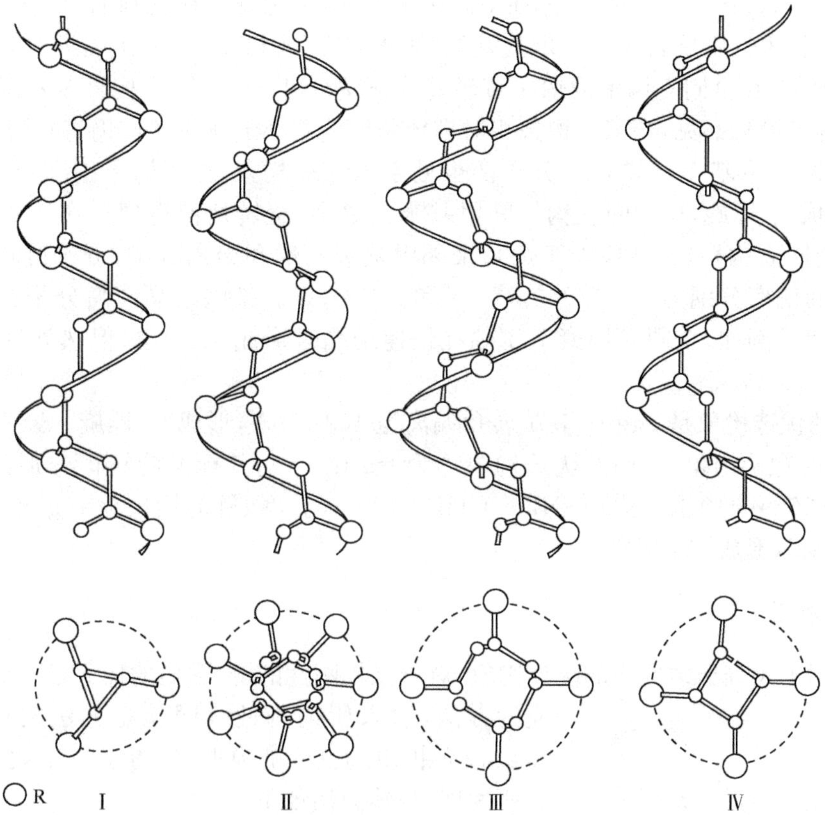

Ⅰ. R=—CH_3,—C_2H_5,—CH=CH_2,—CH_2—CH_2—CH(CH_3)$_2$,
—OCH_3,—O—CH_2—CH(CH_3)$_2$,—C_6H_5

Ⅱ. R=—CH_2—CH(CH_3)—C_2H_5,—CH_2—CH(CH_3)$_2$

Ⅲ. R=*o*-CH_3—C_6H_4—,*p*-F—C_6H_4—,*o*-CH_3—C_6H_3—*p*-F

Ⅳ. R=*o*-CH_3—C_6H_4—,—C_6H_4—*p*-F,*m*-F—C_6H_4—*o*-CH_2,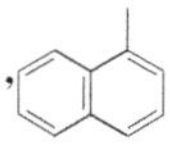

图 2.14　典型全同立构聚合物的螺旋构象

1.4 Å,在平面锯齿形构象中,F 原子的相互距离为 2.5 Å,小于它们的范德华半径之和。所以聚四氟乙烯的分子链在晶格中呈现为稍稍扭绞的由 13 个—CF_2—基团组成螺旋的一个周期,它的周期结构表示为 13_1。在这样的螺旋结构中 F 原子间距离为 2.7 Å。聚异丁烯与此相似,只是两个甲基的体积比氟原子体积更大,于是形成 8_3 螺旋结构。

间同立构高分子中,全反式构象是能量上最优选的构象。因此,在晶格中这些分子链也呈平面锯齿形。例如,间同立构聚 1,2-丁二烯、聚丙烯腈和聚氯乙烯都属这一类。在另一些实例中,ttgg…构象(4_2 螺旋)更有利,间同立构聚丙烯就是其中之一。但是,此种构象与全反式的能量相差并不大,所以间同立构聚丙烯可以采取这两种形式结晶,聚乙烯醇与其他乙烯基聚合物的分子链在晶格中构象正好相反,它的全同立构形式倾向于平面锯齿形,而间同立构形式易发生螺旋结构,其原因是这些构象对于生成分子内的氢键更加有利。

在全同立构聚乙烯基类化合物中,每间隔一个碳原子就有一个体积较大的取代基。由于这个取代基的存在,tgtg…构象比全反式 tttt…构象在能量上更加有利。在全同立构聚丙烯中,前者能量比后者的低 41.8 kJ/mol。在聚苯乙烯、聚(5-甲基 1-庚烯)等的晶格中,分子链的构象也是如此。tgtg…构象使分子链在空间中形成了 3_1 螺旋。在规则的 tgtg…构象中,g 构象的键相对 t 构象的键旋转 120°。取代基的“体积效应”或相互作用的特征将使旋转角偏离理想的数值。例如,在全同立构聚丙烯中旋转角实际为 114°,在全同立构聚苯乙烯中旋转角为 116°。然而为了简化起见,当某一构象相对理想角度偏差小于 ±30°时,仍将它记为此种构象。在全同立构聚(4-甲基-1-己烯)中,分子链也处于 tgtg…构象,但 t 构象偏离 −13°,g 构象为 110°,从而形成 7_2 螺旋,在全同立构聚间甲基苯乙烯中,旋转角偏离到 −16°/104°,分子链呈 11_3 旋转。全同立构聚(3-甲基-1-丁烯)、聚邻甲基苯乙烯和聚乙醛中,分子链均呈 4_1 螺旋,它们旋转角的偏离分别为 −24°/96°、0°/90°和 −45°/95°。某些结晶的高分子在热处理时会发生构象转变。例如,全同立构聚 1-丁烯在快速结晶时形成 4_1 构象,但热处理后转变为 3_1 螺旋。

聚甲醛的优选构象是 ggg…,其旋转角偏离至 103°/103°,形成 9_5 螺旋。聚乙二醇和聚甘氨酸均形成 7_2 螺旋构象,它们的优选构象均为 ttgttg…,与其标准旋转角分别偏离至 −12°/12°/120°和 −36°/0°/106°。多肽—NH—CHR—CO—的 α 螺旋的构象为 tggtgg…,其旋转角为 0°/122°/143°,形成 11_3 螺旋。

2.2.2　蠕虫状链[27-28]

以上介绍了大分子柔性链的统计构象,对于比较刚性的链,它们的构象描述应该建立相适应的方法,引入所谓刚性线团就是方法之一。Porod 和 Kratky 曾提出蠕虫状链模型,取得了应用效果,近年来也有所发展,具体介绍如下。

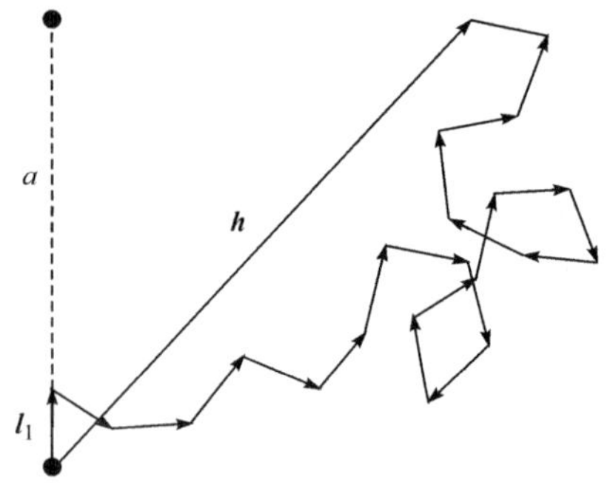

图 2.15　持久长度 a 的意义

一种十分重要的构象参数——持久长度 a 被采用,其定义为无限长链的末端距在链初始(第一键)方向上的平均投影,如图 2.15 所示。

模型链的末端距 $\boldsymbol{h}$ 在第一键方向上投影的平均长度设为 a_n,它可由第一键方向的单位矢量 $\boldsymbol{l}_1/l_1$ 与末端距矢量 $\boldsymbol{h}=\sum_{i-1}^{n}\boldsymbol{l}_i$ 之间的标量积定义

$$a_n = \overline{(\boldsymbol{l}_1/l_1)\cdot\sum_{i=1}^{n}\boldsymbol{l}_i} \tag{2.29}$$

当链长趋于无穷大时,即 $n\to\infty$ 时,a_n 的极限为该链的持久长度。也可以理解为持久长度就是该模型链在第一键方向上“持续”的程度。对于无限长的链,选择远离最后一个键的任一键(如第 i 键),均可用这种方法定义持久长度。

对于长度为 l 的键所组成的链,可以证明持久长度 a 与极限特征比 C_∞ 之间有着确定的关系。为此先将几何链表示式写成下列形式:

$$\begin{aligned}\overline{h^2} &= nl^2 + 2\sum_{j>i}^{n}\overline{\boldsymbol{l}_i\cdot\boldsymbol{l}_j}\\ &= nl^2 + 2\,\overline{\sum_{j=i+1}^{n}\sum_{i=1}^{n}(\boldsymbol{l}_i\cdot\boldsymbol{l}_j)}\\ &= nl^2 + 2\,\overline{\sum_{j=2}^{n}(\boldsymbol{l}_1\cdot\boldsymbol{l}_j)} + 2\,\overline{\sum_{j=i+1}^{n}\sum_{i=2}^{n}(\boldsymbol{l}_i\cdot\boldsymbol{l}_j)}\end{aligned} \tag{2.30}$$

根据式(2.29)，令 $n \to \infty$ ，右边第一个加和项可写成以下形式：

$$\overline{\sum_{j=2}^{n}(\boldsymbol{l}_1 \cdot \boldsymbol{l}_j)} = \overline{\sum_{j=1}^{n}(\boldsymbol{l}_1 \cdot \boldsymbol{l}_j)} - (\boldsymbol{l}_1 \cdot \boldsymbol{l}_1) = al - l^2 \tag{2.31}$$

再利用此式，式(2.30)中右边第二个加和项可写成以下形式：

$$\overline{\sum_{j=i+1}^{n}\sum_{i=2}^{n}(\boldsymbol{l}_i \cdot \boldsymbol{l}_j)} = (n-1)(al - l^2) \tag{2.32}$$

这里实际是每一个 i 值所对应的加和为 $al - l^2$ 。将式(2.31)和式(2.32)代入式(2.30)，可得

$$\overline{h^2} = nl^2 + 2n(al - l^2) = 2nla - nl^2 \tag{2.33}$$

式(2.33)自然是在 $n \to \infty$ 条件下存在的，根据 C_∞ 的定义[30-32]

$$C_\infty = \lim_{n\to\infty}\frac{\overline{h^2}}{nl^2} = (2a/l) - 1 \tag{2.34}$$

式(2.34)表明了极限特征比 C_∞ 与持久长度 a 的关系。事实上，链的刚性和柔性都是相对而言的。特征比和持久长度都可以用于表征比较刚性的链的刚性程度，持久长度 a 越长，链的刚性越强。Porod 和 Kratky 对于链构象的处理方法是把模型链分成这样小的单元，以使链上任何一点的取向相对相邻的点几乎呈连续变化。链轮廓线上任一点的曲率方向假定是无规的。这样的模型链就好似一条弯曲的蠕虫，所以称为蠕虫状链模型，如图 2.16 所示。

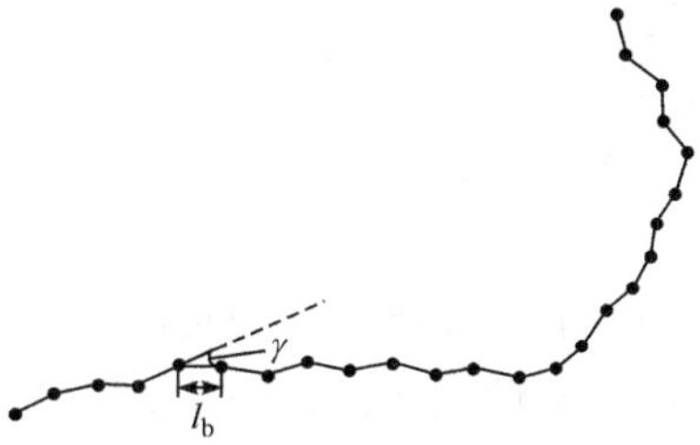

图 2.16 蠕虫状链示意图

从自由旋转链出发讨论蠕虫状链比较方便。假设链是由 n 个想象的长度 l_b 的“键”组成，每一键与它前面相邻键之间的夹角(键角的补角)为 γ，蠕虫状链沿链迹线呈无规变化，且与假想键自由旋转在物理意义上等效。因此，链末端距在第一键上的投影仿照几何链表示式写成为

$$\rho = l_b \sum_{k=0}^{n-1}(\cos\gamma)^k \tag{2.35}$$

当 $n \to \infty$ ，即对于无限长链的情况，求和后，ρ 将趋于持久长度 a

$$a = \lim_{n\to\infty}\rho = \lim[l_b(1-\cos^n\gamma)/(1-\cos\gamma)] = l_b/(1-\cos\gamma) \tag{2.36}$$

可以设想，链的围线长度 L_c 保持恒定，逐渐减小 l_b 值，结果 γ 值也将逐渐减小。当 $l_b \to 0$ 时，$1-\cos\gamma$ 也同样将趋于零。利用 $x\approx 1$ 时的近似公式($-\ln x = 1-x$)可将式(2.36)改写为

$$\lim_{l_b\to 0}[l_b/(1-\cos\gamma)] \approx l_b/[-\ln(\cos\gamma)] \approx a \tag{2.37}$$

上述计算过程反映出链转变为连续弯曲的过程，链上任何一点曲率的方向呈连续变化。进而可将式(2.37)改写为

$$\cos\gamma = \exp(-l_b/a) \tag{2.38}$$

将式(2.38)代入式(2.35)，则有

$$\begin{aligned}\rho &= l_b \sum_{k=1}^{n}[\exp(-l_b/a)]^k \\ &= l_b \sum_{k=0}^{n}\exp(-kl_b/a)\end{aligned} \tag{2.39}$$

当 $l_b \to 0$ 时，上述求和可用积分代替，令 $L = kl_b$ 和 $L_c = nl_b$ ，则有

$$\rho \approx l_b\int_0^n \exp(-kl_b/a)\mathrm{d}k = \int_0^{L_c}\exp(-L_c/a)\mathrm{d}L_c = a[1-\exp(-L_c/a)] \tag{2.40}$$

设想由链端沿第一键方向延伸一无穷小段 $|\mathrm{d}h| = \mathrm{d}L_c$,则可以近似认为

$$h \cdot \mathrm{d}h = \rho \mathrm{d}L_c \tag{2.41}$$

由此可得出末端距平方的平均值与围线长度 L_c 之间的微分关系

$$\begin{aligned} \mathrm{d}\overline{h^2} &= \overline{\mathrm{d}h \cdot h} = \overline{2h \cdot \mathrm{d}h} = 2\rho \mathrm{d}L_c \\ &= 2a[1 - \exp(-L_c/a)]\mathrm{d}L_c \end{aligned} \tag{2.42}$$

积分后得

$$\begin{aligned} \overline{h^2} &= 2a\int_0^{L_c}[1 - \exp(-L_c/a)]\mathrm{d}L_c \\ &= 2aL_c\{1 - (a/L_c)[1 - \exp(-L_c/a)]\} \end{aligned} \tag{2.43}$$

当 L_c 值很大时,则有

$$\overline{h^2}/L_c = 2a[1 - (a/L_c)] \tag{2.44}$$

随着链长的增加,由于弯曲作用,链末端距总是小于链的围线长度,即 $\overline{h^2} < L_c^2$,这时式(2.44)可写为

$$\overline{h^2}/L_c = 2a$$

或者

$$\overline{h^2}/L_c^2 = 2a/L_c \tag{2.45}$$

即均方末端距与围线长度平方之比取决于持久长度与围线长度之比。这就是蠕虫状长链所形成的刚性线团的特征。

弗洛里(Flory)进一步发展了 Porod-Kratky 的持久长度概念,并系统地提出了持久矢量(persistence vector)的概念。分子链的末端矢量 $\boldsymbol{h}$ 在其第一键参考坐标中的构象平均 $\bar{h}$ 定义为持久矢量 $\boldsymbol{a}$。它能更精细地表示出链构象的基本特征。持久矢量具有矢量的特征,其方向和大小由链构象及键的化学结构决定,而持久长度只是一个标量,其方向为假想模型链第一键的方向。持久长度 a 的模型链为无限长,显然,a 是求极限过程的结果;在定义持久矢量 $\boldsymbol{a}$ 时,可以令其长度(或键数 n)为任何有限数值。持久矢量概念已用于柔性链和刚性链的构象表征,也已用于研究液晶高分子链的构象。

附录:高分子链均方半径与均方末端距的关系式推导[23]

图 2.17 表示线性高分子链的均方半径与均方末端距之间的矢量关系。图中每个黑点代表柔性高分子链中每个链段的质量中心,称为质点。$\boldsymbol{h}_i$ 表示从每一个质点到第 i 个质点的矢量。o 点是整个高分子链的质量中心。显然,质心应满足以下条件:

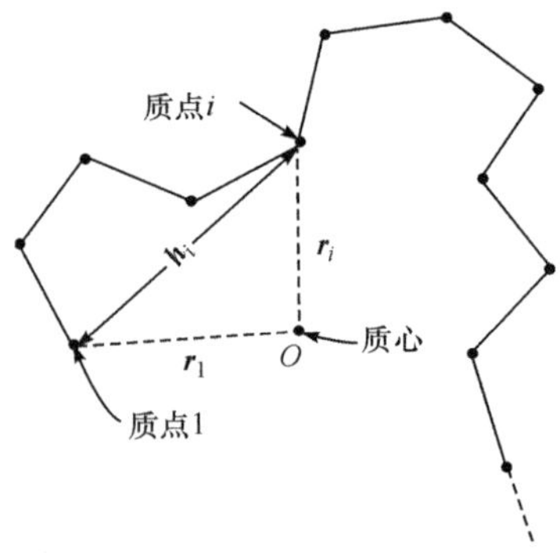

图2.17　线形高分子链均方半径与均方末端距之间的矢量关系

$$\sum m_i \boldsymbol{r}_i = 0 \tag{2.46}$$

式中,m_i 为第 i 个质点的质量;$\boldsymbol{r}_i$ 为由质心到第 i 个质点的矢量。按定义,均方半径为

$$\overline{\rho^2} = \frac{1}{Z}\sum_{i=1}^{Z}\overline{\boldsymbol{r}_i^2} \tag{2.47}$$

由图 2.17 可见

$$\sum_{i=1}^{Z}\boldsymbol{r}_i^2 = \sum_{i=1}^{Z}(\boldsymbol{r}_1 + \boldsymbol{h}_i)(\boldsymbol{r}_1 + \boldsymbol{h}_i)$$

$$= Z\boldsymbol{r}_1^2 + 2\boldsymbol{r}_1(\sum_{i=1}^{Z}\boldsymbol{h}_i) + \sum_{i=1}^{Z}\boldsymbol{h}_i^2 \tag{2.48}$$

又因为每个链段是等同的，质点的质量也等同，所以质心定义要求

$$\sum_{i=1}^{Z}\boldsymbol{r}_i = \sum_{i=1}^{Z}(\boldsymbol{r}_1 + \boldsymbol{h}_i) = Z\boldsymbol{r}_1 + \sum_{i=1}^{Z}\boldsymbol{h}_i = 0 \tag{2.49}$$

式中，Z 为高分子链段数目。由式(2.49)可得

$$\boldsymbol{r}_1 = -\frac{1}{Z}\sum_{i=1}^{Z}\boldsymbol{h}_i$$

$$\boldsymbol{r}_1^2 = \frac{1}{Z^2}\sum_{i=1}^{Z}\sum_{j=1}^{Z}(\boldsymbol{h}_i\boldsymbol{h}_j)$$

$$2\boldsymbol{r}_1(\sum_{i=1}^{Z}\boldsymbol{h}_j) = -\frac{2}{Z}\sum_{i=1}^{Z}\sum_{j=1}^{Z}\boldsymbol{h}_i\boldsymbol{h}_j$$

将上式代入式(2.48)又得

$$\sum_{i=1}^{Z}\boldsymbol{r}_i^2 = \sum_{i=1}^{Z}\boldsymbol{h}_i^2 - \frac{1}{Z}\sum_{i=1}^{Z}\sum_{j=1}^{Z}\boldsymbol{h}_i\boldsymbol{h}_j \tag{2.50}$$

矢量 $\boldsymbol{h}_i \cdot \boldsymbol{h}_j$ 与 $\boldsymbol{h}_i$、$\boldsymbol{h}_j$ 之间的关系可用余弦定理表示

$$\boldsymbol{h}_{ij}^2 = \boldsymbol{h}_i^2 + \boldsymbol{h}_j^2 - 2\boldsymbol{h}_i\boldsymbol{h}_j$$

代入式(2.50)得

$$\sum_{i=1}^{Z}\overline{r_i^2} = \frac{1}{2Z}\sum_{i=1}^{Z}\sum_{j=1}^{Z}\overline{h_{ij}^2}$$

因为$\overline{h_{ij}^2}$恰好是链段数为$|j-i|$的均方末端距，又已知高斯链的均方末端距表示式为

$$\overline{h_{ij}^2} = b^2|j-i|$$

所以

$$\sum_{i=1}^{Z}\overline{r_i^2} = \frac{b^2}{2Z}\sum_{i=1}^{Z}\sum_{j=1}^{Z}|j-i| \tag{2.51}$$

为了计算 $\sum_{i=1}^{Z}\sum_{j=1}^{Z}|j-i|$，先对 j 加和，这一加和又可以分为两部分：$j<i$ 的各项与 $j>i$ 的各项。对于前者$|j-i|$就等于$(i-j)$，而后者$|j-i|$等于$(j-i)$。所以

$$\sum_{j=1}^{Z}|j-i| = \sum_{j=1}^{Z}(i-j) + \sum_{j=i+1}^{Z}(j-i)$$

利用自然数列前 n 项的求和公式

$$S_n = \frac{1}{2}n(1+n) \tag{2.52}$$

将式(2.52)展开可得

$$\sum_{j=1}^{Z}|j-i| = i^2 - \frac{1}{2}i(i+1) + \frac{1}{2}(Z-i)(Z+i+1) - i(Z-i)$$

$$= i^2 - iZ + \frac{1}{2}Z^2 + \frac{1}{2}Z - i \tag{2.53}$$

再将式(2.53)按 i 加和，并利用公式

$$1^2 + 2^2 + \cdots + Z^2 = \frac{Z(Z+1)(2Z+1)}{6} \tag{2.54}$$

得

$$\sum_{i=1}^{Z}\sum_{j=1}^{Z}|j-i| = \sum_{i=1}^{Z}\left(i^2 - iZ + \frac{1}{2}Z^2 + \frac{1}{2}Z - i\right) = \frac{Z^3 - Z}{3}$$

代入式(2.51)得

$$\sum_{i=1}^{Z}\overline{r_1^2} = \frac{b^2}{6}(Z^2-1)$$

$$\overline{\rho_0^2} = \frac{1}{Z}\sum_{i=1}^{Z}\overline{r_1^2} = \frac{Zb^2}{6}\left(1-\frac{1}{Z^2}\right) \approx \frac{Zb^2}{6}$$

又因

$$\overline{h_0^2} = Zb^2$$

故

$$\overline{\rho_0^2} = \frac{1}{6}\overline{h_0^2}$$

参 考 文 献

[1] Volkenstein M V. Configurational Statistics of Polymeric Chain. New York: Interscience, 1963.
[2] Flory P J. Statistical Mechanics of Chain Molecules. New York: Wiley Interscience, 1969.
弗洛里 P J. 链状分子的统计力学. 吴大诚,高玉书,许元泽,等译. 成都:四川科学技术出版社,1990.
[3] 伏肯斯坦 M B. 分子的结构及物理性质. 张乾二,韩德刚,沈文建,等译. 北京:科学出版社,1960.
[4] Flory P J. Principles of Polymer Chemistry. New York: Cornell University Press, 1953.
[5] 吴大诚. 高分子构象统计理论导引. 成都:四川教育出版社,1985.
[6] Chandrasekhar S. Rev Mod Phys, 1943, 15:3; Rayleigh Lord Phil Mag, 1919, [6], 37:321.
[7] Kuhn W, Grün F. Kolloid Z. 1942, 101:248.
[8] James H M, Guth E. J Chem Phys, 1943, 11:470.
[9] Kuhn W. Kolloid Z. 1936, 76:258; 1939, 87:3.
[10] Eying H. Phys Rev, 1952, 39:746.
[11] Kemp J D, Pitzer K S. J Am Chem Soc, 1937, 59:276; 1938, 60:1615; Kistiakowski G B, Lacher J R, Stitt F. J Chem Phys, 1939, 7:289.
[12] Mizushima S, Simanoccti T. J Am Chem Soc, 1949, 71:1320.
[13] Taylor W J. J Chem Phys, 1948, 16:257.
[14] Benoit H. J Chem Phys, 1947, 44:18; Kuhn H. J Chem Phys, 1947, 15:843.
[15] Debye P, Bueehe F. J Chem Phys, 1951, 19:589.
[16] Flory P J, Mandelken L, Kinsinger J B, et al. J Am Chem Soc, 1952, 74:3364.
[17] Roth W L, Harker D. Acta Krist, 1948, 1:34.
[18] Aggarwal E H, Bauer S H. J Chem Phys, 1950, 18:42.
[19] Sauer R O, Mead D J. J Am Chem Soc, 1946, 68:1794.
[20] Flory P J. J Chem Phys, 1949, 17:303; Flory P J, Fox T G Jr. J Am Chem Soc, 1951, 73:1904.
[21] Fox T G Jr, Flory P J. Phys Chem, 1949, 53:197.
[22] Fox T G Jr, Flory P J. J Am Chem Soc, 1951, 73:1909, 1915.
[23] Flory P J. Principles of Polymer Chemistry. New York: Cornell University Press, 1953: 546-545, 600-602.
[24] Flory P J. Letures in Materials Science, P. Leurgans. New York: Benjamin, 1963, 36-42.

[25] Hoeve C A J, O'Brien N K. J Polymer Sci A, 1963, 1: 1947.
[26] Krigbaum W R, Godwin R W. J Chem Phys, 1965, 43: 4523.
[27] Porod G. Monatsh Chem, 1949, 80: 251.
[28] Kratky O, Porod G. Roc Trav Chim, 1949, 68: 1106.
[29] Debye P. J Chem Phys, 1946, 14: 636.
[30] Flory P J. Principles of Polymer Chemistry. New York: Cornell University Press, 1953.
[31] Fetters L J, Lohse D J, Richter D, et al. Macromolecules, 1994, 27: 4639.
[32] Gracessley W W, Fetters L J. Macromolecules, 2001, 34: 7147.

2.3　聚合物的分子量与分子量分布

2.3.1　聚合物分子量的统计分布

正如在本章前面部分所提到的，高分子是由很大数目（10^3～10^5 数量级）的一种或几种结构单元组成的长的链状分子，每一种结构单元相当于一个小分子，这表明高分子的分子量远远大于小分子；同时，由于高分子在制备过程中经历链引发、链增长、链终止以及伴随可能发生的支化、交联及环化等各种复杂的过程，所以生成的聚合物将具有相同和不同的分子链长，即是具有相同和不同分子量的高分子同系物的集合。也就是说，作为由许多高分子组成的聚合物，其聚合度和分子量是非均一的（non uniform）或称为多分散的（polydisperse），具有某种统计分布。因而，聚合物的分子量只具有统计的意义。按照统计权重因子的不同，定义不同的统计平均分子量，相应的平均分子量的测定方法也不一样。只有某些合成聚合物和某些生物大分子，如蛋白质等，它们是具有均一分子量的均一（uniform）聚合物或称单分散（monodisperse）聚合物①。

虽然聚合物的分子量具有统计意义，它仍不失为高分子材料的最基本和最重要的分子参数之一。这是因为高分子材料的很多重要性质（如溶解性能、流变性能、加工性能及最终使用性能等）都直接与聚合物的分子量有关。然而，无论哪种统计平均分子量都不能完全满意地表征高分子链分子量的统计性质，进而不能完全满意地体现与产品的加工和使用性能间的关系。例如，作为聚合物工业主要部分的聚烯烃，两个平均分子量相同或相近的聚合物，其分子量分布的微小差异，尤其在高分子尾端的差异强烈地影响其加工行为，特别是与拉伸流动相关的成纤性和成膜性方面[1]。因此，在考察聚合物平均分子量的同时，需要了解其分子量分布即分子量分布曲线和分布宽度等信息。

聚合物的分子量分布反映聚合物中不同分子量组分的相对含量。假定在某一聚合物试样中含有若干种不同分子量的分子，该试样的总质量为 m，总分子（摩尔）数为 n，所含分子量的种类数目用 i 表示，第 i 种分子的分子量为 M_i，分子数为 n_i，质量为 $m_i=n_iM_i$，在整个试样中

① IUPAC 1996 年聚合物科学基本术语汇编推荐[2]。

由分子质量和组成一样的分子组成的聚合物称为均一的（uniform）聚合或称单分散的（monodisperse）聚合物。

由分子量或组成或两者不一样的（非均一）分子组成的聚合物称为非均一的（non uniform）聚合物或多分散的（polydisperse）聚合物。

虽然“单分散的”形容词是自相矛盾的，但由于“单分散的”和“多分散的”这一对形容词共同使用已深深地扎根在以往的文献中，因此将继续使用一段时间。

的质量分数为 W_i,分子(摩尔)分数为 N_i,则这些量之间存在以下关系:

$$\sum_i n_i = n \qquad \sum_i m_i = m$$

$$\frac{n_i}{n} = N_i \qquad \frac{m_i}{m} = W_i \tag{2.55}$$

显然,$\sum_i N_i = 1$,$\sum_i W_i = 1$(归一化条件)。

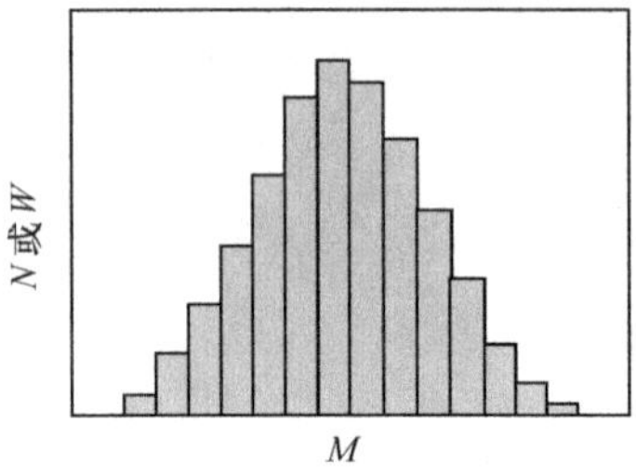

图 2.18 直方分布图

聚合物的分子量分布可以用分布曲线表示,也可以用分布函数表示。分布曲线分为间断型的和连续型的分子量分布曲线。前者即是简单地用统计学上的直方分布图来表示,实际应用中如实验上测定得到的聚合物分子量区间分布曲线如图 2.18所示。

若将上述分子量间隔不断缩小,可以得到连续的分布曲线。连续型的分子量分布曲线可分为微分分布曲线和积分分布曲线。微分分布曲线通常分为数量微分分布曲线和质量微分分布曲线,分别如图 2.19 和图 2.20 所示。

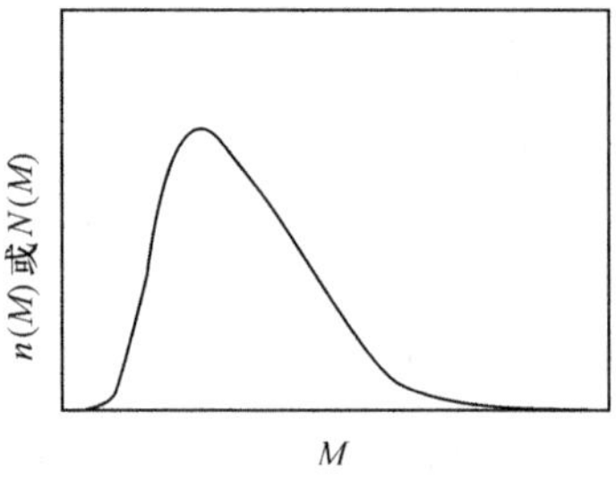

图 2.19 聚合物分子量的数量微分分布曲线

$n(M)$:按分子数的分布函数

$N(M)$:按分子分数的分布函数或归一化数量分布函数

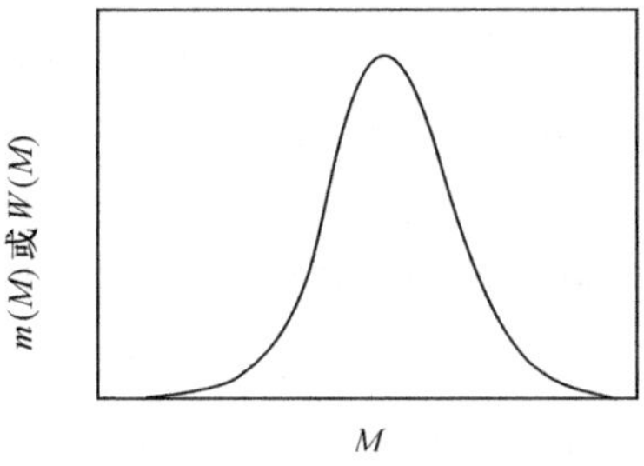

图 2.20 聚合物分子量的质量微分分布曲线

$m(M)$:按质量的分布函数

$W(M)$:按质量分数的分布函数或归一化质量分布函数

相应地,加和式(2.55)将用连续的积分式代替为

$$\int_0^\infty n(M)\,\mathrm{d}M = n \qquad \int_0^\infty m(M)\,\mathrm{d}M = m$$

$$\int_0^\infty N(M)\,\mathrm{d}M = 1 \qquad \int_0^\infty W(M)\,\mathrm{d}M = 1 \tag{2.56}$$

图 2.21 为聚合物分子量的质量积分分布曲线或称累积质量分布曲线,$I(M)$ 为聚合物分子量质量积分分布函数,定义为

$$I(M) = \int_0^M W(M)\,\mathrm{d}M \tag{2.57}$$

表示分子量从 0→M 所有种类分子占总质量的质量分数。显然

$$I(\infty) = \int_0^\infty W(M)\,\mathrm{d}M = 1 \tag{2.58}$$

$$\frac{\mathrm{d}I(M)}{\mathrm{d}M} = W(M) \tag{2.59}$$

上述分布函数间相互关系用图形表示，如图 2.22 所示。

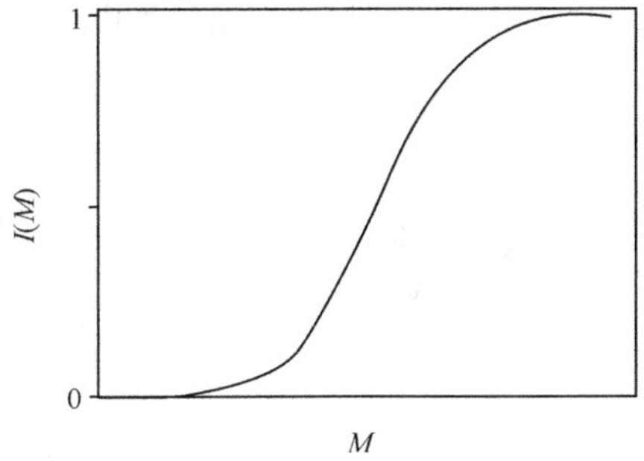

图 2.21　聚合物分子量分布的质量积分分布曲线

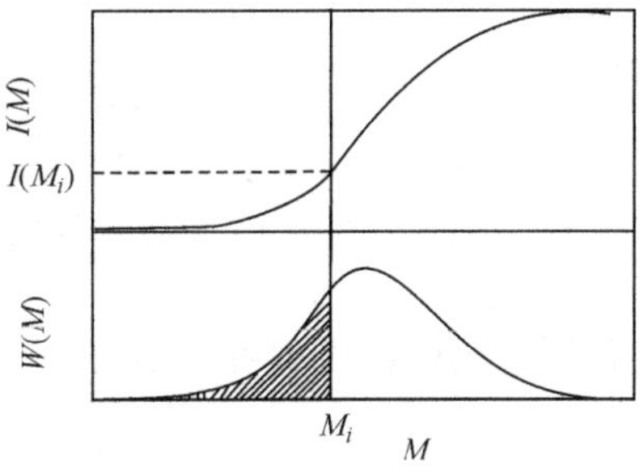

图 2.22　聚合物分子量分布的积分分布曲线和微分分布曲线及其相互关系示意图

分布曲线的横坐标或称分布函数的自变量可以是任何一种与分子量有关的量，从事有关理论研究往往取 M 为自变量，联系实际的工作往往取 $\ln M$ 或 $\lg M$ 为横坐标作图。后者的优点是不仅使得到的质量微分分布曲线比较对称，而且可以更明显地对应于聚合物的物理性能随分子量数量级变化的差异。

表 2.4 列出常用的分子量分布函数的自变量（包括与分子量相关的特性黏数$[\eta]$）及相应的质量微分分布函数和质量积分分布函数之间的关系。

表 2.4　自变量与分布函数及其相互关系

自变量	质量积分分布函数	质量微分分布函数	分布函数间的关系
M	$I(M)$	$W(M)$	$W(M)=\dfrac{\mathrm{d}I(M)}{\mathrm{d}M}$
$\ln M$	$I(\ln M)$	$W(\ln M)$	$W(\ln M)=\dfrac{\mathrm{d}I(\ln M)}{\mathrm{d}\ln M}=W(M)M$
$[\eta]$	$I([\eta])$	$W([\eta])$	$W([\eta])=\dfrac{\mathrm{d}I([\eta])}{\mathrm{d}[\eta]}=W(M)\dfrac{M^{1-\alpha}}{\alpha k}$

2.3.2　聚合物的统计平均分子量

对于多分散的聚合物体系，系列统计权重因子可以是物质的量 n、质量 m、参数 Z 和参数 $(Z+1)$ 等。它们分别定义为 n_i，$m_i \equiv n_i M_i$，$Z_i \equiv m_i M_i = n_i M_i^2$，$(Z+1)_i \equiv Z_i M_i = m_i M_i^2 = n_i M_i^3$。于是，按统计权重因子的不同，通常定义 4 种常用的平均分子量，即数均分子量、质均分子量、Z 均分子量和黏均分子量。

1. 数均分子量

数均分子量是按分子数作为统计权重因子的平均分子量，定义为

$$M_{\mathrm{n}}=\frac{\sum\limits_i m_i}{\sum\limits_i n_i}=\frac{\sum\limits_i n_i M_i}{\sum\limits_i n_i}=\sum_i \frac{n_i}{n}M_i=\sum_i N_i M_i \tag{2.60}$$

同时也可写为

$$M_{\mathrm{n}}=\frac{\sum\limits_i m_i}{\sum\limits_i n_i}=\frac{\sum\limits_i m_i}{\sum\limits_i \dfrac{m_i}{M_i}}=\frac{1}{\sum\limits_i \dfrac{m_i}{M_i}\Big/\sum\limits_i m_i}=\frac{1}{\sum\limits_i \dfrac{W_i}{M_i}} \tag{2.61}$$

对于多分散的级分 i,M_i 必须是与所乘的统计权重因子相应的平均分子量。例如,用数量 n_i 统计权重因子表达的 m_i 应该是 $m_i = n_i(M_n)_i$,式(2.60)和式(2.61)中的 M_i 将以 $(M_n)_i$ 代替,有

$$M_n = \frac{\sum_i n_i (M_n)_i}{\sum_i n_i} = \sum_i N_i (M_n)_i = \frac{1}{\sum_i \frac{W_i}{(M_n)_i}} \tag{2.62}$$

若用连续函数表示可以写为

$$M_n = \frac{\int_0^\infty M \cdot n(M) \mathrm{d}M}{\int_0^\infty n(M) \mathrm{d}M} = \int_0^\infty M \cdot N(M) \mathrm{d}M \tag{2.63}$$

进一步可以得到归一化质量分布函数与归一化数量分布函数之间的关系

$$W(M) = \frac{M \cdot n(M)}{\int_0^\infty M \cdot n(M) \mathrm{d}M} = \frac{M \cdot N(M)}{\int_0^\infty M \cdot N(M) \mathrm{d}M} = \frac{M \cdot N(M)}{M_n} \tag{2.64}$$

或

$$N(M) = \frac{W(M) \cdot M_n}{M}$$

如前所述,聚合物的许多宏观性质与其分子量有关,人们正是利用已知的两者间的某种定量关系来测定聚合物的平均分子量。例如,利用高分子溶液的依数性质建立了测定聚合物数均分子量的经典物理化学方法,如沸点升高、冰点降低、气相渗透压和膜渗透压法等。这些方法已有成熟的理论和自动化的仪器,并已在诸多聚合物科学著作中详述,这里只做简单说明。

依数性质是指某一组分的物理性质仅依赖于该组分的分子数目,而不依赖其化学结构,这对于结构复杂的聚合物尤为重要。在此基础上建立的是测定聚合物数均分子量的绝对方法。

简言之,即当一定量的高分子作为溶质分子溶解在某种溶剂中制备成高分子稀溶液时,由于高分子溶质的加入影响溶剂分子的无规运动,而使溶液的蒸气压较纯溶剂降低,沸点比纯溶剂的升高 ΔT_b,冰点比纯溶剂的降低 ΔT_f。这些变化的差值均正比于溶液的浓度,反比于溶质的分子量。

由于聚合物的分子量较大,溶液的浓度又很稀,因此 ΔT_b、ΔT_f 等差值都很小。通常测定分子量范围限制在 1×10^4 以下,测温灵敏度高的装置可达 1×10^5。

膜渗透压法是测量分子量范围最宽($5\times10^3 \sim 10^6$),最常用的测量数均分子量的方法,也是研究聚合物稀溶液性质的有效方法之一,并在《聚合物结构与性能》(性能篇)中第 19 章有叙述。

另外,也可利用等价方法测定聚合物的数均分子量,即只要已知高分子的化学结构、端基结构和每个分子上端基的数目,通过端基测定可以计算高分子的数均分子量。然而,端基测定的灵敏度强烈地依赖于测定端基的方法:经典的化学滴定方法可测分子量最高约为 4×10^4,^{13}C NMR分析最高约为 8000,对放射性基团的分析最高可达 2×10^5,而荧光基团分析最高达约 10^6。

2. 质均分子量

质均分子量是按分子质量作为统计权重的平均分子量,定义为

$$M_w = \frac{\sum_i m_i M_i}{\sum_i m_i} = \frac{\sum_i n_i M_i^2}{\sum_i n_i M_i} = \sum_i W_i M_i \tag{2.65}$$

对于多分散的级分 i，与之统计权重因子 W_i 和 m_i 相对应的平均分子量是 $(M_w)_i$，则式(2.65)写为

$$M_w = \frac{\sum_i m_i (M_w)_i}{\sum_i m_i} = \frac{\sum_i n_i (M_n)_i (M_w)_i}{\sum_i n_i (M_n)_i} = \sum_i W_i (M_w)_i \tag{2.66}$$

若用连续函数可表示为

$$M_w = \frac{\int_0^\infty M \cdot m(M) \mathrm{d}M}{\int_0^\infty m(M) \mathrm{d}M} = \frac{\int_0^\infty M^2 \cdot n(M) \mathrm{d}M}{\int_0^\infty M \cdot n(M) \mathrm{d}M} = \int_0^\infty M \cdot W(M) \mathrm{d}M \tag{2.67}$$

自从 20 世纪 40 年代，Debye[3]将光散射方法应用于高分子溶液以来，至今已近 70 年，静态激光光散射方法早已是测定聚合物质均分子量和均方旋转半径最重要的绝对方法，也是最有用的研究大分子行为的物理化学方法之一。《聚合物结构与性能》(性能篇)中第 19 章有较多叙述，并重点叙述动态激光光散射。

近几十年发展起来的体积排除色谱(SEC)或称凝胶渗透色谱(GPC)与激光光散射仪(两角、三角或多角)联用技术，作为一种绝对方法也已广泛用于测定经 SEC 分离的聚合物各级分的质均分子量和均方旋转半径；进一步得到整个聚合物样品的质均分子量和均方旋转半径，以及这两个分子参数之间的标度关系[4-6]；同时，也可以计算得到整个样品的数均分子量、Z 均分子量和分布宽度指数等。

质谱是精确测定物质分子量的一种方法，质谱测定聚合物分子的质量，给出的是每一个分子的质量 m 对电荷数 z 的比，即质荷比(m/z)。通常对测定低分子量化合物十分有用的经典质谱方法，对测定高分子量的聚合物却用途不大。然而，随着基质辅助激光解吸离子化-飞行时间质谱(MALDI-TOF-MS)和电喷雾离子化质谱(ESI-MS)技术的发展，质谱法不仅能表征共聚物，也成为测定生物大分子(如蛋白质、多肽等)[7]、合成高分子(如 PS、PE、PMMA 等)[8]的分子量和分子量分布的有利工具。然而，只是对窄分子量分布的样品质谱测定结果才与传统方法测定的结果相吻合[9]。

电子显微镜方法可用于测定处于玻璃态的高分子量聚合物的分子量和分子量分布[10-12]。方法是首先选择适当比例的溶剂、沉淀剂体系，配制聚合物的稀溶液。然后利用喷雾法将稀溶液分散成微小的雾滴，使每个雾滴中包含一个或不含大分子，从而得到单分子分散的球粒。例如，分子量为 5×10^5 的单分子球粒尺寸约为 100 Å，在电子显微镜下极易看到。应用电镜直接测量球粒尺寸，一般每个样品计数在 400 个点左右，还可得到分子量分布曲线，按式(2.68)和 M_n、M_w 的定义式计算得到平均分子量和分布宽度指数。

单分子球粒的分子量

$$M = (1/6) N_A \rho \pi d^3 \tag{2.68}$$

式中，N_A 为阿伏伽德罗常量，数值为 6.02×10^{23} 个/mol；ρ 为聚合物的密度，g/cm^3；d 为球粒直径，cm。

聚合物的数均分子量[式(2.60)]

$$M_n = \frac{\sum_i n_i M_i}{\sum_i n_i}$$

聚合物的质均分子量[式(2.65)]

$$M_w = \frac{\sum_i n_i M_i^2}{\sum_i n_i M_i}$$

式中,n_i 为分子量为 M_i 的球粒的数目。

3. Z 均分子量和($Z+1$)均分子量

Z 均分子量是按 Z 量作为统计权重因子的平均分子量,定义为

$$M_Z = \frac{\sum_i Z_i M_i}{\sum_i Z_i} = \frac{\sum_i m_i M_i^2}{\sum_i m_i M_i} = \frac{\sum_i n_i M_i^3}{\sum_i n_i M_i^2} \tag{2.69}$$

对于多分散的级分 i,与 Z 量相应的平均分子量应是$(M_Z)_i$,式(2.69)写成

$$M_Z = \frac{\sum_i Z_i M_i}{\sum_i Z_i} = \frac{\sum_i m_i (M_w)_i (M_Z)_i}{\sum_i m_i (M_w)_i} = \frac{\sum_i n_i (M_n)_i (M_w)_i (M_Z)_i}{\sum_i n_i (M_n)_i (M_w)_i} \tag{2.70}$$

若用连续函数表示可写为

$$M_Z = \frac{\int_0^\infty M^2 m(M)\mathrm{d}M}{\int_0^\infty M m(M)\mathrm{d}M} = \frac{\int_0^\infty M^3 n(M)\mathrm{d}M}{\int_0^\infty M^2 n(M)\mathrm{d}M} \tag{2.71}$$

如果按($Z+1$)量作为统计权重因子,可得($Z+1$)均分子量,定义为

$$M_{Z+1} = \frac{\sum_i (Z+1)_i M_i}{\sum_i (Z+1)_i} = \frac{\sum_i m_i M_i^3}{\sum_i m_i M_i^2} = \frac{\sum_i n_i M_i^4}{\sum_i n_i M_i^3} \tag{2.72}$$

或用连续函数表达式

$$M_{Z+1} = \frac{\int_0^\infty M^3 m(M)\mathrm{d}M}{\int_0^\infty M^2 m(M)\mathrm{d}M} \tag{2.73}$$

从 20 世纪 30 年代开始应用于聚合物分子量测定的超速离心沉降方法[13],当选择离心机的转数较低(约 300 r/s),即在较小的离心力场时,高分子在溶液中的沉降与扩散两种相反的过程将同时进行并最终达到平衡,称为沉降平衡。此时沉降速度与扩散速度相等,体系形成恒定的浓度梯度。由于高分子的沉降与扩散都与其大小和质量有关,因此可用来测定聚合物的分子量。通过实验上测定的不同的量,在离转轴不同处的浓度和浓度梯度,可以证明用这种沉降平衡法测定的分子量分别为质均分子量和 Z 均分子量。

4. 不同平均分子量间的比较及矩数表达式

下面借用一个直观的例子帮助我们理解对一个多分散体系,用不同的统计权重因子得到

不同的统计平均分子量之间的差异以及它们各自的统计意义。

设有 1000 个平均直径为 2.4 in(1 in=2.54 cm²)的钢球，它们的分布如表 2.5 所示[14]。

表 2.5　不同直径钢球的分布数据

球的数目 N_i	$\frac{N_i}{\sum N_i}$/%	直径 D_i/in	长度 $N_i D_i$	$\frac{N_iD_i}{\sum N_iD_i}$/%	面积(×1/π) $N_iD_i^2$	$\frac{N_iD_i^2}{\sum N_iD_i^2}$/%	体积(×6/π) $N_iD_i^3$	$\frac{N_iD_i^3}{\sum N_iD_i^3}$/%
900	90	1	900	37.5	900	2.7	900	0.1
50	5	5	250	10.4	1 250	3.7	6 250	0.8
50	5	25	1 250	52.1	31 250	93.6	781 250	99.1
$\sum N_i = 1\ 000$			$\sum N_iD_i = 2\ 400$		$\sum N_iD_i^2 = 33\ 400$		$\sum N_iD_i^3 = 788\ 400$	

那么，按照长度(一维)计算的平均直径 D_L

$$D_L = \frac{\sum_i N_i D_i}{\sum_i N_i} = \frac{2400}{1000} = 2.4 \text{ in}$$

按照面积(二维)计算的平均直径 D_A

$$D_A = \frac{\sum_i N_i D_i^2}{\sum_i N_i D_i} = \frac{33\ 400}{2400} = 13.9 \text{ in}$$

按照体积(三维)计算的平均直径 D_V

$$D_V = \frac{\sum_i N_i D_i^3}{\sum_i N_i D_i^2} = \frac{788\ 400}{33\ 400} = 23.6 \text{ in}$$

由表 2.5 中所列数据可知，数量占 90%的直径为 1 in 的小球在长度、面积和体积加和中占据的百分数由 37.5%锐减到 2.7%甚至 0.1%，而数量占 5%的直径为 25 in 的大球在三种加和中占据的百分数却由 52%陡增到 93.6%甚至 99%，可见小球和大球对不同的统计平均贡献是不一样的。

类似地，在多分散的聚合物试样中，低分子量组分主要影响 M_n 值，高分子量组分主要贡献 M_w 和 M_Z 值。利用 Cauchy 不等式$\left[\left(\sum_i a_i b_i\right)^2 \leqslant \sum_i a_i^2 \sum_i b_i^2\right]$可以证明，对于多分散体系：$M_n < M_w < M_Z$，对于单分散体系：$M_n = M_w = M_Z$。

上面以不同统计权重因子方法定义的聚合物的几种平均分子量，也可以统一用分布函数的矩数来表示[14]，定义围绕原点的分子量 g 分布的第 q 次矩 $\mu_g^{(q)}$ 为

$$\mu_g^{(q)} = \frac{\sum_i g_i M_i^q}{\sum_i g_i} = \sum_i G_i M_i^q \tag{2.74}$$

式中

$$G_i = \frac{g_i}{\sum_i g_i}$$

对于具有单分散级分 i 的聚合物，其数均分子量是分子量数量分布的一次矩数与相对应的零次矩数之比

$$M_n = \frac{\mu_n^{(1)}(M)}{\mu_n^{(0)}(M)} = \frac{\sum_i n_i M_i}{\sum_i n_i} \tag{2.60a}$$

同样情况,聚合物的质均分子量是分子量数量分布的二次矩数与相应的一次矩数之比

$$M_w = \frac{\mu_n^{(2)}(M)}{\mu_n^{(1)}(M)} = \frac{\sum_i n_i M_i^2}{\sum_i n_i M_i} \tag{2.65a}$$

以此类推

$$M_Z = \frac{\mu_n^{(3)}(M)}{\mu_n^{(2)}(M)} = \frac{\sum_i n_i M_i^3}{\sum_i n_i M_i^2} \tag{2.69a}$$

$$M_{Z+1} = \frac{\mu_n^{(4)}(M)}{\mu_n^{(3)}(M)} = \frac{\sum_i n_i M_i^4}{\sum_i n_i M_i^3} \tag{2.72a}$$

矩的次数 q 可以为正的或负的,有理的或无理的,整数的或分数的任何值,因此分子量分布的矩数常与分子量有不同的物理单位,下面讲的黏均分子量即是用分数次的矩数表示的平均分子量。

5. 黏均分子量

黏均分子量是利用分数次的矩数表示的聚合物的平均分子量,定义为

$$M_\eta \equiv \left[\frac{\mu_n^{(1+\alpha)}(M)}{\mu_n^{(1)}(M)}\right]^{\frac{1}{\alpha}} = \left[\frac{\sum_i n_i M_i^{(1+\alpha)}}{\sum_i n_i M_i}\right]^{\frac{1}{\alpha}} = \left[\frac{\sum_i n_i M_i M_i^\alpha}{\sum_i n_i M_i}\right]^{\frac{1}{\alpha}}$$

$$= \left[\frac{\sum_i m_i M_i^\alpha}{\sum_i m_i M_i}\right]^{\frac{1}{\alpha}} = \left[\sum_i W_i M_i^\alpha\right]^{\frac{1}{\alpha}} \tag{2.75}$$

式中,α 为高分子溶液特性黏数$[\eta]$与分子量之间关系马克-豪温克(Mark-Houwink)方程指数。

由式(2.75)可知,如果聚合物的分子量分布和聚合物-溶剂体系的 α 值是已知的,则黏均分子量是可以计算的。虽然近些年来前者很容易从 SEC(GPC)-LLS(激光光散射)联用技术得到;然而,由于黏度测定设备简单,操作便利,又可以有相当好的实验精度[15],因此自 20 世纪 40 年代[16-18]至今,快速而简单的聚合物稀溶液黏度法一直是从$[\eta]$测定黏均分子量的最重要的技术。

从溶液的黏度数据无法直接用理论来计算聚合物的分子量,必须通过普遍采用的经验公式——Mark-Houwink(MH)方程[或称 Mark-Houwink-Sakurada(MHS)方程]来计算。

$$[\eta] = KM^\alpha \tag{2.76}$$

特性黏数定义

$$[\eta] = \lim_{c \to 0} \frac{\eta_{sp}}{c} = \lim_{c \to 0} \frac{\ln \eta_r}{c} \tag{2.77}$$

其中相对黏度 $\eta_r=\dfrac{\eta}{\eta_0}$表示溶液黏度 η 相对于纯溶剂黏度 η_0 的倍数，增比黏度 $\eta_{sp}=\dfrac{\eta-\eta_0}{\eta_0}=\eta_r-1$ 表示溶液黏度比纯溶剂黏度增加的倍数。

显然，$[\eta]$具有比容的单位，如毫升/克或分升/克，表示单位质量高分子在溶液中所占流体力学体积的相对大小，其值与聚合物-溶剂体系和测量温度有关。所以 MH 方程的常数 K 和 α 是体系的特征常数，依赖于聚合物的构造、构象和分子量及分子量分布，也依赖于溶剂和温度。

指数 α 与高分子在溶液中的形态结构紧密相关，α 值依赖于分子的形状和链段分布。理论预计[2]，对于圆球 $\alpha=0$；在 θ 溶剂中的无扰线团 $\alpha=0.5$；在良溶剂中的扰动线团平均场理论预计 $\alpha=0.8$，重整化理论预计 $\alpha=0.764$；无限细的刚性棒 $\alpha=2$。原则上，蠕虫状链显示 $0.5\leqslant\alpha\leqslant2$，低分子量比较刚性的链具有比较高的值，反之亦然。

至于对给定的聚合物-溶剂体系，如何利用测定分子量的绝对方法确定其 MH 方程及如何准确测定$[\eta]$值，已有诸多著作和文献[19-22]详述，这里不再介绍。

值得强调的是，对于一个非均一的或多分散的聚合物体系，有

$$[\eta]=\sum_i W_i[\eta]_i=\sum_i W_i K M_i^{\alpha}=K\sum_i W_i M_i^{\alpha}=KM_{\eta}^{\alpha} \tag{2.78}$$

得

$$M_{\eta}=\Big[\sum_i W_i M_i^{\alpha}\Big]^{\frac{1}{\alpha}}$$

用连续函数表示为

$$M_{\eta}=\left[\int_0^{\infty}M^{\alpha}W(M)\mathrm{d}M\right]^{\frac{1}{\alpha}} \tag{2.79}$$

由上述不同方式同时导得的黏均分子量的定义可知，只有 MH 方程[式(2.76)]中的常数 K 和 α 值是由接近均一体系的样品确定的，或是经过多分散效应改正得到的单分散方程参数时，从测定的$[\eta]$由其计算的同一体系多分散试样的平均分子量为黏均分子量。否则，得到的将是无明确定义的平均分子量[19-20]。

2.3.3　聚合物分子量分布宽度及其他

如本节前面所述，单用一种平均分子量不足以描述聚合物分子量的多分散性及其与性能之间的关系，理想的是得到试样连续的分子量分布曲线。这在凝胶渗透色谱(GPC 或 SEC)方法应用于聚合物分子量分布的表征[23-26]已有近 50 年历史的今天已非奢望，是容易做到的。当把几个样品的分子量分布曲线叠加在一起进行比较时，可以定性地、直观地看到它们在分布上的异同。进一步可以充分利用从微分分布曲线计算得到的各种平均分子量和从积分分布曲线得到的不同分子量区间的含量等信息来对其分子量分布做定量的评价。

1. 分子量分布宽度指数

这是已沿用多年、简便而常用的方法。如前所述，对于非均一的、多分散聚合物试样，有 $M_Z>M_w>M_{\eta}>M_n$。因此，原则上这些平均分子量中任何一个较高的与较低的比都可以作为分子量非均一性，也就是聚合物多分散性的量度。最常用的是质均分子量与数均分子量之比

$$D=M_w/M_n \tag{2.80}$$

称为分布宽度指数或多分散指数。

对于均一的、单分散的聚合物，$D=1$；所谓活性聚合得到的“窄分布”聚合物，$D\approx 1.04$；平衡缩聚制备的线性聚合物，一般 $D=2$；某些工业聚合物，D 值可高达 20～40，如分子量双峰分布的高密度聚乙烯。

此外，用试样中各级分分子量与平均分子量间差值平方的平均值来表征聚合物的分子量分布宽度[13]

$$\sigma_n^{\ 2} \equiv \overline{[(M-M_n)^2]_n} = M_n^2\left(\frac{M_w}{M_n}-1\right) \tag{2.81}$$

$$\sigma_w^{\ 2} \equiv \overline{[(M-M_w)^2]_w} = M_w^2\left(\frac{M_Z}{M_w}-1\right) \tag{2.82}$$

也有用积分分布曲线的累积质量 $I=0.90$ 处(分子量分布中高分子量端)的分子量 $M(I=0.90)$ 与 $I=0.10$ 处(分子量分布中低分子量端)的分子量 $M(I=0.10)$ 的比值

$$D_I = \frac{M(I=0.90)}{M(I=0.10)} \tag{2.83}$$

来表征试样的分子量分布宽窄。

2. 分子量分布尾端含量

在实际工作中，即使两个具有相同 M_n 或 M_w 的聚合物，其分子量分布“尾端”的差异也将对聚合物的加工和使用性能有显著影响。这是由于分子量分布中高分子量组分主要贡献于强度，这是我们所希望的。但由于分子量高熔体黏度增大，使流动性变差而带来加工上的困难。相反，低分子量组分会使熔体流动性增加，发挥内增塑的作用，有益于加工。鉴于此，可以通过控制分子量分布尾端含量方法考察分子量分布与性能间关系。

根据实际需要，从积分分子量分布曲线得到某一分子量值以上的高分子量尾端或某一分子量值以下的低分子量尾端组分的百分含量，分析含量与性能间关系。例如，考察双向拉伸聚丙烯树脂分子量与成膜性能间关系时，除需了解其平均分子量、分子量分布宽度外，重要的是需要考察其分子量分布中超高分子量尾端的含量[1]，如图 2.23 所示。

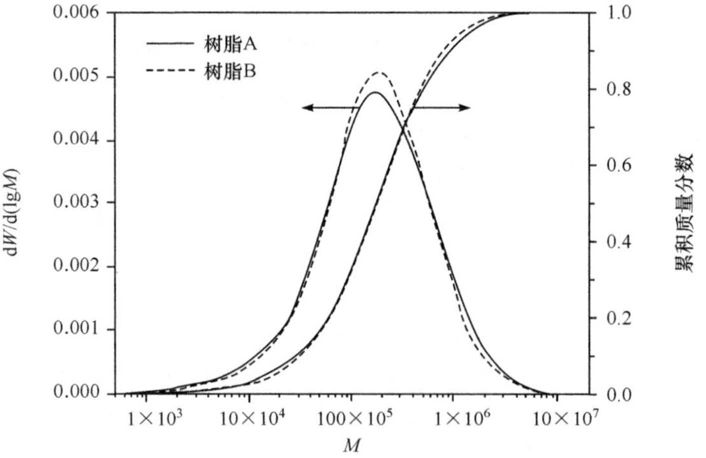

图 2.23 树脂 A 和 B 的微分分子量分布和积分分子量分布曲线

树脂 A：高速拉伸成膜性能好；树脂 B：同样加工条件易断膜

2.3.4　聚合物分子量分布函数

分子量分布函数就是用来描述分子量分布曲线的具体数学表达式。这样的分布函数分为两类:模型分布函数和理论分布函数。

模型分布函数:借用数学中的某个模型分布函数来描述实验上得到的分布曲线,如果两者比较接近,那么这样的分布就称为模型分布,该函数即为模型分布函数。常用的模型分布函数有多种,如指数分布函数、董履和分布函数及舒尔茨-齐姆(Schulz-Zimm)分布函数等。本节将仅以高斯(Gaussian)分布和对数正态分布为例加以说明。

理论分布函数:同聚合机理、过程联系起来,通过解聚合动力学方程的动力学方法或利用统计学方法建立的分布函数称为理论分布函数,如 Schulz-Flory 最可几分布和泊松(Poisson)分布等。本节仅简介 Poisson 分布。

1. 高斯分布

高斯分布是人们最熟悉的、概率论中最重要的一种分布。它表示算数平均的误差定律,在数学上也称为正态分布。其函数式为

$$\varphi(x)=\frac{1}{\sigma\sqrt{2\pi}}\exp\left[-\frac{(x-x_0)^2}{2\sigma^2}\right] \tag{2.84}$$

式中,x_0 为分布变量的平均值,对应曲线的最高点;σ 为标准偏差,描写分布的宽度;σ^2 为方差。

正态分布曲线都是左右对称的,对称轴是 $x=x_0$。曲线斜率变化有拐点,位于 $x=x_0\pm\sigma$ 处(图 2.24)。曲线下总面积归一化。

$$\int_{-\infty}^{\infty}\exp\left[-\frac{(x-x_o)^2}{2\sigma^2}\right]\mathrm{d}x=\sigma\sqrt{2\pi}$$

$$\int_{-\infty}^{\infty}\varphi(x)\mathrm{d}x=1$$

$$\int_{-\infty}^{x_0}\varphi(x)\mathrm{d}x=0.5 \tag{2.85}$$

图 2.25 表明,正态分布曲线的位置由平均值 x_0 决定。分布曲线的形状特点,即其尖锐程度或宽窄决定 σ 值的大小,分布越窄,峰形越尖锐,σ 值越小。

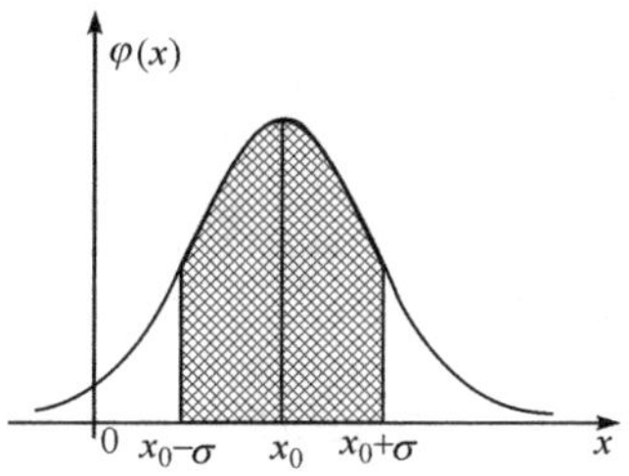

图 2.24　正态分布图

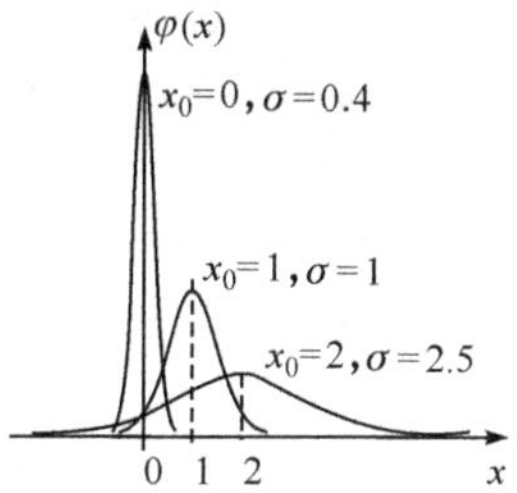

图 2.25　不同 x_0 和 σ 值的正态分布曲线比较

如果式(2.84)中的自变量为聚合度,则可以得到归一化的数量分布函数

$$N(x)=\frac{1}{\sigma_n\sqrt{2\pi}}\exp\left[-\frac{(x-x_n)^2}{2\sigma_n}\right] \tag{2.86}$$

归一化的质量分布函数

$$W(x)=\frac{1}{\sigma_w\sqrt{2\pi}}\exp\left[-\frac{(x-x_w)^2}{2\sigma_w}\right] \tag{2.87}$$

$N(x)$-x 和 $W(x)$-x 图形都是对称的，x_n 和 x_w 分别为两条分布曲线的中间值，对应曲线的最高点。正态分布聚合度的差是重要的，从各参数的定义出发，通过积分计算可以得到

数均方差

$$\sigma_n^2=\int_{-\infty}^{\infty}(x-x_0)^2N(x)\mathrm{d}x=x_w\cdot x_n-x_n^2 \tag{2.88}$$

质均方差

$$\sigma_w^2=\int_{-\infty}^{\infty}(x-x_w)^2W(x)\mathrm{d}x=x_Z\cdot x_w-x_w^2 \tag{2.89}$$

数均聚合度

$$x_n=\int_{-\infty}^{\infty}xN(x)\mathrm{d}x=x_0 \tag{2.90}$$

质均聚合度

$$x_w=\int_{-\infty}^{\infty}xW(x)\mathrm{d}x=\frac{\sigma_n^2}{x_n}+x_n \tag{2.91}$$

2. 对数正态分布

微分对数正态分布与上述高斯分布有同样的数学形式，不同的是利用性质的对数代替性质本身，这比描述较窄分布的高斯分布更适合描述多分散聚合物的分子量分布。其函数形式为

$$N(x)=\frac{1}{(2\pi)^{0.5}\sigma_n^*}\exp\left[-\frac{(\ln x-\ln x_M)^2}{2(\sigma_n)^2}\right] \tag{2.92}$$

这里曲线是以 $\ln x_M$ 为对称的。曲线的中值 x_M 不等于数均 x_n。此函数相应于几何平均的误差分布。因此，与正态分布不同，对于对数正态分布来说聚合度的比是重要的[15]。

在 GPC 数据处理和对谱峰作扩展效应改正时，经常使用的、熟悉的对数正态分布有两种形式。

1) Wesslau 分布[27-28]

$$W(\ln M)=\frac{1}{\beta\sqrt{\pi}}\exp\left[-\frac{1}{\beta^2}(\ln M-\ln M_0)^2\right] \tag{2.93}$$

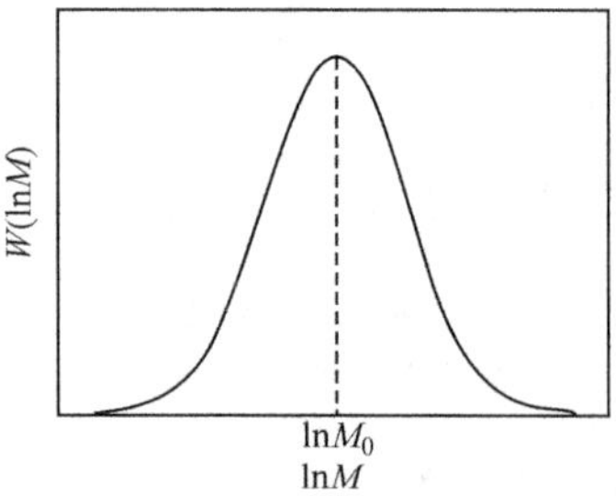

图 2.26　对数正态分布
[W(lnM)－lnM]

式中，β 为宽度参数，$\beta^2=2\sigma^2$；M_0 为位置参数。此分布是以 $\ln M_0$ 为对称中心的对数正态分布(图 2.26)。

由 $\mathrm{d}W(\ln M)/\mathrm{d}(\ln M)=0$ 可以求得峰位分子量 $\hat{M}_{W(\ln M)}=M_0$。利用 $W(M)$ 与 $W(\ln M)$ 之间的关系：$W(M)=\frac{1}{M}W(\ln M)$(表 2.4)，可以得到归一化的质量分布函数

$$W(M)=\frac{1}{\beta\sqrt{\pi}}\cdot\frac{1}{M}\exp\left[-\frac{1}{\beta^2}(\ln M-\ln M_0)^2\right] \tag{2.94}$$

W(M)对 M 分布曲线失去对称性。将式(2.94)代入各种

平均分子量的连续函数定义式，通过解积分式可以得到以下结果：

$$M_n = M_0 e^{-\frac{1}{4}\beta^2} \tag{2.95}$$

$$M_w = M_0 e^{\frac{1}{4}\beta^2} \tag{2.96}$$

$$M_\eta = M_0 e^{\frac{1}{4}\alpha\beta^2} \tag{2.97}$$

$$M_Z = M_0 e^{\frac{3}{4}\beta^2} \tag{2.98}$$

$$\hat{M}_{W(M)} = M_0 e^{-\frac{1}{2}\beta^2} \tag{2.99}$$

进一步得到

$$M_w \cdot M_n = M_0^2 \quad 或 \quad M_0 = (M_w \cdot M_n)^{\frac{1}{2}} \tag{2.100}$$

$$\frac{M_w}{M_n} = \frac{M_Z}{M_w} = e^{\frac{1}{2}\beta^2} \tag{2.101}$$

即在对数正态分布中，M_0 为 M_w 和 M_n 的几何平均值，并且按平均分子量大小连续的顺序任何两个平均分子量(M_η 除外)的比值是不变的，不依赖于选择的两个平均值。

2) Lansing-Kraemer 分布[29]

$$N(M) = \frac{1}{\beta\sqrt{\pi}} \cdot \frac{1}{M}\exp\left(-\frac{1}{\beta^2}\ln^2\frac{M}{M_0'}\right) \tag{2.102}$$

显然，此归一化的数量分布函数与 Wesslau 的 $W(M)$[式(2.94)]形式完全一样，只是 M_0 和 M_0' 表示的意义不同。将式(2.102)代入各种平均分子量的连续函数定义式，通过解积分式可以得到各分子参数如下：

$$M_n = M_0' e^{\frac{1}{4}\beta^2} \tag{2.103}$$

$$M_w = M_0' e^{\frac{3}{4}\beta^2} \tag{2.104}$$

$$M_\eta = M_0' e^{\frac{\alpha+2}{4}\beta^2} \tag{2.105}$$

$$M_Z = M_0' e^{\frac{5}{4}\beta^2} \tag{2.106}$$

$$\hat{M}_{W(M)} = M_0' \tag{2.107}$$

进一步得到

$$\frac{M_w}{M_n} = \frac{M_Z}{M_w} = e^{\frac{1}{2}\beta^2} \tag{2.108}$$

$$M_w \cdot M_n = (M_0')^2 e^{\beta^2} \tag{2.109}$$

如果设 $M_0' = M_0 e^{-\frac{1}{2}\beta^2}$，代入分布参数式(2.103)至式(2.109)，将发现它们与 Wesslau 分布的结果完全一致。

如果将 $M_0' = M_0 e^{-\frac{1}{2}\beta^2}$ 分别代入式(2.103)和式(2.104)中，并利用式(2.64)的关系，经过简单的变换可得到归一化的质量分布函数

$$W(M) = \frac{1}{\beta\sqrt{\pi}} \cdot \frac{1}{M}\exp\left[-\frac{1}{\beta^2}(\ln M - \ln M_0)^2\right]$$

与 Wesslau 分布[式(2.94)]相同，表明 Lansing-Kraemer 分布与 Wesslau 分布是一种分布的两种表达形式，它们具有相同的特点和性质。

3) Poisson 分布[30-31]

当恒定数目的聚合物链同时开始增长,单体单元的加成是无规的、不依赖于前面的其他单体单元的加成时,生成的分子量分布是 Poisson 分布。所谓“活性聚合物”可以生成 Poisson 分布。

通过统计方法导出 Poisson 数量微分分布函数为

$$N(x)=\frac{\nu^{x-1}\exp(-\nu)}{\Gamma(x)}=\frac{\nu^{x-1}\exp(-\nu)}{(x-1)!} \tag{2.110}$$

经过动力学方法导出轻微修正的 Poisson 质量微分分布函数为

$$W(x)=\frac{\nu x}{\nu+1}\cdot\frac{\nu^{x-2}\mathrm{e}^{-\nu}}{(x-1)!}=[\nu/(\nu+1)]x\cdot\mathrm{e}^{-\nu}\nu^{x-2}/(x-1)! \tag{2.111}$$

式中,ν 为每一个聚合物分子(或者每一个引发剂)反应的单体的数目。定义聚合度 x 时,引发剂作为一个单元计数在内。由分布函数求得平均聚合度如下:

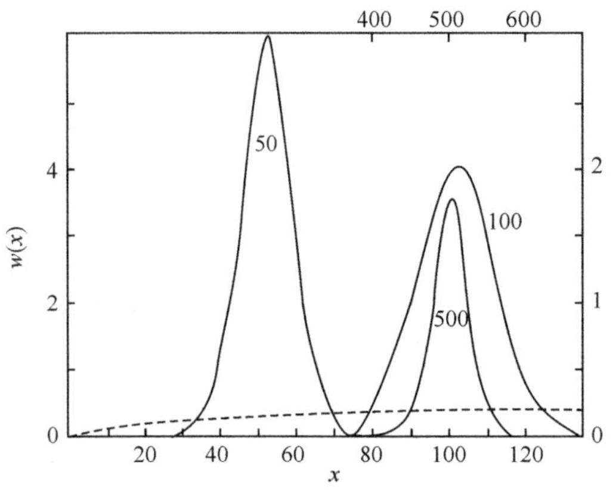

图 2.27　不同 ν 值的质量分数分布函数
ν=500 曲线对应坐标是上面和右边;另两条曲线对应坐标是下面和左边;虚线代表最可几分布,x_n=101

$$x_n=\nu+1 \tag{2.112}$$

$$x_w=\frac{1+3\nu+\nu^2}{1+\nu} \tag{2.113}$$

$$\frac{x_w}{x_n}=1+\frac{\nu}{(1+\nu)^2}=1+\frac{1}{x_n}-\left(\frac{1}{x_n}\right)^2 \tag{2.114}$$

因此,在 Poisson 分布中分布宽度指数只依赖于数均聚合度,不依赖于其他任何参数。随着聚合度增加,x_w/x_n 减小,当 $x_n\to\infty$时,$x_w/x_n\to 1$。由于聚合度 x_n 的数值很大,显然 Poisson 分布是个很窄的分布。

图 2.27 为 3 个不同 ν 值的质量分数分布函数,为了比较同时显示一条与 ν=100 相同 x_n 的最可几分布曲线。

2.4　无规共聚物的组成统计分布与序列分布

合成聚合物是复杂的多组分材料,它们是由不同的链长、化学组成及拓扑结构的大分子组成的混合物。对合成聚合物这种组成和结构的复杂性可以用非均匀性的概念来描述,如图 2.28所示[32]。

从一种单体经聚合得到的聚合物称为“均聚物”(homopolymer)。绝大多数情况下,它的分子链构造重复单元与单体单元是一致的,因而其分子链结构和化学组成是均一的。然而,其分子量是非均一的,具有分子量分布。

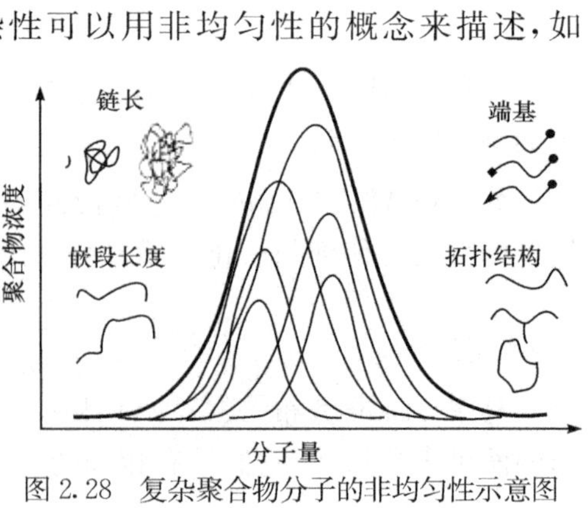

图 2.28　复杂聚合物分子的非均匀性示意图

用两种或两种以上单体合成的聚合物称为“共聚物”(copolymer)。若按照得到共聚物单体的种类的数目分类可分为:二聚物(bipolymer)、三聚物

(terpolymer)、四聚物(quaterpolymer)、五聚物(quinterpolymer)等。

如果按照不同种类单体单元在共聚物分子中的序列分类，可将其分为八种类型[14,33]：

(1) 统计共聚物(statistical copolymer)。通过聚合反应的统计处理给出单体单元在共聚物分子中的序列，如一级 Markov 统计、二级 Markov 统计等。所谓一级 Markov 统计过程是指在链增长反应过程中，前面一个键接的构型对后续新键接的形成有影响。在二级 Markov 统计过程中，不仅活性链末端键接的构型，而且末端邻位键接的构型也对后续新键接的形成有影响。

(2) 无规共聚物(random copolymer)。无规共聚物指具有 Bernoullian 序列统计(零级 Markov 统计)的统计共聚物。在 Bernoullian 模型中，各键接的构型是相互独立的，不受前面键接的影响，所以单体单元在分子链中无规则排列。

(3) 交替共聚物(alternating copolymer)。来自单体 A 的单体单元"a"和来自单体 B 的单体单元"b"在共聚物分子中交替分布，如$[ab]_n$。它本身是周期共聚物的一种特殊情况。

(4) 周期共聚物(periodic copolymer)。单体单元按周期序列排列，如$[abb]_n$、$[aabb]_n$、$[abc]_n$。

(5) 梯度共聚物(gradient copolymer)。单体单元沿高分子链有组成分布的梯度序列。例如，双烯聚合物的一端集中 a 单元，另一端集中 b 单元形成$[a]_n$baaaabbaaabbbaabbbba$[b]_n$。因此梯度共聚物也称锥形(tapered)共聚物。

(6) 嵌段共聚物(block copolymer)。嵌段共聚物属于梯度共聚物的特殊情况，它们是由通过末端连接的均匀序列的嵌段组成的，如$[a]_n[b]_m$、$[a]_n[b]_m[c]_x$ 等。

(7) 链段共聚物(segmented copolymer)。具有短嵌段长度的多嵌段共聚物称为链段共聚物，如$[a]_n[b]_m[a]_p[b]_q[a]_r[b]_s$ 等。

(8) 接枝共聚物(graft copolymer)。如果 b 嵌段作为侧链而不是末端连接到 a 段上，即生成接枝共聚物，接枝共聚物是梳型(comb)共聚物的一种特殊情况。

所有通过共聚合得到的共聚物分子，除与均聚物一样具有聚合度和分子量的非均匀性外，在化学组成、单体单元序列结构方面都是有差异的，具有化学组成统计分布和序列分布。

近年来，随着研究手段的发展和研究工作的深入，已有诸多报道指出，共聚物(包括有规立构聚合物，可以看成是立构共聚物)的性质和最终使用性能不仅依赖于共聚物的化学结构、整个聚合物的平均组成和平均分子量，在某种程度上更取决于共聚物的分子量分布，组成分布和序列结构分布。换句话说，要深入研究聚合机理、催化剂性质和确切地建立聚合物的结构与性能间关系，以及进一步实现通用高分子材料的高性能化，必须综合利用多种现代分析方法，全面表征共聚物的分子链结构。不仅分析共聚物的结构、组成和分子量等整个样品的平均性质，同时需要充分了解共聚物的组成分布、分子量分布、微结构及微结构分布。

所谓微结构[45]是指由于化学结构分析工具的分辨被限制到聚合物比较短的链段(几个单体单元长度)，得到的是局部结构信息。例如，对于乙烯/α-烯烃共聚物，微结构是指共聚单体在分子链上的序列结构及其分布；对于等规聚丙烯是指等规序列长度及其分布。

下文只介绍无规共聚物的组成统计分布与序列分布。

2.4.1　无规共聚物的组成统计分布

1. 无规共聚物的平均组成和组成分布的统计意义

共聚物的组成指共聚单体在共聚物分子中的物质的量(或质量)比。由于在合成的聚合物中没有两个分子是一样的,因此只能采取统计学的方法描述共聚物的化学组成。

通常用任何方法对整个共聚物样品所测定的化学组成都是样品的平均组成。平均组成相同或类似的共聚物可能具有不同的加工和使用性能。如前所述,面对当今高分子科学的发展,人们期望更多地从分子水平上认知高分子,以满足高分子科学本身、高分子材料科学和高分子工业发展的需求。因此,只了解共聚物的平均组成是远远不够的,需要进一步了解共聚物的组成统计分布。

共聚物的组成统计分布(或简称为共聚物的组成分布)是指具有不同组成的共聚物在整个样品中的相对含量。显然,欲得到共聚物的组成分布,必须首先将共聚物按组成进行分级,得到共聚物组成分布的微分分布曲线和积分分布曲线。然后从分级数据按照类似于从分子量分布计算 M_n 和 M_w 的定义来计算数均组成和质均组成,进一步求得共聚物化学非均匀性或组成非均匀性参数。

(1) 对于二元共聚物 AB 情况,利用式(2.115)定义质均组成 E_w^A 和 E_w^B[35]

$$E_w^A = \frac{\sum_i w_i E_i^A}{\sum_i w_i} \qquad E_w^B = \frac{\sum_i w_i E_i^B}{\sum_i w_i} \tag{2.115}$$

式中,w_i 为第 i 个级分的质量;E_i^A 和 E_i^B 分别为在第 i 个级分中组分 A 和组分 B 各自的量。如果 E_i^A 和 E_i^B 表示成加和为 1 的分数值,则 E_w^A 是组分 A 在共聚物中的分数,通常用 x 表示。

通过不同级分与 E_w^A 的偏差计算偏非均匀性 U_A^+ 和 U_A^-

$$U_A^+ = \frac{\sum_i w_i (E_i^A - E_w^A)}{\sum_i w_i} \qquad 对于\ E_i^A > E_w^A \tag{2.116}$$

$$U_A^- = \frac{\sum_i w_i (E_w^A - E_i^A)}{\sum_i w_i} \qquad 对于\ E_i^A < E_w^A \tag{2.117}$$

化学非均匀性为

$$U_A = U_A^+ + U_A^- \tag{2.118}$$

表示组成分布的不对称性的化学分布比为

$$V_A = U_A^+ / U_A^- \tag{2.119}$$

这些表达方式已扩展到多于两组分共聚物的情况,并定义了类似于 Z 均分子量的 Z 均化学组成[35]

$$E_Z^A = \frac{\sum_i w_i (E_i^A)^2}{\sum_i w_i E_i^A} \tag{2.120}$$

利用 Z 均组成与质均组成值之间的比较,给出的化学非均匀性为

$$U_{Zw}^A = \frac{E_Z^A}{E_w^A} - 1 \tag{2.121}$$

(2) 在对半结晶性聚合物如乙烯/1-烯烃无规共聚物[线形低密度聚乙烯(LLDPE)]的分子链结构研究中,通常利用改变聚合物溶液温度的方法进行结构分级,得到按淋洗(溶解)温度或结晶温度的共聚物分级曲线,积分分布曲线和微分分布曲线如图 2.29 所示。

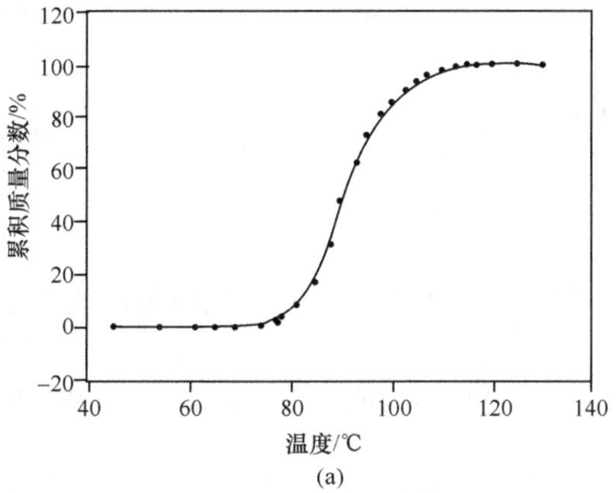

图 2.29　乙烯/1-己烯(LLDPE)共聚物的升温淋洗分级(TREF)
(a) 积分分布曲线;(b) 微分分布曲线

从分级数据按照类似于平均分子量的定义来计算各种平均参数。例如,对于结晶分析分级(CRYSTAF),定义数均结晶温度 T_n 和质均结晶温度 T_w[36]

$$T_n = \frac{\sum_i c_i}{\sum_i c_i / T_i} \tag{2.122}$$

$$T_w = \frac{\sum_i c_i T_i}{\sum_i c_i} \tag{2.123}$$

以及表征化学组成分布(CCD)宽度的参数

$$R = \left(\frac{T_w}{T_n} - 1\right) \times 100 \tag{2.124}$$

$$\sigma = \sqrt{\frac{\sum_i c_i (T_i^2 - T_w^2)}{\sum_i c_i}} \tag{2.125}$$

式中,T_i 和 c_i 分别为第 i 个级分的结晶温度和浓度。

对于升温淋洗分级,T_n 和 T_w 分别为数均淋洗温度和质均淋洗温度,T_i 和 c_i 分别为第 i 个级分的淋洗温度和浓度。

类似于 GPC,若想从分离温度获得定量的共单体含量或短链支化(SCB)的信息,需要预先建立 SCB 含量对淋洗温度的校准曲线,以便将分级数据转变成 SCB 分布,从而得到数均 SCB 含量 C_n(CH_3/1000C)和质均 SCB 含量 C_w(CH_3/1000C)。

可利用比相应平均分子量高一次矩数来定义平均组成[37]

$$C_n = \frac{\sum_i A_i C_i}{\sum_i C_i} \tag{2.126}$$

$$C_w = \frac{\sum_i A_i C_i^2}{\sum_i A_i C_i} \tag{2.127}$$

式中,A_i 为连续分级第 i 个级分的面积;C_i 为从校准曲线得到的相应的共单体(或 SCB)含量,则化学组成(或 SCB)分布宽度为

$$R_C = \frac{C_w}{C_n} \tag{2.128}$$

2. 无规共聚物的平均组成的测定[38]

未分级共聚物的化学组成的测定可以得到组成的平均值,对分级后不同级分的化学组成的测定,同时可得到共聚物组成的非均匀性。

共聚物的平均组成相对于其分布是容易测定的,通过化学的或物理的方法,尤其是光谱技术来测定。

1) 化学方法

元素分析是测量不同共单体含量的最直接的方法,含有卤素、氮和硫原子的共单体尤其容易分析[39-41]。

大分子的化学组成也可以通过官能团分析得到,如通过测定乙酰基、醚、羧基基团的总量。

另外,通过适当剪裁或降解反应,可以分离可鉴别共单体单元的共聚物,其平均组成也是比较容易测定的。例如,蛋白质可以在氨基酸分析仪中,用酸或碱降解生成氨基酸,经色谱分离通过生色反应来定量分析。

对于某些缩聚物(聚酯、聚酰胺、聚亚胺酯),在水解和分离后,可通过色谱技术等得到各组分含量。

然而,这种温和降解的方法对于很多合成共聚物通常是不成功的,对碳链共聚物是完全不适用的。分析聚合物最简单而快速的降解性技术是裂解气相色谱技术[42]。

2) 物理方法

物理方法尤其是光谱技术,如红外光谱(IR)、紫外光谱(UV)、拉曼光谱和核磁共振谱(NMR)越来越多地用于测定共聚物的化学结构,已有相当多的文献报道。然而,光谱常与共聚物的序列分布有关。如果可能,应该选择不受序列长度影响的特征波长。

表 2.6 中列出了不同分析方法测定的苯乙烯-甲基丙烯酸甲酯无规共聚物组成的差异。这些结果指出,UV 分析测定的偏差最大,是最受共单体序列分布影响的方法。

表 2.6 不同分析方法测定的组成比较

共聚物	甲基丙烯酸甲酯元素分析/%	与元素分析的偏差			
		IR	UV	NMR	dn/dC
A	23.0	+0.5	+5.7	+1.1	−1.5
B	42.0	−1.2	+6.3	−2.0	−0.7
C	74.4	−0.4	+4.5	−0.9	−1.6

关于直接分析共聚物组成的物理方法,已有诸多光谱技术著作详述。这里只简单介绍另外一种光学方法——折光指数增量 dn/dc(或 ν)测定法。

对于由 A、B、C 等多种单体单元组成的共聚物,在给定溶剂中、恒定温度和波长下,共聚物的折光指数增量 ν 具有加和性[43],表示为

$$\nu = w_A\nu_A + w_B\nu_B + w_C\nu_C + \cdots \tag{2.129}$$

对通常的 A、B 二元共聚物,w_A 和 w_B 分别为组分 A 和组分 B 的质量分数,ν_A 和 ν_B 分别为均

聚物 A 和 B 的折光指数增量，有 $\nu = w_A\nu_A + w_B\nu_B$ 。因为 $w_A + w_B = 1$，则式(2.129)简化为

$$\nu = w_A(\nu_A - \nu_B) + \nu_B \tag{2.130}$$

式(2.130)表明，共聚物的 ν 是其组成的线性函数。当已知在给定条件下相应均聚物的 ν_A 和 ν_B 值，在同样条件下测定共聚物的 ν 值，就很容易得到共聚物的平均组成。

3. 无规共聚物组成统计分布的测定

从游离基聚合反应动力学可知，只有当两种单体的竞聚率 r_1 和 r_2（$r_1 = k_{11}/k_{12}$，$r_2 = k_{22}/k_{21}$，各种单体均聚反应速率常数与共聚反应速率常数之比）都小于 1，也即两种单体进行共聚合反应的能力都比均聚反应能力大时，生成的两种链段均较短，所以得到的是无规共聚物。A、B 型的无规共聚物可用以下结构式表示：

—A—B—A—A—B—A—B—B—

两种单体各自的浓度及 r_1 和 r_2 值限定了聚合的每一瞬间生成的共聚物的组成和序列分布[44]。在低转化率或恒沸组成时，可以认为像在均聚物中一样，仅有分子量的非均匀性。然而随着转化率的增加，由于反应过程中单体组成的变化，组成的非均匀性可能超过分子量的非均匀性。当高转化率时，会像在均聚物中一样，可能出现支化结构。支化的组成可能与骨架不同，则产生接枝共聚物，它的骨架和支化是不同组成的无规共聚物[45]。当然，所得共聚物的化学组成和序列分布还与聚合投料比、催化体系及聚合条件等有关。

类似于聚合物分子量分布测试的程序，欲得到共聚物组成分布的信息，首先需要用适当的实验技术将共聚物按组成或结构进行分级，制备系列窄组成分布的级分；然后，利用适当的表征方法分别测定各级分的平均组成，得到样品的分级曲线和组成分布曲线；最后，将分级数据按组成分布参数定义(2.4.1 节第一部分)计算得到相应的组成分布参数。

原则上，对于均聚物按分子尺寸分级的经典方法，都可以应用于共聚物。但在共聚物中，不同非均匀性类型(分子量、组成和结构)的分级可能交叠。因此对共聚物组成分级重要的是必须使所得级分按照化学组成的次序排列，除非化学组成与分子量相关[38]。

具有不同非均匀性的共聚物，有两种适用的分级方法：①分级沉淀或溶解(按溶解性分级)；②平衡沉降或密度梯度离心法。平衡沉降仅适用于很高分子量的聚合物。相反，按照溶解性差别的分级方法是普遍适用的。

与均聚物分级不同的是，共聚物的溶解性是由分子量和组成两个因素决定的。共聚物组成中不同单体单元的相互作用，以及它们与溶剂分子之间的相互作用等热力学性质都直接影响其溶解性。因而，精心选择适当的溶剂/沉淀剂体系，分级可以主要按照组成或分子量进行。在组成分级中，所得级分的组成是分级使用溶剂体系的函数，所以组成分布和分级得到的化学非均匀性值对溶剂体系的选择灵敏。

利用溶解性的分级方法包括[38]：沉淀分级、淋洗分级、凝聚层萃取、浊度滴定和薄层色谱等。所有这些分级方法全部是通过聚合物分子在不混溶的两相中的分配来完成的。前三种方法都可以收集到一定量的级分，以便进一步做结构、组成和分子量等分子参数的表征。下面简介几种方法。

(1) 沉淀分级。沉淀分级是将沉淀剂逐步加入共聚物溶液中，进行逐步分离。具有最低溶解性的级分首先沉淀，然后是中等溶解性的，最后是最大溶解性的。沉淀相即浓相呈凝胶状，因此称为凝胶相，是由溶剂/沉淀剂溶胀的共聚物级分组成的。逐步分离每一凝胶相，分别加入大量沉淀剂再分离，并将沉淀物经真空干燥处理，便得到需要的级分样品。表 2.7 列出了

丙酮/甲醇体系对乙烯基乙酸酯和氯乙烯共聚物的沉淀分级结果[31]。

表 2.7　丙酮/甲醇体系对乙烯基乙酸酯和氯乙烯共聚物的沉淀分级结果[a]

分级编号	质量/mg	质量分数/%	E_{vc}	$\sum w_i^*$
2	41.0	5.32	0.363	2.660
1	56.0	7.27	0.364	8.955
5	78.5	10.19	0.412	17.683
3	43.5	5.65	0.414	25.600
4	61.5	7.98	0.510	32.414
6	64.5	8.37	0.577	40.591
15	26.5	3.44	0.587	46.495
11	38.0	4.93	0.595	50.681
13	38.0	4.93	0.595	55.613
7	72.5	9.41	0.625	62.784
9	51.0	6.62	0.636	70.798
8	63.5	8.24	0.638	78.228
10	32.0	4.15	0.642	84.425
14	56.0	7.27	0.665	90.136
12	48.0	6.23	0.676	96.885
	$\sum W_i = 770.5$	$\sum w_i = 100$	$\overline{E_{vc}} = 0.550 = (\overline{E_w})_{vc} = \overline{E_w}$	

a. 表中结果是按照级分中氯乙烯单体单元含量 E_{vc}增加的次序排列。

由于每个级分仍然是不均匀的,测定的组成也是平均值。对于一级近似,级分的一半具有平均值以上的组成,级分的另一半具有低于平均值的组成,表中累积质量分数 $\sum w_i^* = \frac{1}{2}w_i + \sum_{i=1}^{i-1} w_i$ 。表 2.7 中数据显示,该体系的分级主要是按组成进行的,但仍难以避免造成氯乙烯与乙烯基乙酸酯的比与级分数不一致的现象。由分级数据得到氯乙烯含量的质量积分分布,如图 2.30 所示。

如果将每个较窄组成分布的级分,通过选择适当的溶剂/沉淀剂体系再进行分子量分级,便完成了一个交叉沉淀分级程序。可以得到各组分的组成、含量和分子量分布的三维图谱。然而,这需要的工作量是很大的,如果能选择适当的溶剂体系利用 GPC 完成第二步的分子量分级,那将是快捷的,只是收集不到组成分布、分子量分布也窄的级分样品。

(2) 淋洗分级。淋洗分级是按溶解度分级的另一种方法。淋洗分级可以有载体也可以没有载体,不存在载体时,与凝聚层萃取(淋洗)是等价的。更常用的淋洗分级是在有载体的柱中完成的。最简单的情况是首先通过蒸发或稀释良溶剂(加入沉淀剂)的方法,使固体聚合物样品从溶液中沉淀到载体上,此过程通常在色谱柱外完成。理想的情况是,填料的每一个粒子涂上一层薄的、均匀的聚合物涂层。并且溶解性最差的组分最接近填料,溶解性好的组分接近表面。然后,将已负载涂层的填料置入淋洗柱中,通过逐渐改变溶剂能力——溶剂梯度淋洗,按照由溶解性好的到溶解性差的顺序从柱中淋洗、收集不同级分。

为了比较淋洗分级和沉淀分级的效率，对乙烯基乙酸酯和氯乙烯共聚物选择同样的溶剂/沉淀剂体系——丙酮/甲醇，用这两个技术分级[46]。结果表明，这个体系的分级主要是按组成进行的(图 2.31)。沉淀分级的效率似乎比较高，因为它得到了比淋洗分级更宽组成分布的级分，即更低 Cl 含量(29.5%)和更高 Cl 含量(49.4%)的级分。

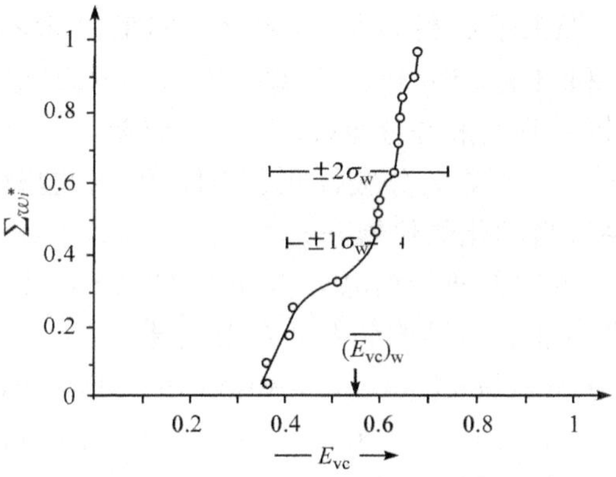

图 2.30 乙烯基乙酸酯和氯乙烯共聚物中氯乙烯含量的质量积分分布

$(\overline{E_w})_{vc}$ 为质均组成；σ_w 为分布的质均标准偏差

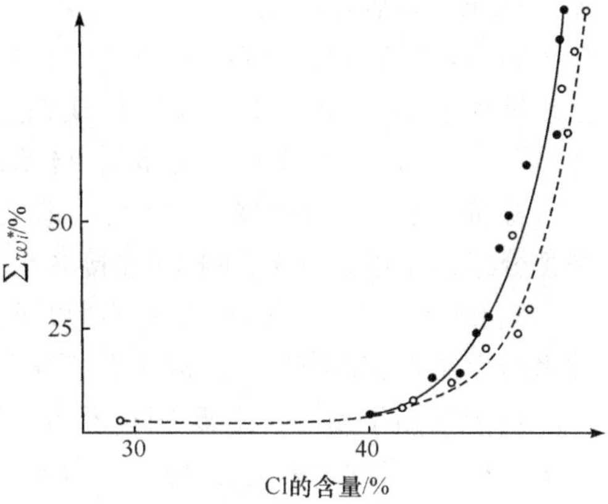

图 2.31 淋洗分级和沉淀分级的比较

沉淀的级分的累积百分数作为氯(Cl)含量的函数

共聚物：聚(氯乙烯-乙烯基乙酸酯)；溶剂/沉淀剂：丙酮/甲醇；∘ 沉淀分级；• 淋洗分级

另外，对于淋洗分级，级分的数据点是按照 Cl 含量增加的次序排列的。实际上，存在着不同级分 Cl 含量倒转现象，反映分子量对按组成分级的影响。在这种情况下，交叉分级是更好的选择。

(3) 凝胶色谱-多检测器联用。对于多分散性不是太高，并在分子量和组成之间存在直接的相互关系的嵌段共聚物、接枝共聚物甚至无规共聚物，可以利用 GPC-多检测器联用仪同时测定其分子量分布和组成分布[47-49]。对于 A、B 型共聚物的完全分析，联用仪必须能够同时测定每个级分的：①聚合物浓度(示差检测器)；②单体 A 和 B 的组成(紫外检测器或红外检测器)；③平均分子量[光散射检测器或自动黏度计(通过黏度和普适校准方程得到平均分子量)]。

然而，对于任何组成分布和分子量分布之间不存在相关性的其他的含意组成分布和分子量分布的共聚物，交叉分级是必要的，即首先按照组成或分子量进行制备分级，然后对得到的每个级分利用联用技术再分级。

从每个级分的分子量和组成，按以下定义计算共聚物的非均匀性参数：

$$P=\sum_i M_i c_i \frac{X_i - X}{c} \tag{2.131}$$

$$Q=\sum_i M_i c_i \frac{(X_i - X)^2}{c} \tag{2.132}$$

式中，c_i 和 X_i 分别为级分的浓度和组成；c 和 X 分别为样品的浓度和平均组成。

2.4.2 升温淋洗分级和结晶分析分级及最新进展

前面介绍了通过精心选择适当的溶剂/沉淀剂体系，利用溶解性对共聚物按照组成分级。

实际上,通过改变溶液温度同样可以利用溶解性对共聚物进行分级。升温淋洗分级(temperature rising elution fractionation,TREF)和结晶分析分级(crystallization analysis fractionation,CRYSTAF)方法是对结晶性和半结晶性聚合物进行结构和组成分级的十分有效和重要的分级技术。只是对无定形聚合物得到的是不同分子量的级分。

最早,20 世纪 50 年代使用制备型升温淋洗分级(P-TREF)技术,分级一系列低密度聚乙烯(LDPE),得到不同支化结构的聚乙烯级分[50]。之后的 20 年间随着聚烯烃研究和工业的蓬勃发展,对聚烯烃的分析技术和结构非均匀性的表征提出了更高的要求,驱动 TREF 技术不断改进和发展。70 年代末,不仅出现了金属结构和具有较大尺寸分离柱的 P-TREF 装置[51-52],而且发展了分析时间缩短、自动化操作的分析型升温淋洗分级(A-TREF)装置。

接着发展了 TREF 的更复杂的形式,如 P-TREF/SEC 交叉分级体系、TREF/GPC 自动交叉分级体系以及 3D-TREF(连接 3 个检测器)体系等自动化的仪器。

到 20 世纪 90 年代,分离需要的时间更短,实验上更加方便的结晶分析分级(CRYSTAF)技术诞生了,与 TREF 一起成为分析聚烯烃短链支化分布和微结构分布的有力工具。

基于 TREF 原理,主要用于聚烯烃化学组成分布(chemical composition distribution,CCD)分析技术的最新进展是几年前创建的动态结晶(dynamic crystallization,DC)和结晶淋洗分级(crystallization elution fractionation,CEF)新技术。最近,为了进一步降低在CRYSTAF 中存在的共结晶效应,采用了在一根长的分离柱中进行 CEF 分离的多次循环的新方法[54]。

下面将分别阐述。

1. 分级原理及相关聚合物溶液热力学

TREF 是根据影响半结晶性聚合物的可结晶性/溶解性的分子链结构进行分级的。具有高可结晶性的聚合物[如线形聚乙烯均聚物,也称为高密度聚乙烯(HDPE)]链在较高温度结晶,具有低可结晶性(如不同支化结构聚乙烯:LLDPE 和 LDPE)的链在较低的温度结晶,相应的各组分由低温到高温按照与结晶相反的次序在不同温度下被熔融、溶解,通过淋洗得到物理分离。于是将不同分子链结构和组成的聚合物组分分离开。图 2.32 为分离机理示意图[54]。

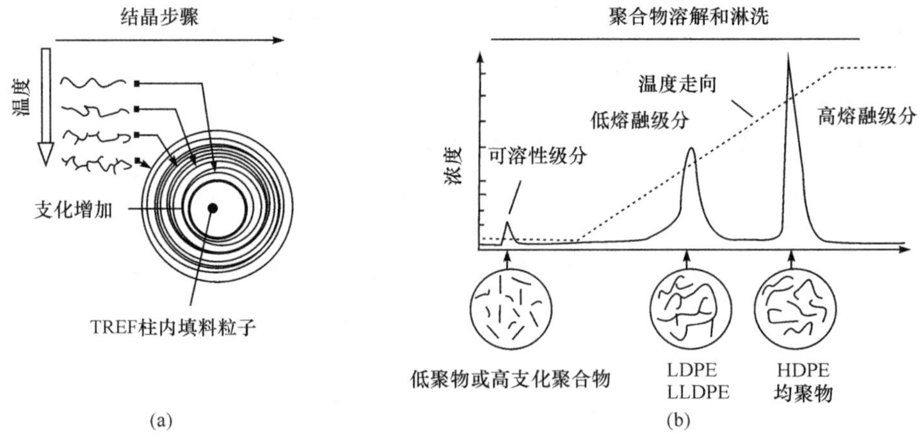

图 2.32　TREF 分离机理

(a) 结晶;(b) 溶解

TREF 和 CRYSTAF 的分级原理依赖于聚合物分子在稀溶液中可结晶性的差别。TREF 的升温淋洗过程即是聚合物分子链在稀溶液中的熔融、溶解过程。下面从聚合物在稀溶液中的结晶、熔融的基本原理来解释其在分级过程中，溶剂类型、聚合物体积分数、分子量及共单体含量如何影响聚合物链的可结晶性和平衡熔融温度。

对于溶剂分子和聚合物链段均匀分布的聚合物浓溶液，用弗洛里-霍金斯(Flory-Huggins)混合自由能方程描述其热力学平衡状态[55-56]。由于溶剂稀释作用，聚合物平衡熔融温度的降低由式(2.133)给出

$$\frac{1}{T_{\mathrm{m}}}-\frac{1}{T_{\mathrm{m}}^{0}}=\frac{R}{\Delta H_{\mathrm{u}}}\frac{V_{\mathrm{u}}}{V_{1}}\left[-\frac{\ln v_{2}}{x}+\left(1-\frac{1}{x}\right)v_{1}-\chi_{1}v_{1}^{2}\right] \tag{2.133}$$

式中，T_{m}^{0} 为聚合物的平衡熔融温度；T_{m} 为在溶液中聚合物的平衡熔融温度；ΔH_{u} 为每个重复单元的热焓；V_{u} 和 V_1 分别为聚合物链重复单元和溶剂的摩尔体积；v_1 和 v_2 分别为溶剂和聚合物的体积分数；x 为链重复单元数；χ_1 为弗洛里-霍金斯热力学相互作用参数；R 为摩尔气体常量。

然而，TREF 和 CRYSTAF 的结晶步骤是在稀溶液中进行的，严格地说，上述弗洛里-霍金斯自由能函数[式(2.133)]不适用。幸运的是，当按照稀溶液理论考虑非均匀链段分布体系，把溶剂化学势用维里形式表示时，发现随着稀释，聚合物化学势的变化很小，以至于对它的平衡熔融温度没有明显的影响。实际上，式(2.133)可用于稀释的整个浓度范围[57]。

为了考察链长对稀溶液中的聚合物熔融温度的影响，将式(2.133)写成以下形式：

$$\frac{1}{T_{\mathrm{m}}}-\frac{1}{T_{\mathrm{m}}^{0}}=\frac{R}{\Delta H_{\mathrm{u}}}\frac{V_{\mathrm{u}}}{V_{1}}(v_{1}-\chi_{1}v_{1}^{2})-\frac{R}{\Delta H_{\mathrm{u}}}\left(\frac{\ln v_{2}}{x}+\frac{v_{1}}{x}\right) \tag{2.134}$$

式(2.134)右边第二项表示链长的影响，指出平衡熔融温度随分子量的降低而下降。然而，这只对低分子量的链是重要的，对于高分子量的聚合物 x 值很大，平衡熔融温度相对地不依赖于链长，于是式(2.134)简化为

$$\frac{1}{T_{\mathrm{m}}}-\frac{1}{T_{\mathrm{m}}^{0}}=\frac{R}{\Delta H_{\mathrm{u}}}\frac{V_{\mathrm{u}}}{V_{1}}(v_{1}-\chi_{1}{v_{1}}^{2}) \tag{2.135}$$

式(2.135)意味着当其他因素都相同时，具有适当大分子量的所有聚合物链将在同一温度下结晶。换句话说，分子量对高分子量聚合物的 TREF 或 CRYSTAF 分布曲线的形状的影响可以忽略。这与两种分级方法所得到的实验结果[58]是符合的。

对于具有不同微结构的无规共聚物，当结晶聚合物的单体与另一不能结晶或本身虽能结晶但不能进入原结晶聚合物的晶格的单体共聚时，共聚物的结晶行为将发生变化。根据弗洛里提出的平衡态热力学理论，共聚物平衡熔融温度 T_{m} 与原结晶均聚物的平衡熔融温度 T_{m}^{0} 的关系服从经典的弗洛里方程[56]

$$\frac{1}{T_{\mathrm{m}}}=\frac{1}{T_{\mathrm{m}}^{0}}-\frac{R}{\Delta H_{\mathrm{u}}}\ln p \tag{2.136}$$

式中，R 为摩尔气体常量；p 为共聚物中结晶单元的摩尔分数。假设含量低的不能结晶的共单体单元、溶剂和聚合物端基不进入晶格，它们将等效地使共聚物的平衡熔融温度或结晶温度降低。

在聚乙烯中引入短支链或在等规聚丙烯中引入立构缺陷，都将降低聚合物的熔融温度。对于 TREF 和 CRYSTAF，在聚合物缓慢降温结晶过程中，结晶性强的分子链具有较高的熔融温度，在较高的温度下结晶；结晶性弱的分子链则在较低的温度下结晶。于是，随着温度的逐渐降低，即可将聚合物按照结晶性的强弱先后负载到载体表面或结晶沉淀。

2. Stockmayer 双变量分布

在 TREF 和 CRYSTAF 实验中,通常使用的典型的降温速率分别为 2 ℃/h 和 6 ℃/h,实际上是远离热力学平衡,即使降温速率慢到 0.06 ℃/h 仍未达到热力学平衡[27]。由于这两种技术中聚合物结晶机理和分级过程的复杂性,因此难以找到准确定量的模型来描述分级过程。

对于线形二元共聚物,可用著名的 Stockmayer 的双变量分布[59]描述其动力学链长和化学组成的质量分布,这对了解共聚物链的微结构是有用的工具。其简化的方程为

$$w(r,y)=r\tau^2\exp(-r\tau)\frac{1}{\sqrt{2\pi\beta/r}}\exp\left(\frac{-y^2}{2\beta/r}\right) \tag{2.137}$$

$$\beta=\bar{F}_1(1-\bar{F}_1)\sqrt{1+4\bar{F}_1(1-\bar{F}_1)(r_1r_2-1)} \tag{2.138}$$

式中,$\bar{F}_1$ 为在共聚物中单体 1 的平均摩尔分数;y 为偏离 $\bar{F}_1$ 的化学组成;r 为动力学链长;r_1/r_2 为共聚活性比;τ 为转移对增长速率之比。

在所有链长范围内,积分式(2.137),得到不依赖于链长的描述 Stockmayer 分布的化学组成分布(CCD)组分的方程

$$w(y)=\int_{r=0}^{\infty}w(r,y)\mathrm{d}r=\frac{3}{4\sqrt{2\beta\tau}\left(1+\dfrac{y^2}{2\beta\tau}\right)^{5/2}} \tag{2.139}$$

利用式(2.139)模拟多中心催化剂合成的线形二元共聚物[60],在假设 TREF 的分级过程只受控于共单体组成条件下,通过校准线将 CCD 直接转变为 TREF 曲线。对于用多中心催化剂制备的乙烯/1-烯烃共聚物,整个聚合物的 CCD 等于每个活性中心产生的共聚物的 CCD 的质量加和

$$\bar{w}(y)=\sum_{i=1}^{n}m_iw_i(y) \tag{2.140}$$

式中,$\bar{w}(y)$ 为整个聚合物的 CCD;m_i 为在中心 i 生成的聚合物的质量分数;$w_i(y)$ 为单一中心 i[式(2.139)]的 CCD;n 为中心类型总的数目。

式(2.140)是描述活性中心多样性对 CCD 影响的很有用的方程之一,它能够最直接地描述用多活性中心催化剂制备的聚合物的 CCD,如图 2.33 所示[61]。

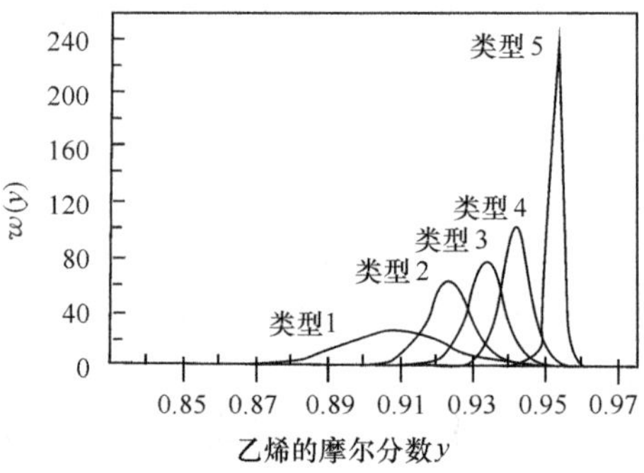

图 2.33　模拟在具有 5 个活性中心的催化剂中通过活性中心制备的 LLDPE 的 TREF 曲线

反之,此方法用于去卷积实验的 TREF 曲线以得到催化剂活性中心数目的信息,如图 2.34 所示[62]。然而,这个模型的局限是没有考虑在 TREF 中明显存在的峰加宽问题。

3. 升温淋洗分级

目前这种方法主要应用于分级各种结构聚烯烃,研究其组成、微结构与聚合条件、催化剂性质、加工和使用性能的关系,为提高产品质量、调控聚合物性能以达到通用高分子材料高性能化提供重要的科学依据。

这种作为温度函数的分级方法具体分两步进行。第一步是结晶沉淀聚合物:首先将聚合

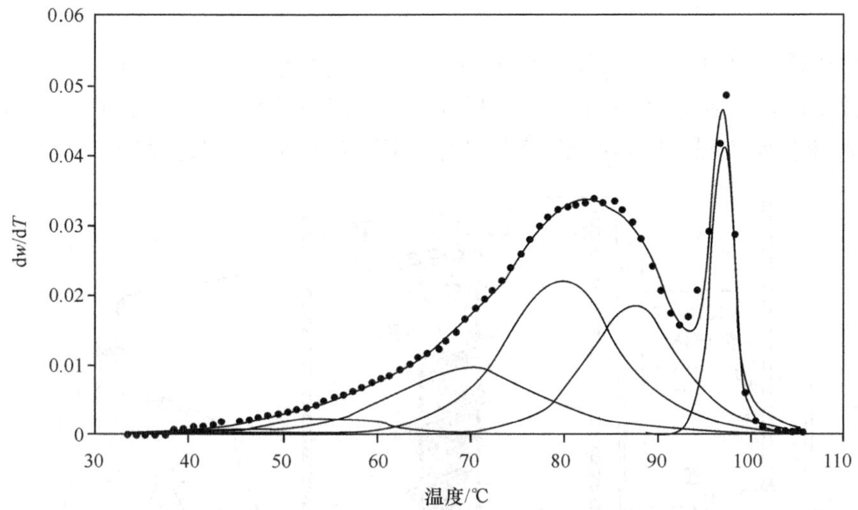

图 2.34　CCD 的去卷积法测定非均相 Ziegler-Natta(ZN)催化剂活性中心类型

物在高温下完全溶解在加一定抗氧剂的高沸点良溶剂(三甲苯、1,2,4-三氯苯、二甲苯等)中，然后将制备的聚合物溶液注入控制在同样温度的分离柱中，通过慢速降温使可结晶的聚合物链从结晶性较高到较低，从内层到外层逐步有序地结晶涂层在柱内的填料(玻璃球、海砂或不锈钢粒)上。另外，结晶步骤也可在柱外完成，将柱填料放入带搅拌和控温程序的容器中，待结晶完全以后将已涂层聚合物的填料置入 TREF 柱中。图 2.35 为洋葱式的填料涂层示意图[63]。

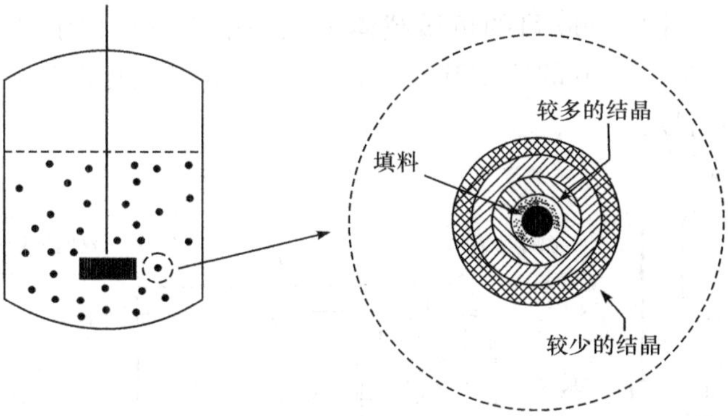

图 2.35　TREF 中结晶步骤之后在填料上的聚合物涂层示意图

在 TREF 中结晶步骤是最重要的，因为聚合物分级是在这期间进行的，所以慢速降温是非常重要的，通常使用 2 ℃/h 的降温速率。如果从 150 ℃降至室温再加上在室温平衡的时间，大约需要三天多。

第二步是淋洗萃取：升高温度，加入抗氧剂的纯溶剂流经色谱柱，当达到聚合物熔融溶解温度时，按照它们结晶沉淀相反的次序，外层的聚合物先溶解到溶剂中。这一步可以逐步完成，也可以通过程序控温连续进行。两种方式在实验上存在明显的差异，分别定名为 P-TREF 和 A-TREF[64]。P-TREF 是分离的级分可以收集，以便做进一步的表征分析，分离相对较大量(1～15 g)的样品。A-TREF 与凝胶渗透色谱或体积排除色谱一样，分离的聚合物通过在线检测器连续进行分析而不收集级分，仅能分离少量(<0.5 g)样品。

1) P-TREF

最早的金属结构和具有较大尺寸(60 cm×12 cm)分离柱,可以分离 4 g 样品的 P-TREF 装置示意图如图 2.36 所示[65]。分离柱填料为具有大表面积的色谱载体(chromosorb),堆积紧密可避免沟流和死体积。该体系配备程序控温油浴、计量泵,可以连续进行淋洗和级分收集。

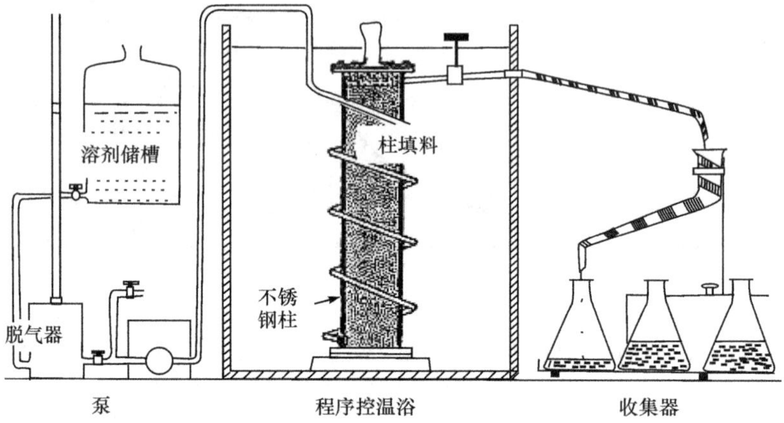

图 2.36　金属结构的 P-TREF 装置示意图

2) A-TREF

最早发展的 A-TREF 体系[66]是直接源自成熟的 SEC,结构示意图如图 2.37 所示。其中使用的组件如溶剂储槽、脱气器、泵以及示差检测器等均取自 Waters 公司的 SEC,只是在 SEC 柱温箱的位置改用程序控温油浴以便提供温度梯度。将 0.2 g 聚合物(PE)的 1,2,4-三氯苯溶液(50 mL)负载到 40~60 目的色谱载体填充的小不锈钢柱中,以 1.5 ℃/h 的速率从 100 ℃降至室温,然后以 8 ℃/h 的速率升温,以 6 mL/min 的流速淋洗,双笔记录器连续记录分离温度和示差检测信号。

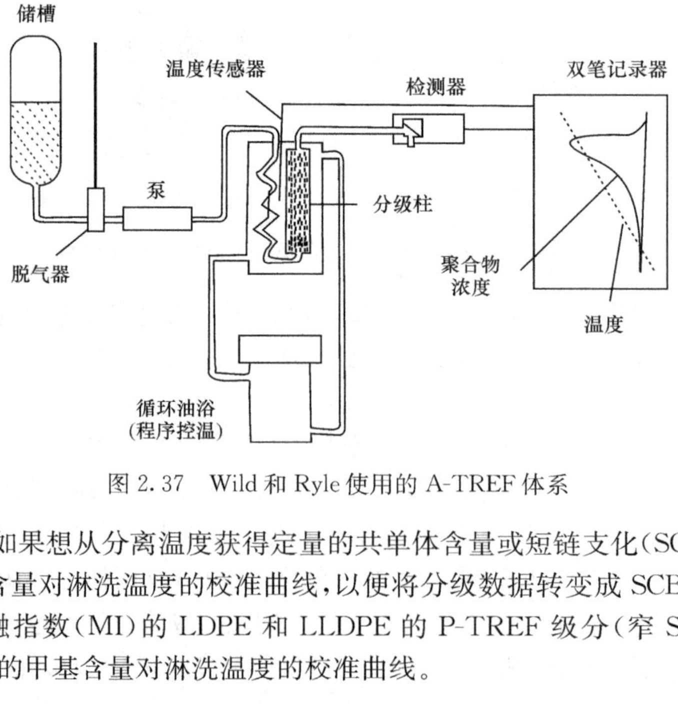

图 2.37　Wild 和 Ryle 使用的 A-TREF 体系

类似于 SEC,如果想从分离温度获得定量的共单体含量或短链支化(SCB)的组成信息,需要预先建立 SCB 含量对淋洗温度的校准曲线,以便将分级数据转变成 SCB 分布。图 2.38 是利用具有相近熔融指数(MI)的 LDPE 和 LLDPE 的 P-TREF 级分(窄 SCB 分布标样),为 A-TREF体系建立的甲基含量对淋洗温度的校准曲线。

这一结果是支持可结晶性作为控制 TREF 分离驱动力的证据。值得强调的是，这条校准曲线并不具有普适性[66]，共单体类型显著影响 TREF 曲线的形貌，改变校准曲线的斜率。同样的共单体含量当 SCB 的支链长度增加时，曲线移向较低温度，因为较长的 SCB 更能有效地降低链的结晶能力。此外，操作条件(如降温速率、加热速率及溶剂流速)也对 TREF 曲线形貌有较大的影响，因为结晶动力学在分级过程中起重要作用。另外，正常分子量范围(M>10 000)的线形 PE 样品的分离温度不受分子量的影响；而低分子量(M<10 000)、窄分子量分布的线形 PE 具有较低的分离温度，显示明显的分子量依赖性[67]。

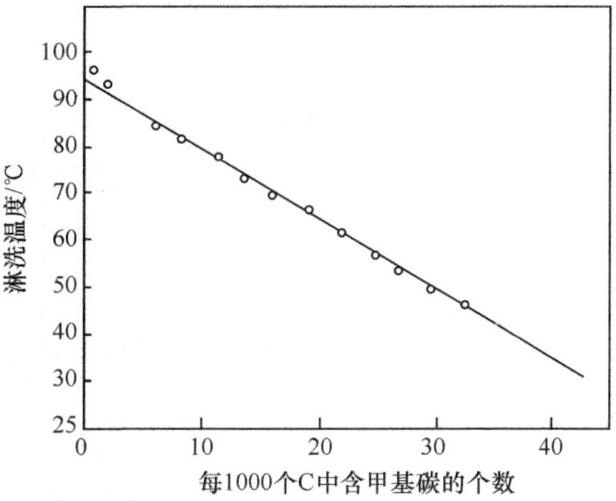

图 2.38　从 A-TREF 数据计算 SCB 分布的校准曲线

3) 3D-TREF

为了从一次 A-TREF 实验中获得更多关于聚烯烃分子结构参数及相互关系的信息，在 TREF 中连接分子量检测器，即除红外(IR)检测器作为浓度检测器外，连接黏度(DP)和光散射(LS)在线检测器，称为自动化的 3D-TREF(图 2.39)[54]。

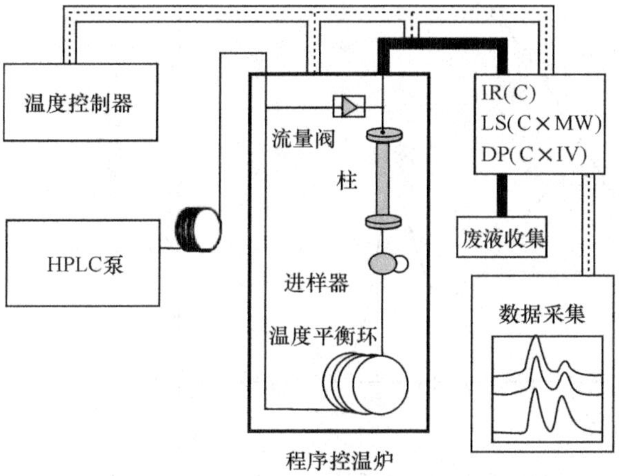

图 2.39　3D-TREF 体系构型图

该系统使用自动化进样器可以无人照管，以每天 6 个样品的速率连续运行 16 个样品，用于分析 LLDPE 中 SCB 分布的分子量依赖性。

4. 结晶分析分级

结晶分析分级是在 A-TREF 出现以后发展起来的另一种表征聚烯烃组成分布的技术[68-70]。它也是根据化学组成对聚合物可结晶性的影响，按照聚合物的结晶性进行分级的。但是它只通过 TREF 的第一步骤，即聚合物结晶沉淀过程，而不需要进行物理分离即可得到组成分布的信息。因而仪器更简单，操作更方便，分离需要的时间更短，消耗的溶剂量更少。

图 2.40 为 CRYSTAF 过程示意图。首先将聚合物样品在高温(120～140 ℃)下溶解于 1,2,4-三氯苯或 1,2-二氯苯中，然后以恒定降温速率降低温度(一般为 0.1 ℃/min)，使聚合物按照结晶性的强弱先后结晶沉淀，同时用红外检测器监测溶液中剩余聚合物的浓度，得到聚合物溶液的浓度随温度的变化关系，对应于样品组成的累积分布曲线，其微分就是横坐标用温度表示的组成分布曲线(图 2.41)。与 TREF 一样，用一系列不同组成的窄组成分布样品作一条结晶温度与组成的校准曲线，就可以方便地得到样品的组成分布。也与 TREF 一样，这种校准曲线同样不具有普适性。

从图 2.41 中用温度表示的组成分布曲线，按式(2.122)至式(2.125)计算可得到样品的数均结晶温度(T_n)、质均结晶温度(T_w)和化学组成分布宽度(R)等分子参数。

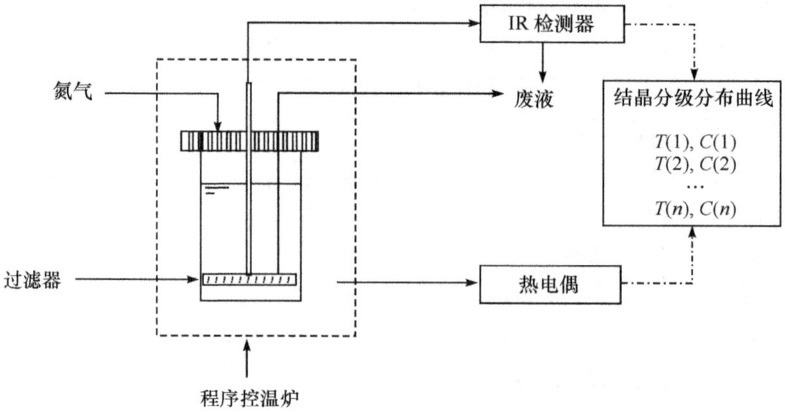

图 2.40　CRYSTAF 过程示意图

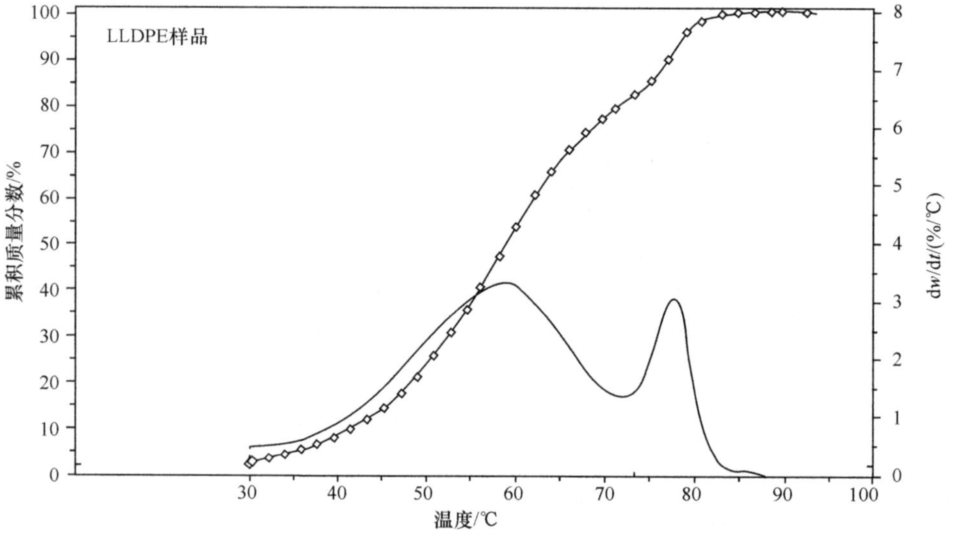

图 2.41　用 Ziegler-Natta 催化剂合成的 LLDPE 的 CRYSTAF 累积(积分)分布和微分分布曲线

◇ 累积质量分数；— 微分分布

对于结晶温度相近的组分，共结晶现象的存在限制了 CRYSTAF 的分析。在同样的冷却速度下，TREF 受共结晶影响较小，可以比 CRYSTAF 更好地解析复杂的多峰形聚烯烃共混物体系。然而，当利用较慢的冷却速率时可以明显地提高 CRYSTAF 峰的分辨，并仍然保持其需要较短的分析时间的优点。

5. 交叉分级

交叉分级是两种或多种分级技术的结合，其中每种技术是按照不同的微结构特征分离聚合物链。通过结合不同的技术，交叉分级能够探查到更详尽的链微结构信息(与单一表征技术相比)，尤其对了解具有复杂的链微结构的聚合物是一个重要的工具。

1) 传统的交叉分级方法

传统的交叉分级方法是首先利用制备型的溶剂梯度分级得到窄分子量分布的级分，然后将级分再利用 P-TREF 进行结构分级。这样可以得到分子量和组成都十分均匀的级分，进一步对得到的级分做各种分子表征。这是获得聚烯烃微结构完整信息的最综合的方法。然而，两次制备型的分级尽管有效，但是十分耗时和繁杂。

2) P-TREF/SEC(GPC)交叉分级

如果将首先利用 P-TREF 得到的一系列窄组成分布的级分再分别通过 SEC 按照分子量进行分级，即称 P-TREF/SEC 交叉分级。这是一种非常有用和更有效的交叉分级技术，它可以提供聚合物双变量-共单体组成(或立构规整度)和分子量-分布的信息。利用计算机可以绘制出聚合物分子量-淋洗温度(或 SCB 含量)-质量分数的二维(2D)等高图及三维(3D)立体图，这几乎是一副完整的聚合物链微结构分布图。因而，尽管这一方法在 P-TREF 步骤仍是耗时的，它依然在各种乙烯/1-烯烃共聚物及等规聚丙烯的研究表征中得到广泛的应用[71-73]。

3) TREF/GPC 自动交叉分级

近几年来，详尽表征聚烯烃双变量分布和自动交叉分级技术取得了新的进展。利用高分辨的 TREF 300(Polym ChAR)与紧凑的 GPC 子系统相结合，发展了一种新的台式自动交叉分级聚烯烃的仪器[74]，其结构示意图如图 2.42 所示。

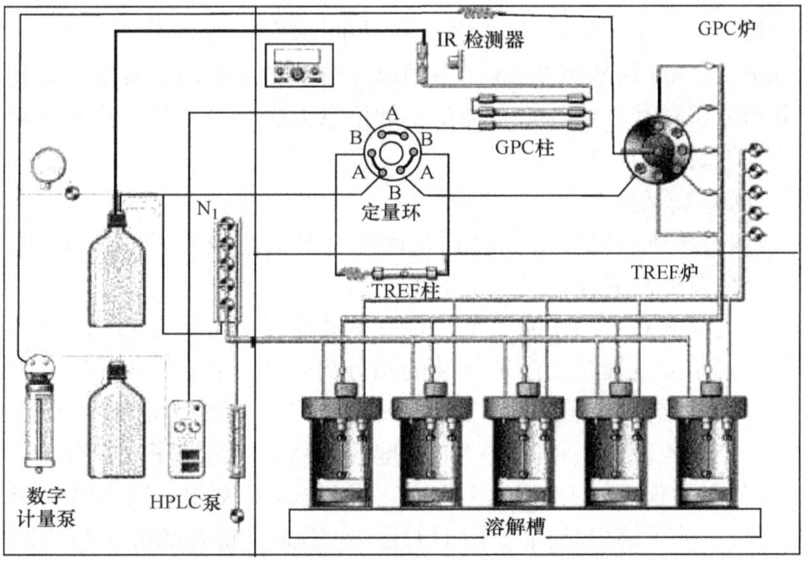

图 2.42 新的自动交叉分级仪器结构示意图

其中 TREF 单元配置一个用于制备样品的炉和一个高精度的 TREF 柱炉，高温 GPC 单元之中连接对温度不敏感的双谱带 IR4 红外(Polym ChAR)作为浓度检测器。在 TREF 炉中，置有 5 个带内过滤器和电磁搅拌的不锈钢容器，用于溶解最多 5 个样品可供连续分析。TREF 柱负载样品为 1～3 mg，柱中聚合物-1，2-二氯苯溶液以 0.5 ℃/min 的速度降温。待柱中聚合物结晶分离完成后，在逐步升温情况下不连续淋洗，间断溶解出的每个级分紧接着进行在线 GPC 分析。由于在该仪器中 GPC 可以重叠进样，从而可在给定的时间内得到更多的 TREF 级分，以提高分辨或者说节省了分级时间。例如，可以在 11 h 完整的实验周期内，收集 21 个级分，同时完成 GPC 分析。该仪器已有效地应用于分离分析不同微结构的聚烯烃共聚物及共混物，均得到清晰的等高图和三维图，如图 2.43 所示。

由图 2.43(a)可见，该产品具有 3 个不同峰的独特的组成。其显著的特征之一是在 55～

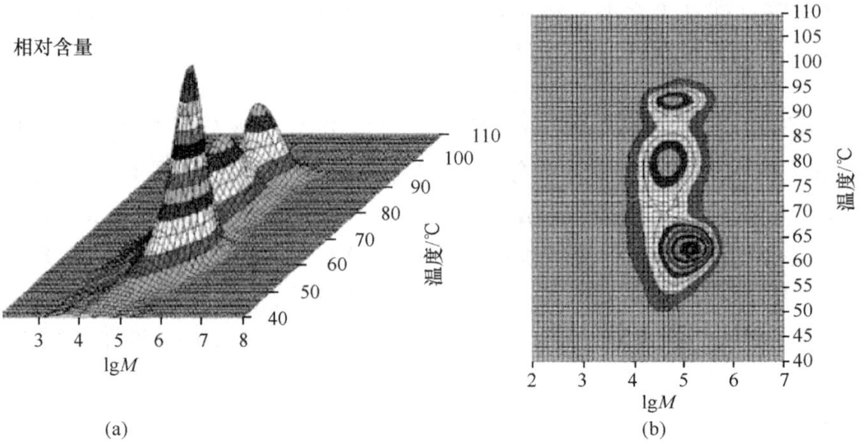

图 2.43　多反应器生产的 PE 样品的三维图(a)和二维等高图(b)

70 ℃淋洗的高 SCB 组分比在较高温度淋洗的具有更多结晶的组分显示较高的分子量。这一点从等高图看得更清楚。同时也可看出该材料中低温组分含量较高。如果再现其 TREF 曲线也可以看到明显的 3 个组分的峰,然而整个样品的 GPC 曲线却基本呈单峰分子量分布,只有一个小的高分子量肩峰(这从图 2.43 中不同组分分子量分布的重叠也可见到),这表明整个样品的分子量分布分析对其结构的复杂性提供的信息太少。该产品是具有多峰形的化学组成分布和非常不均匀性材料的很好的例子。

4) P-TREF/DSC 交叉分级

此外,尚有按照共单体组成和链段序列长度的交叉分级技术,即 P-TREF 与示差扫描量热(DSC)等温热分级方法相结合。

等温热分级是近年来兴起的用来表征乙烯共聚物中结晶序列长度分布的新方法,它是基于结晶序列从熔体到结晶过程是温度依赖性的相分离过程。在这个过程中,聚合物链上近邻的可结晶序列可以独立结晶,并且在其结晶形成的晶体尺寸对应的温度下熔融。从而,DSC 等温热分级的每一个峰代表一组相同或类似长度的结晶序列。分子间及分子内的结晶序列长度的分布越宽,相分离的程度越大,因此 DSC 热分级技术不仅能表征半结晶聚合物分子间的非均匀性,也能评价其分子链内结构的非均匀性。它不需要将各级分进行物理分离即可研究半结晶聚合物的微结构分布。

等温热分级根据对样品热处理方法的不同,主要分为逐步结晶(step crystallization,SC)热分级[75]和连续自成核-退火(sucessive self-nucleation and annealing,SSA[76]或 SNA[77])热分级。等温热分级的操作通常是将毫克级的样品置于 DSC 仪中可程序控温的热台上,在设定的温度范围内,选定若干等温结晶温度,将样品从熔体逐步降至设定温度,进行等温结晶后快速降至室温(SC);或者选定若干等温退火温度,进行一系列加热—退火—冷却循环,将样品从熔体经逐步退火(由高温至低温)处理后快速降至室温(SSA)。然后将样品以一定的升温速率升至熔融并同时记录升温曲线。SSA 比 SC 技术耗时更短,并能得到较高的分辨率。从等温热分级得到的多重熔融峰可以用来分析共聚单体的分布及表征结晶序列长度的分布。

利用 P-TREF/SNA-DSC 交叉分级,研究不同类型 LLDPE(乙烯/1-丁烯共聚物)的 SCB 分布非均匀性[77]。由图 2.44 可见,ZN-LLDPE 的每个 P-TREF 级分的 SNA-DSC 吸热谱图都是多峰形的,具有一定的亚甲基序列分布(MSD),显示分子内的非均匀性;各个 P-TREF 级分的 SNA-DSC 吸热谱图的温度范围和峰强度分布随淋洗温度的增加有明显的变化，显示 ZN-LLDPE 同时具有 MSD 分子间的非均匀性。

图 2.45 显示，茂金属-LLDPE(M-LLDPE)各个 P-TREF 级分的 SNA-DSC 吸热谱图同样是多峰形的，表明其 MSD 呈现分子内的非均匀性；然而，有趣的是，所有级分的 SNA-DSC 吸热谱图似乎展示同样的 MSD，清楚地指出 M-LLDPE 在化学组成方面只有分子内的非均匀性。

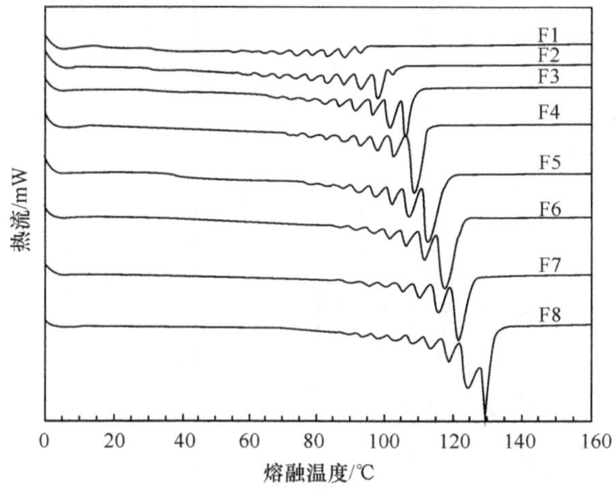

图 2.44　在不同温度间隔得到的 ZN-LLDPE 的 P-TREF 级分的 SNA-DSC 吸热谱图

F1. 30～50 ℃；F2. 50～60 ℃；F3. 60～70 ℃；F4. 70～75 ℃；F5. 75～80 ℃；F6. 80～85 ℃；F7. 85～90 ℃；F8. 90～100 ℃

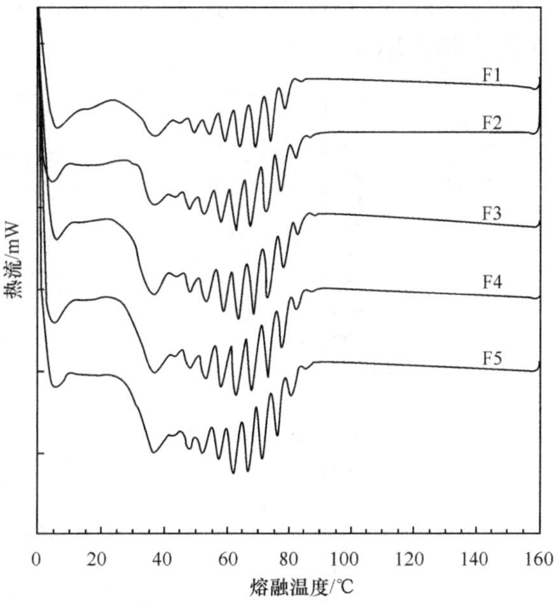

图 2.45　在不同温度间隔得到的 M-LLDPE 的 P-TREF 级分的 SNA-DSC 吸热谱图

F1. 30～40 ℃；F2. 40～45 ℃；F3. 45～50 ℃；F4. 50～55 ℃；F5. 55～65 ℃

换句话说，ZN-LLDPE 是非常不同的 SCB 分布的大分子的混合物，而 M-LLDPE 是由具有相同 SCB 分布的大分子组成的。

6. 动态结晶和结晶淋洗分级[78-79]

(1) 动态结晶(dynamic crystallization，DC)。这一新的分离方法虽然也是根据半结晶聚合物结晶性的原理和使用在 TREF 中同样的填料柱，但它与 CRYSTAF 一样，是在结晶步骤中完成级分的物理分离。因为与 TREF 在溶剂停止流动静态下降温结晶不同，它是在有效的溶剂流通过分离柱条件下完成冷却结晶步骤的，这个新的分离过程就是通常所说的动态结晶。

在动态结晶中，由于结晶期间有恒定的小的溶剂流通过分离柱，因此在某一组分达到它的结晶温度时，它便得到分离并固定在填料上，同时其他组分仍然留在溶剂中，沿柱移动直到达到它们的结晶温度。在结晶步骤结束时，不同的组分按照它们的结晶性在柱内得到分离。一旦结晶完成，停止溶剂流动并用几分钟时间将柱温加热到所有组分都能溶解的温度。然后，用适当的溶剂流速流经分离柱进行淋洗过程。组分的分离次序将是按照 CRYSTAF 而不是

TREF 的淋洗温度,因为分离是发生在结晶期间而不是在溶解过程。

此技术适用于分析分离的聚合物组分的温度范围 ΔT_ρ 在结晶温度范围 ΔT_c 内的体系,并且当 ΔT_ρ 等于 ΔT_c 时将充分发挥动态结晶的能力,导致组分沿整个柱长结晶。

(2) 结晶淋洗分级(crystallization elution fractionation,CEF)。一旦动态结晶这个新的分离过程建立了,就很容易实现将这种结晶步骤同在 TREF 中最后的淋洗步骤相结合,以得到一个新的扩展的分离。即在结晶溶剂流 F_c 存在下的动态结晶之后,接着是像在 TREF 中的溶剂流 F_e 进行升温淋洗步骤。这个新的过程通常称为结晶淋洗分级(CEF),比 TREF 有更好的分辨能力(图 2.46)。

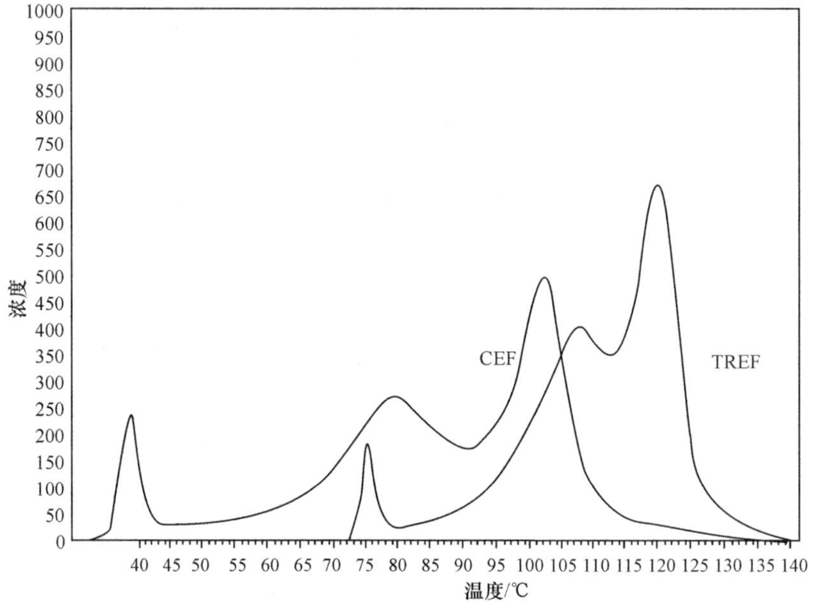

图 2.46　用同样的分离柱通过 CEF 和 TREF 对两个茂金属树脂(密度分别为 0.902 g/mL 和 0.916 g/mL)的共混物快速分析结果比较

CEF 是在一台仪器上将 TREF 和 CRYSTAF 的机理相结合,其主要的革新是引进了动态结晶。在 TREF 结晶过程中的这一改进令人惊奇地达到了更高的分离效率,本身又为快得多的化学组成分布(CCD)分析做好了准备。对于预先制备好的样品溶液,整个 CCD 分析时间只需二十几分钟。这使得 CEF 成为适合于高生产率实验的理想技术。

DC 和 CEF 实验可在利用简化的 Polymer ChAR TREF 仪器建造的一台特别研发的仪器上完成。与在 GPC 或 TREF 中一样,在 CEF 仪器上除浓度检测器外,也容易连接其他在线的仪器,如光散射、毛细管黏度计和组成敏感检测器等,以建立 CEF/多检测器技术。

2.4.3 无规共聚物的序列分布

共聚物的组成非均匀性包括分子间的不均匀性和分子内的不均匀性,分子间的不均匀性指在不同分子链中共单体单元含量的差异,此即共聚物的组成分布;分子内的不均匀性指在单个大分子中共单体单元沿主链的分布是不均匀的,此即共聚物的序列分布。

从共聚物链结构说,共聚物的序列结构是指组成共聚物分子链的单体单元沿线形链的排列顺序,也即它的序列分布[80]。

共聚物的序列分布主要是由聚合反应过程中的链增长阶段决定的，聚合动力学与生成的聚合物的微结构密切相关。每一个大分子像一个录音磁带，忠实地、连续地记录了整个催化聚合过程中发生的故事。为了知道这个故事，必须能够读懂这个磁带[34]。因此，详细表征和深入研究共聚物中单体单元的序列分布，比只得到单体单元在各种可能排列中的平均摩尔分数（共聚物的平均组成）能够提供更多描写分子链结构和了解不同催化剂性质的重要信息。

核磁共振波谱（NMR）是能够直接观测高分子链结构（微结构-短序列，从二元组到五元组）的主要方法。它不仅可以提供天然高分子和合成高分子的结构、组成，还能给出其构象、序列分布和数均序列长度等丰富的信息。

理论上，自旋量子数不等于零的原子核都可以观测到 NMR 信号。在结构研究中常见的有^{1}H、^{13}C、^{15}N、^{19}F、^{29}Si 和^{31}P 等，其中使用最普遍的是氢谱（^{1}H NMR）和碳谱（^{13}C NMR）。

高分辨^{1}H NMR 用于聚甲基丙烯酸甲酯（PMMA）的构型序列分布研究中，PMMA 的甲基峰在氢谱中分裂为三重峰，归属于全同（mm）、杂同（mr）和间同（rr）三种立体异构单元组，显示出 NMR 方法在测定聚合物等规度方面的优越性[80]。然而，多数烯类高分子的^{1}H NMR 谱图复杂，难以做进一步的分析。

脉冲傅里叶变换^{13}C NMR 是研究烯类聚合物链结构的最主要方法，可以测定其构型分布、共单体序列分布、平均序列长度及短链支化结构和分布。灵敏度达到能观测聚合物重复单元长度从 2 个到 5 个、7 个甚至 9 个连续重复单元[81-82]。已在多种聚乙烯、聚丙烯及烯烃共聚物组成和微结构研究中得到广泛应用。多种烯烃共聚物中不同碳原子的化学位移归属及相应的序列排布有综述[34,83]和诸多报道[84-86]。这里仅举几例加以说明。

例 2－1　使用非均相钛基 Ziegler-Natta 催化剂制备系列乙烯/丙烯共聚物（乙烯含量为 15%～85%，摩尔分数）。为了深入地表征其微结构，进一步研究链结构与聚合机理的关系，首先利用连续溶剂萃取和 P-TREF 方法进行结构分级，然后将获得的窄组成分布的级分通过^{13}C NMR测定其三单元组分布[87]。

从表 2.8 中列出的用 δ-$TiCl_3$[Ti(Ⅱ)-$Al(C_2H_5)_2Cl$]催化剂体系制备的乙丙共聚物 P-TREF级分的三单元组分布数据，按照式(2.141)至式(2.145)[83]计算得到二级分子结构参数。

表 2.8　B-1 的分级和共聚物级分的^{13}C NMR 分析

级分	淋洗温度 T/ ℃	质量分数/%	乙烯的摩尔分数/%	三单元组数据								
				PPP	PPE	EPE	PEP	EEP	EEE	n_E^a	$n_P{}^a$	R^a
F-1	20	83.2	47	0.17	0.24	0.12	0.13	0.20	0.14	2.0	2.2	47
F-2	40	3.0	71	0.06	0.12	0.11	0.08	0.19	0.44	4.1	1.7	34.5
F-3	60	3.9	84	0.03	0.06	0.08	0.04	0.13	0.67	7.9	1.5	22
F-4	80	4.9	90	0.03	0.02	0.05	0.02	0.10	0.79	12.8	1.7	12
F-5	100	5.0	98	0.00	0.00	0.02	0.01	0.04	0.93	—	—	—

a. 编者利用式(2.143)至式(2.145)计算列入项。

共聚物中各单体单元（E：乙烯单元，P：丙烯单元）的摩尔分数

$$E = EEE + EEP + PEP \tag{2.141}$$

$$P = PPP + PPE + EPE \tag{2.142}$$

定义

$$n_i = i\text{ 单体单元的总数}/i\text{ 单体单元的序列总数}$$

则

$$\text{E 的序列长度 } n_E = (EEE + EEP + PEP)/(PEP + EEP/2) \quad (2.143)$$

$$\text{P 的序列长度 } n_P = (PPP + PPE + EPE)/(EPE + PPE/2) \quad (2.144)$$

轮数(run number)R 是指共聚物分子链上每 100 个连续的单体单元中，两种单体单元的序列总数

$$R = [(PEP + EEP/2) + (EPE + PPE/2)] \times 100 \quad (2.145)$$

它给出了每 100 个连续的单体单元中单体单元从 A 到 B 和回到 A 交替次数的平均数。

表 2.8 中数据显示，随着分级淋洗温度增加，级分的乙烯含量单调增加，清楚地指出样品是按照乙烯序列分级的。其他几个用钛基不同催化体系制备的共聚物样品，A-4、C-3、D-2 和 E-1 的分级和 ^{13}C NMR 结果与 B-1 规律类似。所有样品的组成分布曲线如图 2.47 所示。显然，所有样品具有很宽的组成分布，乙烯含量为 50%～100%(摩尔分数)。同时这些曲线不是光滑的 S 形分布，而是在乙烯含量接近 70%～80%(摩尔分数)时弯曲。

由各级分的 n_E 值与共聚物组成关系图(图 2.47)可以发现，在乙烯含量小于 70%(摩尔分数)的组成范围内所有级分的 n_E 值都落在无规共聚物符合的伯努利(Bernoullian)模型曲线上，这意味着每个样品的前 2 个或 3 个(低温淋洗)级分是无规聚合的乙丙共聚物。而超过这个组成的部分，n_E 值向上偏离曲线(嵌段趋势)。

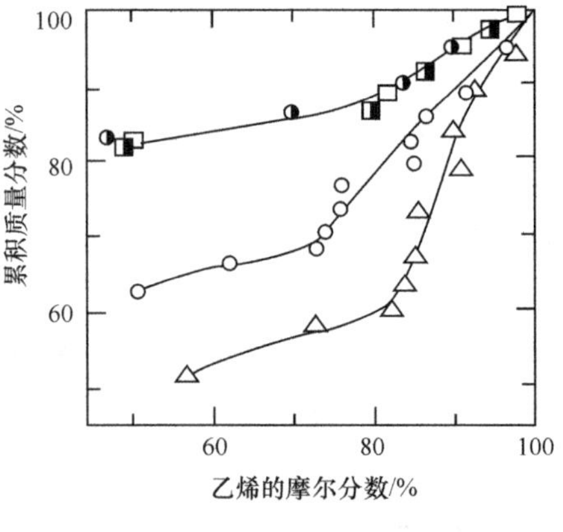

图 2.47 乙丙共聚物中乙烯摩尔分数(%)的累积分布曲线

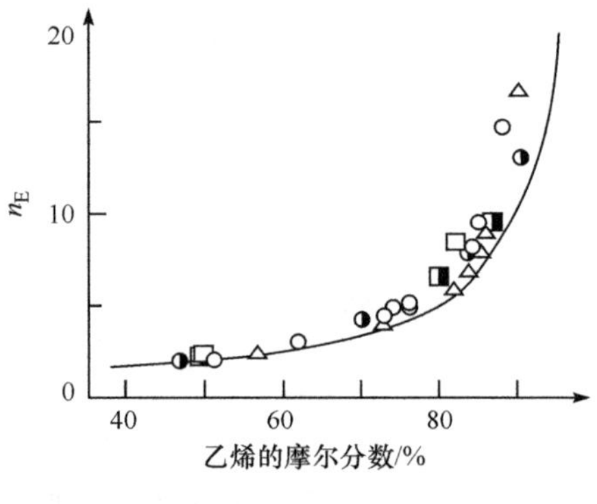

图 2.48 乙丙共聚物级分乙烯单元数均序列长度与乙烯的摩尔分数的关系

实线是按伯努利系统计算的，符号标志同图 2.47

表 2.8 中级分 F-1 的各三单元组含量比较均匀，乙烯和丙烯单元的数均序列长度很短且很接近，以及 R 值较大意味着从 E 到 P 再到 E 转换频繁，所有这些表明 F-1 是典型的无规共聚物，与图 2.48 的结果一致。

例 2-2 工业上，为了改进等规聚丙烯树脂的低温抗冲击性能，20 世纪 80 年代发展了丙烯同乙烯原位聚合方法制备抗冲聚丙烯(IPP)。即在第一个釜中先是丙烯均聚，然后在第二个釜中丙烯与乙烯共聚，从而得到包含弹性组分的增韧产品。在利用连续溶剂萃取方法对 IPP 进行结构分级后，将在不同温度下萃取得到的 4 个不同组成和结构的级分分别用 ^{13}C NMR 和傅里叶变换红外(FTIR)光谱等表征其链结构[88]。下面只简介一个样品在二甲苯中室温溶解级分的结果。图 2.49 为样品 CPPJ 室温可溶解级分的 ^{13}C NMR 谱，按卡曼(Carman)和威

尔克斯(Wilkes)方法[89]归属各种碳原子峰,进一步得到其三单元组序列分布,如表 2.9 所示。

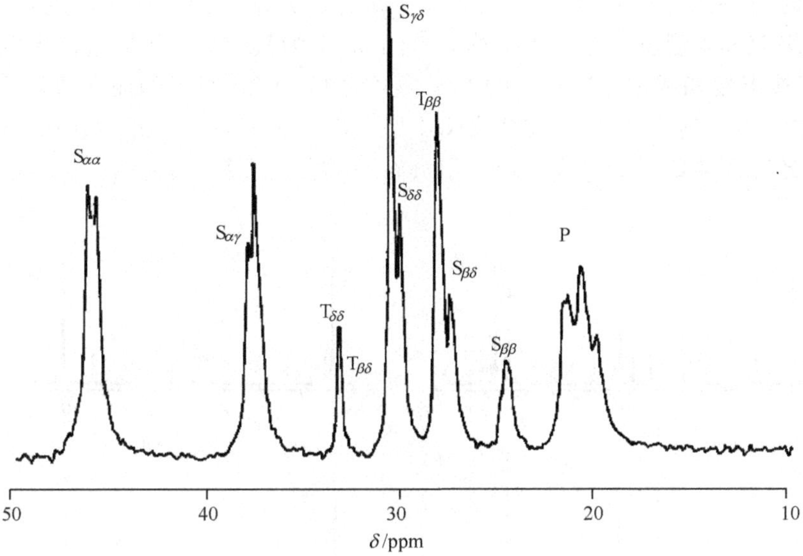

图 2.49　CPPJ 室温可溶解级分的^{13}C NMR 谱

表 2.9　CPPJ 室温可溶解级分的^{13}C NMR 数据

样品	P	E	PPP	PPE	EPE	PEE	PEP	EEE	n_E[a]	n_P[a]	R[a]
CPPJ	0.635	0.365	0.300	0.208	0.127	0.122	0.142	0.101	1.8	2.7	43

a. 编者利用式(2.143)至式(2.145)计算列入项。

表 2.9 中数据显示,所有三单元组序列分布比较均匀,数均序列长度很短而重复单元从 P 到 E 再到 P 转换频繁(R 值较大),表明此级分为乙丙无规共聚物——乙丙橡胶,即 IPP 中主要起增韧作用的弹性组分。另外,此级分的 IR 谱图(图 2.50)中没有典型的聚丙烯的结晶特征峰(998 cm^{-1}和 841 cm^{-1}),出现强的无定形聚丙烯的甲基摇摆振动谱带(972 cm^{-1});在 720 cm^{-1}谱带呈现弱的单峰,表明没有结晶的聚乙烯嵌段。这些结果同样指出此级分为乙丙橡胶,与^{13}C NMR 结果一致。

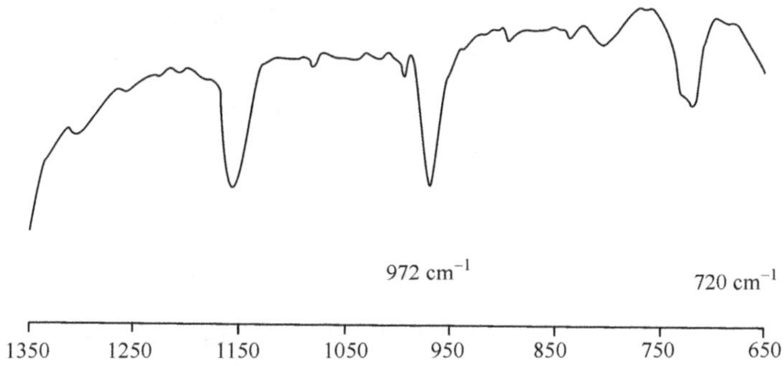

图 2.50　CPPJ 室温可溶解级分的 IR 谱图

例 2-3[73]　工业上用作热水管材的无规共聚聚丙烯(PPR)是由丙烯和少量乙烯进行无规共聚制备的。PPR 的分子链结构不仅存在共单体组成分布及序列分布,还存在聚丙烯链段的等规度分布,这些微结构及分布影响着产品的最终性能。

对于一个由 Ziegler-Natta 催化剂制备的乙烯含量为 5.1%(摩尔分数)、等规度[*mm*]为 95.1%的 PPR 树脂,利用 P-TREF 分级得到 9 个级分。其淋洗温度范围较宽(40~140 ℃),显然,该样品的组成和等规度分布都很不均匀。图 2.51 为其中 6 个不同淋洗温度收集的级分的^{13}C NMR 谱,按卡曼和威尔克斯提出的乙丙共聚物中不同碳原子的命名方法[89]进行归属,计算得到其三单元组序列分布;同时将核磁谱中甲基碳原子的响应,扣除相应的共聚单体的贡献后,可以用来计算丙烯单元的等规三单元组分布[86],结果见表 2.10。

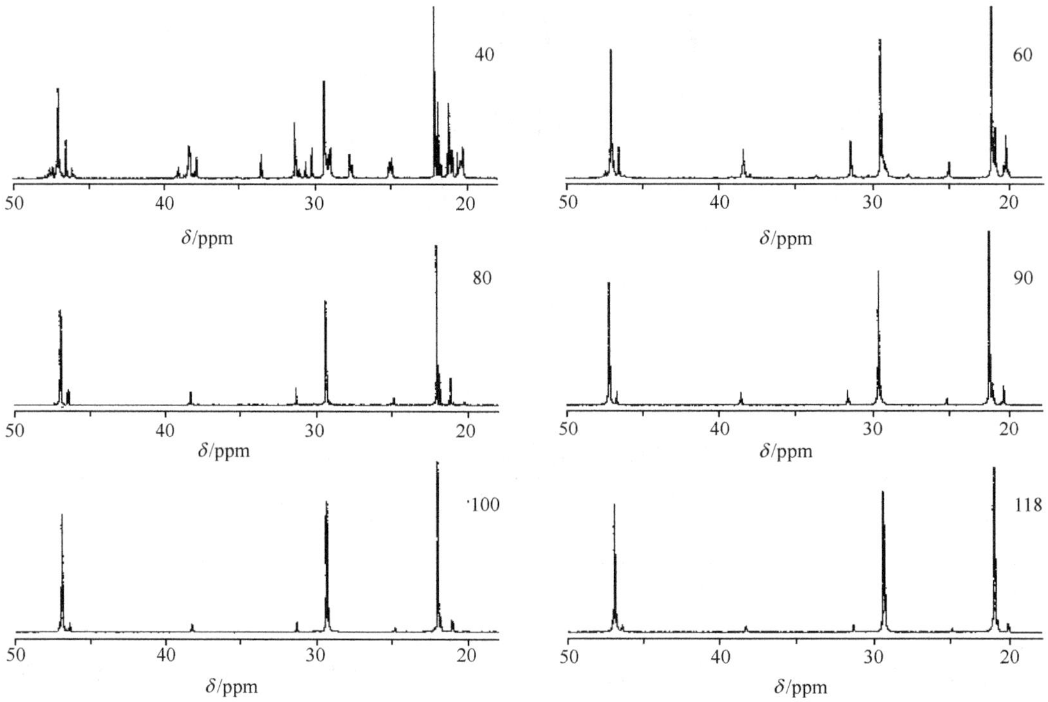

图 2.51　PPR-Y 的级分和^{13}C NMR 谱

表 2.10　PPR-Y 的级分和^{13}C NMR 数据

级分	淋洗温度 *T*/ ℃	P/%	E/%	*mm*/%	EEE	EEP	PEP	EPE	PPE	PPP
Y1	40	78.0	22.0	65.3	0.038	0.073	0.109	0.054	0.211	0.515
Y2	60	88.8	11.2	85.0	0.012	0.024	0.076	0.017	0149	0.722
Y3	80	93.0	7.0	95.3	0.009	0.007	0.054	0.008	0.115	0.807
Y4	90	95.2	4.8	96.4	0.002	0.005	0.041	0.005	0.088	0.859
Y6	100	97.0	3.0	98.2	0.000	0.002	0.028	0.002	0.063	0.905
Y7	118	97.9	2.1	99.4	0.000	0.000	0.021	0.000	0.049	0.930

从表 2.10 数据可知,随着分级淋洗温度从 40 ℃升到 118 ℃,级分的等规度[*mm*]从 65.3%增高到 99.4%,而乙烯的摩尔分数从 22.0%降低到 2.1%,表明 PPR-Y 包含一系列不同化学组成和立构组成的共聚物,具有较宽的组成分布和等规度分布。它们是由对乙烯和丙烯具有不同反应活性的中心产生的,在聚合时乙烯更容易进入低等规度的分子链。插入等规聚丙烯链的乙烯单元与其他立构缺陷一样,起到缩短等规序列长度、降低分子链结晶能力的作用。三单元组序列分布数据指出,这些共聚物级分主要由长序列丙烯单元(PPP)组成,乙烯单

元以单个方式(PPE、PEP)插入分子链中。

参 考 文 献

[1] Liu Y G,Bo S Q. Int J Polym Anal Charact,2003,8:225-243.
[2] Jenkins A D,Kratochvil,Stepto R F T,et al. Pure&Appl Chem,1996,68(12):2287-2301.
[3] Debye P. J Appl Phys,1944,15:338-342.
[4] Jeng L,Balke T,Mourey T H,et al. J Appl Polym Sci,1993,49:1359-1374.
[5] Podzimek S. J Appl Polym Sci,1994,54:91-103.
[6] Liu Y G,Bo S Q,Zhu Y J,et al. Polymer,2003,44:7209-7220.
[7] Covey T R,Huang E C,Henion J D. Anal Chem,1991,63:1193-1200.
[8] Schriemer D C,Li L. Anal Chem,1996,68:2721-2725.
[9] Giorgio M,Domenico G,Maurizio S M. Macromolecules,1995,28:7983-7989.
[10] Q uayle QV. Polymer,1967,8:217.
[11] Heyn A N J. J Polym Sci,1959,41:23.
[12] 周恩乐,李虹,陈九顺. 高分子学报,1987,6:443-448.
[13] 马德柱,何平笙,徐仲德,等. 高聚物的结构与性能. 2 版. 北京:科学出版社,1995.
[14] Elias H G. An Introduction to Polymer Science. New York:Weinbeim,1997.
[15] 钱人元. 高聚物的分子量测定. 北京:科学出版社,1965.
[16] Davis W E,Elliott J H. J Colloid Sci,1949,4:313.
[17] Kooy J,Hermans J J. J Polym Sci,1955,16:417.
[18] Schulz G V. Kolloid Z,1949,115:90.
[19] Brandrup J,Immergat E H. Polymer Handbook. 2nd ed. New York:John Wiley & Sons,1975.
[20] Bo S Q,Cheng R S. J Liq Chrom,1982,5(8):1405-1422.
[21] 郑昌仁. 高聚物分子量及其分布. 北京:化学工业出版社,1986.
[22] 何曼君,陈维孝,董西侠. 高分子物理(修订版). 上海:复旦大学出版社,1993.
[23] 施良和. 凝胶色谱法. 北京:科学出版社,1980.
[24] 程镕时. 高分子通讯,1981,2:123.
[25] Cheng R S,Bo S Q. ACS Symp Series,1984,245:125.
[26] 黄怿,卜乐炜,张德震,等. 功能高分子学报,1999,12(3):231.
[27] Wesslau H. Makromol Chem,1956,20:111.
[28] Wesslau H. Makromol Chem,1958,26:102.
[29] Lansing W D,Kraemer E D. J Am Chem Soc,1935,57:1369.
[30] Flory P J. Principles of Polymer Chemistry. Chapter Ⅷ. New York:Cornell University Press,1953.
[31] Elias H G. Macromolecules 1. Structure and Properties. 2nd ed. New York,London:Plenum Press,1984.
[32] Pasch H. Advances in Polymer Science,2000,150:1-29.
[33] 殷敬华,莫志深. 现代高分子物理学(上册). 第一章. 北京:科学出版社,2001.
[34] Busico V,Cipullo R. Prog Polym Sci,2001,26:443-533.
[35] Cantow H J,Fuchs O. Makromol Chem,1965,83:244.
[36] Monrabal B J,Blanco J,Nieto J,et al. J Polym Sci Part A:Polym Chem,1999,37:89-93.
[37] Zhang M Q,Lynch D T,Wanke S E. J Appl Polym Sci,2000,75:960.
[38] Tung L H. Fractionation of Synthetic Polymers:Principles and Practices. New York,Basel:Marcel Dekker Inc,1977.
[39] Merz W,Pfab W. Mikrochim Acta,1969,5:905.
[40] 周子南,吴盛荣,薄淑琴,等. 分析化学,1993,21(2):199-201.

[41] Stanke D, Hallensleben M L, Toppare L. Synthetic Metals, 1995, 72: 89-94.
[42] Mitchell J Jr. Chiu J. Anal Chem, 1973, 45(5): 273R.
[43] Huglin M B. Light Scattering from Polymer Solution. London and New York: Academic Press, 1972.
[44] Ham G E. Copolymerization in Encyclopedia of Polymer Science and Technology. New York: Interscience, 1966, 4, 65.
[45] Kolinsky F, Markert G, Makromol. kolloquium Freiburg(Germany), 1968.
[46] Fuchs O, Schmieder W. *In*: Cantow M J R. Polymer Fractionation. Academic Press, 1967: 341-378.
[47] Adams H E. Separation Sci, 1971, 6: 259.
[48] Deslauriers P J, Rohlfing D C, Hsieh E T. Polymer, 2002, 43: 159-170.
[49] Verdurmen-Noel L, Baldo L, Bremmers S. Polymer, 2001, 42: 5523-5529.
[50] Desreux V, Spiegels M C. Bull Soc Chim, Belg, 1950, 59: 476-489.
[51] Wild L, Ryle T. Polym Prepr Am Chem Soc, 1977, 18: 182-187.
[52] Bergstrom C, Avela E. J Appl Polym Sci, 1979, 23: 163.
[53] Monrabal B, Romero L, Mayo N, et al. Advances in Crystallization Elution Fractionation. In 2nd International conference on Polyolefin Characterization Abstract Book. Valencia(Spain), 2008: 49.
[54] Yau W W, Gillespie D. Polymer, 2001, 42: 8947-8958.
[55] Flory P J. J Chem Phys, 1949, 17: 223-240.
[56] Flory P J. Principles of Polymer Chemistry. Chapt. Ⅻ. New York: Cornell Univ Press, 1953.
[57] Amantawaraskul S, Soasers J B P, Wood-Adams P M. Adv Polym Sci. Berlin, Heideberg: Springer-Verlag, 2005.
[58] Nieto J, Oswald T, Blanco F, et al. J Polym Sci Part B: Polym Phys, 2001, 39: 1616.
[59] Stockmayer W H. J Chem Phys, 1945, 13: 199.
[60] Soares J B P, Hamielec A E. Polymer, 1995, 11: 2257.
[61] Soares J B P, Hamielec A E. Macromol Theory Simul, 1995, 4: 305.
[62] da Silva F A A, Soares J B P, de Galland G B. Macromol Chem Phys, 2000, 201: 1226.
[63] Soares J B P, Hamielec A E. Polymer, 1995, 36: 1639-1654.
[64] Wild L. Adv Polym Sci, 1990, 98: 1-47.
[65] Pasch H, Brull R, Wahner U, et al. Macromol Mater Eng, 2000, 279: 46.
[66] Savitski E P, Caflisch G B, Killian C M, et al. J Appl Polym Sci, 2003, 90: 722-728.
[67] Wild L, Ryle T R, Knobeloch D C, et al. J Polym Sci: Polym Phys Ed, 1982, 20: 441-455.
[68] Monrabal B. Crystallization Analysis Fractionation. US Patent 5222390, 1991.
[69] Monrabal B. Macromol Symp, 1996, 110: 81-86.
[70] Monrabal B, Blanco J, Nieto J, et al. J Polym Sci Part A: Poly Chem, 1999, 37: 89-93.
[71] Hosoda S. Polym J, 1988, 20: 383-397.
[72] Zhou X Q, Hay T N. Eur Poly J, 1993, 29: 291.
[73] Liu Y G, Bo S Q, Zhu Y J, et al. J Appl Polym Sci, 2005, 97: 232-239.
[74] Ortin A, Monrabal B, Sancho-Tello J. Macromol Symp, 2007, 257: 13-28.
[75] Starck P. Polym Int, 1996, 40: 111-122.
[76] Muller A J, Hernandez Z H, Arual M L, et al. Polym Bull, 1997, 39: 465-472.
[77] Zhang M Q, Lynch D T, Wanke S E. J Appl Polym Sci, 2000, 75: 960-967.
[78] Monrabal B. Crystallization Elution Fractionation. Patent Application, 2006.
[79] Monrabal B, Sancho-Tello J, Mayo N, et al. Macromol Symp, 2007, 257: 71-79.
[80] 朱善农,等. 高分子链结构. 第六章. 北京:科学出版社, 1996.
[81] Randall J C. Polymer Sequence Determination: Carbon 13 NMR Method. New York: Academic, 1977.

[82] Bovey F A. Proceedings of China-U. S. Bilateral Symposium on Polymer Chemistry and Physics. New York: Van Nostrand Reinhold, 1981.
[83] Randall J C. JMS-REV Macromol Chem Phys, 1989, C29: 201-317.
[84] Ray GJ, Johnson P E, Knok J R. Macromolecules, 1977, 10: 773-778.
[85] Hsieh E T, Randall JC. Macromolecules, 1982, 15: 353-360.
[86] Cheng H N. NMR Analysis of Multicomponent Polyolefins. *In*: Chung T C. New Advances in Polyolefins. New York: Plenum Press, 1993.
[87] Kakugo M, Naito Y, Mizunuma K, et al. Makromol Chem, 1989, 190: 849-864.
[88] Cai H J, Luo XL, Ma D Z, et al. J Appl Polym Sci, 1999, 71: 93-101.
[89] Carman C J, Wilkes C E. Rubber Chem Technol, 1971, 44: 781-804.

第 3 章　聚合物非晶态

3.1 引　　言

聚合物非晶态的客观存在：

(1) 若干线形聚合物是不结晶的，呈现为稳定的无定形状态固体，如无规立构聚苯乙烯，无规立构聚甲基丙烯酸甲酯(有机玻璃)是最典型的。这类聚合物在室温呈现为玻璃态，随温度升高发生玻璃化转变进入高弹态，继续升高温度将呈现为黏流态，这就是无定形聚合物可能呈现的三种力学状态。

(2) 若干聚合物在加工成型后的使用状态是不结晶的，如聚碳酸酯和聚 2,6-二甲基-1,4-苯氧醚两种重要的工程塑料，熔融加工成型再淬火后，一般都呈现为非晶状态。

聚氯乙烯是第二大品种商品化聚烯烃。经悬浮自由基聚合得到的聚氯乙烯产物，其分子链常含有百分之十几的间同立构结构单元，可以结晶，只不过结晶度很低(约低于 10%)，对其性能影响不占主要地位，一般认为它基本上像非晶聚合物。

(3) 很多橡胶弹性体都具有交联网状结构，它们在室温和使用温度下是不结晶的，就是说处于非晶态，如硫化的天然橡胶与顺丁橡胶。未硫化(未交联)的天然橡胶与顺丁橡胶的玻璃化转变温度分别为－70 ℃和低于－100 ℃，它们在适宜的温度(如－30～－40 ℃)是可以结晶的，但它们熔点低，在室温结晶就熔化了，只要其分子量足够高，未交联的天然橡胶和顺丁橡胶仍然呈现为比较硬的弹性体，也就是非晶态固体。

硅橡胶是交联的聚硅氧烷，它们也是不结晶的，呈现为半透明的弹性体，具有出色的化学稳定性、热稳定性以及耐低温性能。

(4) 很多苯乙烯和氯乙烯的无规共聚物都是不结晶的，如丁苯橡胶、甲基丙烯酸甲酯-丁二烯-苯乙烯无规共聚物、氯乙烯-乙酸乙烯酯无规共聚物。苯乙烯接枝 1,4-加成聚丁二烯接枝共聚物(高抗冲聚苯乙烯)，丙烯腈、苯乙烯接枝 1,4-加成聚丁二烯接枝共聚物(ABS 工程塑料)是不结晶的商品化大品种高分子材料。SBS 三嵌段共聚物是不结晶的商品化大品种热塑弹性体。

(5) 聚氨酯多嵌段共聚物是具有多种用途的商品化大品种高分子材料，它可以是高性能的热塑弹性体，一般要求其贡献弹性的软链段不结晶，起物理交联点作用的硬链段聚集体可能是结晶的，但难结晶、弱结晶或不结晶，它只有在外力作用及适当条件下才可能呈现明显的结晶。聚氨酯多嵌段共聚物可以经交联反应成为热固型弹性体、热固型软泡沫塑料和硬泡沫塑料以及热固型黏合剂，成型后一般都是非晶高分子材料。

(6) 环氧树脂、酚醛树脂及不饱和聚酯是历史悠久的大品种热固型塑料，一般都是不结晶的高分子材料。

如上所列远未涵盖全部非晶聚合物，然而它已经显示出非晶聚合物在高分子材料的整体中占有多么重要的位置。毫无疑问，聚合物非晶态结构将决定这些聚合物的性能，了解聚合物非晶态结构是了解非晶聚合物结构与性能关系的关键所在。

聚合物非晶态是非晶聚合物和结晶聚合物加工成型过程的始态。

聚合物非晶态是非晶聚合物(如无规立构聚苯乙烯)加工成型过程的终态,无规立构聚苯乙烯的熔融态可以认为是其最无序的非晶态(或称为无定形态)。如果无规立构聚苯乙烯从其熔融态液氮淬火,它的无定形态将保留下来,而成为无定形态固体。如果无规立构聚苯乙烯的熔体经过加工成型的流变过程再冷却凝聚成固体,它将是非晶态固体,一般来说,这样的非晶态可能有别于无规立构聚苯乙烯熔体的无定形态。

结晶聚合物(如聚乙烯、全同立构聚丙烯)的熔融态同样可以认为其是最无序的非晶态,也可称之为无定形态。但是,如果聚乙烯和全同立构聚丙烯从其熔融态液氮淬火,它们的无定形态就将不能保留下来,只是结晶比较弱,结晶度比较低,非晶态部分比例大;如果聚乙烯和全同立构聚丙烯熔体经过加工成型的流变过程,再冷却凝聚成固体,它们将是部分结晶的固体,虽然仍含有非晶部分,它们的无序状态将区别于无规聚苯乙烯经同样热历史和受力后的无序状态。

显然,为了控制加工成型后的产物的结构与性能,认识加工成型过程的聚合物始态——聚合物熔融态,认识加工成型过程中聚合物熔融态的演变,认识加工成型产物的聚合物非晶态结构及结晶聚合物结晶与非晶态结构都是十分重要的。

研究结晶聚合物的结晶行为比较多地从它们的熔融态开始。也有相当多的工作是先将结晶聚合物从其熔融态淬火到某一温度,如玻璃化转变温度 T_g,可能得到该聚合物的非晶态玻璃体;也可能得到结晶相对弱、结晶度相对低的部分结晶聚合物,它们所含有的非晶态部分的无序状态会有别于无定形状态,然后再从非晶态玻璃体或部分结晶部分非晶态开始研究结晶行为。前者常称为“热结晶行为”,后者常称为“冷结晶行为”。认识结晶聚合物熔融态、非晶态玻璃体及部分结晶部分非结晶,对于结晶聚合物的结晶规律都是十分必要和重要的。

最普遍的取向高分子材料是纤维和双取向薄膜,先以聚对苯二甲酸乙二醇酯纤维和双拉薄膜为例,聚对苯二甲酸乙二醇酯结晶速率比较慢,从其熔体至室温淬火就可以得到无定形玻璃体,无论是纺丝成纤,还是薄膜双拉工艺过程,都比较容易实现从相当接近于无定形态熔体的状态下进行牵伸或双向拉伸,以保证 PET 纤维或双取向薄膜的取向度和取向结构得到有效控制。认识聚对苯二甲酸乙二醇酯无定形态及其在单双向拉伸过程中结构的有效控制对于掌握单双向拉伸最佳工艺是十分关键的。

再以全同立构聚丙烯纤维和双拉薄膜为例,全同立构聚丙烯结晶速率很快,液氮淬火不能把无定形的熔体冻结下来成为玻璃体,而是只能得到部分非晶态固体,实际纺丝和双向拉伸薄膜的工艺过程中,总是有淬火这一步,目的就是使全同立构聚丙烯离开无定形熔融态之后,能把满足取向要求的非晶部分保留下来,以实现所要求的取向状态。经验已证明,非晶状态有利于拉伸取向。

鉴于上述聚合物非晶态在聚合物结构与性能中的地位和认识聚合物非晶态在高分子科学与工程发展中的重要作用,半个多世纪以来,人们在聚合物非晶态研究方面做了不懈的努力,在下列两个方面取得了比较重要和深入的成果:

(1) 无定形态聚合物本体中的大分子链构象与其在 θ 溶剂中的大分子链构象相同,呈现为无规线团。无定形态聚合物本体中每一个大分子链无规线团所占有的空间内可包含相互贯穿的几十个呈现为无规线团构象的大分子链。可以想象,相互贯穿的大分子链必然要相互缠结(包括拓扑缠结、凝聚缠结)。相互贯穿、相互缠结的大分子链无规线团只能以蛇行运动方式扩散与运动。这也就是无定形态聚合物本体中大分子链堆砌的物理图像。弹性相干中子散射实验结果是这一物理图像的最重要的证据。

(2) 非晶态聚合物具有与小分子化合物液体或非晶固体没有本质性差别的短程有序。同时非晶态聚合物大分子链的空间堆砌具有自己的特征,大分子链以无规线团构象相互贯穿,实际是以统计链段为单元堆砌形成短程有序,无论是大分子链链内链段间还是链间链段间都可能形成某种空间分布的规律;广角 X 射线衍射测定非晶态聚合物链段空间分布的径向分布函数结果和利用模型计算得到的径向分布函数结果表明,大分子链链段空间分布规律只能在 20 Å尺度范围内得到保持,这就是至今对大分子链链段空间堆砌局部有序比较有说服力的认识[1-2,4-5,8,10]。

3.2　聚合物非晶态判据

3.2.1　根据广角 X 射线衍射花样——弥散环或弥散峰判断聚合物非晶态

已知小分子化合物的多晶体材料的广角 X 射线衍射花样,用平板照相机得到的是尖锐的衍射环。衍射仪经赤道扫描得到的是系列尖锐的衍射峰;而小分子化合物的液体、熔融体及非晶态固体的广角 X 射线衍射花样,用平板照相机得到的是弥散环,衍射仪经赤道扫描得到的是很钝的衍射峰(弥散峰)。正如本章引言所述,若干聚合物是不能结晶的,它们只有非晶态,最典型的就是无规立构聚苯乙烯(a-PS),它的广角 X 射线衍射花样,如果用平板照相机,取得的是弥散环,如图 3.1 所示。

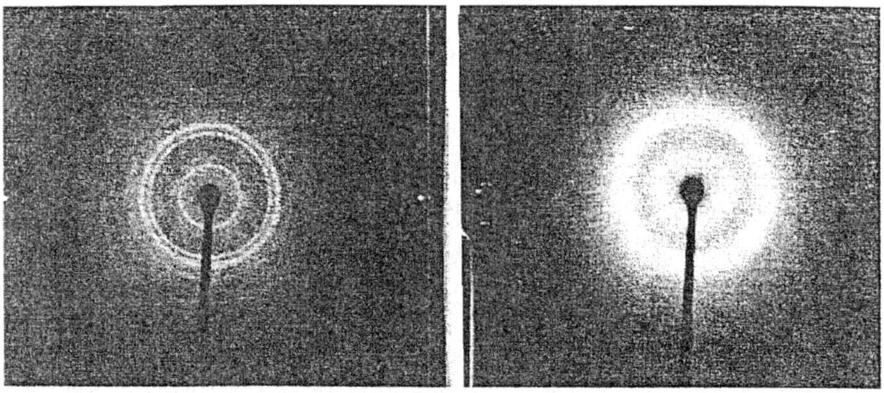

(a)　　(b)

图 3.1　未拉伸的(无任何取向)半结晶全同立构聚苯乙烯(a)[12]和无规立构聚苯乙烯(b)[13]的平板照相机记录的广角 X 射线衍射花样

图 3.1(a)显示的是尖锐的衍射环,全同立构聚苯乙烯结晶速率比较慢,但可以结晶生成比较大而完善的多晶体,它的衍射花样是比较典型的聚合物多晶体的衍射花样。图 3.1(b)中的 X 射线衍射的弥散环就是无规立构聚合物苯乙烯非晶态的判据。图中所示为两个弥散环,有的聚合物非晶态只呈现一个 X 射线衍射弥散环,一般非晶态聚合物或聚合物非晶态的 X 射线衍射花样属于这两种情况。

如果用衍射仪对全同立构聚苯乙烯和无规立构聚苯乙烯样品进行赤道扫描,所得到的衍射曲线如图 3.2 所示。

比较图 3.1 和图 3.2 中的半结晶全同立构聚苯乙烯的 X 射线衍射花样可知,半结晶全同立

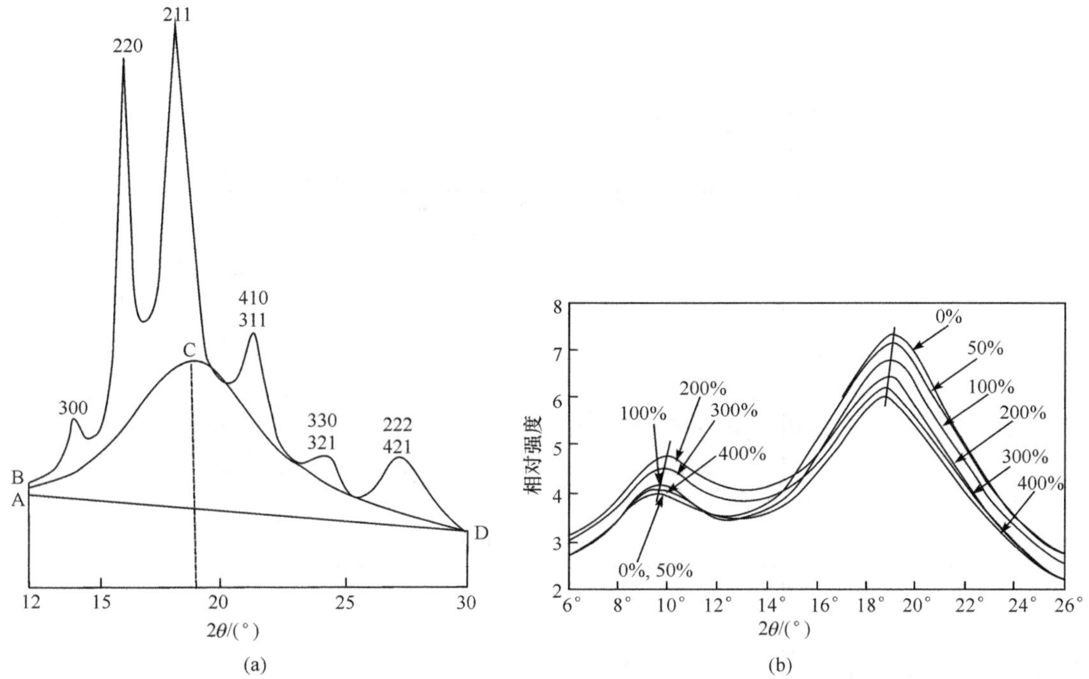

图 3.2　未拉伸的半结晶全同立构聚苯乙烯(a)[12]和无规立构聚苯乙烯(b)[14]的广角 X 射线衍射曲线

构聚苯乙烯结晶形成多晶体的同时,还保留一定量的非晶部分,衍射仪提供的衍射曲线表明,该样品中非晶态部分占有显著比例,从衍射曲线可以计算得到样品中非晶态部分的含量;从照相得到的衍射花样可见,在尖锐的衍射环的背底中存在着弥散环,难以进行非晶态部分定量计算。

比较图 3.1 和图 3.2 中无规立构聚苯乙烯的 X 射线衍射花样可知,无规立构聚苯乙烯只有 X 射线衍射的弥散环和弥散峰,这就表明它不具有长程有序,只具有短程有序,无规立构聚苯乙烯属于非晶态聚合物。至于双弥散环和双弥散峰现象,虽有不少的研究工作已发表,但认识双弥散环和双弥散峰的结构根源仍是困难的。图 3.2(b)所展示的双弥散峰随单向拉伸取向程度(不同的拉伸比)的变化提供了一定的信息,然而认清其变化规律及峰的结构归属仍有一定困难。图 3.3 给出了未取向的无规立构聚苯乙烯样品在不同温度下的广角 X 射线衍射曲线。由图 3.3 可见,温度对非晶态有影响,类似拉伸效应所呈现的那样,其影响所提供的信息也不能引起对非晶态认识发生实质性变化。后文将会提到,广角 X 射线衍射测定的径向分布函数将使对聚合物非晶态的认识深化。

前文以无规立构聚苯乙烯作为典型的非晶态聚合物,说明了它的非晶态的广角 X 射线衍射判据。下面再以典型的结晶聚合物聚乙烯为例,它的熔融态的广角 X 射线衍射花样同样呈现为弥散环和弥散峰,如图 3.4 所示。

聚乙烯分子链是很柔的,容易结晶,结晶速率高,结晶度可达很高,一般淬火得不到非晶态固体,但其熔融态的广角 X 射线衍射弥散环和弥散峰表明,结晶聚合物的熔融态只具有短程有序,呈现为无定形态。半结晶聚乙烯样品的广角 X 射线衍射曲线随温度变化,而且很敏感,如图 3.5 所示[16]。

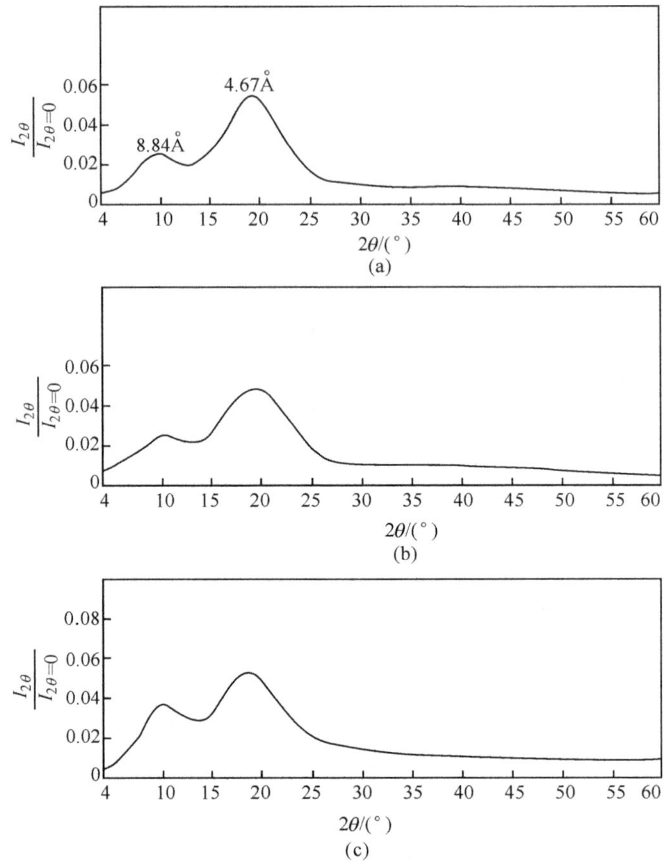

图 3.3　未取向的无规立构聚苯乙烯在不同温度下的广角 X 射线衍射曲线[15]

(a) 25 ℃;(b)90 ℃;(c)170 ℃

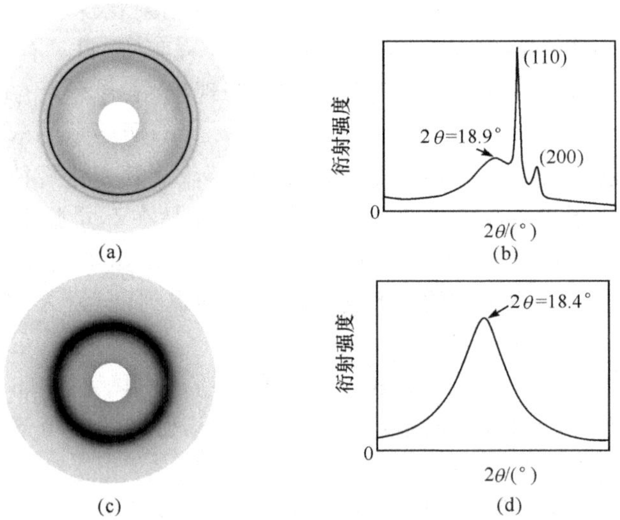

图 3.4　半结晶聚乙烯及其熔融态的广角 X 射线衍射花样和曲线

(a) 平板照相机记录的半结晶聚乙烯固体样品的广角 X 射线衍射花样;(b) 衍射仪测得的半结晶聚乙烯固体样品赤道扫描广角 X 射线衍射曲线(曲线上的数字为非晶峰衍射角和晶面指数);(c) 平板照相机记录的半结晶聚乙烯熔融态样品的广角 X 射线衍射花样;(d) 衍射仪测得的半结晶聚乙烯熔融态样品赤道扫描广角 X 射线衍射曲线(曲线上的数字为熔融态衍射曲线峰的衍射角)

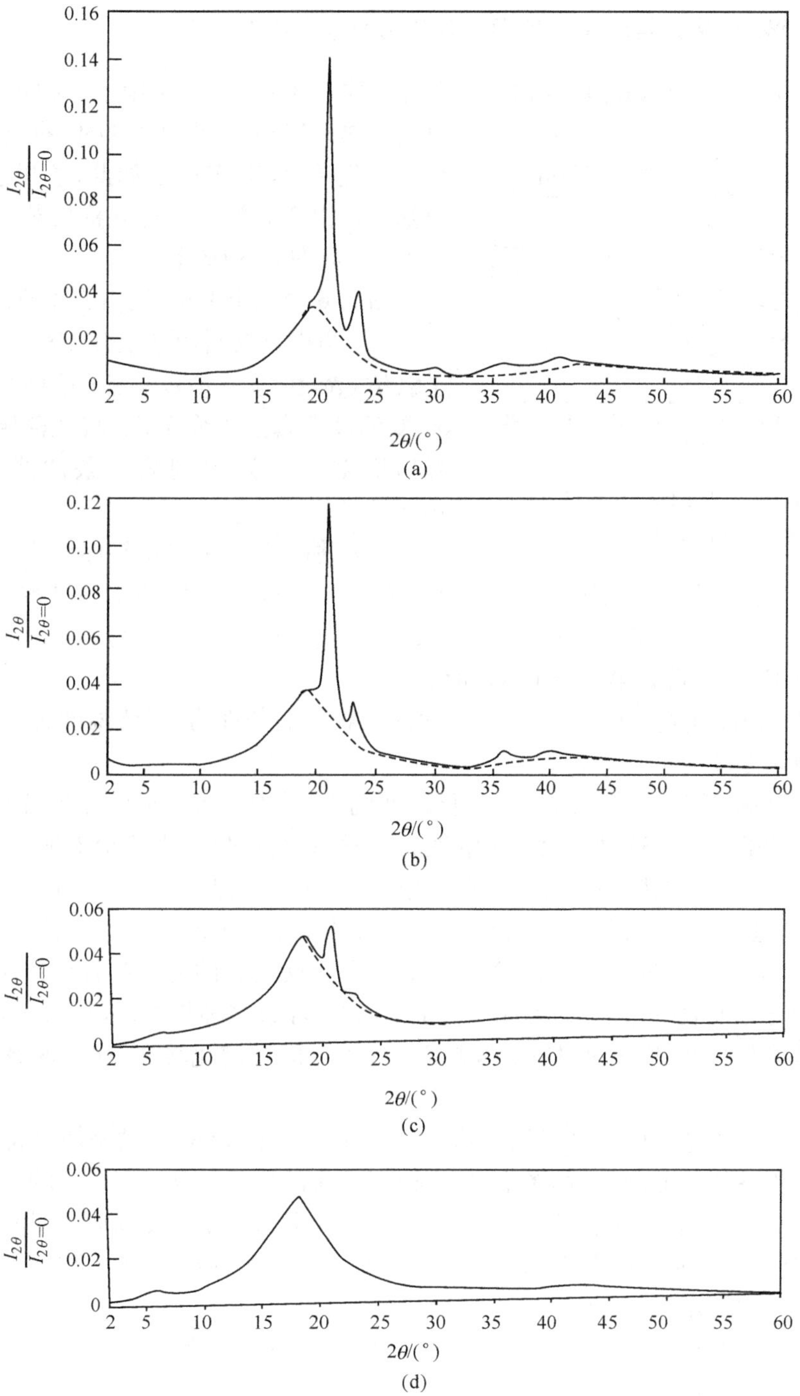

图 3.5　半结晶聚乙烯样品在不同温度下的广角 X 射线曲线

(a) 27 ℃;(b) 60 ℃; (c) 100 ℃; (d) 120 ℃

从图 3.5 可见,当温度到达 120 ℃时,半结晶聚乙烯晶体的尖锐 X 射线衍射峰全部消失,只有熔融态的弥散峰保留下来,它与如图 3.4 所示的衍射图一致。

3.2.2　根据DSC热谱只呈现单一玻璃化转变判断聚合物非晶态

前文介绍了典型的非晶态聚合物——无规立构聚苯乙烯，如果用示差扫描量热仪(DSC)对它加热升温扫描，得到的DSC曲线应该只显示一个玻璃化转变，事实正是如此，这里引用微乳液自由基聚合得到的单链无规立构聚苯乙烯DSC测定结果[17]，如图3.6所示。

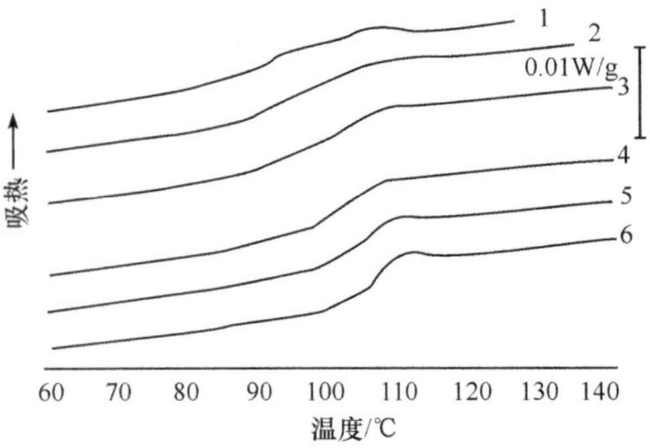

图3.6　无规立构聚苯乙烯不同处理过程后DSC曲线

图3.6中六个DSC扫描曲线的样品历史。

(1) 将微乳液自由基聚合无规立构聚苯乙烯溶于氯仿(浓度为1 g/L)，然后用此溶液成膜，在50 ℃温度下真空干燥7 d。将此薄膜用DSC仪升温扫描至130 ℃得到第一条曲线，升温速率为10 ℃/min。

(2) 薄膜样品在130 ℃停留3 min后，迅速降温至室温，然后再以每分钟以10 ℃的速率升温扫描至150 ℃，得到第二条DSC曲线。

(3) 同一个薄膜样品在150 ℃停留3 min后，迅速降温至室温，然后再以10 ℃/min的速率升温扫描至170 ℃，得到第三条DSC曲线。

(4) 与前三条曲线差别在于，曲线4至曲线6获得的条件为：停留温度为170 ℃、190 ℃，而升温扫描最高温度为190 ℃、220 ℃。

由图3.6可见，溶液成膜样品的玻璃化转变温度 T_g 比较低，而且转变温度范围比较宽，呈现出比较复杂的过程。这种现象对于溶液成膜样品比较多见，由于溶液成膜过程中溶剂难以除净，而且存在溶剂的状况在样品不同区域也有差别。经过130 ℃和150 ℃扫描与退火处理，溶剂被完全赶掉，第三条DSC扫描曲线已呈现很接近正常无规立构聚苯乙烯DSC热谱中的玻璃化转变，接下来经过150 ℃、170 ℃及190 ℃热处理后的升温扫描曲线呈现稳定不变。这一结果比较充分地表明，典型的无规立构聚苯乙烯，经过多种热处理，它的非晶态达到平衡，具有单一的玻璃化转变，反过来，DSC热谱只呈现单一的玻璃化转变，这一现象确实可以作为聚合物非晶态的判据。

这里再引用聚对苯二甲酸乙二酯(PET)的热行为，讨论DSC热谱是如何表征它的非晶态的。聚对苯二甲酸乙二醇酯(又称涤纶)是一种商品化的广泛应用的纤维和薄膜树脂，已知当这一树脂从275 ℃高温缩聚釜中流出时，落在铜鼓上(室温)，立即凝固成透明的厚片，在80 ℃温度以下长时间放置，它保持非晶态不变。这样的厚片用X射线衍射仪测定得到X射线衍射曲线如图3.7实线所示[18]。

图3.7中的实线衍射曲线就是非晶态聚合物典型的馒头峰衍射曲线。同时将厚片测定DSC热谱，从室温开始扫描，如图3.8所示。

首先观测到的是在80～90 ℃的热容阶跃——PET玻璃化转变，130 ℃之前PET厚片未结晶，继续升温扫描至130～150 ℃PET厚片开始结晶，出现放热峰，再继续升温直至260～270 ℃区域PET结晶熔融，出现吸热峰。对于理想的非晶态PET厚片，放热峰面积与吸热峰面积相当。如果结晶了的PET厚片用X射线衍射表征，那么得到的衍射曲线将如图3.7虚线所示。这样的结晶PET样品的冷结晶峰面积将变小甚至不出现。由如图3.8所示的PET厚片升温扫描DSC曲线可知，PET厚片的非晶态只能保持在130 ℃以下，这也就是PET厚片非晶态保持稳定的有限温度范围。很有趣的一组 PET 的 DSC 热谱已被报道[19]，如图 3.9 所示。

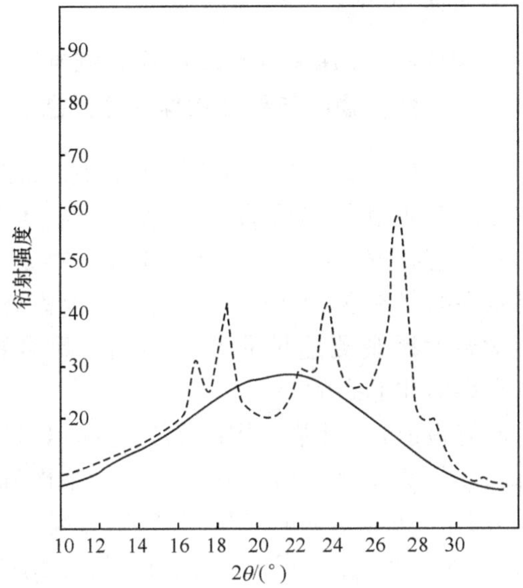

图 3.7　聚对苯二甲酸乙二醇酯的 X 射线衍射曲线
—— 无定形 PET 样品；----结晶 PET 样品

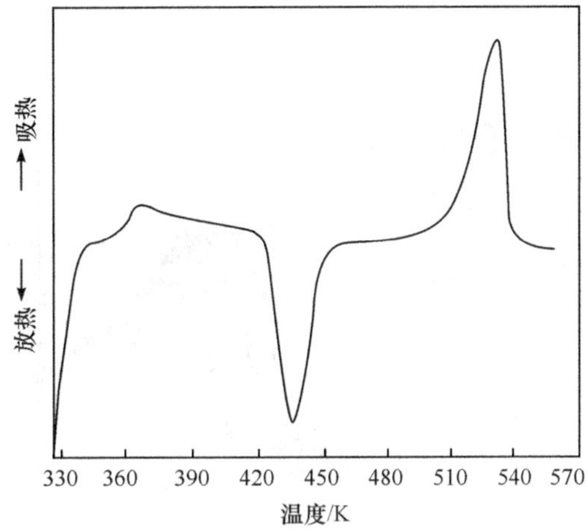

图 3.8　对非晶态 PET 样品从室温扫描所得 DSC 曲线

从图 3.9 可见，升温速率为 10 ℃/min 时，PET 的升温扫描曲线，首先是热容阶跃的玻璃化转变，然后是放热结晶峰，最后出现吸热熔融峰。与如图 3.8 所示的 DSC 曲线一样，当升温速率增加至 50 ℃/min 和 100 ℃/min 时，PET 升温扫描曲线呈现为 T_g 转变稍向高温移动，结晶峰向高温移动同时已变得弱而不明显，熔融峰明显变弱同时出现在较低温度。当升温速率增加到 150 ℃/min 时，PET 升温扫描曲线就只显示玻璃化转变了，也就是说不再结晶，在扫描过程中保持非晶态。150 ℃/min的升温速率使 PET 样品从玻璃体转变为高弹态，并连续地变成无定形态的熔体。这样的升温速率使 PET 样品从玻璃态转变成熔体，跨越了结晶过程，这是升温过程中发生的跨越，实际上 PET 在降温中，当降温速率足够快(淬火)，从熔体直接转变成非晶态的玻璃体，也发生跨越结晶过程。PET 的结晶速率比较适中，比较容易且明显地观察到这两种跨越结晶过程。若干其他结晶聚合物在升温过程中或降温过程中，当温度变化速率合适时，也可能观察到跨越结晶过程，从玻璃体直接进入熔体或相反。例如，顺丁橡胶(顺式 1,4-加成聚丁二烯)和天然橡胶(顺式 1,4-加成聚异戊二烯)的结晶温度范围在摄氏零下几十度，比较窄。当升温速率和降温速率合适时，它们可以由玻璃体进入高弹体，不发生结晶；同样相反过程中也可以不结晶。聚乙烯的结晶行为是一种极端情况，一般温度变化速率下，它都会结晶，难以得到非晶态的玻璃体；而聚碳酸酯的结晶行为则是另一极端情况。在一般温度变化速率下，即使变化很

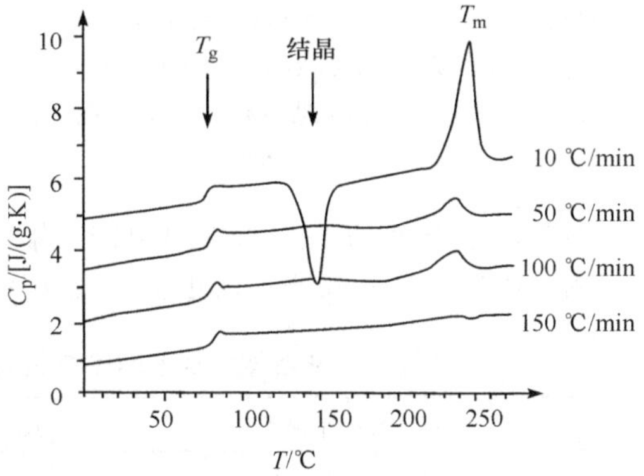

图 3.9　四种升温速率无定形聚对苯二甲酸乙二醇酯(PET)的 DSC 热容曲线

慢时,它的本体也不结晶。所有这些现象表明:对线形聚合物,可能呈现的非晶态已是这样的多种多样,可见非线形聚合物可能呈现的非晶态将会更复杂,更难以观测与研究。

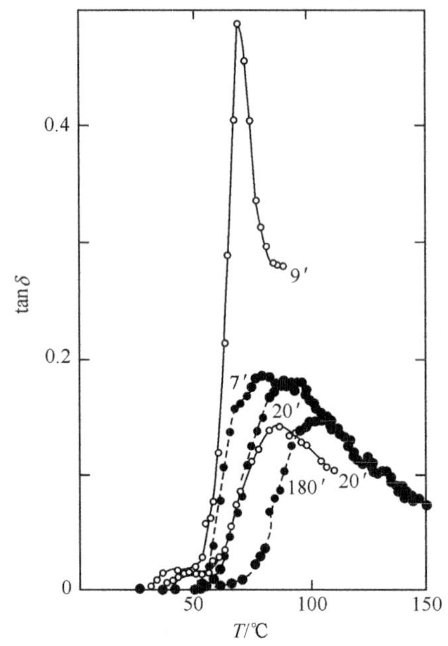

图 3.10　从熔体和从玻璃体结晶的 PET 厚片样品动态力学损耗温度谱

○从熔体在 234 ℃结晶后 PET 样品第一次升温扫描数据;●从玻璃体在 120 ℃结晶后 PET 样品。曲线上标示的数字为 PET 样品结晶的持续时间第一次升温扫描数据,振动频率为 1 Hz,升温速率为 1.5 ℃/min

3.2.3　根据动态力学温度谱 α 损耗峰判断结晶聚合物中与晶区相伴的非晶态[20]

3.2.1 小节和 3.2.2 小节给出了不结晶聚合物非晶态判据和结晶聚合物不结晶玻璃体及熔体的非晶态判据,这里将介绍结晶聚合物处于半结晶状态时与晶区相伴的非晶区的非晶态,用动态力学温度谱观测这种非晶态与同一聚合物玻璃体和熔体非晶态的差别。

已有报道,聚对苯二甲酸乙二醇酯(PET)的动态力学行为呈现一玻璃化转变的 α 弛豫峰,当 PET 不结晶也无取向时,这一弛豫峰出现在约 70 ℃,它是处于非晶区的 PET 分子链链段运动的反映。属于这一 α 弛豫的 PET 动态力学温度谱中的损耗峰的位置、高度和形状反映了 PET 非晶区的分子间相互作用与结构状态[21]。

钱人元、漆宗能等比较深入地用动态力学温度谱研究了 PET 结晶后与晶区相伴的非晶态区域的变化,如图 3.10 所示[20]。

因为在动态力学损耗温度扫描过程中样品状态会发生变化,所以图 3.10 中曲线均为处理好的 PET 样品第一次扫描测定的结果,以便可以相互比较。从实验曲线所得数据列于表 3.1。

表 3.1　从熔体和从玻璃体结晶的 PET 厚片样品的动态力学温度谱及相关数据

PET 厚片样品结晶条件	密度/(g/cm^3)	动态力学损耗温度谱 α 弛豫峰峰温 T/ ℃
原始 PET 厚片	1.338	
从熔体结晶结晶温度 234 ℃		
结晶时间9′	1.359	69
20′	1.410	87
从玻璃体结晶结晶温度 120 ℃		
结晶时间7′	1.364	68　80
20′	1.376	90
180′	1.375	105

注:PET 厚片样品(无定形样品);[η]=0.57[测定温度 T=25 ℃,溶剂为苯酚-四氯乙烷(1∶1)]。

密度法测 PET 厚片结晶度为 3%,X 射线衍射法检测不到结晶度,密度梯度管由四氯化碳-正庚烷组成,测定密度温度为 25 ℃。

分析上述结果可得:

(1) 从熔体淬火至234 ℃温度下退火(结晶)9 min的样品，所测得PET动态力学温度谱的损耗峰窄而强，峰位于69 ℃，这些特征与PET厚片的动态力学损耗峰很相似；而这时的PET样品的密度为1.359 g/cm³，表明已有一定的结晶度，但晶区的出现对非晶态部分的分子运动尚无大的影响。

(2) PET样品在234 ℃温度下结晶20 min后，所测得的动态力学损耗峰已变为宽而弱，峰位于87 ℃，这时样品的密度是1.410 g/cm³，样品结晶度明显变大。这时非晶区的堆砌状态与PET非晶厚片明显有区别。

(3) PET样品从玻璃体在120 ℃冷结晶7 min后，所测得的动态力学损耗峰比PET厚片的损耗峰弱，呈现为左边带肩的很宽的峰，肩峰和主峰峰位为68 ℃和80 ℃，两个峰的出现表明有两种堆砌状态不同的非晶态区域并存。

值得指出的是，PET样品在120 ℃结晶持续了7 min，其密度值也就是结晶度超过了PET样品在234 ℃结晶持续了9 min的密度值与结晶度，并且其动态力学损耗峰已显著地区别于PET厚片的动态力学损耗峰，说明从玻璃体在120 ℃结晶比从熔体在234 ℃结晶对非晶态区域内的分子运动和链段的堆砌的影响要大得多。已知从玻璃态在120 ℃结晶，成核容易且成核密度大，而链段扩散难，扩散速率慢，结晶过程中链段不易被挤开，比较多的不能参与结晶的链段在晶片间形成了非晶区；从熔融态在234 ℃结晶，成核难且成核密度低，而链段扩散快且容易，结晶过程中比较多的不能参与结晶的链段来得及远离晶核生长而形成球晶间的非晶区，其中链段的堆砌状态与活动性在结晶初期与PET厚片中链段堆砌状态和活动性无大差别。

(4) PET样品从玻璃体在120 ℃结晶持续时间为20 min和180 min的动态力学损耗曲线的峰逐渐变弱，变化速率较慢，并逐渐移向高温。

从所得结果可以认为，PET动态力学温度谱，在70 ℃附近的α弛豫峰属于"自由"非晶区的弛豫峰，而在80～100 ℃的α弛豫峰属于晶片间非晶区的链段弛豫峰。Groeninckx、Bergmans Smets曾用弛豫模量温度谱得到类似的结论[22]。

3.3　聚合物非晶态的短程有序概念

3.3.1　小分子化合物的"长程有序"与"短程有序"

已知小分子化合物晶体具有长程有序，它们的结构常用几何点的点阵和晶格表示，如图3.11所示[3]。

从图3.11的点阵和晶格可以看出，它具有空间的对称性与周期性。对称性是指经空间对称操作之后，点阵和晶格复原，如连接其中任意方向上的两点进行平移，点阵和晶格不变；又如绕连接格点的任意直线旋转一定角度后，点阵和晶格不变。同时可以看到，晶格点的点列是分立的，对称旋转轴也是分立的，在空间不是连续分布的，这样的对称性又称为截断对称性。晶格中任意一点列都具有一定的旋转对称性，其自身平移相应的距离也可呈现的点

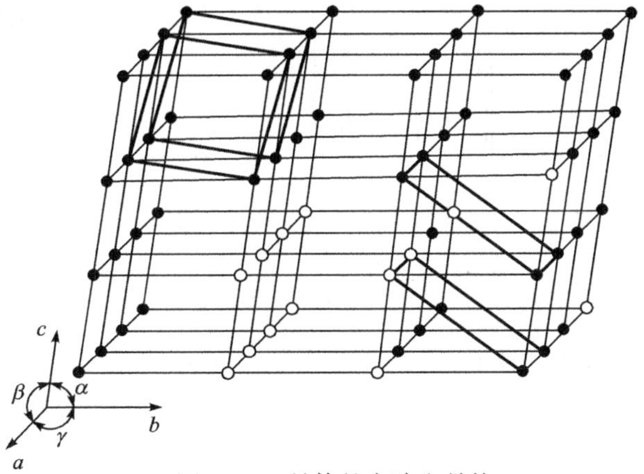

图3.11　晶体的点阵和晶格

阵不变。无论是沿点列的平移,还是点列作为对称轴整体平移,都将是无限的,所以说点阵和晶格既具有截断的对称性,又具有无限的周期性。这就是点阵和晶格所具有的长程有序。

晶体的 X 射线衍射强度

$$I = Nf^2\left\{1+\int_0^\infty 4\pi r^2[\rho(r)-\rho_0]\frac{\sin(hr)}{hr}\mathrm{d}r\right\}$$

式中,N 为晶体中的原子数(对于晶格可认为是格点数);f 为原子散射因子;$\rho(r)$为与原点距离为 r 处的原子密度;$\rho_0(r)$为晶体中的平均密度;h 为散射波的单位矢量,$|h|=4\pi\sin\theta/\lambda$,其中 λ 为 X 射线波长,θ 为散射角。令

$$i(h)=\frac{I}{Nf^2}\qquad g(r)=\frac{\rho(r)}{\rho_0}$$

则有

$$h[i(h)-1]=\int_0^\infty 4\pi r[\rho(r)-\rho_0]\sin(hr)\mathrm{d}r$$

或者

$$i(h)=1+\int_0^\infty 4\pi r^2\rho_0[g(r)-1]\frac{\sin(hr)}{hr}\mathrm{d}(r)$$

经傅里叶积分变换

$$r[\rho(r)-\rho_0]=\frac{1}{2\pi^2}\int_0^\infty h[i(h)-1]\sin(hr)\mathrm{d}h$$

$$g(r)=1+\frac{1}{2\pi^2 r\rho_0}\int_0^\infty h[i(h)-1]\sin(hr)\mathrm{d}r$$

式中,$g(r)$为双体分布函数。

径向分布函数[RDF(r)]定义

$$\mathrm{RDF}(r)=g'(r)=4\pi r^2\rho(r)=4\pi r^2\rho_0+\frac{2r}{\pi}\int_0^\infty h[i(h)-1]\sin(hr)\mathrm{d}r$$

晶体 X 射线散射强度经傅里叶变换后得到 $g'(r)$径向分布函数,如图 3.12 所示。

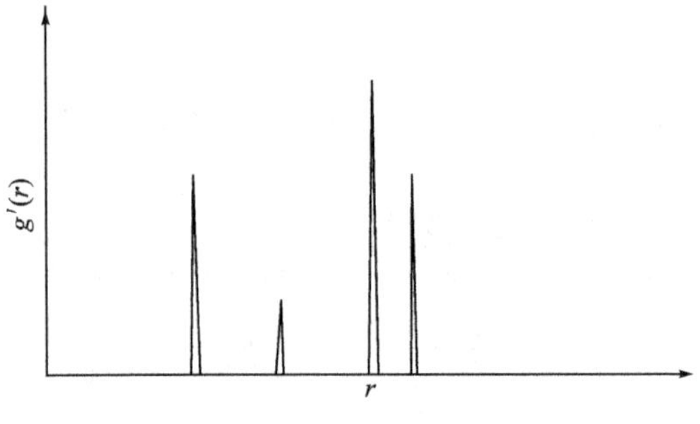

图 3.12　晶体的径向分布函数谱示意图

这样的系列尖锐的峰可用一系列 δ 函数表示,即

$$g'(r)=\sum_i n_i\delta(r-r_i)$$

式中,r 为空间某一原子(晶格点)的位矢;r_i 为每一个原子第 i 近邻间距,n_i 与第 i 近邻数有关,这样径向分布函数可表示为

$$4\pi r^2\rho(r)=\sum_i N_i\delta(r-r_i)$$

$$N_i=4\pi r^2\rho_0 n_i$$

式中,N_i 为第 i 近邻数目。

小分子化合物的液体结构为短程有序,如液氩就是一种典型的液体,它的原子比较适合用硬球模型来描述,所谓硬球模型就是假定原子半径是 r_0,在原子边缘存在一势垒。

$$U(r)=\infty,\ r<r_0$$

$$U(r)=0\quad r>r_0$$

这就是说每一个氩原子占据半径为 r_0 的空间,其他原子不能进入这一空间,因为在半径为 r

的空间内每一个氩原子都会以很强的斥力排斥其他氩原子靠近，这样斥力缘于具有同样自旋的电子不可能占据空间的同一点(排斥原理)，也因为具有任意自旋的电子由于 Coulomb 相互作用而相互排斥。液氩之所以能够在一定条件下凝聚为液体，是因为在每一个液氩原子半径之外的原子间同时存在着吸引力。处于平衡状态下的液氩原子间的吸引力与排斥力达到平衡。这样的液氩用硬球模型所描述的二维粒子分布图如图 3.13 所示。

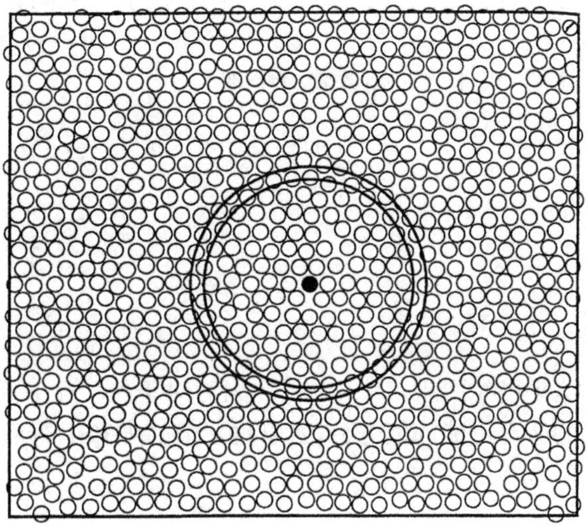

图 3.13　硬球液体中的原子分布图像

双体分布函数通过选择任意粒子作为原点，并计算处于以其为中心、以 r 为半径的 $\mathrm{d}r$ 环带内的原子数而得到。

图 3.13 中所显示的硬球液体原子分布图像表明，液体粒子的空间平均密度是均匀的、旋转各向同性的。液体中任意点的平均环境与任意另一点的平均环境是等同的，并且没有方向依赖性。从这个意义上说，液体每个粒子周围环境具有更高级的平移对称性。但液体每个粒子周围环境不具有长程平移对称性，或者说不具有晶体那样的长程周期性。液体每个粒子周围的其他粒子的空间分布只具有短程的规律性，这就是液体粒子间相互作用所决定的液体粒子空间分布的相关性。

如上所述的液体的相关性如何表征呢？也就是说它的相关函数应是什么样的？这里引入数值密度(也称数值密度算符)。

$$n(x) = \sum_{\alpha} \delta(x - x_{\alpha})$$

式中，x_α 为粒子 α 的位置，粒子集合在 x 处的平均密度表示为 $\langle n(x) \rangle$。对于理想均匀各向同性的液体，$\langle n(x) \rangle$ 不依赖于 x，并且等于简单的平均密度。实际上液体的粒子间存在着一定的相关性，并不是绝对均匀，相对处于某一位置 α 的某一粒子有一定的短程空间分布，这种分布取决于粒子间的相关性，一种广泛采用的表示式是密度-密度相关的函数(the two-point density correlation function)。

$$\begin{aligned} C_{nn}(x_1, x_2) &= \langle n(x_1) n(x_2) \rangle \\ &= \langle \sum_{\alpha\alpha'} \delta(x_1 - x_\alpha) \delta(x_2 - x_{\alpha'}) \rangle \end{aligned}$$

这一密度相关函数就是空间不同点密度乘积的集合平均。

另一种形式的相关函数称为双体分布函数(the pair distribution function)。

$g(x_1, x_2)$ 定义为

$$\begin{aligned} \langle n(x_1) \rangle g(x_1, x_2) \langle n(x_2) \rangle &= \langle \sum_{\alpha \neq \alpha'} \delta(x_1 - x_\alpha) \delta(x_2 - x_{\alpha'}) \rangle \\ &= \langle \sum_{\alpha, \alpha'} \delta(x_1 - x_\alpha) \delta(x_2 - x_{\alpha'}) \rangle - \langle \sum_{\alpha = \alpha'} \delta(x_1 - x_\alpha) \delta(x_2 - x_{\alpha'}) \rangle \\ &= \langle n(x_1) n(x_2) \rangle - \langle n(x_1) \rangle \delta(x_1 - x_2) \end{aligned}$$

应指出，这里 x_α 不可能是 $x_{\alpha'}$，因为所定义的加和中已不含有 $\alpha = \alpha'$ 项。

在 x_1 位置上给定一粒子，上式中的 $g(x_1, x_2)$ 函数是在 x_2 位置上找到另一(不同的)粒子的概率(实际上是在 x_2 位置附近的体积元 $\mathrm{d}^d x$ 发现另一粒子的概率,而密度是归一化的)。这一双体分布函数是很有用的,对于均匀的和平移操作下不变的体系,重要的不是 x_1 或 x_2 的具体位置,而是它的差值 (x_1-x_2),粒子的空间分布取决于这一差值,所以

$$g(x_1,x_2)\rightarrow g(x_1-x_2)$$

这时,双体分布函数就应呈现为

$$\begin{aligned}(n)^2 g(x_1-x_2) &= \frac{1}{V}\int \mathrm{d}^d x_2 \left\langle \sum_{\alpha\neq\alpha'} \delta(x_1-x_\alpha)\delta(x_2-x_{\alpha'})\right\rangle \\ &= \left\langle \sum_{\alpha\neq\alpha'} \frac{1}{V}\int \mathrm{d}^d x_2 \delta(x_1+x_2-x_\alpha)\delta(x_2-x_{\alpha'})\right\rangle \\ &= \frac{1}{V}\left\langle \sum_{\alpha\neq\alpha'} \delta(x-x_\alpha+x_{\alpha'})\right\rangle\end{aligned}$$

这里已经引入 $x=x_1-x_2$。因为对于每一个 α' 值的加和都要通过对每一个 x_α 值的差值 $x_\alpha-x'_\alpha$ 的所有可能的值进行,所以对 α' 值的加和中的每一项都是等同的,实际 $g(x_1-x_2)\rightarrow g(x)$,并且

$$g(x)=\frac{1}{\langle n\rangle}\left\langle \sum_{\alpha\neq 0} \delta(x-x_\alpha+x_0)\right\rangle$$

利用这一方程式可以计算得到 $g(x)$ 函数。首先,需要选择一种粒子位置空间分布图像,图 3.13 就是一种这样的图像的二维示意图;同时需要选择一种坐标系,并以标记为"0"的粒子位置为原点。然后,乘积 $\langle n\rangle g(x)$ 就是通过在 x 点附近尺寸为 $\mathrm{d}^d x$ 的每个体积的积分,最简单情况的积分结果就是那个体积元包含的粒子数。因而,函数 $g(x)$ 可以通过计算距原点粒子距离为 x 的小体积元 $\mathrm{d}^d x$ 内心粒子数而得到。通过对原点附近的所有(很多)粒子的这样的数值的平均除以 $\langle n\rangle \mathrm{d}^d x$ 就是 $g(x)$。

在不相关的体系内,如一理想气体,在空间任意一位置找到粒子的概率是均匀的,不依赖于其他粒子的位置。在这种情况下,$g(x)$ 函数变成一不变量,不随 x 而变,$g(x)=(1-N^{-1})\rightarrow 1$,因为

$$\int \langle n\rangle g(x)\mathrm{d}^d x=(N-1)$$

随着粒子间相互作用增大,气体将凝聚成液体,粒子的各种空间相关性将形成,从而导致双体相关函数 $g(x)$ 呈现出不可忽视的结构,它反映着液体的特征的短程有序结构。与此同时,液体的相关函数与其散射(弹性相干 X 射线与中子散射)强度互为傅里叶变换关系。因此根据如上所述,利用双体相关函数表达式可给出均匀各向同性液体的散射强度表达式

$$S(g)=\langle n\rangle\left[1+\langle n\rangle\int g(x)\mathrm{e}^{iqx}\mathrm{d}^d x\right]$$

式中,$S(g)$ 为液体散射结构因子;q 为散射波矢。反过来可以从实验测得的散射强度经傅里叶变换得到双体相关函数 $g(x)$。对于各向同性液体,双体相关函数可转换为径向分布函数,即 $x\rightarrow r$

$$g(x)\rightarrow g(r)$$

相应的表示式可写为

$$g(r)=\frac{1}{\langle n\rangle}\left\langle \sum_{\alpha\neq 0} \delta(r-r_\alpha+r_0)\right\rangle$$

借助一定的模型可以计算得到双体相关函数或径向分布函数,借助如图 3.13 所示的硬球液体的原子空间分布图像计算得到的 $g(r)$ 曲线如图 3.14 所示。

同时用中子衍射实验测定液氩的径向分布函数,如图 3.15 所示,中子散射实验是在85 K

温度下进行的。

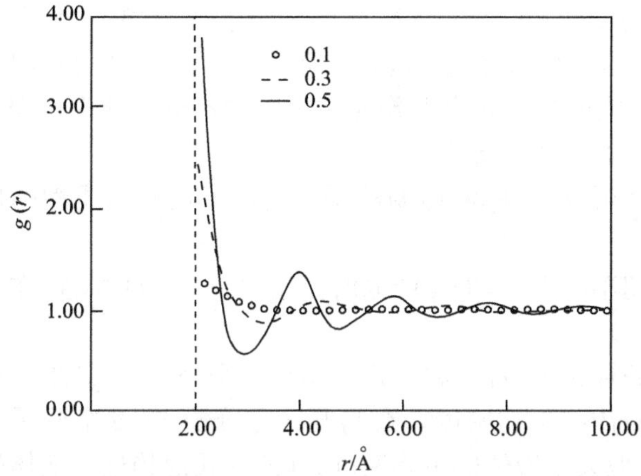

图 3.14　硬球液体三种不同体积分数的径向分布函数

体积分数指硬球本身所占体积相对空间的总体积的比例

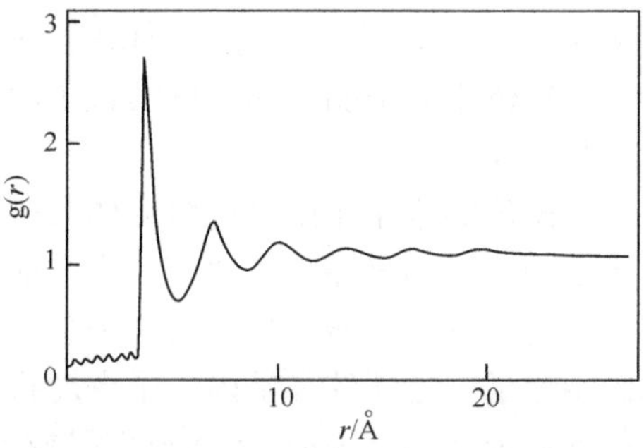

图 3.15　在 85 K 温度下中子散射实验测定的液氩分子径向分布函数

液氩在 85 K 温度下的密度为 2.13×10^{22} cm^{-3}

资料来源：Yarnell J L, Katz M J, Wenzel R G, et al. Phys Rev A, 1973, 7: 2130.

比较图 3.14 和图 3.15 可以看出，当硬球体积分数为 0.5 时，利用硬球模型计算得到的径向分布函数 $g(r)$ 与中子衍射实验测得的经向分布函数 $g(r)$ 显示了定性的相符。从径向分布函数可见，它有一最强峰，此峰对应于最近邻空间球壳层内所含有的粒子数，径向分布函数曲线的渐弱的峰则对应于后续壳层所含粒子数。一般在 10 倍粒子直径的距离前后逼近于 1。这就是均匀各向同性液体的典型径向分布函数，这也就是短程有序的特征。

液体水的行为在很多方面与液氩相似，但水分子复杂的形状和它们之间复杂的相互作用导致了水分子与氩分子的重要差别。在水分子中，氧原子与两个氢原子键结合在一起，这两个键的夹角为 105°，并且将其另外四个电子安排在两个孤对电子组成的键内。同时，为了避免相互重叠，四个共价键直指四面体的顶点。其中负的孤对电子将指向正的氢原子而使液体获得相互吸引力（这是水与冰结构变化所对应的另一种氢键形成，很多生物物质也有类似的情况）。水分子趋向形成链或丛，其中原子按四面体排布，而且在不重叠的同时呈现为扭曲的哑铃状。液体水由于这样的指向的键而获得凝聚能。对应于这些几何限制而重新构成水粒子特征的相关性。广角 X 射线衍射测定水在不同温度下的径向分

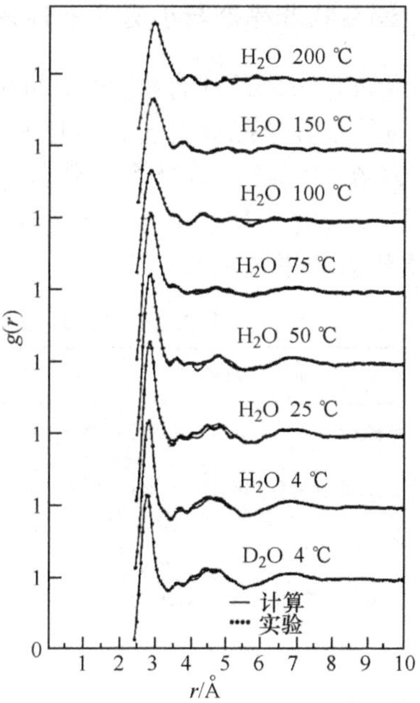

图 3.16　广角 X 射线衍射测定水在不同温度下的径向分布函数曲线

液体水的径向分布函数就是环绕一个水分子的水分子在空间不同距离位置上出现概率的分布。靠近中心分子存在着一个排斥（其他分子）的区域，然后就是近邻分子密度迅速增长，再继续发生的是分子的相关性波动式地在一对分子直径的距离处衰减至平均密度

资料来源：Narton A H, Dangord W D, Levy H A. Disc Faraday Soc, 1967, 43: 97.

布函数曲线如图 3.16 所示。

由图 3.16 中的不同温度下得到液体水的系列径向分布函数可见,随着温度的升高,径向分布函数曲线的峰都在减弱,这表明液体水粒子在空间分布的密度在下降,特别是在中心分子附近下降最明显;此外还可见,随着温度的下降,径向分布函数曲线增强的同时,波动衰减的次峰变得明显地凸起和伸展,这表明液体水粒子的空间相关性增强了。

比较小分子晶体和液体的粒子间相关性可以发现:液体的粒子空间位置具有实质性的局部相关性。

硬球的排斥作用使得两液体分子在空间不能重叠,即不能同时占据同一个空间位置,在一给定的分子的直径范围内不会有其他分子出现。

在离开这一给定分子约一个分子直径的环带范围内,将一定会出现几个分子,其结果是在给定分子最近邻的环带内分子密度将大于液体的平均密度。在离开给定分子 4～6 个分子直径的环带空间范围内,将逐渐变得越来越少地大于液体的平均密度,并波动式地趋近于液体的平均密度。

在液体中,已知一个分子的位置,本质上不会提供关于远离该分子的液体分子的空间位置信息。晶体的情况则完全不同。若干分子均匀地占据周期性晶格的相应空间格点位置。设一晶格点为原点,并且为一晶体的分子所占据,已知这一分子的位置后,在确定的(分立的)方向上的所有其他分子的位置都将是确定的,直至离原点的无穷远处,或者说最低限度极至晶体的端点。

3.3.2　聚合物非晶态与小分子液体短程有序的可比性

晶体的有序是长程有序,液体的有序是短程有序。

明确了小分子晶体的长程有序和小分子液体的短程有序,就比较好理解聚合物的非晶态了[5.11],现在的问题是聚合物非晶态有没有与小分子液体的可比性,为此 Robertson 比较系统地分析了聚合物非晶态密度与聚合物晶态密度的关系,并与小分子物质相应密度比进行了对比,具体数值列于表 3.2。

表 3.2　聚合物和小分子物质非晶态密度与晶态密度的比较

物质	ρ_a,g/cc①(T, ℃)	ρ_c,g/cc(T, ℃)	ρ_a/ρ_c
聚双酚 A 碳酸酯[poly(bispheriol-A carbonate)]	1.196[a]	1.315[a]	0.91
聚二甲基硅氧烷[poly(dimethylsiloxane)]	0.98(−90)[b]	1.07(−90)[b]	0.92
聚乙烯(polyethylene)	0.887[c]	0.999[c]	0.89
聚对苯二甲酸乙二酯[poly(ethylene terephththalate]	1.337(18)[d]	1.498(18)[d]	0.89
聚异丁烯[poly(isobutylene)]	0.915(25)[e]	0.937(25)[e]	0.98
顺式 1,4-加成聚异戊二烯[*cis*-poly(isoprene)]	0.906[f]	1.00[g]	0.91
聚氧化亚乙基[poly(oxy ethylene)]	1.124(25)[h]	1.235(25)[h]	0.91
全同立构聚苯乙烯[isotactic polystyrene]	1.04[i]	1.12[i]	0.93
苯(benzene)	0.879(20)[j]	1.002(−3)[k](斜方晶系)	0.88
四氯化碳(carbon tetrachloride)	1.594(20)[j]	1.788(−44)[k](六方晶系)	0.95

① 1 cc=1 mL 或 cc 表示立方厘米。

续表

物质	ρ_a,g/cc(T, ℃)	ρ_c,g/cc(T, ℃)	ρ_a/ρ_c
环己烷(cyclohexane)	0.779(20)[j]	0.837(−8)[k](立方晶系)	0.95
2,2-二甲基丙烷(2,2-dimethylpropane)	0.613(0)[j]	0.696(−40)[k](立方晶系)	0.92

a. Bonart R. Makromol Chem,1966,92:149-169.

b. Damasehun G. Kolloid Z Z Polym,1962,180:65-67.

c. Swan P R. J Polym Sci,1960,42:525-534.

d. Kilian H G,Halboth H,Jenckel E. Kolloid Z Z Polym,1960,172:166-177.

e. Fuller C S,Frosch C J,Pape N R. J Am Chem Soc,1940,62:1905-1913.

f. Wiley R H. Ind Eng Chem,1946,38:959-960.

g. Bunn C W. Proc Roy Soc London A,1942,180:40-66.

h. Simon F T,Rutherford J M. J Appl-Phys,1964,35:82-86.

i. Natta G. Makromol Chem,1960,35:94-131.

j. Weast R C. Handbook of Chemistry and Physics. 53rd ed. Cleveland:CRC Press,1972.

k. Konnay J D H,Ondik H M. Crystal Data. Vol. 1. 3rd ed. Washington:US Dept. Commerce,1972.

由表3.2可见,无论聚合物还是小分子化合物,它们的无定形态密度与晶态密度之比ρ_a/ρ_c的值没有很大差别,这表明从晶态进入非晶态,聚合物和小分子化合物的结构变化没有大差别,也可以说聚合物非晶态与小分子非晶态的有序状态(或者说无序状态)不应该有实质性差别,这样就可以利用对小分子化合物非晶态的认识适当地分析认识聚合物非晶态。

对表3.2所列结果可以进一步分析:如果把聚乙烯的晶体看成大分子链段的很有效的堆砌,那么就可以将聚乙烯密度比$\rho_a/\rho_c=0.89$看成是相对其有效堆砌晶体的无定形态堆砌的代表。这意味着在聚乙烯的无定形态,在垂直于分子链轴的平面内,分子链间的分离开的距离近似增大了6%[这里认为从晶态进入无定形态,分子链的堆砌变得不像晶体那样紧密,增加了自由体积(或空穴),沿分子链轴方向不会有增加自由体积的变化,自由体积的增加只能是分子链以多种形式分离开的结果,也就是垂直于分子链轴横截面内分子链间两个方向上的总距离约增大11%,而一维分离距离约增加了6%]。相应的小分子化合物四氯化碳从晶体进入熔融态,分子中心间的距离约增加了2%,环己烷、2,2-二甲基丙烷及苯从晶体进入熔融态后,分子中心间的分离开的距离约分别增加了2%、3%及4%。从这些数字结果可以得到的直接结论是:从晶态到无定形态,聚合物的分子链间的距离比小分子化合物分子间距离多增加了百分之几。比起聚合物与小分子化合物的分子尺寸的差别,这一数字显得相当小了。其实,从晶态到无定形态,聚合物分子链的一维连续性,键长、键角一般变化也不大,聚合物分子链间距离变化比较大容易理解;然而,增大值仅是这样小的数值,只能理解为:

(1) 聚合物分子链的堆砌是以链段(局部链结构单元)为堆砌单元的,从晶态到无定形态,与很多聚合物变化过程一样,链段间以各种方式协同运动,同时是一种无规过程。

(2) 从晶态到无定形态,聚合物分子链链段(局部链结构单元)堆砌状态的变化与小分子化合物分子的堆砌状态的变化比较没有大差别。

比较前边已经给出的小分子化合物在液态的径向分布函数和后续部分展示出的非晶聚合物或非晶态聚合物的径向分布函数可以认识到,非晶聚合物或非晶态聚合物的堆砌状态与小分子化合物液体的堆砌状态有差别,但差别不大,不属于本质性的。

总体可以认为,聚合物非晶态与小分子化合物液态很像,分子的堆砌状态都属于短程有序。

参考文献

[1] Symposium on"Physical Strueture of the Amorphous State"J. Macromol Sci Phys,1976,B12:1,2.

[2] "Organization of Maeromolecules in the condensed Phase" Faraday Discuss. Roy Soc Chemistry, 1979,68.

[3] Chaikin P M, Lubensky T C. Principles of Condensed Matter Physics. London: Cambridge University Press,1995.

[4] Sperling L H. Introduction to Physical Polymer Science. 4th ed. Hoboken: Wiley-Interscience,2006.

[5] Hans-Georg Elias. Macromolecules. Volume 3: Physical Structures and Propertics. Weinheim: Wiley-VCH Verlag GmbH&Co. KGaA,2008.

[6] 莫志深,张宏放. 晶态聚合物结构和 X 射线衍射. 北京:科学出版社,2003.

[7] 胡家璁. 高分子 X 射线学. 北京:科学出版社,2003.

[8] 马德柱,何平笙,徐种德,等. 高聚物的结构与性能. 2 版. 北京:科学出版社,1995.

[9] Keinath S E, Miller R E, Reike J K. Order in the Amorphous State of Polymers. New York: Plenum,1987.

[10] Mark J E, Adi Eisenberg, Graessley W W, et al. Physical Properties of Polymers. 2nd ed. Washington DC: ACS Professional Referance Book American Chemical Society,1993.

[11] Robertson R E. Ana Rev Master Sci,1973,5:73.

[12] Alexander L E. X-Ray Diffraction Methods in Polymer. Science. New York: Wiley,1969.

[13] Brady T E, G. s. r. Ych. J Macromol Sci Phys,1973,B7(2):243.

[14] Hsiao C C. Journal of Polymer Science,1960,47:251.

[15] Krimm S, Tobolsky A V. Textile Researsh Journal,1951,21:805.

[16] Krimm S. J Phys Chem,1953,57:22.

[17] Qian R, Wu L, Shen D, et al. Macromolecules,1993,26:2950.

[18] Jeziorny A, Kepka S. J Polym Sci Polym Letters,1972,10:257.

[19] Cassel R B, Wiese M. American Laboratory,2003,35/1:13, Fig. 1.

[20] Qi Z N, Guan J Y, Shen JS, et al. "Structure changes and dynamic mechanical behavior of amorphous regions of poly(ethylence terephthalate)" *In*: "proceedings of China-U. S. Bilateral Symposium on polymer Chemistry and Physics". October 5-10,1979, Beijing. Beijing: Science Press,1981:213.

[21] McCrum N G, Read B E, Williams G W. Anelastic and Dieletric Effects in Polymeric Solids. New York: Wiley,1967.

[22] Groeninckx G, Bergmans H, Smets G. J Polym Sci Phys Ed,1976,14:591.

[23] 冯新德,唐敖庆,钱人元,等. 高分子化学与物理专论. 广州:中山大学出版社,1984.

[24] Flory P J. J Chem Phys,1949,17:303.

[25] Flory P J. Principles of Polymer Chemistry. New York: Cornell University Press,1953.

[26] Flory P J. Pure Appl Chem Macromol Chem, 1972, 8: 1; Reprinted in Rubber Chem Tech, 1975, 48:513.

3.4　无定形聚合物的短程有序的广角 X 射线衍射的径向分布函数研究

3.4.1　广角 X 射线衍射的径向分布函数研究无定形聚合物的短程有序①

无定形聚合物中的原子间和分子间有序可以用从辐射(如 X 射线、中子等)散射测试得到的径向分布函数(RDF)表征。从单原子体系的 RDF 数据推论出的信息类型已经被以玻璃碳样品的测定结果为例所说明，这种玻璃碳样品被显示为由六方堆砌的碳原子的类石墨片层所组成，只是层片间非真实石墨的配准。作为在多原子体系中得到的信息类型的例子，磷酸铝(aluminum phosphate)的径向分布函数研究结果已显示，其基本原子的排列与玻璃二氧化硅(硅石)很相似，磷酸铝中的铝原子和亚磷原子所占据的位置与二氧化硅中的硅原子的位置相似。

RDF 方法已被用于研究无定形双酚 A 聚碳酸酯(bisphenol A polycarbonate)的短程有序。已有报道用电子显微术表征无定形双酚 A 聚碳酸酯的颗粒(grainy)或球粒(nodular)结构。本工作中检测了两种不同热历史的样品。两个样品都是从熔融态快速淬火，而其中一个样品接着在 T_g 温度以下被退火，为的是使其抗冲击性质产生明显的变化。在聚合物链重复单元内的大部分分子内距离的峰在 RDF 花样(曲线)中已成功地在 1 Å$<r<$6 Å 区域内被分辨。然而仅存在于 $r\approx$5.5 Å 和 $r\approx$10 Å 处的宽峰示意其归属于分子间有序，指示出在样品中分子间有序很少出现。两种样品的 RDF 花样实际上是等同的，表明在这种样品中短程有序(0～10 Å)实质上不受退火过程的影响。为了评估 RDF 方法对短程分子间有序的灵敏度，更高温度退火的样品已被检测。除分子内距离与前边两样品的分辨结果相似外，更高温度退火的样品的 RDF 曲线在～5.5 Å 区间显示出更明显的周期性的峰，因而这些归属于分子间有序的峰确认了 RDF 技术对无定形聚合物中分子间有序的灵敏性。

对聚对苯二甲酸乙二醇酯(polyethylene terephthalate)的“淬火无定形”薄膜和在 T_g 附近退火(100 h，65 ℃)薄膜样品进行的类似研究为在相似条件下电子显微图报道的聚对苯二甲酸乙二醇酯薄膜结构提供了补充结构信息。再一次呈现为，两个样品的 RDF 曲线内属于 $r<$6 Å标尺范围的所有聚合物重复单元的分子内峰被分辨开来。然而，存在于 5 Å 和 8 Å 附近的宽峰仅有可能归属于分子间有序的示意，这些峰在退火样品的 RDF 曲线中没有呈现可被检测到的分子间有序增强。

对于聚碳酸酯或聚对苯二甲酸乙二醇酯，设想明显大于 10 Å 标尺范围的分子间有序用于解释 RDF 数据是不必要的，同时，RDF 测试结果与所假想的聚合物结构模型的关系被相应地讨论。

1. 引言

众所周知，关于无定形聚合物的局部有序程度及其如何随在 T_g 温度之下退火而变化已经存在相当多的推测与议论。本工作的目标是研究其在无定形态的结构特征已有报道，并在 T_g 温度下退火处理时显示形态变化的两种聚合物体系[1-3]。为了研究在何种程度上结构特征和形态变化与分子间有序相关联，已经用径向分布函数方法检测了这两种聚合物体系。

径向分布函数方法在液体和无机玻璃的研究中已很熟悉，这种方法已经用了几十年。然

① Wignall C D，Longman G W. Macromol J Sci Phys，1976，B 12(1)：99-123.

而,在聚合物科学领域中径向分布函数方法还没有被很好地了解,尚未被广泛地应用。所以本节先给出径向分布函数方法的基本原理和玻璃碳与磷酸铝研究实例的简要评述,然后将分析研究关于双酚 A 聚碳酸酯和聚对苯二甲酸乙二醇酯的测定结果。

1) 径向分布函数的定义与测试

设想一非晶体系(如液体、玻璃、无定形聚合物等)中的球壳层,其厚度为 $\mathrm{d}r$,半径为 r,以非晶体系内任一原子为中心。令 $n(r)$ 为球壳层中按时间平均的原子数,并初始假设体系是单原子的。这样就有

$$\rho(r) = \frac{n(r)}{4\pi r^2 \mathrm{d}r} \tag{3.1}$$

式中,$\rho(r)$ 为球壳层内的原子密度(每单位体积中的原子)。则径向分布函数为

$$g(r) = \frac{\rho(r)}{\bar{\rho}} \tag{3.2}$$

式中,$\bar{\rho}$ 为整个体系中的 $\rho(r)$ 的平均值,即原子总数除以总体积。在理想体系中想象径向分布函数 $g(r)$ 的形式是有益的。例如,在一理想气体中,由于在坐标原点一个原子的存在而在球壳层中不出现原子密度的系统的扰动。因此,对于所有半径为 r 的壳层 $\rho(r)=\bar{\rho}$,而就整体范围说 $g(r)=1$。在一完善的晶体中,呈现为另一极端情况,各个原子以规则的周期间隔空间相关,从而径向分布函数 $g(r)$ 可以想象为系列周期 Delta 函数,在 r 空间重复至无限大,而在这些 Delta 函数之间为零。

在液体、玻璃或无定形聚合物内,在较低的 r 值时,$g(r)$ 将是零,因为在低于 $r \approx 1$ Å 时由于原子间的排斥力,各原子不可以堆砌在一起;在比较高的 r 值时,径向分布函数 $g(r)$ 趋向于 1,因为按照定义,不存在长程有序,并且随着在坐标原点原子的存在而形成的原子间相关性衰减,$\rho(r)$ 趋向于 $\bar{\rho}$。径向分布函数 $g(r)$ 将显示出表示第一个、第二个及第三个两原子间相邻相关距离的标迹的各个峰,并且一般情况下每存在两原子间距离上的一系统相关性,就总将在径向分布函数上显示一相应的峰。因为 $g(r)$ 趋向于 1,定义一个新的函数 $h(r)$

$$h(r)=g(r)-1 \tag{3.3}$$

将是方便的,显然随着 $r \to \infty$,$h(r)$ 将趋向于零。$h(r)$ 常称为纯径向分布函数(net RDF)或纯双体相关函数(net pair correlation function)。

在多原子体系中,不难看出通过确定在原点的原子类型和在球壳层特定类型原子的原子密度可能定义系列径向分布函数。例如,$g_{ij}(r)$ 可定义如下:

$$g_{ij}(r) = \frac{\rho_{ij}(r)}{\bar{\rho}_j} \tag{3.4}$$

式中,$\rho_{ij}(r)$ 为以 i 原子为中心的一球壳层中 j 原子的密度;$\bar{\rho}_j$ 为在整个体系中的 j 原子的平均密度。所以说,$g_{ij}(r)$ 描述 j 原子围绕 i 原子的相关性,并一系列纯径向分布函数可以定义为

$$h_{ij}(r)=g_{ij}(r)-1 \tag{3.5}$$

式中,i 和 j 分别为规定在坐标原点和在球壳层的原子。

用辐射散射实验测定径向分布函数的原理是:体系内的结构或局部有序会从体系散射(X 射线、中子)的相干衍射花样中被反映出来。含有多于一种类型原子的体系散射的严格理论已被 Pings 和 Waser[4] 给出。

每一个样品产生的相干散射辐射强度 $I_{\mathrm{coh}}(2\theta)$ 作为散射角 2θ 的函数实验中通常是在尽可

能宽的散射角范围被测定。习惯上散射变量 2θ 转换成

$$s=(4\pi/\lambda)\sin\theta$$

式中，λ 为入射辐射和弹性散射辐射的波长；$I_{coh}(s)$ 为在实验条件下被校正过的强度。Pings 和 Waser 定义 $i(s)$ 为

$$i(s)=\left[\frac{I_{coh}(s)}{N}-\sum_{i=1}^{n}x_i f_i^{\,2}(s)\right]\Big/\left[\sum_{i=1}^{n}x_i f_i(s)\right]^2 \tag{3.6}$$

式中，N 为总原子数；n 为体系中原子类型数；$f_i(s)$ 为第 i 类原子的散射因子；x_i 为第 i 类原子的分数；$I_{coh}(s)$ 已被归一化到电子单位。如果定义函数 $H(r)$ 为

$$\bar{\rho}\,rH(r)=\frac{1}{2\pi^2}\int_0^{\infty}si(s)\sin rs\,\mathrm{d}s \tag{3.7}$$

可以指出，对于中子散射 $H(r)$ 被给定如下[4]：

$$H(r)=\sum_{i=1}^{n}\sum_{j=1}^{n}x_i x_j\frac{f_i f_j}{\left[\sum_{i=1}^{n}x_i f_i\right]^2}h_{ij}(r) \tag{3.8}$$

在单原子体系（如碳）中，式(3.8)的加和中只有一项($n=1$)，而 $H(r)=h_{CC}(r)$，即碳-碳径向分布函数或双体相关函数。在多原子体系中，$H(r)$是体系中不同双体相关函数权重平均，并在双酚 A 聚碳酸酯的 X 射线散射测定情况下有

$$H(r)=0.10h_{OO}(r)+0.36h_{CC}(r)+0.01h_{HH}(r)+0.38h_{CC}(r)+0.05h_{OH}(r)+0.10h_{CH}(r) \tag{3.9}$$

用平行的中子散射实验测定含同位素取代物的样品[4-5]，或 X 射线散射实验与中子散射实验组合一起测试，所得结果都可能会改变不同双体相关函数的权重因子。所以，在原则上各个单个的双体相关函数可以通过解带有不同权重因子的联立方程而得到。在本节只考虑 X 射线测试，并且径向分布函数表示为单个的双体相关函数的加和，如式(3.9)所示。

2）潜在的人为因素与应用 RDF 方法的实例

只有当 $i(s)$的测定范围是从零到无限大时，式(3.7)才是严格正确的，然而实际上无论是中子散射还是 X 射线散射实验 $i(s)$都只能测定到 s 的最大值 $4\pi/\lambda$。这意味着式(3.7)中的积分被截断在 $s_{max}\leqslant 4\pi/\lambda$，并将导致在 $H(r)$函数中呈现“截断误差”[6]。对于 X 射线散射会产生进一步的复杂情况，因为它不像中子散射那样，它的散射因子 f_i 不全具有相同的函数的 s 依赖性。因为这样两种因素，总双体相关函数 $H(r)$分离成为单个双体相关函数的一种加和在原理上变得比较不明确。除这些 X 射线散射理论在函数 $H(r)$内所固有的潜在失真外，还有很多潜在的人为因素会引入散射实验测定中。这些包括样品/样品室的 X 射线吸收[7]、非相干散射[8]、多重散射[9]、数据的归一化[6]、非足够的入射线辐射的单色性[10]、非足够入射线束和衍射线束的准直性[11]，还有通常的统计误差和在记数过程中转变为脉冲信号的误差等。

随着现代技术的发展，所有潜在误差的累积效应可以使其最小化到使体系的真实结构特征没有被明显的掩蔽[12-15]。为了阐明这一点，这里给出用以说明径向分布函数方法可以用于揭示局部有序的实例，展示如下[16-17]。

图 3.17 给出了玻璃碳的 $rH(r)$对 r 作图，图中同时标出各个峰所对应的系列原子间距离 $r_n=1.40n^{1/2}$，$n=1,3,4,7,9,12,13,\cdots$。

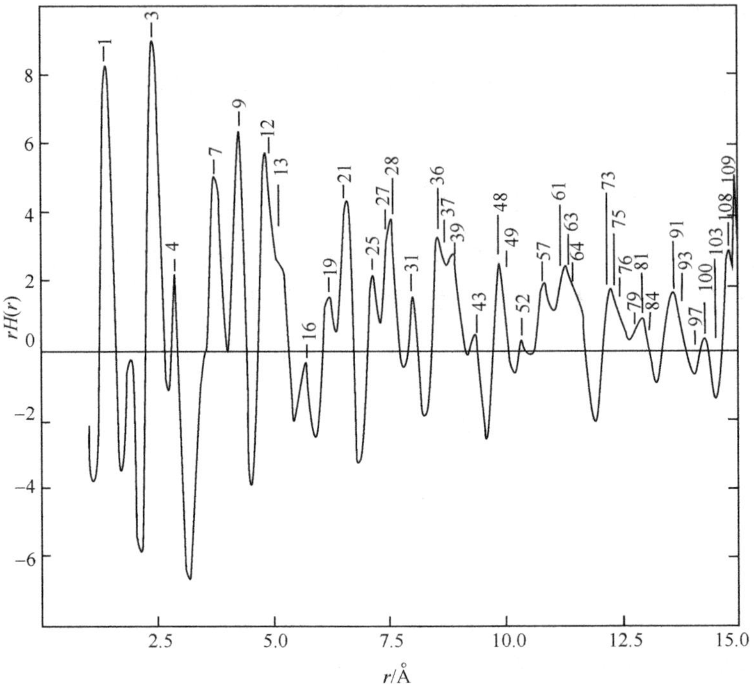

图 3.17　玻璃碳的 $rH(r)$ 对 r 作图

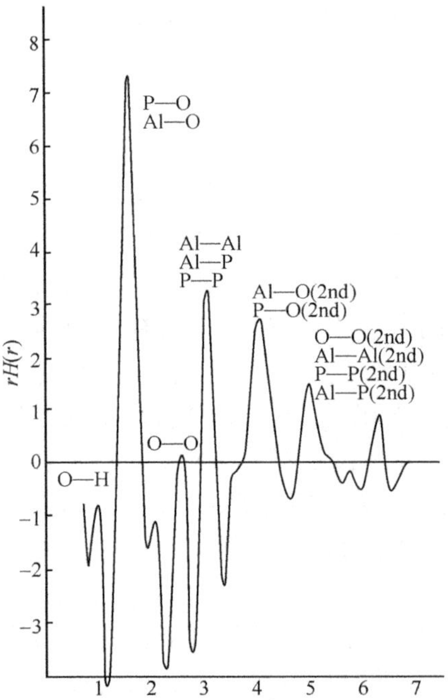

图 3.18　无定形磷酸铝的 $rH(r)$ 对 r 作图

Ergun[18]指出,这一系列 r_n 表示在六方石墨层中的原子间距离,而且这一系列与炭黑的径向分布函数中所观测到的峰极为匹配。选择六方石墨层(HGL)作为模型阐明玻璃碳中的局部有序并非不合理,图 3.17 的结果表明,所观测的峰与六方石墨层模型预测的峰很密切地拟合。这就说明在径向分布函数中所观察到的峰是真实的,并且峰位与似真实的模型所预测的值只差1%～2%[16]。

作为在多原子体系中用径向分布函数方法的另一实例,图 3.18 中给出了无机玻璃——无定形磷酸铝的径向分布函数[17]。这里径向分布函数又一次揭示出高度局部有序,考虑到材料间的化学相似性,同时与 SiO_2 中的局部有序进行了比较。如图 3.18 所示结果和关于玻璃硅[12]的新近径向分布函数研究之间的密切相似性导致了用硅类网作为磷酸铝($AlPO_4$)的模型,只是铝和磷代替硅原子。而且图 3.18 和二氧化硅结构间的很小的差别,即在约 1 Å 处的小峰和在 1.6 Å 处峰面积的小差别(约 20%),从已知的 $AlPO_4$ 吸收平衡水的含量约为 12% 的趋势可以得到解释。这些例子及参考文献[12-15]给出的其他例子都说明:在 RDF 方法中潜在误差的累积加和可以被最小化到使大多数所观测到的特征是真实的，而峰位和面积与最好模型的预见结果只差百分之几。

2. 双酚 A 聚碳酸酯的 RDF 研究

现代无定形聚合物的电子显微术研究已揭示出在聚碳酸酯情况下球粒结构尺寸高达几百埃。由于在 T_g 温度下退火，球粒尺寸明显增大，并且其本体聚合物的冲击性能的平行研究也显示作为退火过程的结果形态的变化[1]。

特别是，当“无定形”聚碳酸酯在 120 ℃温度下被退火处理了 3 h；室温冲击强度降低大于 7 倍（“无定形”样品通过注入模塑制备，模温为 90 ℃时模型样品尽可能快地从模具中移出）。以广泛采用的标准，即材料不给出任何尖锐布拉格反射组成的 X 射线衍射花样证明，无论退火前还是退火后材料的结构都是“无定形”的。已有观点认为在退火过程中可能发生短程再有序化或“结晶”，因为如果有序区域仍然很小，则仍可能不产生尖锐的布拉格反射[1]。所以 RDF 方法已经被采用研究在什么程度上这些发现（现象）是与分子间有序联系着的。实验过程的细节已经被描述过[19]。

初始两个双酚 A 聚碳酸酯样品被检验。样品 A 由注射模塑片构成，模温约为 90 ℃时尽可能快地从模中移出（ρ=1.1990 g/cm^3）。样品 B 曾经是相似的片，只是在 120 ℃温度下退火了3 h。退火后的样品密度稍有增加（ρ=1.2010 g/cm^3），并且冲击性能明显改变。在这之后，第三片样品（样品 C）在 190 ℃温度下退火了 122 h。这一退火了的样品的密度是 1.224 g/cm^3，表示某种再有序化发生了。X 射线衍射花样表明，样品 C 按通常标准仍是“无定形”的，该样品衍射峰（指弥散峰）已是比样品 A 和样品 B 的相应的峰尖锐，但在测定这样的峰时采用了比较小的扫描间隔。样品 A、样品 B 和样品 C 的总相关函数 $H(r)$ 对 r 作图分别如图 3.19、图 3.20 和图 3.21 所示。

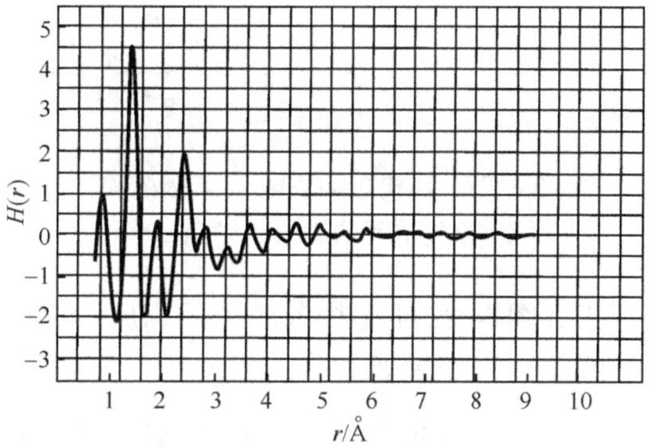

图 3.19　聚碳酸酯样品 A(淬火为无定形的) $H(r)$ 对 r 作图

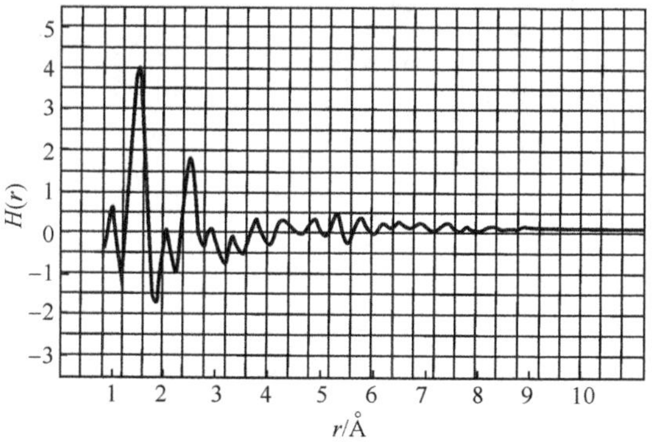

图 3.20　聚碳酸酯样品 B(像样品 A 那样淬火，并在 120 ℃退火 3 h)的 $H(r)$ 对 r 作图

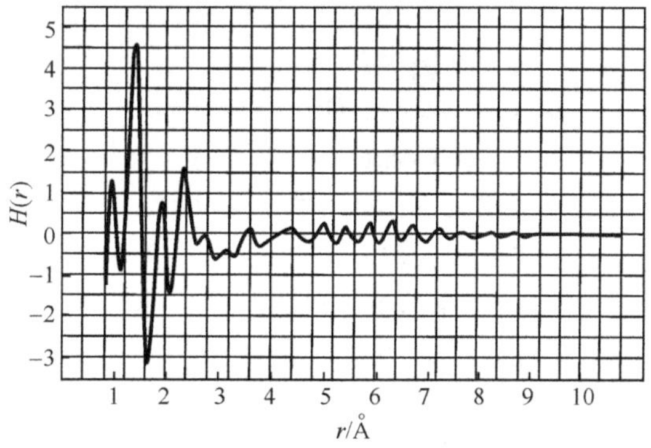

图 3.21　聚碳酸酯样品 C(像样品 A 那样淬火，并在 190 ℃退火 122 h)的 $H(r)$ 对 r 作图

一般情况下，在聚合物的径向分布函数的作图中观测到的峰应该可以归属于依赖于链重

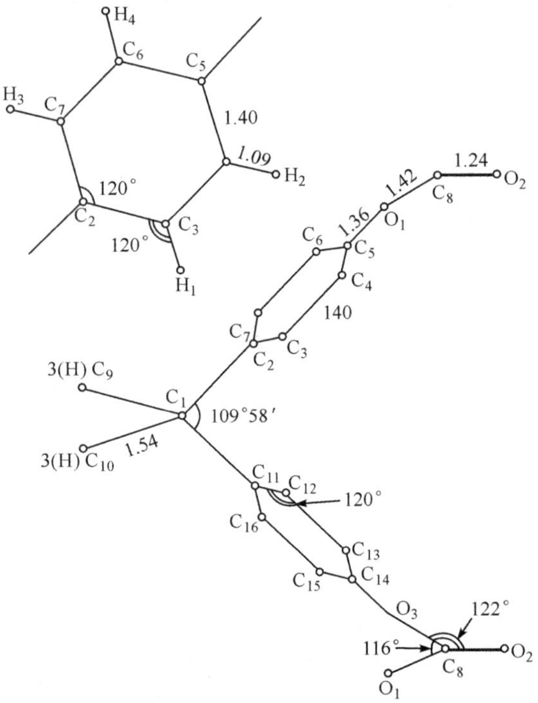

图 3.22　所构想的双酚 A 聚碳酸酯重复单元的键长和键角

复单元的分子内原子间距离或取决于分子链的短程有序或堆砌的分子间原子间距离。在聚碳酸酯的情况下,跨越被限制的温度范围内结晶在进行只是很慢[2],以至于 A 和 B 两个样品不像是显示任何感觉得到的分子间有序的程度,也就是说并非是聚合物分子链广泛地堆砌到高度有序区域,以至于分子间间隔可以被预期仍是难确定的。然而,分子内的原子距离应该是很好确定的,至少对于 1 Å$\leqslant r \leqslant$6 Å 短距离是如此。聚碳酸酯的重复单元如图 3.22 所示,并且是从其晶体结构所确定的[20]。

鉴于下列原因,图 3.22 中所示的重复单元在聚碳酸酯的非晶态应采取相同的构象。环绕中心碳原子 C 的键角被固定,因为空间受阻使苯环围绕 C_1—C_2 和 C_1—C_{11} 键旋转不太可能。围绕在键 C_5—O_1、C_8—O_1 等附近的羧基,一个重复单元与下一个重复单元相比较的旋转可能发生,它允许聚碳酸酯链采取整体无规构象,而在重复单元内原子间的间隔仍基本不受影响。因此将一些观测到的径向分布函数的峰归属于基于如图 3.22 所示构象的分子内原子间距离应该是可以的。对于这样的重复单元计算的原子间距离列于表 3.3。

表 3.3　径向分布函数峰对应的分子内原子间距及如图 3.22 所示聚碳酸酯重复单元计算出的所有原子间距及相关面积值

原子对	距离/Å	面积 EL^2	RDF 峰/Å
CH,eg.,C_3—H	1.09	242	0.95
C═O,eg.,C_8—O_2	1.24	122	
C—O,eg.,C_5—O	1.36	222	1.43
C—O,芳香	1.40	969	
C—C,eg.,C_8—O_1	1.42	212	
C—C,脂肪	1.54	294	
C—H,eg.,C_1—甲基 H	2.16	52	1.98
C—H,eg.,C_2—H_1	2.20	137	
O—O,eg.,O_2—O_1	2.23	172	2.45
O—C,eg.,O_1—C_4	2.39	152	
O—O,eg.,O_1—O_3	2.41	84	
C—C. eg.,C_2—C_4	2.42	561	
C—C,eg.,C_2—C_9	2.51	271	
C—C,eg.,C_1—C_3	2.54	178	
O—H,eg.,O_1—H_2	2.59	4	

同时列出 A_{ij} 量

$$A_{ij}=\sum_{\mathrm{uc}}\sum_{i}\frac{N_{ij}}{r_{ij}}z_i z_j\ \frac{\pi}{2}$$

式中，z_i 和 z_j 为 i 原子和 j 原子的原子数；r_{ij} 为这些原子间的距离；N_{ij} 为以 i 原子为中心第 j 球壳层相邻原子对数目；$\sum_{\mathrm{uc}}$ 为通过组成单元的加和[12]，在这里是指聚合物的链重复单元。这一提示取自 Mozzi 和 Warren 的工作[12]，他们指出 A_{ij} 是在 RDF 作图中在 r_{ij} 间距通过 i—j 键所呈现出的面积。

表 3.3 比较了前四个所观测到的峰，这四个峰对应着所预期的分子内重复单元的原子间距离。较完全的比较已经进行过[12]，比较结果表明直至 6 Å 所观测到的峰可以用所预期的分子内间距来说明。

将归属于氢原子与其他原子之间的原子间距离的峰的 r 的实验值与从已报道的键长计算得到的 r 值进行比较，表明实验值比计算得到的原子间距一致低(表 3.3)。上述的分析已经近似地将散射体系用把每个原子具有独立散射因子的设想来处理，虽然知道原子间的共价键会使电子密度沿键的方向集中。实验有效地将键长作为散射功率即电子密度的有效中心间的距离来度量。这样就导致了氢原子和其他原子间的“键长”的表观降低，因为氢原子比具有更多电子的较重原子的电子轨道畸变更明显。而且，在包含有氢原子的键内电子密度的位移是沿着键轴单方向的。对于比较重的原子(如碳原子)，键合不只发生在一个方向，因而整体位移被减少，因为一些位移发生在相反的方向，从而部分地抵消掉了。这种情况被反映在径向分布函数的峰的比较低的氢原子间距 r 的观测值上。

鉴于对于聚碳酸酯的 $r<6$ Å 时和对于玻璃碳和磷酸铝给出的例子得到了分子内原子间距离与观测到的径向分布函数峰之间的满意的相关性，显然在径向分布函数中大多数被分辨的峰反映着真实的结构特征。图 3.17 的 $r\approx1.8$ Å 和图 3.18 的 $r\approx2.1$ Å 处的峰不可能从短程有序的现实模型得到说明，可能产生于不可避免的截断误差。这些特殊情况通过在式(3.7)的积分中引入指数衰减因子[12]可以被移除掉，但是这种方法没有用于图 3.17 和图 3.18，因为它可能降低径向分布函数中的大多数真实的峰的分辨率，并使它们变宽。图 3.19到图 3.21 中的径向分布函数图案也未引入衰减因子处理，因为在 $r=6$ Å 之下时不存在明显的特征，不可能被像所预期的分子内距离所说明。然而，对于 $r\gg6$ Å 时，鉴于相似原子间距离的增加数，我们不应该指望在径向分布函数中出现尖锐的极大。因此，在 6～10 Å 的小的振动可能代表剩余截断误差，因为它们的频率近似给定为$2\pi/S_{\max}\approx0.4$ Å，正如截断特征所预期的那样[6]。这些特征在总相关函数$H(r)$中是小的，但是当通过 r 空间扩展了的范围考虑分子间有序而检验径向分布函数时，最好用 r^2 加权于函数 $H(r)$，正如图 3.23、图 3.24 和图 3.25分别为样品 A、样品 B 和样品 C 所作的图。

给函数 $H(r)$ 加权而乘以 r^2 后，小的截尾振动就被显著地放大了，并因为用指数因子 $e^{-\alpha^2 s^2}$ 在转换之前乘以 $i(s)$作图已被衰减[12]。对于图 3.23 至图 3.25，$\alpha=0.112$，并且这一值被选用消除多数高频(约 0.4 Å)截断振动，而保留低频(约 5 Å)结构特征不受影响。

从图 3.23 和图 3.24 明显可见，在样品 A 和样品 B 内链间有序只是以未完全形成的样子表现出来，正如在 $r\approx5.5$ Å 和 $r\approx11$ Å 处的宽峰所揭示的，像是分子内原子间距对应的峰重叠在一起。这些可以看成是由聚合物分子链的物理尺寸所决定的最近邻链的相互作用。在样品 A 和样品 B 之间不存在短程分子间有序的大的差别是明显的，因而消除了设想为再有序化的冲击性能变化的说法。这与样品 A 和样品 B 的密度差很小是一致的。样品 A、样品 B(图 3.23 和图 3.24)和样品 C(图 3.25)的突出差别在于周期约为 5.5 Å 的径向分布函数体现出的很显著的长程有序。这一特征无疑标志着样品 C 中的分子间短程有序。这一特征明显地扩展到距离为 50～60 Å,但在更大的距离没有观测到相关性。然而,所观测到的有序化是这样的,它清楚地显示着径向分布函数方法对分子间有序化的灵敏性,并且增强了关于样品 A 和样品 B 的结论。

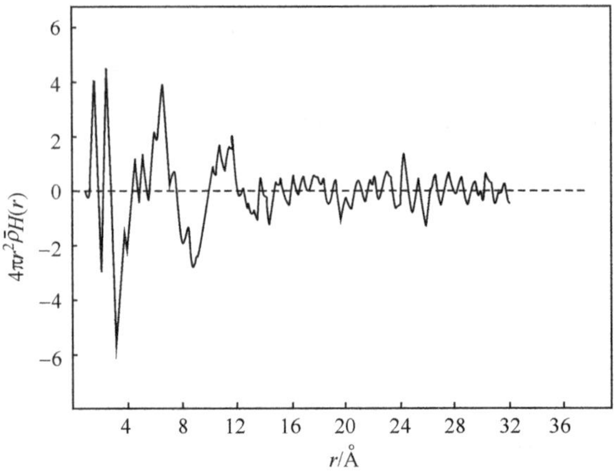

图 3.23　聚碳酸酯样品 A 的 $4\pi r^2\bar{\rho}H(r)$ 对 r 作图

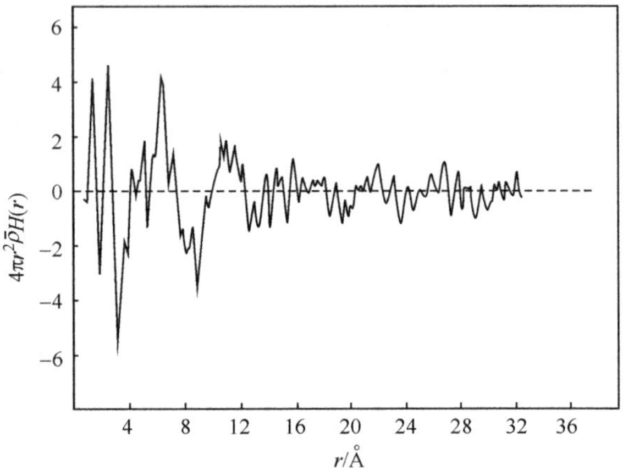

图 3.24　聚碳酸酯样品 B 的 $4\pi r^2\bar{\rho}H(r)$ 对 r 作图

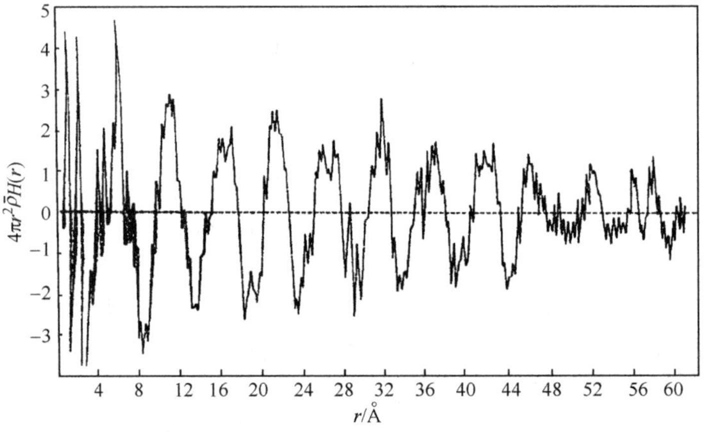

图 3.25　聚碳酸酯样品 C 的 $4\pi r^2\bar{\rho}H(r)$ 对 r 作图

只有一级和二级相邻对的堆砌标迹的存在与无定形聚合物中无规线团模型所表述的思想是完全一致的[22]。然而,在把无定形聚合物设想为各种“链束模型”(bundle model)基础上解释更困难[23],这一模型假设聚合物分子链通过比重复单元大的距离平行堆砌。在垂直于分子链轴的平面内我们应该至多设想第二个相邻对的有序化。而且我们也应该设想沿着分子链的某些类型的无序化,它使得超过 10 Å 后苯环的位置变得随机,否则强的散射基团(苯环)间的链内相关性在径向分布函数内应该以周期性反映出来。为了解释聚碳酸酯的径向分布函数数据,在比 10 Å 大得多的原子间距离设想校正是不必要的,并且链束模型至少应该根据实验数据在更大的随机性方向上被修正。

3. 聚对苯二甲酸乙二酯的 RDF 研究

玻璃态聚对苯二甲酸乙二酯(PET)的形态已经被 Yeh 和 Geil[3] 研究过,他们报道,玻璃态 PET 曾以具有准晶类有序的球粒结构表征。由于靠近玻璃化转变温度 T_g 的退火,用电子显微技术观察到了球粒的移动和排列成行。正像我们已经看见的那样,在 PET 中局部有序化程度可以用径向分布函数方法表征,并且我们已经测定了无定形和退火的 PET 样品的径向分布函数,退火过程与聚碳酸酯测定时采用过的相似,完全的工作结果将在另一工作[24] 中发表。图 3.26 和图 3.27 分别给出了无定形淬火 PET 样品和淬火后在 65 ℃退火100 h 的样品的总相关函数 $H(r)$[式(3.7)]对 r 作图。

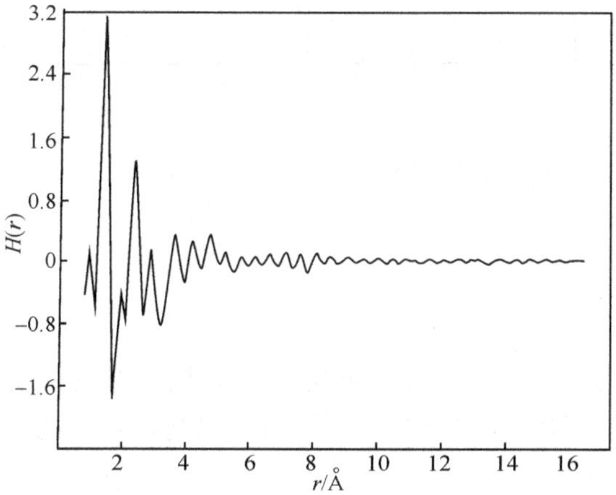

图 3.26　无定形 PET 样品的 $H(r)$对 r 作图

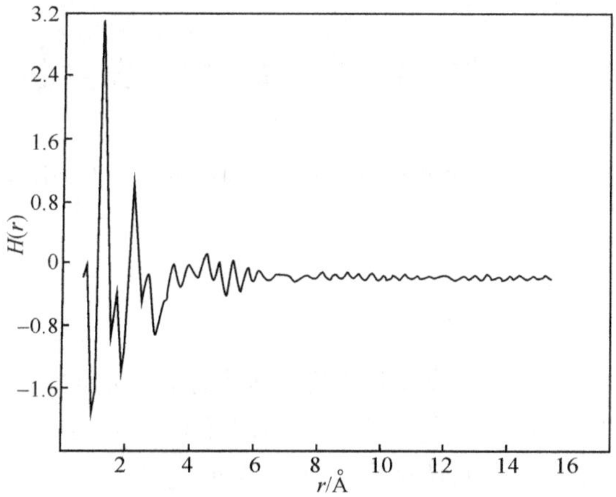

图 3.27　无定形 PET 样品经在 65 ℃退火 100 h 后的 $H(r)$对 r 作图

总体来说,从 PET 的数据推引出的结论定性地与从聚碳酸酯数据推引出的结论很相似。将图 3.26 和图 3.27 的各个峰与从 PET 重复单元[24] 计算所预期的分子内峰比较表明,在径向分布函数中的低频峰还是产生于分子内原子间距离。为了显示出分子间的有序化,图 3.28 和图 3.29 给出了比较长的范围的 $4\pi r^2\rho H(r)$ 对 r 作图。再一次两个样品只显示约在 5 Å 和 8 Å距离 r 处的第一级相邻对标迹和第二级相邻对标迹。比较图 3.28 和图 3.29 可知,没有可观测得到的由退火引起的分子间有序化的变化,所以可知电子显微技术所看到的变化不是本体聚合物中本质的分子间再有序化的指示。

值得指出的是,对于无论是无定形 PET 样品还是退火的 PET 样品,其衍射图案只显示光滑的宽峰,没有尖锐分立的布拉格反射迹象。Yeh 和 Geil 曾指出,在 T_g 附近延长退火时间,PET 样品的衍射图案中除了宽的无定形峰之外,$(\bar{1}11)$和(011)布拉格反射也出现。我们的发现在这方面与 Kilian 等的结果相似[25]。我们的 X 射线衍射测试是对 1mm 厚的本体样品进行的,这就自然产生了问题,薄膜(约 1000 Å)的形态如何严密地反映本体的形态。鉴于薄膜有比较高的表面/体积比,它在退火中形态的变化并非必然与本体样品中形态变化平行。所以薄膜样品可能在 T_g 附近长时间退火过程中经受更多的分子间的有序化。正像在聚碳酸酯情况下那样,为了解释淬火和退火 PET 样品的数据,也不必须设想原子间距离大于 10 Å 时的分子间有序化。

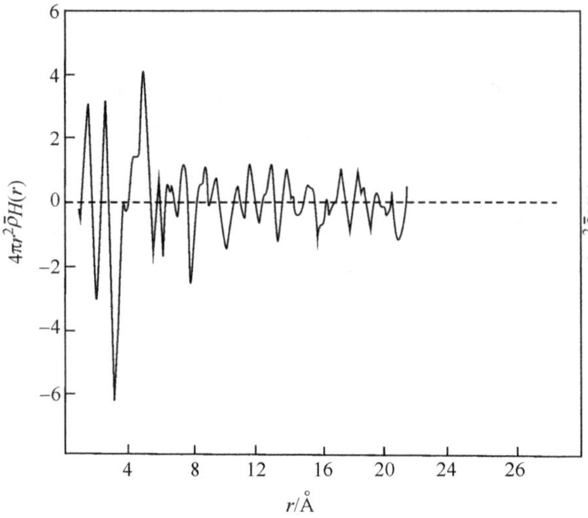

图 3.28　无定形 PET 样品的 $4\pi r^2\bar{\rho}H(r)$ 对 r 作图

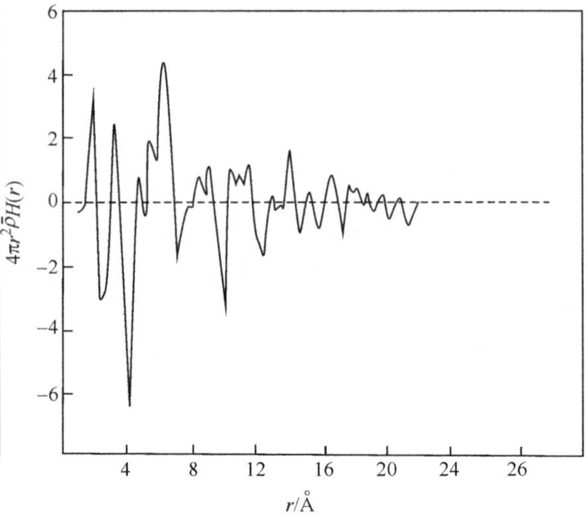

图 3.29　无定形 PET 样品经在 65 ℃退火 100 h 后的 $4\pi r^2\bar{\rho}H(r)$ 对 r 作图

4. 结论

(1) 玻璃碳和无定形磷酸铝的径向分布函数研究实例表明,RDF 方法可以用作对局部有序灵敏的研究方法。实验误差经累加可被减少到使 RDF 峰反映真实的特征,只与按真实的模型所预期的特征结果相差百分之几。

(2) 无定形聚碳酸酯的研究结果指示出,在约 10 Å 原子间距之外没有观测到分子间有序化或规整性特性,并且在 T_g 之下退火后也不能检测到分子间有序化的变化。

(3) 聚对苯二甲酸乙二酯的研究结果类似地也没给出在约 10 Å 原子间距之外的规整性有序结构的指示。

(4) 两种聚合物的研究结果与无定型聚合物的无规线团模型的描述是一致的。然而,各种“链束模型”至少应该根据实验数据在更大的随机性方向上进行修正。

参 考 文 献

[1] Allen G A,Morley D W,Williams T. J Mater Sci,1973,8:1449.
[2] Siegmann A,Geil P H. J Macromol Sci Phys,1970,B4(2):239.
[3] Yeh G S Y,Geil P H. Ibid,1967,Bl(2):235.
[4] Pings C J,Waser J. J Chem Phys,1968,48:3016.
[5] Enderby J E,North D M,Egelstaff P A. Phil Mag,1966,14:961.
[6] Paalman H H,Pings C J. Rev Mod Phys,1963,35:389.
[7] Paalman H H,Pings C J. J Appl Phys,1962,33:2635.
[8] International Tables for X-Ray Crystallography. Vol. 3. Birmingham:Kynoch Press,1962.
[9] Wignall G D,Jarvis J A J,Munsil W E,et al. J Appl Cryst,1974,7:366.
[10] Smelser S C,Henninger E H,Pings C J,et al. To Appear in J Appl Cryst.
[11] Wignall G D,Munsil W E,Pings C J. To Be Published.
[12] Mozzi R L,Warren B E. J Appl Cryst,1969,2:164.
[13] De Graaf L A,Mozer B. J Chem Phys,1971,55:4967.

[14] North D M,Enderby J E,Egelstaff P A. J Phys,C,1968,1:1075.
[15] Narten A H. J Chem Phys,1972,56:5681.
[16] Wignall G D,Pings C J. Carbon,1974,12:51.
[17] Wignall G D,Longman G W,Rothon R. To Be Published.
[18] Ergun S. Carbon,1968,6:141.
[19] Wignall G D,Longman G W. J Mater Sci,1973,8:1439.
[20] Prietzchk A. Kolloid Z,1958,156:8.
[21] This comparison was given in Table I of Ref. 19,though by a printers error it was omitted from the article. Copies may be obtained from either author on request.
[22] Flory P J. J Chem Phys,1949,17:303.
[23] Yeh G S Y. CRC Crit Rev Macromol Sci,1972,1:173.
[24] Longman G W,Sheldon R P,Wignall G D. To Be Published.
[25] Kilian H G,Halboth H,Jenckel E. Kolloid Z,1960,172:166.

3.4.2 天然橡胶广角 X 射线散射示差径向分布函数分析①

从广角 X 射线散射数据已测得熔融态天然橡胶的示差径向分布函数(DRDF)。在校正过的广角 X 射线散射(WAXS)曲线内展示出三个峰,它们的布拉格间隔(Bragg spacing)为 4.85 Å、2.31 Å 及 1.23 Å,分别对应着链间 $C_1—C_3$ 和 $C_1—C_2$ 间距。从散射数据推引出的示差径向分布函数曲线比至今已发表的已大为改进,曲线含有六个峰,它们的峰位分别为 1.51 Å、2.48 Å、3.98 Å、5.68 Å、10.65 Å 及 15.25 Å。分子内原子间距对径向分布曲线的峰的最大贡献已被确定,并与实验结果进行了比较。比较结果显示:前三个峰源于分子内原子间距,其他峰则主要与分子间规整性相关。在分子间的峰当中被发现一近似恒定的间隔为 5.26 Å 的周期性(periodicity),并被归属于材料中在一定程度上平行链段的结构。这一发现为熔融态天然橡胶中存在达约 30 Å 程度的局部横向有序提供了附加证据。

1. 引言

聚合物的无定形态(包括熔融态)已经长时间被认为是由具有统计无规线团链构象的大分子所组成。这一概念看来也已得到小角中子散射(SANS)数据[1-3]的支持。然而更新的小角中子散射研究已显示,相似的旋转半径及相似的高角度的散射曲线,对于结晶的和熔融的聚乙烯都已被得到[4]。这一发现表明:小角中子散射检测尺寸对低于 100 Å 的局部有序显示了不灵敏性(如已知出现在结晶聚乙烯内)。事实上在无定形聚合物中,包括熔融态的天然橡胶(NR),20～50 Å 的局部有序微区(domain)已经在衍射显微术研究的基础上表明其存在[5]。相邻分子链在这些微区内在一定程度上地平行排列,而各个分子链自身在链球整体标尺上处于更确实的无规构象。

一般情况下,无定形聚合物用它们的广角 X 射线散射花样中的一个或两个晕环(弥散环)来表征。为了更细致地阐明结构,WAXS 数据应该转变为径向分布函数或者通过傅里叶分析(Fourior analysis)的示差径向分布函数。至今,两个 DRDF 研究熔融态 NR 的工作已被报道。Simard 和 Warren[6] 在室温研究了未拉伸的天然橡胶,并指出在它们的示差径向分布函数中直至径向距离约为 6 Å 以内出现四个峰。在 1.52 Å、2.68 Å 及 4.04 Å 处的前三个峰被分别

① Wang C S,Yeh G S Y. Macromol J Sci Phys,1978,B15(1),107-118.

归属为 $C_1—C_2$，$C_1—C_3$ 加上最近的 $C_1—C_4$ 及更远的 $C_1—C_4$（$C_1—C_i$ 表示沿着聚合物分子链的任意参比碳原子的第 $i-1$ 个相邻原子）。第四个峰出现在比 5 Å 稍大些的距离上，被建议归为在相邻链段上碳原子间最近的距离。在这一很早的研究中没有考虑横向链的堆砌和有序化。Bokhyan 和他的同事[7]报道了关于 NR 的另一个 DRDF 研究，明确地显示出出现在 2 Å、4.5～8 Å 及 10～12 Å 处的三个宽峰。第一个峰被归属于 $C_1—C_2$ 和 $C_1—C_3$ 距离的贡献，而后两个峰被归为主要是分子间的贡献。链段的斜方排列被提出，为的是通过链间堆砌分析拟合他的实验得到的 DRDF 曲线。

有意义指出，在另一个熔融聚合物即聚乙烯中的短程有序也已用 DRDF 分析研究[8-10]，并且发现[8]与尺寸为 50 Å 的有序微区一致。Longman 等所报道的 DRDF[9]与链段平行堆砌的准晶晶格中分子排列没有什么不一致。

本节目的是提供一个从天然橡胶的 WAXS 数据推导出改进了的熔体 NR 的 DRDF，并更仔细地用 DRDF 方法检验其局部链的构象。

2. 实验

一白绉片(a pale crepe)样品($\overline{M}_n \approx 0.6 \times 10^6$)呈矩形，平面尺寸为 3.4 cm×1.4 cm，厚度为 0.279 cm，用于本研究工作。样品本体密度 $g=0.913\ \mathrm{g/cm^3}$，在甲醇-水密度梯度管中测得。散射数据用 Philips Norelco 衍射仪收集。样品衍射的 X 射线(按照反射几何)被一工作电压为 1.622 kV 的比例计数器检测。Cu K_α 射线源的工作参数为 40 kV 和 15 mA，按衍射位置经曲线型石墨单色器实现射线单色化。单色器的衰减函数用石墨单晶测定。为了使射线束变宽降低至最小程度，采用了以下狭缝系统：发散狭缝为 1/2°，空气散射狭缝为 1°及收集狭缝为 1/2°。广角 X 射线散射数据经逐步扫描进行收集：2θ 角从 6°～45°的扫描间隔为 0.2°，45°～75°的扫描间隔为 0.5°，75°～145°的扫描间隔为 1°，6°～0°用手外推。衍射强度记录采用固定每一次记数的记数为 10 000。

衍射强度按通用强度校正方法校正的表达式为

$$I_{\exp(\mathrm{cps})} = \frac{I_{\mathrm{measured}} - I_{\mathrm{background\ air\ scattering}}}{(\mathrm{Absorption})(\mathrm{Polarization})(\mathrm{Multiple\ Scattering})}$$

式中，$I_{\exp(\mathrm{cps})}$ 为校正过的散射光强；I_{measured} 为直接测得的散射光强；$I_{\mathrm{background\ air\ scattering}}$ 为背底空气散射光强，背底空气散射通过将样品从样品架移出进行测定，所收集的强度也包括宇宙辐射。

吸收校正(Absorption)。以 Milberg 方法[11]为基础。

对于强度的非相干散射组分进行分离校正，因为非相干散射(incoherent scattering)的波长要高得多。有关细节已被 Ruland[12]给出。

偏振校正(Polarization)。可按标准公式计算强度得以实现

$$\mathrm{Polarization} = (1+\cos^2 2\theta_{\mathrm{mon}} \cos^2 2\theta)/(1+\cos^2 2\theta_{\mathrm{mon}})$$

式中，$2\theta_{\mathrm{mon}}=26.65°$，为单色器(monochromator)衍射角。

多重散射校正(multiple scattering)。按 Warrem 和 Mozzi[13]采用的方法进行[13]。

傅里叶变换与 DRDF

单原子材料的示差径向分布函数可以利用傅里叶变换从 X 射线衍射强度数据推导得到

$$4\pi r^2[\rho(r)-\rho_0]=(2r/\pi)\int_0^\infty si(s)\sin(sr)\mathrm{d}s$$

$$i(s)=(I/f^2)-1$$

式中，r 为从任意一参考原子出发的径向距离；$\rho(r)$ 为在 r 处的原子密度；ρ_0 为平均原子密度，$s=(4\pi/\lambda)\sin\theta$；$I$ 为实验测定的每个原子的电子单位的相干散射强度；f 为原子的散射因子。对于天然橡胶体系(化学结构单元 C_5H_8)，一种设想的散射体被定义为具有下列性质：散射因子 $f=(f_C^2+1.6f_H^2)^{1/2}$，Compton 散射因子 $(I_{inc}/R_H)=(I_{inc}/R)_c+1.6(I_{inc}/R_H)$，原子数 $Z=(Z_C^2+1.6Z_H^2)^{1/2}$，脚标 C 和 H 分别表示碳和氢，R 为反冲因子。

在进行傅里叶变换之前，校正了的实验测定的强度曾经归一化过程，为的是将实验强度(以每秒计数为单位)转换成每个散射体的电子单位。在本研究工作中，非相干 Compton 散射贡献在散射角 $2\theta=55°$时为 47%，而 $2\theta=135°$时为 54%，从实验测定强度中扣除。归一化是一种可能的误差源，它主要影响 r 的精确度，在所形成的 DRDF 曲线上误差近 1 Å。在这一工作中，通过在小径距范围内系统地改变归一化常数以检查 DRDF 曲线波动趋势。已被确认，当归一化常数 α 从限定法[14](limit method)计算采用下列公式：

$$-2\pi\rho_0 z^2=\alpha\int_0^{s_{\max}} I_{\exp}s^2\mathrm{d}s-\int_0^{s_{\max}} s^2(I_{inc}+f^2)\,\mathrm{d}s$$

在此区域内 DRDF 函数曲线波动最小。天然橡胶的广角 X 射线散射曲线经校正和按此过程归一化处理后如图 3.30 所示。

误差的另一个可能的来源是积分终端的取定，因为代替积分上限的无限大 s 值，实验的上限 s 值当用 Cu K_α 辐射时，只能达到 7.77 $Å^{-1}$。这类误差从径距在 3～7 Å 处时 DRDF 曲线重叠的波纹出现可以容易地看出。在这一工作中，消除这种重叠的波纹是利用$si(s)$对 s 的曲线延展至 $s=16$ $Å^{-1}$，通过转换和反转换的相互迭代来实现的。在这相互迭代过程中原来的实验测定的 $si(s)$ 函数上没有发生变化。这一过程一直进行到在 $4\pi r[\rho(r)-\rho_0]$ 对 r 的曲线上观察不到实质性的改进为止。最后这样得到的 DRDF 曲线已是从 $r=4$ Å 出发通过将衰减因子 $\exp(-0.050\,s^2)$乘至相应的 $si(s)$曲线上反而更加平滑了。

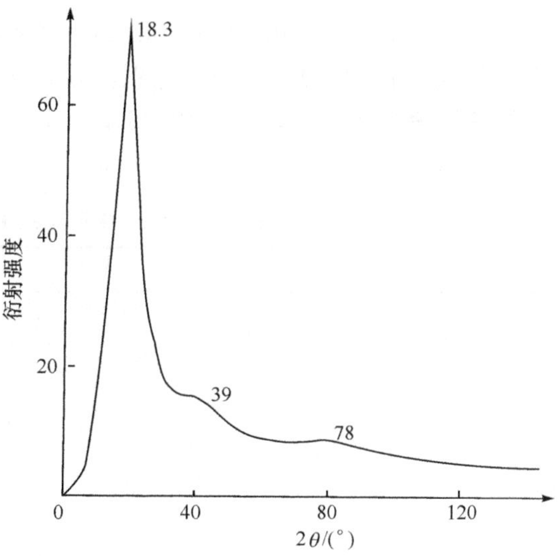

图 3.30　熔融态 NR 的校正和归一化的实验 WAXS 数据

强度数据从每秒计数转换成每个散射体的电子单位采用了限定法[14]

此处，常出现留在 DRDF 曲线的 $r<1$ Å 区域的虚峰，即使在分析中选用了最佳的归一化常数也难以避免。这一问题被确认主要是文献中给出的散射因子值的误差。这里通过注意这样的事实，即对于任何少于可能最靠近的相邻原子的径向距离 $\rho(r)=0$，偏差可以被移除。因此，在这一区域 $4\pi r[\rho(r)-\rho_0]$ 对 r 作图应是一直线，斜率为 $-4\pi\rho_0$。然后，实验的 DRDF 曲线可能通过 5 次或 6 次应用这一标准迭代到 $4\pi r[\rho(r)-\rho_0]$ 对 r 曲线上而被调整到理论期望值。

最后形成的天然橡胶的 DRDF 曲线如图 3.31 所示。关于各种校正的一般原理的更详细的讨论 Kaplow 等[15]已给出,关于将这样的分析应用到高分子材料的更详细讨论 Wecker 等[16]已给出。如上分析主要就是以这些研究为基础的。本工作所用计算程序是以 Gupta[17]程序为基础的。

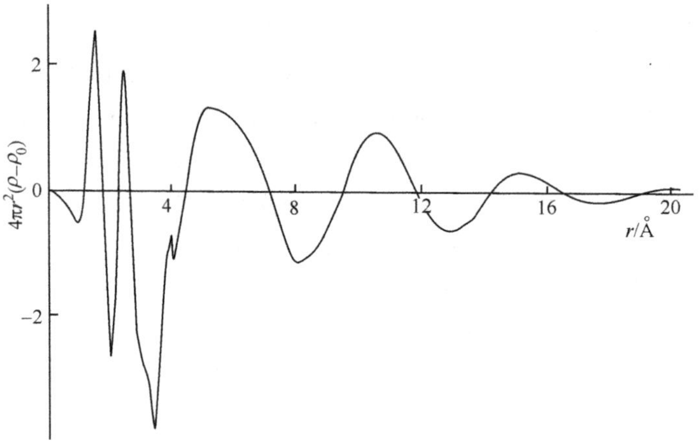

图 3.31 熔融天然橡胶的 DRDF

3. 结果

对应于链间距(interchain distance)(布拉格间距 d =4.85 Å)、C_1—C_3(d=2.31 Å)及 C_1—C_2(d=1.23 Å)的三个峰分别出现在天然橡胶的校正过并归一化处理过的 WAXS 曲线上的散射角为 2θ=18.3°、39°及 78°处(图 3.30)。对应这一 WAXS 曲线的示差径向分布函数曲线(图 3.31)直至径距约为 16 Å 显示出六个峰。峰的位置、高度及它们的面积列于表 3.4。

表 3.4 图 3.31 中展示的 DRDF 曲线中所观测到的峰的描述

峰	峰位[a]/Å	峰高[b]	峰面积
1	1.51	2.62	0.89
2	2.48	1.98	0.69
3	3.98[b]	—	—
4	5.68	1.35	2.35
5	10.65	0.95	1.40
6	15.25	0.32	0.43

a. 峰位是在每个峰的半高水平引线通过每个峰的峰宽的中心测定的。
b. 在对应峰位置测定的。

第一个峰对应于 C_1—C_2 间距的平均。

第二个峰对应于 C_1—C_3 间距的平均。

第三个峰可能对应于 C_1—C_4 和 C_1—C_5 间距的组合。

第四个峰、第五个峰及第六个峰可能主要归属于分子链间峰(后文讨论部分)。

当然,对于这一熔融的天然橡胶,不应该指望在传统的布拉格间距的值与 DRDF 曲线峰位的值之间有严格的对应关系,因为布拉格定律只对结晶类的反射是有效的。最后三个峰每个峰面积和峰高连续下降,径间距大于 16 Å 后在 DRDF 曲线上几乎没有再观测到峰。此外,由于后三个峰以近似不变的径间距为 5.26 Å 周期地形成而可以指定名为三个“分子间”的 DRDF 曲线峰。正是建立在这一发现的基础上，在熔融态天然橡胶中被提出到 2×16 Å 或直到 30 Å 程度上的短程横向有序化的存在。

4. 讨论

当适宜地进行 DRDF 分析时，它可以提供关于无定形聚合物的局部分子链堆砌的信息。推导得到的 DRDF 曲线的精确性和阐明它常是这一类分析遇到的两个主要困难。

为了与天然橡胶以前的 DRDF 研究进行比较，将可以从文献得到的 DRDF 曲线收集于图 3.32。

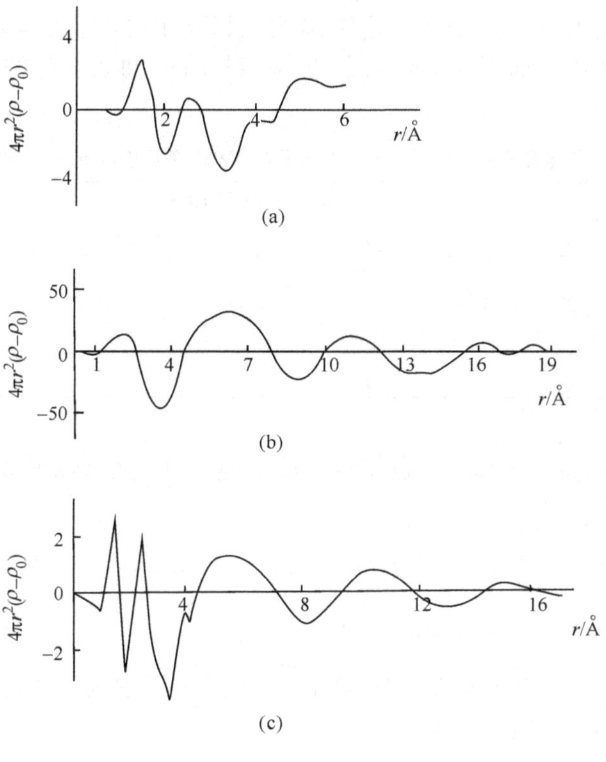

图 3.32　本工作的 DRDF 曲线与已发表的 Simard 和 Warren[6] 及 Bokhyan 等[7]的 DRDF 曲线比较

(a) Warren et al.；(b) Bokhyan et al.；(c) 本研究结果

本工作的 DRDF 测定与分析所做的改进可指出如下。

在低于 1 Å 的径向区域内，DRDF 曲线可以被理论预见，无峰或波纹出现，如前所述。然而，这种理想的情况一般难以遇到，正如从图 3.32 可以看到的：Warren 等已经留下了在那部分不确定的曲线，而 Bokhyan 及其同事没有得到理论期望的那样。在本工作中适当地校正已经成功地移除了这类偏差，并使最后形成的 DRDF 曲线，特别是第一个峰，在这一研究中更精确地观测到峰位和峰高。

在径向区域 1～4 Å，几个峰主要源于分子内原子间距，并与 Warren 等得到的峰很相似。这些峰在 Bokhyan 等的 DRDF 曲线中未被分辨开，可能是由于采用了过分的衰减因子。

在径向区域 4 Å 以上，几个峰主要产生于分子间的原子间距。本工作所得到的 DRDF 曲线是经过适宜的校正的，呈现的宽峰如同 Bokhyan 等所得到的 DRDF 曲线，尽管峰的位置稍有不同。Warren 等所得到的 DRDF 曲线在 6 Å 左右径向距就结束了，所以不可能比较。

在 DRDF 曲线上观察到的峰表示在一定径向位置上原子的浓度对完善均匀分布时原子浓度的偏离(这里的原子浓度应该理解成单位空间所含原子数)。在聚合物材料中，它们产生的根源常是两种类型可能的规整性的组合，即分子内和分子间原子距离。前者依赖于沿分子链的重复单元，后者依赖于分子间距离，分子间距离可能(或可能不)与某些规整的横向链结构有关。

在一径向分布函数中为分子内原子间距离所贡献的峰的面积可以通过考虑沿着所设想链构象的大分子在相对于确定的参考原子的一定距离的相邻原子(这里就是碳原子)而计算出来。将这样计算的主要分子内峰面积与实验测定的 NR 的 RDF 曲线上前四个峰的面积进行比较，见表 3.5。

表 3.5　实验测得的和主要计算的分子内 RDF 峰面积的比较

实验测的 RDF 峰		计算的分子内 RDF 峰[a]		计算面积/实验面积
径距/Å	峰面积	径距/Å	峰面积	
1.51	1.88	1.47[b]	2.0	1.06
2.48	2.52[c]	2.49[d]	2.4	0.95
3.98	9.01[c]	3.97[e]	4.8	0.53
5.68	54.52[f]	5.89[g]	5.2	0.10

a. 计算是以结晶 NR 的链构象为基础进行的。
b. 所有可能的分子内 $C_1—C_2$ 距离的平均值。
c. 峰是遵照 RDF 曲线在它们的左侧总斜率而被分辨的，并且如果必要则在它们的右侧对称地构成。
d. 所有可能的分子内 $C_1—C_3$ 距离的平均值。
e. 所有可能 $C_1—C_4$ 和 $C_1—C_5$ 距离的平均值。
f. RDF 峰面积是通过加和朝向上 DRDF 峰面积，并积分 $\int 4\pi r^2 \rho_0 \, dr$ 取积分边界与对应的 DRDF 峰沿 r 轴的两边界而确定的。
g. 所有可能的分子内 $C_1—C_6$ 和 $C_1—C_7$ 原子距离的平均值。

图 3.33 给出了 NR 的结晶链的构象[18]。在这一计算过程中为了简单起见，并为考虑最大限度固定的分子内距离而被选择的。

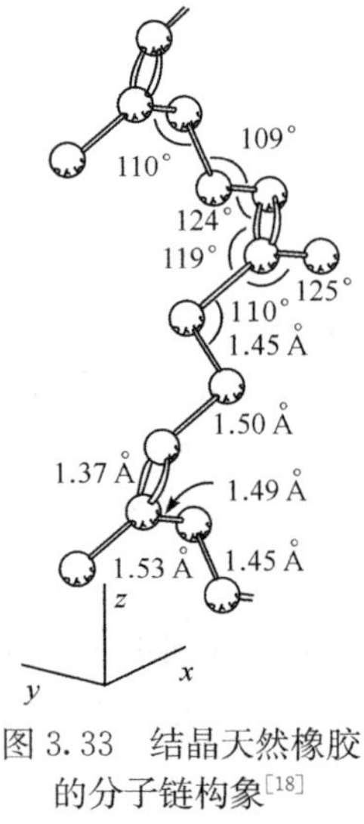

图 3.33　结晶天然橡胶的分子链构象[18]

从表 3.5 所列数据可看出：将第一峰、第二峰及第三峰的根源归为 $C_1—C_2$、$C_1—C_3$ 及 $C_1—C_4$ 和 $C_1—C_5$ 组合后，实验观测到的峰位置和计算得到的峰位置相互匹配得很好(误差在 2.6%之内)。从表 3.5 的最后一列(计算面积/实测面积)看，这样的归属表明前两个 RDF 峰几乎 100%一致。第三个峰分子内间距的根源占 50%。第四个峰的分子内根源可以被归属于 $C_1—C_6$ 和 $C_1—C_7$ 分子内原子间距的组合。通过在 4.92～7.17 Å 所有可能的分子内原子间距离的平均值，这一归属给出平均原子间距离为 5.89 Å，这一距离与实验观测到的第四个峰的位置匹配得很好，只差 3.7%。对于第四个 RDF 曲线峰的面积的分子内贡献按照分子内的归属将降到 10%(表 3.5 中最后一列最下边的面积比值)，这表明第四个峰的归属已主要是分子间的根源。

建立在相似确认方法的基础上，剩下的 DRDF 曲线上的峰就肯定源于分子间的原子间距，因为随着径向距离升高，实验测定的 DRDF 曲线的这些峰的面积增加比理论计算的分子内间距对这些峰面积的贡献要快得多。

对于一种整体的比较，在本研究工作中关于 DRDF 曲线峰的根源的归属与过去发表的两个关于 DRDF 曲线峰的根源的归属的文章相似，即径向距离约 4 Å 以下的峰大部分是为各部分分子内原子间距所贡献，而径向距离在 4 Å 以上的峰主要属于分子间根源的。

分子间的峰位于 5.68 Å、10.65 Å 及 15.25 Å 处，它们显示一种近似不变的形成峰的间隔为 5.26 Å(间隔平均值)。这一特征表明在熔融态天然橡胶约为 30 Å 的短程横向链间结构的存在。这些峰的峰高和峰面积连续下降，并最终于 16 Å 径距处衰减为零的这样的事实指示出一种高度畸变的晶格存在。这种畸变晶格可能是一种保留下来的斜方单元晶胞所形成，并且，如果用 5.25 Å 和 6.4 Å 作为一级最近相邻距离和二级最近相邻距离，如同 Bokhyan 等所建议的那样[7]，一种计算的熔融 NR 的密度与实验测定的密度值 0.913 g/cm^3 只差 0.4%(Bokhyan 等[7]报道了一计算熔融 NR 的密度为 0.942 g/cm^3)。这样的一种畸变晶格最近已被测定，并已根据 Hosemann 和 Bagchi[19]系统地阐述。

在一定程度上，平行链链段存在于“有序微区”中(其链段相互间距为 5.26 Å)的发现与熔融 NR 的较早的暗场显微术研究[5]以及熔融聚乙烯的 DRDF 研究结果一致[8-9]。

参考文献

[1] Kirste R G, Kruse W A, Schelten J. Makromol Chem, 1972, 162: 299.

[2] Benoit H, Cotton J P, Decker D. Nature, 1973, 245: 13.

[3] Wignall G D, Ballard D G H, Schelten J. Eur Polym J, 1974, 10: 861.

[4] Schelten J, Ballard D G H, Wignall G D, et al. Polymer, 1976, 17: 751.

[5] Yeh G S Y. CRC Crit Rev Macromol Sci, 1972, 1: 173.

[6] Simard G L, Warren B E. J Am Chem Soc, 1936, 58: 507.

[7] Bokhyan E B, Ovchinnikov Yu K, Markova G S, et al. Polymer Sci USSR, 1971, 13: 2026.

[8] Ovchinnikov Yu K, Markova G S, Kargin V A. Polymer Sci USSR, 1969, 11: 369.

[9] Longman G W, Wignall G D, Sheldon R P. Polymer, 1976, 17: 485.

[10] Voigt-Martin I, Mijlhoff F C. J Appl Phys, 1975, 46: 1165.

[11] Milberg M E. J Appl Phys, 1958, 29: 64.

[12] Ruland W. Acta Cryst, 1961, 14: 1180.

[13] Warren B E. Mozzi R L. Acta Cryst, 1966, 21: 459.

[14] Furukawa K. Repts Progs Phys, 1962, 25: 395.

[15] Kaplow R, Strong S W, Averbach B L. Phys Rev, 1965, 138: A1336.

[16] Wecker S M, Davidson T, Cohen J. J Mater Sci, 1972, 7: 1249.

[17] Gupta M R, Ph. D. thesis, The University of Michigan, Ann Arbor, Michigan, to be published.

[18] Nyburg S C. Acta Cryst, 1954, 7: 385.

[19] Hosemann R, Bagchi S N. Direct Analysis of Diffraction by Matter. North Holland, Amsterdam: Elsevier, 1953.

3.5 聚合物非晶态基本物理图像

3.5.1 聚合物非晶态本体中大分子链构象

Flory 1949 年于“The Configuration of Real Polymer Chains[①]”一文中预见：

在溶液中聚合物分子链的平均构象明显地受各种显而易见的条件所影响，却常忽略分子链任意两个基元被禁止占据同一个空间位置这样的关于分子链构象问题。这里分子链在其平均构象中不同链段间的空间干扰的影响已经用统计热力学方法进行了研究。

本文指出，如果一聚合物分子链的平均线性尺寸应该取与链长成比例的一个幂指数，那么该幂指数必定大于从通常“无规飞行”模型处理大分子链构象时推断出的值 0.50。这一幂指数值对于良溶剂中长链分子应该会接近于 0.60。随着溶剂分子尺寸的增大，这种对分子链构象的干扰作用逐步减小，当溶剂也是聚合物时的极端情况下将完全消失。

The average configuration of polymer molecules in solution is markedly influenced by the obvious requirement, ordinarily disregarded in problems relating to molecular configuration, that two elements of the molecules are forbidden from occupying the same location in space. The influence of spatial“interferences”between different segments of the molecule in its average configuration has been investigated by statistical and thermodynamic methods.

It is shown that if the average linear dimension of a polymer chain is to be taken proportional to a power of the chain length, that power must be greater than the value 0.50 previously deduced in the conventional“random flight”treatment of molecular configuration. This power should approach 0.60 for long chain molecules in good solvents. With increase in size of the solvent molecule, the influence of interference on molecular configuration diminishes, vanishing entirely in the extreme case of a solvent which is also a high polymer.

Flory 1953 年于 *Principles of Polymer Chemistry* 一书中 602 页再次预见：

现在看处于没有附加溶剂的无定形聚合物中的聚合物分子链。设想分散在由同类聚合物的其他分子组成的“溶剂”中的每一个单个分子。必然是相互作用参数 χ_1 将是零，而 V_1(溶剂的摩尔体积)是很大的。因此，α(扩张因子)将很接近于 1；也就是说，在没有被溶剂稀释的无定形聚合物中的分子应该实质上是无扰的。所以橡胶弹性的统计理论没有由于考虑分子内扰动而经受什么修正。这一幸运结论的物理根源容易理解：虽然处于聚合物本体状态的分子(或处在浓溶液中也一样)自身相互扰动，但是它引起的扩张并没有使它获得什么，因为分子链扩张所造成的自身相互作用下降必定为该分子链与其相邻者增加的相互扰动所抵消。

Consider now the polymer molecules present in an amorphous polymer in the absence of added solvent. Each individual molecule is dispersed in a“solvent”consisting of other polymers of the same kind. Necessarily χ_1, will be zero, and V_1 is very large. Hance α will be very nearly unity; i. e., molecules in an undiluted amorphous polymer should be substantially unperturbed. The statistical treatment of rubber elasticity is not subject to modification therefore by consideration of intramolecular interferences. The physical reason for this fortunate conclusion is easy to comprehend; although a molecule in the bulk state (or in a concentrated solution as well) interferes

① Flory P J. J Chem Phys, 1949, 17:303.

with it self, it has nothing to gain by expanding, for the decrease in interaction with itself is compensated by increased interference with its neighbors。

3.5.2　本体聚合物的分子构象①

Flory 于 1975 年总结了关于无定形聚合物本体中的大分子链构象的研究结果，发表了“Molecular Configuration in Bulk Polymers”一文，现将全文翻译如下。

1. 引言

当不结晶和没有外加限制时，聚合物的性质与行为已习惯于以长链大分子呈现为无规线团构象为前提进行解释。正是在这一基本前提下，聚合物及其溶液的主要理论已被提出。在稀溶液中聚合物分子链的无规线团构象的普遍性已被很好地确立（螺旋结构的生物大分子和其他构型刚硬的大分子链除外）。对于无稀释剂的聚合物本体，目前情况还不够明朗。分子量足够高的无定形非玻璃态聚合物普遍显示的高弹性现象，只有借助于高度扭曲的分子链可以通过改变它们的构象来调节大的宏观应变这一理论，才可能得以解释。X 射线散射花样中的弥散环晕是类液态无序的标志。对于结晶聚合物，通常观测到的熔融熵的量是无定形态的构象无序的判据。这些和其他基本观测结果预示一种无定形聚合物本体中的分子排列状态，这种状态主要是混乱无序，呈现为与稀溶液中的分子链定性地，如果不是定量地，可比的所设想的聚合物分子链构象。

很多无规线团聚合物分子链堆砌成本体聚合物的高密度特征好像呈现空间几何的困难。实质上，所有空间都被聚合物分子链链段充满，空的体积分数是很小的。与此同时，没有链段可以侵占任意一链段已占据的空间体积，而在各个分子链内链结构单元间连接的整体性肯定被保持着。已经指出[1]，如果聚合物分子链具有足够的柔性，这些表观的困难容易被解决，大多数聚合物容易满足这一条件。尽管理论上确信，面对无定形聚合物的致密堆砌无论现实的还是想象的概念上的困难看上去都已激发了与如上所主张的“无规线团”假说不一致的各种观点。按照一些人的意见，聚合物分子自身卷曲线团，好像是被避免与相邻者互混的违反众议的困扰所刺激。这些单个的分子被少数仍坚持这种意见者看成多多少少存在像用电子显微镜对断裂表面观测可分辨的分立实体那样，等。

另一些假说在现代学者中赢得广泛得多的支持。这些假说与上述论点是完全对立的。代替链自身的卷曲，各个分子链被设想为与其相邻者亲近地对应在一起，形成链束，准平行链“曲棍”(meander)排列，或其他包括同类或不同类链的系统地分子间结合的介晶类缔合。这类图形令人感到困惑地接近于结晶图样，但是过分趋近对应性在属于这一范畴的图形制作中必须明确地避免。

这些假说中没有一个值得认真对待。除去任何合理地怀疑在无定形聚合物中各个分子链充分地相互混合之外，甚至任意一粗略地检验手上的证据就会指示出它们的构象多多少少地是无规的，并且分子链的相邻部分间的相关性肯定只是短程的。作为定性地概括，这些论断已被很好地确立。它们的定量化则是另一回事。而在无序为主的构象中分子链的无序混乱排列

① Flory P J. Pure Appl Chem Macromol Chem, 1972, 8, 1. reprinted in Rubber Chem Tech, 48, 513(1975).

作为聚合物本体中分子形态的有效定性描述是可以被接受的,否认任意类型的所有有序形迹的存在肯定应该是未经证明的。这里我们将主要涉及关于这一领域争论问题的定量论据的关键性评论。

在开始之际简要地考虑一下想象可能存在的有序类型是适宜的。最好借助相关性定义有序。就聚合物的情况而言,两类相关性需要区分:相邻链的链段间的分子间相关性和在同一分子链内链段间或键之间的分子内相关性,前一类型相关性完全与非聚合物液体中的相关性相似。除短程相关性之外,链结构单元(inter-unit)间距离对应于 X 射线散射花样中的无定形弥散晕环,可以想象分子链间的取向相关性同样存在。后者在这里是主要的。

为了更严格地描述取向相关,设在沿链长一给定区域链骨架方向用跨两个连续骨架键向量来确定。显然,这样的向量会比一个骨架键向量提供更好的链轨迹方向因子。对于相邻的链,这样定义的向量间的平均相关函数可以作为分子链局部平行的一种度量。向着第二相邻者及更高阶相邻者(相距更远的链结构单元)这种相关性的持续原则上应该作为决定局部链方向或轴的相关范围。另外要注意的是,如上所确定的是围绕链纵轴或纵向的链的取向。这种子午向取向可以用嵌入链结构单元的且垂直于链纵轴指向的向量来确定。链的相邻结构单元间的横向相关性就可以表示为这种横向向量的相关性。

在孤立的分子链情况下,分子内的相关性取决于环绕骨架键的键角和影响其旋转的位垒。分子的这些特性决定着分子链的键之间的相关性本质,并伴随着决定按分子链全部构象的任意性质的平均。相关的范围将被建立,然而依赖于被平均性质的不同而不同[2-3]。如果所要研究的性质是大分子链的尺寸,那么骨架键向量间相关性就是计算相关函数的相关向量。它们的相关范围一般相当大,约有十个或更多键的数量级[2-3]。就各个链结构单元对其光学各向异性的贡献来说,相关范围小得多[3-5]——常不多于两个键。

显然,实际上,聚合物分子链的分子内的相关性可能受到分子间相互作用的影响。这样,如果分子间相互作用强迫相邻链高度平行化,不规则的构象必然将被迫择优取适于平行排列堆砌的更伸展的构象。其结果是这样具有代表性的大分子链的均方尺寸将被增加。如果链平行化不是被相邻分子链的空间要求所迫使,而且如果分子间相互作用还是改变了链骨架键的构象分布,那么这一在键构象中的变化肯定会被反映在链均方尺寸的变化上。

统计力学理论只可能提供关于在聚合物本体中所预期分子组织结构类型的有限的启示。链状分子液体模型理论强烈地认为可观地远离两种极端状态——只具有短程有序的液体和长程有序的晶体——中间程度的有序状态应当具有较高的自由能,并且因此比两种极端状态中任何一种状态的稳定性都差。聚合物液体中的分子相关性和局部有序程度与类别的更严格的计算阐述处于一般理论的论述范围之外。依赖于结构细节和单个事例的特殊形式的各因素必然是重要的,并且这些没有被理论处理所选择的模型所概括。这里所提出的问题原则上从分析实验证据中一定会找到答案。

在这篇文章中,关于可能存在于无定形聚合物中的这样的有序的证据被予以评述。首先讨论关于分子内方面的证据,也就是在本体无定形态中聚合物分子链的构象。然后将引证关于局部区域分子间相关性的现代结果。

2. 稀释对弹性模量的影响

根据橡胶弹性理论,交联无定形聚合物伸长形变过程中所产生的张应力为式(3.10)给定

$$f' = (\nu kT/V_* \varphi_2^{1/3})(\langle r^2\rangle_* / \langle r^2\rangle_0)(\alpha - \alpha^{-2}) \qquad (3.10)$$

式中，ν 为交联网中的有效链数；k 和 T 有它们通常的意义；V_* 为交联网未溶胀时的体积；φ_2 为聚合物的体积分数；$1-\varphi_2$ 为样品中稀释剂的体积分数；α 为当样品已被溶胀至体积为 $V=\varphi_2^{-1}V_*$ 时相对未拉伸样品长度的伸长比；$\langle r^2\rangle_*$ 为样品未形变($\alpha=1$)、未溶胀($\varphi_2=1$)状态下体积是 V_* 时的网链均方长度；$\langle r^2\rangle_0$ 为 r^2 的平均值，并且应是不受在它们链端由于交联所传递的限制影响而获得的网链长的均方值，样品的环境与温度是不变的。在式(3.10)中 f' 是"标称应力"(nominal stress)，它表示为未形变未溶胀的样品单位截面积所受的力。参数 ν、V_* 及 $\langle r^2\rangle_*$ 是由网状结构所固定的。现在的兴趣集中到 $\langle r^2\rangle_0$ 上，它是表征未受到网结构限制的链的构象的参数。如果相邻链单元间的局部相互作用影响链的构象，这样的影响一定会反映在 $\langle r^2\rangle_0$ 上，因此，根据式(3.10)还会反映在回缩力 f' 上。特别是，如果在稀释剂不存在时所达到聚合物密度必使分子链平行堆砌，那么为了这个缘故 $\langle r^2\rangle_0$ 肯定会增大。相反，如果为了更有效地填充空间分子链受迫采取更大的曲率，那么 $\langle r^2\rangle_0$ 将一定变小。在这两种情况下，分子链构象的扰动通过很小比例的低分子量稀释剂的引入都应该被解除掉。这样的稀释效应肯定要显示在力 f' 上。

如果在聚合物本体无定形态链的构象没有受到扰动，那么根据橡胶弹性理论，如式(3.10)所示，则

$$f'\varphi_2^{1/3}/(\alpha-\alpha^{-2}) = 2C_1' \tag{3.11}$$

它应该不依赖于伸张比 α 和稀释度 $1-\varphi_2$。所以这一量在稀释作用下的行为应是不受限制的链的构象随稀释变化的标记。

人们所关心的事物被进行的测试，由于弹性材料不严格服从于式(3.10)而变得模糊了。在通常所用的伸张比($\alpha=1\sim2$)范围内比较好的表示式被提出了，即 Mooney-Rivlin 表示式

$$f'\varphi_2^{1/3}/(\alpha-\alpha^{-2}) = 2C_1' + 2C_2'/\alpha \tag{3.12}$$

式中含有附加项 $2C_2'/\alpha$。经验参数 C_2' 已被观测到随稀释而降低，近似如 φ_2 一样。因此式(3.11)和式(3.12)左边的量随稀释而降低。对于适当的稀释度其变化很小如所表示为总力的百分之几，且随伸长而变小正如式(3.12)所限定。对于聚二甲基硅氧烷(PDMS)[6]、天然橡胶(NR)[7]及聚异丁烯(PIB)[8-9]的网，稀释度为 20%($\varphi_2=0.80$)使 $f'\varphi_2^{1/3}$ 在伸张比 $\alpha=2.0$ 时只降低 3%～5%。而且，经验参数 C'_2 及 $f'\varphi_2^{1/3}$ 随稀释逐步变小，在研究所及范围($\varphi_2=1.0\sim0.20$)内变化是连续的。由于很小的稀释而引起 $f'\varphi_2^{1/3}$ 的快速变化(降低或增加，见上文)，正像如果本体聚合物高度致密特性分子链的堆砌而影响了链的平均构象所期望的那样，至今从未被观测到过。因此，随着稀释力 f' 的任何变化，可能想象它归于在未稀释状态下链构象扰动的缓和是小的——事实上比如果任何类型胶束凝聚体出现在本体聚合物时应该出现的构象扰动要小得多，这些必然会因稀释而分散掉。

C_2' 项的根源仍然是模糊的。然而，对于典型的弹性体，已被观测到的 C_1' 和 C_2' 对温度的相似的依赖性表明，后者(C_2')像前者(C_1')一样源于链的分子内特性。因此，甚至于在固定伸张比 α 时随稀释量 $f'\varphi_2^{1/3}$ 和 C_2' 一起发生的小的变化(降低)不可能合理地描述成为分子间效应。

3. 弹性状态中的应力-温度系数

对于溶胀网和未溶胀网的应力-温度系数的分析提供了关于无定形聚合物无序状态的更确定的证据。从弹性形变的热力学已得到

$$f_e/f = -T[\partial\ln(f/T)\partial T]_{V,L} \tag{3.13}$$

式中,f 为张力,等于上述标称应力 f' 与未拉伸未溶胀样品横截面积的乘积,而 $f_e=(\partial E/\partial L)_{T,V}$ 是热力学能 E 对张力的贡献。实验观测到当体积恒定时式(3.10)中的量 $\langle r^2\rangle_*/V_*\varphi_2^{1/3}$ 和这一横截面积的乘积不依赖温度,这样从式(3.10)和式(3.13)就可得出

$$-[\partial\ln(f/T)/\partial T]_{V,L}=f_e/(fT)=\mathrm{d}\ln\langle r^2\rangle_0/\mathrm{d}T \tag{3.14}$$

所以当体积恒定时严格测定的张力-温度系数可以用于评估表征聚合物自身所提供的环境中自由链的均方长度的变化[$\mathrm{d}f/\mathrm{d}T$ 的测定通常是在恒压条件下进行的,接着按式(3.14)的恒容要求作校正]。如果聚合物分子链被平行排列成胶束或另一种链的相关达到这样一种程度以致影响了它们分子内构象,那么这种影响肯定会被预料随温度变小,并且因此会被反映在 $\langle r^2\rangle_0$ 的温度系数上。照这样任何分子链的实质性的有序通过用溶剂溶胀一定会变弱或变小。这一稀释效应一定会相应地表现在溶胀网与未溶网相应的温度系数上。交联聚亚甲基(PM)或聚乙烯和天然橡胶(NR)的实验结果列于表 3.6。

表 3.6 稀释对聚合物网的热弹行为的影响

聚合物/稀释剂/温度,℃	体积分数 φ_2	f_e/f	$10^3\mathrm{d}\ln\langle r^2\rangle_0/\mathrm{d}T$	文献
PM/无/140~190	1.0	−0.42±0.04	−1.0±0.1	[10]
PM/DEHA[a]/130~180	0.5~0.8	−0.44±0.08	−1.0±0.2	[10]
PM/n-$C_{32}H_{66}$/120~170	0.3	−0.48±0.05	−1.15±0.1	[10]
NR/无/−20~25	1.0	0.11[b]±0.02	0.41±0.04	[10,11]
NR/无/45	1.0	0.12±0.03	0.39±0.10	[7]
NR/n-$C_{10}H_{22}$/45	0.36~0.65	0.12±0.01	0.39±0.04	[7]
NR/n-$C_{10}H_{22}$/30	ca. 0.25	0.17±0.02	0.56±0.04	[12]

a. DEHA(diethylhexyl azelate)壬二酸二乙基己酯。
b. 这一结果是在[$(\partial V/\partial L)_{V,T}$]的实验值基础上重新计算的,代替了假定可能低至 $f_e/f=0.06\pm0.03$ 近似理论结算。

表 3.6 中所列数据没有为稀释效应对无定形聚合物本体链的构象有实质性影响提供任何证据。表示为 f_e/f 比或另一种按式(3.14)计算出的 $\mathrm{d}\ln\langle r^2\rangle_0/\mathrm{d}T$ 值的温度系数在实验误差很小的界限内没有受稀释效应影响。这样的误差界限在 100 ℃温度下才引起不高于 1%的 $\langle r^2\rangle_0$ 扰动的变化。任何显著的链的有序化都必定会以大得多的程度上影响 $\langle r^2\rangle_0$ 及其温度系数。因而,对两种交联聚合物张力-温度系数的分析提供了强有力的证据,否定了在无定形聚合物中可估价的有序的存在,或者说,否定了能够影响分子链构象的任何类型有序的存在。

按上述方法从张力-温度系数测定的 $\langle r^2\rangle_0$ 温度系数结果与从相应线性聚合物的特性黏数-温度系数计算得到的 $\langle r^2\rangle_0$ 温度系数值一并列于表 3.7 进行比较。

表 3.7 从网的应力-温度系数推断出的 $\mathrm{d}\ln\langle r^2\rangle_0/\mathrm{d}T$ 与从特性黏度-温度系数得到的值的比较

聚合物	$10^3\mathrm{d}\ln\langle r^2\rangle_0/\mathrm{d}T$[a]	
	从 $(\partial f/\partial T)_{p,L}$	从 $\mathrm{d}[\eta]/\mathrm{d}T$
聚亚甲基(PM)	−1.0±0.1(160)[10]	−1.2±0.2(150)[13]
聚异丁烯(PIB)	−0.27±0.1(20)[14]	−0.28±0.1(80)[15]
聚二甲基硅氧烷(PDMS)	0.78±0.06(70)[16]	0.71±0.1(70)[16]
聚苯乙烯(PS)	0.37±0.1(140)[17]	0.44±0.1(30)[17]

a. 小括弧内的数字是平均温度(℃),中括弧内的数字是参考文献号。

第二种方法与第一种方法从整体上是没有关联的。第二种方法是建立在无限稀释极限情况下独立线形大分子特性表征基础上的。对于至今已经最仔细研究过的四个聚合物这样不同的研究方法得到的结果如此相符是惊人的。从网的稀释对显示在应变之下的应力的影响和对应力温度系数的影响如上所得结论从表 3.7 所列结果又得到明显的确认。

4. 宏观环化反应平衡

环化分子和线形分子之间的平衡反应可以用一组每个 x-聚体的环化物的平衡常数 K_x 表示。在线形聚合物的无限链长的界限内，环化物序列中的每一个都处于平衡状态，K_x 等于环化 x-聚体的物质的量浓度。正如曾被 Jacobsen 和 Stockmayer[18] 指出过那样

$$K_x = \left(\frac{3}{2}\pi\langle r_x^2\rangle_0\right)^{3/2}\left(\frac{1}{2}N_A x\right) \tag{3.15}$$

式中，$\langle r_x^2\rangle_0$ 为在所存在的条件下 x 个链单元组成的线性链的均方长度；N_A 为阿伏伽德罗常量。这一方程式是在如下两个假设基础建立起来的：①任一 x-聚体链的末端向量 r_x^2 的分布为高斯分布，更确切地说，在 $r_x=0$ 位置的这一分布的密度可以用 $r_x=0$ 为中心的高斯函数描述，并有二次矩为 $\langle r_x^2\rangle_0$；②这样的分子链的始端键和末端键的方向是彼此不相关的[19]。

一般来说，对于具有大约超过 30 个链骨架键的分子链，这两个条件足以能够满足。

聚二甲基硅氧烷是一个这样的典型聚合物，它对在酸性或碱性催化剂存在下通过各种分子之间的交换过程平衡化很敏感。在这些条件下，聚二甲基硅氧烷$[\text{—}(CH_3)_2Si\text{—}O\text{—}]_x$ 的线形聚合物和环化物之间的平衡可以被建立。Brown 和 Slusarczuk[20] 测定了温度为 110 ℃、总浓度为 0.22 g/mL 的硅氧烷(siloxanes)-甲苯溶液的平衡混合物中从 $x=4$ 直到超过 $x=200$ 的环化组分的浓度。分析是用气-液色谱完成的。Semlyen 和 Wright[21] 类似地研究了未稀释的聚合物的平衡组成，测定了从 $x=4\sim40$ 的环化物的浓度。在上述两个研究中的分析所得平衡常数 K_x 的精确度达±5%。所得结果列于表 3.8。

表 3.8　从$[\text{—}(CH_3)_2Si\text{—}O\text{—}]_x$ 的环化平衡反应得到的特征比

实验条件	特征比 $C=\langle r^2\rangle_0/nl^2$，$T=110$ ℃	文献
从在本体测定的 $x=20\sim40$ 的平衡常数 K_x	6.9	[21]
从在甲苯溶液测定的总浓度 0.22 g/mL，$x=20\sim200$ 的平衡常数 K_x	7.4	[19,20]
从在 θ 溶剂测定的特性黏数校正至 110 ℃	6.7	[22,23]

均方末端距 $\langle r_x^2\rangle_0$ 值是根据式(3.15)从平衡常数 K_x 计算得到。当 $x>20$ 上述假设①和②不会带来明显的误差，而特征比 $C=\langle r^2\rangle_0/nl^2$ 表示式中 $n=2x$ 为链骨架键数，l 为键长，当 n 足够大时特征比 C 趋近渐近极限[19]。表 3.8 所列结果表明稀释不呈现改变特征比 C，所以也不改变 $\langle r^2\rangle_0$，除非实验误差超出了允许的界限。从环化平衡常数 K_x 得到的特征比与从在有机溶剂高度稀释情况下线形聚合物通常的特性黏数得到的特征比极为相符这一事实具有更大的意义[22-23]。

对于 $4\leqslant x<16$ 的系列低 x 值成员，式(3.15)是不适用的，因为假设①和②已不成立[19]。因而，从链的结构推断平衡常数要求细致地计算满足末端距条件($r=0$)和为环化反应所必需的键的方向条件的链构象的影响范围。这种计算要在(至少近似地)说明指定范围内环化物的浓度后进行[24]。这很少关系这里要考虑的主要问题。然而，Wright 和 Semlyen[25] 进一步发现，对于$[\text{—}H(CH_3)Si\text{—}O\text{—}]_x$ 和$[\text{—}C_2H_5(CH_3)Si\text{—}O\text{—}]_x$ 两种聚烷基硅氧烷，在 $x=6\sim8$ K_x

几乎不受甲苯稀释的影响,直到溶液中硅氧烷体积分数分别为 40%和 20%,这一发现对聚二甲基硅氧烷结果给予了支持。

5. 聚合物浓溶液的热力学行为

如果在本体聚合物中存在有序等,在稀释过程中它的耗散一定要影响混合热力学。特别是稀释熵在低稀释剂浓度范围内将增大。假设初始有序并不这样完善(如晶体中),因而限定未稀释聚合物的能量明显地降低,自由能参数 χ 应该被超额稀释熵所降低。这种影响应显示在很高聚合物浓度时最明显的溶剂活度的降低。

在高浓度时溶剂的实验稀释熵常比计算组合贡献要大得多[26-28]。然而,这种“超过”的熵是来自其他的根源[27,29]。当极限情况 $\varphi_2=1$ 达到时稀释熵的连续性很重要。惯用的蒸气压测试在低溶剂浓度时不给出异常显示,这种情况应该是无序的指示。然而,这类方法在低溶剂浓度变得不精确,这正是检测常设想存在于聚合物本体有序耗散最重要的范围。

现代的气-液色谱已被用于极端情况下 $\varphi_1=0$ 直接测定在聚合物中的蒸气活度[30]。Hammers 和 DeLigny[31],Newman 和 Prausnitz[32] 已将这一方法用于环己烷(cyclohexane)、正戊烷(n-pentane)和苯(benzene)三种溶剂中的聚异丁烯(PIB),并将用这一方法得到的 χ 值与在 $\varphi_2=0.4\sim0.96$ 的蒸气吸收测定结果的外推值进行比较。这种比较在表 3.9 中的前三项给出。Summers 等[33]进行了类似的研究,体系是聚二甲基硅氧烷与三种碳氢化合物溶剂的溶液。三种这样体系的研究结果也列在表 3.9 中。在比较高的稀释剂浓度下,蒸气吸收测定结果外推得出的自由能参数 χ 值(在部分级分基础上计算的)[29]与在 $\varphi_1=0$ 条件下气-液色谱直接测定值对五种体系相符都极好。

表 3.9　在 $\varphi_1\to0$ 极限值时聚合物溶液的热力学相互作用

聚合物/溶剂	χ(25 ℃)[a]	
	从蒸气压测定外推	从气-液色谱直接测定($\varphi_1=0$)
聚异丁烯/环己烷	0.52±0.03[27]	0.55[31],0.55[32]
聚异丁烯/正戊烷	0.88±0.03[27]	0.85[31],0.87[32]
聚异丁烯/苯	1.13±0.03[27]	1.00[31],1.03[32]
聚二甲基硅氧烷/正庚烷	0.53	0.56[33]
聚二甲基硅氧烷/苯	0.87	0.86[33]
聚二甲基硅氧烷/甲苯	0.82	0.83[33]

a. 外推值。

在部分级分基础上计算结果对于聚异丁烯/苯体系参数 χ 的气-液色谱直接测定值比从蒸气吸收测定的外推值稍低。可能这一差值是真实的,也可能是实验误差造成的,结果尚不清楚。但对于其他五种体系中的任何一种体系都不存在可能属于因稀释而引起的分子有序消散的异常的标记的自由能参数 χ 随组成变化趋势。

6. 本体聚合物中分子尺寸的直接测定

两种方法已经被实验采用过:

(1) 小角 X 射线散射测定在链端带有重原子的线形聚合物分子的均方尺寸 $\langle r^2\rangle$,这样的标记聚合物被分散在化学结构相同未标记的母体聚合物中。

(2) 小角 X 射线散射测定沿整个链长带有高散射功率的原子的聚合物链旋转半径。

第(1)种方法已被 Krigbaum 和 Godwin 应用于链端为羧基并转换成银盐的聚苯乙烯分子分散在纯聚苯乙烯的混合物体系[34]。对于分子量为 87 000 的聚苯乙烯,他们得到的均方长度为$\langle r^2\rangle^{1/2}$为 269 Å,与在θ点的稀溶液聚苯乙烯分子链构象计算得到的均方长度为 271 Å 很接近。他们的结果被作为初步实验结果而提出。这样的实验结果表示聚合物在本体分子链的构象与稀溶液中的无扰链没有多大差别。

另一种方法在代替 X 射线而采用中子的散射实验中已被应用[35]。一氘代聚合物被分散在其质子取代的等同物中或者后者是氘代的而分散相通常是质子取代聚合物,两种情况下的优越性是成功地利用了质子和氘原子对中子相干散射长度(或截面)差很大。对于平均分子量约为 7000 的氘代聚苯乙烯,Cotton 等[35a]测得分散在质子聚苯乙烯中的旋转半径$\langle s^2\rangle^{1/2}$为 31.5 Å,同样的样品溶解在良溶剂中时的旋转半径却为 28.7 Å。Kirste 等[35b]已经仔细地研究了分子量为 250 000 的分级了的聚甲基丙烯酸甲酯以各种不同浓度分散在相同分子量的氘代母体中的中子散射。通过无限稀释外推得到它们的旋转半径$\langle s^2\rangle^{1/2}=116$ Å(经过多分散校正),与在θ溶剂即丁基氯中得到的旋转半径$\langle s^2\rangle^{1/2}=110$ Å 很相符,并显著地低于在良溶剂即二氧六环中得到的旋转半径$\langle s^2\rangle^{1/2}=170$ Å。这些比较新的结果为在无定形态聚合物分子链的无规性提供了有力的证据。

为了确定在本体聚合物中的高分子链的尺寸,更理想的是简要指出各种方法的广泛使用。它们令人感兴趣的是方法的直接性。然而,从严格性的观点看,用这种"直接"的方法所得到的结果并不一定比其他如上评述的方法带来更大的分量(weight)。

7. 链状分子的光学各向异性

光的解偏振散射(如在 90°的散射)依赖于散射介质的极化率的各向异性。如果假设在(液体)介质中所有分子相互间不相关而无规取向,那么各向异性散射的瑞利比(Rayleigh ratio)R_{an}可从散射光的解偏振组分强度推断,它与每一个贡献单元光学各向异性平方γ^2之和成比例。这一量用式(3.16)定义

$$\gamma^2=\left(\frac{3}{2}\right)\mathrm{trace}(\hat{\boldsymbol{\alpha}}\,\hat{\boldsymbol{\alpha}}) \tag{3.16}$$

式中,$\hat{\boldsymbol{\alpha}}$为由分子极化率张量$\boldsymbol{\alpha}$的各向异性部分组成的无迹张量(traceless tensor)。因而,γ^2正是无迹张量$\hat{\boldsymbol{\alpha}}$的张量元平方之和。在柔性链分子情况下,通过所有构象平均的量$\langle\gamma^2\rangle$是所要求的。分子取向相互独立(不相关)的条件在各向同性溶剂(如四氯化碳)的足够稀溶液中是可以得到满足的,Coumou 和其他同事证实了这一点,他们的实验结果表明所测定的简单分子的光学各向异性平方γ^2值与蒸气解偏振光散射测得的相应值很好地相符[36]。正烷烃的均方光学各向异性也已用它们的四氯化碳溶液的解偏振散射进行了测定[5,37]。

用光学各向异性溶质的溶液测定解偏振散射结果一般呈现为非线性浓度依赖性[5,36]。对线性加和性的偏离被归于溶质分子间的相关性。这种偏离可能增强或减少各向异性散射,依赖于分子相互接触时极化率张量的轴的相互取向。由于各向异性散射对分子间的相关性的敏感性,为了获得研究中分子特征的光学各向异性均方值$\langle\gamma^2\rangle$,将溶液测试结果外推至无限稀释是十分重要的[5,36,38]。鉴于同样的原因,作为研究液体和浓溶液的分子间的相关性的方法,解偏振光散射呈现为具有应用前景的实验方法。

关于由链状分子组成的液体中分子间相关性的现代研究结果见表 3.10。

表 3.10　解偏振光散射测定的光学各向异性

碳氢化合物/温度,℃	理论值	$(\langle\gamma^2\rangle/n)$/Å[6] CCl_4 溶液外推值(C=0)[5]	非稀释液体[3,8]
正己烷/25	0.28	0.28_0	0.32
正癸烷/25	0.32	0.31_1	0.67
正十六烷/25	0.37	0.33_3	1.21
正三十六烷/140	0.30		1.09
聚亚甲基/140	0.31		(1.1)[a]
CH_3—O—$(CH_2CH_2O)_4$—CH_3/25	0.16_7	0.16_4	(0.36)[a]

a. 外推值。

这种分子间的相关性被表示为$\langle\gamma^2\rangle$表观值对链长之比,而链长指的是链骨架键数 n。在表 3.10 的第二列中给出的理论值是根据旋转异构态理论[3,4]计算出来的,假设键的极化率张量具有加和性。理论计算值与无限稀释外推的实验结果很好相符(外推实验结果列于表 3.10 第三列)。包括聚亚甲基以及聚氧化亚乙基在内的高级正烷烃的$\langle\gamma^2\rangle/n$ 随浓度增加。正己烷除外,纯液体的表观值是无限稀释的$\langle\gamma^2\rangle$值的 2～4 倍。此外,根据这里未列入的对聚异丁烯的初步测试结果[39],PIB 的$\langle\gamma^2\rangle$值随浓度的增加而降低,它的$\langle\gamma^2\rangle$值远低于无限稀释的四氯化碳溶液测定值。

相当显著的未稀释液体的$\langle\gamma^2\rangle$表观值与以无限稀释的各向同性溶剂的溶液中测得的$\langle\gamma^2\rangle$值间的差异是分子间相关性的强有力的证据。然而,应该指出的是在表 3.10 中展示的高分子链的$\langle\gamma^2\rangle_{未稀释}/\langle\gamma^2\rangle_{无限稀释C=0}$值并不比低分子溶质的相应的比值大很多[36]。对于硝基苯这一比值超过 2 已被检测到。因此无论聚合物分子间相关性的本质怎样,它们的分子间的相关性可能同样与低分子量液体的分子间相关性没有区别。

从交联体系的应变双折射研究得到了无定形聚合物中分子间相关性的丰富的证据。应力光学系数与习惯上等同于假想链段的各向异性 Δa 成比例。它严格地定义为

$$\Delta a=\left(\frac{3}{2}\right)\sum_i\langle r^{\mathrm{T}}\hat{\alpha}_i r\rangle_0/\langle r^2\rangle_0 \tag{3.17}$$

式中,$\hat{\alpha}_i$ 为分子链的第 i 个单元或键的极化率张量的各向异性部分;$\boldsymbol{r}$ 为末端矢量,表示纵列,而 r^{T} 是它的横向形式;加和包括所有链单元。本节指出可以从双折射对应力之比(从应力光学系数)被经验地估算出来,并且指出 Δa 可以从分子链的结构几何。可应用的构象统计参数理论地计算出来,计算过程中也要利用键或基团极化率张量的加和性原理。

关于相关性问题的实验证据见表 3.11 中。用各向同性液体(CCl_4)或低各向异性液体[十氢萘(decalin)]稀释降低 Δa 的表现值。用聚亚甲基(PM)/十氢萘值为 1∶2 的后者溶胀前者,降低 Δa 的因子约为 2。外推至无限稀释大概会给出理论计算和表 3.11 中引用的 Δa 范围之内的数值。

表 3.11　从聚合物网的应变双折射得到的结果

聚合物/温度,℃	稀释剂/φ_2	Δa/Å^3	$10^3 d\ln\Delta a/dT$/℃$^{-1}$	数据来源
聚亚甲基/150	无	7.8[a]	−4.1±0.1	[40]
聚亚甲基/150	十氢萘/0.33	4.0[a]	−1.4±0.1	[40]
聚亚甲基/150		理论:2.3(±0.5)	−1.2±0.2	[40]
顺式聚丁二烯/20	无	7.5		[43]
顺式聚丁二烯/20	四氯化碳/0.12	5.5		[43]
顺式聚丁二烯/50		理论:4.0(±0.5)[b]		[44]
反式聚丁二烯/95	无	8.6		[45]
反式聚丁二烯/60	四氯化碳/0.15	5.8		[45]
反式聚丁二烯/50		理论:4.3(±0.5)[b]		[44]
聚异丁烯/25	无	4.24	1.5±0.01	[46]
聚异丁烯/25	四氯化碳/0.16	3.53	0.25±0.01	[46]

a. 未溶胀和十氢萘溶胀的聚亚甲基和 Δa 的类似值已报道过[41-42]。
b. 这些理论值是试探性的,更好的值有待于具有更可靠性的键的各向异性测定。

十氢萘本身是各向异性的,尽管它的各向异性很小;因而,溶剂-溶质的相关性可能影响用这一稀释剂测定的 Δa 的表观值。对于溶胀的聚亚甲基的测定的 Δa 的温度系数与理论计算结果很吻合。对于未溶胀网的 Δa 的温度系数是一个大得多的负值,这可能是随温度变化分子间的相关性降低所致。

用四氯化碳稀释对顺式聚丁二烯和反式聚丁二烯以及聚异丁烯的 Δa 影响很小。

应变双折射实验的这些研究结果与从各向异性光散射得到的结果是协同一致的。在聚亚甲基液体中相关性是最重要的;而在至今所研究的其他体系中相关性表现得没那么显著。在这两类实验中四氯化碳稀释带来的结果与理论结果是近似一致的。

8. *总结与结论*

实验(i) 拉伸橡胶中的应力
　　(ii) 应力温度系数
　　(iii) 环化反应平衡
　　(iv) 在 Henry's 定律范围内溶剂的热力学活度

提供的定量测定结果没有揭示出可以归于曾假设存在于未稀释聚合物中的链的有序耗散的任何可辨别的稀释效应。支持这一论点的结果已在很多不同的实验室用不同的方法得到。它们看来正在被发展中的中子散射研究所确认。

对聚二甲硅氧烷(PDMS)从实验(iii)推断 $\langle r^2\rangle_0$ 值和对一些本体聚合物从实验(ii)推断 $d\ln\langle r^2\rangle_0/dT$ 值与稀溶液测定结果极其符合。这些证据作为整体迫使做出的结论是在无定形本体聚合物中大分子链的构象是无规的,并且无法觉察这样的大分子链构象与在无限稀释(远离稀释介质中的排除体积效应)所显示的构象的区别。

解偏振光散射实验测得的光学各向异性和如上讨论的应变双折射所提供的局部分子间有序的证据几乎同样迫使做出结论。这些观测结果不直接与如上各段所引出的结果抵触。稍早我们已经指出,必须小心地将分子间的相关性与分子内的相关性区别开来,后者与分子构象密切相关。

对于从光学各向异性得出的相关性证据的一些方面应该谨慎指出。

第一，基团极化率张量的分子内相关(性)范围是短程。

从这样的事实看是明显的，即孤立分子链$\langle \gamma^2 \rangle /n$值以一因子增加。例如，聚亚甲基链$CH_3—(CH_2)_n—H$的$n=1\sim\infty$只增加约1.3倍。几乎好像单个基团张量$\hat{\alpha}_{CH_2}$是相互独立的，因而$\langle \gamma^2 \rangle /n$值随$n$增加应是一常数。相反，特征比$\langle r^2 \rangle_0/n$在常温随$n=1\sim\infty$增加了约8倍。所以表观光学各向异性正如相对变化所证实的那样对分子内效应是更不敏感的。

第二，在光学各向异性中呈现出的分子间相关效应不一定指示着分子链的平行性。例如，在正烷烃链情况下，同样的表观$\langle \gamma^2 \rangle$增加可以通过垂直存在于相邻链反式序列中碳原子所决定的平面的矢量的排列而达到。

第三，对于本体无定形聚合物时常提出的“链束”(bundle)、胶束(micelle)及介晶模型，应该要求其光学各向异性至少是比所观测到的值大一个数量级。所观测到的效应是小的。它们不可能与所设想的有序程度一致。在量上它们与由小分子组成的液体中可辨别的相关效应可比拟。构成聚合物链的单元的连续性自身不太会明显地增强其无定形态的分子间的相关性。

9. 致谢

This investigation was supported by the Directorate of Chemical Sciences, United States Air Force Office of Scientific Research Grant No. AFOSR 72-2232.

参考文献

[1] Flory P J. Proc Roy Soc (London), 1956, A234: 60.
[2] Jernigan R L, Flory P J. J Chem Phys, 1969, 50: 4165.
[3] Flory P J. Statistical Mechanics of Chain Molecules. New York: Wiley-Interscience, 1969.
[4] Jernigan R L, Flory P J. J Chem Phys, 1967, 47: 1999.
[5] Patterson G D, Flory P J. Trans Faraday Soc, 1972, 68: 1098, 1111.
[6] Mark J E, Flory P J. J Appl Phys, 1966, 37: 4635.
[7] Allen G, Kirkham M J, Padget J, et al. Trans Faraday Soc, 1971, 67: 1278.
[8] Ciferri A, Flory P J. J Appl Phys, 1959, 30: 1498.
[9] Price C, Padget J, Kirkham M C, et al. Polymer, 1969, 10: 495.
[10] Ciferri A, Hoeve C A J, Flory P J. J Am Chem Soc, 1961, 83: 1015.
[11] Wood L A, Roth F L. J Appl Phys, 1944, 15: 784.
[12] Bashaw J, Smith K J Jr. J Polym Sci, Part, 1968, A-26: 1041.
[13] Flory P J, Ciferri A, Chiang R. J Am Chem Soc, 1961, 83: 1023; Chiang R. J Phys Chem, 1966, 70: 2348.
[14] Allen G, Gee G, Kirkham M C, et al. J Polym Sci Part C, 1968, 23: 201.
[15] Mark J E, Thomas G B. J Phys Chem, 1966, 70: 3588.
[16] Mark J E, Flory P J. J Am Chem Soc, 1964, 86: 138.
[17] Orofino T A, Ciferri A. J Phys Chem, 1964, 68: 3136.
[18] Jacobson H, Stockmayer W H. J Chem Phys, 1950, 18: 1600.
[19] Flory P J, Semlyen J A. J Am Chem Soc, 1966, 88: 3209. See also Ref. 3, pp. 392-396.
[20] Brown J F, Slusarczuk G M J. J Am Chem Soc, 1965, 87: 931.
[21] Semlyen J A, Wright P V. Polymer, 1969, 10: 543.
[22] Schulz G V, Haug A. Physik Z Chem (Frankfurt), 1962, 34: 328; Haug V A, Meyerhoff G. Makromol Chem, 1962, 53: 91.

[23] Crescenzi V, Flory P J. J Am Chem Soc, 1964, 86: 141.

[24] Beevers M S, Semlyen J A. Polymer, 1972, 13: 523.

[25] Wright P V, Semlyen J A. Polymer, 1970, 11: 462.

[26] Booth C, Gee G, Jones M N, et al. Polymer, 1964, 5: 353.

[27] Eichinger B E, Flory P J. Trans Faraday Soc, 1968, 64: 2035, 2053, 2061, 2066.

[28] Höcker H, Shih H, Flory P J. Trans Faraday Soc, 1971, 67: 2275.

[29] Flory P J. Disc Faraday Soc, 1970, 49: 7.

[30] Smidsrød O, Guillet J E. Macromolecules, 1969, 2: 272; Patterson D, Tewari Y B, Schreiber H P, et al. Macromolecules, 1971, 4: 376; Covitz F H, King J W. J Polym Sci Part A-1, 1972, 10: 689.

[31] Hammers W E, DeLigny C L. Rec Trav Chim, 1971, 90: 912.

[32] Newman R D, Prausnitz J M. J Phys Chem, 1972, 76: 1492.

[33] Summers W R, Tewari Y B, Schreiber H P. Macromolecules, 1972, 5: 12.

[34] Krigbaum W R, Godwin R W. J Chem Phys, 1965, 43: 4523.

[35] a Cotton J P, Farnoux B, Jannink G. International Symposium on Macromolecules, Helsinki, 1972 July; also, J Polymer Sci, in press. Kirste R G, Kruse W A, b Schelten J. Makromol Chem, 1972, 162: 299, also, private communication from Professor Kirste.

[36] Coumou D J, Hijmans J, Mackor E L. Trans Faraday Soc, 1964, 60: 2244; Coumou D J. Ibid, 1969, 65: 2654.

[37] Clement C B, Bothorel P. J Chim Phys, 1964, 61: 878; Fourche G, Bothorel P. Ibid, 1969, 66: 54; Bothorel P. J Coll Interf Sci, 1968, 27: 529.

[38] Patterson G D, Flory P J. unpublished.

[39] Patterson G D, Liberman M H. unpublished results.

[40] Liberman M H, Abe Y, Flory P J. Macromolecules, 1972, 5: 550.

[41] Gent A N, Vickroy V V Jr. J Polym Sci Part A, 1967, 25: 47; Gent A N, Kuan T H. Ibid, 1971, 9: 927.

[42] Saunders D W, Lightfoot D R, Parsons D A. J Polym Sci Part A, 1968, 26: 1183.

[43] Ishikawa T, Nagai K. J Polym Sci Part A, 1969, 27: 1123.

[44] Abe Y, Flory P J. Macromolecules, 1971, 4: 219.

[45] Ishikawa T, Nagai K. Polym J, 1970, 1: 116.

[46] Liberman M H. unpublished.

3.6　聚合物非晶态的中子衍射研究

3.6.1　在无定形固体状态和浓溶液中中子衍射测定聚合物的大分子链构象①

从通常质子聚合物在其氘代聚合物中的稀释固体溶液的相干中子散射可以测定无定形固态聚合物分子链的构象参数。用这一方法已经研究了玻璃体聚甲基丙烯酸甲酯(PMMA)。分子链形成了无扰线团，其旋转半径很接近于同一聚合物在低分子 θ 溶剂丁基氯稀溶液中相应的旋转半径值。同样的测定原理已应用于 PMMA 的氘代丙酮(D-acetone)的浓溶液。其溶液含有 50%聚合物，其主要部分(98%或更多)是氘代聚合物，以便使体系对于质子 PMMA (H-PMMA)的中子散射是光学稀释的。旋转半径及热力学参数对浓度的单值依赖性已被观测到。首次得到一种两个聚合物共混物的结果。聚 α-甲基苯乙烯(PMS)在氘代

① Kirste R G, Kruse W A, Lbel K. Polymer, 1975, 16, 120.

PMMA(D-PMMA)中的稀释固体分散体系被研究了,D-PMMA的质均分子量 $M_w=250\ 000$,样品是清澈透明的。PMS形成了平均(质均)16个分子的胶束(micelles),胶束的旋转半径 r_z 为170 Å。

1. 引言

为了用衍射实验测定处于各向同性相的大分子链的构象参数,我们需要一种特定的大分子链的分散状态。

(1) 这种特定的大分子链的相干散射长度密度(coherent scattering length density)(散射功率)区别于其周围(大分子链)的相干散射长度密度[所谓的反差条件(contrasting condition)]。

(2) 同时特定大分子链与其周围(大分子链)之间不存在位置和取向的相关性。

这种条件在大分子的低分子量溶剂的稀释液中容易实现;如果溶质和溶剂的折光指数差或者电子密度差足够大,那么光散射或者小角X射线散射将给出所需要的信息。为了消除溶质分子间的相互干射,一定要外推至零浓度。用这样的方法已经得到很多的实验结果与数据[1-7]。

得到无定形聚合物固体、聚合物熔体或聚合物浓溶液的同样的信息要困难得多。为了达到这一目的,一种新的实验程序已经建立起来[8-14]。在组合成的聚合物共混物中,只需要含有很少的通常氢原子组分的聚合物(约1%或更少);共混物中所有其他聚合物分子都是全氘代化的。用这样的样品,小角中子散射实验测定给予了所需要的信息。在这样的实验方法中,氢与氘之间的大的中子衍射的相干散射长度之差提供了所需要的反差。相反的实验程序,即少量的全氘代聚合物分子分散在大量的只含氢的聚合物分子中,也显示同样的相干散射。然而,氢的大的非相干散射将导致大的背底散射和精确度比较差的结果。

从理论研究和实验数据方面在无定形固体状态下和在浓溶液中的聚合物分子链的构象的一些构想已经被推论出来[15-19]。然而,这些构想中的某些论述是高度抽象的。因而,这里新的实验结果就变成了最渴望的。

2. 散射理论

如果一个溶解了的粒子被强度为 I_0 的电磁辐射或中子辐射所射中,那么相干散射强度 I 可用式(3.18)表示

$$\begin{aligned}(I/I_0)r^2 &\equiv R(k)\\ &=\left(\sum_i b_{2i}-\frac{\nu_2}{\nu_1}\sum_i b_{1i}\right)^2 P(k)\\ &\equiv \Delta b^2 P(k)\end{aligned} \tag{3.18}$$

式中,$R(k)$ 为瑞利比;r 为散射体与检测器之间的距离;b_{2i} 和 b_{1i} 分别为溶质分子散射核和溶剂分子散射核的相干散射长度;ν_1 和 ν_2 为相应的偏摩尔体积;$P(k)$ 为单个粒子的散射函数,而 $k=(4\pi/\lambda)\sin\theta$ 为散射矢量;λ 为波长;θ 为半散射角。中子的波长表示为 $\lambda=h/mv$,其中 m 和 v 分别为中子的质量和速度,而 h 为普朗克常量(Planck's constant)。在中子小角散射中,通常中子的波长 λ 为5~20 Å[20-21]。

如果浓度 c 的单位是克/毫升(g/mL),那么1 mL中的聚合物分子数就是 cN_A/M,其中 N_A 为阿伏伽德罗常量,M 为聚合物的摩尔质量(molar mass)。式(3.18)必须乘以此数值,而

相应的 $R(k)$ 将是与单位散射体积相关的瑞利比

$$R(k)=\Delta b^2 P(k)\cdot c\cdot N_A/M \tag{3.18a}$$

如果任何非理想相互作用存在，我们就必须考虑渗透压的高次维里系数（virial coefficients）。溶液热力学参数对散射行为的影响是熟悉的，并且已为 Zimm 等给出[22-23]

$$Kc/R(k) = 1/MP(k) + 2A_2c + \cdots \tag{3.19}$$

式中，K 为一常数，它依赖于散射类型；A_2 为渗透压第二维里系数。如果溶液是理想的，A_2 为零。比较式(3.18a)和式(3.19)，对于中子散射情况，可以估算出 K，如式(3.20)所示

$$K = \Delta b^2 \cdot N_A/M^2 \tag{3.20}$$

而 Δb 由式(3.18)所决定。对于式(3.20)，K 可以容易地适应于这里所采用的分散体系，即只含通常氢的聚合物（溶质）分散在氘代聚合物中。只要求氘和氢的散射长度，进入 Δb 表示式

$$\Delta b = \sum b_H - \sum b_D = N(b_H - b_D) \tag{3.21}$$

式中，N 为聚合物一分子的氘或氢的原子数。

为了得到溶质的瑞利比 $R(k)$，我们必须从聚合物样品总散射中去除这样一种专门制作的样品的散射，在这一样品中含有相同量的氘与氢，并且在其所有的分子中都无规地分布着。这样的样品给出的散射包含两部分：一部分是总非相干散射；另一部分是很小的相干散射组分。后一部分是由超分子结构产生的。这样的样品可以用通常单体和相应的氘代单体通过适当的共聚合反应制备。

为了鉴定与计算聚合物分子链的构象，散射函数 $P(k)$ 具有重要的意义。它与聚合物分子链的旋转半径 r 相关联，如

$$P(k)=1-r^2k^2/3+\cdots$$

为了更详细地认识聚合物分子链的构象，我们可以进行模拟计算，并将其结果与实验结果进行比较。

3. 实验部分

1）样品制备

这里的中子散射实验测定的经分级了的聚甲基丙烯酸甲酯（PMMA）样品的质均分子量为 M_w＝6100、34 500、78 000、250 000、505 000、1 034 000。这些分子量的聚甲基丙烯酸甲酯级分首先经用偶氮二异丁腈为引发剂的自由基聚合反应，再经溶胶-凝胶分级而成[24]。这些级分的分子量都用黏度法测定[25]。级分的多分散指数 M_w/M_n 经凝胶渗透色谱测定约为 1.35。这些级分中约含有 80％间同立构二单元组。所有的 PMMA 级分样品都先以（0.3％～1.2％）的计量溶于氘代甲基丙烯酸甲酯单体中，然后氘代 MMA 单体聚合。以过氧化苯甲酰引发聚合，并且用十二烷硫醇为链转移剂。引发剂和链转移剂的量，这样搭配以便所形成的氘代 PMMA 的 M_w 与被溶于其中的 H-PMMA 级分子的 M_w 相同；同时尽可能使所用引发剂和链转移剂的总量最小[24]。

氢/氘（H/D）同位素效应所引起的动力学常数的变化已经实验测定，并在聚合反应的控制过程予以适当考虑。

抽真空之后，待聚合溶液被加热至 50 ℃并保持 7 d，之后再加热至 70 ℃并保持 3 d。聚合反应是再加热至 120 ℃后保持 6 h 才完成的。在这样的聚合产物中存在的张应力经在 140 ℃

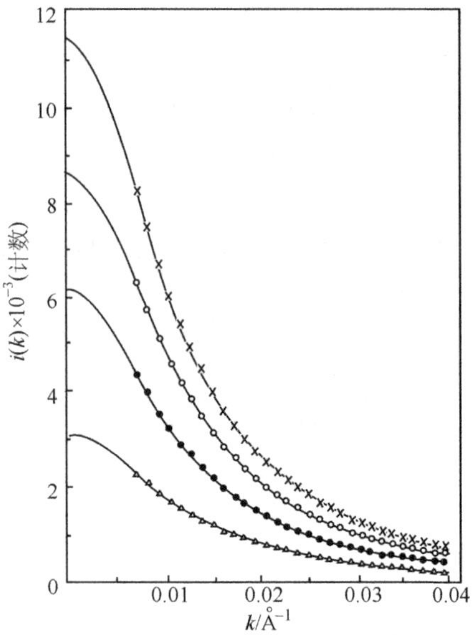

图 3.34　H-PMMA 级分分散在 D-PMMA 中的固体溶液的中子散射曲线

中子波长 $\lambda=6.51$ Å，样品与检测器间距 $L=8.665$ m，图中实线(——)是按式(3.22)以最小二乘法拟合实验数据结果。不同曲线所对应固体溶液样品中不同 H-PMMA 浓度 c 如下：× 1.19%；○ 0.93%；● 0.63%；△ 0.31%

下短时间退火而被移除。然后，以 0.5 ℃/h 速率降温至环境温度。这样所得到的氘代聚合物具有 Schulz 分布[26]，而 $M_w/M_n\approx2$。

测试用样品是矩形片，尺寸为 1.2 cm×3 cm×1 cm。厚度(1 cm)是已知中子衍射用氘代材料(如 D_2O)的最佳厚度。这一粗略估算是经过实验测定这样的样品的衰减因子为 2.6 所证实的。

2) 中子散射实验

这里所报道的实验数据是用位于 Grenoble 的 Max Von Laue-Paul Langevin 研究所的中子小角散射装置测定的[21]。一部分数据与之前已经测得的结果实质上是相同的[10-11]。测试是用两种不同的中子波长 λ 进行的，并且采用了不同的样品与检测器间的距离。中子束的单色化是用中子速度选择器来实现的。两种不同类型被采用。波长分布的半高宽(half-width)分别为±17%和±4%。图 3.34 和图 3.36 中的中子散射数据曾经用两种选择器得到的，并且未显示可识别的差别。其他结果是用比较宽的波长分布的中子束得到的。在表与图中给出的 λ 值均为平均值。

代替瑞利比，实验测定产生的为相对散射强度 $i(k)=k'P(k)$，其中 k' 为仪器常数。从分子量已知的聚合物溶液的散射强度，根据式(3.19)瑞利比已经被测定，以至于 k' 也是已知量。

4. 结果

1) 玻璃态聚甲基丙烯酸甲酯

图 3.34 给出了分子量 $M_w=250\ 000$ 的 PMMA 级分的示差散射强度(样品散射强度减去背底)随散射矢量 k 变化的曲线，不同曲线对应于不同 H-PMMA 级分的浓度 c。

背底散射计数(counts)约为 0.1×10^3，在图 3.34 的标尺内背底几乎不依赖于 k。如果 H/D 值在 0.003～0.012 变化，背底也没有可察觉的变化。这意味着，所测到的背底散射主要是由于超分子结构变化而产生的，并不属于非相干散射。图 3.34 中所画出的实线是根据理论线团散射函数用最小二乘法拟合实验数据的结果。单分散高斯线团的 Debye's 表示式[27]经对多分散性校正后为

$$P(k)=\frac{2}{(U+1)\xi^2}[(1+U\xi)^{-1/U}-1+\xi] \tag{3.22}$$

式中，$U\equiv M_w/M_n-1=0.36$[22-28]

$$\xi=\frac{\langle r^2\rangle_Z k^2}{1+2U}$$

式(3.22)对于 Schulz 分子量分布是有效的[22-26]

$$H(M)=\frac{1}{\Gamma(k+1)}\left(\frac{k+1}{M_w}\right)^{k+1}\cdot M^k\cdot e^{-(k+1)M/M_w} \tag{3.23}$$

其中 $k=1/U$。对于图 3.34 中的数据拟合可调参数已是纵坐标轴的截距和 $\langle r^2\rangle_Z$。Z 均方旋转半径被转换成质均均方旋转半径，利用了式(3.24)[29]

$$\langle r^2\rangle_{\mathrm{w}} = \langle r^2\rangle_Z \cdot \frac{1+U}{1+2U} \tag{3.24}$$

式(3.24)对于 Schulz 分布是有效的。对于所有的实验数据用同样的这种方法已经进行了计算。其结果列于表 3.12。

表 3.12　按式(3.22)经最小二乘法拟合所得根均方旋转半径（$\langle r^2\rangle_{\mathrm{w}}^{0.5}\equiv r_{\mathrm{w}}$）

M_{w}	$c\times10^2/(\mathrm{g/cm^3})$	$r_{\mathrm{w}}/\text{Å}$			
		$\lambda=3.41$ Å $L=8.665$ m	$\lambda=6.51$ Å $L=8.665$ m	$\lambda=8.58$ Å $L=8.665$ m	平均值
250 000	0.31	130	132	117	126
	0.63	125	136	130	130
	0.93	124	132	132	129
	1.19	121	135	131	129
1 034 000	0.60	289	291	274	285
505 000	0.90	187	196	194	192
78 000	1.20	68.8	71.2	70.4	70.1
其中 r_{w} 对应 $\lambda=9.1$ Å 及 $L=1.33$ m					
34 500	1.49		50.0		
6100	1.96		23.3		

值得指出的是，看上去在 $c<1.2\%$时，在误差范围之外，表观旋转半径不随浓度变化。

从图 3.34 所取数据已经用 Zimm 法作图，作图结果与早些时候已经发表的结果很相似[11]。

根据式(3.19)从 Zimm 作图计算得到渗透压第二维里系数 A_2，其结果是在误差($\pm2\times10^{-5}$ $\mathrm{cm^3/g}$)范围内 A_2 是零。

所得到的玻璃态聚合物的旋转半径在图 3.35 中与在低分子量化合物稀溶液测得的 PMMA 样品的相应结果进行比较。

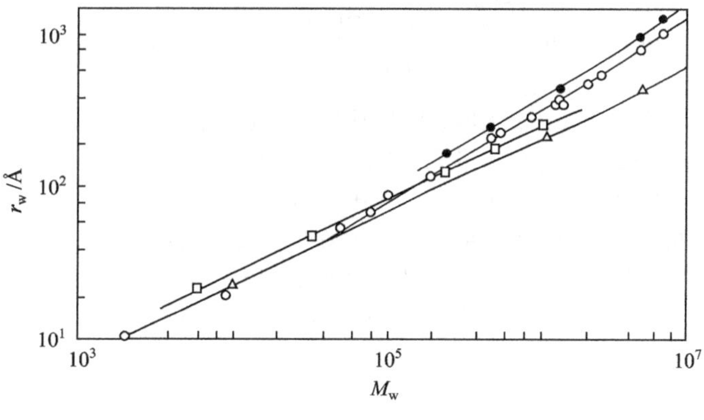

图 3.35　在玻璃态下和低分子量化合物稀溶液中测定的 PMMA 样品旋转半径的比较

□ 玻璃态 PMMA(中子散射)；● PMMA 二氧六环溶液(光散射)；○ PMMA丙酮溶液(光散射与 X 射线散射)；△ PMMA 丁基氯(θ 溶剂)溶液(光散射与 X 射线散射)

在低分子量化合物稀溶液和 θ 溶液中是用光散射和小角 X 射线散射测定的[1-7]。根据最小二乘法拟合结果，玻璃态聚合物的均方旋转半径数据遵从式(3.25)

$$\langle r^2 \rangle_w = 0.096 M_w^{0.98} \tag{3.25}$$

这样的结果表明:玻璃态聚合物的分子链构象呈现出了无扰线团的所有特征,正如同Flory[15,19]所预见的那样。与在丁基氯 θ 溶剂中所得结果相比较,如图 3.35 所示,玻璃态 PMMA 线团尺寸增大 10%～15%。然而,存在一些证据表明这一差别是不真实的。PMMA 在氘代丙酮中的中子散射测定所指示的旋转半径比 PMMA 在通常丙酮中的 X 射线测定的相应的值大一同样因子。所以这种差别很可能是由所用实验装置系统误差造成。玻璃态的 PMMA 样品的测定结果在 20 ℃<T<130 ℃不依赖于温度。

在图 3.36 和图 3.37 中,在比较大的散射矢量范围内,一些 PMMA 样品的中子散射的差别被展示。

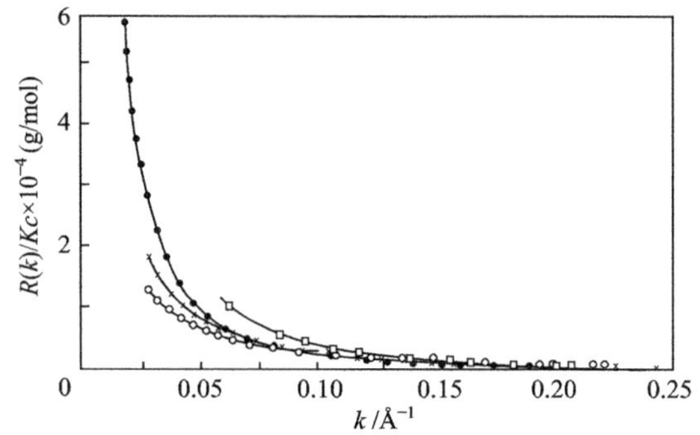

图 3.36　在比较大的 k 值范围内,分散在氘代 PMMA 中的质子 PMMA 样品的中子散射

• M_w=250 000,c=1.19%,为了比较,同时给出 PMMA 稀溶液(c=2%)的小角 X 射线散射的测定数据;×间同立构 PMMA,M_w=270 000 溶剂为苯;○全同立构 PMMA,M_w=275 000,溶剂为苯;□间同立构 PMMA,溶剂为甲基异丁烷

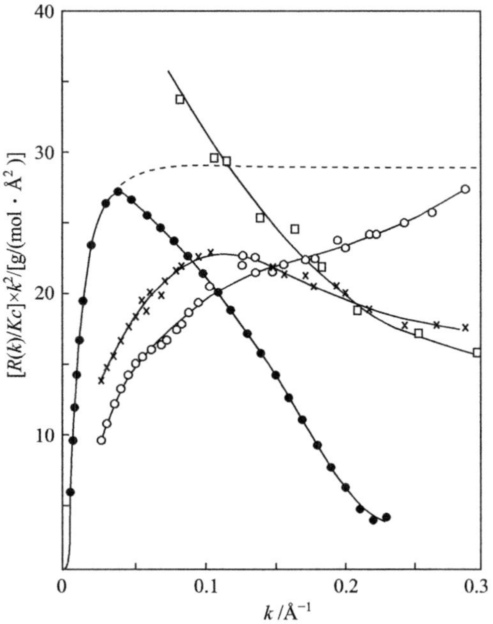

图 3.37　将图 3.36 中的数据以 Rk^2 对 k 作图结果

----为按方程式(3.22)以 $R/Kc = M_w P(k)$ 对 k 作图

● M_w = 250 000, c = 1.19%,为了比较,同时给出 PMMA 稀溶液(c=2%)的小角 X 射线散射的测定数据;×间同立构 PMMA,M_w=270 000 溶剂为苯;○全同立构 PMMA,M_w=275 000,溶剂为苯;□间同立构 PMMA,溶剂为甲基异丁烷

图 3.36 展示的曲线(•)是图 3.34 曲线(c=1.19%)的继续。通过三种测试的重叠已被画出:第一是如图 3.34 所示的测试结果;第二是当样品与检测器间的距离 L=2.36 m,波长 λ=3.81 Å时的测试结果;第三是 L=1.33 m,λ=9.10 Å 时的测试结果。每个实验点都以大记数(a great number of counts)(高达 4×10^5)记录。脉冲统计误差在图 3.37 纵坐标标尺上少于一个单位。

玻璃态 PMMA 的结果被与间同立构 PMMA 和全同立构 PMMA 和两种溶剂中的溶液的小角 X 射线散射测试的结果进行比较[32]。在图 3.37 中将图 3.36 的数据以 Rk^2 对 k 作图。在图 3.38 中这一类的进一步作图。

从式(3.22)出发在 k 为大值时可以期望高斯线团的 R 的一种 k^{-2} 渐近过程。正如早些时候已经指出的那样[6,30-32]，这种行为在玻璃态 PMMA 情况下未被发现。关于一些特殊的线团模型的 Monte Carlo 计算也产生了不同的结果[6,30]。全同立构 PMMA 遵从 Kratky-Porod 持久线团的散射函数，而间同立构 PMMA 和无规立构 PMMA 的散射可以用另一种假设说明，即螺纹的卷曲被一定的螺旋的形成趋势所重叠。

2）PMMA 丙酮浓溶液及与其稀溶液比较

质子 H 与氘 D 的相干中子散射间的反差也可用于测定聚合物在浓溶液中的构象。初步测定结果已在图 3.39 中给出。

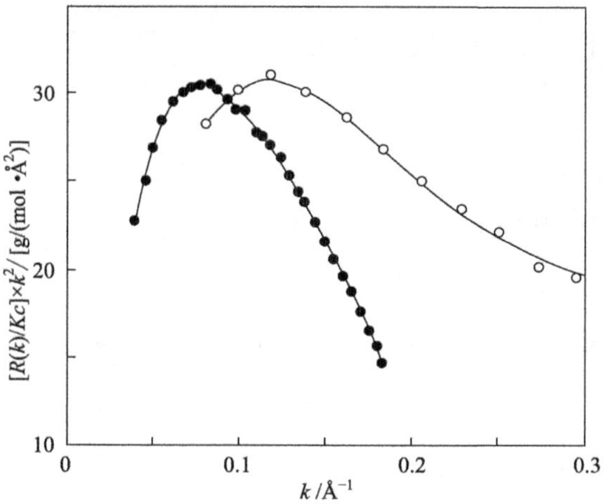

图 3.38　质子 PMMA 在氘代丙酮的稀溶液的中子散射(●)(M_w=34 500)及间同立构 PMMA 在丙酮中的稀溶液的 X 射散射(○)

对于 M_w>10 000，不依赖于 M_w

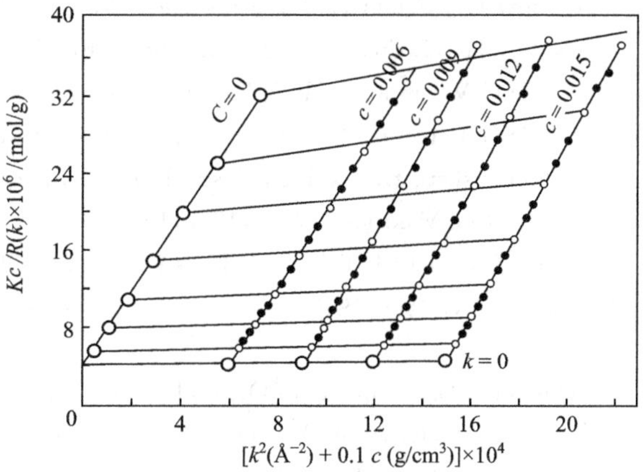

图 3.39　关于在氘代丙酮中 50%PMMA 溶液的小角中子散射的 Zimm 作图

浓度参数指示质子 H-PMMA 的量，M_w=250 000

“浓溶液”由 50%聚合物和 50%氘代丙酮组成。聚合物主要由 D-PMMA 组成。H-PMMA 的含量被给定为 Zimm 作图的浓度参数。根据式(3.24)将 r_Z 转换成 r_w 后，从这一 Zimm 作图所得结果为 $A_2=0.3\times10^{-4}$ cm³/g² 及 $r_w=143$ Å。

用同样的方法，PMMA 在氘代丙酮中的稀溶液也已被研究了。其结果是 $A_2=2.1\times10^{-4}$ cm³/g² 及 $r_w=158$ Å。如果将这些数据与玻璃态聚合物的数据($A_2=0$，$r_w=129$ Å)相比较，就可以观察到数据随浓度单值的变化。在浓溶液中 A_2 被认为是作为二元溶剂的 D-PMMA+氘代丙酮的化学势。

3）两聚合物混合物

在图 3.40 中关于两种聚合物混合物的中子散射初步测定结果被示出。

与前面一样，样品主要是由 D-PMMA 组成。代替 H-PMMA、聚 α-甲基苯乙烯(PMS)被分散在 D-PMMA 中。PMS 的浓度是 1%，它的分子量是 250 000。PMS 是用阴离子聚合法制备的，所以它的分子量分布是很窄的(M_w/M_n<1.01)。中子散射的样品是用图 3.34 中所描述 PMMA 样品的同样的方法制备的，D-PMMA 的 M_w 为 250 000。

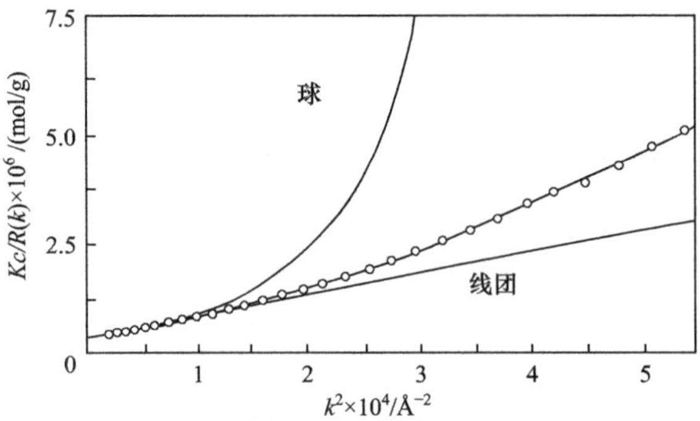

图 3.40　1%PMS 分散在 D-PMMA 中的溶液小角中子散射

图 3.40 中的实验测定的散射函数显示的不是一个线团的散射函数。实验曲线位于线团和球状形态对应的散射函数曲线之间。粒子的分子量 M_w 约为 4000 000,旋转半径 r_Z 为 170 Å。

这一结果可以用球状粒子模型来解释,这种球状粒子具有宽的尺寸分布,并且是约 16 个 PMS 分子链的凝聚体。它表明两种聚合物不是真正混容的(compatible),虽然它们形成了一种清澈透明的共混物。

参考文献

[1] Cantow H J,Schulz G V. Z Phys Chem(Frankfurt),1954,2:117.

[2] Cantow H J,Bodmann O. Z Phys Chem (Frankfurt),1955,3:65.

[3] Schulz G V,Craubner H. Z Elektrochem,1959,63:301.

[4] Schulz G V,Kirste R G. Z Phys Chem (Frankfurt),1961,30:171.

[5] Cohn-Ginsberg E,Fox T G,Mason H F. Polymer,1962,3:97.

[6] Kirste R G. Makromol Chem,1967,101:91.

[7] Kirste R G,Wunderlich W. Z Phys Chem (Frankfurt),1968,58:133.

[8] Kirste R G Jber. 1969, 1970 and 1971 des Sonderforschungsbereichs 41 Mainz, 1970: 47; 1971: 127; 1972:86.

[9] Wignall G D. ICI Int Rep PQR G,19/70 1970.

[10] Kirste R G,Kruse W A,Schelten J. Makromol Chem,1972,162:299.

[11] Schelten J,Kruse W A,Kirste R G. Kolloid Z Z Polym,1973,251:919.

[12] Cotton J P,Farnoux B,Jannink G,et al. Hebd Seanc Acad Sci (C),1972,275:175.

[13] Benoit H,et al. Nature(Phys Sci),1973,245:13.

[14] Ballard D G H,Schelten J,Wignall G D. Eur Polym J,1973,9:965.

[15] Flory P J. J Chem Phys,1949,17:303.

[16] Kargin V A. J Polym Sci,1958,30:247.

[17] Pechold W. Kolloid Z Z Polym,1968,228:1;1969,231:418.

[18] Vollmert B,Stutz H. Angew Makromol. Chem. ,1968,3:182.

[19] Flory P J. IUPAC Macromolecular Chemistry,Butterworths,London,1973,8:1.

[20] Bacon G E. Neutron Diffraction. Oxford:Clarendon Press,1967.

[21] Springer T,Schmatz W,Schelten J,et al. J Appl Crystallog,1974,7:96.

[22] Zimm B H. J Chem Phys,1948,16:1093,1099.

[23] Flory P J,Bueche A M. J Polym Sci,1958,27:219.

[24] Küchler L. Polymerisationskinetik. Heidelberg:Springer,1951.

[25] Schulz G V,Meyerhoff G Z. Elektrochem,1952,56:904.

[26] Schulz G V. Z Phys Chem,1935,B30:379;1939,B43:25.

[27] Debye P. J Phys Colloid Chem,1947,51:18.

[28] Greschner G S. Makromol Chem,1973,170:203.

[29] Altgelt K,Schulz G V. Makromol Chem,1960,36:209.

[30] Kirste R G. in Small-Angle X-Ray Scattering,Gordon and Breach,New York and London,1967:33.

[31] Kirste R G, Kratky O. Z Phys Chem(Frankfurt), 1962, 31: 363.
[32] Wunderlich W, Kirste R G. Z Elektrochem, 1964, 68: 646.
[33] Szwarc M. Carbanions, Living Polymers and Electron Transfer Processes. New York: Wiley Interscience, 1968.

3.6.2 低角中子散射研究熔融态和固态的聚苯乙烯与聚乙烯的分子链构象①

用质子聚苯乙烯在氘代聚苯乙烯基质中的稀溶液的低角中子散射已经测定了本体无规立构聚苯乙烯的分子链的旋转半径$\langle S^2 \rangle^{1/2}$和持久长度。所测得的旋转半径$\langle S^2 \rangle^{1/2}$值接近其在$\theta$溶剂中测得的旋转半径值，并具有$M^{1/2+\varepsilon}$($\varepsilon$=0.04±0.04)的分子量依赖性。分子链的构象同具有持久长度约为 10 Å 的无规线团的构象很相符。这些测定结果支持无扰高斯线团模型，其链段的分布在约 20 Å 以上是无规的。通过整个玻璃化转变区域的旋转半径$\langle S^2 \rangle^{1/2}$测定结果显示，聚合物分子链的整体构象在通过这一区域的升温过程中没有发生变化。

熔融聚乙烯中的分子链构象也已用氘代聚乙烯(PED)分子分散在质子聚乙烯(PEH)基质中和质子聚乙烯(PEH)分子分散在氘代聚乙烯(PED)基质中的稀溶液低角中子散射进行了测定。测定得到的旋转半径值可以表示为$\langle S^2 \rangle_w^{1/2}=k=M_w^{1/2}$，而$k$=0.63∓0.15，并与在低分子$\theta$溶剂中测定得到的$k$=0.45∓0.08 可比。因而可见，聚乙烯熔体中的分子链尺寸也是接近在其θ溶剂中所得到的相应尺寸。

所完成的测试还揭示出了 PEH 和 PED 分子间一种分离[胶束化(clustering)]趋向，虽然这种趋向在液态时是较小的，对上述结果没有可观的影响，然而胶束化的趋向在固态时要大得多，并且为了避免这种趋向需要很慎重。关于片晶中分子链的重入的现代红外光谱的研究的这些发现的推断进行了讨论。

1. 引言

直至近些年之前，尚未存在直接测定本体无定形聚合物中的聚合物分子链构象的方法，并且在直接测定空缺的情况下不同的模型模拟构想已经发展起来用以描述这种构象。这些模型包括：Flory 的无扰线团[1]、Hoffman 的塌缩线团模型[2]、曲棍模型[3]及折叠链缨状胶束微粒(FCFMG)模型[3a]。能够使我们直接测定聚合物分子链构象的方法在这些各式各样的模型的鉴别中应该是很有价值的，而且它也会为聚合物科学的其他领域提供新的信息。这样的方法现在已经在一些研究组被分别独立地发展起来，这些研究组用低角中子散射(LANS)测定了无规立构聚甲基丙烯酸甲酯[4]、无规立构聚苯乙烯[5-8]及聚乙烯[9-10]的旋转半径$\langle S^2 \rangle^{1/2}$。在这一会议论文集中这些研究组所得到的结果很多已被展示与评议，而本节汇总了 ICI 和 KFA (Julich)之间联合研究方案的一些主要发现。

关于中子散射测试方法及原理在一些文献中已经比较详细地进行了描述[5-7]，在相关文献中已有评述[11]。概括地说，这一方法就是测定分散氘代聚合物基质中的质子聚合物(标记分子)小浓度固体溶液的示差中子散射截面。出自聚合物基质的散射的扣除过程是：先测定只含氘代聚合物不含标记分子的空白样品的中子散射，然后再从标记样品(标记分子+基质固体溶液)的散射中减掉这一散射，所记录的中子散射都是经过透射、吸收等校正的。所有测试都是按点散射几何而取得的，入射辐射具有窄波长分布[6]。

① Wignall G D, Ballard D G H. J Macromol Sci Phys, 1976, B12(1)75-98.

在如上中子散射测试几何中分辨率加宽是不足以影响正确的校正。标记样品、未标记的空白样品及金属钒样品都是在 12 h 的周期内循环测试的,这样就允许所有测试是在绝对单位下校正的。后面将明显看出,如果不是数据被采取绝对校正,就可能从测定结果被引出很错误的结论。

2. 无规立构聚苯乙烯中的分子链构象

1) 实验方法和结果

对于无规立构聚苯乙烯,初始测定了两个样品,它们在聚氘代苯乙烯基质中分别分散有 0.5%和 5%聚质子苯乙烯分子。标记分子和基质分子都是单分散的,并具有很相似的分子量,如表 3.13 所示,而且两个样品中标记分子的浓度足够低,以保证"稀溶液"散射行为[12]。

表 3.13 无规立构聚苯乙烯旋转半径 $\langle S^2\rangle^{1/2}$ 的分子量依赖性

样品	标记分子浓度	$\langle S^2\rangle^{1/2}$/Å		M_w		M_w/M_n
		聚合物本体	θ 溶剂[18]	渗透压	中子散射	多分散指数
1	0.5	80,87	84~88	97 200	98 000	1.05
					95 000	
2	5.0	88,84	84~88	97 200	98 000	1.05
					95 000	
3	1.48	280	240~260	890 000	860 000	1.12

样品都是经过溶解沉淀纯化,无论标记分子还是非标记分子都是制备成氯仿稀溶液再用甲醇沉淀。然后这些聚合物样品在 180 ℃热压成 0.125 in 厚的薄膜。对于室温以上的测试,样品都夹在两铜片之间,加热系统稳定在温度起伏好于±0.25 ℃。

每单位立体角的标记分子的示差相干散射截面为

$$\frac{\mathrm{d}\Sigma}{\mathrm{d}\Omega}(K)=\frac{K_n c_w k P(K)}{\frac{1}{M}+2Bc_w+0(c_w^2)}$$

式中,c_w 为标记分子的浓度(质量分数,%);$K=(4\pi/\lambda)\sin\theta$;$2\theta$ 为散射角;λ 为波长;M 为分子量;$P(K)$为标记分子的形状因子;B 为第二维里系数,而 K_n 为一常数,给定如下:

$$K_n=N_A\frac{1}{M_{CH}}(b_H-b_D)^2X^2$$

式中,N_A 为阿伏伽德罗常量;M_{CH}为 CH 链段分子量;b_H 和 b_D 分别为 H 原子(质子)和 D 原子(氘)的散射长度;X 为氘化度。

图 3.41 给出了两个不同标记分子浓度的样品的标记分子的示差相干散射截面随散射角变化曲线。

图 3.41 中所示两样品的相干中子散射实验点几乎重叠,散射曲线的形状不依赖于质子聚苯乙烯的浓度,也就是说这一固体溶液所选用的浓度范围已足够稀,这正是所需要的。

图 3.42 给出了传统的散射数据 Zimm 作图[13],这些散射数据点的双外推线在 $c=0$ 和

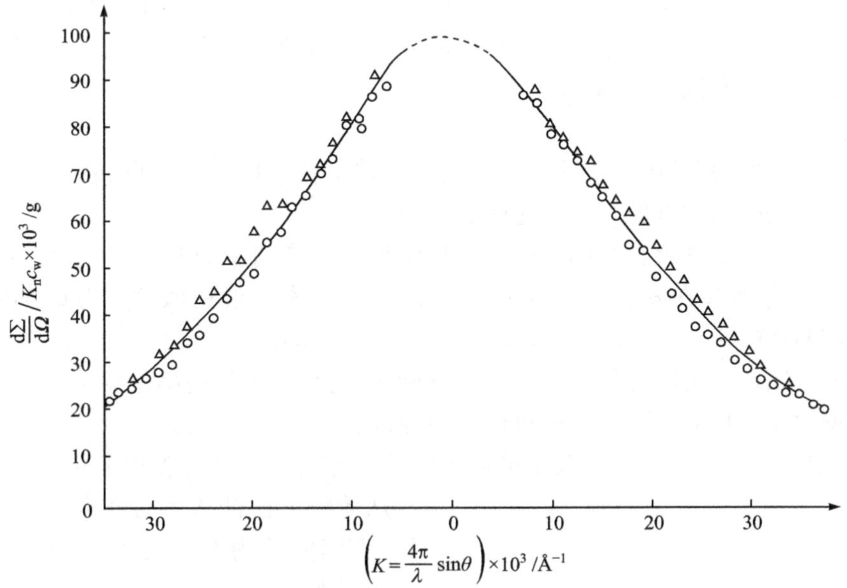

图 3.41　在氘代聚苯乙烯基质中的质子聚苯乙烯的示差相干散射截面

质子聚苯乙烯的质量分数为5%(○)和0.5%(△)

$K=0$ 正常的截断纵坐标。

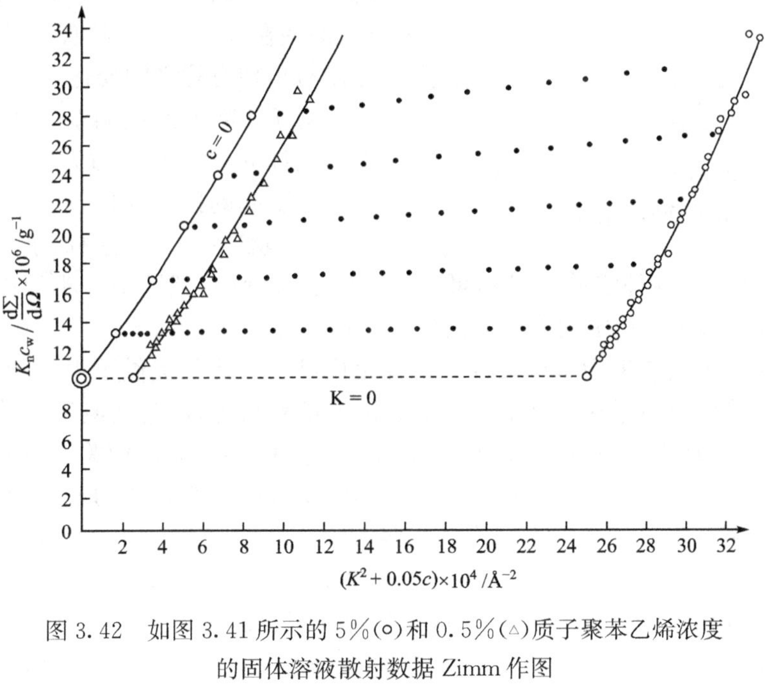

图 3.42　如图 3.41 所示的5%(○)和0.5%(△)质子聚苯乙烯浓度的固体溶液散射数据 Zimm 作图

从 Zimm 作图的截距计算得到的分子量 M_w 如表 3.13 所示，与从膜渗透压测定的分子量符合得很好。

在实验误差于0.2×10^{-4} cm^3/g^{2}范围内，从外推至 $K=0$ 曲线的斜率计算出的第二维里系数 B 是零。这一系数就是标记分子和非标记分子的链段间相互作用的度量，而零值就意味着无论是标记分子还是非标记分子的所有链段间的相互作用都是相同的。这正是我们所希望的各个分子中的电子结构不依赖于标记过程中的标示,因而确认聚合物分子链的构象在中子散射测试过程中没有受到同位素标记的扰动。

2)讨论

如表 3.13 所列数据给出了上述两个样品的旋转半径与用第三个更高分子量的标记分子经相似严格制备的样品的旋转半径的比较。

虽然有两个样品本体聚合物的旋转半径比它们的 θ 溶剂中的旋转半径值略高一些,仍可以认为在本体聚合物和在 θ 溶剂中的旋转半径 $\langle S^2\rangle^{1/2}$ 值是很相似的。考虑到实验误差为(±5%),我们断定($\langle S^2\rangle^{1/2}\sim M^{1/2+\varepsilon}$),这里 $\varepsilon=0.04\pm0.04$。

对于塌缩线团模型可以容易地计算得到其旋转半径,结果是约小于本实验观测值的 4 倍,所以这一模型对于无规立构聚苯乙烯可以排除在外。

表 3.13 中的第 5 列和第 6 列数据可用于比较从低角中子散射测得的标记分子的分子量和从传统方法测得的分子量。显然相符得很好,表明实验内在的自洽性(self-consistent)。后边当考虑分析聚乙烯样品测定结果时,我们将看到这种内在自洽性的重要性,因为如果不是实验数据可以进行内在的交叉检验,就可能从所测结果推引出错误的结论。图 3.43 给出的结果表明,旋转半径随温度没有可分辨的变化;即使在 80~90 ℃的玻璃化转变温度之上也没有出现有意义的变化。

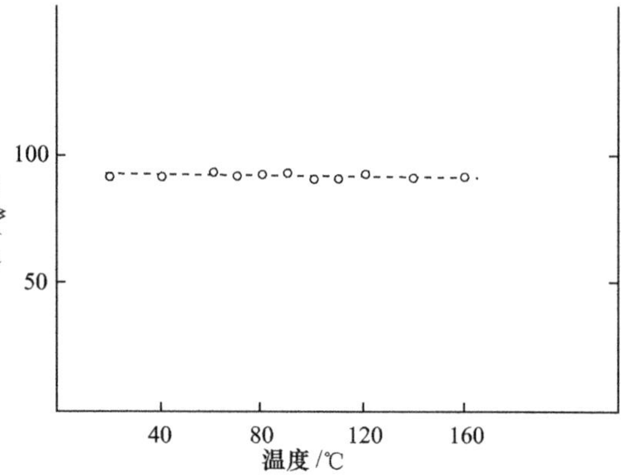

图 3.43 在不同温度下测得的无规立构聚苯乙烯的旋转半径值

对于 140 ℃跨度的温度变化,整体计算的聚苯乙烯的体积变化约为 5%;如果只是由于热膨胀引起的构象变化,那么旋转半径相当的变化应该低于 2%。这样的变化在误差范围内,所以这样的变化是这种实验技术不可测的。然而,这些测试结果证明无论高于还是低于 T_g 的温度,在无定形聚合物中的分子链构象都是相似的。

如上旋转半径测定结果为这种聚合物具有无扰尺寸的构象提供了很好的证据。然而,曲棍模型或折叠链缨状胶束微粒模型不可能被确定地排除在外,因为所测定的旋转半径是分子链中原子对相关函数(the pair correlation function of atoms)(双体相关函数)的二次矩,它不给出分子中局部有序的细节。因为很不同的局部构象可能具有相似的整体旋转半径,并且这些模型可以重新调节相应参数而给出旋转半径 $\langle S^2\rangle^{1/2}$ 与分子量的 1/2 次方即 $M^{1/2}$ 的依赖关系[14]。曲棍模型和 FCFMG 模型常以直的分子截面为特征,而且为了实验测试决定是否在相邻链段间存在长程相关(long correlation),实验测试需要扩展到大的 $K=(4\pi/\lambda)\sin\theta$ 值。所以本工作的测试已扩展至 $K=0.4$ Å^{-1}。这样就允许阐明直至 $\sim2\pi/0.4\approx15$ Å 距离的分子链构象,进而鉴别分子链构象的不同模型。图 3.44 给出了 $K^2(\mathrm{d}\Sigma/\mathrm{d}\Omega)$ 对 K 的作图,正像为了确定持久长度(persistence length)的 Kratky[15]所采用过的方法。

在图 3.44 中同时给出了对于其链段间距遵从 Flory[1]所预见的高斯分布的聚合物分子链计算得到的 Debye 理论曲线。

在 K 范围为 5×10^{-3} Å$^{-1}<K<40\times10^{-3}$ Å^{-1},从线性低角 Guinier 作图测得的旋转半径

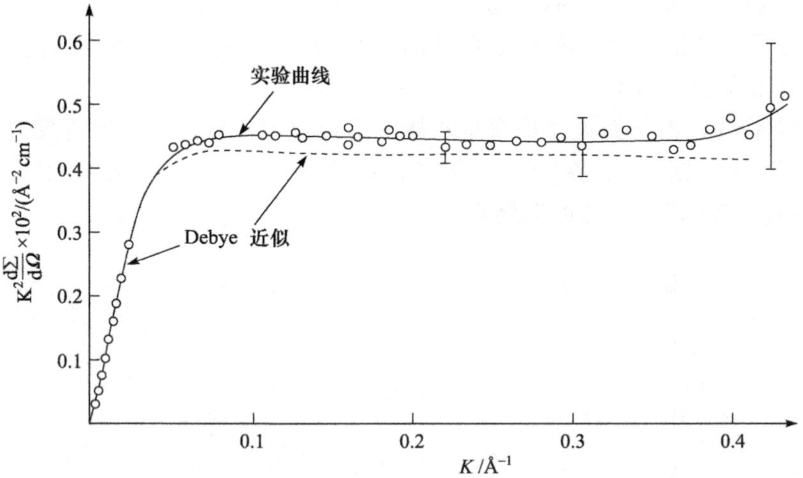

图 3.44　通过在比较高的散射角测定示差中子散射截面确定质子聚苯乙烯在氘代聚苯乙烯基质中的持久长度

质子聚苯乙烯的浓度为 5%(……)从高斯线团 Debye 模型的计算结果

为 83 Å。对其计算的理论曲线外推至比较高的 K 值,从图 3.44 可以看出,Debye 模型直至 $K=0.4$ 很好地拟合中子散射数据,$K=0.4$ 对应的链间距离约为 15 Å。这意味着分子链的链基元的分布在约 20 Å 以上是无规的。按照 Kratky 方法从这样的曲线计算出的持久长度是 10 Å,很接近在 θ 溶剂中的相应的值。

从上述结果来看,在无规立构聚苯乙烯本体和在 θ 溶剂中其分子链构象实际上是等同的。这样的结果很有力地支持了 Flory 关于聚合物无定形态的思想[1]。很难设想曲棍模型和 FCFMG 模型如何可能按照符合散射数据进行修正。

3. 熔融态和固态聚乙烯的分子链构象

1) 实验方法和结果

低角中子散射方法也已用于研究结晶聚合物聚乙烯。实验仍在进行中,并且第一批数据的阐述比起聚苯乙烯的情况较差明确。然而,某些结论已被分辨,并且现在是清楚的,这些将被与我们所确信数据的主要保留的特征的解释的假设一起进行描述。

为这样的测试准备了两个系列样品。

(1) 系列 1:由五个样品组成,它们是以质子聚乙烯(PEH)为基质,线形氘代聚乙烯(PED)为标记分子,其质量分数为 5%、4%、2%、1%及 0.5%。

(2) 系列 2:由两个样品组成,它们是以氘代聚乙烯(PED)为基质,质子聚乙烯(PEH)为标记分子,其质量分数约为 5%和 0.75%。不含标记分子的等同的空白样品针对所有的标记样品都专门制备。用 Perkin Elmer DSC2 仪对 PEH 和 PED 的热分析给出了峰熔点分别为 (135±1)℃和(128±1)℃。样品的熔点是首先从熔体慢速冷却后重新升温测定的。这些含标记分子的固体溶液样品的熔点与线形 PEH 和 PED 的熔点是一致的[16]。对于所有的固体溶液样品其组成的标记样品和基质样品分子的分子量是相互匹配的。所有样品都是先将按所要求的比例溶解在沸腾的二甲苯(沸程为 137～142 ℃)中,然后再以过量的甲醇将其沉淀出来。所有纯化过的样品最后压成厚度约为 1mm 的无气泡的薄膜。在实验的进程中曾经发现,延长在二甲苯中沸腾的时间会明显地引起 H 原子与 D 原子的交换,所以所有样品混合制备之后必须重测 PE 分子链的氘代度。这一要求用标准 NMR 方法完成。这样就将会明确样品制备的方法需要根据结果进行评估。

中子散射实验的过程与无规立构聚苯乙烯的测定过程一样。对于所有聚乙烯样品都是先在固态(25 ℃)取得数据,之后在液态(150 ℃)取得数据。图 3.45 给出了在 PEH 基质中 0.5%PED 在固态(T=25 ℃)的散射结果。

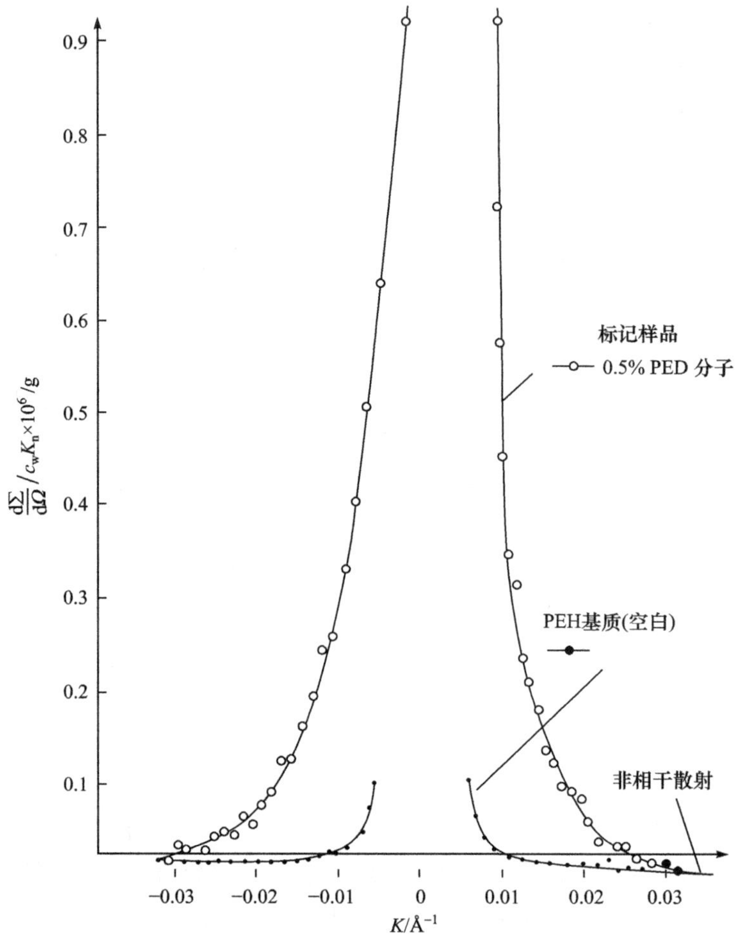

图 3.45　PEH 为基质和 0.5%PED 分子为分散组分的聚乙烯样品的散射花样

从图 3.45 可以得出,两种散射的示差散射正是标记分子的散射。出自空白样品(PEH 基质)的平的背底的水平程度几乎完全缘于来自 H^1 核的非相干散射,至于低 K 值时,空白散射曲线向上翘着是由于基质的空洞的散射。通常空洞散射决定着聚乙烯的低角 X 射线散射花样,但是,在 PEH 的中子散射情况下,^{12}C 原子的正散射长度(b_C=+0.66×10^{-12} cm)和^1H 质子的负散射长度(b_H=−0.37×10^{-12} cm)之间的相互抵消,意味着其相干中子散射几乎完全被消除。中子散射与相干散射振幅的均方密度 ρ^2_{COH}成比例,对于 PEH 是 0.11,单位是 10^{20} cm^{-4}。此外,对 PED 样品,不存在这种相互抵消(正如对于^2D,b_D=0.62×10^{-12} cm)和 ρ^2_{COH}=64.0,单位是相同的。这就表示低角中子散射数据如同在低角 X 射线散射花样情况一样由背底(空洞)散射所决定。所以在固体 PED 基质中的分子尺寸的测定实际是不可能的,也没有计划测。

然而，在熔体无论是以 PEH 还是以 PED 为基质的样品中子散射测定都是可能的，因为空洞通过在熔融过程中的膨胀而从基质中消除掉。如果在体系中被溶解的空气的量足够低，当样品被熔融时空洞被去除，而背底散射降下几个数量级，直至空白散射只呈现为对低 K 值时的样品散射很小的校正。图 3.46 给出了第二系列中质量分数为 5%的样品中标记分子的散射（扣除空白样品散射的散射），它表明测试实验在含有 PED 基质的熔体中完全可行。

图 3.47 给出了同一散射数据的 Guinier 图，所呈现出的线性变化关系正是所需要的。

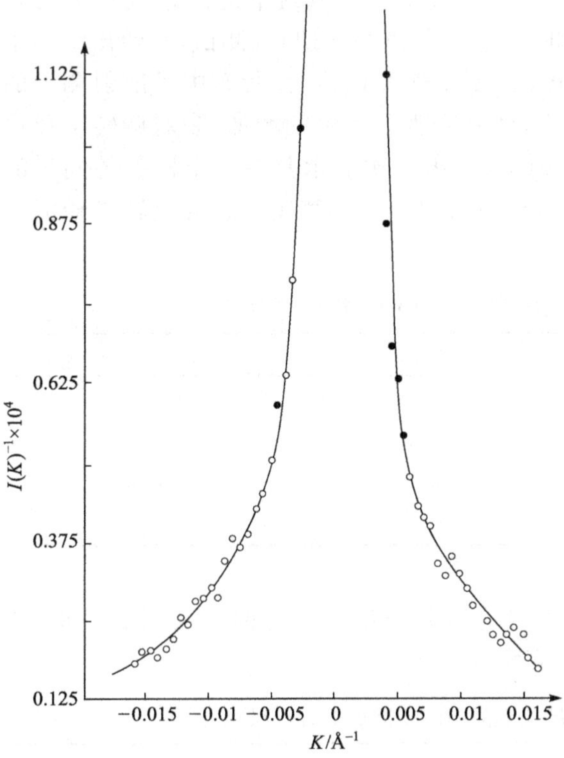

图 3.46　校正过空白样品散射的在 PED 基质中含 5%PEH 标记分子的散射花样

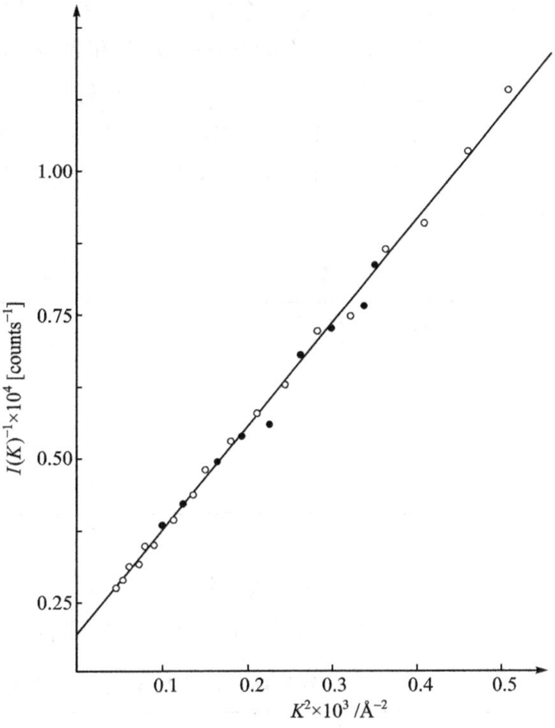

图 3.47　在 PED 基质中含 5%PEH 标记分子的固体溶液样品散射的 Guinier 图

•和○符号表示 $K=0$ 位置两边的散射

表 3.14 给出了系列 1 样品在熔融态的旋转半径 $\langle S^2\rangle^{1/2}$ 值。

表 3.14　聚乙烯系列 1 样品（PEH 为基质）在 150 ℃时的分子尺寸

PED 的质量分数/%	$\langle S^2\rangle_Z^{1/2}$	$\langle S^2\rangle_w^{1/2}$	$\Sigma_0\times10^5$/g
5.0	250	207	1
4.0	365	300	6
2.0	230	190	2
1	350	287	10

注：PED 为标记分子，$M_w=150\ 000$，$M_w/M_n=2.2$。

所测得的数据为 Z 均值，然后被转换成质均值[17]，如同对聚苯乙烯所做的那样。在表

3.14 中也给出了散射截面外推至 $K=0$ 的值。

$$\Sigma_0=\frac{1}{K_n c}\frac{d\Sigma}{d\Omega}(K)$$

这一外推值自身再外推至 $c=0$[7],其截距给出分子量。然而,假设溶液有零维里系数,如在氘代聚苯乙烯和质子聚苯乙烯溶液[7-8]以及 PMMA 溶液[4]所发现的那样,这些外推值可取作为(质均)分子量很好的估算。

将这些估算结果与 GPC 和特性黏数测定相结合的测定值进行比较(在表 3.13 中也已指出过),揭示了一些样品(表 3.14 中 4%和 1%样品)的明显的矛盾。这一矛盾肯定是在实验误差之外,并且在绝对校正过程中的任何误差都已被背景非相干散射平滑的正确预见排除(图 3.45)。此外,聚苯乙烯(系列 2)的测试同时也进行了 PEH/PED 的测试,都给出了中子散射法和渗透压法测定的分子量之间严格要求的一致(表 3.13)。在所有中子散射测定的样品中都采用了同样的标记分子,而且可以看出,随着表观分子量的增加,表观旋转半径也增加。表 3.15 给出了第二系列样品的相当的结果,并再一次显示其中一个样品的同样的状况是明显的,表明表观分子量比真实分子量高和高表观分子量和比较高的旋转半径值之间的相关性。

表 3.15 聚乙烯系列 2 样品(PED 为基质)在 150 ℃时的分子尺寸

PEH 的质量分数/%	$\langle S^2\rangle_Z^{1/2}$	$\langle S^2\rangle_w^{1/2}$	$\Sigma_0\times10^5$/g
5.0	185	167	1.0
	190	171	0.6
	172	155	0.66
0.75	200	180	2.5

注:分子尺寸和标记分子 PEH,$M_w=61\ 000$,$M_w/M_n=1.3$。

在固态中子散射测定的分子量与传统方法测定的分子量之间的偏差甚至更严重(表 3.16),乃至其数值达到 15～30 倍于所观测到的真实分子量。

表 3.16 聚乙烯系列 1 样品(PEH 为基质)在 25 ℃时的分子尺寸

PED 的质量分数/%	$\langle S^2\rangle_Z^{1/2}$	$\langle S^2\rangle_w^{1/2}$	$\Sigma_0\times10^5$/g
5.0	550	442	24
4.0	480	386	14
2.0	500	402	14
1.0	470	378	28
0.5	470	378	29

注:PED 为标记分子,$M_w=150\ 000$,$M_w/M_n=2.2$。

这样的结果再一次表明,高表观分子量与高旋转半径相关,图 3.48 中清楚地以实例说明了这一点,图 3.48 显示了所测得的旋转半径除以已知的分子量对从中子散射数据得到的 Σ_0 分子量除以从传统测定方法得到的已知分子量 M_w 对数之间的关系。对于内在的自洽数据 Σ_0/M_w 永远应该接近于 1,而其对数值应该是零。一些数据特别是熔融的聚集体的数据约为零,但是其他数据特别是固态的数据却有着 $\Sigma_0\gg M_w$ 的关系。

量 Σ_0/M_w 的高值显然是同比较高的旋转半径相关联。

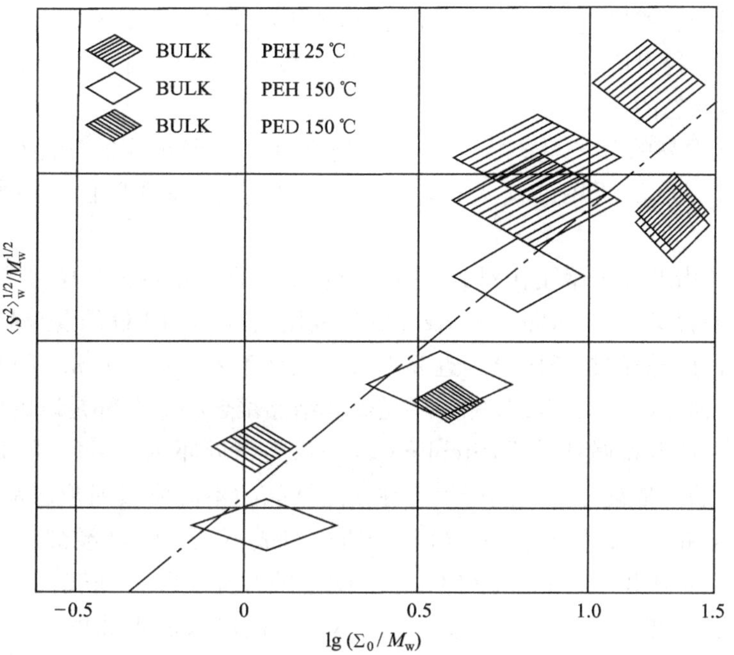

图 3.48　熔融态和固态聚乙烯的表观分子量与旋转半径的相关性

2）讨论

如果我们首先考虑其分子量接近于真值的样品（系列 1 中的 5%和 2%PED 样品和系列 2 中的 5%PEH 样品），我们就会发现系列 1 样品 $k=\langle S^2\rangle_w^{1/2}/M_w^{1/2}$ 的值为 0.52，而系列 2 样品的 k 值为 0.74。

将这些值与在 θ 溶剂中测得的值[18]相比较，我们会发现 k_θ 的估算值在 $k_\theta=0.45\mp0.08$。这样，在熔融态的链尺寸又呈现为接近在 θ 溶剂中测得的链尺寸。这样的结果与这一报告会所报道的近期数据是相一致的[10]，从而再一次证明支持熔体线团尺寸接近无扰尺寸，如同对聚苯乙烯所论证的那样。

现在回到显示异常高表观分子量的样品，下述的假设已经被提出用以解释数据[9]。设想在一些样品中标记分子无规地分散着；而在另一些样品标记分子呈现为聚集体，其原因是二甲苯不是足够良的溶剂，未能使 PED 和 PEH 分子完全相互分散，因此在固态测试中 15～30 个分子的聚集体呈现出来。在熔融状态由于热力学相混而使聚集体部分地消失。这种设想用以解释比较高的分子量，因为散射中心是一种分子的聚集体而不是单个的分子；这种设想也用于解释比较高的旋转半径与比较高的分子量之间的相关性，因为散射中心的尺寸是分子构象和分子数的函数。这一设想还可以解释早些时候发现的在聚乙烯熔体中异常高的旋转半径[19]。

如果这是一个正确的设想，那么就会得出一个明确的结论：如果没有阐明在样品中存在有分子聚集体，那么就不可能从中子散射测试中引出关于分子链构象的明确结论。这一认识是通过进行在绝对单位中的中子散射测试和比较从中子散射的测定的 Σ_0 分子量与从传统方法测定的 M_w 而完成的。同时我们可以注意到，未经过绝对单位校准的相对强度测定不可能产生绝对估算

$$\Sigma_0=\frac{1}{K_n c}\frac{\mathrm{d}\Sigma(K)}{\mathrm{d}\Omega}$$

因为 $K=0$ 是一个潜在的误导。不存在检查分子量是否正确的方法和估算分子聚集程度的方

法,即使存在也很少。哪里进行绝对单位的测试,哪里的结论就可以被限定于显示正确的分子量的样品,其旋转半径对应于单个分子的旋转半径(系列 1 中 5%和 2%标记分子和系列 2 中 5%标记分子在熔融态的样品)。

相反,显示异常高的分子量的样品很可能是含有分子聚集体的样品(在温度 $T=25$ ℃测试的所有样品)。这里所用的交叉检验过程对于以任意强度单位进行相对测试是不可能的。

我们的发现和借助分子聚集化对其进行的解释对于在聚乙烯晶体中分子链重入的现代研究可能具有重要的含义[20-21]。Bank 和 Krimm[21]利用 PEH 和 PED 的混合晶体的红外实验研究结果,将结晶时分子链的折叠区分为近邻重入和无规重入。在 Tasumi 和 Krimm 稍早工作的基础上,他们认为无论是稀溶液长晶体还是熔体结晶聚合物折叠都是以近邻重入而发生的。这一解释提出之后接着就遇到挑战,Stehling 等[16]认为当近邻重入可以证明所观测到的红外谱带裂分时,这样的谱带裂分也可能产生于在样品结晶的不同阶段所形成晶体的组成不均一性。接着,Krimm 和 Ching[22]回答说在红外分析中组成不均一性已经被认识,在详细分析了 Stehling 等的结果后提出了对 Bank 和 Krimm 阐述的补充支持。而我们不打算评论这一争论,只是希望强调这样的一个观点,如果不存在结晶不同阶段所形成的晶体间可估价的整体不均一性,那么我们的结果显示了在分子水平上不均一性的可能性,即同样整体组成的晶体内类分子的聚集化。Bank 和 Krimm 所采用样品制备方法类似于我们制备聚乙烯的混合晶体,在对二甲苯中将组分混合,然后从熔体冷却。如果在他们的样品中存在聚集化,那么部分或整体红外光谱谱带裂分产生于这样的根源。只有在聚集体已被显示不存在的样品中才可以做出关于在固体聚乙烯从红外和中子散射测定分子链构象的明确的结论。

显然,下一步需要设法消除聚集化,并且如果以上假设是真实的,那么在混样阶段采用更好的溶剂,以保证 PEH 在 PED 中更有效地分散就可能消除或减弱聚集化,进一步的系列样品已经用邻二氯苯代替二甲苯而进行了制备。从这样的系列样品得到的初步结果表明,在固态用低角中子散射测得的分子量Σ_0以传统方法测定值的 15%之内的数量级下降。再进一步的测定实验正在进行中,所采用的标记分子的分子量为 3000~150 000,所测得的结果的分子量依赖性将被用于检测固态聚乙烯链构象的新近的模型。

4. 结论

在无规立构聚苯乙烯中,分子链的构象已经被显示为具有无扰尺寸的无规线团。第二维里系数在实验误差范围内是零,持久长度约为 10 Å,链基元分布在约 20 Å 以上是无规的,并且当加热升温通过玻璃化转变区域时构象不呈现明显的变化。

在聚乙烯中,由于低角中子散射测定的分子量值和传统方法测定的分子量值之间的偏差而可能产生问题,特别是固态时的情况。这些分子量的偏差已经被描述为类分子聚集化的结果,由此得出结论:为了从中子散射实验或红外光谱实验推断出确切的结论,聚集体必须被消除。

在聚乙烯熔体中,热力学相混使聚集化很显著地被减少。在限于显示正确分子量的未聚集化的样品结论的情况下,实验证据呈现为构象也取无扰尺寸如同无规立构聚苯乙烯的情况。

在混样阶段采用更好的溶剂时看上去群集体像是被消除了。

参考文献

[1] Flory P J. J Chem Phys, 1949, 17: 303.
[2] Kampf C G, Hoffman H, Kramer H. Ber Bunsenges, 1970, 74: 851.
[3] Pechold W. Kolloid Z, 1968, 228: 1.
[3a] Yeh G S Y. J Macromol Sci Phys, 1972, B6(3): 465.
[4] Kirste R G, Kruse W A, Schelten J. Macromol Chem, 1972, 162: 299.
[5] Ballard D G H, Schelten J, Wignall G D. *In*: Green J H S, Dietz R. Symposium on Molecular Weight Characterization. London: Transcripta Books, 1973: 36.
[6] Ballard D G H, Schelten J, Wignall G D. Eur Polym J, 1973, 9: 965.
[7] Wignall G D, Ballard D G H, Schelten J. J Appl Cryst, 1974, 7: 190; Eur Polym J, 1974, 10: 961.
[8] Benoit H, Cotton J P, Decker D, et al. Nature, 1973, 245: 13.
[9] Schelten J, Wignall G D, Ballard D G H. Polymer, 1974, 15: 682.
[10a] Fischer E W, Wendorff J H, Detternmaier M, et al. This Symposium.
[10b] Lieser G, Fischer E W, Ibel K. J Polym Sci, Polym Lett Ed, 1975, 13: 39.
[11] King J S. This Symposium.
[12] Cotton J, Farnoux B, Jannink J. J Chem Phys, 1972, 57: 290.
[13] Zimm B H. Ibid, 1948, 16: 1098.
[14] Pechhold W, Hauber M E T, Lisha E. Kolloid Z Z Polym, 1973, 257: 878.
[15] Kratky O. Kolloid Z, 1962, 182: 7.
[16] Stehling F S, Ergos E, Mandelkem L. Macromolecules, 1971, 4: 672.
[17] Altgelt K, Schul G V. Macromol Chem, 1960, 36: 209.
[18] Brandrup J, Immergut E H. Polymer Handbook. New York: Wiley Interscience, 1969.
[19] Fischer E W. Paper Presented at the Third International Conference on X-Ray and Neutron Small-Angle Scattering. Grenoble, 1973.
[20] Tasumi M, Krimm S. J Polym Sci, A2, 1968, 6: 995.
[21] Bank M I, Krimm S. Ibid, 1969, 7: 1785.
[22] Krimm S, Ching J H C. Macromolecules, 1972, 5: 209.

3.7 聚合物非晶态的激基缔合物荧光光谱研究

如何理解高分子链在非晶态本体中会呈现为高斯线团？高分子链在θ溶液中呈现为高斯线团是由于溶剂与高分子链段、链段与链段之间的相互作用，呈现出相互作用的斥力和引力互相抵消，高分子链处于无扰状态，具有无扰尺寸。那么在聚合物非晶态本体中链段是如何相互作用的呢？

钱人元等曾用激基缔合物荧光光谱研究了聚苯乙烯良溶剂溶液从稀区到亚浓区和浓区的转变。聚苯乙烯是柔性链高分子，二氯乙烷是它的良溶剂，高分子在极稀的良溶剂溶液中呈扩张线团状态，线团的扩张是链段与溶剂分子相互作用的结果，好像链段间产生了排斥力(也属于体积排斥效应)。由于线团间距离大而不存在线团与线团间的相互作用，线团的平均尺寸和链段在线团内分布的平均空间密度没有浓度依赖性。因此，可以设想，线团中芳环层叠对的空间密度也没有浓度依赖性。激基缔合物与单生色团的荧光强度比I_E/I_M应是恒定值。随着浓度的增加，孤立的高分子线团逐渐靠拢，当浓度增加到某一值时(定义为c_s)，高分子的形态开始受邻近线团的影响。由于瞬间不同线团上局部靠近的链段间的推斥力抵消了线团内链段之间的推斥力而使线团收缩,其结果是线团内的链段空间密度增大,链内非相邻生色团间形成芳环层叠对的概率增大。因此 I_E/I_M 随浓度的升高而增加,I_E/I_M 随浓度的分数幂函数升高。这一现象反映了高分子线团随溶液浓度的增大而收缩。随着浓度的继续增大,邻近线团越来越多,线团间距离越来越小,线团进一步收缩以至于不同线团上的链段开始互相贯穿,开始出现链间生色团的层叠缔合作用,形成激基缔合物荧光。此时,溶液中链段间的空间分布从不连续的变成连续的,但其值是波动的。此后,随着浓度的增大,线团间彼此贯穿越来越多,到某一浓度 c^+ 时,溶液中链段的空间密度分布达到大致均一的程度,而此均一分布的空间密度值将随浓度的继续增加而线性增加,在此开始阶段可以期望这部分链间激基缔合物荧光的 I_E/I_M 值将随浓度的增加而线性增加。当溶液浓度非常大时,特别是接近固体膜时,可能由于激发能迁移效率大大增高,I_E/I_M 呈现超线性浓度依赖性,高分子在良溶剂溶液中的线团尺寸和链段的空间密度分布随浓度的变化示意图如图 3.49 所示。

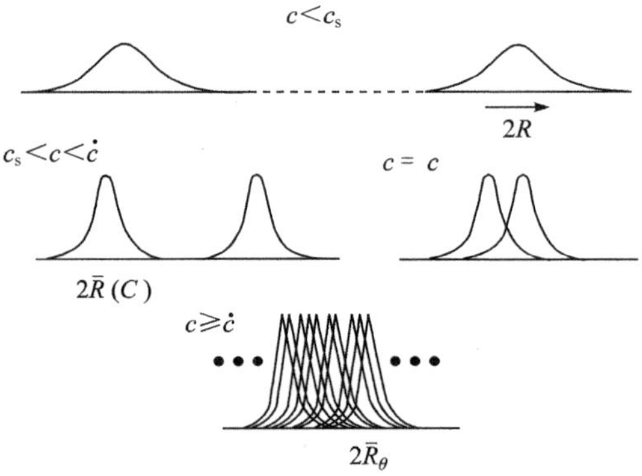

图 3.49　高分子在良溶剂溶液中的线团尺寸和链段的空间密度分布随浓度的变化示意图

这一变化过程就是非晶态聚苯乙烯从稀溶液→亚浓溶液→浓溶液→固体的凝聚过程。中子小角散射和 X 射线小角散射观测这一凝聚过程也得到一致结果。当线团间的链段密度为零时,高分子线团的均方半径为$\overline{R_0^2}$。随浓度增大最后形成固体时,在高度相互贯穿的线团聚集体中,相同链的链段与不同链的链段间斥力相互平衡,导致在极浓溶液和非晶态固体聚合物中高分子线团取无扰高斯线团的尺寸$\overline{R_\theta^2}$。可以设想,在非晶态固体中,相互贯穿的高分子线团密集在一起,相互贯穿的高分子链链数可以计算如下。

例如,聚苯乙烯的非晶态固体密度 $\rho_a=1.05\ \mathrm{g/cm^3}$,无扰线团的单链密度值为

$$\rho_1=\frac{M}{\frac{4}{3}\pi R_\theta^3 N_A} \tag{3.26}$$

式中,M 为分子量;N_A 为阿伏伽德罗常量。从而可以估算在非晶态聚苯乙烯固体中线团的密集程度为 ρ_a/ρ_1,其值如下:

M	R_θ/Å	ρ_a/ρ_1
10^5	87	17
10^6	274	54

这就是说,在分子量分别是 10^5 和 10^6 的聚苯乙烯固体中,半径为 R_θ 的球的空间内,不只

有一个分子链，而是分别有 17 个和 54 个分子链的质心落在这个球空间内。而且，这种密集程度与分子量有关。分子量越大，相互贯穿的无规线团数目越多。

正如钱人元所指出的，这就是聚合物非晶态固体中高分子链形态的基本物理图像，几十个无规线团相互贯穿在一起。

参考文献

[1] 钱人元，曹锑，陈尚贤，等. 中国科学(B)，1983，12：1080.

[2] 曹锑，钱人元. 化学学报，1984，42：51.

[3] Qian R Y. *In*：lieng Huang Lee. New Trend in Physics and Physical Chemistry of Polymer. New York：Plenum Press，1989：239.

[4] 钱人元. 中国科学院院刊，2000，03：19.

[5] 冯新德，唐敖庆，钱人元，等. 高分子化学与物理专论. 广州：中山大学出版社，1984：139.

第 4 章　聚合物结晶态

考虑到高分子的长链特征和分子内可能存在的缺陷，直觉上高分子材料应该很难结晶，即使发生结晶也只是个别现象。然而，事实并非如此。1920 年，Herzog 等首次用 X 射线衍射清楚地证明了纤维素和纤维素衍生物的结晶结构[1-3]。大量实验事实表明，只要赋予高分子链必要的规整性，并给予适宜的条件，绝大多数高分子链凝聚在一起是可以结晶的，且高分子的结晶可以从不同的初始状态进行，如从熔体结晶[4-7]、溶液结晶[8-10]或玻璃态结晶[11-12]。证明聚合物结晶最常用且十分重要的实验手段是 X 射线衍射和热分析谱。大多数结晶聚合物的衍射花样和曲线如图 4.1 所示，既有尖锐的衍射环和衍射峰，又有弥散的衍射环和很钝的衍射峰。这说明在聚合物结晶样品中，既有结晶部分，又有非晶部分。也就是说，一般所谓结晶聚合物都是部分结晶的或半结晶的多晶体。图 4.2 给出了非晶聚对苯二甲酸乙二酯(PET)用示差扫描量热计(DSC)测得的热谱图。由图 4.2 可见，在 360 K 附近的 DSC 曲线有一突跃，这属于 PET 材料的玻璃化转变；在 420～450 K 有一放热峰，表示 PET 从玻璃态结晶的放热，称为冷结晶峰；随着温度继续升高，在 530 K 附近出现一吸热峰，对应于 PET 晶体的熔融。

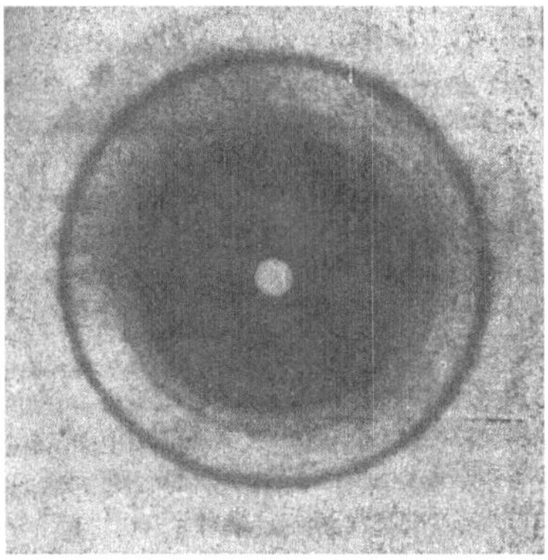

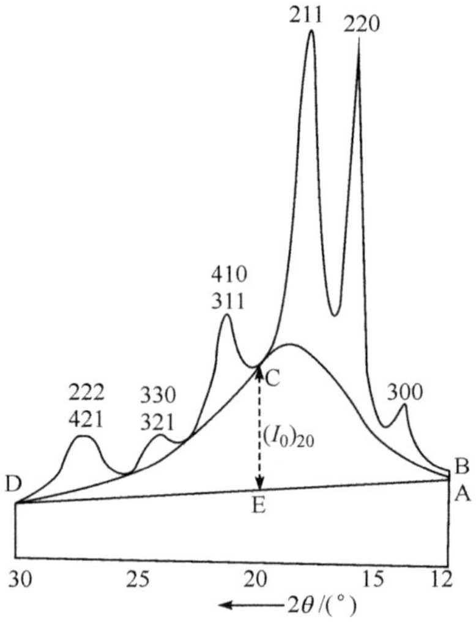

图 4.1　等规聚苯乙烯的 X 射线衍射花样和曲线

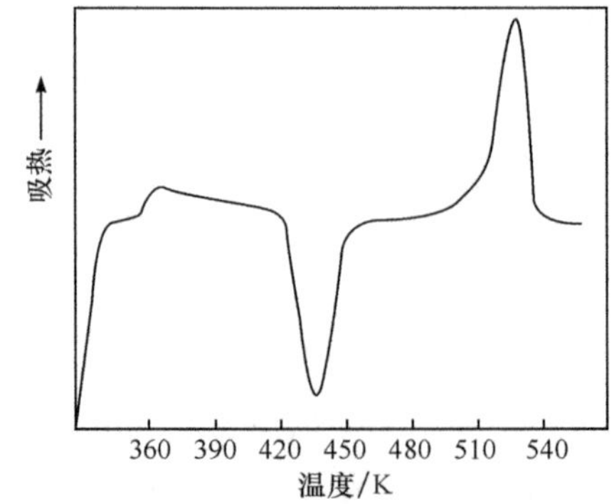

图 4.2　非晶 PET 样品升温过程的 DSC 曲线

就高分子材料而言，尽管由化学键决定的一级结构，即分子链的化学结构，是决定其性能的关键因素之一。然而，由分子链间非化学成键的相互作用控制的晶体结构和聚集态结构等，对材料的物性同样起着非常重要的作用。有时晶体及聚集态结构对高分子材料，尤其是对功能高分子材料的性能影响更为明显。例如，呈螺旋链构象的 α 相聚偏氟乙烯只能作为普通塑料使用，而呈锯齿链构象的 β 相聚偏氟乙烯是具有压电和热电性能的功能聚合物材料[13-15]。即便以单一晶体结构存在，特殊的形态结构也能表现出特定的物理、力学性能。例如，取向聚合物材料的力学性能、导电性、热电及压电性能等均可比其相应的非取向聚合物材料高出百倍[16-18]。正是这种结构-性能/功能之间丰富的关联赋予高分子材料以广泛的变化空间，为有目的地调控聚合物材料的性能提供了一条有效途径。因此，研究高分子材料的晶态结构有着十分重要的实际意义。另外，高分子以其长链结构区别于各种各样的小分子，致使高分子晶体与其他大多数物质的晶体有着明显的不同[19]。例如，晶区非常小，一般在 10 nm 数量级(至少在一维方向)，且晶区和非晶区总是共存，在某些情况下，晶体的不完善程度非常高。因此，对聚合物晶体结构及其形成过程的研究非常复杂，且具有十分重要的理论意义。本章将对结晶聚合物晶态的有序结构、结晶形态、结晶热力学、结晶动力学、结晶度及诱导取向结晶等方面分别进行讨论。

4.1　聚合物晶态的有序结构

尽管聚合物只能部分结晶，X 射线衍射实验证明，聚合物晶体中高分子链能堆砌成具有三维远程有序的点阵结构，即晶格。高分子链的堆砌方式和晶格常数的测定是探讨聚合物晶体结构的首要问题。高分子材料不易形成单晶，即便是从极稀溶液培养出的高分子单晶，其尺寸也太小，不适合用 X 射线衍射方法精确测定其晶格常数。迄今为止，高分子链在晶体中的堆砌方式以及晶格常数的获得主要是依赖于多晶样品的 X 射线衍射数据。实际上，由于多晶样品的衍射数据仍显不足，聚合物晶体结构参数并不能从多晶样品的 X 射线衍射直接测得，而是借助于“纤维图”首先确定其 c 轴方向的等同周期，即通过纺丝或单轴拉伸等办法得到聚合物的取向晶体结构(4.7 节)，让入射 X 射线垂直于多晶样品的取向方向测二维 X 射线衍射花样，从而获得类似于小分子单晶旋转时呈现出的衍射图，如图 4.3 所示，从衍射弧线的层线可以直接计算得到取向方向的等同周期，即 c 轴方向的晶格参数，并根据衍射点或衍射弧线与倒易点阵之间的几何关系，即衍射弧线在衍射花样中的位置与倒易点阵中相应的结点坐标之间的确定关系，获得所测样品的倒易点阵结点的第二个坐标。在此基础上，利用试误法确定其第三个坐标。已知若干倒易点阵的结点坐标，就可以设想倒易点阵是什么样子。然后再用实验结果反复验证，直至确定无误。从倒易点阵返回到真实空间点阵并不困难。图 4.4 给出了聚乙烯和 α-全同聚丙烯晶胞沿 c 轴方向的平面投影。对于聚乙烯来说，分子链以平面锯齿形堆砌在一起[20]，而聚丙烯则是以螺旋链堆砌成晶胞[21]。在结晶聚合物的晶胞内，分子链方向的结构单元以化学键连接，而垂直于分子链方向上则是以范德华力相结合的。这样就产生了各向异性，正是这种各向异性决定了聚合物晶体中通常不存在立方晶格，其他六种晶系则均已被观测到。测定聚合物的晶体结构是一复杂过程，这里只是简单说明，详细过程可参阅有关文献[22-23]。表 4.1 列出了常见结晶聚合物的晶体结构参数。

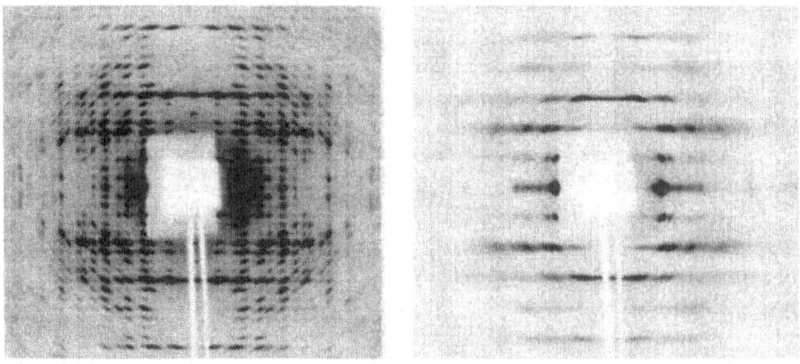

(a)　　(b)

图 4.3　单轴拉伸聚乳酸的 X 射线衍射花样

(a) α 相;(b) β 相

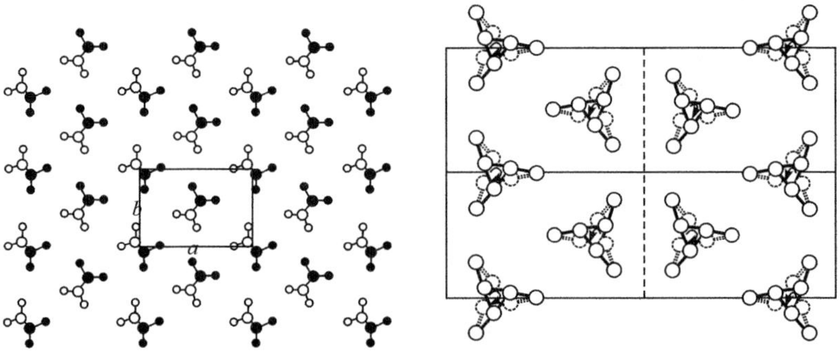

(a)　　(b)

图 4.4　聚乙烯(a)和 α-全同聚丙烯(b)的晶胞平面投影

表 4.1　常见结晶聚合物的晶体结构参数

聚合物	晶系	晶胞参数						N	链构象	晶体密度 /(g/cm^3)
		a/Å	b/Å	c/Å	α	β	γ			
聚乙烯	正交	7.417	4.945	2.547	—	—	—	2	PZ	1.0
聚丙烯(全同)	单斜	6.65	20.96	6.50	—	99.3°	—	4	$H3_1$	0.936
聚丙烯(间同)	正交	14.5	5.60	7.40	—	—	—	2	$H4_1$	0.93
聚 1-丁烯(全同)	三方	17.0	17.70	6.50	—	—	—	6	$H3_1$	0.95
聚苯乙烯(全同)	三方	21.9	21.90	6.65	—	—	—	6	$H3_1$	1.13
聚甲基丙烯酸甲酯(全同)	正交	20.98	12.06	10.40	—	—	—	4	$DH10_1$	1.26
聚乙烯醇	单斜	7.81	2.25	5.51	—	91.7°	—	2	PZ	1.35
聚甲醛	三方	4.47	4.47	17.39	—	—	—	1	$H9_5$	1.49
聚氧化乙烯	单斜	8.05	13.04	19.48	—	125.4°	—	4	$H7_2$	1.228
聚氧化丙烯	正交	10.46	4.66	7.03	—	—	—	2	$H2_1$	1.126
聚四氢呋喃	单斜	5.59	8.90	12.07	—	134.2°	—	2	PZ	1.11
聚 ε-己内酯	正交	7.47	4.98	17.05	—	—	—	2	$H2_1$	1.20
聚对苯二甲酸乙二酯	三斜	4.56	5.94	10.75	98.5°	118°	112°	1	～PZ	1.455
聚对苯二甲酸丁二酯	三斜	4.83	5.94	11.59	99.7°	115.2°	110.8°	1	Z	1.40
聚碳酸酯	单斜	12.30	10.10	20.80	—	84°	—	4	PZ	1.315
尼龙-6	单斜	9.56	17.2	8.01	—	67.5°	—	4	PZ	1.23

续表

聚合物	晶系	晶胞参数						N	链构象	晶体密度 /(g/cm³)
		a/Å	b/Å	c/Å	α	β	γ			
尼龙-66	三斜	4.90	5.40	17.20	48.5°	77°	63.5°	1	PZ	1.24
尼龙-610	三斜	4.95	5.40	22.40	49°	76.9°	63.9°	1	PZ	1.157
聚氯乙烯	正交	10.60	5.40	5.10	—	—	—	2	PZ	1.42
聚偏氯乙烯	单斜	6.71	4.68	12.51	—	—	—	2	$H2_1$	1.954
聚氟乙烯	正交	8.57	—	2.52	—	—	—	2	PZ	1.43
聚偏氟乙烯	正交	8.58	4.95	2.56	—	—	—	2	~PZ	1.937
聚四氟乙烯(<19 ℃)	准六方	5.59	4.91	16.88	—		119.39°	1	$H13_6$	2.35
聚四氟乙烯(>19 ℃)	三方	5.66	5.66	19.50	—	—	—	1	$H15_7$	2.30
聚三氟氯乙烯	准六方	6.438	6.438	41.50	—	—	—	1	$H16.8_1$	2.10
聚异丁烯	正交	6.88	11.91	18.60	—	—	—	2	$H8_3$	0.972
反式聚 1,4-丁二烯	单斜	8.63	9.11	4.83	—	114°	—	4	Z	1.04
顺式聚 1,4-丁二烯	单斜	4.60	9.50	8.60	—	109°	—	2	Z	1.01
反式聚 1,4-异戊二烯	单斜	7.98	6.29	8.77	—	102°	—	2	Z	1.05
顺式聚 1,4-异戊二烯	单斜	12.46	8.89	8.10	—	92°	—	4	Z	1.02

在第 2 章已指出，聚合物晶体中分子链的构象主要取决于链内非键合原子间的相互作用。因此，结晶条件可能会影响分子链的构象，致使同一聚合物在不同条件下形成不同的晶格堆砌。例如，全同立构聚 1-丁烯的晶体结构对结晶条件十分敏感，迄今为止，已经发现了不同的结晶条件全同立构聚 1-丁烯的 4 种晶体结构[24-37]。实验证明，在常压熔体结晶时[24-26]，聚 1-丁烯只能得到具有 11_3 螺旋链构象的四方晶体，如图 4.5 所示。聚 1-丁烯四方晶体并不稳定，在室温下能逐渐转变为 3_1 螺旋链构筑的孪生六方晶体[27-28,37]。图 4.6 给出了聚 1-丁烯由四方晶体转变为六方晶体后的电子衍射图，可以看出其晶体结构发生了很大变化。然而转变前后的结晶形态保持不变，即明场电子显微图并不改变。溶液结晶时，通过改变溶剂和调整结晶温度可以获得聚 1-丁烯由 4_1 螺旋链堆砌而成的正交晶胞结构[29-31]和 3_1 螺旋链堆砌而成的不稳定六方晶胞结构[32-33]。图 4.7 是聚 1-丁烯在乙酸戊酯溶液中 58 ℃等温结晶形成的正交晶体的明场和电子衍射图像，此类晶体在其熔点附近(约 96 ℃)进行退火，将首先转变为四方晶体，然后在室温下逐渐转变为 3_1 螺旋链构筑的稳定六方晶体。目前，稳定六方晶体只是在非常低的过冷温度下在超薄膜内通过熔体结晶直接获得的[37]，如图 4.8 所示。

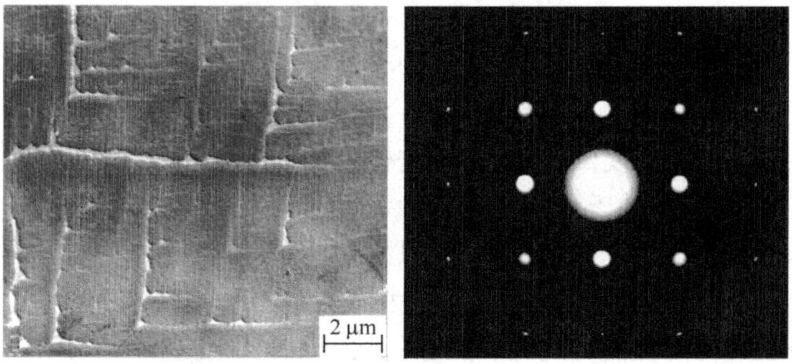

(a)　　(b)

图 4.5　聚丁烯-1 四方晶体的明场电子显微图(a)和衍射花样(b)

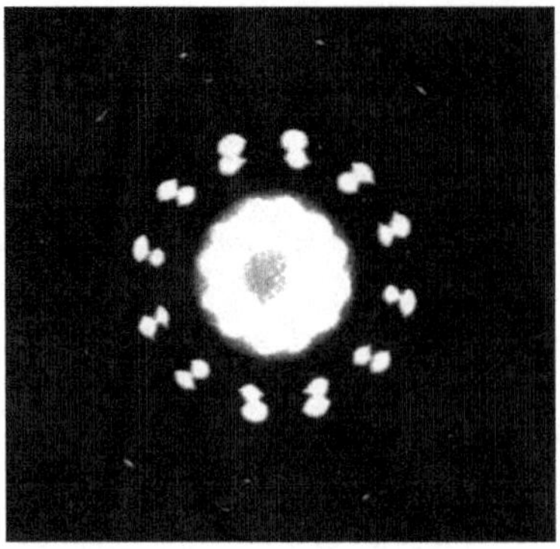

图 4.6　聚 1-丁烯由四方晶体转变得到的六方晶体的电子衍射图

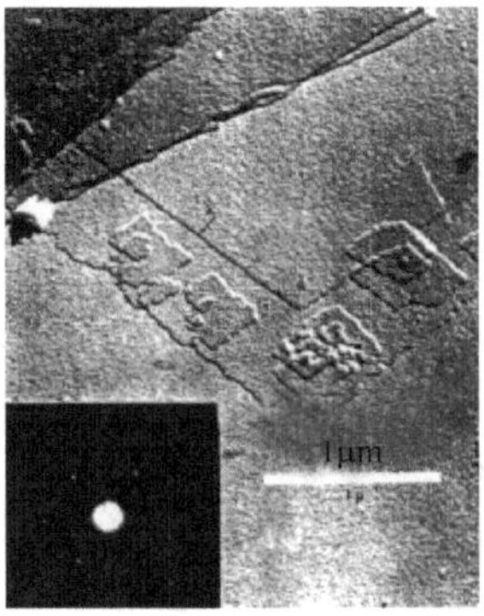

图 4.7　聚 1-丁烯在乙酸戊酯溶液中 58 ℃等温结晶形成的正交晶体的明场和电子衍射图

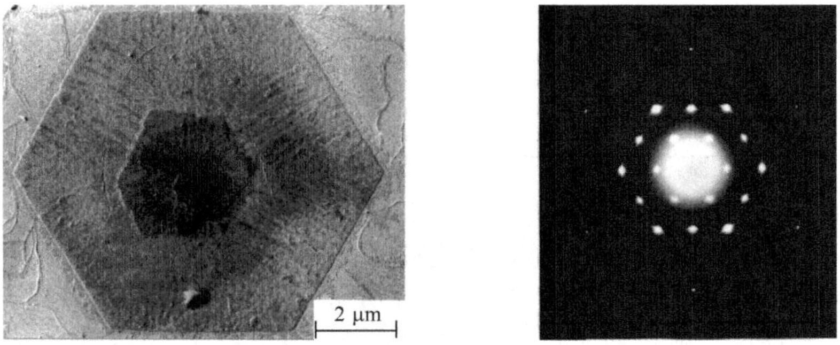

(a)　　　　(b)

图 4.8　聚 1-丁烯超薄膜高温结晶直接形成六方单晶的明场电子显微图(a)和电子衍射图(b)

在本章开始时提到，所谓的结晶聚合物只是部分结晶的或半结晶的多晶体，其中包含结晶和非晶两个部分。为此人们提出了结晶度的概念作为描述结晶性聚合物中结晶部分含量的量度，通常以质量分数 X_c^w 或体积分数 X_c^v 来表示

$$X_c^w = \frac{W_c}{W_c + W_a} \times 100\% \tag{4.1}$$

或

$$X_c^v = \frac{V_c}{V_c + V_a} \times 100\% \tag{4.2}$$

式中，W 为质量；V 为体积；下标 c 为结晶，a 为非晶。

结晶度的概念已沿用了很久，但是由于聚合物的晶区与非晶区的界限不明确，在一个样品中，实际上同时存在着不同程度的有序状态，这样就使得准确测定结晶部分的含量十分困难。尽管结晶度的概念对聚合物缺乏严格的物理意义，但是为了研究结晶聚合物的凝聚态结构及其与性能的关系，常需要知道其结晶程度，所以测定结晶度的方法也就在不断地被研究和发展着。实际上，用于结晶速度测试的绝大多数方法均可用于结晶度的测定。最常用的方法有密度法、光学解偏振法、X 射线衍射分析法、热分析法及红外光谱法等。由于上述各种方法涉及聚合物的有序状态不同，测定结果常有较大的出入，有时数据的差别超过测量误差，因此，在给出某种聚合物的结晶度时，应说明其测量方法，只有这样才能正确理解和比较结晶度。在此仅简要介绍测定聚合物结晶度的一种最简单且常用的方法——比容法(或称密度法)。

比容法的依据是:分子在晶体作有序密堆砌,结晶区的密度 ρ_c 高于非晶区的密度 ρ_a;或晶区的比容 v_c 小于非晶区的比容 v_a。如果采用两相结构模型,并假定比容具有加和性,即结晶聚合物试样的比容等于晶区的比容和非晶区比容的线性加和

$$v = X_c^w v_c + (1 - X_c^w) v_a \tag{4.3}$$

则

$$X_c^w = \frac{v_a - v}{v_a - v_c} = \frac{(1/\rho_a) - (1/\rho)}{(1/\rho_a) - (1/\rho_c)} \tag{4.4}$$

与此类似,从密度的线性加和性出发,则

$$\rho = X_c^v \rho_c + (1 - X_c^v) \rho_a \tag{4.5}$$

$$X_c^v = \frac{\rho - \rho_a}{\rho_c - \rho_a} \tag{4.6}$$

式中,ρ 和 v 分别为聚合物试样的密度和比容。密度可以用密度梯度管来测量。密度梯度管内装有两种密度不同的互溶液体,混合液必须能使被测试样浸润,而又不使它溶解、溶胀或与之发生反应。一般采用的密度梯度管长度为 30～50 cm,通常先将轻液注入,然后将重液从管子的底部缓慢注入。在注入过程中,在管内逐步形成密度梯度,两种液体在管内扩散是较慢的。在测试样品密度过程中,密度梯度一般可以保持相对稳定。测量时,用已知的标准密度小玻璃球先作密度-高度标定曲线,然后测量试样在管内的高度,即可知道试样的密度。完全非晶试样的比容 v_a 和密度 ρ_a 可以从熔体的比容温度曲线外推到测量密度的温度而得到;也可以直接从熔体淬火获得完全非晶试样测得。完全结晶物质的比容 v_c 和密度 ρ_c 往往由晶体结构参数进行计算。如果晶胞的体积(从晶胞参数计算)为 V_c,每个晶胞中含有第 i 种原子量为 A_i 的原子个数为 N_i,则

$$\rho_c = \frac{1}{v_c} = \frac{\left(\sum_i N_i A_i\right)/N_A}{V_c} \tag{4.7}$$

式中,N_A 为阿伏伽德罗常量。大多数聚合物的 v_c、ρ_c 和 v_a、ρ_a 的值都已由前人测出,通常可以从手册或文献中查得。表 4.2 列出了一些常见结晶聚合物的密度数据。

表 4.2　结晶聚合物的密度

聚合物	ρ_c/(g/cm³)	ρ_a/(g/cm³)	ρ_c/ρ_a
聚乙烯	1.00	0.85	1.18
聚丙烯	0.95	0.85	1.12
聚丁烯	0.95	0.86	1.10
聚异丁烯	0.94	0.86	1.09
聚戊烯	0.92	0.85	1.08
聚丁二烯	1.01	0.89	1.14
顺式聚异戊二烯	1.00	0.91	1.10
反式聚异戊二烯	1.05	0.90	1.16
聚乙炔	1.15	1.00	1.15
聚苯乙烯	1.13	1.05	1.08

续表

聚合物	ρ_c/(g/cm³)	ρ_a/(g/cm³)	ρ_c/ρ_a
聚氯乙烯	1.52	1.39	1.10
聚偏氟乙烯	2.00	1.74	1.15
聚偏氯乙烯	1.95	1.66	1.17
聚三氟氯乙烯	2.19	1.92	1.14
聚四氟乙烯	2.35	2.00	1.17
尼龙 6	1.23	1.08	1.14
尼龙 66	1.24	1.07	1.16
尼龙 610	1.19	1.04	1.14
聚甲醛	1.54	1.25	1.25
聚氧化乙烯	1.33	1.12	1.19
聚氧化丙烯	1.15	1.00	1.15
聚对苯二甲酸乙二酯	1.46	1.33	1.10
聚碳酸酯	1.31	1.20	1.09
聚乙烯醇	1.35	1.26	1.07
聚甲基丙烯酸甲酯	1.23	1.17	1.05
平均			1.13

4.2 聚合物的结晶形态结构

4.2.1 聚合物晶体中分子链堆砌模型

在早期的研究中,人们就意识到聚合物的X射线衍射图表征的是两种不同的结构状态,一种是类似于液体的无定形结构(非晶区),另一种是晶体。由于X射线衍射图来自于纯高分子体系,因此认为高分子体系可以同时表现出无定形和晶态的性质。同时,聚合物晶体衍射峰的宽度以及小角X射线衍射结果表明其晶体的每一个结晶方向,包括与分子链轴平行的方向,晶体的尺度都为10 nm的数量级,而聚合物分子链的长度比晶体的尺度至少大一个数量级。因此每条分子链可以连续穿过几个晶区和非晶区。基于上述几个方面的原因,最早给出的聚合物链在晶体中的形态是两相模型,即所谓缨状微束模型[38]。如图4.9所示,该模型认为结晶聚合物由晶体和非晶体两部分组成,其结晶部分呈现为许多微小的晶体,在晶区中聚合物链是相互平行排列的,在非晶区中分子链则是无序的,而微晶本身也是无规地分散在非晶相中,致使每个高分子链可以同时穿过若干个晶区和非晶区。这一模型很好地解释了许多早期的实验现象。举例如下:

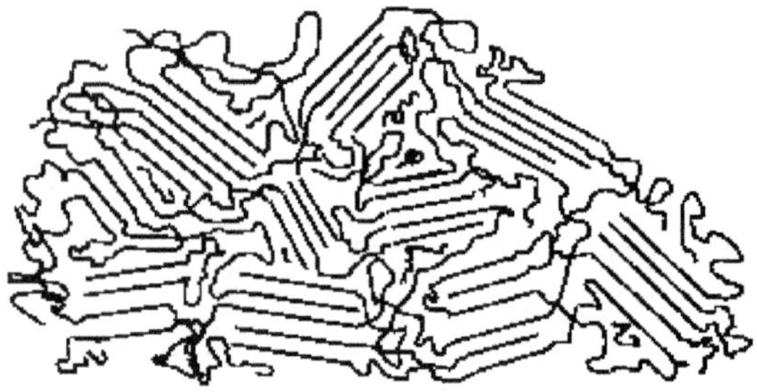

图4.9 聚合物晶体的"缨状微束"模型

(1) 结晶聚合物的广角X射线衍射花样中尖锐的衍射环和弥散环同时出现,这反映了晶区与非晶区共存,说明为什么结晶聚合物密度比晶胞密度小这一实验事实。

(2) 结晶聚合物被拉伸后,X射线衍射环变成了衍射弧线,可解释为微晶沿拉伸方向择优取向的结果。

(3) 结晶聚合物熔融时有一定的熔程是由于微晶的大小不同,完善程度不同。

(4) 另外,结晶聚合物化学和物理性质的不均匀性正是聚合物材料中晶区和非晶区结构不均匀性的反映。因此,该模型受到高分子科学工作者近 30 年的偏爱。

随着对聚合物晶体结构研究的深入,“缨状微束”模型碰到了一些难以解释的现象。例如,用苯蒸气腐蚀聚癸二酸乙二醇酯的球晶,观察到球晶中非晶部分逐步地被腐蚀掉,而余下的结晶部分呈现为发射状的骨架结构,表明结晶部分与非晶部分可以独立存在。1957 年,聚乙烯单晶的获得使人们对聚合物晶体中分子的堆砌有了新的认识[39-41]。如图 4.10(a)所示,聚乙烯单晶很薄,其厚度仅有十几个纳米的数量级。然而,聚乙烯单晶的衍射图案[图 4.10(b)]确定的晶体取向表明,聚乙烯分子链方向与晶体薄片的厚度方向相同。由于聚合物分子链长度的数量级远大于晶体的厚度,此结果令人们倍感惊奇,这就要求聚合物分子链在晶体中来回折返很多次,如图 4.11 所示。实际上,这一结论早在 1938 年 Storks 就根据对杜仲胶的电子衍射研究得出[42],但他的工作在其后的 20 多年内一直被人们所忽略。

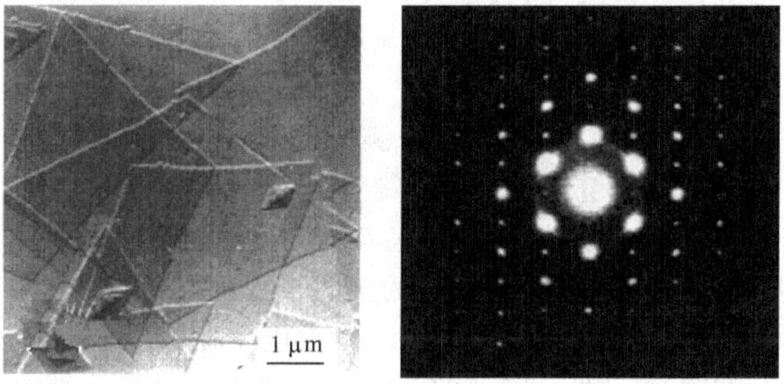

(a)　(b)

图 4.10　聚乙烯单晶的明场(a)和电子衍射图(b)

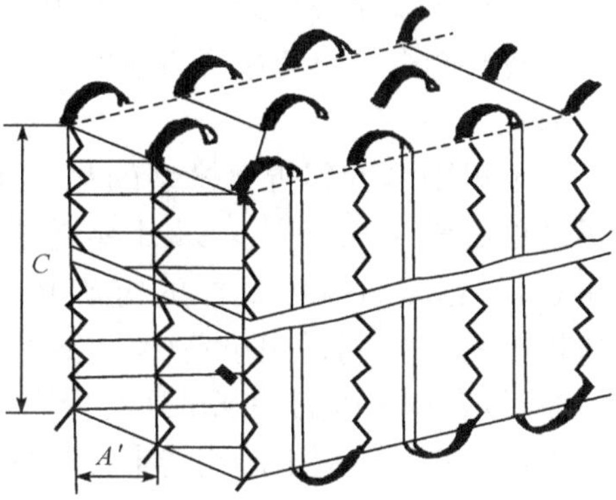

图 4.11　聚乙烯单晶分子链的折叠示意图

通过单晶结构的研究,人们意识到聚合物分子链在晶体中必须折叠并多次进入晶体,但折叠的方式并不是十分清楚,从而分子链折叠的方式便成为当时争论的焦点。根据聚合物溶液结晶时晶体沿侧向生长且厚度保持不变,以及晶体的生长面具有恒定的晶体学性质等特点,Keller 首先提出了聚合物结晶的规则近邻折叠模型[图 4.12(a)]。在折叠概念被提出后的几年里,该领域的权威人士提出很多支持或反对规则近邻折叠的论据[43-46]。实际上,考虑到规则近邻折叠需要较大的能量,人们认为规则近邻折叠不太可能。因此,20 世纪 60 年代初,Flory 等进一步完善聚合物分子链在晶体中的堆砌结构设想,提出了不规则的非近邻折叠模型[46],也即所谓的“插线板”模型(switchboard model)。如图 4.12(b)所示,与规则近邻折叠模型相比,“插线板”模型的主要特点是组成聚合物片晶的链段(stem)平行排列但无规连接,即从一个片晶出来的分子链并不一定要在其邻位处折回到同一片晶,可以在非邻位以无规方式折回同一片晶或进入另一片晶,片晶之间的分子链段或无规则地排列或相互缠绕,构成非晶区。

不规则的非近邻链折叠模型得到了含氘代标记分子聚乙烯样品的中子小角散射实验结果的支持。从聚乙烯片晶的规则近邻链折叠模型和不规则的非近邻链折叠模型出发,可分别计算聚乙烯的散射函数。对于分子链规则近邻折叠模型,假定分子链折叠时穿过晶片的次数为 r,它可能取 1、3、5、7、28 等值,并分别计算不同穿过晶片次数的散射函数。图 4.13 给出了计算所得的散射函数与含氘代分子聚乙烯熔体冷却结晶试样的小角中子散射结果。对比散射函

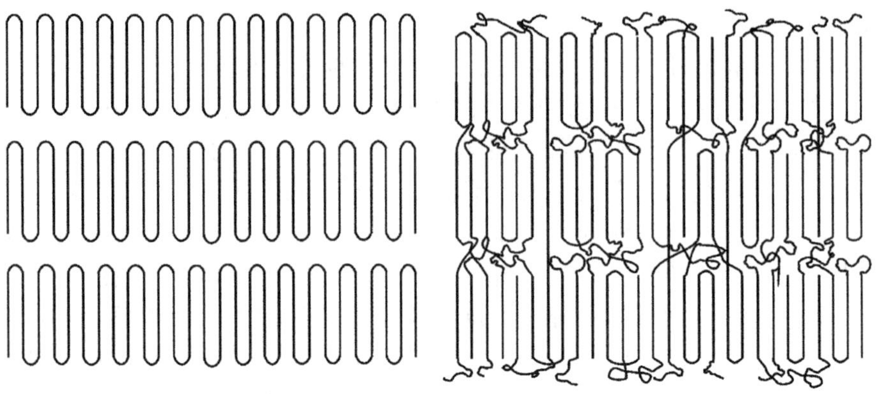

图 4.12　聚合物晶体的结构模型

(a)规则近邻折叠模型;(b)插线板模型

数曲线可以看出,对规则近邻折叠模型而言,只有当 $r=1$ 时,即没有任何相邻折叠时,计算所得曲线与实验曲线接近。而按不规则非近邻折叠模型(插线板模型)计算的散射函数与实验结果能较好吻合。小角中子散射实验结果比较充分地说明分子链在晶片内采取不规则非近邻折叠形式。

不规则非近邻折叠模型的另一个有力证据是小角中子散射测定的不同结晶聚合物分子链的旋转半径[47-51]。Schelten 等[48-49]用小角中子散射法测定了结晶聚乙烯分子链的旋转半径,与相应的熔体试样的链旋转半径相同,与 θ 条件下的链旋转半径也相同(表 4.3)。Ballard 等[50-51]同样用小角中子散射法测定了一系列不同分子量的全同立构聚丙烯试样的旋转半径,发现聚丙烯晶态试样与聚丙烯熔体试样的旋转半径相等,不随温度变化,且与全同立构聚丙烯在 θ 溶剂中链旋转半径与分子量的关系一致,与 $M_w^{1/2}$ 成正比,如图 4.14 所示。这说明聚丙烯在晶态中的分子链尺寸与在 θ 溶剂中及熔体中的分子链尺寸一样。所有这些均有力地证明了晶态聚合物中分子链的大构象(macroconformation)可以用不规则非近邻折叠模型来描述。

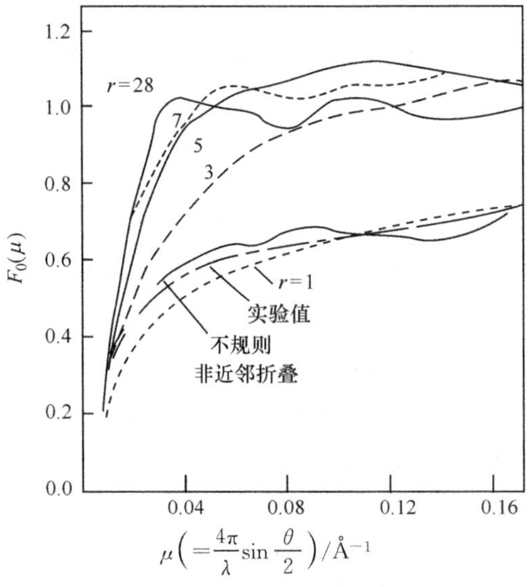

图 4.13　不同模型的聚乙烯的散射函数计算值与中子散射实验值的比较

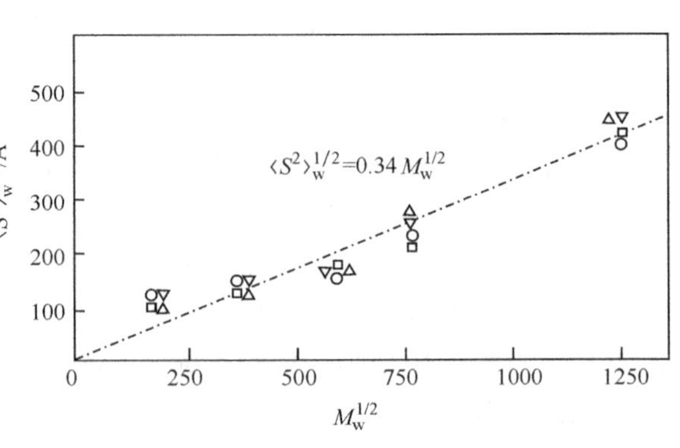

图 4.14　聚丙烯分子链旋转半径与分子量的关系

表 4.3 聚乙烯的分子尺寸与分子量的关系[47-49]

状态	温度/ ℃	$\langle S^2\rangle_w^{1/2}/M_w^{1/2}$
熔体	150	0.45
熔体	150	0.46±0.05
晶态聚合物	23	0.46±0.05
θ溶液	150	0.45±0.08

经过几十年的研究，人们进一步发现两相模型实际上也不能圆满地解释聚合物的结晶结构，实验证明在聚乙烯的晶区与非晶区间存在一个过渡区(transition zone)，称为中间层或中间相(interphase)[52-57]。Flory 等[58-59]也从统计力学出发，将晶格理论应用到高分子界面，指出半结晶聚合物的晶区与非晶区间存在一个性质既不同于晶相也不同于非晶相的结晶-非晶中间相(crystalline-amorphous interphase)。也就是说，目前被普遍接受的聚合物链在晶体中排列模型由三部分组成：片层状三维有序晶区、完全无规排列非晶区和中间过渡区，如图 4.15 所示。

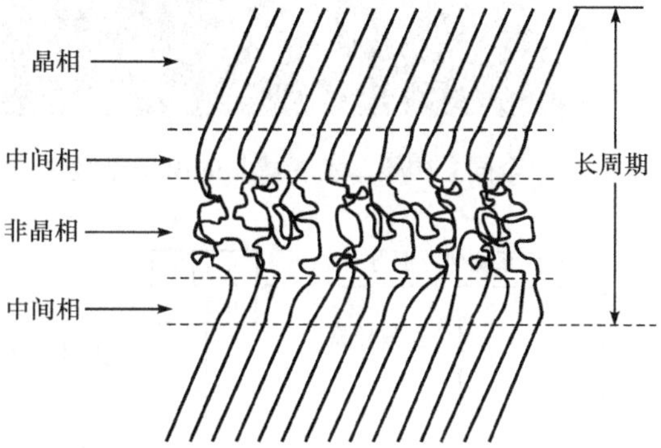

图 4.15 聚合物晶体的三相结构模型

4.2.2 聚合物结晶形态与分子链堆砌

在深入了解聚合物结晶特点的同时，人们观察到了多种多样的聚合物结晶形态。下面就常见的聚合物球晶、单晶、串晶和伸直链晶体等做一些介绍。

1. 聚合物球晶

几乎从一开始，人们就意识到球晶是聚合物结晶一种最常见的特征形式。在不存在外界影响的情况下，无论是从溶液中析出结晶，还是从熔体冷却结晶，聚合物都倾向于生成球晶。如图 4.16 所示[60]，球晶是聚合物小晶体球状对称聚集体。对于小分子体系，尤其是矿物质和有机物，人们对球形聚集体的认识已经很全面了。早在 1888 年，Lehmann[61]就提出球晶是由细长晶体形成的，每一个球晶产生于一个细长晶体，结晶过程中产生的应力导致细长晶体的分裂从而形成分支，获得束状聚集，而片晶沿放射生长轴的扭曲则使晶体离开原平面生长，最终作为球对称体充满整个空间。对于高分子体系，最早观察到的是纤维素衍生物和天然橡胶的球晶结构，但它们并不是典型的合成高分子。对合成高分子结晶形态的研究始于 20 世纪 40 年代，大量的球晶生长过程的研究结果表明，球晶的形成从球心(球晶的晶核)开始，然后逐渐向外扩展，在扩展过程中不断诱导新晶体和分叉形成捆束状形态，最终充满生长空间形成球状晶体。图 4.17 和图 4.18 分别给出了实

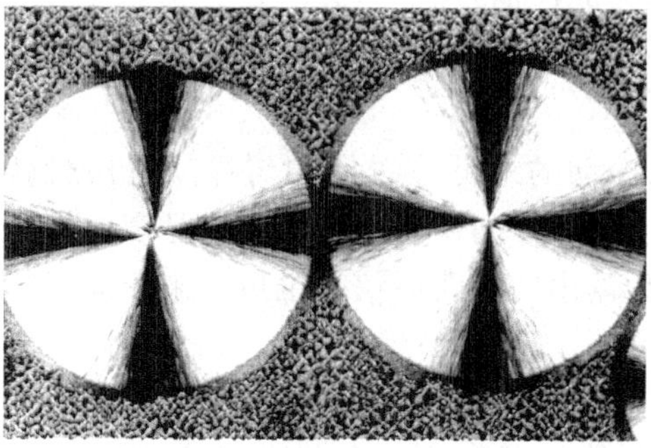
图 4.16 聚己内酯球晶的偏光显微镜照片

际观察到的全同立构聚苯乙烯球晶的电子显微镜照片[62]和上述球晶生长过程的示意图。

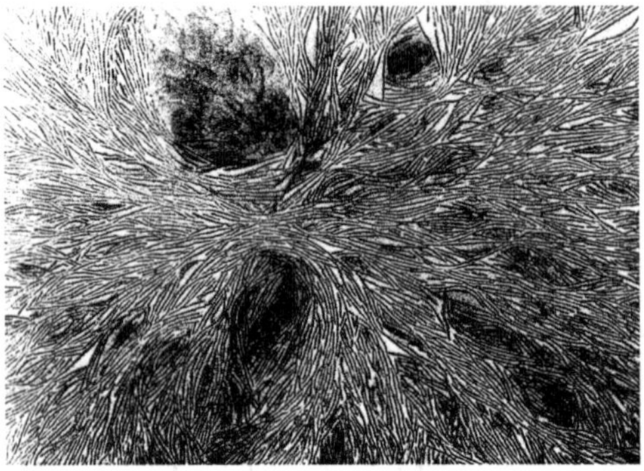

图 4.17 全同立构聚苯乙烯球晶的电子显微镜照片[62]

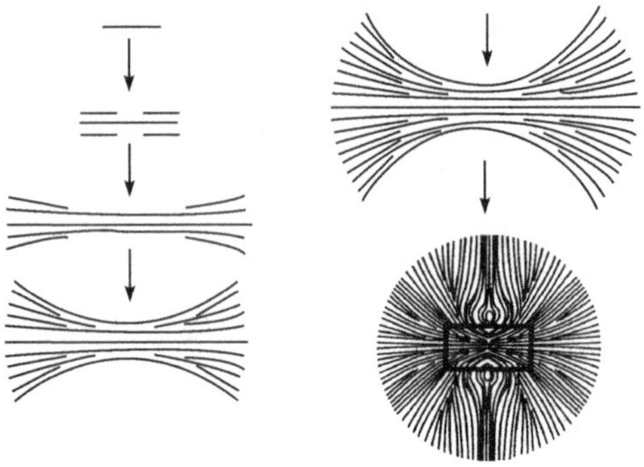

图 4.18 聚合物球晶的生长过程示意图

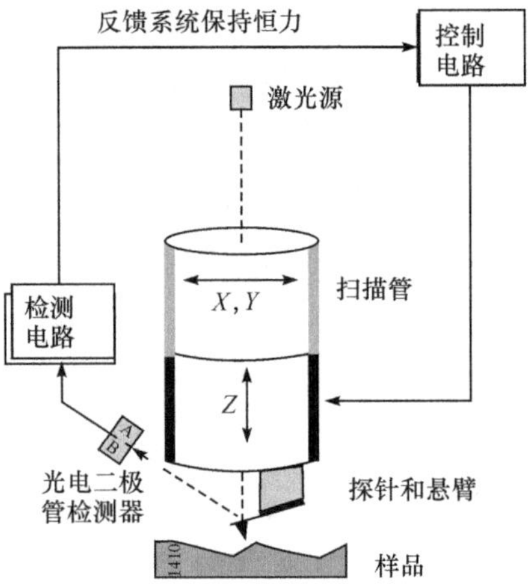

图 4.19 原子力显微镜原理示意图

1）原子力显微镜原理与观测

随着现代分析技术的发展，原子力显微镜（AFM）的发明使原位实时地跟踪聚合物结晶的成核和晶体生长过程成为可能[63-65]。原子力显微镜又称为扫描探针显微镜，图 4.19 是 AFM 的原理图，由一个一端固定另一端是微小探针对微弱力极敏感的悬臂构成，通过尖锐探针与样品表面局部力的信号成像。针尖非常靠近样品表面或贴在样品表面，针尖与样品表面之间没有电压，但尖端原子与样品表面原子间存在极其微弱的排斥力（$10^{-8}\sim10^{-6}$ N），受到力的作用后，悬臂会发生偏离，AFM 就是利用光学检测法，根据从悬臂表面反射回来的细激光束实现对样品表面进行实时高度表征。AFM 有多种操作模式，主要包括以下几种。

接触模式：在扫描过程中通过光电二极管的反馈信号保持悬臂形变恒定（保持恒定载荷），并与样品表面接触，用监测针尖的实时高度和形变量作为成像信号。

非接触模式：针尖以固定形变在样品表面扫描但不与样品表面接触，同样用监测针尖的实时高度和形变量作为成像信号。

振动模式：扫描过程中针尖在 Z 方向振动，如果在振动的最低位置针尖与样品有接触就称为敲击模式，监测悬臂的形变量作为反馈信号保持其值恒定，通过监测针尖在样品表面的实时高度和最大形变量并作为成像信号。针尖振动输入和输出的相滞后信号也可用来成像反映样品表面区域的黏弹性。

AFM 可在真空、气体和液体环境中使用，具有在分辨率方面可与之匹敌的透射电子显微镜（TEM）所不具备的多环境使用本领，且 AFM 在高度方向的分辨率是亚埃级的，也是其他显微镜无法达到的。因此，AFM 已经成为研究结晶过程的常规方法，且提供了很多有价值的研究结果。例如，实验直接观察到了如图 4.18 所示的聚合物结晶过程。图 4.20 是 BA-C8 聚酯结晶过程的原位原子力显微镜图像[66]，可以看出 BA-C8 聚酯的球晶从一点（晶核）开始[图 4.20(a)]，首先形成单片晶[图 4.20(b)和(c)]，单片晶通过弯曲、分叉并不断向外扩展[图 4.20(d)、(e)、(f)、(g)]，直至充满整个空间。

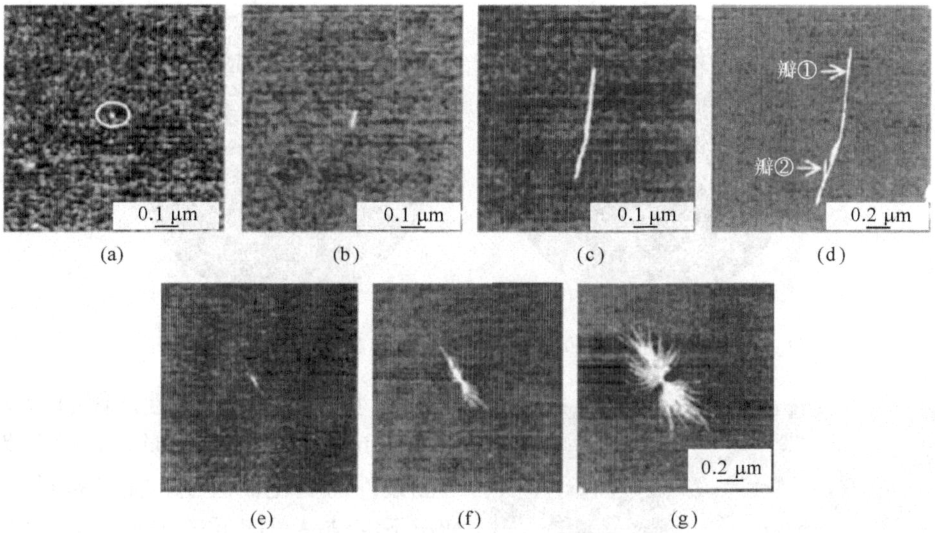

图 4.20　原子力显微镜对 BA-C8 聚酯结晶过程的原位跟踪

2）偏光显微镜观测与球晶分子链堆砌

在光学显微镜的正交偏振片之间，聚合物球晶通常会呈现出鲜明的黑十字消光图案（图 4.16）。黑十字消光图像是聚合物球晶双折射性质和对称性的反映。来自起偏器的偏振光透过球晶样品时发生双折射，分成两束电矢量振动相互垂直的偏振光，它们的偏振方向分别平行和垂直于球晶的半径方向，由于聚合物球晶两个方向的折射率不同，两束光通过样品时的传播速度自然不等，从而产生一定的相位差而发生干涉现象，致使通过球晶某一区域的光可以通过检偏器，而另一部分区域的光则不能，所以形成照片上球晶的亮、暗区域。通过检偏器的光强（I）可表示为

$$I = A^2 \sin^2 2\theta \sin^2 \frac{\pi d \Delta_{ns}}{\lambda} \tag{4.8}$$

式中，A 为振幅；θ 为起偏器与试样晶体光轴间夹角；λ 为光波波长；Δ_{ns}为试样的双折射率；d 为试样厚度。显然，当 $\theta=0, \pi/2, \pi, 3\pi/2$ 时，$I=0$，没有光通过检偏器；而 $\theta=\pi/4, 3\pi/4, 5\pi/4, 7\pi/4$ 时，I 达到最大，透过检偏器的光最强。也就是说，在与起偏器和检偏器的特征方向平行的位置出现消光，而在与之成 45°的方向上透过的光最强，因此产生黑十字消光图。

实验证明，转动样品台时，球晶的黑十字消光图案不变，说明聚合物球晶的所有径向单元在结晶学上是等价的，同时意味着最大折射率的方向平行于两偏振器的特征方向之一。就聚合物而言，分子链方向折射率通常最大，因此分子链轴方向必定平行或垂直于半径方向。微束（细聚焦）X 射线衍射图像证明：绝大部分结晶聚合物的分子链沿垂直于球晶半径的方向排列。图 4.21 给出了聚合物微晶和分子链水平上的球晶内部结构的示意图。由图 4.21 可以看到，每一条链可在球晶的切向穿过数个晶体，这与插线板模型一致。

聚合物球晶还可以呈现不同的光学性质，是聚合物球晶的不同双折射造成的。球晶的双折射 ΔS 定义为径向折光指数 n_r 与切向折光指数 n_t 之差[67-68]

$$\Delta S = n_r - n_t \tag{4.9}$$

当 $\Delta S>0$ 时，即 $n_r>n_t$，聚合物球晶呈现为正光性，此类球晶称为正球晶，在使用 λ 插片时，其一、三象限呈蓝色，二、四象限呈黄色。反之则呈现为负光性，称为负球晶，在使用 λ 插片时，其一、三象限呈黄色，二、四象限呈蓝色。对于双轴晶，情况变得更为复杂，球晶可能呈现为

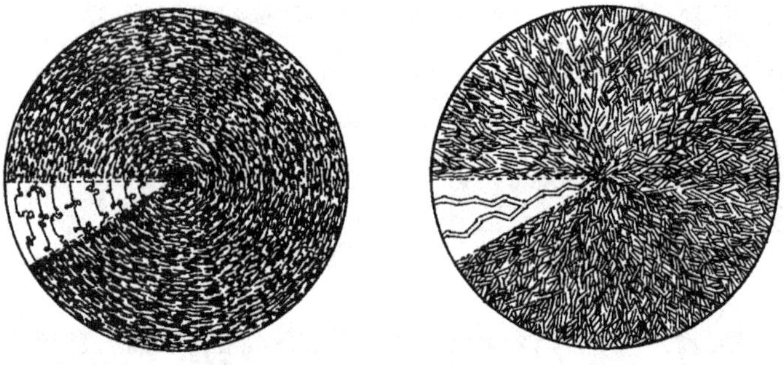

图 4.21　聚合物微晶和分子链水平上的球晶内部结构的示意图[19]

图 4.22　分步结晶聚丙烯球晶的正交偏光显微镜照片[72]

球晶的中心部分为正球晶,而外围部分为负球晶

正光性、负光性或混合光性。例如,聚乙烯球晶总是呈负光性,而聚丙烯球晶的光学性质则随结晶条件的变化而改变。文献报道[69-71],通常情况下在结晶温度低于 134 ℃时,聚丙烯形成正球晶,而高于 137 ℃的温度结晶时,聚丙烯形成负球晶,在介于两者之间的温度范围内则形成混合球晶。图 4.22 是通过分步结晶获得的具有不同光学性质的聚丙烯球晶的光学显微镜照片[72]。根据上述描述,所得球晶的中心部分显然为正球晶,而外围部分则为负球晶。研究表明[67,72-76],聚丙烯的正球晶和混合球晶起源于其交叉结构中的切向取向片晶,如图 4.23 所示。在明确正、负球晶的特定结构特点后,球晶正、负光性的研究可用于确定聚合物球晶中分子链的堆砌方式。

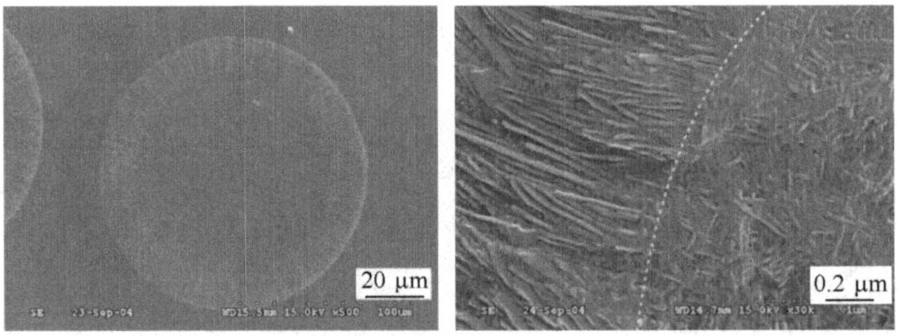

图 4.23　分步结晶聚丙烯球晶的扫描电子显微镜照片(a)及其局部放大的扫描电子显微镜照片(b)[72]

局部放大照片表明:球晶的中心部分为交叉片晶结构,而外围部分为径向发散片晶结构

另外,在一定条件下,聚合物的球晶还可能呈现复杂的环状图案,即在特征的黑十字消光图像上重叠着明暗相间的同心消光圆环。图 4.24 是聚己二酸丁二醇酯环带球晶的正交偏光显微镜照片。这一现象在聚合物熔体结晶中是比较普遍的,因此引起了高分子物理学家的广泛关注。在偏光显微镜下,光学双折射晶体绕其球晶半径方向做有规律的扭转时,就会出现这种周期性的带状结构,扭转的周期随过冷度的增加及熔体中不结晶组分的增加而减小。

图 4.25给出了电子显微镜观察到的聚乙烯环带球晶中的片晶扭转现象。微区 X 射线衍射也为这种有规律的扭转现象提供了强有力的实验证据。最近，对具有环带消光现象的聚己二酸丁二醇酯结晶过程的原位原子力显微镜研究，直接观察到了聚己二酸丁二醇酯片晶的扭曲过程。图 4.26 是 3-羟基丁酸酯和 3-羟基己酸酯无规共聚物环带球晶中片晶扭曲过程的原位原子力显微图[77]。基于大量的实验事实，晶片扭曲(图 4.27)已被普遍认为是形成聚合物环带球晶的原因[78-82]。然而，对片晶的扭曲机理尚存争议[83-101]。

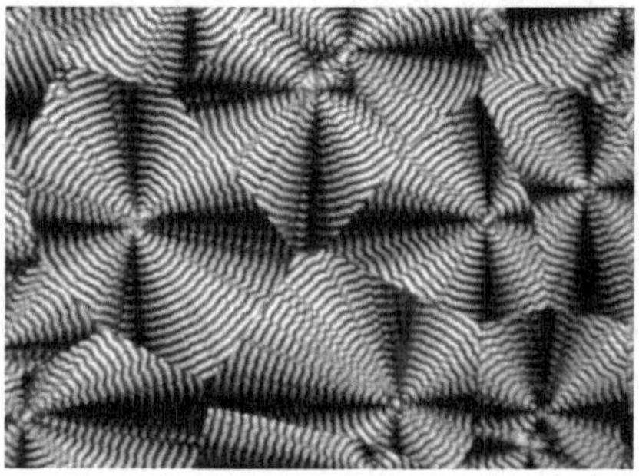

图 4.24　聚己二酸丁二醇酯环带球晶的正交偏光显微镜照片

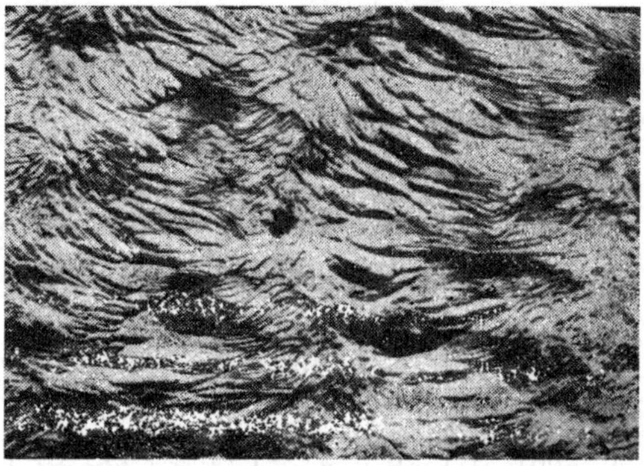

图 4.25　聚乙烯环带球晶的电子显微镜照片

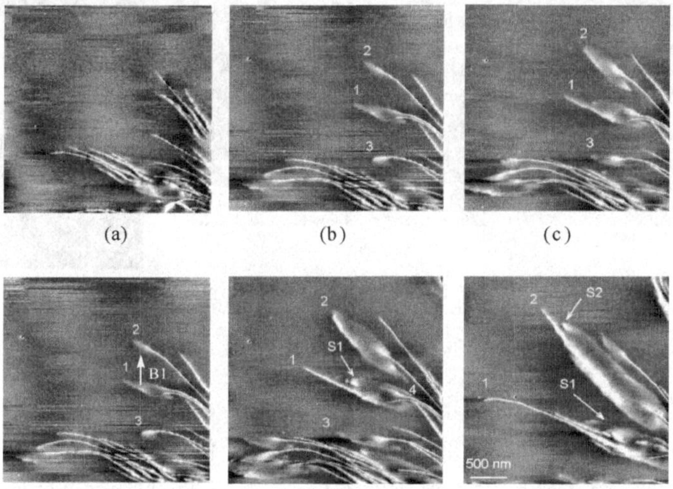

(a)　(b)　(c)　(d)　(e)　(f)

图 4.26　3-羟基丁酸酯和 3-羟基己酸酯无规共聚物的环带球晶中片晶扭曲过程的原位原子力显微镜照片

(a)～(f)表示不同时间的片晶扭曲原位原子力显微镜照片

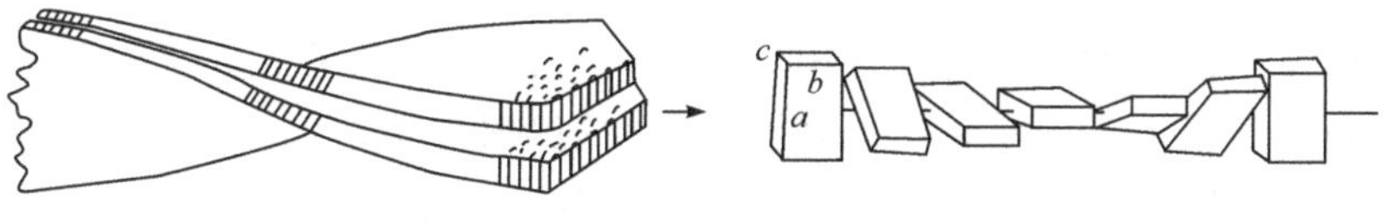

图 4.27　聚合物环带球晶的晶片扭曲示意图

近期的研究结果表明：

(1) 扭转由径向长度较小的片晶旋转完成。

(2) 沿径向的旋转发生在一些不连续点上，是不均匀的，可能与片晶的分叉有关。

(3) 对聚乙烯而言，只有“S”状和“C”状片晶才能发生扭转。

与这些实验结果相一致的模型是在大的螺旋位错处片晶绕半径扭转，位错沿半径平均分布并具有相同的属性，这在聚乙烯的环带球晶中也观察到。尽管对聚合物片晶扭曲机理的研究备受关注，对片晶扭曲现象的了解也在不断加深，但造成片晶扭曲的真正原因目前尚不完全清楚。

除上述由片晶扭曲形成的环带干涉图案外，最近的实验结果表明有一种与片晶扭曲无关的环带结构存在，此类环带干涉图案完全由平躺(flat-on)片晶而形成[102]。图 4.28 是全同聚苯乙烯环带结构的光学显微镜和原子力显微镜照片。从图 4.28(a)可以看到 160 ℃等温结晶(熔体或冷结晶)的全同聚苯乙烯球晶存在清晰的周期性消光带，而在原子力显微镜对其局部区域放大的照片上[图 4.28(b)]可以观察到棱角分明的类似于单晶的六角形结构。电子衍射(图 4.29)证明在整个球晶的各个部位分子链取向均垂直于膜平面。这种环带干涉图案不是全同聚苯乙烯的特有现象，在对聚芳醚酮和聚芳醚醚酮共混物的研究中，也观察到此种环带消光现象(图 4.30)[103-104]。目前认为材料损耗造成的厚度波动是形成上述环带结构的原因，可能是晶体生长速率与熔体材料扩散速率相互竞争的结果。

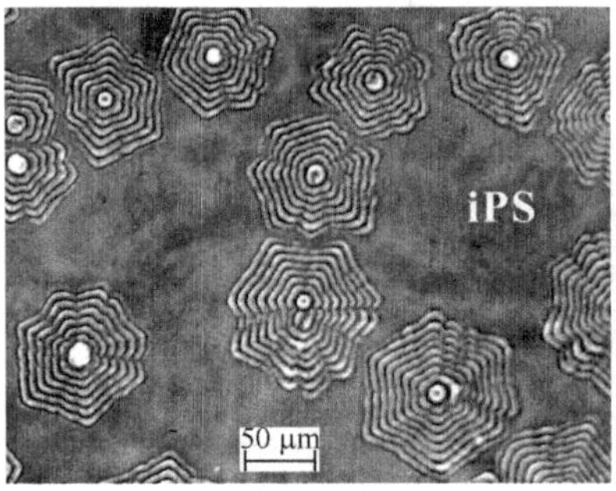

(a)

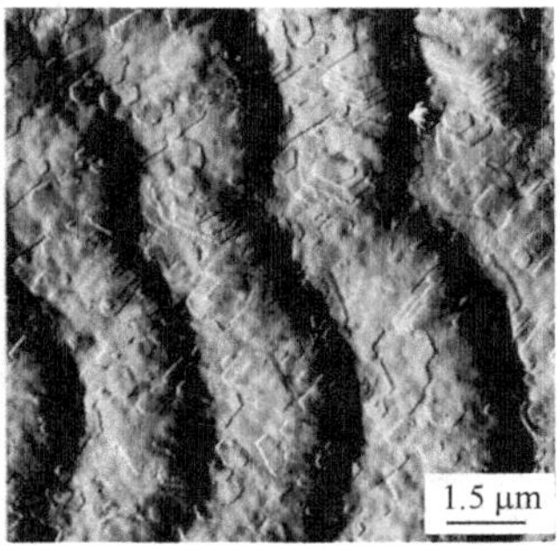

(b)

图 4.28　全同立构聚苯乙烯 160 ℃等温结晶形成的环带球晶的光学显微镜照片(a)和原子力显微镜照片(b)

图 4.29　全同立构聚苯乙烯环带结构不同部位的电子衍射图

3) 小角激光光散射观测球晶尺寸与生长

聚合物球晶尺寸是影响材料性能的一个重要因素。例如，材料的透明性随球晶尺寸的减小而增加。考虑到聚合物球晶尺寸通常在微米量级，可以通过光学显微镜直接观察并测量尺寸。另外，小角激光光散射(SALS)是研究尺寸在几百纳米至几十微米结构的有效技术手段，也是研究高分子凝聚态结构特别是球晶结构行之有效的方法[105-106]。其实验装置原理如图 4.31 所示，当一束平行的单色激光(如 He-Ne 激光，$\lambda=6328$ Å)通过起偏振片照射到结晶聚合物薄膜试样时，将发生光散射，通过检偏振片，在照相底片上曝光记录，即可得到样品的光散射图案。根据检偏振片的偏振方向与入射光的偏振方向的相互关系，光散射图案可分为两种类型。如果入射光的偏振方向是垂直的，检偏振片的偏振方向是水平的，即检偏振片的偏振方向与入射光的偏振方向正交，得到 H_V 光散射图案；如果检偏振片的偏振方向也是垂直的，即检偏振片的偏振方向与入射光的偏振方向平行，则得到 V_V 光散射图案。图 4.32 分别给出了未取向间同立构聚苯乙烯薄膜的 V_V 和 H_V 激光光散射图案。

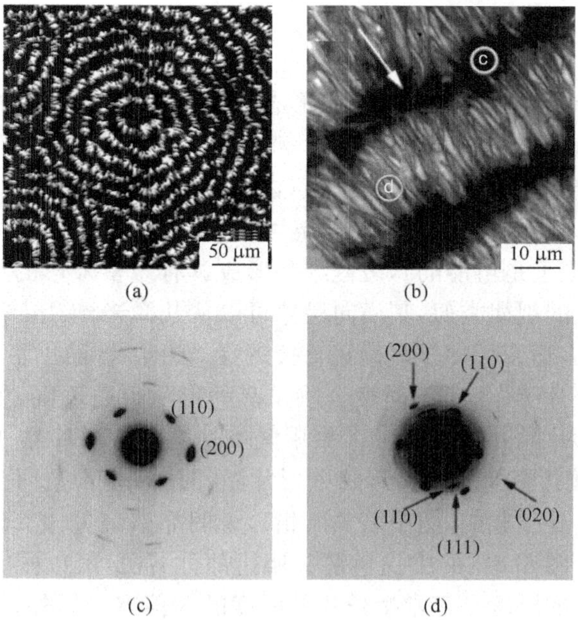

图 4.30　聚芳醚酮/聚芳醚醚酮(70/30)共混物环带结构的光学显微镜(a)和电子显微镜(b)照片及其对应于(b)中不同部位的电子衍射图(c)和(d)

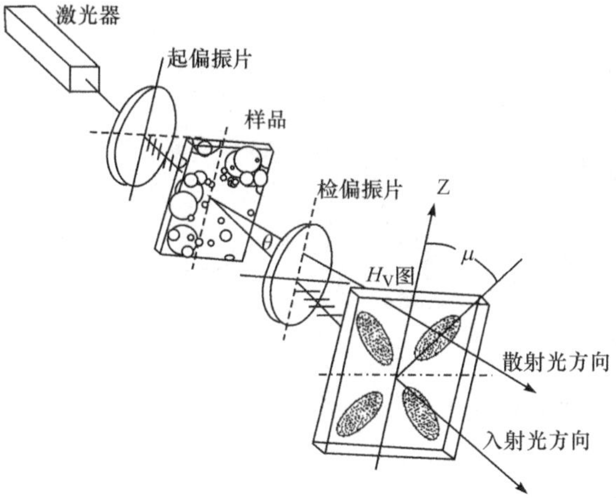

图 4.31　固体小角激光光散射实验装置示意图

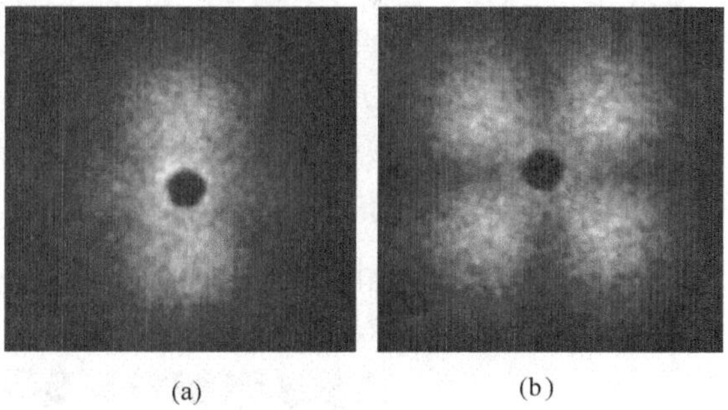

图 4.32　间同立构聚苯乙烯薄膜的 V_V(a)和 H_V(b)固体小角激光光散射图

H_V 光散射图案呈现“四叶”状，在方位角 μ 为 45°的奇数倍时，散射强度最大。产生最大散射强度的散射角 θ_{max}(图 4.31)与样品中球晶半径 R 之间的关系如式(4.10)

$$U_{max} = (4\pi R/\lambda)\sin(\theta_{max}/2) = 4.1 \qquad (4.10)$$

式中，λ 为光波在介质中的波长。式(4.10)表明，球晶大则 θ_{max} 小，因此通过 θ_{max} 的测定，很容易计算球晶的尺寸。与光学显微镜相比，利用激光光散射法研究晶态聚合物的球晶结构有以下优点：

(1) 对于球晶较小的样品，其分辨能力比光学显微镜好。

(2) 对于球晶的集合体，可直接测得其平均尺寸。

(3) 可快速测定结构随时间的变化，从而确定球晶的生长速度。

2. 聚合物单晶

聚合物单晶是聚合物结晶的一种最规则形态。由于其规整性高,有助于对聚合物结晶过程和结晶结构的理解,因此得到广泛研究。

鉴于聚合物的长链特征,只有在极稀溶液(浓度在 0.01%以下)中,聚合物分子间作用力被聚合物-溶剂间作用力所取代,聚合物分子链可达到真正的相互独立,整个分子链能够同时排入生长面(至少在理论上是可能的),缓慢结晶形成具有规整外形的单晶。单晶生长的基本规律与小分子晶体生长的规律类似,其横向尺寸可以从几微米到几十微米,甚至更大,但其厚度方向仅为 10 nm 左右,适合用电子显微镜直接观察。图 4.33 给出了不同聚合物溶液生长单晶的透射电子显微镜照片[107-109]。不同聚合物单晶的形状可以不同,如聚氯甲基环氧丁烷的单晶是菱形或截顶菱形片晶[图 4.33(a)],聚甲醛单晶是六角形片晶[图 4.33(b)],间羟基苯甲酸与 2-羟基 6-萘甲酸共聚酯的单晶是四方形片晶[图 4.33(c)]。仔细观察可以发现,分布在单晶中心的晶核部分是凸起的(图中箭头所指),说明晶核部分比其诱发的晶体要厚。在个别情况下,凸起的晶核[图 4.33(a)中白色箭头所指部分]甚至可以同时诱导上、中、下三层片晶生长,此时,初始晶核的厚度是正常生长片晶厚度的 3 倍多。另外,螺旋阶梯是聚合物单晶的一个常见形态,是晶体沿螺旋位错中心不断地扭旋生长形成金字塔形的多层片晶,螺旋台阶和母晶具有相同的厚度。图 4.34 是溶液生长聚甲醛和熔体生长聚氧乙烯螺旋阶梯单晶体的电子显微镜照片。

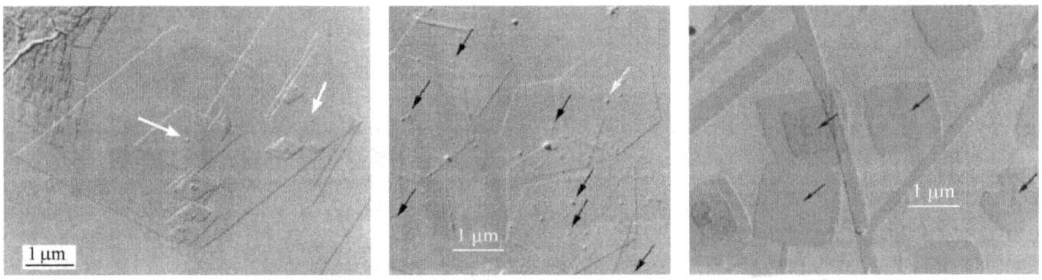

(a) (b) (c)

图 4.33 不同聚合物溶液生长单晶的透射电子显微镜照片

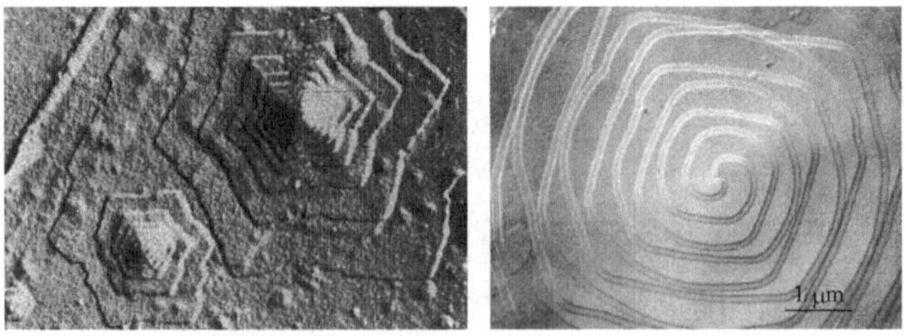

(a) (b)

图 4.34 溶液生长聚甲醛(a)和熔体生长聚氧乙烯(b)螺旋阶梯单晶体的电子显微镜照片

由于熔体中分子链的高度缠结,因此聚合物熔体结晶的习性和结晶过程比从溶液中结晶更为复杂。尽管如此,在极端条件下,如薄膜高温结晶,也可以得到单晶结构[110-111]。图 4.35 是熔体生长的间同聚 1-丁烯单晶的明场电子显微图和相应的电子衍射照片。

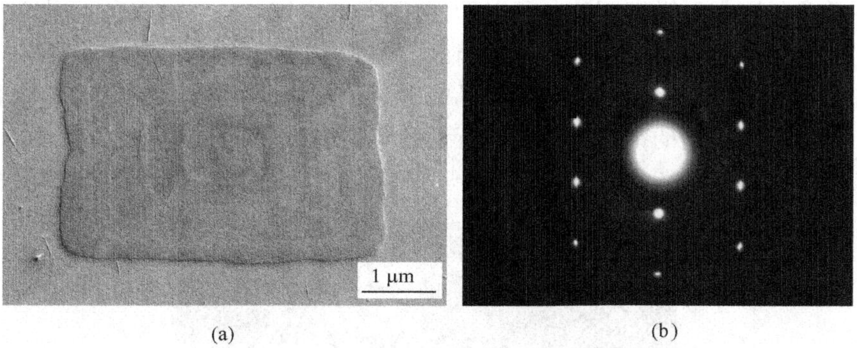

图 4.35　间同聚 1-丁烯熔体生长单晶的透射电子显微镜明场(a)和电子衍射照片(b)

实验证明，无论是溶液还是熔体结晶，片晶的厚度对分子量都是不敏感的，但随结晶温度的变化而改变。一般来说，结晶温度高，片晶厚度大。同时，结晶条件的不同可能导致聚合物单晶的顶角不同[112-113]。图 4.36 是溶液生长聚 3,3-二氯甲基氧杂环丁烷{poly[3,3-bis(chloromethyl)-oxacyclobutane],BCMO}单晶的顶角随结晶温度的变化情况，这涉及晶体生长的问题，反映了不同的结晶过程和链堆砌方式。图 4.37 给出了 BCMO 单晶两种极端情况(最大和最小顶角单晶)的链堆砌示意图。

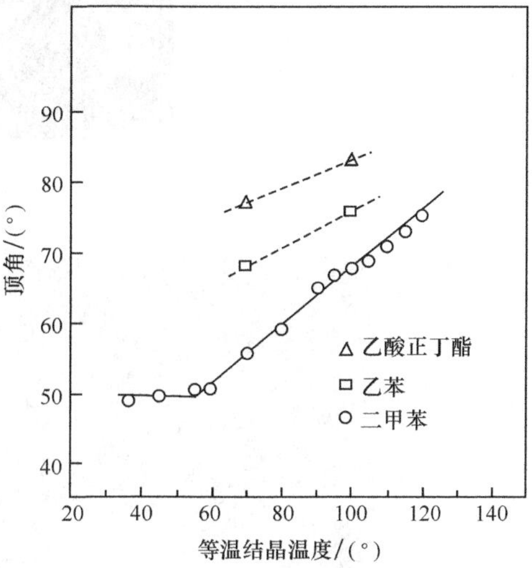

图 4.36　溶液生长 BCMO 单晶顶角与结晶温度的关系

在聚合物单晶的生长过程中，各生长面同时向外扩展，也就是说，分子链同时排入各个生长面，如果分子链是近邻折叠，各个生长面上的折叠方向必定不同，从而导致聚合物单晶扇区化[114-117]。聚合物单晶的分区行为可以利用电子显微的暗场技术直接观察到。图 4.38 显示了聚乙烯单晶四个不同区域的电子显微镜暗场照片。另外，单晶表面修饰技术被成功地用于研究聚合物单晶的折叠行为[118-119]。该技术是在聚合物单晶表面利用真空蒸涂的办法沉积烷烃或低分子量聚乙烯($M_w \leqslant 2000$)，根据烷烃或低分子量聚乙烯在单晶表面不同区域的不同沉积行为来探讨单晶表面的结构特征。图 4.39(a)是烷烃沉积修饰后溶液

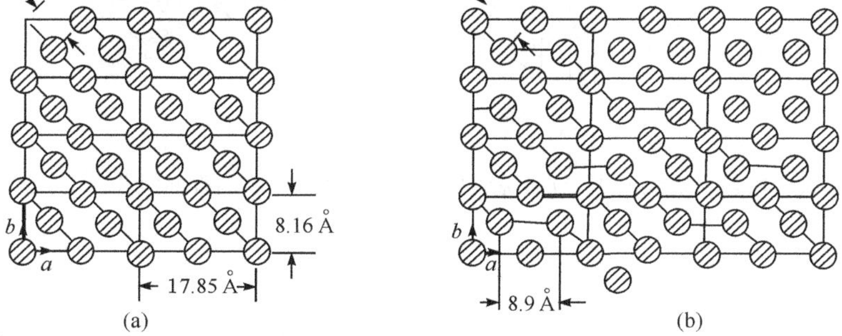

图 4.37　BCMO 单晶的两种极端排列

(a) 沿[210]方向生长，顶角为 85°；(b) 沿[110]方向生长，顶角为 49°

生长聚乙烯单晶的电子显微镜照片。可以看到,不同区域烷烃的片晶取向不同,这种取向排列非常清楚地揭示了聚乙烯单晶的四个不同扇区。图 4.40 对上述结构给予了很好的解释,即烷烃分子链在沉积到聚合物单晶表面时沿单晶的链折叠方向平行排列,致使其片晶的分子链方向,即厚度方向,与单晶中的链折叠方向平行。此实验结果证明了溶液生长的聚乙烯单晶中分子链是规则近邻折叠的。图 4.39(b)给出了烷烃修饰的聚甲醛单晶的电子显微镜照片。

图 4.38　聚乙烯单晶的电子显微镜暗场照片

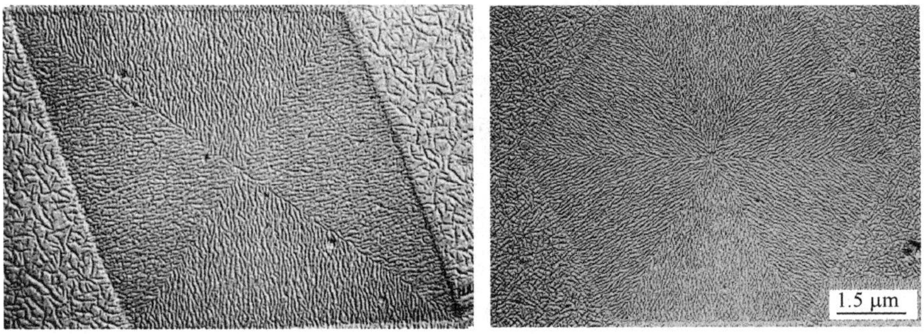

(a)　　(b)

图 4.39　烷烃修饰后的聚乙烯(a)和聚甲醛单晶(b)的电子显微镜照片

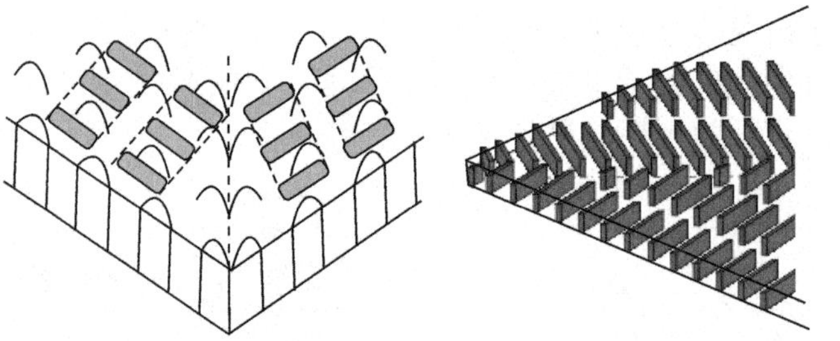

(a)　　(b)

图 4.40　烷烃分子(a)和烷烃片晶(b)在聚乙烯单晶表面沉积示意图

3. 聚合物串晶

在通常情况下,聚合物无论从溶液还是从熔体结晶,都倾向于生成具有折叠链片晶结构的多晶体。但实际加工过程中,聚合物熔体或溶液在固化的同时要经受拉伸或剪切应变,聚合物在应力作用下结晶时所形成的最终产物,在形态结构上可与从静止状态时结晶所得到的球晶大不相同。例如,聚合物稀溶液在高速流动条件下易于形成串珠式长串结构,称为聚合物串晶(shish-kebab)。如图 4.41 所示[120],长序列的平行片晶(kebab)通过很长的骨架或丝线(shish)连接起来,片晶和骨架的分子链轴是平行的。事实证明,聚合物稀溶液在多种不同的流动条件下都可以形成串晶结构,这些条件包括高速搅拌[121-123]、超声搅拌[124]、在静止的和运动的同心圆筒之间的流动(Couette flow)、在往复运动的筒管和同心圆筒之间的流动[125]、碰撞射流[126]、生长着的细丝的剪切流动[127-128]以及毛细管剪切流动[129]。某些聚合物(如全同聚苯乙烯)甚至在溶液浇注过程,由扩散引入的微弱切应力便可诱导串晶结构的产生。图 4.42 是全同聚苯乙烯溶液浇注薄膜串晶结构的电子显微镜照片[130]。

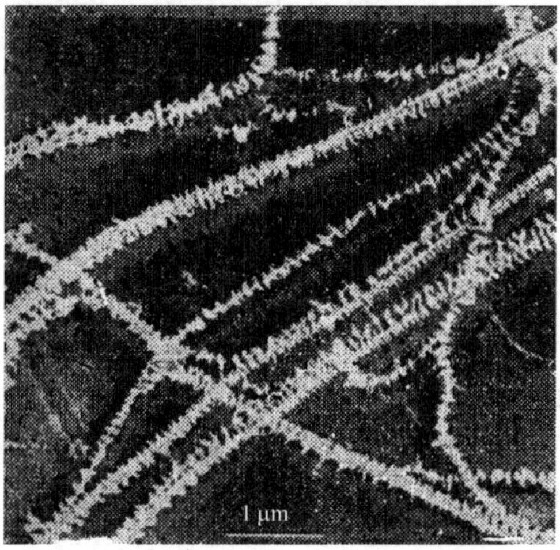

图 4.41　聚乙烯的 5%二甲苯溶液 101.8 ℃ Couette 流动时形成的微丝状结晶(shish-kebab)的透射电子显微镜照片

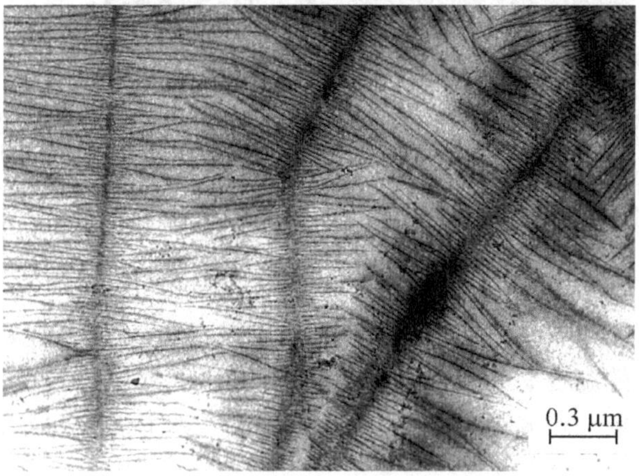

图 4.42　全同聚苯乙烯溶液浇注薄膜串晶结构的电子显微镜照片

图 4.43 给出了串晶结构的理想化模型。该模型反映了这样的观点,聚合物串晶体具有高度取向伸直链结构的中心线,中心线周围间隔地生长着由均相附生结晶诱导的折叠链片晶。早期,人们曾认为串晶的中心骨架是由完全伸直的分子链组成的,但后来发现串晶中心骨架的熔点明显低于没有链折叠的完全伸直链晶体的熔点[123,131-134]。因此,这种中心骨架很可能包含大量不完善的结构,其中包括链折叠结构。尽管如此,由于串晶结构的中心骨架具有伸直链成分,因而提供了材料的高强度、抗溶剂、耐腐蚀等优良性能。如聚乙烯串晶的断裂强度为 382 MPa,延伸率为 22%,弹性模量达 2040 MPa,相当于普通聚乙烯纤维拉伸 6 倍时的模量。对熔体结晶来说,在高速挤出淬火所得到的聚合物薄膜中也发现有串晶结构,其薄膜的模量和透明度都大为提高。因此,聚合物串晶结构的发现对于纤维纺丝和薄膜成型等工艺过程中的结构和性能关系研究具有重要的理论意义和实际价值。

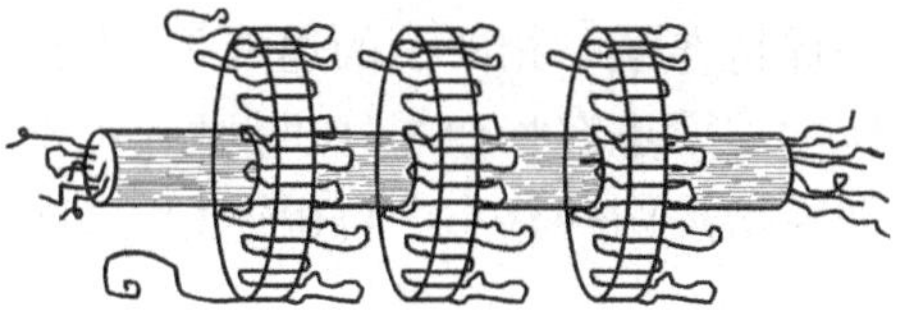

图 4.43　串晶的形态和内部结构模型

4. 伸直链晶体

如上所述,聚合物在切应力作用下结晶时倾向于形成伸直链组分的纤维状多晶体。实验

图 4.44　聚乙烯伸直链晶体的电子显微镜照片

证明，伸直链组分随应力的增大而增多[131-134]。在适当条件下，如结晶发生在较高温度、较高的流动速率下或在熔点附近退火，则所形成的结晶结构就十分接近于伸直链晶体。另外，聚合物在几千乃至几万大气压下结晶时可以得到完全伸直链晶体[135]。图 4.44 是聚乙烯在 226 ℃和 4800 标准大气压(1 标准大气压$=1.9\times10^5$ Pa)条件下结晶 8 h 获得的伸直链晶体的电子显微镜照片。所得到晶体的结晶度高达 97%，熔点为 140.1 ℃，密度为 0.9938 g/cm^3，伸直链长度达3×10^4 Å。如果聚乙烯的分子量超过 10^6，晶体的厚度可达10^5 Å以上。晶体中分子链平行于晶面方向，晶片的厚度基本等于伸直了的分子链长度，其大小与聚合物的分子量有关。晶体中晶片的厚度是不均一的，其大小分布相当于该聚合物的分子量分布，而且晶片的厚度不随热处理的条件而变化。所以，现在认为伸直链结构是聚合物中热力学上最稳定的一种聚集态结构。近年来的研究还表明，伸直链晶体也可从熔体结晶的聚合物球晶在低于熔点的温度下进行加压热处理而得到。在加压热处理过程中，折叠链片晶转变为伸直链晶体这一现象一般解释为，由于压力的增大，增加了折叠链的表面能，从而促进了伸直链晶体的生长。

4.3　聚合物结晶热力学

4.3.1　熔融过程与平衡熔点

与小分子晶体一样，升温可使聚合物晶体熔融。然而，结晶聚合物熔融过程与小分子晶体熔融过程有所不同，在 DSC 谱图上这一不同反映在聚合物熔融过程有一较宽的范围，如 10 ℃左右。而小分子晶体的熔融发生在 0.2 ℃左右的狭窄温度范围内，也就是说结晶聚合物有一个熔程。在聚合物晶体的熔程范围内，发生边熔融边升温的现象，而不像小分子晶体那样，几乎保持在某一相平衡的温度下，直到晶相全部熔融为止。当然，聚合物晶体的熔融与小分子晶体的熔融也有相似之处。例如，对于小分子晶体而言，晶体熔融是典型的热力学一级相转变，即在熔点两种状态的自由能相等，而自由能对温度 T 和压力 p 的一阶导数在转变时是不连续的，即

$$\left(\frac{\partial G}{\partial T}\right)_p = -S \qquad S_1 \neq S_2$$

$$\left(\frac{\partial G}{\partial p}\right)_T = V \qquad V_1 \neq V_2$$

在聚合物晶体的熔融过程中，体积、比容等热力学函数也发生突变。本节将着重讨论下列问题：结晶聚合物熔融为什么会有一个熔程？如何确定熔点？结晶聚合物的熔融过程是否还是一级相转变[290]？

为了澄清结晶聚合物熔融过程的热力学本质，人们对许多结晶聚合物进行了精心的测量，每变化一个温度(如升高 1 ℃)便维持恒温，直到体积不再改变(约需 24 h)后才测定其比容值。

实验结果表明，在上述条件下，结晶聚合物的熔融过程十分接近跃变过程。如图 4.45 所示，熔融过程发生在 3～4 ℃的较窄温度范围内，而且在熔融过程的终点，曲线上也出现明确的转折。对不同条件下结晶的同一个聚合物试样进行测试，也得到了相同的转折温度，如图 4.46 所示。这表明，结晶聚合物的熔融过程的确是热力学一级相转变，与小分子晶体的熔融过程没有本质的不同，仅是突变程度的差别。结晶聚合物在熔融时出现的边熔融边升温的现象，是由于结晶聚合物中含有完善程度不同的晶体。结晶时，如果温度降低不是足够慢，熔体的黏度增加较快，分子链的活动性减小，来不及做充分的调整，使得结晶停留在不同的阶段。因此在升温过程中，比较不完善的晶体将在较低的温度下熔融，而比较完善的晶体则要在较高的温度下才能熔融，因而在通常的升温速率下，出现较宽的熔融温度范围。如果升温速率足够慢，即使有不完善结晶部分的存在，它们也可以通过熔融后再结晶而形成比较完善的晶体。最后，所有较完善的晶体都在较高的温度下和在较窄的温度范围内被熔融，因而比容-温度曲线在熔融过程的末期出现急剧的变化和明显的转折。

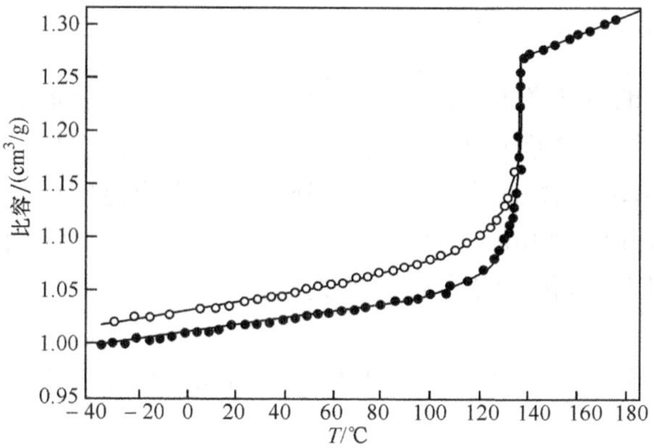

图 4.45　聚己二酸癸二酯的比容-温度曲线

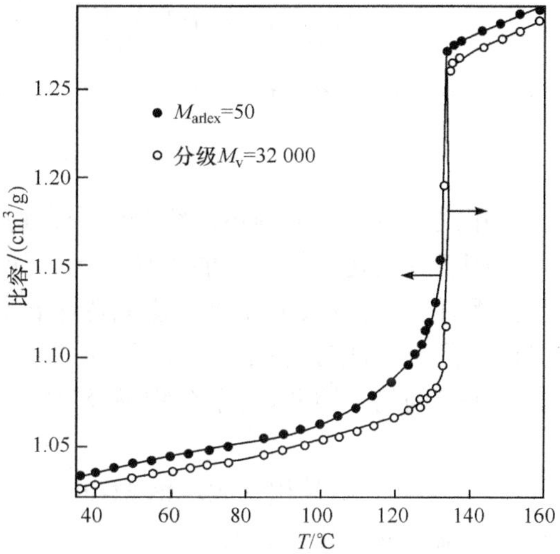

图 4.46　线形聚乙烯的比容-温度曲线

● 由熔体缓慢冷却的结晶试样；

○ 在 130 ℃结晶 40 d 后缓慢冷却的试样

比容-温度曲线上熔融终点处对应的温度相当于聚合物的平衡熔点，从图 4.45 得到线形聚乙烯的平衡熔点(T_m^0)为(137.5±0.5)℃。平衡熔融温度是表征高分子晶体的十分重要的参数。从热力学观点看，在熔点、晶相和非晶相达到热力学平衡，自由能变化 $\Delta G=0$，即 $\Delta H-T\Delta S=0$。因此

$$T = T_m^0 = \frac{\Delta H}{\Delta S} \tag{4.11}$$

这就是平衡熔点的定义。然而，高分子链结晶常难以达到热力学平衡，熔融时也就难以达到两相平衡，因此一般不能直接测得平衡熔点，而是通常采用外推法才能得到平衡熔点。具体测定过程是将结晶聚合物样品从熔体结晶，选择不同的过冷度，得到一系列在熔点以下不同温度结晶的样品，使其结晶尽可能完全，然后再按一定升温速度测定熔点，将所测得的不同温度下结晶样品的熔融温度 T_m 对结晶温度 T_c 作图，可得一直线，再将此直线向 $T_m=T_c$ 直线外推，两直线交点所对应的温度即为所求样品的平衡熔融温度。

熔融热和熔融熵是聚合物结晶热力学的另外两个重要参数,Flory 等在 20 世纪 50 年代就已从理论到实验解决了熔融热和熔融熵的计算和测量问题[290]。

从聚合物-稀释剂体系出发,认为在非晶态,Flory-Huggins 自由能表示式是适用的。因此,在聚合物-稀释剂体系中的稀释剂的化学势相对纯稀释剂的化学势之差可表示为

$$\mu_1-\mu_1^0=RT\left[\ln(1-v_2)+\left(1-\frac{1}{x}\right)v_2+\chi_1 v_2^2\right] \tag{4.12}$$

而聚合物溶质相对纯液体聚合物(聚合物熔体为参比态)的化学势的差值可表示为

$$\mu_2-\mu_2^0=RT[\ln(1-v_1)-(x-1)(1-v_2)+\chi_1 x(1-v_2)^2] \tag{4.13}$$

式(4.12)和式(4.13)中,v_1 和 v_2 分别为体系中稀释剂和聚合物的体积分数;x 为高分子链的重复单元数;χ_1 为聚合物与稀释剂之间的相互作用参数。令 V_u 和 V_1 分别表示高分子链重复单元和稀释剂分子的摩尔体积,则 xV_1/V_u 可近似表示每个高分子链所含有的重复单元数,因此每摩尔聚合物链段重复单元的化学势改变量应等于

$$\mu_u-\mu_u^0=RT\frac{V_u}{V_1}\left[\frac{\ln v_2}{x}-\left(1-\frac{1}{x}\right)(1-v_2)+\chi_1(1-v_2)^2\right] \tag{4.14}$$

对于高分子量的聚合物,x 充分大时,式(4.14)可简化为

$$\mu_u-\mu_u^0=-RT\frac{V_u}{V_1}[(1-v_2)-\chi_1(1-v_2)^2] \tag{4.15}$$

用式(4.15)可以描述双组分的聚合物熔体的热力学性质。然而,从稀释体系中结晶形成的晶相组分的化学势不可能直接得到。如果假定稀释剂不进入晶相,则对于很多聚合物-稀释剂体系,问题可以大大简化。这就意味着双组分的液体中,只有一个组分在所有组成范围内是可以结晶的。此时,在熔点两相平衡的条件下,除温度和压力相等之外,结晶组分化学势在两相中是等同的。因此,在聚合物-稀释体系的熔点时,化学势应有下列关系:

$$\mu_u^c-\mu_u^0=\mu_u^l-\mu_u^0 \tag{4.16}$$

式中,上角 c 表示晶相;l 表示液相,并且以纯的聚合物熔体作为参比态。晶相和纯熔体中聚合物链重复单元的化学势差为

$$\mu_u^c-\mu_u^0=-\Delta G_u=-(\Delta H_u-T\Delta S_u) \tag{4.17}$$

以 $\dfrac{\Delta H_u}{\Delta S_u}$ 表示平衡熔点 T_m^0,则式(4.17)可写成

$$\mu_u^c-\mu_u^0=-\Delta H_u\left(1-\frac{T}{T_m^0}\right) \tag{4.18}$$

这一推论过程中,实际上假设了 ΔH_u 和 ΔS_u 是不随温度变化的。利用式(4.15)可以得到

$$\frac{1}{T_m}-\frac{1}{T_m^0}=\frac{RV_u}{\Delta H_u V_1}[(1-v_2)-\chi_1(1-v_2)^2] \tag{4.19}$$

这就是聚合物-稀释剂体系的熔点降低表示式。T_m 为聚合物-稀释剂体系的平衡熔点。从式(4.19)可以看出,熔点降低依赖于稀释剂的体积分数和体系的相互作用参数。如果其他量都相等,对于聚合物的良溶剂,熔点降低的值大,而劣溶剂则引起较小的熔点降低。相互作用参数 χ_1 依赖于温度。假设 $\chi_1=BV_1/RT$,B 表示聚合物-稀释体系的相互作用能,式(4.19)就可表示为

$$\frac{\dfrac{1}{T_m}-\dfrac{1}{T_m^0}}{v_1}=\frac{R}{\Delta H_u}\frac{V_u}{V_1}\left(1-\frac{BV_1}{R}\frac{v_1}{T_m}\right) \tag{4.20}$$

如果考虑熵的贡献，令 $\chi_1 = \dfrac{BV_1}{RT}(1/2 - \Psi_1)$，其中 Ψ_1 为熵参数。根据式(4.20)，以 $\dfrac{\dfrac{1}{T_m} - \dfrac{1}{T_m^0}}{v_1}$ 对 v_1/T_m 作图，通过外推至横坐标为零时，从纵轴截距可得到摩尔聚合物链重复单元的熔融热 ΔH_u，此值相当于聚合物完全结晶时的熔融热。再利用平衡熔点表示式 $T_m^0 = \dfrac{\Delta H}{\Delta S}$，就可以计算得到链重复单元的熔融熵 ΔS_u。表 4.4 列出了一些典型结晶聚合物的平衡熔点 T_m^0、链重复单元的熔融热 ΔH_u 和熔融熵 ΔS_u 的实验测得值。

表 4.4　一些典型结晶聚合物的熔融热力学量

结晶聚合物	T_m^0/ ℃	ΔH_u^* /(kJ/mol 结构单元)	ΔS_u/[J/(℃ · mol 结构单元)]
聚乙烯	146	4.02	9.6
聚丙烯	200	5.80	12.1
顺式 1,4-聚异戊二烯	28	4.40	14.5
反式 1,4-聚异戊二烯	74	12.7	36.6
反式 1,4-聚氯丁二烯	80	8.37	23.7
全同立构聚苯乙烯	243	8.37	16.3
聚氧甲烯	180	6.66	14.6
聚氧乙烯	66	8.29	22.4
聚己二酸癸二酯	79.5	42.7	121.2
聚癸二酸癸二酯	80	50.2	142.1
聚对苯二甲酸乙二酯	280	26.9	48.6
聚对苯二甲酸丁二酯	230	31.8	63.1
聚对苯二甲酸癸二酯	138	46.1	112.9
聚癸二酰癸二胺	216	34.7	71.1
聚壬二酰癸二胺	214	36.8	11.9
聚己二酰己二胺	267	67.9	123.0
聚双酚 A 碳酸酯	295	33.6	59.0
三丁酸纤维素	207	12.6	33.9

注：ΔH_u^* 是以单体为稀释剂从熔点降低测得。

从表 4.4 所列数据可以看出，聚合物链重复单元的熔融热 ΔH_u 值大致分为两类：或者是 4～8 kJ/mol，或者是 40 kJ/mol 左右。从这两类数据看，很多高熔点的聚合物具有低熔融热；相反地，大量低熔点的聚合物却具有高熔融热。因此，熔点和熔融热之间不存在相关性。也就是说，熔融熵是决定聚合物熔点的关键因素。在熔融态，熔融熵与链构象之间存在着明显的关系。通常弹性体有着比较低的熔点、高的熔融熵，这反映了高分子链的高柔性。而工程塑料一般处于另一种极端情况，它们的分子链呈伸展状态，对应于比较低的熔融熵，从而有着较高的熔点。高分子链中引入环状结构可导致熔点升高(相对纯脂肪族链)，而熔体的构象熵降低。把脂肪族聚酯和聚酰胺的熔点进行比较则非常能说明问题。比较脂肪族聚酯和聚酰胺的熔点可以发现，聚酰胺的熔点明显高，然而脂肪族聚酯和聚酰胺的熔融热却没有很大差别，因此熔点的差别被认为是与熔融熵紧密相关的。根据上述实验结果不难看出，聚合物链结构主要是通过构象性质(如熔融熵)来影响熔点的。

4.3.2 表面能和熔点降低

鉴于聚合物结晶时的链折叠行为不同于小分子晶体，聚合物晶体存在折叠表面和侧表面的区别。如果不考虑链末端的影响，聚合物晶体的侧表面应该具有和相同单体的低聚物晶体的侧表面相同的表面能。因此，从实验测得的低聚物的侧表面能值可以直接用于或外推到聚合物晶体的情况，对几种低聚物的侧表面能的测试结果显示，聚合物晶体的侧表面能通常具有10 erg/cm^2 数量级。而对于折叠表面能，用不同的测量和分析模型均表明其数值一般为侧表面能的5～10倍(数量级为100 erg/cm^2)。基于上述原因，具有大的折叠表面和极窄侧表面的聚合物薄片单晶在能量上是不稳定的，平衡状态的形态结构应该是晶体在链伸展方向的长度为其截面方向的5～10倍，这显然与实际观察到的情况相反。因此，观察到的这种形态结构有待一个更为详细的动力学理论来加以解释和预测。另外，考虑到在聚合物链折叠表面蕴含较大的能量，相对于无限大的晶体来说，薄片状晶体的熔点应该会有所降低，这在前面的稀溶液理论中已经提到，下面将就熔体结晶情况进行讨论。

为了方便起见，假定一边长为 w，厚度为 l 的正方形薄片状的晶体，其熔融热、折叠表面能和侧表面能分别为 ΔH_f、σ_e 和 σ_s，其中 $\sigma_e \gg \sigma_s$。在无限体积的熔体中，具有该尺寸的晶体和相同质量的熔体间的自由能差 ΔG 可表示为

$$\Delta G = -w^2 l \Delta G_v + 2w^2 \sigma_e + 4wl\sigma_s \tag{4.21}$$

此处，ΔG_v 为单位体积自由晶体和自由熔体的自由能差。根据 Gibbs 自由能 $\Delta G = \Delta H - T\Delta S$ 可写出式(4.22)

$$\Delta G_v = \Delta H_f \frac{T_m^0 - T}{T_m^0} \tag{4.22}$$

在晶体的熔点 $T_m(l)$ 时，$\Delta G = 0$，将式(4.22)代入式(4.21)可得

$$-w^2 l \Delta H_f \frac{T_m^0 - T_m}{T_m^0} + 2w^2 \sigma_e + 4wl\sigma_s = 0 \tag{4.23}$$

考虑到 $w \gg l$ 及 $\sigma_e \gg \sigma_s$，忽略最后一项，则式(4.23)可重排为

$$T_m = T_m^0 \left(1 - \frac{2\sigma_e}{l \Delta H_f}\right) \tag{4.24}$$

式(4.24)给出了聚合物晶体厚度与熔点之间的关系，不难看出聚合物平衡熔点 T_m^0 对应于厚度为无穷大的聚合物晶体的熔点，而实际上聚合物晶体很薄，因此聚合物晶体的实际熔点往往要比平衡熔点低得多。

4.3.3 多重熔融现象

聚合物晶体在熔融过程中除存在较宽的熔程外，多重熔融行为也是在结晶聚合物中经常观察到的现象，如图4.47所示。

多重熔融现象是指结晶性聚合物在示差扫描量热法(DSC)的升温过程中所观测到的双重或多重熔融吸热峰。绝大多数的结晶性(准确地说是半结晶性，semicrystalline)聚合物，如聚醚醚酮(PEEK)[136-140]、等规聚苯乙烯(iPS)[141-147]、聚苯硫醚(PPS)[148-151]、聚对苯二甲酸乙二醇酯(PET)[151-154]等均存在多重熔融行为，尤其是对于经过退火或等温结晶等热处理的半刚性(semistiff 或 semirigid)高分子材料，这种热行为则更为普遍。聚合物的多重熔融行为与结晶样品的退火温度、退火时间、DSC的升温速率、高分子材料的结晶结构和形态等诸多因素密

切相关，而这些因素又与材料的结晶度、物理、力学性能等关系密切。因此，关于结晶聚合物多重熔融现象的物理起源或形成机理的研究，在过去几十年间一直是高分子凝聚态物理领域的一个热门话题，众多的科研工作者运用热分析、X 射线技术、电子显微镜、傅里叶变换红外以及原子力显微镜等多种实验技术或方法，通过对不同的结晶聚合物进行深入、系统地研究，提出了许多模型或理论来解释这一复杂的物理现象。

多重熔融现象的复杂性往往来自于在 DSC 升温过程中观测到的(最)低温吸热峰[所谓的"退火峰"(annealing peak)]。例如，在 310 ℃等温结晶的 PEEK 样品的 DSC 升温曲线如图 4.48 所示[137]，其低温退火峰在 320 ℃左右，退火峰总是出现在退火温度(或等温结晶温度)以上 10～20 ℃的地方，并且其熔融热值(退火峰的面积)随退火温度和时间的增加而增大。在约 340 ℃处的吸热峰为 PEEK 的主熔融峰。目前，对结晶聚合物多重熔融峰的形成机理有许多不同的解释。主要观点有：①熔融-重结晶-再熔融模型；②双重片晶分布模型；③完善-不完善晶体模型；④多晶形模型；⑤"三相"模型；⑥不同结晶形态模型等。下面将一一做简单介绍。

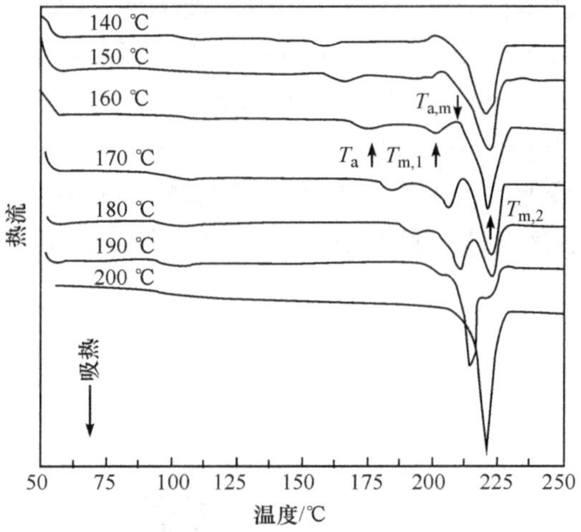

图 4.47　全同聚苯乙烯在不同温度冷结晶 6 h 所得样品的升温 DSC 曲线

升温速率为 10 ℃/min

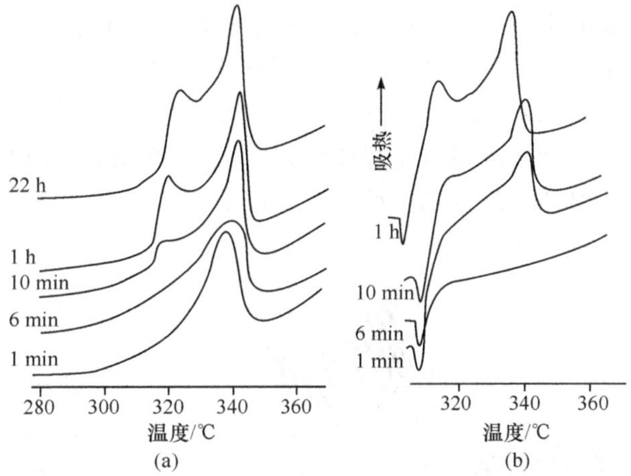

图 4.48　PEEK 的双重熔融现象

在 310 ℃等温结晶不同时间；扫描速率为 16 ℃/min

(a)310 ℃退火不同时间的样品；(b)310 ℃等温结晶不同时间后的 DSC 升温曲线

1. 熔融-重结晶-再熔融模型

熔融-重结晶-再熔融模型(melting-recrystallization-remelting model)认为低温吸热峰(所谓的退火峰)对应于在样品中初始存在的绝大部分片晶或晶体的熔融，而高温吸热峰则是部分熔融的晶体在 DSC 升温过程中因发生重结晶而形成的更厚、更完善的片晶的熔融[136-140,154]。在 DSC 实验中[139,140,155-158]，随 DSC 升温速率的增加，低温退火峰的位置向高温区移动，并伴随着吸热焓的逐渐增大，这是由聚合物样品的低热导率所造成的过热效应引起的(仪器因素)。高温熔融峰的位置则随 DSC 升温速率的增加而逐渐向低温方向移动，同时热焓也随之逐渐减小。这一实验事实解释为，在高的升温速率情况下，已熔融晶体的重组过程(在退火温度与主熔融峰之间的温度区间内连续的熔融和重结晶过程)在很大程度上被抑制，从而使得重结晶过程所形成晶体的量以及完善程度均随升温速率的增大而呈显著降低的趋势。因此,人们认为在DSC升温过程中发生了熔融-重结晶现象。但是,运用热分析和X射线散射等实验技术,对PEEK、PPS、iPS等结晶聚合物多重熔融行为的研究表明[62,148,159-161]:多重吸热峰几乎是同时形成的,只不过最强的吸热峰首先被观察到。这一实验事实则是与熔融-重结晶-再熔融机理完全相悖的。

2. 双重片晶分布模型

双重片晶分布模型(dual lamellar distribution model)认为双重熔融峰与结晶聚合物内存在两种尺寸(片晶厚度)、分布、完善程度或热稳定性不同的晶体密切相关。Verma和Hsiao[163]将此模型又细分为双重片晶堆砌和片晶插入两种,如图4.49所示。双重片晶堆砌模型(dual lamellar stack model)[163-164]认为结晶聚合物中存在两种不同的晶体或片晶形态,即主级晶体(primary crystals)和次级晶体(secondary crystals)。厚的主级晶体在结晶过程中首先形成,而随后薄的次级晶体在主级晶体所构成的(具有负压的)受限的液体阱穴中进行堆砌生长(图4.50)。由于二者的厚度不同,后形成的次级晶体在DSC升温过程中先被熔融,而先形成的主级晶体随后在高温区被熔融。片晶插入模型(lamellar insertion model)[165,166]则认为在聚合物的主级结晶过程中所形成的厚的主级片晶(primary lamellae)是构成球晶的主要框架(framework),在聚合物的次级结晶过程中,薄的次级片晶(secondary lamellae)只能在主级片晶的框架内进行受限或插入式生长,也就是DSC曲线上的低温和高温熔融吸热峰分别相应于次级和主级片晶的熔融。无论上述哪一种情况,都不存在从一种片晶形态向另一种片晶形态的重组或转变[147-149,161]。

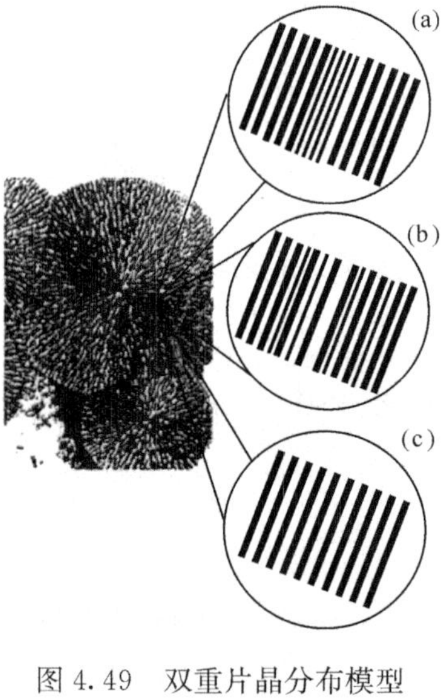

图4.49 双重片晶分布模型
(a) 球晶中两种不同片晶形成不同区域;(b) 薄片晶嵌入厚片晶之间;(c) 片晶的空间填充模型

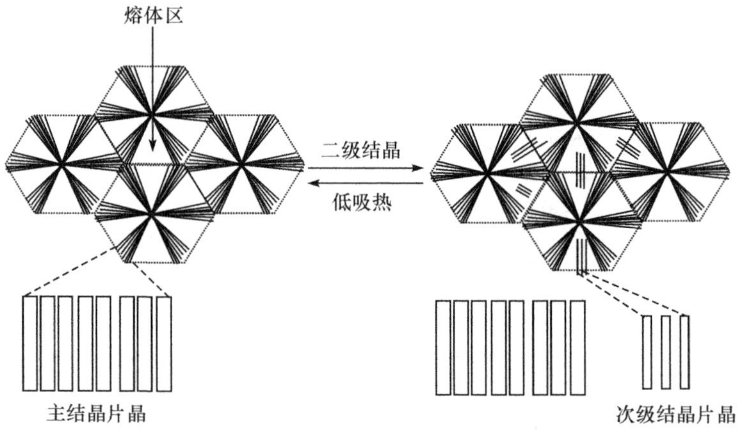

图4.50 次级片晶的形成和熔融过程示意图

3. 完善-不完善晶体模型

完善-不完善晶体模型(perfect and imperfect crystal model)[168,170]则认为退火处理诱导产生一种不完善的晶体,在DSC升温过程中这种因退火所形成的不完善晶体在略高于退火温度(10～20 ℃)时即被熔融,此即为通常所观察到的吸热退火峰。用 DSC 和广角 X 射线衍射(WAXD)对 PEDEK 及其与 PEEK 共混物双重熔融现象的研究结果能够很好地支持这一解释[170-171]。

4. 多晶形模型

多晶形模型(polymorphism model)认为多重熔融行为相应于聚合物的不同晶体结构,即多晶形现象[172-173]。例如,α 晶体和 γ 晶体是尼龙 6 的两种常见晶形,在 α 晶体中分子链是采取反平行排列的全伸展平面锯齿链构象,基于分子链间有强的氢键相互作用,属于热力学稳定晶形,熔点一般在 225 ℃左右。而在其 γ 晶体中分子链是采取平行排列的褶皱型片层(pleated sheets)构象,分子链间的氢键相互作用较弱,属于热力学不稳定晶形,一般在 210 ℃左右熔融。因此,双晶形的同时存在必然会导致多重熔融现象。

5. "三相"模型

"三相"模型("three-phase"model)在 4.2.1 小节中曾谈到,在结晶聚合物中除有序的结晶相和无序的非晶相外,还存在一个"准有序的"(quasi-ordered)中间相(interphase)或过渡相(第三相),也有人称之为"刚性非晶相"(rigid amorphous phase)[52-56]。petermann 等[57]提出了一个"'假晶'非晶相弛豫"模型("pseudo-crystalline"amorphous phase relaxation model)。TMDSC(temperature-modulated DSC)、TMA(thermal mechanical analysis)和 DMA(dynamic mechanical analysis)等实验手段对半结晶 PPS 和 PET 体系的低温退火峰的研究结果,认为片晶间的非晶相是处于一种高度受限的状态(constrained amorphous phase),经退火或冷结晶处理时将发生重组(或"相分离")而形成弛豫的非晶相(relaxed amorphous phase)和一种"假晶"相("pseudo-crystalline"phase)(图 4.51),而低温退火峰的出现正是由在 DSC 升温过程中这一准有序的"假晶"相的弛豫过程所引起的。因此,"三相"模型认为高温主熔融峰和玻璃化转变分别由结晶相和非晶相所致,而低温退火峰则是中间相所致。

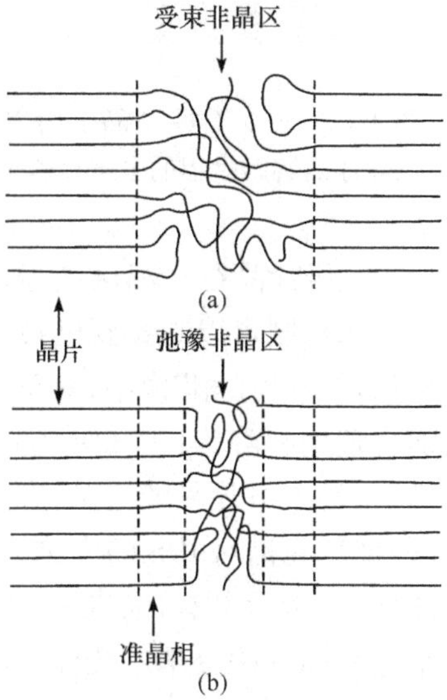

图 4.51　结晶-非晶中间相结构示意图
(a) 玻璃态结晶样品;(b) 退火形成的结晶-非晶中间相结构

6. 不同结晶形态模型

不同结晶形态模型(different-morphology model):Marand 和 Prasad[174]用偏光显微镜对 PEEK 结晶形态的研究发现,在低于 300 ℃的结晶温度下,仅观察到常见的典型球晶形态;而在高于 300 ℃的结晶温度下,却观察到从球晶向一种晶体聚集体结构(crystal-aggregate-like structure)的形态转变。他们认为这种新的晶体聚集体结构的形成与多晶形现象、降解过程、结晶过程中的分级效应等无关,并指出所观察到的球晶形态和这种聚集体结构分别对应于低温和高温双重熔融峰。此外,也有观点认为低温吸热峰对应于聚合物折叠链晶体的熔融,而高温吸热峰则相应于部分伸展链片晶的熔融[173]。

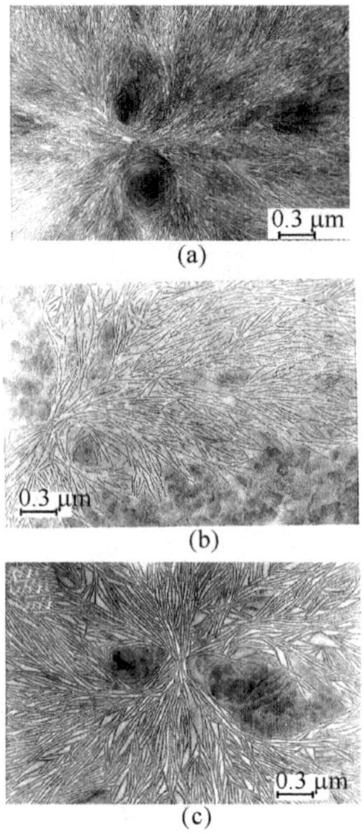

图 4.52　160 ℃冷结晶全同立构聚苯乙烯球晶熔融过程的电子显微镜照片

除上述几种主要的物理模型外，还有其他一些理论被提出来解释结晶聚合物的多重熔融行为，如解取向模型（disorientation model）、交联模型（crosslinking model）、不同分子量模型（different-molecular-weight model）等，这里就不再一一赘述。此处需要指出的是，由于上述不同的物理模型或理论均在一定程度上能“自圆其说”，因此长期以来关于结晶聚合物多重熔融现象的分歧和争论依然存在[175]。

鉴于聚合物材料分子结构、化学组成以及聚集态结构等的多样性和复杂性，因此结晶聚合物的多重熔融问题十分复杂，对某些具体聚合物也不能排除结合多种模型来解释这一物理现象的可能性。例如，利用热分析(DSC/TMDSC)和 TEM 技术对 iPS 的三重熔融行为的研究结果表明[62,144-146]，低温退火峰可能源于部分有序的结晶-非晶中间相的弛豫行为。在热处理温度略高于中间熔融峰时，TEM 直观地显示了单个片晶的片段式(fragmentation)熔融现象[图 4.52(a)]。随热处理温度的升高(介于中间熔融峰和最高主熔融峰之间)，可以清楚地观察到厚的主级片晶间的薄片晶的熔融[图 4.52(b)]，最后是主级片晶在高温区的熔融。在靠近主熔融峰处(如 212 ℃)，若延长热处理时间(如恒温 30 min)，则可以观察到已被部分熔融的主级片晶的重结晶现象[图 4.52(c)]。根据这些实验现象，结合“三相”模型、双重片晶分布模型和熔融-重结晶模型可以将 iPS 的多重熔融行为更加合理地解释为：中间吸热峰相应于次级片晶的熔融，而高温吸热峰则来源于两部分晶体的贡献：一是主级片晶的熔融；二是部分熔融的晶体经重结晶过程所形成的更完善片晶的熔融。另外，红外光谱对 iPS 的多重熔融行为研究表明，不同热处理样品的多重熔融机理可能不同。如图 4.53 所示[147]，160 ℃冷结晶全同立构聚苯乙烯熔融时明显有重结晶现象发生，而 200 ℃冷结晶全同立构聚苯乙烯样品则是简单的分步熔融，无重结晶现象发生。

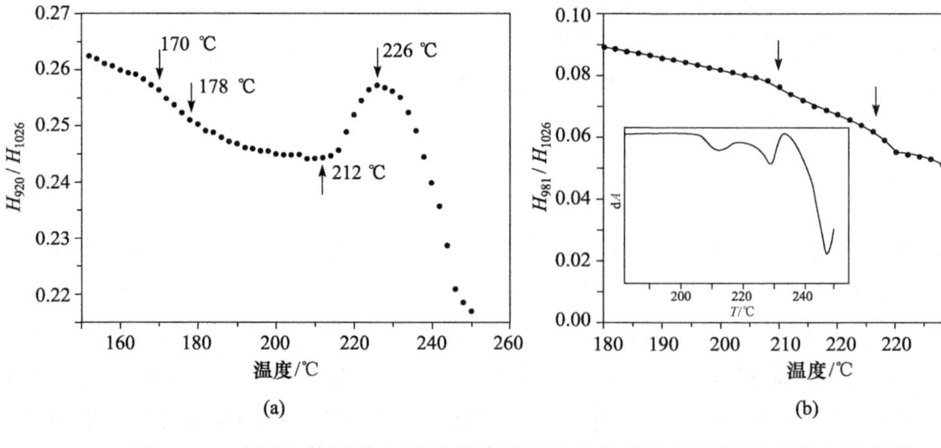

图 4.53　全同立构聚苯乙烯球晶熔融过程中结晶峰强度随温度的变化曲线

(a) 160 ℃冷结晶样品；(b) 200 ℃冷结晶样品，其中插入部分是峰强变化速率与温度的关系

4.4　聚合物结晶动力学

聚合物的结晶能力和结晶速率与其链结构有很大关系。大量实验事实说明，链的结构越简单，立体规整性越好，对称性越高，取代基的空间位阻越小，其结晶能力就越大，结晶速率也就越快。例如，聚乙烯链相对简单、对称而又规整，因此结晶速率很快，即使在液氮中淬火，也得不到聚乙烯的完全非晶样品。类似地，聚四氟乙烯的结晶速率也很快。脂肪族聚酯和聚酰胺结晶速率明显变慢，与它们的主链上引入的酯基和酰胺基有关。分子链带有侧基时，必须是有规立构的分子链才能结晶。例如，等规（全同或间同）聚丙烯是结晶聚合物，而无规聚丙烯则是非晶聚合物。分子链上的侧基或者主链上含有苯环，都会使分子链的截面变大，分子链变硬，不同程度地阻碍链段的运动，影响链段在结晶时扩散、迁移和规整排列的速率。例如，全同立构聚苯乙烯和聚对苯二甲酸乙二酯的结晶速率慢得多，通过淬火很容易得到完全非晶的全同立构聚苯乙烯和聚对苯二甲酸乙二酯样品。无论结晶速率快慢，聚合物结晶总是遵循着先成核随后生长的规律。结晶动力学研究的对象是结晶过程的活化能、成核方式、结晶速率、结晶能力以及与外场条件的关系等。本章将首先简要介绍聚合物结晶成核和生长动力学经常采用的实验方法及其所表达的信息，然后讨论聚合物结晶动力学的主要理论模型。

4.4.1　实验方法

可用于研究聚合物结晶动力学的方法很多，本节仅就膨胀计法、光学显微镜法、固体激光光散射法、示差扫描量热法和小角 X 射线散射法等几种常用的方法做一介绍。

1. 膨胀计法

由于结晶聚合物分子链高度有序，一般晶态的密度比非晶态的密度大。因此，结晶开始以后，聚合物的体积便发生收缩，体积收缩的速率就反映了结晶的速率。正是基于这一原理，Bekkedahl[176]在 1934 年提出了一种准确、快速的测量聚合物结晶过程中体积变化的方法，即膨胀计法。30 年后 Tung[177]提出了自动化的膨胀计法。此方法的具体操作过程是将待测聚合物与惰性的跟踪液体装入一膨胀计内。如果样品初始状态是完全非晶的，将膨胀计直接放入结晶温度的恒温水槽中，观察膨胀计毛细管内液柱高度随时间的变化。假定毛细管中液柱高度的变化反映了结晶过程中聚合物体积的变化，并用液柱高度 h_0、h_∞ 和 h_t 分别表示结晶开始、结束和 t 时刻的体积，以 $\dfrac{h_t-h_\infty}{h_0-h_\infty}$ 对 t 作图，可得一反 S 形曲线，如图 4.54 所示。

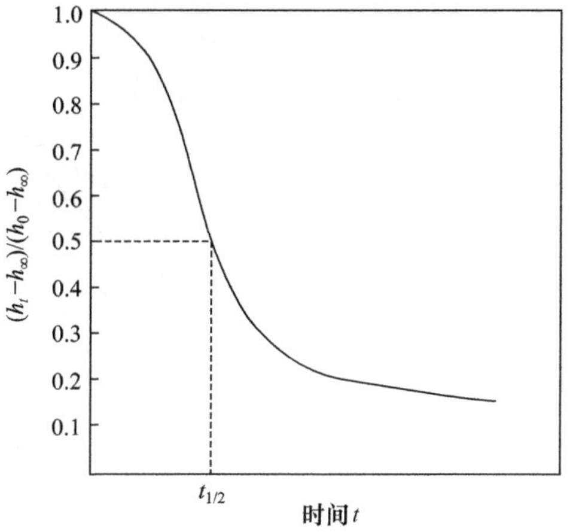

图 4.54　聚合物等温结晶曲线

在等温结晶过程中，体积变化起初比较慢，然后体积收缩明显加快，通过变化最快时刻，再变慢，最后体积收缩变得非常缓慢。实际上，由于体积收缩的瞬时速度一直在变，变化终止所需要的时间也难以明确测定，这给定量地确定结晶速率带来困难。然而体积收缩一半所需时间($t_{1/2}$,称为半结晶时间)可较准确地被测定,因此通常用体积收缩一半所需时间的倒数 $1/t_{1/2}$ 来表征实验温度下的结晶速率,用 $\tau_{1/2}$ 来表示。膨胀计法是研究聚合物结晶过程的经典方法,测试的是结晶的总速率,其优点是精确而且可以用于比较大的样品(1 g)。膨胀计法在跟踪熔体变化的一般过程中可能给出最精确的测量,但其局限性是从熔体淬火达到热平衡需要时间以及可能存在的二次结晶和物理老化等问题。

另外,光学解偏振法也可用于聚合物样品总体结晶速率的测定。该方法是 Magill[184-185] 在 20 世纪 60 年代提出的,是根据生长在各向同性的透明熔体中的球晶中局部取向晶体的各向异性测得的。将聚合物薄膜试样熔融并迅速置入两个正交偏振镜之间的恒温结晶浴中等温结晶时,处于熔融状态的聚合物薄膜试样在两个正交偏振镜间的透射光强度为零,结晶发生后,透射光强度随结晶的进行逐渐增加,与结晶度成正比。用光电倍增管接收由于聚合物结晶而产生的解偏振光的强度,并转换成电信号,由记录仪记录解偏振光的强度与结晶时间的关系曲线,以 $\dfrac{I_0 - I_t}{I_0 - I_\infty}$ (其中,I_0、I_t 和 I_∞ 分别表示结晶开始、结晶到 t 时刻和结晶结束时的解偏振光强度)对时间 t 作图,可以得到一条 S 形曲线。也是用半结晶时间($t_{1/2}$)的倒数 $\tau_{1/2}$ 来表征结晶速率。图 4.55 是解偏光强度法测定的 PEEK/PEKK(50/50)混合物在不同温度下的等温结晶过程,它们的半结晶时间为 2～6 min[186]。用这种方法来跟踪快速结晶动力学仅限于那些从熔体淬火到感兴趣温度区间的结晶速率。在光学解偏振法中,有两个主要的问题:一个是需要相当薄的样品,这样光才能透过;另一个是形成的球晶对光有散射作用,从而降低了透射光的强度,尽管在光路中可以利用反馈线路有所解决,但这个问题在高过冷度的结晶过程中仍比较严重。

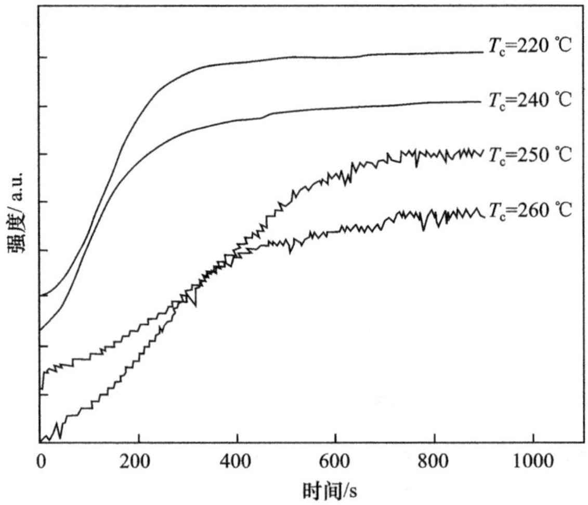

图 4.55　解偏光强度法测定的 PEEK/PEKK (50/50)混合物在不同温度下的等温结晶过程

2. 光学显微镜法

光学显微镜是研究聚合物结晶过程最常用的方法,在带热台正交偏光显微镜下可以直接观察聚合物球晶的形成和生长。偏光显微镜跟踪聚合物结晶过程时,通过跟踪单位时间和体积内的球晶数目可以获得晶核的生成速率,图 4.56 为尼龙 66 在单位体积内测得的球晶数量与时间的变化关系[178]。人们对许多结晶聚合物已收集了其成核过程的类似数据,如聚丁二酸乙二醇酯[179]、聚对苯二甲酸乙二醇酯[180]、聚癸二酸癸二醇酯[181]、聚对苯二甲酸癸二醇酯[182]和全同聚苯乙烯[183]。晶体在成核后的生长过程中，利用偏光显微镜也可以直接测定球晶半径随时间的变化，从而确定聚合物晶体的径向生长速率。在等温结晶时，聚合物球晶半径随时间变化是线性的，这种线性关系能保持到球晶发生碰撞为止。以球晶半径对时间作图，可以得到一条直线，直线的斜率即是某一结晶温度下的球晶径向生长速率。图 4.57 给出了间规聚苯乙烯及其与非结晶性无规聚苯乙烯 50/50 共混物在 250 ℃结晶时的球晶半径大小与结晶时间的关系。从图 4.57 明显可以看出，球晶半径大小随时间呈线性增加，球晶的生长速率是恒定的。

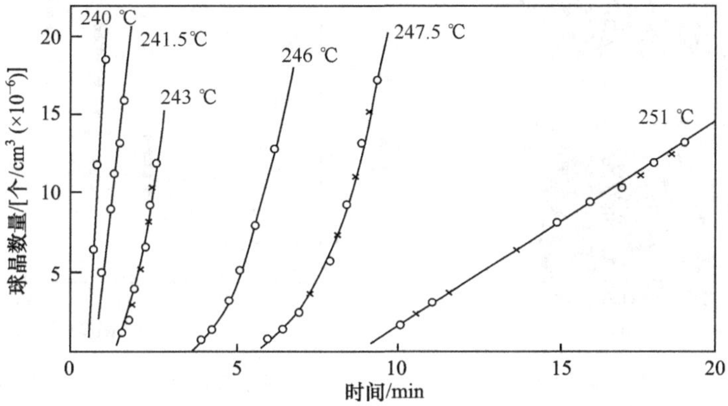

图 4.56　不同结晶温度下尼龙 66 单位体积内球晶数量与时间的关系曲线

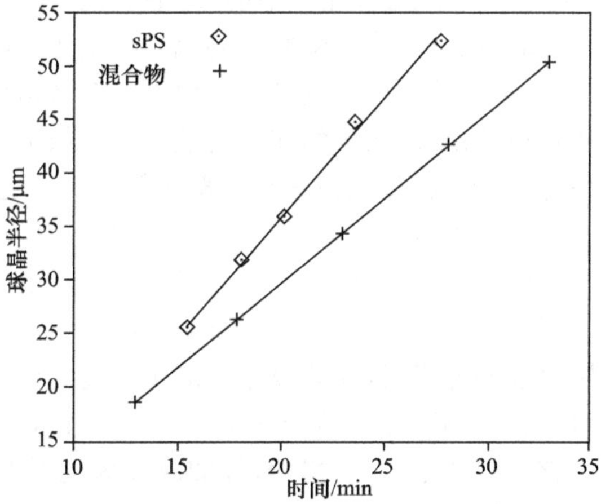

图 4.57　间规聚苯乙烯/无规聚苯乙烯(50/50)共混物在 250 ℃结晶时的球晶半径随时间的变化关系

在聚合物结晶动力学研究方面，透射电子显微镜(TEM)和扫描电子显微镜(SEM)等高分辨显微镜技术尚未能用于结晶动力学的研究。存在的主要问题是样品在电子束照射下寿命很短，加上样品在加热和转变过程中在样品给定区域的聚焦困难等。另外，传统的 SEM 通常需要在样品表面喷涂一层金属以增加其导电性，使表面涂层下聚合物的变化难以辨别。尽管场发射 SEM 能够在足够低的电压下对表面未进行金属喷涂的样品进行观察，目前尚未能成功用于聚合物结晶动力学的研究。扫描探针显微法原子力显微镜(AFM)的发明使在高分辨下跟踪聚合物的结晶过程成为可能，根据球晶或片晶尺寸随时间的变化，可以用 AFM 定量测定聚合物球晶甚至单片晶的生长速率。图 4.58 给出了聚己二酸丁二醇酯不同等温结晶条件下的片晶生长的 AFM 图片[187]。从片晶尺寸对时间的线性关系可得片晶生长速率随温度的变化，如图 4.59 所示。

3. 固体激光光散射法

固体小角激光光散射是一种研究聚合物结晶生长动力学的简单而快捷的方法，它提供了测定球晶平均尺寸的很便捷的方法。这种方法基于真实尺寸与其在散射(倒易)空间尺寸的反比关系，也就是说散射物质的散射矢量 q^* ($q = 4\pi\sin\varepsilon/\lambda$)的大小与其在真实空间中的尺寸成倒数关系：$q^* \propto 1/R$ 。这种相互关系可用于测定聚合物结晶过程中球晶的平均尺寸，也可用于测定从溶液中生长的单晶的平均宽度。与此相关的动态光散射方法已用于测定晶体的尺寸,同样也是由于散射矢量与其在真实空间尺寸的倒数关系。但是,动态光散射是基于测定分子链的扩散系数,该扩散系数与颗粒大小成反比[188]。

图 4.58　聚己二酸丁二醇酯不同温度片晶生长过程的原子力显微图

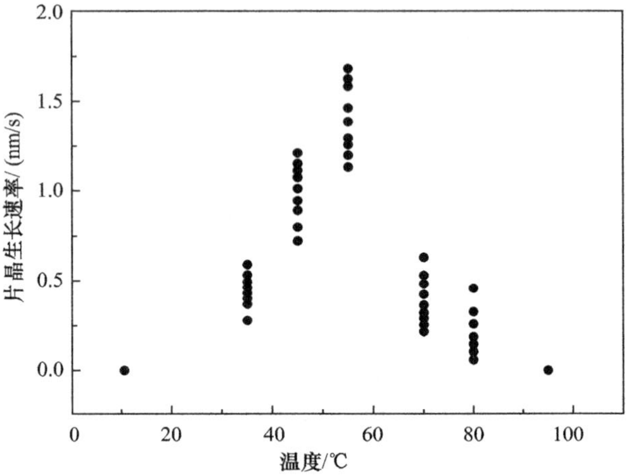

图 4.59　聚己二酸丁二醇酯片晶生长速率与温度的关系

聚合物从熔体中结晶时,球晶充满了整个样品中相当大的一部分。聚合物从稀溶液结晶时,晶体在整个体系中所占的比例非常小。因此,对聚合物溶液有很严格的要求,溶液必须无尘、无不溶性物质以及其他任何本身有散射作用以致部分或全部掩盖来自晶体微弱信号的物质。也就是说,聚合物在稀溶液中的光散射比从熔体或浓溶液中生长球晶的光散射更加困难。另外,一个很普遍的问题是,光散射反映的是整个体系的特征而不是单个球晶或单晶的特征。在任一时刻 t,在一段时间 $\tau(\tau \leqslant t)$ 内成核与晶体生长是同时进行的,因此成核和生长对所形成晶体的平均大小都有影响。由于需要事先假设成核的速率,因此这种影响很难精确地区分开。实际上,光散射实验仅局限于某些事先已存在晶核体系的球晶或晶体的生长,当此类体系达到感兴趣的温度时,晶体或球晶的生长能立即开始。在这些体系中,晶核通常由未完全熔融或溶解的聚合物通过自晶种(self-seeding)作用产生[189],或者是通过把要研究的聚合物的极少量晶核接枝产生[190]。当然,外加成核剂也可以使用,但是外加晶核可能会影响到最终所形成的晶体的结构。

4. 示差扫描量热法

示差扫描量热(DSC)是一种迅速且易于操作的测试技术,给出的是聚合物样品的总体结晶速率。DSC 信号与结晶过程的放热有关[191],其原理是将试样和参比物置于以一定速率加热或冷却的相同温度环境中,跟踪试样与参比物之间建立零温差时所需的能量,并对时间或温度作图,图 4.60 是一典型的 DSC 曲线,其纵坐标是试样与参比物的功率差,即热流率 $\mathrm{d}H/\mathrm{d}t$ 。DSC 法测量精度高,定量性好,是测定控温条件下聚合物材料结晶或熔融热焓变化的有效且广泛采用的方法,适用于等温和非等

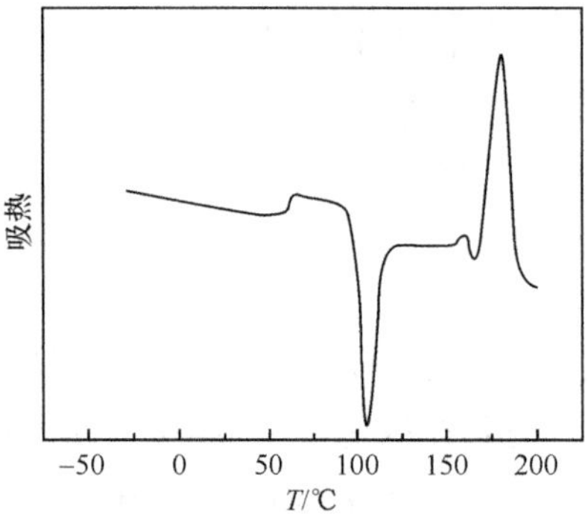

图 4.60　聚乳酸的 DSC 曲线

温结晶过程的研究[192-195]。等温实验是将聚合物样品在其熔点以上的某个温度放置一段时间以形成均一熔体，然后以最快的速率降至结晶温度 T_c 进行等温结晶；非等温实验则是将聚合物样品在其熔点以上的某个温度形成均一熔体后以某一选定速率降温。无论是等温还是非等温过程，当结晶开始时，便有热量释放出来，而热量的释放速率与结晶速率成比例。

5. 广角 X 射线衍射法

如图 4.61 所示的情况，广角 X 射线衍射(WAXD)中将有一系列结晶峰叠加在非晶的弥散峰上，由于晶体和非晶体的信号很容易区分，因此此方法非常方便。广角 X 射线衍射中，由于晶体的质量分数与结晶峰的总强度成正比，测量任何一个结晶峰随时间的变化便可以跟踪结晶度。结晶度的精确计算需要将有限的一维倒易空间 X 射线衍射结果映射到无限三维空间中，然而，简单的峰面积(或峰高)也可以用来定量测定体系向未知精确值渐近的发展速度。图 4.61 是 WAXD 对 PEEK/PEKK(50/50)共混体系在 280 ℃等温结晶过程的分析结果[186]。图中分别给出各衍射峰的强度和相对结晶度随时间的变化情况。很明显，此处 PEEK/PEKK 的 280 ℃等温结晶在 3 min 内就已经完成。对于结晶速率很快的样品，需使用具有很强辐射能力的同步辐射光源，而对结晶速率较慢的聚合物材料可以使用传统 X 射线衍射系统跟踪其结晶过程[196]。

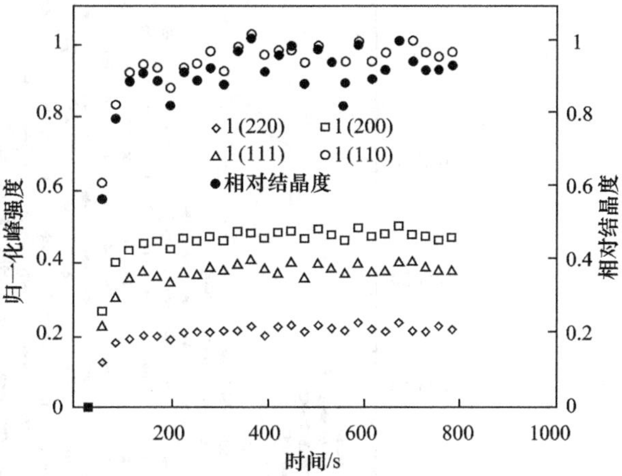

图 4.61　PEEK/PEKK(50/50)共混体系在 280 ℃ 等温结晶过程中归一化的衍射峰强度及结晶度对时间的依赖关系

空心符号分别表示(220)、(200)、(111)和(110)衍射峰的归一化峰强度，实心圆表示其结晶度随时间的变化

6. 小角 X 射线散射法

小角 X 射线散射(SAXS)法于 20 世纪 60 年代末被用于聚合物结晶过程的研究，目前已经成为研究聚合物结晶动力学的常用方法。该方法是基于聚合物晶体周期性堆积的布拉格散射理论，散射峰的积分强度与结晶度成正比。图 4.62 给出了聚四甲基苯撑硅氧烷(PTMPS)在 119.3 ℃等温结晶过程中不同时间所得的小角 X 射线散射曲线[197]。

由于小角 X 射线散射峰通常相当微弱，用普通 X 光源需要收集相当长的时间，因此该方法当时只适用于结晶慢的体系。目前，通过使用位敏探测器[196,198]和同步辐射，提高了 SAXS 的时间分辨，因此可用于结晶较快的聚合物的结晶动力学研究。在小角 X 射线散射中，小角不变量 Q 是整个倒易空间小角 X 射线散射强度的总和，也与样品的结晶度有关。Q 与 SAXS 总强度间存在定量的线性关系。因此，通过获得时间分辨非常好的 SAXS 总强度与时间的关系曲线，可以描述聚合物的结晶过程。图 4.63 给出 PTMPS 在不同温度结晶时 SAXS 积分强度随时间的关系曲线。

4.4.2　聚合物晶体的成核和生长过程

与小分子物质一样，聚合物结晶也分为晶核形成和晶粒生长两个阶段，总结晶动力学是包

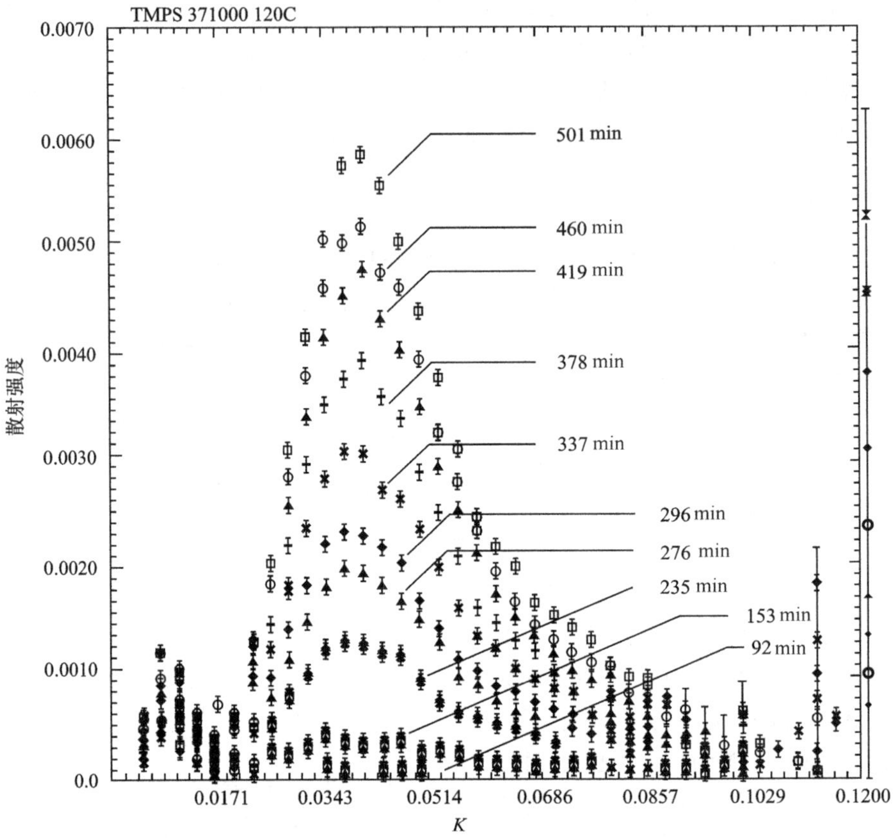

图 4.62　PTMPS 在 119.3 ℃等温结晶过程的小角 X 射线散射曲线

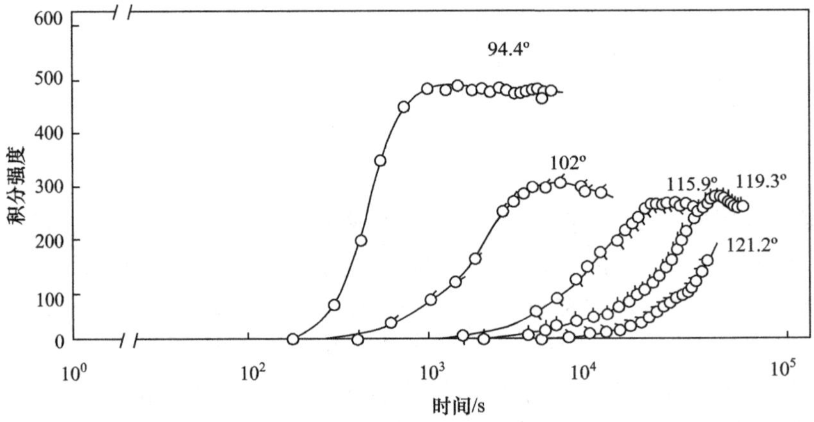

图 4.63　PTMPS 在不同温度结晶时 SAXS 积分强度随时间的关系曲线

括这两个过程的动力学,而聚合物的形态结构正是结晶过程总结果的反映。对聚合物结晶成核过程的理解应从热力学出发,结晶过程的热力学方程可表示为[135]

$$\Delta G = G_{\text{crystal}} - G_{\text{melt}} \tag{4.25}$$

式中,ΔG 为结晶过程的 Gibbs 自由能变化,仅当 ΔG 为负值时,结晶才有可能进行。由于任何晶体的形成均有开始,而开始阶段晶粒的体积很小,比表面积却很大,如考虑表面效应,晶体的总自由能应精确地表示为

$$G_{\text{crystal}} = G_{\text{bulk}} + \sum \sigma A \tag{4.26}$$

式中，G_{bulk} 为不考虑表面效应的熔体自由能变化；σ 为表面自由能系数；A 为晶体的表面积。这样结晶过程热力学方程式(4.21)变为

$$\Delta G = \Delta G_{\text{c}} + \sum \sigma A \tag{4.27}$$

式中，ΔG_{c} 代表熔体的自由能变化，在温度低于熔点时，即处于过冷状态，该项小于零。求和项 $\sum \sigma A$ 涉及整个表面。由于表面自由能系数 σ 是正值，因此只有处于过冷状态时 ΔG_{c} 足够的负以使 ΔG 仍能小于零，聚合物结晶只能在这样的过冷状态下实现。图 4.64 给出了成核阶段 ΔG 随晶核尺寸变化的示意图。

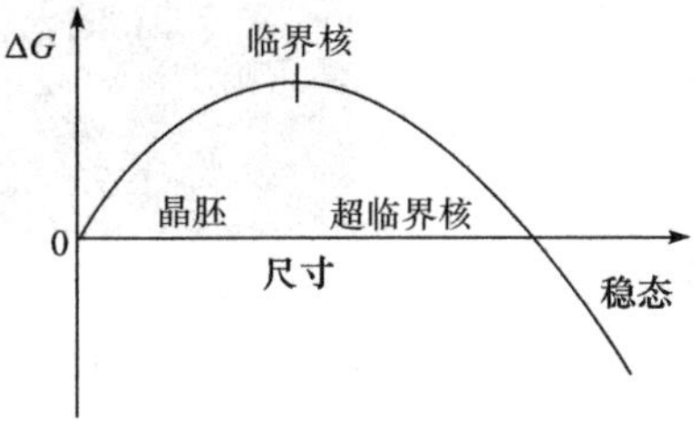

图 4.64　成核阶段 ΔG 随晶核尺寸变化的示意图

在聚合物熔体降温过程中，能够引发晶体生长的热力学稳定晶核形成前有一个 ΔG 大于零的过程，且 ΔG 有一个极大值，此时对应的晶核进一步长大可以降低体系的自由能，因此能够自动生长，此晶核称为临界核。临界核的左侧称为晶核的胚胎(embryos or subcritical nuclei)，由于任何尺寸小于临界核的晶胚的生长都会增加系统的热力学能，因此这些晶胚是不稳定的，可能消失从而不诱导聚合物结晶。右侧 ΔG 为正值区域相应的晶核称为超临界核(supercritical nuclei)，对应于 ΔG 小于零的晶核称为稳定核或小晶体。这种引导聚合物从无定形态到晶体生长开始的过程定义为一级成核，如图 4.65(a)所示。

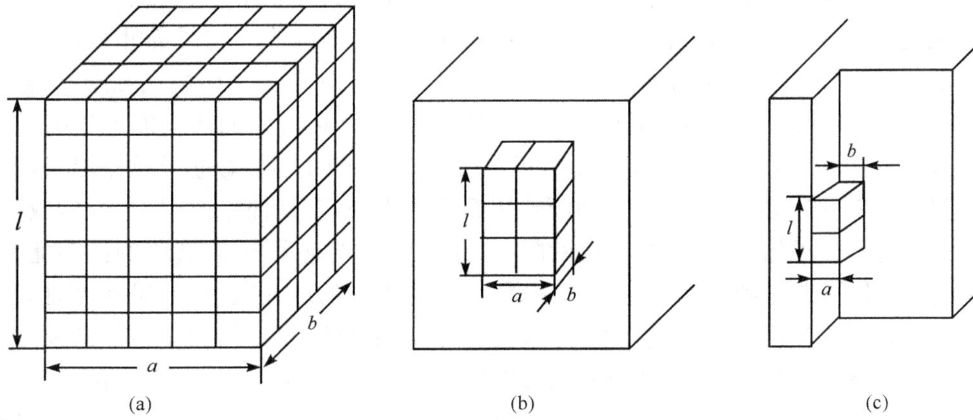

图 4.65　三种不同晶核示意图
(a) 一次核；(b) 二次核；(c) 三次核

晶核形成后，晶体的生长必须经过一个二次成核过程，如图 4.65(b)所示。二次成核与一级成核相似，只是二次核系二维均质核，形成二次核需增加的晶体表面积较少，因此易于引发晶体的生长。此外，还有三次成核过程，是指在已经存在晶体的拐角处形成的晶核[图 4.65(c)]。不稳定晶核的消失现象的确被原子力显微镜的观察所证实[199]。例如，聚双酚 A 辛烷醚结晶成核阶段在图 4.66(a)中所成的核并不稳定，未能诱导晶体的生长，而是在稍后的阶段便消失，与此同时在另一位置产生了新的核[图 4.66(b)]。

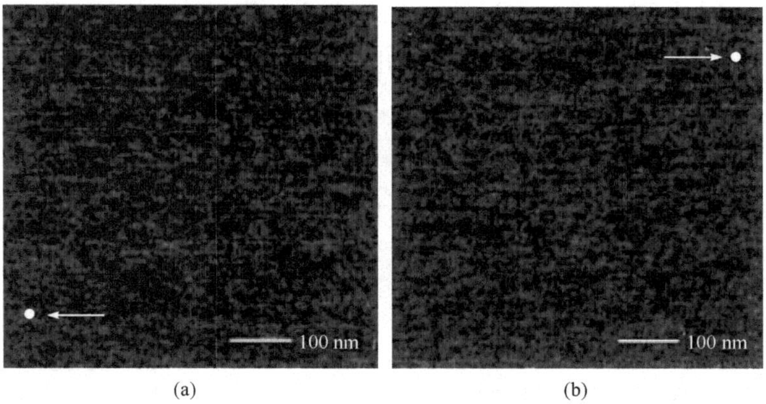

图 4.66　聚双酚 A 辛烷醚结晶成核阶段的原位 AFM 相图

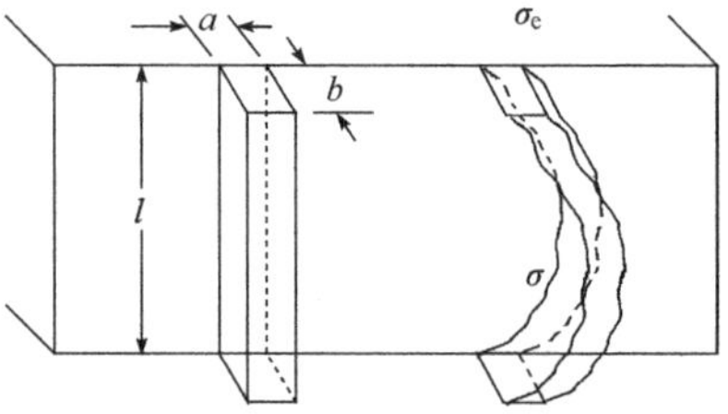

图 4.67　聚合物晶体的生长过程示意图

图 4.67 给出了聚合物晶体生长示意图,这一过程包括分子链段向结晶前沿的扩散迁移和在已经形成晶体光滑表面上的规整堆积,晶体的生长速度取决于结晶条件下聚合物链段的活动能力。

4.4.3　聚合物结晶速率与温度的关系

聚合物结晶分为成核和晶体生长两个过程,因此聚合物结晶速率与温度的关系取决于成核速率与晶体生长速率对温度的依赖。由前面的分析可知,聚合物结晶只能在过冷状态下,在熔点和玻璃化温度之间的范围内发生,因此过冷度(ΔT)是描述聚合物结晶的一个非常重要的参数。对于熔体结晶,过冷度的定义为:$\Delta T = T_m^0 - T_c$,其中 T_m^0 和 T_c 分别为平衡熔点和结晶温度;ΔT 为聚合物晶核形成的驱动力。ΔT 很小时,结晶温度高,聚合物链段的活动能力很强,有利于聚合物链段的扩散迁移和晶体生长,然而由于聚合物分子链的热运动过于激烈,晶核不易形成,或形成的晶核易被剧烈的分子热运动所破坏而变得不稳定,从而不易引发结晶,致使结晶速率很小。随过冷度的增加,即结晶温度的降低,晶核的生成速率增加,链段的活动能力也较强,晶体的生长速率很大,致使结晶速率迅速增大,此时生成的球晶数量少、尺寸大且较完善。但若进一步降低结晶温度以增加过冷度,尽管更有利于晶核的形成,但由于熔体的黏度增大,链段的活动能力降低,晶体的生长速率降低,结晶速率随之变慢,此时生成的球晶尺寸变小,数量增多,球晶间的连接链也增加。由此可见,在聚合物结晶的温度窗口内,存在一温度值使晶核的形成与晶体的生长速率都较大,结晶速率达到极大值。注意,对于(从玻璃态出发的)冷结晶而言,过冷度的定义为:$\Delta T = T_c - T_g$,式中 T_c 和 T_g 分别为结晶温度和玻璃化温度。若不特别加以说明,本章所述内容均指聚合物熔体结晶。

结晶速率 G 与温度的关系可以用式(4.28)来描述

$$G(T) = G_0 \exp\left(\frac{-\Delta F_D^*}{RT}\right)\exp\left(\frac{-\Delta F^{\#}}{RT}\right) \tag{4.28}$$

式中,$G(T)$ 为总的结晶速率;ΔF_D^* 为链段扩散进入结晶前沿所需的活化能,与结晶温度和玻璃化温度之差($T_c - T_g$)成反比;$\Delta F^{\#}$ 为形成稳定晶核所需的活化自由能,与熔点和结晶温度之差（$T_m - T_c$）的一次方或二次方成反比；指数第一项为迁移项，随温度降低，迁移项减小，在玻璃化温度附近，迁移项降到很小，结晶速率受链扩散控制。第二项为成核项，在熔点附近成核项迅速减小，结晶速率受成核控制。

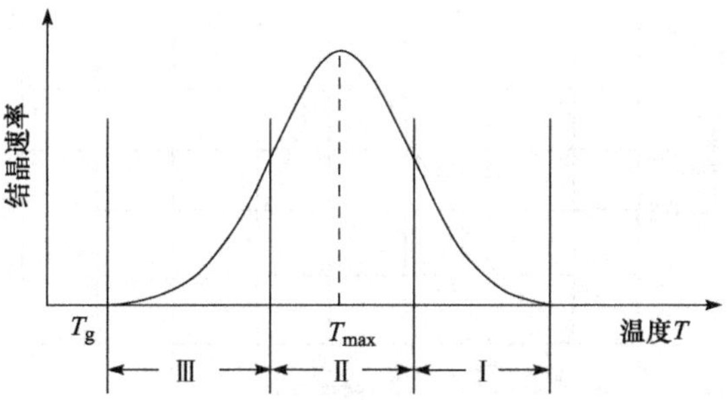

图 4.68　聚合物结晶速率与温度关系的示意图

根据上述分析通常把聚合物的结晶过程分成三个区域(图 4.68)。

Ⅰ高温区(regime Ⅰ)：低过冷度结晶区，随结晶温度降低，成核速率增加，晶体的生长速率很快，结晶速率增加迅速，结晶过程由成核控制。

Ⅱ中温区(regime Ⅱ)：过冷度较高的结晶区，晶体的成核与生长速率均较大，有一结晶速率最大值，是聚合物熔体结晶的主要发生区域。

Ⅲ低温区(regime Ⅲ)：高过冷度结晶区，链的活动能力下降，晶体生长速率随之降低，结晶速率随结晶温度降低而变慢，结晶过程由链扩散控制。

图 4.69 和图 4.70 分别给出了膨胀计法得到的天然橡胶的一系列等温结晶曲线和总结晶速率与温度的关系曲线，与图 4.68 类似，由图 4.70 可以看到，高温区天然橡胶的总结晶速率随温度的降低迅速增加，在−25 ℃出现极大值，此后结晶速率随温度的进一步降低而降低。利用偏光显微镜，在不同温度下跟踪聚合物球晶的生长过程，以球晶的半径对时间作图可得一系列通过原点的直线，以代表球晶径向生长速率的直线斜率对温度作图可得到

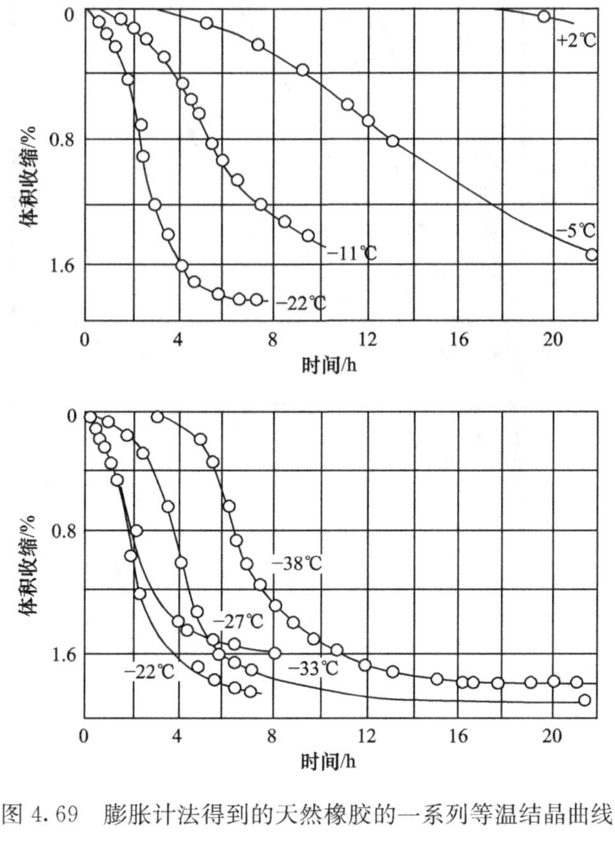

图 4.69　膨胀计法得到的天然橡胶的一系列等温结晶曲线

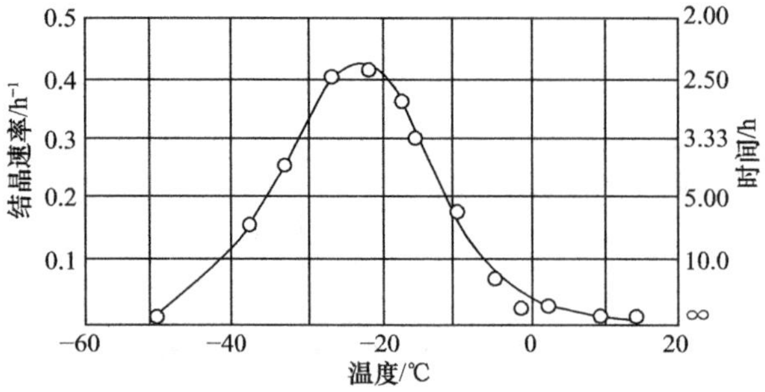

图 4.70　天然橡胶总结晶速率与温度的关系曲线

球晶生长速率与温度的关系曲线。图 4.71 给出了不同温度聚己二酸乙二酯球晶半径随时间变化曲线及球晶生长速率与温度的关系曲线(图 4.71 中插入部分)。可以看出,生长速率与温度的关系曲线类似于总结晶速率与温度的关系曲线,存在一最快结晶温度,对聚己二酸乙二酯而言为 26 ℃。表 4.5 列出了几种常见结晶聚合物的熔点(T_m)和最快结晶速率温度(T_{max})的有关数据。根据对大量聚合物结晶过程的研究,发现由熔点和玻璃化温度(T_g)可以估算结晶聚合物的最大结晶速率所对应的温度,尽管这种估算是粗略的,但其在某些情况下是很有用的。聚合物熔体结晶最快速率所对应的温度与其熔点满足下列经验关系式:

$$T_{max}=(0.80\sim0.85)T_m \tag{4.29}$$

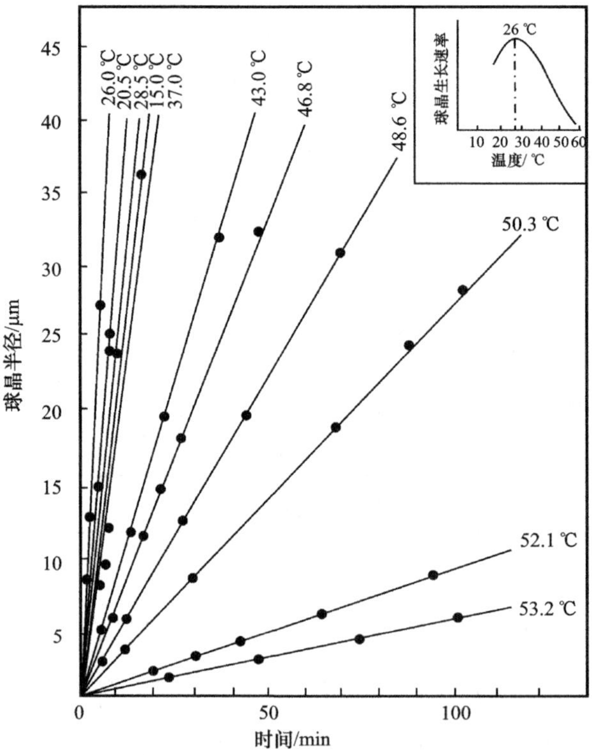

图 4.71　聚己二酸乙二酯在不同结晶温度下球晶半径随时间的变化曲线以及球晶生长速率与温度的关系曲线(图中插入部分)

另外,由熔点和玻璃化温度(T_g)估算最大结晶速率所对应的温度的经验关系式为

$$T_{max}=0.63T_m+0.37T_g-18.5 \tag{4.30}$$

表 4.5 几种结晶高聚物的有关数据

聚合物	密度 ρ /(g/cm³)		熔点		结晶速率最大温度 T_{max} /K	T_{max}/T_m	球晶生长最快速率/(μm/min)
	晶态	非晶态	T_m/ ℃	T_m/K			
高密度聚乙烯	1.014	0.854	141.4	414.4	—	—	2000
全同聚丙烯	0.936	0.854	183	456	348	0.77	20
等规聚苯乙烯	1.120	1.052	240	513	449	0.87	0.25
聚甲醛	1.506	1.215	183	456	358	0.78	400
全同聚 1-丁烯	0.95	0.868	142	415	—	—	9
天然橡胶	1.00	0.91	30	303	248	0.83	—
尼龙 6	1.230	1.084	229	502	413	0.825	200
尼龙 66	1.22	1.069	267	540	420	0.78	1200
聚对苯二甲酸乙二酯	1.45	1.336	270	543	459	0.825	7

4.4.4 聚合物结晶动力学及其分析方法

聚合物结晶可以在等温和非等温条件下进行，因此其结晶动力学研究分等温结晶动力学和非等温结晶动力学。等温结晶方法往往局限于比较窄的温度范围，所以只能获得有限的信息，而对动态条件下结晶行为的深入研究则可以极大地丰富和发展人们对高分子结晶行为的理解，因此具有重要的理论价值。另外，对结晶动力学研究的目的是为聚合物加工过程提供理论依据，而聚合物材料的实际生产过程(如挤出、注射、模压、吹塑等成型过程)常是在动态、非等温条件下进行并完成的，因此定量地研究其非等温结晶动力学过程对选择合适的加工成型条件制备性能良好的高分子材料或制品具有十分重要的现实意义，并且日益受到人们的重视[200]。但考虑到绝大多数处理非等温结晶动力学的方法或理论模型是在等温结晶动力学的基础上发展演变而来的，因此本节将首先对聚合物等温结晶动力学做一简单的介绍，然后介绍几种常用的研究高分子非等温结晶动力学的理论方法。

1. 聚合物等温结晶动力学

聚合物的等温结晶可以从其熔体(熔点以上的温度)快速冷却至结晶温度(T_c)，并保持在 T_c 直至结晶完成，也可以从聚合物熔体快速淬火到玻璃化温度以下形成的玻璃态，然后快速升温至某一温度进行等温结晶来实现。前者为等温熔体结晶过程，后者为等温冷结晶过程。等温冷结晶过程仅适用于玻璃化温度较高而且结晶速率较慢的聚合物，如聚对苯二甲酸乙二醇酯(PET)、聚醚醚酮(PEEK)等结晶行为研究。另外，在实际应用中，聚合物加工过程往往发生在熔体状态，从熔体降温过程中所形成晶体的大小、取向、尺寸分布及形态结构等均显著影响材料或制品的最终性能，因此与聚合物冷结晶过程的研究相比，对聚合物熔体结晶过程的研究具有更重要的实际意义。

在聚合物等温结晶动力学研究中，阿夫拉米(Avrami)假定晶核无规分布，且每个晶核形成一个晶粒，如一个棒状晶粒(一维)、一个盘状晶粒(二维)或一个球状晶粒(三维)。以结晶部分在样品总量中所占的体积分数 Φ 来描述结晶程度，并设想经过无限长的时间之后，整个样品都为这些晶粒所充满，结晶度表示为 Φ_∞。在 t 时刻，为这些晶粒所占有的体积分数与 Φ_∞ 之比 $X(t)$ 表示该时刻的相对结晶程度。在此基础上，阿夫拉米推导得描述聚合物等温结晶动力学的一般表示式如下：

$$\Phi = \Phi_{\infty}[1 - \exp(-Zt^n)] \tag{4.31}$$

以相对结晶度 $X(t)$ 表示式(4.31)，可写成[201-203]

$$1 - X(t) = \exp(-Zt^n) \tag{4.32}$$

式中，Z 为结晶速率常数；n 为阿夫拉米指数，与成核机理和生长方式有关。将式(4.32)两边取两次对数可得到

$$\lg\{-\ln[1 - X(t)]\} = \lg Z + n\lg t \tag{4.33}$$

以 $\lg\{-\ln[1-X(t)]\}$ 对 $\lg t$ 作图，可得斜率为 n、截距为 $\lg Z$ 的直线，从而可确定阿夫拉米指数 n 和结晶速率常数 Z。

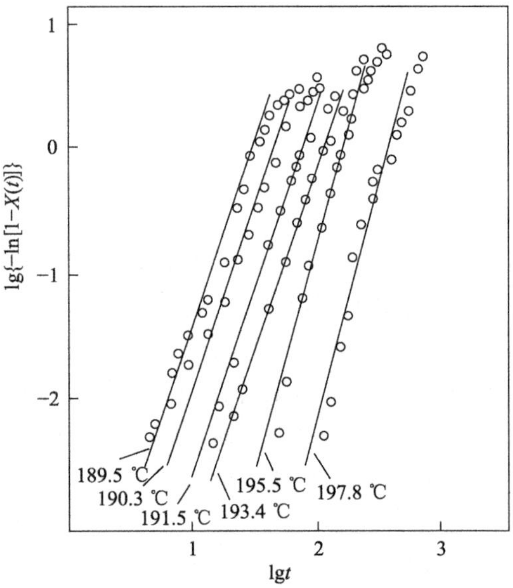

图 4.72 尼龙 1010 在不同温度下等温结晶的 $\lg\{-\ln[1-X(t)]\}$ 与 $\lg t$ 的关系图

阿夫拉米方程最初是通过研究小分子的结晶行为而导出的，但由于聚合物等温结晶过程与小分子结晶相似，从而被成功推广至高分子体系并得到了广泛的应用。例如，用膨胀计法或解偏振光强法测定尼龙 1010 样品结晶时体积或解偏振光强随时间的变化，将实验数据用阿夫拉米方程处理作图，如图 4.72 所示。由图可见，前面部分实验点的线性较好，符合阿夫拉米方程，但在最后部分实验点发生偏离。根据这一实验现象，通常将聚合物的结晶过程分为两个阶段：符合阿夫拉米方程的直线部分称为主期结晶(primary crystallization)阶段，而偏离阿夫拉米方程的非线性部分称为次期结晶阶段(secondary crystallization)。通常认为聚合物的次期结晶是主期结晶完成后，在一些残留的非晶部分和晶体结构不完整的部分继续进行结晶，并使球晶中晶片堆砌更紧密，使晶体内部的缺陷减少等多种复杂过程。由于主期结晶完成后，球晶相互碰撞，其生长方式不再按阿夫拉米模型线性增长，因此出现偏离阿夫拉米方程的现象。著名高分子物理学家 Wunderlich 在其专著中对阿夫拉米方程的理论、应用及局限性等方面做了详细的描述[135]。一般来说，聚合物结晶过程中，在生长的球晶(或晶粒)彼此相互接触前，阿夫拉米方程是适用的。对球晶相互碰撞后的情况，虽然许多学者先后对阿夫拉米方程进行了修改、补充、完善和发展，但由于后来所提出并建立的一些新模型通常只考虑球晶碰撞，而没有考虑球晶内部精细结晶结构的进一步完善化，因此往往具有很大的近似性。因此，IUPAC 于 1988 年建议规定，阿夫拉米方程仅适合于描述聚合物的主期结晶动力学行为。

在应用阿夫拉米方程处理聚合物结晶数据时，应慎重地分析 n 值(阿夫拉米指数)的物理意义。聚合物结晶成核分为均相成核和异相成核。均相成核是熔体中分子经热运动成核，有时间依赖性，指数 n 应包含时间维数；异相成核通常是外来杂质、未完全熔融的晶体形成的晶核，所以为瞬时成核，与时间无关，指数 n 也就不包含时间维数。因此，均相成核时，依赖于结晶成核和生长过程的阿夫拉米指数 n 通常为晶体的生长维数加 1(时间维数)，而异相成核的 n 为晶体生长维数加 0(时间维数为 0)。以球晶三维生长为例：均相成核的 $n=3+1=4$，而异相成核的 $n=3+0=3$。根据这样的原则，表 4.6 总结了不同成核机理和

晶体生长类型可能存在的阿夫拉米指数 n。理论上，n 只能取 1，2，3 或 4 整数值。然而，许多实验结果表明：由于结晶过程的复杂性，成核过程不可能完全按一种方式进行，聚合物晶体也不一定以一种均一的结晶形态生长，因此阿夫拉米指数 n 一般情况下不恒为整数，而通常多为小数，所以往往不能根据 n 值准确地判断聚合物的结晶成核和生长方式，而需要通过显微学的形态观察等实验手段进一步证实。

表 4.6　不同成核机理和晶体生长类型的阿夫拉米指数

生长方式	成核方式	
	均相成核	异相成核
三维生长	$n=3+1=4$	$n=3+0=3$
二维生长	$n=2+1=3$	$n=2+0=2$
一维生长	$n=1+1=2$	$n=1+0=1$

另外，前面已经提到，定量地确定聚合物的结晶速率比较困难，而结晶进行一半所需时间则可较准确地被测定，因此通常用结晶进行一半所需时间的倒数 $1/t_{1/2}$（表示为 τ）来表征其结晶速率。当结晶进行到一半时，$X(t)=1/2$，由式(4.32)可得

$$t_{1/2}=\left(\frac{\ln 2}{Z}\right)^{1/n} \text{ 或 } Z=\frac{\ln 2}{t_{1/2}^{n}}$$

这便是结晶速率常数的意义和用 $1/t_{1/2}$ 来表征结晶速率的依据。

2. 聚合物非等温结晶动力学

非等温结晶过程是指在变化的温度场下的结晶过程。根据温度场的变化规律，非等温过程还可以分为等速升、降温过程（$\mathrm{d}T/\mathrm{d}t=$ 常数）以及变速升、降温过程（$\mathrm{d}T/\mathrm{d}t\neq$ 常数）。与等温结晶过程相比，非等温结晶更接近聚合物的实际生产过程，在实验上也较容易实现，而且在理论上可获得更多的信息。但非等温结晶动力学过程较复杂，目前理论及数据处理方法虽然已有 10 余种，但大多数方法不能获得令人满意的结果。下面主要介绍 3 种常用的研究聚合物非等温结晶动力学的理论方法。

1) Ozawa 方法

在 Evans 理论的基础上，从聚合物结晶的成核和生长出发，充分考虑了冷却速率对动态结晶行为影响的情况下，Ozawa 推导出了等速升温或等速降温时描述聚合物非等温结晶动力学的方程[204-205]

$$1-X(T)=\exp[-K(T)/\Phi^{m}] \tag{4.34}$$

式中，$X(T)$ 为在温度 T 时的相对结晶度；Φ 为升降温速率；m 为 Ozawa 指数；$K(T)$ 为与成核方式、成核速率、晶核的生长速率等因素有关的温度函数。可将式(4.34)进一步改写成以下线性形式：

$$\lg\{-\ln[1-X(T)]\}=\lg K(T)-m\lg\Phi \tag{4.35}$$

因此，在一定的温度下，以 $\lg\{-\ln[1-X(T)]\}$ 对 $\lg\Phi$ 作图应得直线，其斜率为 $-m$，截距为 $\lg K(T)$。图 4.73 为聚对苯二甲酸乙二醇酯（PET）非等温熔体结晶动力学的 $\lg\{-\ln[1-X(T)]\}$ 对 $\lg\Phi$ 关系图，可以看出 Ozawa 方法可用来很好地描述 PET 的非等温结晶行为。此外，Ozawa 方法也被成功地应用于尼龙 6、聚丙烯、聚对苯硫醚等聚合物体系。

Ozawa 方法的最大特色在于提供了将连续升(降)温过程中的非等温结晶动力学结果与由阿夫拉米方程处理的等温结晶动力学结果进行比较的可能性。但是由于此方法需要(在不同升、降温速率下)特定温度下的相对结晶度值,因此该分析方法所适用的结晶温度范围非常窄,即通常不能用来描述整个非等温结晶过程的动力学行为。此外,Ozawa 方法忽视了聚合物的次期结晶现象以及片晶折叠长度对温度的依赖性等因素[200]。而且,Ozawa 方法中恒定升(降)温速率的假设也往往会给聚合物加工过程中的模拟结晶发展或演变带来一些问题。所以,对很多聚合物及其复合体系(如聚乙烯、聚醚醚酮、聚乙二醇及其共混物、尼龙 1010 等)而言,Ozawa 方法并不能很好地被用来描述聚合物非等温结晶动力学行为。以聚醚醚酮(PEEK)体系为例,用 Ozawa 方法来处理其非等温熔体结晶动力学行为时,在 270~310 ℃的温度范围内只能得到一些折线而不是直线(图 4.74)[206],说明 Ozawa 方法不能有效地研究 PEEK 的非等温结晶行为。因此,为了使用 Ozawa 方法来研究聚合物的非等温熔体结晶动力学,在实际的实验中通常需要在高冷却速率下,从结晶的最初始阶段选取某一温度下的相对结晶度值;或者反之,即在低冷却速率下,从结晶的最末尾阶段选取某一温度下的相对结晶度值。这是因为对于聚合物熔体结晶而言,当结晶是成核过程控制时,在高结晶度下,聚合物的结晶速率由于球晶碰撞和次期结晶等因素的影响而降低,因此其结晶速率较结晶初期低得多。

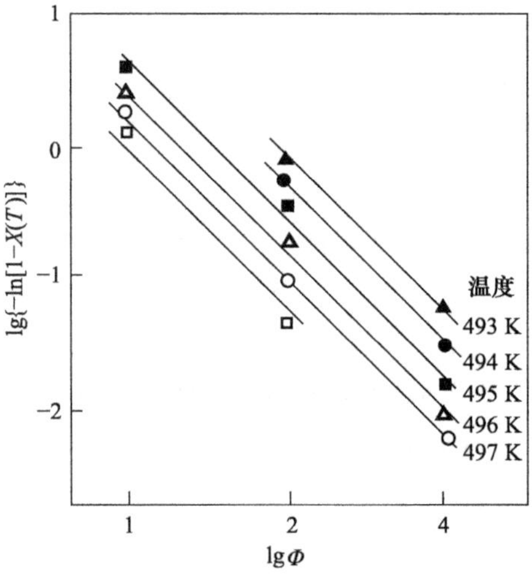

图 4.73 PET 的 lg{$-\ln[1-X(T)]$}与 lgΦ 关系图

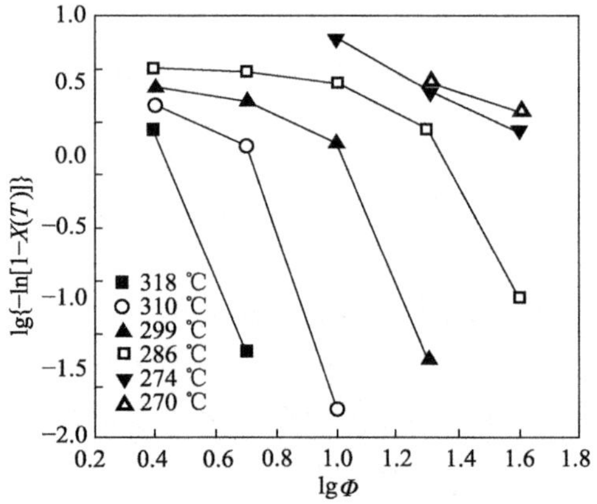

图 4.74 PEEK 的 lg{$-\ln[1-X(T)]$}与 lgΦ 关系图

2) Jeziorny 方法

Jeziorny 方法是直接把阿夫拉米方程推广应用于解析等速变温 DSC 曲线的动力学处理方法[207]。该方法先把非等温 DSC 曲线作为等温结晶过程来处理,然后再对所得的结晶速率常数进行修正。换句话说,就是先由式(4.33)求得 n 和 Z,然后考虑到升、降温速率的影响,用式(4.36)对 Z 进行校正,从而获得校正后的结晶速率常数 Z_c 随升温速率或降温速率 Φ 的变化情况。

$$\lg Z_c = \frac{\lg Z}{\Phi} \tag{4.36}$$

表 4.7 是用 Jeziorny 方法来处理 PET 非等温熔体结晶动力学行为的研究结果，可以看到经校正后 PET 的结晶速率常数 Z_c 是一个恒定的常数。

表 4.7　聚对苯二甲酸乙二醇酯(PET)的非等温结晶动力学参数

降温速率 Φ/(℃/min)	阿夫拉米指数 n	校正前的结晶速率常数 Z	校正后的结晶速率常数 Z_c
8.5	2.35	1.202	1.022
12	2.45	1.303	1.022
17	2.65	1.445	1.022

Jeziorny 方法的优点是处理方法简单，只从一条 DSC 升温或降温曲线就能获得阿夫拉米指数和表征结晶速率的动力学参数。但 Jeziorny 方法的不足之处是所得到的结晶速率参数缺乏明确的物理意义，而且和阿夫拉米方程类似，Jeziorny 方法通常仅适用于描述聚合物结晶初期的动力学行为。

3) 莫志深方法

鉴于 Jeziorny 方法(改进的阿夫拉米方程)和 Ozawa 方程在描述聚合物的非等温结晶动力学行为时所存在的问题，莫志深等提出了解析非等温结晶动力学参数的新方法，他们把阿夫拉米方程和 Ozawa 方程相结合，得到了以下方程式[206,208-209]：

$$\lg Z + n\lg t = \lg K(T) - m\lg\Phi \tag{4.37}$$

或将其改写为

$$\lg\Phi = \lg F(T) - a\lg t \tag{4.38}$$

式中，$F(T)=[K(T)/Z]^{1/m}$；$a=n/m$ (n 为阿夫拉米指数，m 为 Ozawa 指数)。在某一相对结晶度下，以 $\lg\Phi$ 对 $\lg t$ 作图应得一直线，其斜率为 $-a$，截距为 $\lg F(T)$。$F(T)$ 表示结晶速率的快慢，$F(T)$ 越大，体系的结晶速率越小。$F(T)$ 的物理意义是在单位时间内，某一结晶聚合物体系要达到某一结晶度所必须选取的冷却速率值。图 4.75 是在不同相对结晶度下 PEEK 体系非等温熔体结晶的 $\lg\Phi$ 与 $\lg t$ 关系图，可以看出 $\lg\Phi$ 与 $\lg t$ 之间有很好的线性关系。

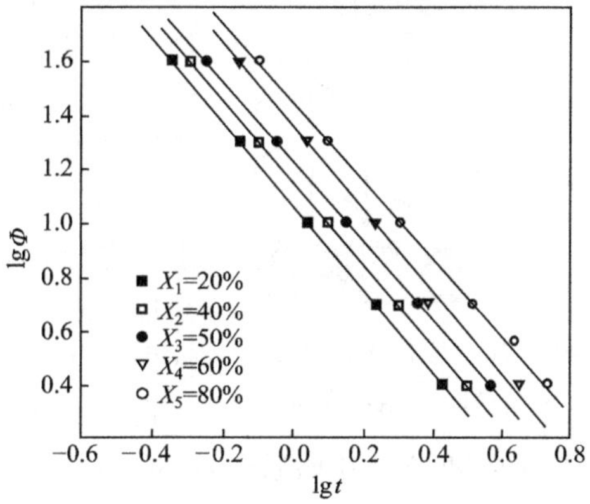

图 4.75　PEEK 体系非等温熔体结晶的 $\lg\Phi$ 与 $\lg t$ 关系图

该方法的优点是把冷却速率与温度、时间以及结晶聚合物的形态(成核和生长方式)等诸多因素充分地关联起来，可以用来描述聚合物的整个非等温结晶过程。因此，目前高分子领域的研究人员普遍认为莫志深方法是描述聚合物非等温结晶行为一种简单、方便、有效的动力学方法，其适用性已经在诸多的聚合物体系(如聚乙烯、聚丙烯、聚芳醚酮、尼龙和聚酯类高分子材料以及它们的复合材料等)中得到了成功和反复的验证。

总之，聚合物非等温结晶行为是一个非常复杂的固化过程，它涉及众多的实验参数或变量，因此很难用一个简单的数学方程来充分和完善地描述。理想的非等温结晶动力学模型的提出和完善尚有待于高分子物理学者的不懈努力和继续探索。

4.5　异质表面上的聚合物结晶

前面讨论的聚合物结晶行为未曾考虑其他因素影响,然而从聚合物材料到制品的过程中往往有很多外界因素影响其结晶程度和过程,从而改变材料的结晶度和形态结构。例如,加工过程使用的各种助剂会对聚合物的结晶过程产生影响,而为满足不同需求而制备的聚合物基复合材料中,另一组分的存在同样会诱导聚合物结晶形成特殊形态结构。考虑到聚合物材料的特殊形态结构对材料性能有很大影响,有必要对聚合物的诱导结晶行为做一简单介绍。通常情况下,助剂对聚合物结晶过程的影响非常复杂,有些助剂可以起成核作用,加速结晶过程或提高结晶度,而有些助剂会阻碍结晶的进行,没有普适规律可循。因此本节将着重讨论基质诱导的聚合物结晶行为。

4.5.1　聚合物横向结晶

聚合物异相成核和诱导结晶行为的早期研究工作主要着眼于聚合物共混体系,试图通过对其异相成核和诱导结晶现象的跟踪来了解聚合物间的相互作用。但当人们意识到聚合物共混体系难以揭示聚合物间相互作用的本质时,聚合物在基质界面上的结晶行为便成为人们关注的焦点。由于宏观尺寸的取向聚合物基质不易获得,早期的研究工作大多采用非取向聚合物复合体系为研究对象,利用偏光显微镜观察一种聚合物熔体在另一种聚合物非取向结晶表面上或边界上的结晶行为,通过对比聚合物基质上和体相聚合物在相同结晶条件下的不同成核密度及形成的形态结构来定性说明聚合物间是否存在相互作用[210-214]。

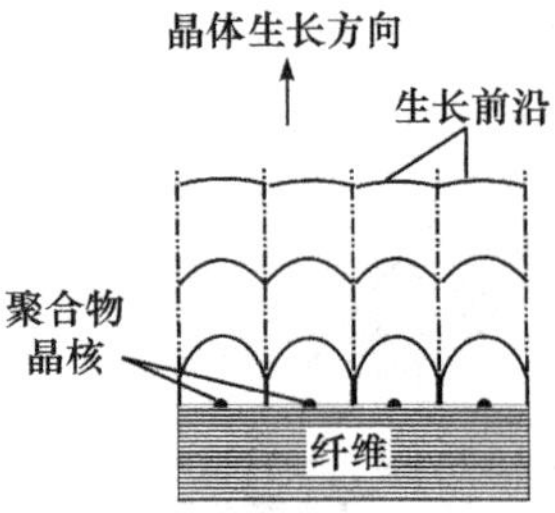

图 4.76　聚合物在纤维表面横向结晶示意图

随着纤维在增强热塑性聚合物材料中的广泛应用,研究聚合物在纤维表面的结晶行为成为讨论聚合物界面相互作用的热门课题。当纤维对聚合物有异相成核作用时,聚合物能在其表面形成所谓的横向结晶(transcrystallization),简称横晶[214-226]。如图 4.76 所示,纤维对聚合物的强成核作用,致使聚合物在纤维表面形成密集的晶核排,晶核的密集程度直接反映聚合物间相互作用的强弱。在形成密集晶核的情况下,由于存在空间位阻,聚合物晶体沿纤维轴向的生长被抑制,只能横向生长而形成横晶。图 4.77 是聚丙烯在自身纤维和高模量碳纤维上横向结晶的偏光显微镜照片,显然聚丙烯纤维对其均质熔体的成核能力高于高模量碳纤维。

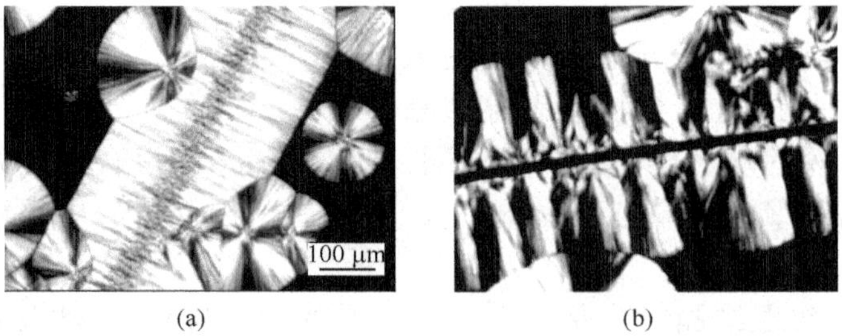

图 4.77　聚丙烯在自身纤维(a)和高模量碳纤维(b)上横向结晶的偏光显微镜照片

另外,聚合物多组分体系的固相拉伸或熔融纺丝样品在适当条件下热处理也会产生聚合物的诱导结晶行为。例如，20 世纪 80 年代初，对固相拉伸聚乙烯/全同聚丙烯共混体系的研究结果表明，固相拉伸的聚乙烯/全同聚丙烯共混物在高于聚乙烯熔点但低于全同聚丙烯熔点的温度范围内退火处理后，聚丙烯具有很好的单轴取向结构，而聚乙烯则形成与聚丙烯链轴成固定交角的交叉网状片晶结构[227-228]。局限于当时的理论背景，这一现象未能得到正确的理解，被误认为是由热收缩应力导致的聚乙烯球晶的取向生长，而实际上这是另一表面诱导的聚合物取向结晶现象——聚合物附生结晶。

4.5.2　聚合物附生结晶

附生结晶是指一种结晶物质在另一种取向晶体基质上的取向结晶[229]，实际上也是一种表面诱导取向结晶现象，只是基质与附生物质间的特殊相互作用使两者间存在严格的晶体取向关系，从而产生异乎寻常的形态结构，引起了人们的极大兴趣。

附生结晶早在 1817 年就已被矿物学家在对小分子矿物质的研究中发现[230]。然而，对聚合物附生结晶的研究工作起步较晚，系统的研究工作开始于 20 世纪 80 年代中期。聚合物附生结晶通常分为三大类型：均相附生结晶、异相附生结晶和拟态附生结晶。本节将根据聚合物附生结晶的分类分别进行简单介绍。

1. 聚合物均相附生结晶

聚合物均相附生（homoepitaxy 或 autoepitaxy）结晶是指聚合物在同种聚合物形成的基质上的取向结晶现象。从某种意义上说，聚合物的结晶过程本身就是一种均相附生结晶，因为晶体的生长即是熔体聚合物链在已经结晶的聚合物晶体表面上的规则附生折叠过程。在 4.2.2 小节中提到的串晶结构从某种意义上说是均相附生结晶的一个典型示例，在压力或剪切应力作用下首先形成的伸展链纤维晶作为折叠链片晶的基质，致使折叠链片晶在伸展链纤维晶上附生生长，从而形成两者分子链轴取向一致的“羊肉串”结构。另外，聚合物单晶的孪生现象也是均相附生结晶的一种形式。通常情况下，聚合物均相附生结晶时分子的链轴保持一致，有分子链不平行排列的特殊情况，如全同立构聚丙烯（iPP）的片晶支化现象。α-iPP的片晶支化是一种特有但十分常见的现象，在稀溶液浇铸膜、熔体结晶膜甚至熔融纺丝得到的纤维中均可以观察到此现象[231-235]。因此，从不同角度得到了广泛研究[236-239]。目前，α-iPP 片晶支化的形成机理已经十分清楚。图 4.78 是 iPP 溶液浇铸和熔体生长膜片晶支化结构的明场电子显微图。很明显，支化片晶与其相应母片晶间成固定的 100°交角，支化片晶继续引发片晶支化，形成一种片晶错综交叉的网状织构。电子衍射和 X

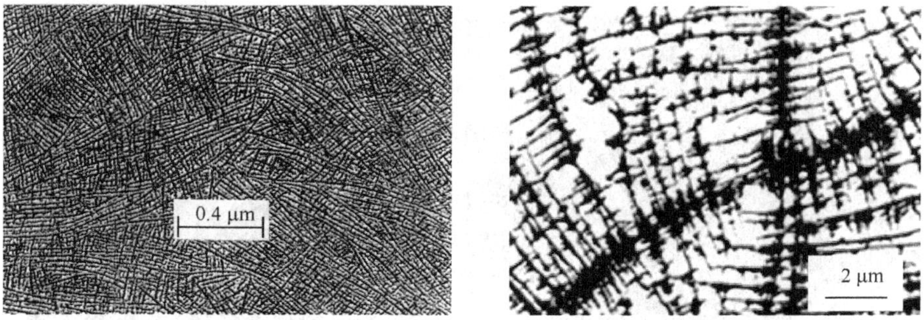

(a)　(b)

图 4.78　溶液浇铸(a)和熔体生长(b)α-iPP 薄膜中片晶支化的明场电子显微镜照片

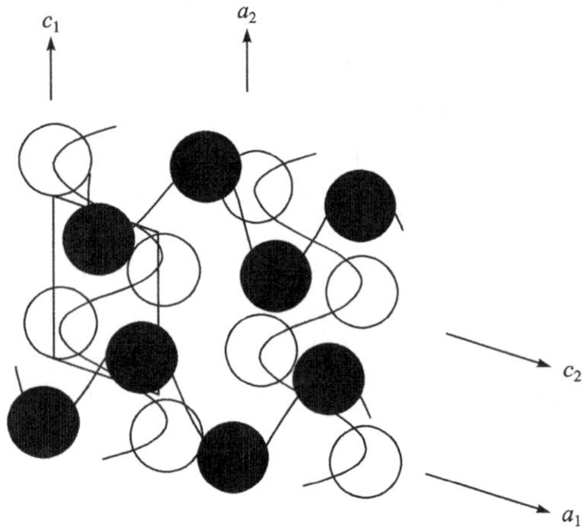

图 4.79　α-iPP 片晶支化分子水平解释示意图

射线衍射结果表明，α-iPP 母、子片晶的结晶学 a、c 轴在膜平面内，两者具有共同的 b 轴垂直于膜平面，说明 α-iPP 母、子片晶的接触面均为(010)晶面。衍射结果还证明，支化片晶的结晶学 a、c 轴分别平行于其相应母片晶的 c、a 轴。根据衍射结果，结合 iPP 的晶胞参数(单斜晶系，a=0.665 nm，b=2.078 nm，c=0.650 nm，β=99.6°)，α-iPP 的片晶支化现象被解释为由于其 a、c 轴间的良好匹配而形成的以(010)晶面为接触面的均相附生结晶。20 世纪 80 年代中期，Wittmann 和 Lotz 等从晶体生长的缺陷入手，在分子水平上对这一支化现象做了更深入的解释[240]。如图 4.79 所示，α-iPP 的(010)晶面由同手性螺旋链构成，在其晶面上存在有规则的凸起甲基排，如果将具有相同手性的聚丙烯螺旋链沉积在此(010)晶面上，只有在沉积的聚丙烯螺旋链与基质的螺旋链成 100°交角时，才能实现甲基排间的有利相互作用。换句话说，当子片晶与母片晶的分子链成 100°交角时，子片晶(010)晶面上的凸起甲基嵌入母片晶(010)晶面上甲基排形成的沟槽内，考虑到空间效应，这必然是分子链的最有利堆砌。

2. 聚合物异相附生结晶

聚合物异相附生(heteroepitaxy)结晶是指一种结晶聚合物在另一种结晶聚合物取向基质上的附生结晶现象，能直接反映附生聚合物间的特殊相互作用。能够产生异相附生结晶的聚合物很多，实现聚合物异相附生结晶的实验手段也多种多样，如稀溶液结晶[241]、熔体结晶和真空蒸涂的气相结晶[240,242]等。聚合物异相附生结晶的取向结构可以不同，但实验手段并不影响同一附生体系的取向关系。根据取向关系，聚合物异相附生体系可分为平行链和非平行链两种。平行链附生结晶是指沉积聚合物与基质聚合物分子链平行的附生结晶现象。这种附生结晶首先发现于具有结构相似性的聚合物间，如石蜡在聚乙烯取向基质上的附生结晶。后来发现不同类型聚合物间也可以发生非平行链附生结晶，如聚乙烯在聚四氟乙烯取向基质上的附生结晶(图 4.80)，以及聚己内酯在聚乙烯和聚甲醛取向基质上的附生结晶等。表 4.8 给出了一些平行链聚合物附生体系的例子。非平行链附生结晶即附生物与基质聚合物分子链成一定角度交叉的取向结晶现象。表 4.9 给出了一些非平行链聚合物附生体系及其相应的取向

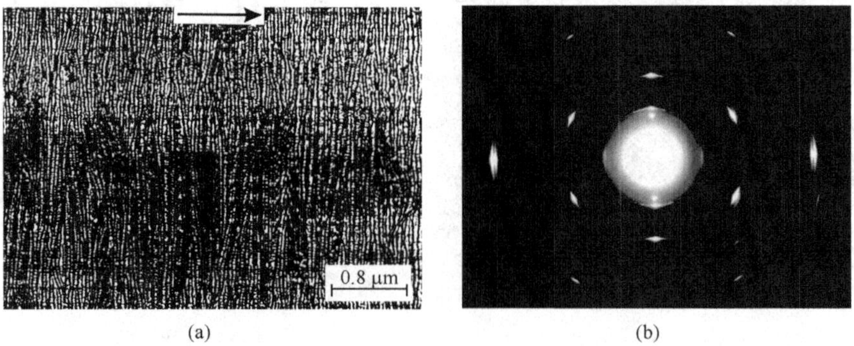

(a)　　(b)

图 4.80　聚乙烯在聚四氟乙烯取向基质上附生结晶的明场电子显微镜照片(a)和电子衍射图(b)

结构关系，此方面的研究工作主要集中在聚丙烯和锯齿链聚合物间的附生结晶。图 4.81 和图 4.82 分别给出了聚乙烯在全同立构聚丙烯和间同立构聚丙烯基质上附生结晶的明场电子显微图及对应的电子衍射，两种情况均形成交叉结构。然而，聚乙烯分子链与全同聚丙烯的分子链成±50°交角，而与间同聚丙烯分子链成±37°交角。

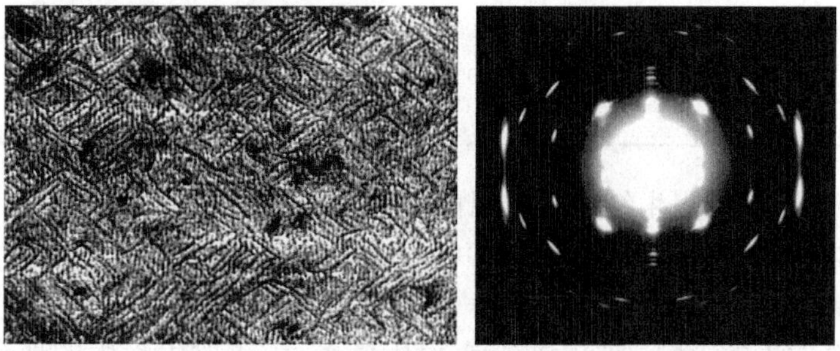

(a)　(b)

图4.81　聚乙烯在全同立构聚丙烯取向基质上附生结晶的明场电子显微镜照片(a)和电子衍射图(b)

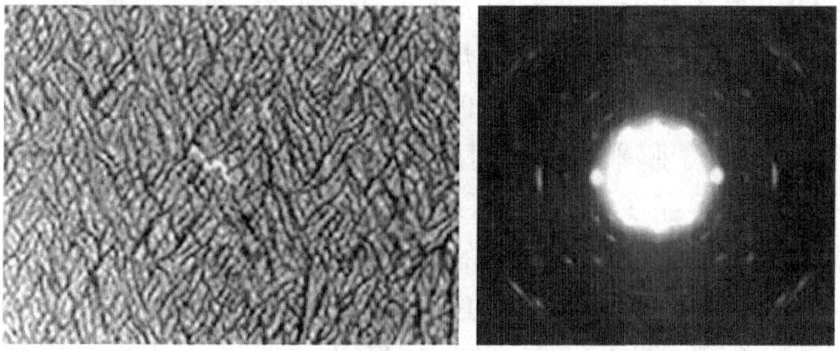

(a)　(b)

图4.82　聚乙烯在间同立构聚丙烯取向基质上附生结晶的明场电子显微镜照片(a)和电子衍射图(b)

表 4.8　平行链聚合物附生体系

附生聚合物	基质聚合物	文献
Wax,Paraffin	PE	[272,273]
	PES	
	POM	
PE	PTFE	[273-275]
	POM	
PCL	PE	[217,219,274]
	PTFE	
	POM	
POM	PE	[275]
	iPP	
	Nylon	
	PET	

表 4.9　非平行链聚合物附生体系

附生物	基质聚合物	取向关系	分子链交角	文献
PE	iPP	$(100)_{PE}//(010)_{iPP}[001]_{PE}//[101]_{iPP}$	50°	[276,240]
iPP	尼龙 6,尼龙 66,尼龙 11,尼龙 12	$(010)_{PA}//(010)_{iPP}[001]_{PA}//[101]_{iPP}$	50°	[276]
PBD	iPP	$[001]_{PBD}//[101]_{iPP}$	50°	[277]

续表

附生物	基质聚合物	取向关系	分子链交角	文献
PCL	iPP	$[001]_{PCL}//[101]_{iPP}$	50°	[278]
polyoctenamer	iPP	$[001]_{TOR}//[101]_{iPP}$	50°	[279]
PE	sPP	$(110)_{PE}//(100)_{sPP}[001]_{PE}//[021]_{sPP}$	37°	[280]
sPP	PE	$(100)_{sPP}//(hk0)_{PE}[001]_{PE}//[021]_{sPP}$	37°	[281]
sPP	尼龙 12	$(100)_{sPP}//(hk0)_{PA}[001]_{PA}//[021]_{sPP}$	37°	[282]
iPP	PTFE	$(100)_{iPP}//(100)_{PTFE}\langle 012\rangle_{iPP}//[001]_{PTFE}$	57°	[283]

实验证明,聚合物异相附生结晶同样以两种物质间的某种几何匹配(如原子间距、分子间距、晶面间距等)为基础,因此引入 $D=100(d-d_0)/d_0$ (其中 d 和 d_0 分别表示附生物质和基质参与匹配的参数)用百分数表示为失配率来衡量其匹配情况,一般认为 10%~15%的失配率是附生结晶能够发生的上限。对于平行链附生体系,由于发生附生的聚合物链相互平行地落在膜平面内,最容易实现的匹配是分子链间距离。某些附生聚合物间同时存在分子链方向的匹配,如分子链方向的原子或某个特殊基团间的距离,从而实现二维方向上的匹配。当然,大部分附生聚合物间仅存在某个一维方向上的匹配,即所谓的一维匹配。例如,聚乙烯与聚四氟乙烯的附生结晶(图 4.80)就是基于聚乙烯(100)面的分子链间距(0.494 nm)与聚四氟乙烯(100)面或(010)面的链间距(0.566 nm)之间的不甚完美的一维匹配(失配率为 12%)。对于非平行链附生体系而言,处于膜平面内的附生和基质聚合物的分子链成一定角度的交叉,因此简单的分子链间距匹配并不存在,但同样可以从其他比较复杂的匹配得以解释。以聚乙烯与全同立构聚丙烯的附生结晶为例[243],两者的分子链方向成固定±50°交叉,两者的附生接触面为全同立构聚丙烯的(010)晶面和聚乙烯的(100)晶面,说明全同立构聚丙烯的(010)晶面是解释产生异相附生结晶的关键。图 4.83 是全同立构聚丙烯(010)晶面的结构示意图,很明显,凸起甲基形成排状结构,其中[101]方向甲基排的甲基密度最大,两个甲基间的距离仅有 0.425 nm,其次是 $[\bar{1}01]$ 方向上两个甲基间的距离为 0.505 nm,也就是说[101]方向甲基排的间距为 0.505 nm,这与聚乙烯(100)面内分子链间距 0.494 nm 形成非常好的匹配(失配率仅为 2%),而且[101]方向与 iPP 链方向的夹角 50°正是附生生长的聚乙烯晶体 c 轴与 iPP 晶体 c 轴的交角,由此链-排几何匹配便能很好地解释此类附生结晶。也就是说,由于这种良好的链-排匹配,聚乙烯链沿 iPP [101]方向的甲基排形成的沟槽堆砌(图 4.83),从而形成两种聚合物链成 50°固定角取向的附生结晶结构。与此类似,聚乙烯与间同立构聚丙烯的附生结晶可以解释为聚乙烯分子链沿间同立构聚丙烯(100)晶面上凸起{CH_3,CH_2,CH_3}基团形成的取向排状结构的沉积结果。如图 4.84 所示,{CH_3,CH_2,CH_3}基团本身呈长方形结构,其长边与分子链方向成±45°交角,而由{CH_3,CH_2,CH_3}形成的基团排则在 sPP 的[021]方向,与 sPP 分子链交角为±37°,正好体现了聚乙烯与间同聚丙烯的附生体系的分子链交角。另外,由于{CH_3,CH_2,CH_3}基团排的间距,即 sPP(021)晶面的面间距为 0.4465 nm,与聚乙烯(110)晶面内的分子链间距 0.445 nm 存在完美的匹配(失配率仅为 0.3%),致使聚乙烯与间同聚丙烯的接触面变为(110)面。这种接触面的改变也说明了几何匹配在聚合物附生结晶中起着非常重要的作用。

聚合物附生结晶现象可以通过几何匹配予以很好的解释,而附生结晶本质上则是附生物质间的特殊分子相互作用,因此聚合物附生结晶是可逆的。图 4.85 是聚丙烯在聚乙烯取向基质上附生结晶的电子显微图和电子衍射图,此时聚丙烯形成交叉结构,且分子链与聚乙烯分子

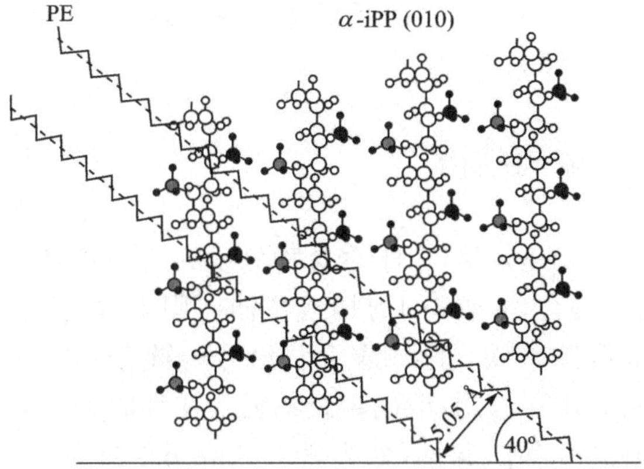

图 4.83　聚乙烯在全同立构聚丙烯取向基质上附生结晶的结构匹配示意图

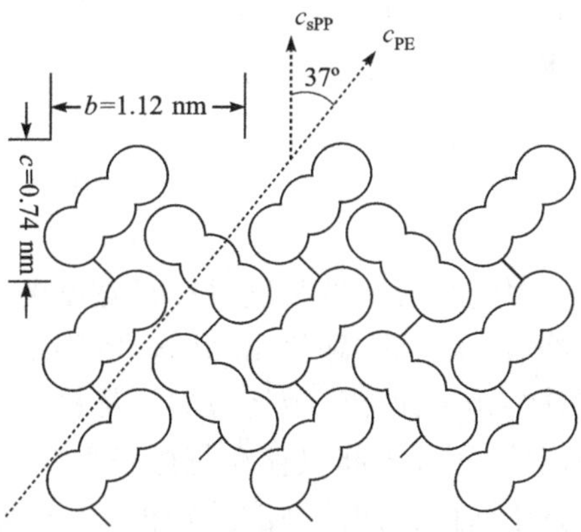

图 4.84　聚乙烯在间同立构聚丙烯取向基质上附生结晶的结构匹配示意图

链仍成±50°交角[244]。另外，考虑到基质对附生物的特殊作用仅存在于界面层，附生结晶也只能发生在与基质直接接触的薄层内，存在一临界厚度，超出临界厚度的聚合物与基质间不再有附生结晶现象发生，而临界层的厚度与附生物的链规整度及结晶条件有关[245-246]。例如，高密度聚乙烯、线形低密度聚乙烯和低密度聚乙烯在全同立构聚丙烯基质上附生结晶时，由于高密度聚乙烯的链规整性最好，在聚丙烯上附生结晶也就最容易实现，且附生层厚，在室温淬火条件下，其附生层可厚达 250 nm。线形低密度聚乙烯的链规整性次于高密度聚乙烯，尽管在聚丙烯上附生结晶也容易实现，但同样条件下附生层厚度明显比高密度聚乙烯薄，在室温淬火条件下，其附生层厚度仅为 120 nm。相比之下，低密度聚乙烯的链规整性最差，因此在聚丙烯上附生结晶难以实现，且附生层厚度非常薄，在室温淬火条件下约为 30 nm。

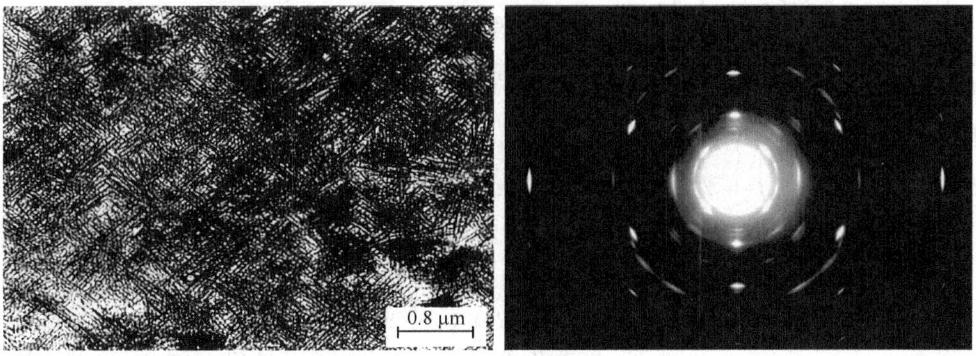

图 4.85　全同立构聚丙烯在聚乙烯取向基质上附生结晶的明场(a)和电子衍射图(b)

3. 聚合物拟态附生结晶

聚合物拟态附生(graphoepitaxy 或 artifical epitaxy)结晶是指结晶物质在晶体或非晶材料形成的拓扑表面上受基质表面规则结构影响而发生的取向结晶现象，如规则的光栅可作为不少结晶物质的基质来诱导其拟态附生而取向结晶。Sheftal 和 Boouzynin[247-248]是该领域的开拓者，对拟态附生结晶的研究同样是起始于小分子体系，然后发展到聚合物领域[249-251]。对聚合物拟态附生结晶解释众说不一，主要观点有以下几种：①基质表面拓扑起伏作用下的取向结晶;②表面张力作用下的取向结晶;③热力学、拓扑和其他表面起伏等宏观因素联合作用下晶体的方向性生长;④各向异性形变作用下的取向结晶。

4.6　聚合物的取向结构

聚合物分子的长度可以是宽度的几百、几千甚至几万倍,由于聚合物分子的这种几何不对称性,在吹塑、熔融挤出和纺丝等很多加工过程对聚合物熔体的剪切或拉伸作用下,高分子链或其结构单元能沿剪切方向择优排列,从而形成取向结构。由于聚合物沿分子链方向以共价键连接,而分子间仅存在范德华力或氢键等较弱的相互作用,取向聚合物材料在其取向方向和垂直于取向方向的性能差别很大,表现出性能的高度各向异性,如光学上的双折射现象,力学性能在取向方向上的明显提高以及取向方向和垂直于取向方向的不同导电性和导热性等。本节将对聚合物在剪切和牵伸等外场作用下取向结构的形成及表征概要叙述。

4.6.1　聚合物的取向与结晶

聚合物熔体在受到剪切或拉伸作用时,高分子链将沿剪切或拉伸方向择优取向,分子链的取向单元具有多重性,可以是链段取向[图 4.86(a)],也可以是整链取向[图 4.86(b)]。链段取向通过绕单键的内旋转来实现,可在较短的时间内完成。整链取向只能通过链段的协同运动来实现,因此比链段取向难。一般聚合物熔体的取向态是热力学非平衡状态,常在外力作用下存在,当外力除去时,分子的热运动使分子链趋向于紊乱无序的平衡状态,发生所谓的解取向过程。解取向过程是由取向态向无序态的恢复过程,是一个自发过程,实际上,即使在外力作用下,解取向过程也总是存在的。一般来说,取向过程快的结构单元,解取向速率也快,因此解取向时,首先发生的是链段的解取向,然后才是分子链解取向。对于非晶聚合物而言,为了维持取向,获得取向材料,可以在聚合物熔体取向后迅速使温度降到玻璃化温度以下,将分子链和链段的运动“冻结”起来。当然,这种“冻结”的热力学非平衡态毕竟只有一定的相对稳定性,长时间放置,特别是在升温或被溶剂溶胀时,仍然要发生解取向。对于结晶聚合物而言,通过结晶可以获得聚合物取向结晶结构,可以是稳定的,在结晶结构破坏前不能解取向,因此能够固定分子链或链段取向。取向常会改变聚合物熔体的结晶动力学和超分子结构。

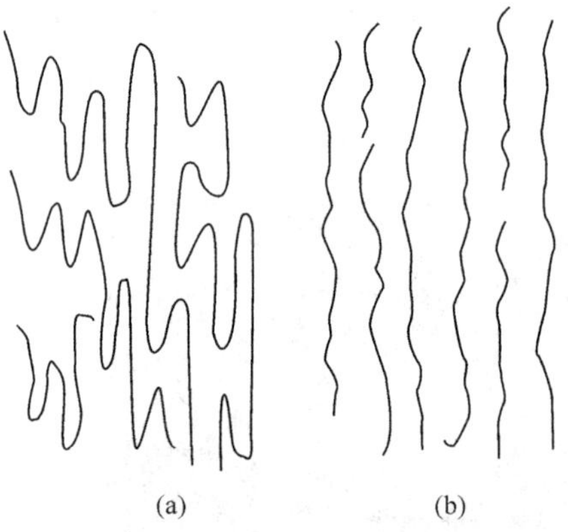

图 4.86　聚合物分子链的取向示意图
(a)链段取向;(b)整链取向

对纤维纺丝过程跟踪研究[234,252-254]的小角 X 射线散射图样表明,沿纤维轴方向出现了周期性结构,体系在开始结晶前其内部电子密度发生了周期性变化。对受剪切熔体的结晶研究发现,剪切使聚合物熔体中产生某种形式的小晶体前体,这些前体既影响晶体的成核速率,又影响其生长速率。因此,结晶速率会随着剪切时间的增加而增大[255-260]。光学显微镜下跟踪聚合物熔体剪切停止后的光强度变化时发现[261],光强度(作为分子链取向的量度)先是急剧下降,然后随着结晶的发生缓慢增加。这一结果表明,取向聚合物熔体存在解取向和结晶的竞争。由于取向会降低聚合物熔体的熵值,提高熔点,因此在同一绝对温度下比较一个静止和一个取向的非晶体系，取向体系的过冷度相对大得多，结晶速率会更快。因此在取向没有弛豫进入取向较差的状态前便发生结晶，致使聚合物熔体在受到剪切或拉伸时结晶，产生取向结构。在某些情况下，剪切或拉伸诱导的聚合物结晶能产生串晶结构。然而，在大多数情况下，剪切或拉伸诱导的聚合物结晶会产生排状结构(row structure)[262]，由很长的片晶堆积而成，堆积方向与剪切或拉伸方向平行。图 4.87 是熔体拉伸得到的聚乙烯取向结构的明场电子显微图和相应的电子衍射图[263]。图中的箭头方向代表聚乙烯熔体的拉伸方向。在明场图像中，亮线对应低密度的非晶区，亮线之间的灰色区域对应高密度的片晶区域[图 4.87(a)]。很明显，熔体拉伸聚乙烯超薄膜中有大量侧立(edge-on)片晶平行排列，片晶的长轴垂直于薄膜制备过程的拉伸方向，即片晶沿拉伸方向平行堆积。电子衍射图中锐利衍射点的出现证明薄膜中 PE 的晶体高度取向[图 4.87(b)]。在水平方向上，(002)衍射点的出现表明薄膜的结晶区域内聚乙烯的分子链沿着制薄膜时的拉伸方向平行排列。在竖直方向，(110)、(200)和(020)衍射点的同时出现表明熔体拉伸聚乙烯薄膜具有纤维取向，即晶体的 c 轴在薄膜平面内沿着拉伸方向高度取向，而晶体的 a 和 b 轴在垂直于分子链轴的平面内任意取向[264-266]。

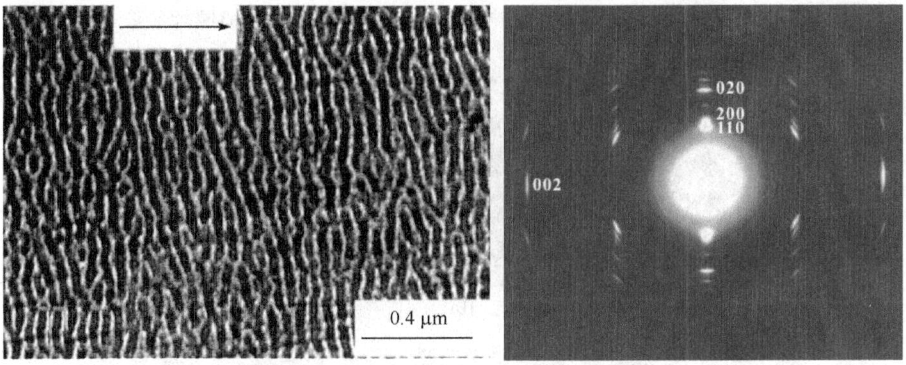

(a)　(b)

图 4.87　熔体拉伸得到的聚乙烯取向结构的明场电子显微镜照片(a)和相应的电子衍射图(b)

4.6.2　晶态聚合物的取向

4.6.1 小节讨论了聚合物熔体在剪切或拉伸作用下的取向结晶行为，这里将着重介绍结晶态聚合物在拉伸应力作用下的取向过程[267-271]。关于这一过程存在两种不同观点：一种观点认为，晶态聚合物被拉伸时首先发生非晶区的分子链或链段取向，然后是晶体的变形、破坏和重构，从而形成新的取向晶体；另一种观点则认为，聚合物的长链特征使其具有大量缠结，而缠结的分子链集中于非晶区，致使非晶区的分子运动困难，不易发生形变，因此拉伸晶态聚合物时首先应发生晶体结构的破坏。此处将撇开这两种观点，仅就聚合物晶体的取向过程做一简单介绍。

在 4.2.2 小节中已经讲到，在无扰环境中，无论是从溶液析出结晶，还是从熔体冷却结晶，聚合物都倾向于生成由折叠链片晶组成的球晶结构，片晶相对于球晶半径方向取向，并且通过贯穿链联系在一起。这种结构在拉伸过程中变化很复杂。如图 4.88 所示，偏光显微镜可以显示空间跟踪聚合物由球晶向高度取向结构的演变过程。X 射线衍射和小角激光光散射等则可对拉伸形变过程中聚合物球晶结构的变化进行更深入的研究。图 4.89 是全同立构聚丙烯拉伸形变过程的广角 X 射线衍射图。由图可见，聚丙烯晶轴取向程度随拉伸比的增大而提高，未取向聚丙烯的X射线衍射图呈现一些同心圆,随取向程度的增加衍射信号转变为逐渐变短的衍射弧线,当拉伸比高于600%时,衍射弧线接近于衍射点,表明拉伸的结果已使无规取向的晶体相当整齐地沿着拉伸方向排列起来,晶体的 c 轴也越来越接近于平行于拉伸方向。

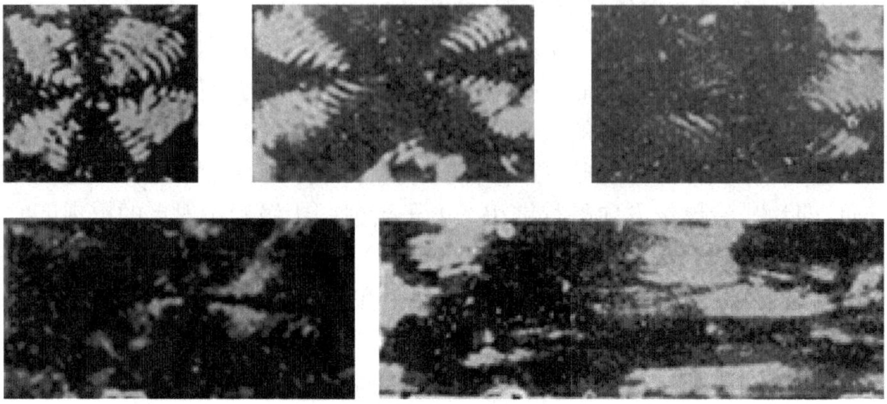

图4.88　聚乙烯球晶拉伸形变过程的光学显微镜照片

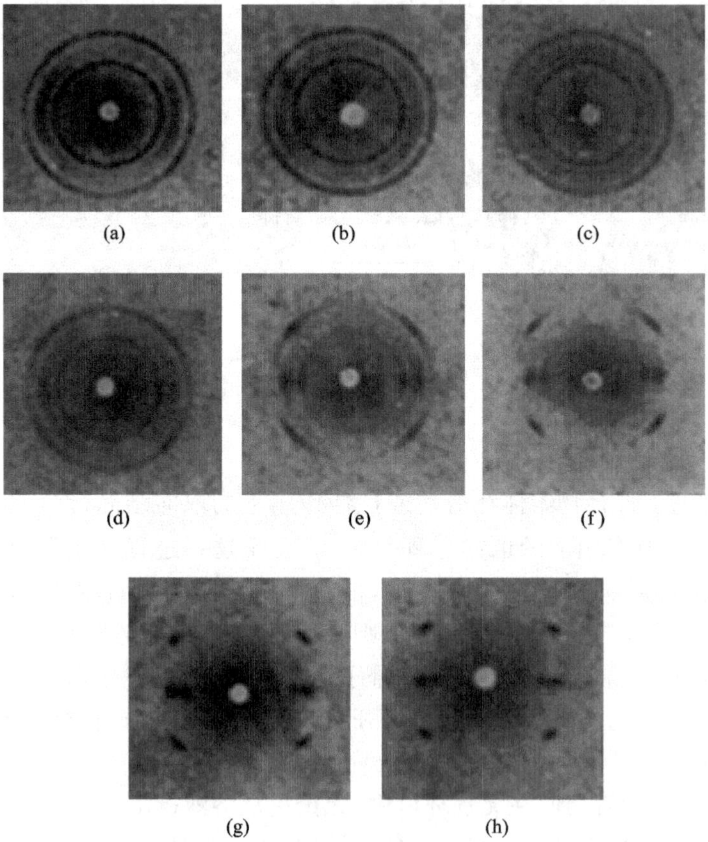

图4.89　全同立构聚丙烯拉伸形变过程的广角X射线衍射图

(a) 未取向;(b) 延伸50%;(c) 延伸100%;(d) 延伸200%;(e) 延伸300%;(f) 延伸400%;(g) 延伸447%;(h) 延伸635%

根据偏光显微镜、广角和小角 X 射线衍射以及小角激光光散射等实验结果，结合聚合物的应力-应变行为，可对拉伸过程中聚合物球晶结构的演变给予以下定性解释。

基于聚合物材料的软物质特性，在应力(σ)作用下，会产生应变(ε)。图 4.90 给出了典型的聚合物应力-应变曲线，以及应力-应变曲线不同部位上的图解拉伸所引起结构变化过程。最初应力随拉伸迅速增加，并且应力-应变几乎成直线关系，相应于图中的起始模量。在这一很小的延伸区(0.5%或更小)内球晶作为整体而发生弹性形变。随着应力的增加，应力-应变曲线的斜率缓慢下降，即在屈服前曲线弯向应变轴。在这一应变软化区发生的形变过程是：在球晶中心区沿形变方向的半径上发生了少量的不可回复性晶体破裂；在与形变方向成一角度取向的半径上，晶片内发生了分子倾斜；沿球晶赤道区的半径上发生了晶片的分离。在应力-应变曲线的这一区域内所发生的形变已经有很大一部分属于塑性形变。应力继续增加便达到了屈服点。屈服点之后，随应变的增加应力下降到了某一极限值。此后，在很大的应变范围内，随应变的增加应力始终保持为一常量。这时，常在实验样品的某些局部出现截面积减小的现象，称为细颈现象。细颈将一直发展至样品截面均一为止。从结构上说，屈服点意味着在该点球晶内的剪切应力占优势，从而导致晶片滑移。超过屈服点，随应变继续增加，球晶被拉开，但仍保持着球晶内的连续性。在球晶内有几个过程同时发生：在球晶中心区沿平行于形变方向的半径上破裂的量增加，而在外部的平行于半径区域则破裂较少。这一点对于保持球晶内的连续性是必要的，因为在相对于形变方向的居间区域，球晶外部经受两种类型形变：①这些偏离轴的半径受剪切力而发生晶片滑移，并以其长周期方向(链轴方向)平行于形变方向重新取向；②片晶间的距离随延伸连续增加。随着球晶的形变，不断发生片晶滑移、取向、分离，直到球晶内所有的片晶以其长周期方向几乎平行于形变方向排列。结构上一旦达到这一阶段，晶体取向则变得十分困难，这一步的形变必须以晶体解离为主才能发生。形变过程的这一转变引起应力-应变行为的变化。一旦全部球晶转变为微纤，继续增加应变将引起应力的连续增加，直至样品断裂，这便是所谓的应变硬化区。从屈服点到应变硬化转变点，可以认为球晶的形变过程已经完成。因此，应力-应变曲线的应变硬化区可以表征为微纤的形成及形变区。

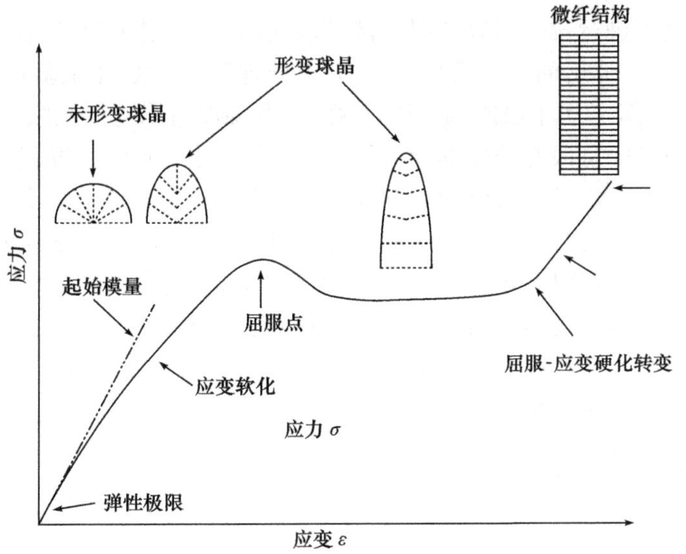

图 4.90　典型的聚合物应力-应变曲线及对应其不同部位的结构变化示意图

在球晶的形变过程中，根据聚合物的类型和拉伸条件组成球晶的片晶重构过程分为两种情况:①如图 4.91(a)所示,在应力作用下,片晶产生倾斜、滑移、转动以至破坏,部分折叠链被拉直,原有结构被部分或全部破坏,重构形成沿拉伸方向取向的折叠链片晶和贯穿在片晶间的伸直链组成的微纤结构;②如图 4.91(b)所示,原有的折叠链片晶在应力作用下转化为规则排列的完全伸直链晶体。

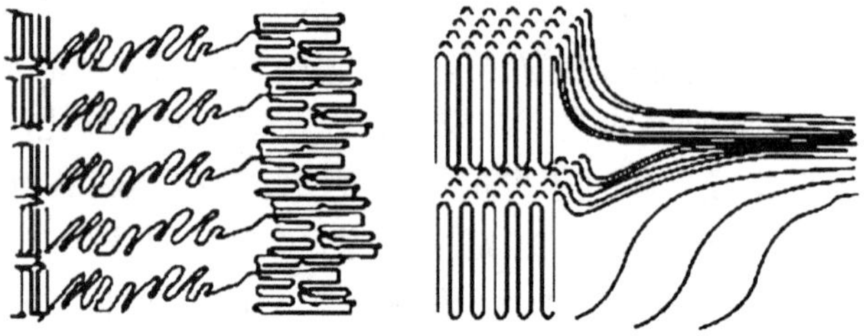

(a)　　(b)

图 4.91　典型的聚合物应力-应变曲线及不同部位的形变行为

(a) 形成微纤结构;(b) 形成伸直链结构

4.6.3　聚合物取向结构的应用

取向聚合物材料在取向方向各方面性能大幅度提高,在很多领域得到了广泛应用。单轴取向聚合物材料的最典型例子是合成纤维,合成纤维生产中广泛采用牵伸工艺来大幅度提高纤维的强度,如尼龙未取向时拉伸强度为 70～80 MPa,而尼龙丝的强度可达 460～560 MPa。当然,这种强度的增加往往以损失断裂伸长率和弹性为代价。这一问题通常可以利用聚合物分子链与链段的不同取向和解取向行为得以解决。在实际应用中,一般要求纤维具有10%～20%的弹性伸长,即要求高强度和适当的弹性相结合。为了实现这一要求,在成纤过程中可以利用分子链取向和链段取向速率不同,用慢的取向过程使整个高分子链得到良好的取向,以达到高强度,而后再用快的过程使链段解取向,使产品具有一定的弹性。以黏胶丝为例,黏胶自喷丝口喷入酸性介质,丝开始凝固,于未凝固完全的溶胀状态,此时聚合物仍有显著的流动性,在较高温度下进行拉伸可以获得整链的取向,然后在很短的时间内用热空气或水蒸气快速使链段解取向。拉伸后的这一后处理称为"热处理",它一方面可减小纤维的沸水收缩率;另一方面可以消除内部应力,得到性能理想的纤维,其强度可以与聚酰胺纤维相比。如果纤维未经热处理,被拉直了的链段有强烈的卷曲倾向,纤维在受热或使用过程中就会收缩,导致织物变形。经热处理的纤维,其链段已发生卷曲,在使用过程中就不再变形。

薄膜样品也可以单轴拉伸取向,但取向后分子链在膜平面内沿拉伸方向排列,由于聚合物仅在分子链方向以共价键连接,单轴取向聚合物材料在垂直于取向方向的性能会变差,甚至比其相应非取向材料更差,因此薄膜材料通常要进行双轴取向,使分子链在膜平面内无规取向,在膜平面上实现各向同性,提高材料的力学性能和尺寸稳定性。实际生产过程中,双轴取向可以通过双轴拉伸、吹塑等过程来实现。

4.6.4　取向度及其测试方法

1. 取向度和取向函数

聚合物的各种单元在外力作用下可沿外力方向择优定向排列而获得取向结构,其性能与取向程度密切相关。为了定量研究取向程度与性能的关系,取向度常用取向函数 (f) 表示。

$$f=\frac{1}{2}(3\overline{\cos^2\theta}-1) \tag{4.39}$$

式中，θ 为取向角，定义为取向结构单元的轴方向与外力作用方向的夹角。在完全无规取向时，可以证明$\overline{\cos^2\theta}=\frac{1}{3}$，即平均取向角 $\theta_m=54°44'$，取向函数 $f=0$。对于理想单轴取向的样品而言，$\theta=0$，$\overline{\cos^2\theta}=1$，取向函数 $f=1$。通常情况下，$0<f<1$，平均取向角 $\theta_m=\arccos\sqrt{\frac{1}{3}(2f+1)}$。

2. 取向度的测试方法

聚合物的取向是一个极为复杂的过程，存在多种取向单元和各自的取向机理与过程，且相互影响，不同方法测得结果通常也有一定的差异，现就常用的广角 X 射线衍射法、声速法、双折射法和红外二向色性法进行简单介绍。

1) 广角 X 射线衍射法[284-290]

结晶聚合物内部的多晶体有自己的特征的 X 射线衍射花样，结晶聚合物在外力作用下多晶体的取向必然引起衍射花样的特征变化。对于结晶聚合物来说，在比较多的情况下，分子链方向与结晶学 c 轴方向是一致的，因此从特征变化了的衍射花样测定 c 轴相对拉伸方向的取向便可获得多晶体和分子链相对拉伸方向的取向。根据取向函数表示式(4.39)可知，要得到取向度，关键是从实验中测得 c 轴的 $\overline{\cos^2\theta}$，而广角 X 射线衍射法只能直接测定一定晶面的均方余弦，即

$$\overline{\cos^2\phi_{hkl}}=\frac{\int_0^{\pi/2}\int_0^{2\pi}I(\phi,\varphi)\sin\phi\cos^2\phi\mathrm{d}\phi\mathrm{d}\varphi}{\int_0^{\pi/2}\int_0^{2\pi}I(\phi,\varphi)\sin\phi\mathrm{d}\phi\mathrm{d}\varphi} \tag{4.40}$$

式中，ϕ 和 φ 分别为纬度角和经度角；$I(\phi,\varphi)$ 为晶面(hkl)在空间各个方向的衍射强度。也就是说，只要得到相应晶面(hkl)在空间各个方向的衍射强度，就可以计算得到 $\overline{\cos^2\phi_{hkl}}$。衍射理论证明，如果能够测定六个晶面的空间衍射强度，即计算得到六个晶面的 $\overline{\cos^2\phi_{hkl}}$，可以计算得到 $\overline{\cos^2\phi_c}$。实际上，利用晶体的对称性，只需要测定 2～3 个晶面的 $\overline{\cos^2\phi_{hkl}}$ 就可以计算得到 c 轴的均方余弦 $\overline{\cos^2\phi_c}$，进而计算相应的取向函数。

用 X 射线衍射方法表征结晶聚合物取向的另一方法是极图法[290]。所谓(hkl)晶面的极图即(hkl)晶面法线空间分布在样品所在平面的极射赤面投影。为了得到极图，需利用极图衍射装置在 X 射线衍射仪上测定晶面(hkl)的衍射强度 $I(\phi,\varphi)$。以样品表面法线为轴的半球的强度扫描经透射法和反射法相结合而成。先测定无规取向样品，衍射强度应不随 ϕ 和 φ 变化，进而测定样品各(hkl)晶面的衍射强度 $I(\phi,\varphi)$。所得强度经背底校正、非晶衍射校正、非相干散射校正、吸收校正，再经透反射强度转换。利用校正过的强度数据计算出各(hkl)晶面的平均衍射强度及各 ϕ、φ 的极密度。极密度值经最小二乘法拟合，再用计算机打印极图。这种极图可用来表征单轴取向结晶聚合物的样品，也可用来表征双轴拉伸结晶聚合物样品。

2) 声速法

声速法是基于声波在沿分子链和垂直于分子链方向不同传播速度。在分子链方向上，声波通过分子内键合原子的振动传播，速度较快。在垂直于分子链方向上，声波的传播是依靠非

键合的分子间振动,速度较慢。声波在取向聚合物材料中的传播速度与分子链的取向有关,是各向异性的。

声波在非取向的聚合物中的传播速度与在小分子液体中差不多,若声波的频率为千周/秒,声速为 1～2 km/s,而在取向的聚合物中,取向方向的声速可达 5～10 km/s。若声波在非取向的聚合物中的传播速度用 C_u 表示,在取向聚合物材料中沿取向方向的传播速度用 C_o 表示,则材料的取向函数可表示为

$$f = 1 - \left(\frac{C_u}{C_o}\right)^2 \tag{4.41}$$

取向角均方余弦可由式(4.42)获得

$$\overline{\cos^2\theta} = 1 - \frac{2}{3}\left(\frac{C_u}{C_o}\right)^2 \tag{4.42}$$

很明显,未取向时,无 C_o 和 C_u 之分, $f = 0$, $\overline{\cos^2\theta} = \frac{1}{3}$,$\theta_m = 54°44'$。高度单轴取向时,$C_o \gg C_u$, $\left(\frac{C_u}{C_o}\right)^2 \to 0$, $f = 1$, $\overline{\cos^2\theta} = 1$, $\theta_m = 0$。

声速法测定的是晶态与非晶态两部分的总平均取向度。在纤维内声波的波长为 50～100 cm,反映的是整个分子链的取向,所以声速法测定的结果能更好地说明取向聚合物的结构与力学性能的关系。

3) 双折射法

取向聚合物在光学上同样表现出各向异性,其平行于取向方向的折光指数 $n_{//}$ 与垂直于取向方向的折光指数 $n_{\perp}$ 也是不同的,所以当光波在聚合物中传播时,能产生双折射现象。利用液浸法在偏光显微镜下可以直接测定聚合物的 $n_{//}$ 与 $n_{\perp}$,对于单轴取向的纤维,双折射度 $\Delta n = n_{//} - n_{\perp}$,可直接作为衡量纤维的取向度的参数。

单轴取向的薄膜的双折射度为

$$\Delta n_{pp} = n_{pp} - \frac{1}{2}(n_{ps} + n_{ss}) \tag{4.43}$$

双轴取向的薄膜的双折射度为

$$\Delta n_{ss} = n_{ss} - \frac{1}{2}(n_{pp} + n_{ps}) \tag{4.44}$$

式(4.43)和式(4.44)中下标的含义如图 4.92 所示。

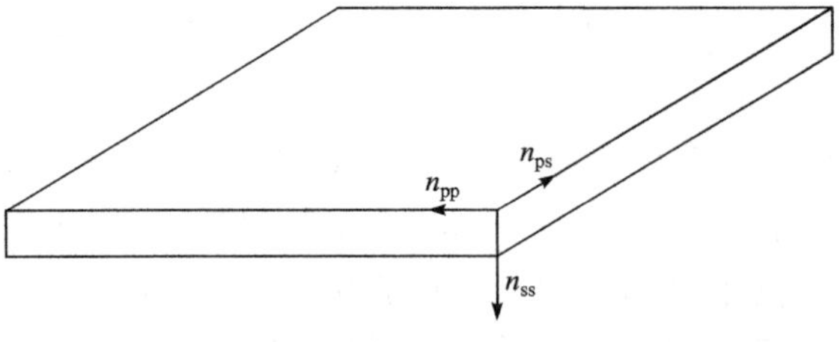

图 4.92 取向聚合物薄膜不同方向折光指数示意图

无规取向的试样是光学各向同性的,因此 $\Delta n = 0$,高度取向的试样 Δn 可达最大值。对同一试样不同方向可有不同的 Δn 值。例如,单轴取向薄膜在平行于膜平面的两个方向 Δn 有最大值,而双轴取向膜平行于膜平面两个方向的 Δn 值很小,甚至等于零,在垂直于膜平面和某平行于膜平面的方向间有最大 Δn 值。Δn 与取向函数间的关系为

$$f = \frac{\Delta n}{n_1 - n_2} \frac{\rho_c}{\rho} \tag{4.45}$$

式中，n_1 和 n_2 分别为理想取向情况下平行和垂直于纤维方向的折光指数；ρ 和 ρ_c 分别为试样密度和试样材料的晶态密度。由于理想取向样品不易得到，n_1-n_2 通常取实验得到的最大值。

双折射法中最方便的是用带有补偿器的偏光显微镜来测定各向异性样品的平行及垂直于拉伸方向的光程差 Δ，从而可按式(4.46)计算双折射度

$$\Delta n=\frac{\Delta}{d} \tag{4.46}$$

式中，d 为试样的厚度。

从光学各向异性测得的是聚合物晶区和非晶区两种取向的总效果，反映的是小尺寸范围内的取向。由于物质的折光指数与其分子的价电子在光波电场中的极化率有关，因此双折射法只能用于评价同一种聚合物的不同试样的取向程度，不能用来比较不同聚合物的取向程度。

4）红外二向色性法[291]

采用偏振红外光源，红外偏振光通过各向异性的取向聚合物薄膜样品时，振动偶极矩改变方向与红外偏振光的电矢量平行的基团产生的振动谱线具有最大吸收强度，而当红外偏振光的电矢量与基团振动偶极矩改变方向垂直时，基团的振动谱线强度为零，这种现象称为红外二向色性。一般情况下，基团偶极矩的改变方向往往与入射光成一定的角度，实际上基团的吸收强度随偏振面的旋转而改变，并不完全消失，因此通常利用二向色性比来表征聚合物的取向。二向色性比与取向度的关系为

$$\frac{I_{//}}{I_{\perp}}=\frac{f\cos^2\alpha+\frac{1}{3}(1-f)}{\frac{1}{2}f\sin\alpha+\frac{1}{3}(1-f)} \tag{4.47}$$

式中，α 为基团振动时跃迁偶极矩与分子链方向的夹角。完全取向时，$f=1$，$\frac{I_{//}}{I_{\perp}}=2\cot^2\alpha$，二向色性比最大；无规取向时，$f=0$，$\frac{I_{//}}{I_{\perp}}=1$，即二向色性比消失。

红外二向色性用于研究聚合物取向主要与分子性质有关，既可用于研究晶态聚合物的取向，也可用于研究非晶态聚合物的取向。一般聚合物晶态与非晶态部分的吸收带不完全一样，各有相应的特征吸收峰，因此二向色性法可以分别给出聚合物晶态与非晶态部分的取向度。另外，由于基团中原子振动与主链上原子间的振动谱线是不同的，二向色性法可以区分分子链的取向和基团的取向。

参考文献

[1] Herzog R O，Jancke W. Z. Phys.，1920，3：196.
[2] Herzog R O，Jancke W. Ber. Dtsch. Chem. Ges.，1920，53：2162.
[3] Scherrer P. *In*：Zsigismondy R. Kolloiodchemie. Leipzig：1920：408.
[4] Yamashita M，Hoshino A，Kato M. J. Polym. Sci.，Polym. Phys. Ed.，2007，45：684.
[5] Miller R L，Raisoni J. J. Polym. Sci.，Polym. Phys. Ed.，1976，14：2325.
[6] Lippits D R，Rastogi S，Hohne G W H，et al. Macromolecules，2007，40：1004.
[7] Cheng S Z D，Chen J H，Janimak J J. Polymer，1990，31：1018.
[8] Hong H，Liang G Z. Mater. Lett.，2007，61：1384.

[9] Zhang M Z,Duhamel J. Macromolecules,2007,40:661.
[10] Cheng S Z D,Wu S S,Chen J H,et al. Macromolecules,1993,26:5105.
[11] Zhang J,Duan Y,Shen D,et al. Macromolecules,2004,37:3292.
[12] Zhang J,Duan Y,Sato H,et al. J. Phys. Chem. ,2005,109:5586.
[13] Lovinger A J. Science,1983,220:1115.
[14] Prest Jr W M,Luca D J. J. Appl. Phys. ,1978,49:5042
[15] Matsushige K,Nagata K,Takemura T. Japan. J. Appl. Phys. ,1978,17:467
[16] Ciferri A. ,Ward I M. Ultra-high Modulus Polymers. London:Applied Science,1979.
[17] Blades H. US Patents No. ,3:757,767;3:429,869;3:430,869(to Du Pont).
[18] Smith P,Lemstra P. J. Mater. Sci. ,1980,15:505.
[19] Schultz J M. Polymer Crystallization. Washington D C:Oxford University Press,2001.
[20] Abbate S,Gussoni M,Zerbi G. J. Chem. Phys. ,1979,70:3577.
[21] Natta G,Corradini P. Nuovo Cimento Suppl. ,1960,15:40.
[22] De Rosa C,Scaldarella D. Macromolecules,1997,30:4153.
[23] De Rosa C,Venditto V,Guerra G,et al. Macromolecules,1991,24:5645.
[24] Turner-Jones A. J. Polym. Sci. ,Part B. ,1963,1:455.
[25] Turner-Jones A. Polymer,1976,7:23.
[26] Petraccone V,Pirozzi B,Frasci A,et al. Eur. Polym. J. ,1976,12:323.
[27] Natta G,Corradini P,Bassi I W. Nuovo Cimento Suppl. ,1960,15:52.
[28] Natta G,Corradini P. Nuovo Cimento Suppl. ,1960,15:465.
[29] Holland V F,Miller R L. J. Appl. Phys. ,1964,35:3241.
[30] Chau K W,Geil P H. J. Macromol. Sci. Phys. ,1984,23:115.
[31] Miller R L,Holland V F. Polym. Lett. ,1964,2:519.
[32] Armeniades C D,Baer E. J. Macromol. Sci. Phys. ,1967,2:309.
[33] Nakafuku C,Miyaki T. Polymer,1984,24:141.
[34] Luongo J P,Salovey R. J. Polym. Sci. ,Part B. ,1965,3:513.
[35] Geacintov C,Miles R B,Schuurmans H J L. J. Polym. Sci. ,Part C. ,1966,14:283.
[36] Goldbach G,Peitscher G. J. Polym. Sci. ,Polym. Lett. ,1968,6:783.
[37] Zhang B,Yang D,Yan S. J. Polym. Sci. ,Polym. Phys. Ed. ,2002,40:2641.
[38] Hermann K,Gerngross O,Abitz W Z. Phys. Chem. ,1930,B10:371.
[39] Keller A. Phil. Mag. ,1957,2:1171.
[40] Fischer E W. Z. Naturforsch,1957,12A:753.
[41] Till P. J. Polym. Sci. ,1957,24:301.
[42] Storks K H. J. Am. Chem. Soc. ,1938,60:1753.
[43] Keller A. Makromol. Chem. ,1959,34:1.
[44] Hoffman J D. J. Soc. Plast. Engrs. ,1964,4:315.
[45] Fischer E D,Schmidt G. Angew. Chem. ,1962,74:551.
[46] Flory P J. J. Am. Chem. Soc. ,1962,84:2857.
[47] Leiser G,Fischer E W,Ibel K. J. Polym. Sci. ,1975,13:39.
[48] Schelten J,Wignall G D,Ballard D G H. Polymer,1974,15:682.
[49] Schelten J,Ballard D G H,Wignall G D,et al. Polymer,1976,17:751
[50] Schelten J,Zinken A,Ballard D G H. Colliod Polym. Sci. ,1981,259:269.
[51] Ballard D G H,Cheshire P,Longman G W,et al. Polymer,1978,19:379.
[52] Schick C,Merzlyakov M,Wunderlich B. Polym. Bull. ,1998,40:297.

[53] Alsleben M, Schick C. Therm. Acta, 1994, 238: 203.
[54] Velikov V, Marand H. Bull. Am. Phys. Soc., 1994, 39: 569.
[55] Velikov V, Marand H. Polym. Prepr., 1993, 34: 835.
[56] Velikov V, Marand H. J. Therm. Anal. Calor., 1997, 49: 375.
[57] Bonnet M, Rogausch K D, Petermann J. Colloid Polym. Sci., 1999, 277: 513.
[58] Flory P J, Yoon D Y, Dill K A. Macromolecules, 1984, 17: 862.
[59] Yoon D Y, Flory P J. Macromolecules, 1984, 17: 868.
[60] Liu J, Li H, Yan S, et al. Colloid Polym. Sci., 2003, 281: 601.
[61] Lehmann O. *In*: Englemann W. Molekularphysik. Leipzig: 1888. 378.
[62] Liu T, Yan S, Bonnet M, et al. J. Mater. Sci., 2000, 35: 5047.
[63] Binning G, Quate C F, Gerber C. Phys. Rev. Lett., 1986, 56: 930.
[64] 殷敬华，莫志深. 现代高分子物理学. 北京：科学出版社，2001.
[65] 张俐娜，薛奇，莫志深，等. 高分子物理近代研究方法. 武汉：武汉大学出版社，2003.
[66] Li L, Chan C M, Yeung K L, et al. Macromolecules, 2001, 34: 316.
[67] Binsbergen F L, De Lange B G M. Polymer, 1968, 9: 23.
[68] Lotz B. J. Macromol. Sci. Phys., 2002, 41: 685.
[69] Padden F J, Keith H D. J. Appl. Phys., 1959, 30: 1479.
[70] Keith H D, Padden F J, Walter N M, et al. J. Appl. Phys., 1959, 30: 1485.
[71] Norton D R, Keller A. Polymer, 1985, 26: 704.
[72] Li H, Sun X, Wang J, et al. J. Polym. Sci., Polym. Phys. Ed., 2006, 44: 1114.
[73] Khoury F. J. Res. Natl. Bur. Stand. Sect. A, 1966, 70: 29.
[74] Padden F J Jr, Keith H D. J. Appl. Phys., 1966, 37: 4013.
[75] Lotz B, Wittmann J C. J. Polym. Sci., Polym. Phys. Ed., 1986, 24: 1541.
[76] Lotz B, Wittmann J C, Lovinger A J. Polymer, 1996, 37: 4979.
[77] Xu J, Guo B, Zhang Z, et al. Macromolecules, 2004, 37: 4118.
[78] Keller A. J. Polym. Sci., 1955, 17: 291.
[79] Keith H D, Padden F J Jr. J. Polym. Sci., 1959, 39: 101.
[80] Price F P. J. Polym. Sci., 1959, 39: 139.
[81] Keller A. J. Polym. Sci., 1959, 39: 151.
[82] Fujiwara Y. J. Appl. Polym. Sci., 1960, 4: 10.
[83] Keith H D, Padden F J Jr. Polymer, 1984, 25: 28.
[84] Keith H D, Padden F J Jr, Lotz B, et al. Macromolecules, 1989, 22: 2230.
[85] Keith H D, Padden F J Jr. Macromolecules, 1996, 29: 7776.
[86] Keith H D, Chen W Y. Polymer, 2002, 43: 6263.
[87] Keller A. J. Polym. Sci., 1955, 15: 354.
[88] Bassett D C. Philos. Trans. R. Soc. London A, 1994, 348: 29.
[89] Abo el Maaty M I, Bassett D C. Polymer, 2001, 42: 4957.
[90] Bassett D C, Olley R H, Sutton S J, Vaughan A S. Macromolecules, 1996, 29: 1852.
[91] Abo el Maaty M I, Hosier I L, Bassett D C. Macromolecules, 1998, 31: 153.
[92] Schultz J M. Polymer, 2003, 44: 433.
[93] Schultz J M, Kinloch D R. Polymer, 1969, 10: 271.
[94] Singfield K L, Brown G R. Macromolecules, 1995, 28: 1290.
[95] Singfield K L, Klass J M, Brown G R. Macromolecules, 1995, 28: 8006.
[96] Singfield K L, Hobbs J K, Keller A. J. Cryst. Growth, 1998, 183: 683.

[97] Keller A, Sawada S. Makromol. Chem., 1964, 74: 190.
[98] Toda A, Arita T, Hikosaka M. Polymer, 2001, 42: 2223.
[99] Patel D, Bassett D C. Polymer, 2002, 43: 3795.
[100] Sasaki S, Sasaki Y, Takahara A, et al. Polymer, 2002, 43: 3441.
[101] Crämer K, Lima M F S, Magonov S N, et al. J. Mater. Sci., 1998, 33: 2305.
[102] Duan Y, Jiang Y, Jiang S, et al. Macromolecules, 2004, 37: 9283.
[103] Liu X C, Wang D, Zhang W J, et al. 高等学校化学学报, 2006, 27(7): 1392.
[104] Chen J, Yang D C. Macromolecules, 2005, 38(8): 3371.
[105] Choon K C, Quentin A, He′ry R, et al. Polymer, 2003, 44: 773.
[106] Wang Y D, Cakmak M. Polymer, 2001, 42: 3731
[107] Holland V F, Lindenmeyer P H. J. Polym. Sci., 1962, 57: 589.
[108] Carber C A, Geil P H. Makromol. Chem., 1968, 113: 236.
[109] Reneker D H, Geil P H. J. Appl. Phys., 1960, 31: 1916.
[110] Zhang B, Yang D, De Rosa C, et al. Macromolecules, 2001, 34: 5221.
[111] Zhang B, Yang D, De Rosa C, et al. Macromolecules, 2002, 35: 4646.
[112] Geil P H. Polymer, 1963, 4: 404.
[113] Geil P H. Polymer, 2000, 41: 8983.
[114] Keller A, O'Connor A. Disc. Faraday Soc., 1958, 25: 141.
[115] Agar A, Frank F C, Keller A. Phil. Mag., 1959, 4: 32.
[116] Bu Z Z, Yoon Y, Ho R-M, et al. Macromolecules, 1996, 29: 6575.
[117] Zhou W S, Cheng S Z D, Putthanarat S, et al. Macromolecules, 2000, 33, 6861.
[118] Wittmann J C, Lotz B. Makromol. Chem. Rapid Commun., 1982, 3: 733.
[119] Wittmann J C, Lotz B. J. Polym. Sci. Part B Polym. Phys. Ed., 1985, 23: 205.
[120] Pennings A J, van de Mark J M A A, Kiel A M. Kolloid Z. Z. Polym., 1970, 237: 336.
[121] Pennings A J, Kiel A M. Kolloid Z. Z. Polym., 1965, 205: 160.
[122] Pennings A J. J. Polym. Sci., 1967, C16: 1799.
[123] Keller A, Machin M J. J. Macromol. Sci. Phys., 1967, B1: 41.
[124] Blackader D A, Schleinitz H L. Nature, 1963, 200: 778.
[125] McHugh A J, Schultz J M. Kolloid Z. Z. Polym., 1973, 251: 193.
[126] Mackley M R, Keller A. Phil. Trans. Roy. Soc., 1975, A278: 29.
[127] Zwijnenburg A, Pennings A J. Colloid Polym. Sci., 1976, 254: 868.
[128] Hill M J, Barham P J, Keller A. Colloid Polym. Sci., 1980, 258: 1023.
[129] McHugh A J, Spevacek J A. J. Polym. Sci., Polym. Phys. Ed., 1991, 29: 969.
[130] Liu T X, Lieberwirth I, Petermann J. Macromol. Chem. Phys., 2001, 202: 2921.
[131] Wunderlich B, Cormier C M, Keller A, et al. J. Macromol. Sci. Phys., 1967, B1: 93.
[132] Kawai T, Ebara K, Maeda H. Kolloid Z. Z. Polym., 1970, 229: 168.
[133] Rijke A M, Mandelkern L. J. Polym. Sci., 1970, 8A-2: 225.
[134] Wikjord A G, Manley R St J. J. Macromol. Sci. Phys., 1970, B4: 397.
[135] Wunderlich B. Macromolecular Physics. Vol. 2. Crystal Structure, Morphology, Defects. New York: Academic Press, 1976.
[136] Blundell D J, Osborn B N. Polymer, 1983, 24: 953.
[137] Blundell D J. Polymer, 1987, 28: 2248.
[138] Cebe P, Hung S D. Polymer, 1986, 27: 1183.
[139] Lee Y, Porter R S. Macromolecules, 1987, 20: 1336.

[140] Lee Y, Porter R S, Lin J S. Macromolecules, 1989, 22: 1756.
[141] Boon J, Challa G, van Krevelen D W. J. Polym. Sci., Part(A2), 1968, 6: 1791.
[142] Lemstra P J, Kooistra T, Challa G. J. Polym. Sci., Part(A2), 1972, 10: 823.
[143] Lemstra P J, Schouten A J, Challa G. J. Polym. Sci., Polym. Phys. Ed. 1974, 12: 1565.
[144] Liu T, Petermann J. Polymer, 2001, 42: 6453.
[145] Liu T X, Petermann J, He C B, et al. Macromolecules, 2001, 34: 4305.
[146] Liu T X. Eur. Polym. J., 2003, 39: 1311.
[147] Duan Y, Zhang J, Shen D, et al. Macromolecules, 2003, 36: 4874.
[148] Chung J S S, Cebe P. J. Polym. Sci., Polym. Phys. Ed., 1992, 30: 163.
[149] Chung J S, Cebe P. Polymer, 1992, 33: 2312.
[150] Chung J S, Cebe P. Polymer, 1992, 33: 2325.
[151] Bark M, Zachmann H G. Acta Polym., 1993, 44: 259.
[152] Qudah A M A, Alraheil I A. Polym. Int., 1995, 38: 367.
[153] Woo E M, Ko T Y. Colloid Polym. Sci., 1996, 274: 309.
[154] Okazaki I, Wunderlich B. Macromolecules, 1997, 30: 1758.
[155] Chang S S. Polym. Commun., 1988, 29: 138.
[156] Holdsworth P J, Turner-Jones A. Polymer, 1971, 12: 195.
[157] Groeninkx G, Reyaners H. J. Polym. Sci., Polym. Phys. Ed., 1980, 18: 1325.
[158] Jones A, Legras R. Macromolecules, 1993, 26: 813.
[159] Jones A, Russell T P, Yoon D. Macromolecules, 1995, 28: 8491.
[160] Cheng S Z D, Cao M Y, Wunderlich B. Macromolecules, 1986, 19: 1868.
[161] Cheng S Z D, Wu Z Q, Wunderlich B. Macromolecules, 1987, 20: 2802.
[162] Bassett D C, Olley R H, Raheil I A M. Polymer, 1988, 29: 1745.
[163] Verma R K, Hsiao B S. TRIP(Trends in Polymer Science), 1996, 4: 312.
[164] Lattimer M P, Hobbs J K, Hill M J, et al. Polymer, 1992, 33: 3971.
[165] Verma R K, Marand H, Hsiao B S. Macromolecules, 1996, 29: 7767.
[166] Hsiao B S, Gardner K H, Wu D Q, Chu B. Polymer, 1993, 34: 3996.
[167] Krueger K N, Zachmann H G. Macromolecules, 1993, 26: 5202.
[168] Breach C D, Hu X. J. Mater. Sci., 1996, 15: 1416.
[169] Scobbo J J, Hwang C R. Polym. Eng. Sci., 1994, 34: 1744.
[170] Ji X L, Zhang W J, et al. J. Polym. Sci,. Polym. Phys. Ed., 1997, 35: 431.
[171] Ji X L, Yu D H, Zhang W J, et al. Polymer, 1997, 38: 3501.
[172] Liu T X, Ma K X, Liu Z H, et al. Compos. Sci. Technol., 2003, 64: 331.
[173] Bell J P, Murayama T. J. Polym. Sci., Part A(2), 1969, 7: 1059.
[174] Marand H, Prasad A. Macromolecules, 1992, 25: 1731.
[175] Wunderlich B. Macromolecular Physics. vol. 3. New York: Academic Press, 1980.
[176] Bekkedahl N. J. Res. Nat. Bur. Std., 1934, 13A: 411.
[177] Tung L H. J. Polym. Sci., 1967, 5A-2: 391.
[178] McLaren J V. Polymer, 1963, 4: 175.
[179] Steiner K, Lucas K J, Ueberreiter K. Kolloid-Zh., 1966, 214: 23.
[180] Hartley F D, Lord F W, Morgan L B. Proc. Roy. Soc., 1954, A247: 23.
[181] Flory P J, McIntyre A D. J. Polym. Sci., 1955, 18: 592.
[182] Sharples A, Swinton F L. Polymer, 1963, 4: 119.
[183] Jain N L, Swinton F L. Eur. Polym. J., 1967, 3: 371.

[184] Magill J H. Polymer,1961,2:221.
[185] Magill J H. Polymer,1962,3:35.
[186] Wang W,Schultz J M,Hsiao B S. Macromolecules,1997,30:4544.
[187] Jiang Y,Yan D,Gao X,et al. Macromolecules,2003,36:3652.
[188] Ding N,Amis E J,Yang M,et al. Polymer,1988,29:2121.
[189] Blundell D J,Keller A,Kovacs A J. Polym. Lett. ,1966,4:481.
[190] Ding N,Amis E J,Salovey R,et al. J. Polym. Sci. ,Polym. Lett. Ed. ,1989,27:489.
[191] Booth A,Hay J N. Polymer,1969,10:95.
[192] Alamo R,Fatou J G,Guzman J. Polymer,1982,23:374.
[193] Lazcano S,Fatou J G,Marco C,et al. Polymer,1988,29:2076.
[194] Fatou J G,Marco C,Mandelkern L. Polymer,1990,31:890.
[195] Fatou J G,Marco C,Mandelkern L. Polymer,1990,31:1685.
[196] Schultz J M. J. Polym. Sci. ,1976,14:2291.
[197] Magill J H,Schultz J M,Lin J S. Colloid Polym. Sci. ,1987,265:193.
[198] Schultz J M,Lin J S,Hendricks R W. J. Appl. Cryst. ,1978,11:551.
[199] Lei Y,Chan C,Li J,et al. Macromolecules,2002,35:6751
[200] Di Lorenzo M L,Silvestre C. Prog. Polym. Sci. ,1999,24:917.
[201] Avrami M. ,J. Chem. Phys. ,1939,7:1103.
[202] Avrami M. ,J. Chem. Phys. ,1940,8:212.
[203] Avrami M. ,J. Chem. Phys. ,1941,9:177.
[204] Ozawa T. Polymer,1971,12:150.
[205] Ozawa T. J. Therm. Anal. ,1976,9:369.
[206] Liu T X,Mo Z S,Wang S E,et al. Polym. Eng. Sci. ,1997,37:568.
[207] Jeziorny A. Polymer,1978,19:1142.
[208] Liu J P,Mo Z S,Qi Y C,et al. Acta Polym. Sinica,1993,1:1.
[209] Liu T X,Mo Z S,Zhang H F. J. Appl. Polym. Sci. ,1998,67:815.
[210] Petermann J. *In*:J Karger-Kocsis. Polypropylene:Structure,Blends and Composites Spring:Chapman & Hall,1995,1:140.
[211] Chatterjee A M,Price F P,Newmann S. J. Polym. Sci. ,Polym. Phys. Ed. ,1975,13:2369.
[212] Chatterjee A M,Price F P,Newmann S. J. Polym. Sci. ,Polym. Phys. Ed. ,1975,13:2385.
[213] Chatterjee A M,Price F P,Newmann S. J. Polym. Sci. ,Polym. Phys. Ed. ,1975,13:2391.
[214] Seth K K,Kenpster C J E. J. Polym. Sci. ,Polym. Symp. Ed. ,1977,58:297.
[215] Willems J. Naturwissenschaften,1963,50:92.
[216] Kobayashi K,Takahashi T. Mem. Fac. Eng. Kyoto Univ. ,1964,26:247.
[217] Takahashi T,Inamura M,Tsujimoto I. J. Polym. Sci. ,Polym. Lett. Ed. ,1970,8:651.
[218] Willems J. Kolloid Z. Z. Polym. ,1973,251:496.
[219] Takahashi T,Teraoka F,Tsujimoto I. J. Macromol. Sci. ,Phys. ,1976,B12(3):303.
[220] Buleon A,Chanzy H,Roche E. J. Polym. Sci. ,Polym. Phys. Ed. ,1976,14:1913.
[221] Iguchi M,Murase I. J. Polym. Sci. ,Polym. Phys. Ed. ,1975,13:1461.
[222] Campbell D,Quayyum M M. J. Polym. Sci. ,Polym. Phys. Ed. ,1980,18:83.
[223] Oono T,Kumamaru F,Kajiyama T,et al. Rep. Prog. Polym. Phys. Japan. ,1981,24:193.
[224] Wang C,Hwang L M. J. Polym. Sci. ,Polym. Phys. Ed. ,1996,34:47.
[225] Wang C,Hwang L M. J. Polym. Sci. ,Polym. Phys. Ed. ,1996,34:1435.
[226] Wang C,Hwang L M. J. Polym. Sci. ,Polym. Phys. Ed. ,1998,36:1361.

[227] Nishio Y, Yamane T, Takahashi T. J. Macromol. Sci. Phys., 1984, B23: 17.
[228] Kojima M, Stake H. J. Polym. Sci., Polym. Phys. Ed., 1984, 22: 285.
[229] Bonev I. Acta Crystallogr., Section A, 1972, 28: 508.
[230] Seifert H. *In*: Gomer R, Smith C S. Structure and Properties of Solid Surfaces. Chicago: Uni. Chicago P., 1953: 318.
[231] Shen Y, Yang D, Feng Z. J. Mater. Sci., 1991, 26: 1941.
[232] Sauer J A, Morrow D R, Richarson G C. J. Appl. Phys., 1965, 36: 3017.
[233] Compostella M, Coen A, Bertinotti F. Angew. Chem., 1962, 74: 618.
[234] Katayama K, Amano T, Nakamura K. Kolloid Z. Z. Polym. 1968, 226: 125.
[235] Andersen P G, Carr S H. J. Mater. Sci., 1975, 10: 870.
[236] Selikhova V T, Zubov Yu A, Markova G S, et al. Polym. Sci. USSR, 1965, 7: 232.
[237] Padden F J, Keith H D. J. Appl. Phys., 1973, 44: 1217.
[238] Lovinger A J. J. Polym. Sci., Polym. Phys. Ed., 1983, 21: 97.
[239] Bassett D C, Olley R H. Polymer, 1984, 25: 935.
[240] Lotz B, Wittmann J C. Macromol. Chem., 1984, 185: 2043.
[241] Kawahachi A, Okihara T, Murakami S, et al. J. Polym. Sci., Polym. Phys. Ed., 1991, 29: 683.
[242] Ashida M, Ueda Y, Watanabe T. J. Polym. Sci., Polym. Phys. Ed., 1978, 16: 179.
[243] Wittmann J C, Lotz B. J. Polym. Sci., Polym. Phys. Ed., 1986, 24: 1559.
[244] Yan S, Katzenberg F, et al. J. Polym. Sci., Polym. Phys. Ed., 1999, 37: 1893.
[245] Yan S, Lin J, Yang D, et al. J. Mater. Sci., 1994, 29: 1773.
[246] Yan S, Lin J, Yang D, et al. Macromol. Chem. Phys., 1994, 195: 195.
[247] Sheftal N N, Bouzynin N A. Vestn. Mosk. Univ. Ser. Geol., 1972, 27(3): 102.
[248] Sheftal N N. Growth of Crystals. Vol. 10. New York: Consultants Bureau, 1976: 185.
[249] Klykov V I, Sheftal R N, Sheftal N N. *In*: Sheftal N N. Real Crystal Formation. Moscow: Nauka Press, 1977: 144.
[250] Wittmann J C, Smith P. Nature, 1991, 352: 414.
[251] Yan S, Petermann J, Yang D. Acta Polym., 1996, 47: 285.
[252] Cakmak M, Teitge A, Zachmann H G, et al. J. Polym. Sci., Polym. Phys. Ed. 1993, 31: 371.
[253] Terrell N J, Fairclough P A, Towns-Andrew E, et al. Polymer, 1998, 39: 2381.
[254] Olmstead P D, Poon W C, McLeish T C, et al. J. Phys. Rev. Lett. 1998, 81: 373.
[255] Wolkowicz M D, J. Polym. Sci., Polym. Symp. Ed. 1978, 63: 365.
[256] Janeschitz-Kriegl H, Wimberger-Friedl R, Krobath G, et al. Kunststoff, 1987, 40: 301.
[257] Eder G, Janeschitz-Kriegl H, Krobath G. Prog. Colloid Polym. Sci. 1989, 80: 1.
[258] Eder G, Janeschitz-Kriegl H, Liedauer S. Prog. Polym. Sci. 1990, 15: 629.
[259] Liedauer S, Eder G, Janeschitz-Kriegl H, et al. Int. Polym. Proc, 1993, 8: 236.
[260] Janeschitz-Kriegl H. Macromol. Symp., 1994, 83: 207.
[261] McHugh A J, Guy R K, Tree D A. Colloid Polym., Sci., 1993, 271: 629.
[262] Keller A. J. Polym. Sci., 1955, 15: 31.
[263] Yan S. Macromolecules, 2003, 36: 339.
[264] Petermann J, Gohil R M. J. Mater., Sci. Lett., 1979, 14: 2260.
[265] Petermann J, Gleiter H. Phil. Mag., 1973, 28: 1279.
[266] Yang D C, Thomas E L. J. Mater. Sci., 1984, 19: 2098.
[267] Lee S Y, Bassett D C, Olley R H. Polymer, 2003, 44: 5961.
[268] Nitta K H, Takayanagi M. J. Mater. Sci., 2003, 38: 4889.

[269] Li J X,Cheung W L,Chan C M. Polymer,1999,40:2089.
[270] Li J X,Cheung W L,Chan C M. Polymer,1999,40:3641.
[271] Butler M F,Donald A M. J. Mater. Sci. ,1997,32:3675.
[272] Richards R B,J. Polym. Sci. ,1951,6:397.
[273] Horio M. Memoirs Faculty Eng. Kyoto Univ. ,1964,26:222.
[274] Fenwick D,Smith P,Wittmann J C. J. Mater. Sci. ,1996,31:128.
[275] Takahashi T,Ogata N. J. Polym. Sci. ,Polym. Phys. Ed. ,1971,9:895.
[276] Wittmann J C,Lotz B. Prog. Polym. Sci. ,1990,15:909.
[277] Petermann J,Xu Y,Loos J,Yang D. Macromol. Chem. ,1992,193:611.
[278] Tao X,Yan S,Yang D. Chin. Chem. Lett. ,1993,4(12):1093.
[279] Xu Y,Asano T,Kawaguchi A,et al. J. Mater. Sci. Lett. ,1989,8:675.
[280] Schumacher M,Lovinger A J,Agarwal P,et al. Macromolecules,1994,27:6956.
[281] Petermann J,Xu Y,Loos J,et al. Polym. Commun. ,1992,33:1096.
[282] Yan S,Petermann J,Yang D. Polymer,1996,37:2681.
[283] Yan S,Katzenberg F,Petermann J,et al. Polymer,2000,41:2613.
[284] Alexander L E. X-Ray Diffraction Methods in Polymer Science. New York: John Wiley & Sons, Inc. ,1963.
[285] Wilchinsky Z W. Advances in X-Ray Analysis. Vol. 6. New York:Plenum Press,1963:231.
[286] Bashir Z. Acta Polym. 1996,47:125.
[287] 赛缪尔斯. 结晶高聚物的性质一结构的识别、解释和应用. 第二章. 徐振森译. 北京:科学出版社,1984:25-42.
[288] 吴人洁. 现代分析技术在高聚物中的应用. 第五章. 上海:上海科学技术出版社,1987:335-346.
[289] 胡恒亮,穆祥祺. X射线衍射技术. 第七章. 北京:中国纺织工业出版社,1988:165-196.
[290] 马德柱,何平笙,徐种德,等. 高聚物的结构与性能. 第三章. 北京:科学出版社,1995:95-146.
[291] 沈德言. 红外光谱法在高分子研究中的应用. 第七章. 北京:科学出版社,1982:195-228.

第 5 章　聚合物液晶态

5.1　液晶态的有序结构特征与分类

液晶是介于各向同性液体和有序晶体之间的一种物质状态，它既具有液体的流动性质，又具有晶体分子排列有序的性质，如布拉格散射、双折射、旋光性、磁化率各向异性和介电各向异性等。液晶是奥地利植物学家赖尼策尔(Reinitzer)[1]在 1888 年发现的。他把合成的胆甾醇苯甲酸酯的结晶体加热熔化时发现一种奇特现象，即晶体被加热到 146.6 ℃时，熔化成浑浊的液体，对应的温度为 T_1。继续加热到 180.6 ℃时，液体由浑浊突然变成清亮的体系，而且这种由浑浊到清亮的过程是可逆的。由浑浊液体变成清亮液体的温度称为清亮点(T_2)。在晶体熔点与清亮点的温度范围内所形成的浑浊液体是一种不同于各向同性液体的中间相。1889 年，德国物理学家雷曼(Lehmann)[2]经过系统研究证实，这种浑浊的液体是一种不同于各向同性液体的一种新的物质状态，他给这种物质状态取名为液晶。

5.1.1　液晶态的分子结构特征

在芳香族、脂肪族、多环族有机化合物和胆甾醇衍生物中，都可以发现具有液晶性质的物质。但是，并非所有物质都可以形成液晶态，能够形成液晶态的物质在结构上一般都具有以下特征：

(1) 分子的形状呈棒状或盘状。

(2) 分子具有苯环和极性基团，分子间可形成氢键。

(3) 对于形成胆甾型液晶的分子，还需具有光学活性中心，如不对称碳原子等。

表 5.1 给出了一些典型的有机热致性液晶。

表 5.1　几种热致性液晶化合物

Sm=近晶相，Nm=向列相，Ch=胆甾相	T_1/℃	T_2/℃
Ⅰ对氧化偶氮苯(甲)酸乙酯 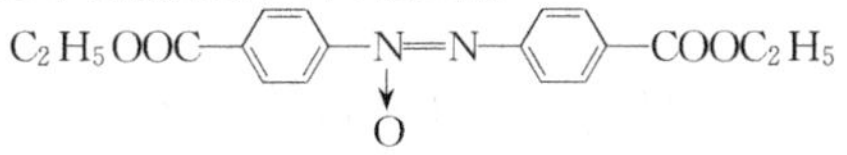	114(Sm)	126
Ⅱ油酸铵 $CH_3(CH_2)_7CH=CH(CH_2)_7COONH_4$	40.89(Sm)	66.4
Ⅲ对氧化偶氮苯甲醚 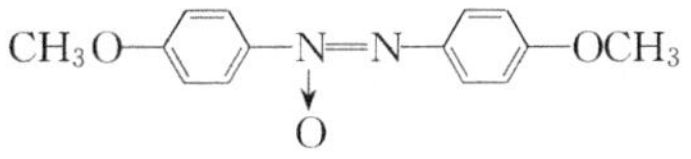	84(Nm)	150
Ⅳ对氧化偶氮苯乙醚 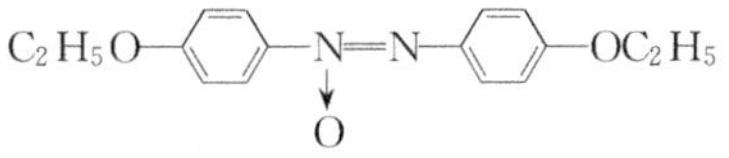	137(Nm)	167

续表

Sm=近晶相,Nm=向列相,Ch=胆甾相	T_1/℃	T_2/℃
Ⅴ胆甾醇苯甲酸酯 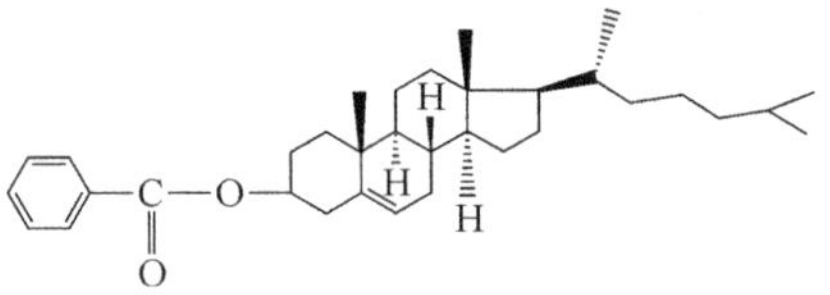	146(Ch)	178.5
Ⅵ氰基苄叉氨基肉桂酸戊酯 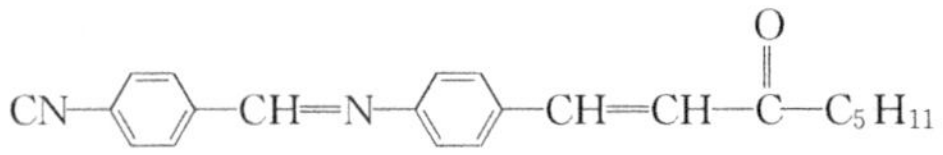	92(Ch)	105

5.1.2　液晶态分类

液晶按呈现方式可以分为两大类,即热致性(thermotropic)液晶和溶致性(lyotropic)液晶。热致性液晶是加热于某种固体所形成的液晶;溶致性液晶则是由混合两种或更多组分所形成的液晶。无论是热致性液晶还是溶致性液晶都表现出多型性,即对于一个化合物或混合物,都可能存在一种以上的液晶相。液晶相结构的分类表示如图 5.1 所示。

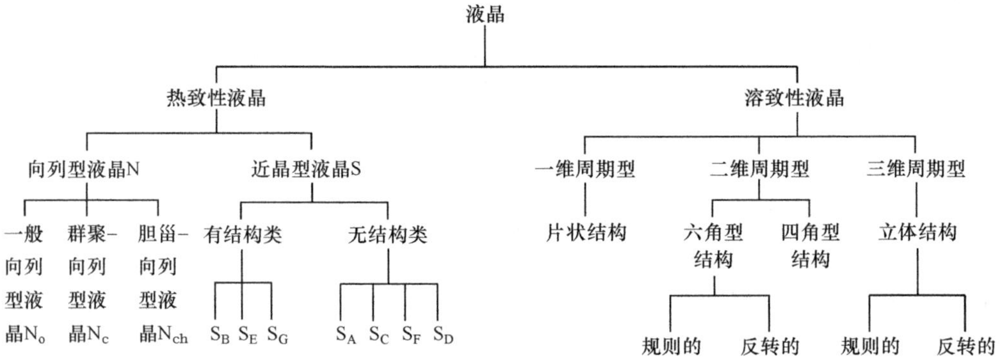

图 5.1　液晶的分类

1. 向列型液晶

向列型液晶[向列相(nematic,Nm)],棒状分子的长轴方向倾向近似平行于一个共同的轴,具有长程有序,但分子的质心是随机分布的[图 5.2(a)]。分子可以上下左右运动或围绕其长轴转动。实际上,在向列相中分子长轴的排列往往偏离取向轴的方向,但从整体来看,它们之间还是有一定程度的有序性,其有序程度可用式(5.1)表示

$$S=(3\cos^2\theta-1)/2 \tag{5.1}$$

式中,θ 为分子长轴与取向轴之间的交角,即取向角。当分子长轴全部平行于取向轴取向时 $S=1$;当分子完全无序排列时 $S=0$。

2. 胆甾-向列型液晶

这类液晶仅限于在具有光学活性的液晶物质中出现。它首先在胆甾醇衍生物中发现,所以又称为胆甾相(cholesteric,Ch)。在胆甾相中棒状分子的指向矢在同一层内方向一致,但相

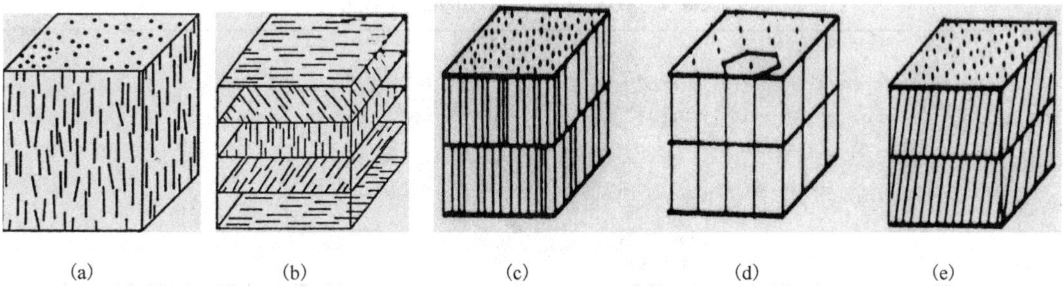

图 5.2　液晶相结构示意图
(a)向列相；(b)胆甾相；(c)近晶 A 相；(d)近晶 B 相；(e)近晶 C 相

邻两层中分子的取向方向旋转一定角度。因此，多层分子的取向方向逐层旋转而形成螺旋状结构[图 5.2(b)]。当分子层的取向方向旋转 360°时，沿螺旋轴方向指向矢所经过的距离称为螺距，它是表征胆甾相的一个重要的物理量。螺距的大小不是常数，而是随着体系本身或外界环境条件而发生变化。通常是随溶液浓度的增加而减小，而随着体系温度的升高而增大；当螺距增大到无限大时胆甾相就转变为向列相。因此，胆甾相可以看成是一种畸变的向列相。

胆甾相具有螺旋结构，其螺距一般为数千埃，与可见光的波长相当，所以会产生可见光的布拉格反射，即为选择性反射。最大反射光的波长与胆甾相的螺距的关系如式(5.2)

$$\lambda_{max} = nP\sin\varphi \tag{5.2}$$

式中，n 为折光指数；P 为螺距；φ 为入射光与取向分子层之间的夹角。从式(5.2)可知，最大反射光波长是随螺距的变化而变化的。而螺距通常是随环境温度的升降而增减，因此，胆甾相能随体系温度的变化而改变其反射的颜色。

3. 近晶型液晶

近晶型液晶[近晶相(smectic，Sm)]，棒状分子排列呈明显的层状结构，每层中分子长轴方向互相平行取向排列，且分子质心没有长程有序，是一种二维有序液体。层的厚度约与棒状分子的长度相当[图 5.2(c)]。在一般情况下，棒状分子在层内运动，也可以围绕其长轴转动，但不能在层与层之间移动。层内分子之间有较大的约束力，而层之间的关联相对较弱；因此，层与层之间可以产生相对滑动。近晶相有许多不同的形态，如近晶 A(S_A)、近晶 B(S_B)、近晶 C(S_C)等十多种。

聚合物液晶：

许多聚合物也可以形成液晶态，这些聚合物通常称为液晶聚合物。液晶聚合物是由刚性棒状液晶基元为基本结构单元以不同的方式键合而形成的。若按这些液晶基元在分子链上的位置的不同，可分为三种不同的液晶聚合物，即液晶基元位于分子主链中的聚合物称为主链型液晶聚合物；液晶基元作为侧链通过柔性链段与柔性主链连接的聚合物称为侧链型液晶聚合物；主链和侧链中均含有液晶基元的聚合物称为混合型液晶聚合物(图 5.3)。此外，某些液晶聚合物的链结构中存在较强的分子链内和链间的氢键，使高分子链呈现出刚性。表 5.2 给出了部分液晶聚合物的结构单元。

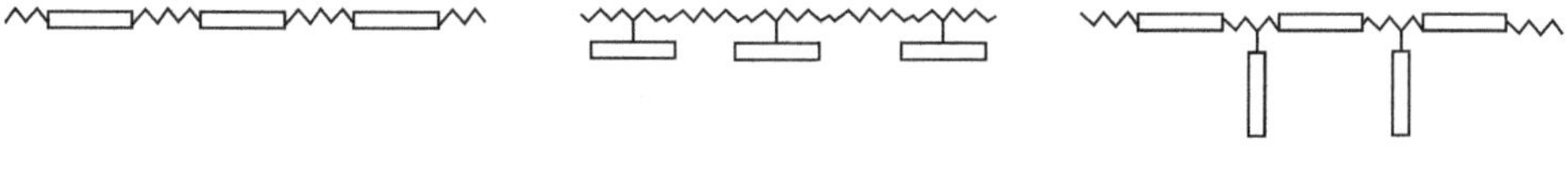

图 5.3　三种不同液晶聚合物的分子结构示意图

表 5.2 部分液晶聚合物的结构单元

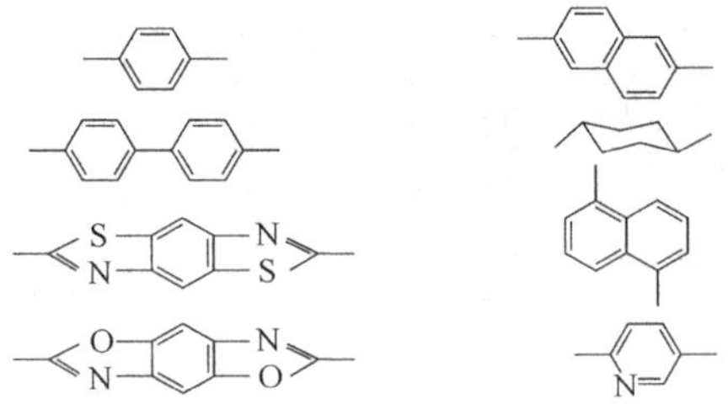

聚合物在形成液晶态时,在一个很小的局部区域内,棒状液晶基元均趋向于沿一个方向取向排列,这个分子链棒状液晶基元排列有序的区域称为有序微区结构(domain)。对于液晶态而言,形成有序微区结构是很重要的事实,有序微区结构是液晶聚合物凝聚态的一种基本结构单元,也是液晶态分子运动、取向和弛豫的基本结构单元。聚合物液晶态按其有序微区结构中棒状液晶基元聚集排列方式的不同,也可表现出向列相、胆甾相和近晶相三种不同结构的液晶相。根据形成液晶相的方式不同,又可以分为热致性液晶和溶致性液晶。热致性液晶聚合物是指体系加热到其熔点温度以上时出现液晶态的聚合物;溶致性液晶聚合物是当聚合物溶解于某一溶剂并达到一定浓度(临界浓度)时出现液晶态的聚合物。例如,芳香族聚酰胺为溶致性向列相液晶,而芳香族共聚酯为热致性向列相液晶;多肽类聚合物和纤维素及其衍生物为溶致性胆甾相液晶;多数侧链型液晶聚合物,如聚丙烯酸酯和聚硅氧烷类聚合物等则形成热致性近晶相液晶。

5.2 聚合物液晶态低维有序与织构

5.2.1 聚合物液晶态的 X 射线衍射

聚合物液晶相由于具有某种程度的有序结构,在 X 射线衍射图谱上会呈现出一些特征的衍射峰。

对于液晶聚合物的向列相结构,其 WAXD 谱图在 $2\theta=20°$处有一弥散的衍射峰(图 5.4 中曲线 a)。对于液晶聚合物的胆甾相结构,其 WAXD 谱图分别在 $2\theta=9°$和 $2\theta=20°$处各有一弥散的衍射峰,前者比后者稍尖锐些(图 5.4 中曲线 b)。

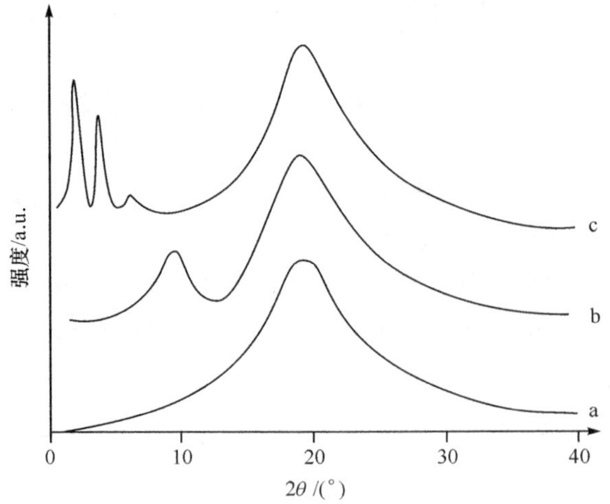

图 5.4 液晶向列相、胆甾相和近晶相的 WAXD 谱图[3]

在聚合物近晶相中，目前只发现 S_A、S_B 和 S_C 三种结构。它们的共同特征是层状结构，其 WAXD 谱图除在 $2\theta=20°$处有一弥散的衍射峰外，在 $2\theta=2°\sim3°$处有1～3个类似结晶的尖锐衍射峰(图 5.4 中曲线 c)。由于近晶相均有层状结构，它们主要的差别只在于层中分子的排列方式不同，因此不易在衍射曲线中反映出来。这些差别在用照相法得到的 X 射线衍射花样中表现得比较明显。图 5.5(a)是近晶 A 相的广角 X 射线衍射图，在赤道线方向有一对大角弥散衍射弧，说明液晶基元在子午线方向择优取向，在子午线方向有尖锐的小角衍射弧线，是与子午线方向垂直的层状结构的表现，由于存在层状结构的长程有序，可出现高达三级的衍射效果。图 5.5(c)是近晶 B 相的广角 X 射线衍射图，与近晶 A 相的广角 X 射线衍射图相似，只是大角衍射是一对清晰尖锐的弧线，说明层内液晶基元只存在一种间距。图 5.5(b)是近晶 C 相的广角 X 射线衍射图，其小角衍射方位与子午线方向成一夹角，说明液晶基元与层面成倾斜排列。

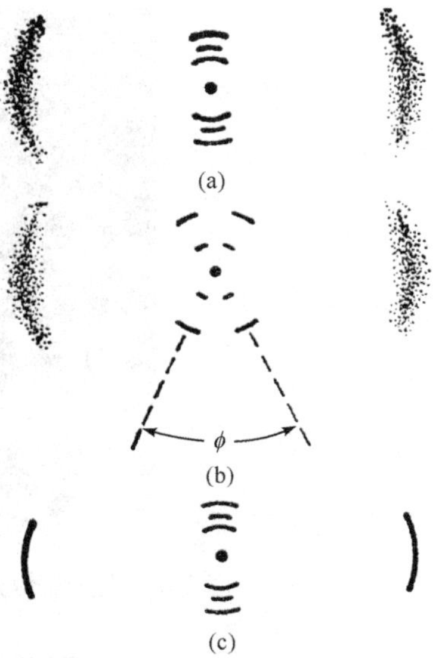

图 5.5　近晶相的广角 X 射线衍射图[3]

(a)近晶 A 相；(b)近晶 C 相；(c)近晶 B 相

5.2.2　聚合物液晶态织构

聚合物液晶态可以呈现出近晶相、向列相和胆甾相，在正交偏光显微镜下观察呈现出不同的织态结构。向列相可以呈现出细丝状或纹影状织构图像(图 5.6)，如芳香族聚酰胺形成溶致性向列型液晶相，芳香族共聚酯形成热致性向列型液晶相。

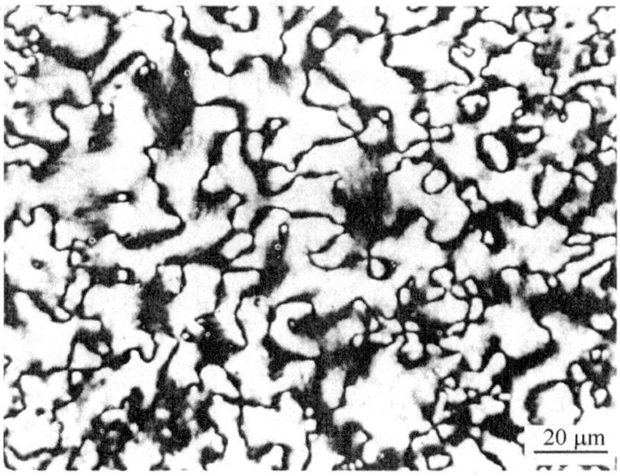

图 5.6　在正交偏光显微镜下观察到的向列相纹影状织构图[4]

对于高分子胆甾相，随着体系浓度或温度的变化，可以呈现出多种织态结构。例如，在纤维素及其衍生物液晶体系和多肽液晶体系，胆甾相可以呈现出球(圆盘)状织构、指纹状织构(图 5.7)、平面织构等图像，随着体系浓度和温度的改变，这些织构可以相互转变。

近晶相 A、B、C 的分子排列在偏光显微镜正交偏振片下呈现出的织态结构没有太大的不同，基本上以焦锥织构或扇形织构为主(图 5.8)。多数能形成液晶的侧链型液晶聚合物，如聚丙烯酸酯和聚硅氧烷类聚合物为热致性近晶相液晶。

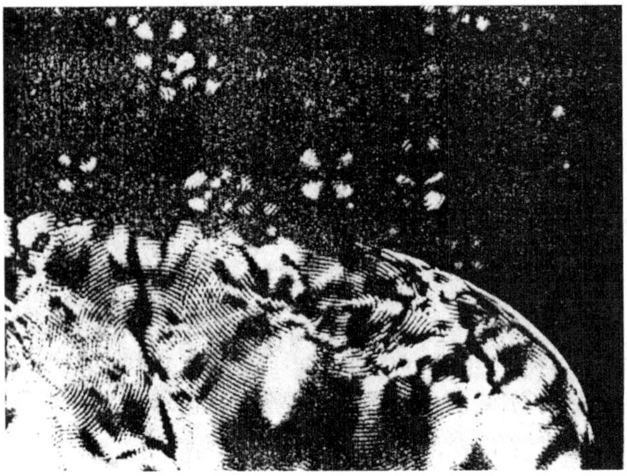

图 5.7 在正交偏光显微镜下观察到的高分子胆甾相指纹状织构图[5]

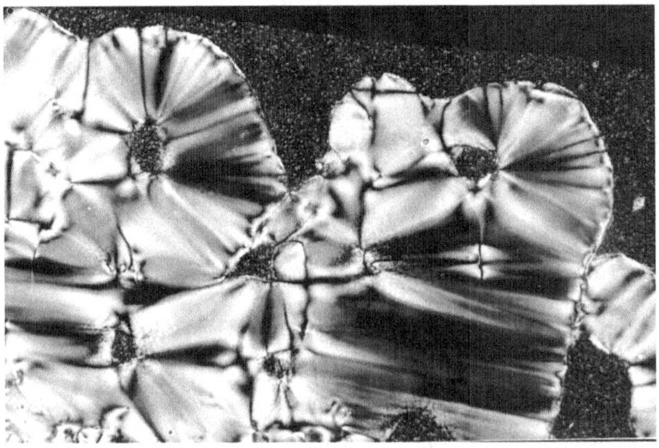

图 5.8 在正交偏光显微镜下观察到的高分子近晶相的光学织构图[6]

5.3 聚合物液晶态统计热力学理论

与小分子液晶相比,液晶聚合物由于具有高分子量及不同分子量分布而具有许多不同于小分子的特征:

(1) 更复杂的结构。首先,一般根据液晶基元在聚合物链上的位置不同可分为主链型、侧链型(腰接和尾接)、复合型(主链和侧链都有液晶基元)等;另外还有不含刚性液晶基元的液晶聚合物,如纤维素、DNA 等。

(2) 由于分子链的构型和高分子量所带来显著不同的物理性能。液晶聚合物的一系列性能(如黏滞性、流变性、光电效应等)都会因分子量不同和分子量分布的不同而变化。一直以来,对聚合物液晶结构与性能关系的理论研究是液晶研究的重要方向之一。

目前,各种聚合物液晶理论主要有两种:连续介质理论和分子理论。连续介质理论把液晶视为一种各向异性的弹性介质,在结构上具有一定的对称性,并可用黏度和弹性参数进行表征[7-9]。它在处理各种电场、磁场取向效应方面较为成功。分子理论是从分子结构出发处理液晶体系。首先对刚性长分子形成的液晶溶液作出理论解释的是美国科学家 Onsager[10] 和

Flory[11]，本节将主要介绍和比较这两种具有代表性的聚合物液晶统计理论。

5.3.1　Onsager 理论

Onsager 在 20 世纪 40 年代末就提出了处理大分子刚性粒子形成液晶的分子理论。该理论描述了圆棒状粒子溶液的向列态取向过程，提出了临界浓度等数值。然而，在很长一段时间内，该理论并未在聚合物科学领域中得到应用。直到 20 世纪 80 年代，Onsager 理论才被用来处理液晶聚合物体系。

Onsager 理论处理的对象元是长度为 L、直径为 D 的圆棒状粒子的溶液。对于液晶聚合物体系，可将其看成是一个非常刚性的大分子链的溶液体系。这一大分子链的刚性程度可以用在 L 的尺度范围内不能显现出柔性来表征。对于这样一个体系，还要假定其为绝热体系，即圆棒状粒子间的相互作用仅为空间排除体积作用，而其他分子间力相互作用可忽略不计。这一假设被认为在液晶聚合物体系中，特别是在那些不带可极化基团的聚合物中，是可行的。

假定体系的总体积为 V，棒的数目为 N，则浓度为 $c=N/V$；而棒的体积分数为 $v=\frac{1}{4}\pi cLD^2$。定义每个棒的取向分布函数为 $f(\boldsymbol{n})$，$\boldsymbol{n}$ 为向列态的主轴矢量，则单位体积内的刚性棒数目为 $cf(\boldsymbol{n})\mathrm{d}\Omega_n$，其中棒轴矢量均在 Ω_n 定义的立体角内，按 $f(\boldsymbol{n})$ 分布在主轴 $\boldsymbol{n}$ 的周围。在各向同性的体系中，$f(\boldsymbol{n})=\frac{1}{4\pi}$；在向列态中，该函数是一个在主轴 n 方向有极大值的函数。

对于上述体系，Onsager 建立了下列自由能 G 与函数 $f(\boldsymbol{n})$ 的关系：

$$G = N_2 T\left[\ln c + \int f(\boldsymbol{n})\ln[4\pi f(\boldsymbol{n})]\mathrm{d}\Omega_n + \frac{1}{2}c\int f(n_1)f(n_2)B(\gamma)\mathrm{d}\Omega_{n_1}\mathrm{d}\Omega_{n_2}\right] \tag{5.3}$$

式中，第一项为圆棒的平动自由能；第二项为由于向列态的取向而造成的熵减少对自由能的贡献；第三项为在仅考虑第二维里近似条件下的棒间相互作用自由能，其中 $B(\gamma)$ 为衡量棒间相互作用大小的第二维里系数，两棒间的夹角为 γ。当仅考虑空间排除体积作用时，其值为

$$B(\gamma) = 2L^2 D\sin\gamma \tag{5.4}$$

由于 Onsager 仅考虑了维里展开的二次近似，这就要求所研究的体系仅限于适用极稀的溶液。由于第二维里系数 $B=L^2D$，第三维里系数 $C=L^3D^3\ln(L/D)$，对圆棒状粒子间相互作用的估算表明：在浓度 $c\ll 1/(L^2D)$ 或 $v\ll 1$ 时，第二维里近似是可行的。所以，对于满足 $L\gg D$ 的圆棒状粒子体系，仅在 $v\ll 1$ 的条件下，各向同性至向列态的转变才能准确地在理论预计的地方发生。在许多聚合物的应用研究中，如果 $L\gg D$[D 代表液晶基元的直径，L 代表液晶基元(刚性链段)的长度]的条件是存在的，使用 Onsager 理论对其各向异性溶液的性质和相转变进行研究，得到了很好的结果。对于 L/D 不是很大的情况，第三维里系数变得较大，使得进行理论处理时必须考虑第三维里系数的影响。Odijk 的工作结果较详细地说明了这一点[12]。

Onsager 理论的下一步是求出能够使式(5.3)中自由能达到最小的平衡分布函数 $f(\boldsymbol{n})$。由式(5.3)直接求最小值则会导致数学上较难处理的积分，因此为了简化计算，Onsager 采用了近似的变分方法，他假定 $f(\boldsymbol{n})$ 有以下形式：

$$f(\boldsymbol{n}) = 常数 \cdot \mathrm{ch}(\alpha\cos\theta) \qquad \int f(\boldsymbol{n})\mathrm{d}\Omega_n = 1 \tag{5.5}$$

式中，θ 为分子长轴与主轴 $\boldsymbol{n}$ 间的夹角；α 为变分参数。将式(5.5)代入式(5.3)，在一定的 α 值处可求得自由能最小值，它相应于各种稳定的相，如各向同性态、向列态等。然后再按通常的

方法,令相变时的渗透压和化学势相等,即可得出圆柱刚棒分子相变时的有关参数。其主要结果有:

(1) 低浓度($v \sim D/L \ll 1$)的条件下,圆棒状刚性粒子的有序取向过程(向列相到各向同性相)是一级相转变,满足二次维里近似条件。

(2) 在向列相(**N**)到各向同性相(**I**)之间相变时,两相态的刚棒分子临界体积分数分别是:$v_N = 4.49D/L$,$v_I = 3.34D/L$。当 $v < v_I$ 时,溶液是各向同性的;$v > v_N$ 时,溶液是各向异性的;在 $v_I < v < v_N$ 时,各向同性和各向异性同时存在于溶液中。

(3) 在 $v_N = v_I$ 的条件下,临界有序参数为 0.84。

Onsager 理论是在二次维里近似条件下建立起来的,其准确度及其在物理意义均有一定的局限性。采用变分方法,即用一种数学处理手段可以减少烦琐的计算。对完全脱离变分方法进行计算的结果也曾有报道[13],即 $v_N = 4.191D/L$,$v_I = 3.290D/L$,临界有序参数为 0.792。与上文的值比较,有 7%左右的相对误差。

在上述工作的基础上,目前又有人将 Onsager 理论推广到浓溶液体系,并对聚合物体系的多分散性质、与加工过程相关的流动场的影响和排除体积相互作用等进行了处理,使得聚合物液晶理论得到了进一步发展。

5.3.2 Flory 理论

Flory 理论对液晶聚合物体系的处理是建立在与 Onsager 理论相同的假设基础上,即微观粒子是圆棒状刚性粒子,与其他相邻分子间的相互作用被忽略,而仅考虑体积排除效应,当两个粒子在体积上有互相交叠发生时,其间的斥力为无限大。

Flory 理论采用的是 Flory-Huggins 模型,即格子模型[11-12]。Flory 利用它讨论了由刚棒分子和溶剂分子组成的二元体系的统计热力学问题,如图 5.9 所示。

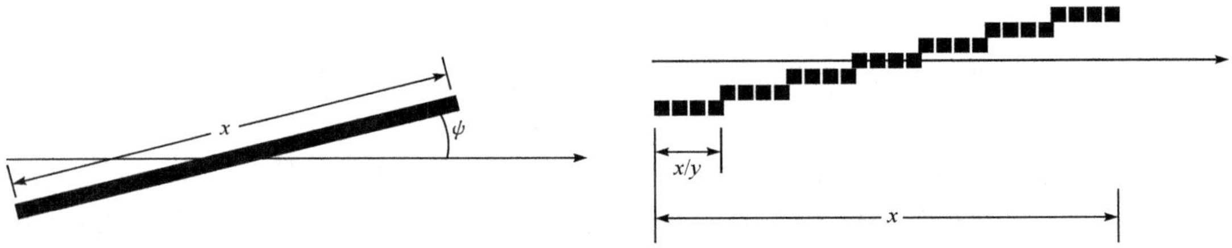

图 5.9 刚棒分子格子模型

(a)刚棒与从优方向成 ψ 角;(b)刚棒分为 y 个次分子

在这种模型中,每个链单元用一立方体格子表示,因此分子长轴方向上的长度 x 同时代表其长径比,并反映了刚棒分子的长度和分子量。同时假设刚棒分子可以分解为 y 个次分子($y = x\sin\psi$),每个次分子含有 x/y 个基本单元,如图 5.9(b)所示。显然,参数 y 是刚棒分子偏离择优方向的最大量度,即最大取向度偏差。

若体系的总格子数为 n_0,体系中已有全同的刚棒粒子数为 n_p,溶剂分子数为 n_s,当格子全部占满时有:$n_0 = xn_p + n_s$。根据格子理论,可得刚棒分子在格子中的排列概率,并由此得到配分函数。从物理意义上说,总配分函数 $\boldsymbol{Z}$ 包括两部分:一部分表示空间的或组合的因子 $\boldsymbol{Z}_{comb}$;另一部分表示取向因子 $\boldsymbol{Z}_{orient}$。它们的详细推导过程如下[14]:

假设体系中已有的刚棒粒子数为 $j-1$,它们所占用的格子数目应为 $x(j-1)$,此时所剩的

空格子数应为 $n_0-x(j-1)$。在此情况下，将第 j 个刚棒放入该体系应有 v_j 种方式

$$v_j=[n_0-x(j-1)]N_j^{(x-y_j)}P_j^{(y_j-1)} \tag{5.6}$$

式中，y_j 为该粒子的次粒子数；第一项为将第一个次粒子的第一个基本单元放入体系可采取的方式数目，等于此前所有空格子的总数；P_j 为其余 (y_j-1) 个次粒子各自的第一个基本单元可取的方式数；N_j 为剩下的其他 $(x-y_j)$ 个单元各自进入该体系可取的方式数。

据图 5.9(b)的规定，在第一个次粒子的位置确定后，其他每个次粒子都应处于与它的前一个次粒子紧邻的格子行内。不仅如此，它的第一个单元还应与前个次粒子的最后一个单元的位置紧邻，允许作出这种安排的概率，即该位置尚为空格的概率，应为此时体系中空格子所占的体积分数，因此

$$P_j=[n_0-x(j-1)]/n_0$$

对于每一个次粒子，它的单元当然都应处于同一格子行内。当它的第一个单元的位置确定后(该位置尚为空格，允许进入)，每个基本单元都必须安置在紧接前一单元所占位置的格子中。这个格子也有两种且只有两种可能的情形：一是尚为空格，因此允许进入；二是已被其他粒子的某个次粒子的第一个基本单元所占据，因而不能进入。其为空格的概率应为空格数在空格以及次粒子的总数中所占的份数。于是有

$$\begin{aligned}N_j&=[n_0-x(j-1)]/\{[n_0-x(j-1)]+\bar{y}(j-1)\}\\&=[n_0-x(j-1)]/[n_0-(x-\bar{y})(j-1)]\end{aligned}$$

式中，$\bar{y}$ 为体系中已有的 $(j-1)$ 个粒子的 y 值的平均值；$\bar{y}(j-1)$ 为第 j 个粒子进入体系之前体系中已有的次粒子总数，亦即全部次粒子的第一个基本单元的总数目。

将 P_j 和 N_j 的表达式代入式(5.6)得

$$\begin{aligned}v_j&=[n_0-x(j-1)]N_j^{(x-y_j)}P_j^{(y_j-1)}\\&=[n_0-x(j-1)]^x/[n_0-(x-\bar{y})(j-1)]^{(x-y_j)}n_0^{(y_j-1)}\\&\approx\frac{[n_0-x(j-1)]![n_0-(x-\bar{y})j]!}{[n_0-xj]![n_0-(x-\bar{y})(j-1)!n^{(y_j-1)}]}\end{aligned} \tag{5.7}$$

所以对 n_p 个全同刚棒粒子，则该 n_p 个粒子对体系总配分函数所作出的贡献可写为

$$\boldsymbol{Z}_{\text{comb}}=(1-n_p!)\prod_{j=1}^{n_p}v_j \tag{5.8}$$

式中，$(1-n_p!)$是为了消除因全同粒子排列组合所造成的重复计算，将式(5.7)代入式(5.8)可得

$$\boldsymbol{Z}_{\text{comb}}=\frac{[n_s+\bar{y}n_p]!}{n_s!n_p!(n_0)^{n_p(\bar{y}-1)}} \tag{5.9}$$

式(5.9)的分子、分母都随平均偏取向度 $\bar{y}$ 的增大而增大，但分母的增值速度更大。其结果使 $\boldsymbol{Z}_{\text{comb}}$ 随 j 的增大而减小。这反映了若刚棒粒子在体系中排布的无序程度增大，每个分子所占有的排斥体积也增大，而许可分子能自由活动的空间则将减小。每个粒子所占的排斥体积随之增大，允许粒子自由活动的自由空间则相应减小，粒子间相互“碰撞”的机会将增加，熵值因此下降，这对体系的稳定是不利的。相反 $\bar{y}$ 值减小，即粒子沿择优方向的取向程度越高，$\boldsymbol{Z}_{\text{comb}}$ 值越大，$\boldsymbol{Z}_{\text{comb}}$ 对体系自由能下降所作的贡献也越大。这仅对完全有序的情况，即全部刚棒都平行排列时才严格成立。

体系的总配分函数

$$\boldsymbol{Z}=\boldsymbol{Z}_{\text{comb}}\boldsymbol{Z}_{\text{orient}} \tag{5.10}$$

而取向因子

$$\boldsymbol{Z}_{\text{orient}} = \prod_y (\omega_y n_p / n_{py})^{n_{py}} \tag{5.11}$$

式中,n_{py}为最大取向度偏差为 y 的刚棒粒子的数目;ω_y 为与 y 相关的立体角分数;n_{py}/n_p 代表刚棒粒子的取向分布,而$\bar{y}$表示为

$$\bar{y} = \sum_y y n_{py} / n_p$$

由式(5.11)可以看出,若体系完全取向,$y=1$,则 $n_{py}=n_p$,$\boldsymbol{Z}_{\text{orient}}$将变得很小,反之,若体系高度无序($y=x$),则 $\omega_y=n_{py}/n_p$,$\boldsymbol{Z}_{\text{orient}}=1$。

随后 Flory 等在 1956 年[15]和 1979 年[16]分别做了“近似处理”和“严格分析”,二者差别很小。下面列出 1956 年“近似处理”的结果。当取向有序较高时,立体角近似为$(\bar{y}/x)^2$。于是

$$\boldsymbol{Z}_{\text{orient}} \approx (\bar{y}/x)^{2n_p} \tag{5.12}$$

综合式(5.9)、式(5.10)、式(5.12)有

$$\boldsymbol{Z} = \frac{[n_s + \bar{y} n_p]!(\bar{y}/x)^{2n_p}}{n_s! n_p! (n_0)^{n_p^{(\bar{y}-1)}}} \tag{5.13}$$

式(5.13)描述了配分函数 $\boldsymbol{Z}$ 与 n_p(刚棒粒子的数目或浓度)、x(刚棒的长径比或聚合度)以及$\bar{y}$(平均取向度偏差)的关系。得出配分函数后,就可以导出各种有用的关系式,如体系发生相分离产生液晶相的临界浓度与刚棒长径比的关系以及各种热力学函数等。

由式(5.13)可得

$$\begin{aligned}\boldsymbol{F}/k_B\boldsymbol{T} = -\ln\boldsymbol{Z} &= n_s\ln(v_s) + n_p\ln(v_p/x) + n_p(\bar{y}-1)\\ &\quad -(n_s+\bar{y}n_p)\ln[1-v_p(1-\bar{y}/x)] - 2n_p\ln(\bar{y}/x)\end{aligned} \tag{5.14}$$

式中,$v_s=n_s/n_0$,$v_p=xn_p/n_0$。另外,对无序的各向同性体系($\bar{y}=x$),式(5.14)可简化为

$$\boldsymbol{F}/k_B T = -\ln\boldsymbol{Z} = n_s\ln(v_s) + n_p\ln(v_p/x) + n_p(\bar{y}-1)$$

它的物理解释是[17]:随着解取向程度增加,$\boldsymbol{Z}_{\text{comb}}$值会减小,但 $\boldsymbol{Z}_{\text{orient}}$值会增大。在刚棒分子长径比 x 和浓度足够小的情况下($\bar{y}=x$ 时的无序的各向同性态),配分函数 $\boldsymbol{Z}$ 值主要取决于 $\boldsymbol{Z}_{\text{orient}}$值,所以随着$\bar{y}$增大,$\boldsymbol{Z}$ 值单调地上升,其稳定值为极大值。当刚棒分子分子长径比和浓度增大时,$\boldsymbol{Z}$ 值随$\bar{y}$的变化曲线会出现某一极大值,然后逐渐减小。此极大值是介稳状态或是稳定状态。而且,只有极大值处的 $\boldsymbol{Z}$ 值大于完全无序状态($\bar{y}=x$)的 $\boldsymbol{Z}$ 值时,体系才是稳定的。只有浓度大于某一数值或刚棒的长径比大于某一数值,才能达到这种稳定状态,第一次出现这种极大值的条件就称为临界点。

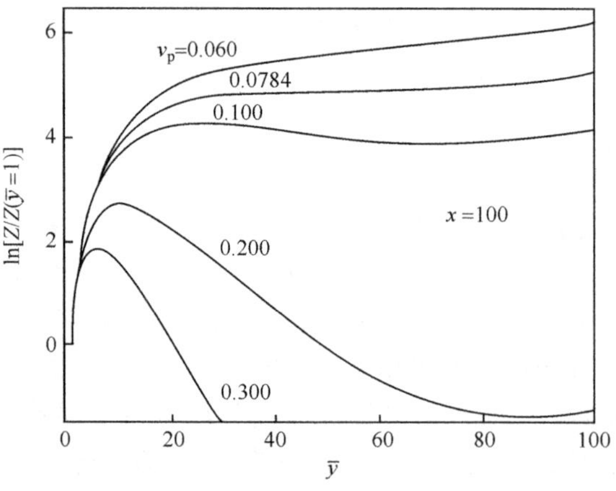

图 5.10　配分函数 $\boldsymbol{Z}$ 值随$\bar{y}$ 的变化曲线
各曲线上的数字为相应刚棒粒子的体积分数

图 5.10 是一张经典的对式(5.14)中配分函数 $\boldsymbol{Z}$ 值与平均取向度偏差$\bar{y}$ 的关系图。在图 5.10 的纵坐标 $\boldsymbol{Z}/\boldsymbol{Z}(\bar{y}=1)$中,$Z(\bar{y}=1)$代表完全有序状态下($\bar{y}=1$)的配分函数。从图 5.10 中可以看到,当刚棒粒子的长径比 $x=100$ 时,其临界体积 $v_p^*=0.0784$,当体系中刚棒粒子的体积分数 $v_p>v_p^*$ 时,图中曲线上的极大值对应于稳定的液晶态,此时

$$Z_{max} > Z(\bar{y} = x)$$

式中，Z_{max} 为曲线极大处对应的配分函数值；$Z(\bar{y}=x)$ 为完全无序状态（$\bar{y}=x$）对应的配分函数值。

在临界点 v_p^* 下，平均偏取向度 $\bar{y}=\bar{y}^*$ 仅稍小于 $x/2$。超过 v_p^* 之后，随 v_p 增大 $\bar{y}$ 降低。因此，从完全无序（$\bar{y}=x$）的状态转变为部分有序的状态是突然发生的一种不连续变化。虽然，与各向同性态相比，介晶态的 $\bar{y}$ 低得多，但仍远高于完全取向态（$\bar{y}=1$），在高浓度下也是如此。

因此，由配分函数 Z 对 $\bar{y}$ 微分求曲线的极大值，并令式(5.14)中 $d(-\ln Z)/d\bar{y}=0$，可解得

$$v_p = [x/(x-\bar{y})][1-\exp(-2/\bar{y})] \tag{5.15}$$

所以在临界点 $v_p=v_p^*$，令 $d(v_p)/d\bar{y}=0$，可解得

$$x = y^* + \frac{1}{2}y^{*2}[\exp(2/y^*)-1] \tag{5.16}$$

式中，y^* 为临界点的 $\bar{y}$ 值，把式(5.16)展开代入式(5.15)可得

$$\begin{aligned} v_p^* &= 1-(1-2/y^*)\exp(2/y^*) \\ &\approx (8/x)(1-2/x) \end{aligned} \tag{5.17}$$

式(5.17)即著名的 Flory 公式，当 $x>10$ 时，式(5.17)的误差不超过 2%。该公式被广泛地用于高分子溶致液晶的半经验分析，它与许多实验结果定量或半定量地吻合。

除计算临界浓度外，Flory 理论还可以用于研究高分子液晶溶液体系的相分离状况，即两相平衡态。分析两相平衡问题最方便的方法是应用化学势的概念。从总的配分函数 Z 很容易得到对比自由能 $-\ln Z$，由后者对组成摩尔分数求偏微分，结果就定义为化学势 μ。两相共存时，各成分在两相中的化学势应相等，即

$$\begin{cases} \mu_s = \mu'_s \\ \mu_p = \mu'_p \end{cases} \tag{5.18}$$

式中，脚标 s 表示溶剂，p 表示刚棒粒子；μ 为在各向同性液相中的化学势；μ' 为在液晶相中的化学势。根据式(5.14)，用 $-\ln Z$ 对溶剂分子的物质的量 n_s 微分，并因平衡时 $d(-\ln Z)/d\bar{y}=0$，得到以下方程组：

$$\ln(1-v'_p) + v'_p(\bar{y}-1)/x + 2/\bar{y} = \ln(1-v_p) + (1-1/x)v_p \tag{5.19}$$

$$\ln(v'_p/x) + v'_p(\bar{y}-1) + 2 - 2\ln(\bar{y}/x) = \ln(v_p/x) + (x-1)v_p \tag{5.20}$$

$$v'_p = [x/(x-\bar{y})][1-\exp(-2/\bar{y})] \tag{5.21}$$

由上面的方程组可以得出两相平衡时每一相的体积分数 v_p、v'_p 和 $\bar{y}$ 等参数。当两相达到热力学平衡时，各向同性相体积分数 v_p 和各向异性相的体积分数 v'_p 差别不大。

此外，用 Flory 理论还很好地解释了刚棒分子-无规线团-溶剂三元体系中分子间的相互作用等问题[11]。最后，对 Flory 液晶理论小结如下[17]：

(1) 出现向列型液晶序的临界浓度依赖于刚棒分子的长径比 x，从各向同性相至各向异性相的转变是不连续的；低于临界浓度，刚棒分子的取向方向是彼此互不相关的；高于此浓度后，分子的取向序较大。

(2) 上述临界有序化与相分离有联系，会出现两相共存状态：一相是各向同性相；另一相是高度各间异性的向列相。两相的浓度差相对来说并不算大，但其取向度差别特别明显。

(3) 刚棒分子的长径比是十分重要的分子结构参数，它决定了出现液晶相的临界浓度 v_p。在 x 值较大（如 $x>10$）时，近似地有 $v_p^* \approx (8/x)(1-2/x)$。

(4) 刚棒分子长度的多分散性和为正值的相互作用参数 χ 都使两相间隔加宽，即共存两

相的浓度差大大增加。但应注意相分离小且很难达到所需的平衡浓度,因为扩散输运过程十分缓慢。

(5) 对于刚棒分子与无规线团分子共存的溶液,当发生相分离形成向列相和各向同性相时,无规线团几乎不能进入向列相,而刚棒分子也不能进入各向同性相。

(6) 可以用 Kuhn 链段处理半刚性链的液晶态问题,假定由 Kuhn 链段自由连接的模型链来代替半刚性链,采用 Kuhn 链段的长径比 x_k 来代替刚棒分子长径比 x,就可把刚棒理论计算结果几乎不改变地用于半刚性聚合物链的液晶态分析。

(7) 对于纯液体,刚棒分子出现液晶态的最小长径比为 6.4 左右。当棒状分子之间存在有取向依赖性的相互作用时,长径比更小的棒状分子可以出现液晶态。

Flory 理论的偏差主要来自其对体系的绝热假定。Onsager 理论是建立在同样假设的基础之上的,它与 Flory 理论的差别仅在于处理方法的不同。下面将两者进行比较。

5.3.3 Onsager 理论与 Flory 理论的实验比较

Onsager 理论与 Flory 理论的基础是相同的,均假定体系为绝热体系——分子取向的动力来源于其形状的各向异性,而忽略分子间各向异性作用力的影响。因此,两种理论在很多方面有一致的结论。然而,由于两种理论的处理方法不同,它们的结果在量方面还存在着差别。Onsager 理论适用于低浓度的液晶聚合物溶液,Flory 理论更适于高浓度的情况。

下面以 N-I 相变时的临界体积分数(v_I)为例,将上述两个理论与实验值相比较。

Onsager 理论给出,液晶聚合物从各向同性相进入各向异性相(向列相)的临界体积分数为($L/D=x$)

$$v_I = 3.3/x \tag{5.22}$$

而 Flory 理论对于不十分长的刚棒状聚合物的临界体积比为

$$v_I = (8/x)(1-2/x) \approx 6.4/x \tag{5.23}$$

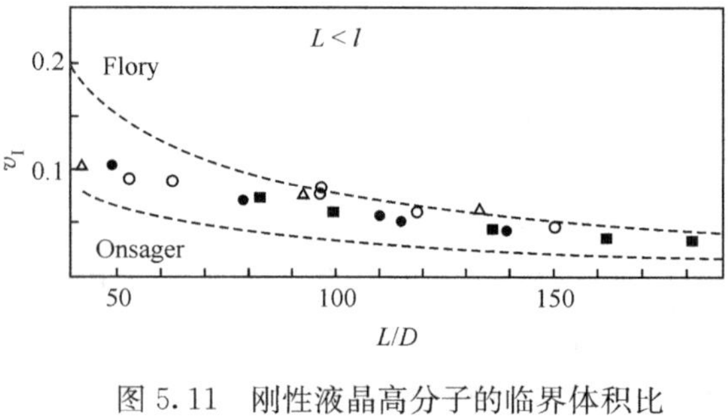

图 5.11 刚性液晶高分子的临界体积比与其长径比的关系(室温)

聚-L-谷氨酸苄酯(PBLG)/间苯酚溶液[18](□),PBLG/二噁烷溶液[19](○),PBA/DMAC(+3%Licl)溶液[20](●),PBA/硫酸[21](■),以及裂裥菌素/水溶液[22](△)

图 5.11 中分别绘出上述两种理论的临界体积比的期待值以及部分实验结果。从图 5.11 中可以看出,尽管两种理论的预计变化趋势一致,然而两者的具体数值有较大的差别:Onsager 理论给出的值略为偏小,这是因为二阶维里近似在高浓度区差异较大,有人认为如果采用高阶维里近似,将会使 v_I 的理论值更低,而与实验值偏差更大。Flory 理论实际上高估了临界体积分数的理论值,它构成了图中的上限,普遍认为 Flory 的点阵模型比较简化。即使考虑到软相互作用等因素也并没有改变这一点。

在理论应用中,Flory 的格子理论已被聚合物科学领域普遍接受,由此得到的对液晶聚合物体系的理论处理较易为人们所接受,而且在研究某些聚合物特征的影响时,如多分散性、熔融态等,也具有更为直接的特点。Flory 理论处理液晶聚合物体系的关键在于定义了无序指数来代替有序参数,这是处理刚性链所必需的。然而,这也同时使得使用该理论处理半刚性聚合物链时比较困难。Onsager 理论则采用有序参数的连续处理方式,使得在处理聚合物链时显示出了独特的作用。所以，Onsager 理论在分析临界有序参数时似乎更接近一点，虽未被聚合物研究领域普遍认识，近 10 多年来却受到人们越来越多的关注。

5.3.4　Maier-Saupe 理论在液晶聚合物体系的应用

前面章节中已反复强调造成体系出现液晶现象的主要原因有两个：一个是分子形状的不对称性；另一个是分子间相互作用力的各向异性。Flory 和 Onsager 的理论均在只考虑第一个影响因素的前提下，建立起液晶聚合物绝热体系的理论处理，而没有将第二个分子间相互作用的因素同时考虑。而讨论小分子液晶体系时采用的 Maier-Saupe 平均场理论[23]却考虑了各向异性势能对液晶相形成的作用。

Flory 和 Onsager 的体积排除理论表明：仅取决于刚性粒子的轴向比的向列态出现浓度是临界转变浓度。由于理论中将体系处理为绝热体系，因此该浓度与体系的温度无关，即造成各向异性相形成的自由能部分仅为熵变项。在改进的处理半刚性链的 Flory 理论中，引入了持续长度(persistence length)的概念，用来描述聚合物链的有效轴向比(effective axial ratio)。由于持续长度与温度相关，因此所研究体系的相转变不仅与浓度有关，而且与体系的温度相关。在对高分子液晶体系的处理过程时，采用 Maier-Saupe 平均场理论直接用各向异性势能(包括分子间各种相互作用，如体积和分子间作用力)来研究液晶相的形成，在处理主链型液晶聚合物体系时取得较好的结果。

5.4　聚合物液晶态热力学相转变与动力学

5.4.1　主链液晶聚合物

热致性液晶聚合物的相转变温度可以用 DSC 方法表征。图 5.12 为一典型半结晶性液晶聚合物的 DSC 谱图。从图 5.12 可以看到，升高温度或降低温度时，DSC 曲线上分别出现两个吸热峰或放热峰，分别对应于液晶聚合物的熔融温度(或/和结晶温度)和清亮点(或液晶相开始消失时的温度)。由于液晶聚合物由刚性液晶基元组成，一般熔点很高，不利于熔融加工。

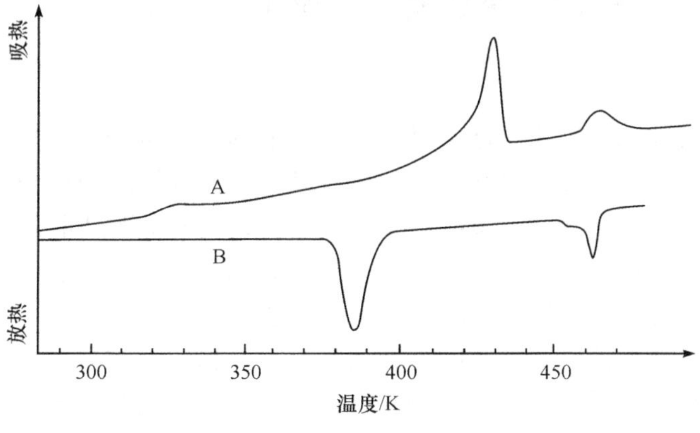

图 5.12　半结晶性液晶聚合物的 DSC 谱图[12]

为了降低材料的转变温度，以得到较低转变温度的液晶态，通常采用的方法有：

(1) 主链上引入柔性间隔链段。在主链液晶基元间引入柔性间隔链段是改善聚合物液晶态低温稳定性的一个重要途径。一般来说，引入柔性间隔链段可以增加主链的柔性，降低液晶聚合物的相转变温度。柔性间隔链段的长度对液晶态热稳定性和中介相的性质有显著的影响。较长的柔性间隔链段为液晶基元的有效排列提供了较大的活动性,可以形成有序程度较高的液晶相。但如果柔性间隔链段长度太长,则由于液晶基元的"浓度"太低,以致不能形成稳定的液晶态。此外,含有柔性间隔链段的主链型液晶聚合物,其熔点和清亮点与柔性间隔链段中亚甲基的数目均成"奇偶效应",如图 5.13 所示。

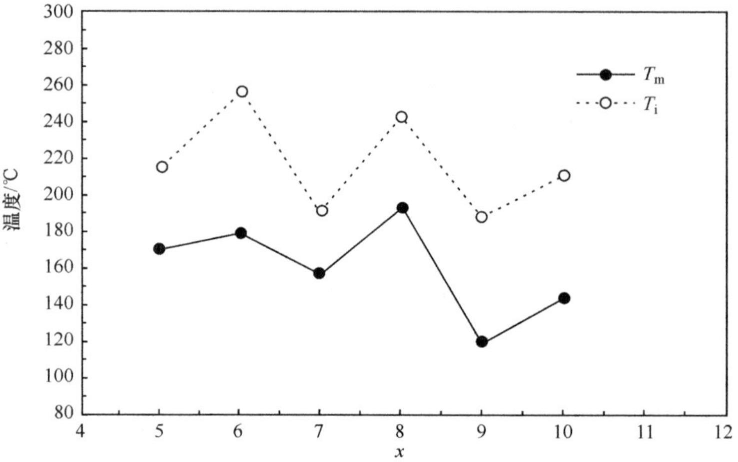

图 5.13　主链型液晶聚合物的熔点和清亮点与亚甲基数目之间的关系
根据 Chen S X, et al. Chinese J. Polym. Sci., 2001, 19: 151 中表 1 数据

(2) 引入取代基团。在液晶基元上引入不同的取代基团可以改变空间阻碍和分子间的相互作用。其结果为:一方面分子链的长径比有所降低;另一方面分子间距增大,有碍于分子间的密堆砌,从而降低液晶聚合物的相转变温度。

(3) 共聚合。共聚合也是降低液晶聚合物相转变温度的一种有效途径。共聚合可以破坏分子链的规整性,降低分子的刚性,从而达到降低其熔点和清亮点的目的。例如,聚对羟基苯甲酸酯均聚物的熔点为 610 ℃,而含 70%(摩尔分数)的对羟基苯甲酸重复单元和 30%(摩尔分数)对二甲苯萘-2,6-二羟基的共聚酯,其熔点则降至 325 ℃。

5.4.2　侧链型液晶聚合物

液晶基元以侧链或侧基形式连接于柔性主链之上的液晶聚合物称为侧链型液晶聚合物,刚棒状液晶基元可以尾端连接于柔性主链上,也可以腰部连接于柔性主链上。通常的柔性主链有聚丙烯酸酯、聚甲基丙烯酸酯、聚硅氧烷等。大多数侧链型液晶聚合物是液晶基元连接于这类非结晶性聚合物主链上的产物并保留了主链非结晶性的性质,这类非结晶性侧链液晶聚合物一般表现为热致性行为,其 DSC 谱图如图 5.14 所示。

侧链型液晶聚合物的液晶态形成能力和液晶态的热稳定性主要取决于主链、液晶基元和两者之间的连接成分。如果主链与液晶基元直接相连而不经过柔性间隔链段的过渡,则主链和液晶基元之间存在较强的相互作用,从而将影响液晶态的稳定性。如果在主链与液晶基元之间以一柔性间隔链段相连接,可以减弱两者间由热运动引起的相互干扰,以保证液晶基元排列成序。柔性间隔链段的结构对液晶态的影响反映在液晶态的类型和液晶态的稳定性上。一般规律是,没有柔性间隔链段时通常形成近晶相,柔性间隔链段较短时有利于生成向列相,较长的柔性间隔链段又有利于近晶相的生成。同时,与含有柔性间隔链段的主链型液晶聚合物

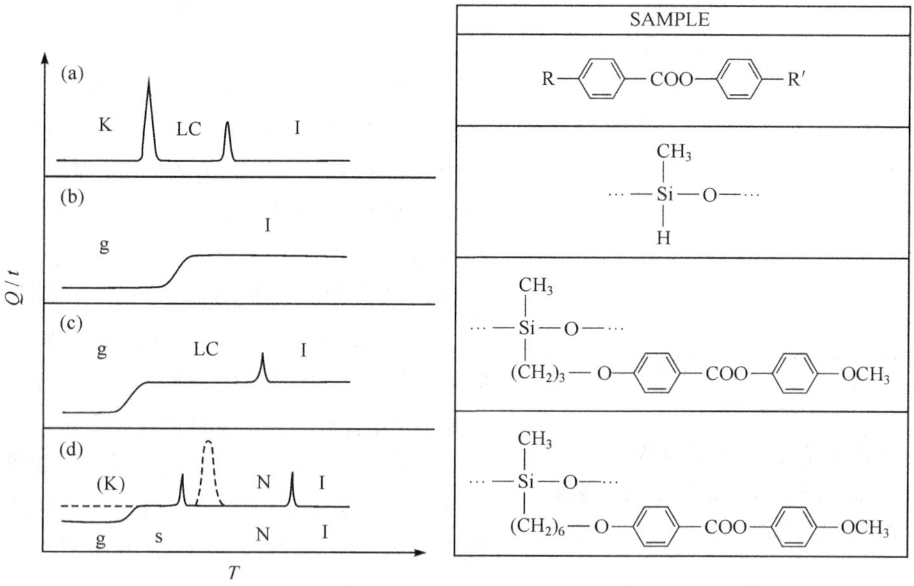

图 5.14　侧链型液晶聚合物典型体系的 DSC 谱图[24]

相似，其液晶相的清亮点随柔性间隔链段长度的变化也存在“奇偶效应”。

值得指出的是，对于热致性液晶聚合物，各向同性态与液晶态之间的相转变过程比较快，在升温或降温过程，从各向同性态转变为液晶态的温度和从液晶态转变为各向同性态的温度比较接近，没有大的过冷温度出现；而液晶态与结晶态之间的转变过程则慢得多，在结晶过程中出现较大的过冷温度。因此，通常很难将液晶聚合物的各向同性态淬冷冻结下来，而比较容易将其液晶态淬冷冻结下来，在室温下形成“冻结”液晶态或称液晶玻璃。“冻结”液晶态可以保留原有液晶态的结构和性质，可以方便地在室温下对聚合物液晶态的结构进行研究。

5.4.3　液晶态相转变动力学

与柔性链聚合物相似，液晶聚合物也有非结晶与结晶性液晶聚合物之分，它们从结晶相或玻璃态转变为各向同性相的过程中都必须经过一个液晶相，逆过程也如此。因此，液晶聚合物的相转变应包括两个过程，即从各向同性相转变为液晶相和从液晶相转变为结晶相（或玻璃态）。许多实验结果证明，与结晶聚合物的结晶过程一样，液晶聚合物液晶相的形成过程也是一个成核控制过程[25]，因此可以用阿夫拉米方程来描述，即

$$X_t = 1 - \exp(-kt^n) \tag{5.24}$$

式中，X_t 为 t 时间转变为液晶相的体积分数；k 为液晶相形成过程的速度常数；n 为阿夫拉米指数。

一般来说，由于各向同性态与液晶态之间的转变属于液态之间的转变，分子运动比较活跃，转变过程较快，在其 DSC 谱图（图 5.12）中可以看出，其升温过程和降温过程发生转变温度比较接近，在降温过程中常在较小的过冷温度下就形成了液晶态，一般小于 4 ℃。而聚合物的结晶过程慢得多，往往要求有较大的过冷温度，可大于 20 ℃。所以，研究液晶聚合物各向同性态与液晶态之间的转变时，应该采用响应灵敏的光学退偏振法，而液晶态与结晶态之间的转变则可用其他的方便方法（如 DSC 法等）。

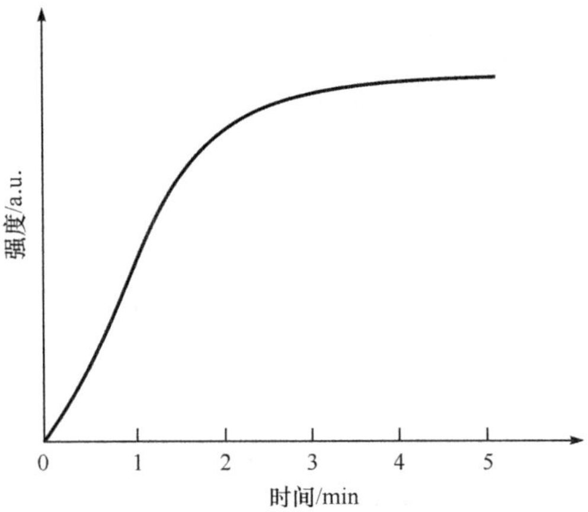

图 5.15 热致性羟乙基醋酸纤维素在 143 ℃下各向同性态向液晶态等温转变的退偏振光强度随时间变化曲线[27]

如前所述，对于液晶聚合物，其溶致性液晶态与热致性液晶态的相转变行为很相似，所用的研究方法也一样，都可以用光学退偏振法[26]

$$I_t - I_0/I_\infty - I_0 = 1 - \exp(-kt^n) \quad (5.25)$$

式中，I_0、I_t 和 I_∞ 分别为在 0 时刻、t 时刻和∞时刻的退偏振光强度。图 5.15 是热致性羟乙基醋酸纤维素在 143 ℃下各向同性态向液晶态等温转变过程的退偏振光强度随时间变化曲线。

从图 5.15 中可以得到液晶相形成过程不同时间下的退偏振光强度值，经阿夫拉米方程处理可得一组在不同温度下的等温直线，如图 5.16 所示。

从图 5.16 中一组直线的斜率和截距得到 n 和 k 值，如表 5.3 所示。从表 5.3 中可以看到，热致性羟乙基醋酸纤维素液晶相等温形成过程的 n 值接近 1，这说明液晶呈一维即棒状生长。这个值与一些热致性聚芳酯和溶致性芳香聚酰胺向列相的结果一致[28-29]，因为胆甾相层内的分子排列与向列相相似。已有大量实验证明，液晶向列相或胆甾相的形成过程的 n 值为1～2，属于一维生长过程[30-33]；而液晶近晶相的形成过程的 n 值为 2～3，属于二维生长过程[34-36]。

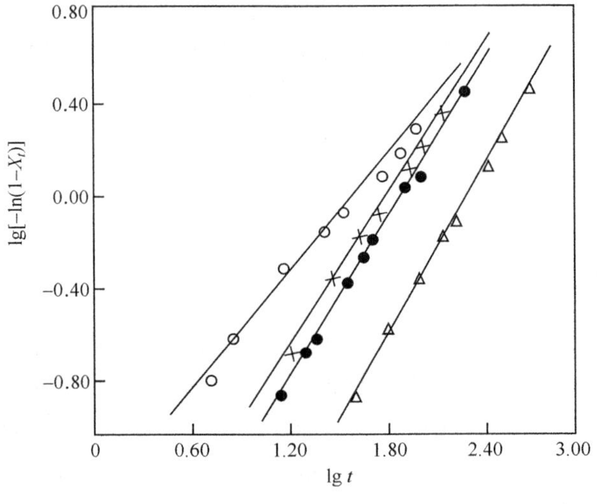

图 5.16 热致性羟乙基醋酸纤维素在不同温度下液晶相形成过程 lg[$-\ln(1-X_t)$]对 lg$t$ 作图[27]

表 5.3 热致性羟乙基醋酸纤维素液晶相等温形成过程的 n 和 k 值

T/℃	$t_{1/2}$/s	n	k/s^{-1}
139.5	25	0.80	5.28×10^{-2}
142.0	41	1.05	1.40×10^{-2}
143.0	59	1.10	7.50×10^{-3}
144.0	133	1.20	1.96×10^{-3}

5.5 液晶态的向错

5.5.1 液晶聚合物向列相的向错结构[4,37-39]

1. 向错结构

液晶聚合物向列相的有序微区结构为棒状分子呈单轴平行排列，并存在三种液晶形变，即展曲、扭曲和弯曲弹性形变，其相对应的弗兰克弹性常数为 k_{11}、k_{22} 和 k_{33}。k 是宏观理论常数，其量纲为[能量]/[长度]，其中唯一的能量是分子间的相互作用能，估计的量级为 0.01 eV，特征长度为分子间距，约为 1 nm，所以 k 的量级约为 10^{-7} dyn(1 dyn=10^{-5} N)。因此，我们知道作为宏观弹性常数 k 的数值是非常小的。因此，液晶对外界的影响十分敏感，非常容易产生畸变。当棒状分子呈单轴平行排列取向的有序微区存在奇异点时，周围分子指向矢取向产生不连续的变化，称为向错。

2. 向错的几何学

液晶聚合物向列相薄层在正交偏光显微镜下呈现出不同数目黑刷子相交于一点的纹影织构(图 5.6)，黑刷子条纹说明，在这些区域分子的光轴(指向矢)正好与交叉偏振片之一相平行或垂直，因而光不能通过另一偏振片。因此，纹影织构实质上是向错结构分子取向排列方式的一种光学效应。一个奇异点(或称为核心)周围有时出现两条黑刷子，有时出现四条黑刷子。如果转动交叉偏振片，可以看到核心位置不变，而黑刷子却随着交叉偏振片的转动而旋转。正向错对应的条纹做相同方向的转动，而负向错对应的纹影随样品做相反方向的转动。在二维向列相液晶薄层中，只有展曲弹性常数 k_{11} 和弯曲弹性常数 k_{33} 两种起作用。当 $k_{11}=k_{33}=k$ 时，其弹性畸变自由能最小的条件归结为一个简单的方程式，其解的形式如下：

$$\varphi(\theta) = s\theta + c \tag{5.26}$$

式中各参数之间的关系如图 5.17 所示，其中 θ 为从向错核心 O 到指向矢 $\boldsymbol{n}$ 上任意一点的连线与横坐标 x 之间的夹角，而 φ 为该点指向矢与横轴 x 间的方位角。从图 5.17 可知，当沿极线与 x 轴成 θ 角的各点与其起偏振片的方向平行或垂直，因而光不能通过检偏振片，在 θ 角处就会产生一黑色消光刷子，并每当 φ 变化 $\pi/2$ 时产生同样的黑色消光刷子。因此，两条相邻黑刷子之间的角度为 $\Delta\theta=\Delta\varphi/s=\pi/2s$。这样，在正交偏振片下观察向错时，则出现 $2\pi/\Delta\theta=4s$ 条黑刷子，即向错强度定义为

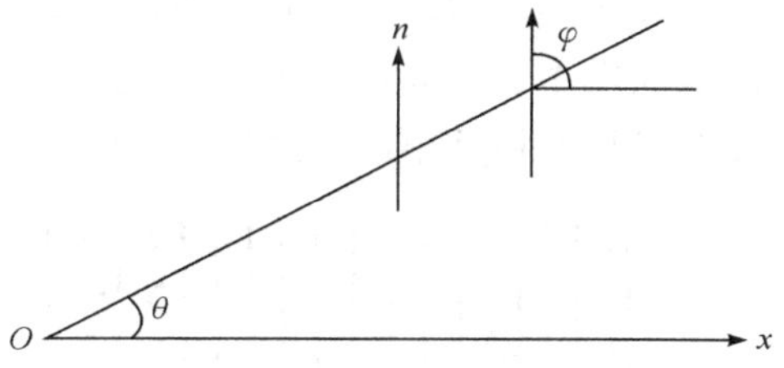

图 5.17 沿 θ 角极线上指向矢的取向排列

$$s = \text{黑刷子的数目}/4 \tag{5.27}$$

式(5.26)和式(5.27)中，s 为向错强度；c 为常数。对于 $s\neq1$ 的向错，其形式不依赖于常数 c，当 c 改变 Δc 时，其向错图像不变，只是绕核心转动 $\Delta c/(1-s)$ 的角度；而对于 $s=1$ 的向错形态，则随着 c 值($c=\varphi-\theta$)的不同而变化，因而有 $c=0$，$c=\pi/4$ 和 $c=\pi/2$ 等不同指向矢排列形式的向错图像。即 $c=0$ 时，其分子指向矢呈辐射状取向排列；$c=\pi/2$ 时，其分子指向矢取向排列成一组同心圆环；当 $0<c<\pi/2$ 时，其分子指向矢的排列为由一组对数螺旋线组成的图像。图 5.18 绘出了液晶聚合物向列相中奇异点周围 $s=\pm1/2$ 和 $s=\pm1$ 等几种向错的指向

矢取向排列图像。

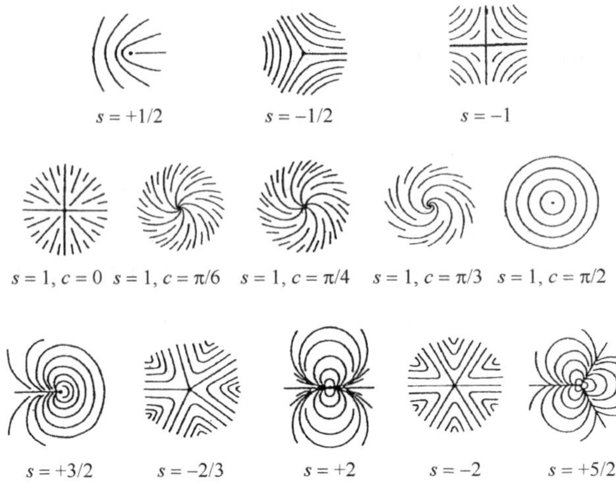

图 5.18 液晶向列相各类型向错周围分子指向矢取向排列图像

液晶态中单个孤立存在的向错其弹性畸变能趋于无穷大,因此任何一个向错总是与其周围其他形式的向错相互作用而存在。而且通常是相邻两个核心具有不同符号的同类型向错或不同类型向错之间的相互作用,两个不同符号的向错互相吸引而合并、消失或形成一个强度等于原来向错强度代数和的新向错。但是对于整体样品,其所有向错强度的总代数和应等于零。

聚合物液晶态的另一种缺陷结构是墙或反转壁,它一般是在施加外场(电场、磁场、力场)时指向矢取向形成的。这时液晶态会出现另一种形式的纹影织构,即形成一对对接近平行的纹影,每对黑刷子的两端连接两个向错点,由于所连接的向错的类型和符号不同,因此形成了不同的墙或反转壁结构[图 5.19(a)]。图中实线给出指向矢的取向排列,虚线表示反转壁的边缘。在反转壁的两侧,液晶指向矢都是沿外场方向取向排列。在反转壁内部,分子指向矢的取向是连续逐渐地改变取向方向;到达壁中心出现一条 90°的线,在反转壁的两侧,分子指向矢的取向发生了 180°的改变。因此,在偏光显微镜下观察时,可以看到两条分别处在 90°两侧成相互平行和粗细不同的黑色纹影[图 5.19(b)]。

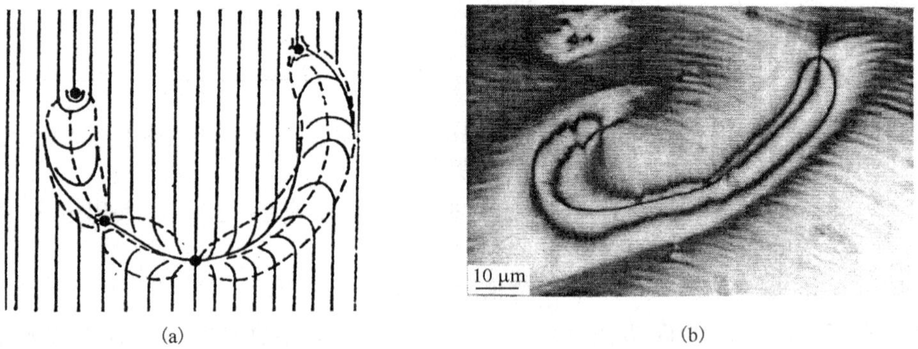

图 5.19 液晶态反转壁附近指向矢排列示意图(a)和反转壁纹影织构的偏光显微镜照片(b)

3. 聚合物液晶态高强度的向错[40-42]

液晶向列相向错的畸变自由能与其强度 s 的平方成正比,因而高强度向错一般是不稳定的，尤其在高温下，往往会分裂成几个低强度的向错，所以通常很难观察到它们的存在。聚合物液晶态由于分子链很长，弛豫时间长，很容易被冻结成液晶玻璃态，使原有的织构保持下来，便于进行观察。首先在含偶氮双(1,4-苯撑)介晶基元得到加聚产物液晶态接近于各向同性化温度下观察到具有 8 条黑刷子的纹影织构，它相当于强度 $s=\pm2$ 的向错。最近，在一类具有 T 型介晶基元的热致性聚芳酯液晶态中观察到了具有 6 条、8 条和 10 条黑刷子的纹影织构(图 5.20)，它们分别对应于 $s=\pm3/2$[图 5.20(a)]、$s=\pm2$[图 5.20(b)]和 $s=\pm5/2$[图 5.20(c)]等不同强度的高价向错。在这些高强度向错中，多数是与邻近低强度向错相连接，而只有少数是高价向错之间相互连接组成向错对。由此可见，在聚合物液晶态中能够比较稳定地存在高强度向错。另外，高强度向错也比较容易在液晶聚合物的共混体系中观察到，如在一种 2,5-双取代聚亚苯的共聚物和聚乙二醇的共混体系液晶态中观察到具有 8 条和 12 条黑刷子的纹影织构，它们分别相当于 $s=+2$ 和 $s=-3$ 的高价向错。

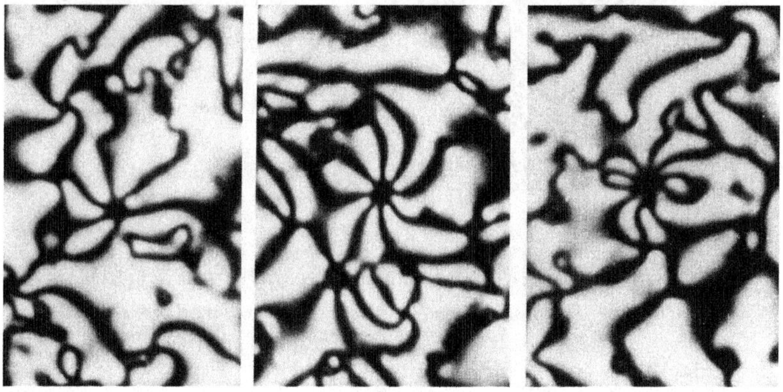

(a)　(b)　(c)

图 5.20　聚芳酯液晶向列相的高强度向错结构

(a) $s=\pm3/2$；(b) $s=\pm2$；(c) $s=\pm5/2$

4. 液晶聚合物向列相向错形态的观察

通常在正交偏光显微镜下所看到的纹影织构只是向列相向错的一种光学效应，而不是向错的真实形态。到目前为止还没有一种手段可以直接分辨分子链尺寸，从而观察到分子的排列形态。因此，人们只能借助于间接的方法，即装饰技术来表现向错的形态。人们根据聚合物液晶态的特点，发展了片晶装饰、条带织构装饰和表面裂纹装饰技术等。

1) 片晶装饰技术[43-45]

液晶聚合物可以从液晶态被淬火冻结成玻璃态而保留原液晶态的结构，并在液晶态转变温度以下退火再结晶时，其分子链段只能原位运动重排结晶，生成片晶结构而展现出原有向错的形态特征，即所谓的片晶装饰技术。向列相中指向矢的取向在冻结成玻璃态以及结晶过程中不会发生任何变化是片晶装饰的先决条件。由于聚合物片晶的厚度只有 10 nm，因此只能应用高分辨电子显微镜来观察。但透射电镜观察要求试样很薄，在观察过程中会产生辐照损伤，有时晶片间非晶区的局部损伤反而会增加晶片的成像衬度，有时也可用电子染色法以增加成像衬度。电子衍射证明，片晶中分子链是垂直晶片面取向排列，据此可以绘出其相应的分子指向矢图像。图 5.21 显示了一种热致性聚芳酯冻结液晶态中经片晶装饰的 $s=\pm1$ 向错形态的电子显微镜照片。

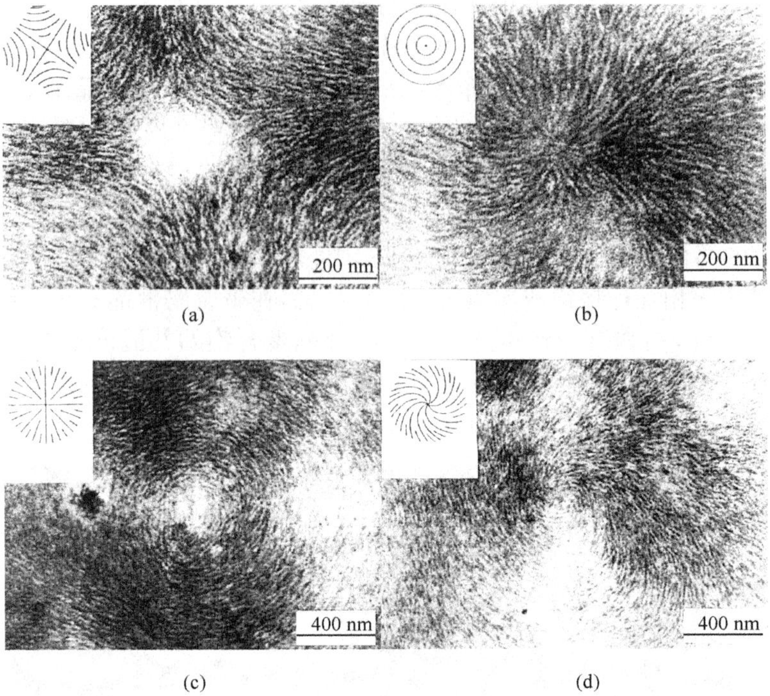

图 5.21　片晶装饰的聚芳酯液晶态向错的电子显微镜照片

(a) $s=-1$;(b) $s=1,c=\pi/2$;(c) $s=1,c=0$;(d) $s=1,c=\pi/4$

2）条带织构装饰技术

聚合物液晶态只需受到很小的剪切力作用后指向矢就呈大致均一的取向，剪切弛豫过程中在偏光显微镜下可观察到与剪切方向垂直的明暗交替的条带，它是相列相聚合物液晶态取向有序微区结构呈周期性锯齿状弯曲的一种光学效应[46-47]。这种光学现象表明，其相邻两条条带中分子链的取向方向有显著不同，并与剪切方向成一夹角 θ(图 5.22)，条带和夹角的大小依赖于聚合物的性质、剪切速率、溶液浓度和体系温度。后来又发现，当向错密度足够小时，即当所谓的有序微区结构发展到足够大时，即使没有受剪切取向的试样，在冷却固化过程中也能形成条带织构。这种固化诱发的条带是围绕向错核心规则排列，而显现出各种向错的形态，即所谓的条带织构装饰法[48]。由于条带的尺寸较大，为微米量级，因此应用条带织构装饰的向错结构可以在偏光显微镜下进行观察。应用条带织构装饰技术首先必须确定条带织构中条带的长轴方向与分子指向矢取向方向之间的对应关系。根据前述对剪切诱发条带织构的研究表明，在相邻条带中分子链取向排列分别偏离剪切方向成一定角度，但是分子链平均取向方向是垂直于条带的长轴方向；对于主链型液晶聚合物来说，分子链的方向与介晶基元的指向矢方向是一致的。对于主链型热致聚芳酯液晶向列相，应用条带织构装饰技术观察到了各种形式的向错结构，包括 $s=\pm 1/2$，$s=\pm 1$ 和 $s=-3/2$ 等多种向错的形态和反转壁的结构[49]。图 5.23 为一组应用条带织构装饰了的

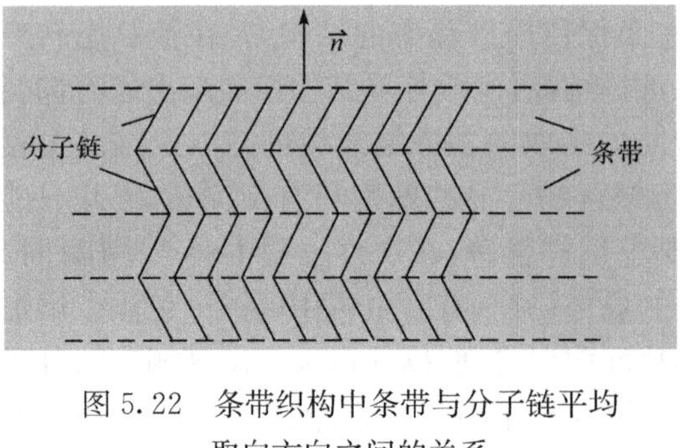

图 5.22　条带织构中条带与分子链平均取向方向之间的关系

聚芳酯液晶态中 $s=\pm 1$ 向错形态的偏光显微镜照片，从图中可以清晰地看到围绕向错点有规则取向排列 $s=\pm 1$ 向错形态的条带织构图像。根据图 5.22 中条带与分子链平均取向方向的关系，可以画出其相应的分子指向矢取向排列图像，如图 5.23 中右上角所示。

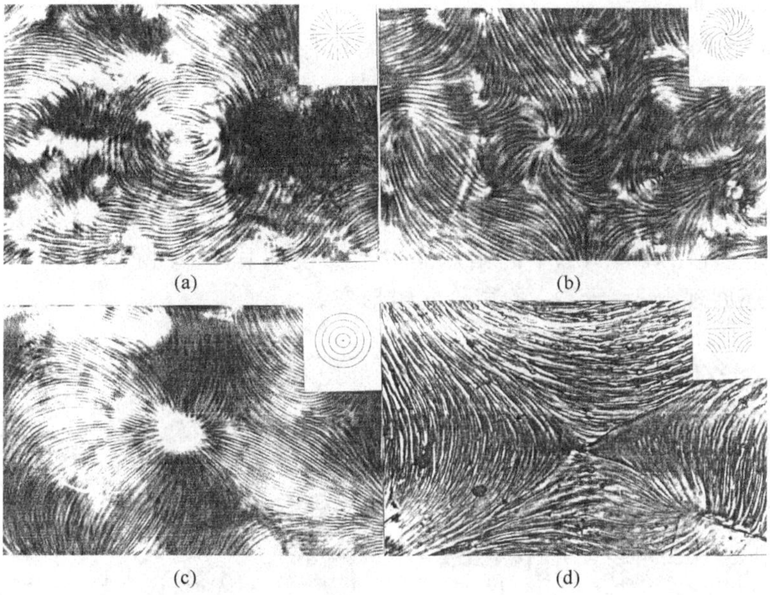

图 5.23　条带装饰的聚芳酯液晶态中 $s=\pm 1$ 向错形态的偏光显微镜照片

(a) $s=1, c=0$；(b) $s=1, c=\pi/4$；(c) $s=1, c=\pi/2$；(d) $s=-1$

条带织构装饰的向错尺寸较大，向错间距增加了 3～4 个数量级。这是由于条带织构装饰的样品是在较接近清亮点温度下退火处理的，在这个过程中符号相反的向错相互吸引合并成向错强度等于原来两个向错强度代数和的大向错，向错密度减小，向错间距增大。条带织构装饰技术与片晶装饰技术相比具有许多优点，可以在普通偏光显微镜下进行研究，避免了电镜观察的复杂制样过程和试样受电子辐照损伤危害。同时条带织构装饰技术与所装饰材料能否结晶无关，并特别适用于研究不能结晶或结晶性不好的液晶高分子液晶态的向错结构。如果样品的厚度适中，可以在产生固化诱发条带织构的同时还保留纹影织构，如图 5.24 所示。这是

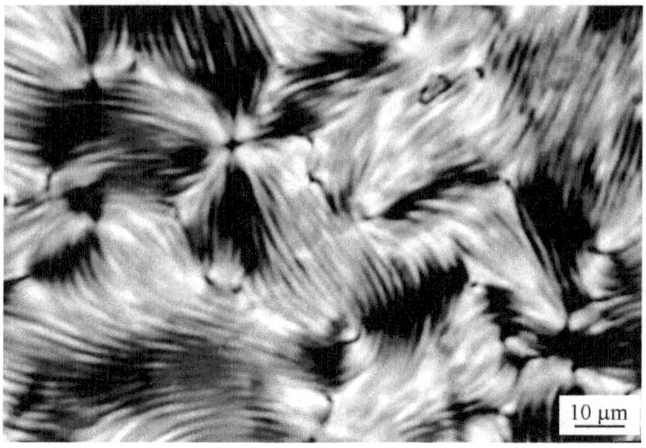

图 5.24　聚合物液晶态纹影织构和向错结构之间的关系的偏光显微镜照片

条带织构装饰技术最大的优点，可以非常生动、形象、直观地理解纹影织构和向错结构之间的关系，同时解释了向错结构在偏光显微镜下产生纹影织构的原理，即纹影织构只是向错点周围分子指向矢排列取向的一种光学效应。

3）表面裂纹装饰技术[49-50]

聚合物液晶态中刚性分子链的热膨胀和收缩具有各向异性，因而有沿分子链方向劈裂的趋向。在从液晶态熔体淬火或溶剂蒸发成固态膜时，就会产生平行分子链方向的表面裂纹；这种技术比较适用于观察分子链刚性大的聚合物液晶态的向错结构。由于表面裂纹是沿着平行于分子链的取向方向进行，因此表面裂纹所展现的向错形态与分子指向矢的方向相一致。表面裂纹装饰向错的尺寸也比较大，可以在偏光显微镜下进行观察。图 5.25 为应用表面裂纹装饰的溶致性聚噻唑环己烷液晶态中向错形态的显微镜照片，图中除展示 $s=\pm1/2$ 和 $s=\pm1$ 的向错形态外，还展现出 $s=\pm3/2$ 的高价向错形态。

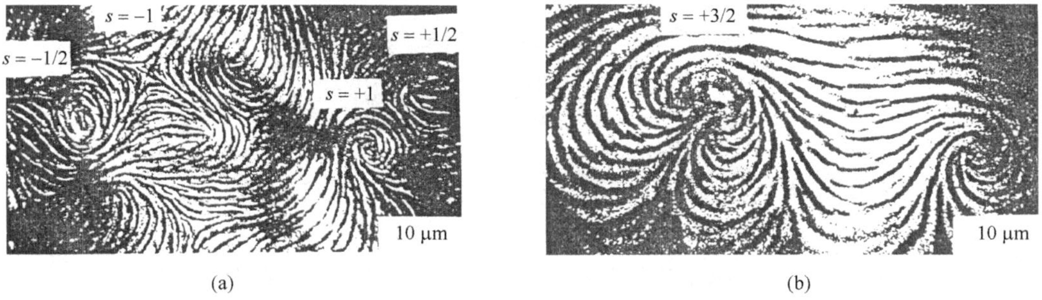

图 5.25　表面裂纹装饰的聚噻唑环己烷液晶态向错形态的偏光显微镜照片

(a) $s=\pm1/2,\pm1$；(b) $s=\pm3/2$

4）近晶相焦锥织构装饰技术[51-52]

液晶聚合物的近晶相在升温过程会转变为向列相并出现纹影织构，当再次降温至转变温度时，将出现近晶相的特征织构——焦锥织构，并装饰显现出其向列相的向错结构。图 5.26 为一侧链型液晶聚合物被焦锥织构装饰的向列相的向错结构的偏光显微镜照片，其中焦锥织构与介晶基元取向方向之间的关系是采用显微红外二色性确定的，结果表明，结晶基元是平行于焦锥织构的取向方向，其分子指向矢图绘于图 5.26 中左上角。

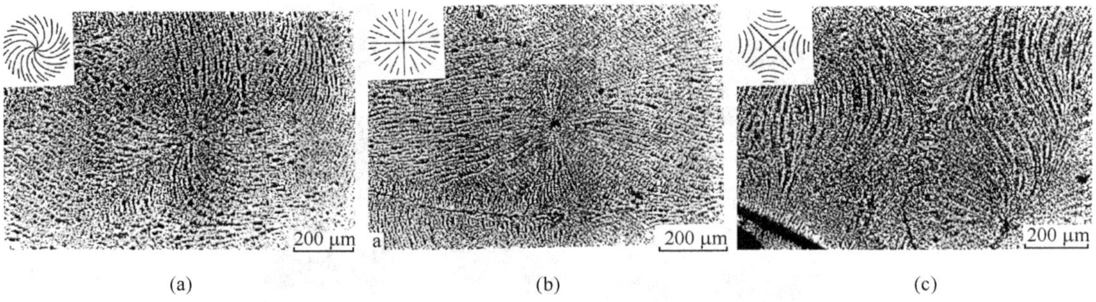

图 5.26　侧链型液晶聚合物被焦锥织构装饰的向列相的向错结构的偏光显微镜照片

(a) $s=1, c=\pi/4$；(b) $s=1, c=0$；(c) $s=-1$

5.5.2　液晶聚合物胆甾相的缺陷结构

1. 胆甾相缺陷结构的形成理论[53-55]

液晶聚合物的胆甾相更为复杂，因为胆甾相的向错可以由指向矢的奇异性和螺旋轴的奇异性引起和产生。按转动轴 Ω 方向与向错线 L 方向的关系可分为轴向向错和垂向向错，它们也称为楔形向错和扭曲向错。在轴向向错中如果向错的旋转轴 Ω 和胆甾相的螺旋轴平行，就将产生 χ 型向错；如果向错的旋转轴 Ω 和胆甾相的螺旋轴垂直，并且旋转轴 Ω 和局域指向矢 $\boldsymbol{n}$ 的指向相平行，将产生 λ 型向错；如果向错的旋转轴 Ω 和胆甾相的螺旋轴垂直，并且旋转轴 Ω 和局域指向矢 $\boldsymbol{n}$ 的指向相垂直，将产生 τ 型向错。χ 型向错可以是任意形状的，但是单个的 λ 型向错线或 τ 型向错线则必然是直线。

向错和位错都可以通过伏尔特拉(Volterra)过程产生，即在一块没有被扰动的液晶中沿边界线为 L 的曲面 Σ 切开，使曲面 Σ 分成上下完全相同的两切割面 Σ_1、Σ_2。通过边界线 L，两切割面 Σ_1、Σ_2 做相对的刚性位移 b 或绕一旋转轴 Ω 旋转 ω，于是两切割面相对的移动 d 为位移 b 和旋转角 ω 的矢量加和。如果只有旋转角 ω，则是 de Gennes-Friedel 过程。在以上过程中，可能出现一些区域的液晶被移动而留下空隙，或出现某些区域的液晶被叠加在一起。通过填入相同的液晶或取走多余的液晶的操作，让液晶通过分子间相互的自由张弛达到平衡状态。在做相对旋转的过程中，在 Σ 面以外的有限距离范围内，液晶分子的指向矢会连续地调整变化以适应这种转动，而在 Σ 面上分子指向矢的取向却出现了不连续性。一般情况下，只有在外力作用下这种指向矢不连续性才能保持，但如相对旋转的角度为 $\pm N\pi$（N 为整数），则除边界线 L 外，液晶各处的指向矢将恢复连续性，而边界线 L 上将出现奇异性，指向矢的排列取向无法确定，产生向错线。相对旋转的角度不同（$\pm N\pi$，N 为整数），可得到不同强度（$s=\pm N\pi/2\pi=\pm N/2$）的向错。图 5.27 为产生 $\tau^{-1/2}$ 向错的伏尔特拉过程的示意图。

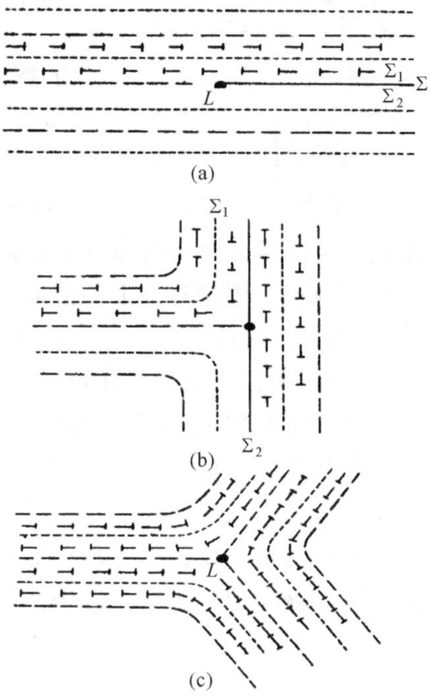

图 5.27　产生 $\tau^{-1/2}$ 向错的伏尔特拉过程的示意图

对于 χ 型向错来说，当局域分子层中分子各自绕平行于螺旋轴 Ω 的旋转轴转过 0 到 $\pi/2$ 后，向错形态类似于向列相的 $s=1$ 向错，也从辐射状—等角螺线状—圆环状进行变化。而轴向 χ 向错不完全等同于向列相的向错，因为胆甾相有自发的螺旋结构，层中分子指向矢的取向按照螺旋的形式以螺距 P 为周期连续地变化。当经过半螺距 $P/2$，即分子指向矢排列转过 π 后，分子指向矢又回到原方向上，因而向错的图像会随着在螺旋轴上的位置而以半螺距 $P/2$ 的周期转动。而 $s=+1$ 的向错线周围的指向矢图像在 $P/4$ 螺距的周期内将由辐射状变成圆环状。另外，轴向 χ 向错中把切割面 Σ 上的液晶分子都以平行于边界线 L 的轴旋转 α 角，那么切割面上的液晶指向矢分布将与整个切割面移动 $-P\alpha/2\pi$ 的情况相同。因此，把切割面 Σ 上的液晶分子旋转 α 角和把切割面 Σ 沿边界线平移 $-P\alpha/2\pi$ 是等价的。这样，由切割面 Σ_1、Σ_2

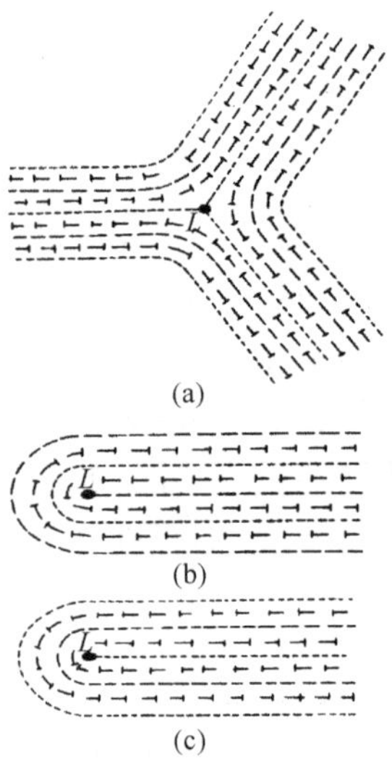

图 5.28　$\tau^{1/2}$、$\lambda^{1/2}$和 $\lambda^{-1/2}$ 向错指向矢分布图

相对转动$\pm N\pi$而产生的轴向向错线，也可以由 Σ_1、Σ_2 相对移动$\pm NP/2$的位错线来表示。λ 型向错可以看成由螺旋轴的奇异性引起的，因为缺陷的旋转轴 Ω 和局域指向矢 $\boldsymbol{n}$ 的方向平行；τ 型向错是螺旋轴Ω 和局域指向矢共同产生的奇异线。图 5.28 表示出 $\tau^{1/2}$、$\lambda^{1/2}$ 和 $\lambda^{-1/2}$ 向错。图中短线表示指向矢的取向与纸面平行；点表示指向矢的取向与纸面垂直；钉子形表示指向矢的取向与纸面斜交，钉子头指向读者。从图 5.28 中可以看出，λ 型向错线与 τ 型向错是不同的，λ 型向错线与局域指向矢 $\boldsymbol{n}$ 的指向相平行，因此被普遍认为是非奇异性的，指向矢在中心是连续的。而 τ 型向错线与局域指向矢的指向相垂直，具有一个较高能量的奇异核心，因而也较少出现。

对于垂向χ 向错，在伏尔特拉过程中旋转轴 Ω 平行于胆甾相的螺旋轴，并垂直于切割面 Σ，即垂直于向错线 L。垂向χ 向错的最简单例子就是格兰德燃-伽诺劈(Grandjean-Cano wedge)[33]中出现的向错线(在向错线 L 的左右两边指向矢相互垂直)。格兰德燃-伽诺劈的产生是将胆甾相放入一个劈形的液晶盒中，液晶盒的玻璃基片做了使液晶分子指向矢做沿基片面平行排列的定向处理。通过偏光显微镜可以观察到规则的条纹，这是因为基片的锚定作用使基片上的液晶指向矢相互平行，而基片可近似认为是相互平行的，这样两基片间的液晶厚度必然为 $NP/2$(N 为正整数，P 为螺距)。但由于上、下基片的厚度在逐渐变化，因此螺距也会适当变化以适应边界条件要求，但不会偏离正常螺距 P_0 很大，这样在两个正常半螺距整数值之间就会出现一个向错。在图 5.29(a)中 A、B、C 处为正常半螺距整数倍，A 处为$N=2$，B 处为 $N=3$，C 处为 $N=5$，这样 AB 之间的指向矢变化为 π，将有一条$s=1/2$的向错线 $L_{1/2}$；B 到C 指向矢的变化为 2π，将有一条 $s=1$ 的向错线 L_1。换一个角度来看，垂向χ 向错也可看成是位错的一种，如图 5.29(b)中 $s=1/2$ 的垂向χ 向错可看成是将一个额外的半螺距厚的液晶层插入正常的液晶层中。

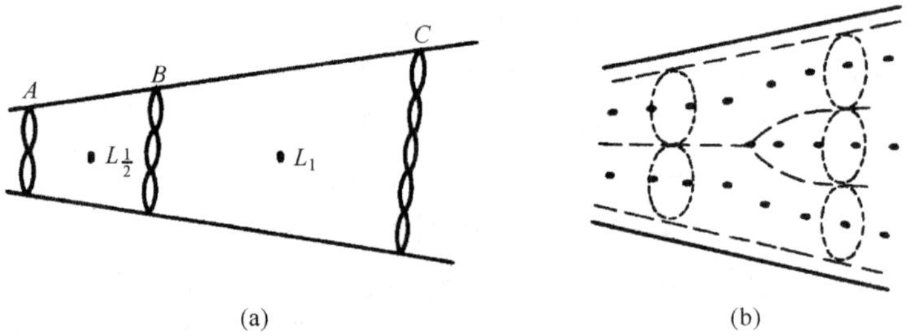

图 5.29　格兰德燃-伽诺劈(a)和 $s=1/2$ 垂向 χ 向错(b)

为了降低能量，一般χ 向错会分裂成具有不同符号的 λ 或 τ 的向错对，垂向χ 向错比较容易分裂。图 5.30 显示了几种由具有相反符号的 λ 型和 τ 型向错组成的向错对。它们有一共同的规律就是必须具有相反的符号，而且向错线之间的垂直距离等于 1/4 螺距的整数倍，即 $D=NP/4$。格兰德燃-伽诺劈可看成是一种这类向错对。$\tau^-+\lambda^+$，$\lambda^-+\tau^+$，$\lambda^-+\lambda^+$ 向错对比较常见，$\tau^-+\tau^+$ 向错对则比较少。

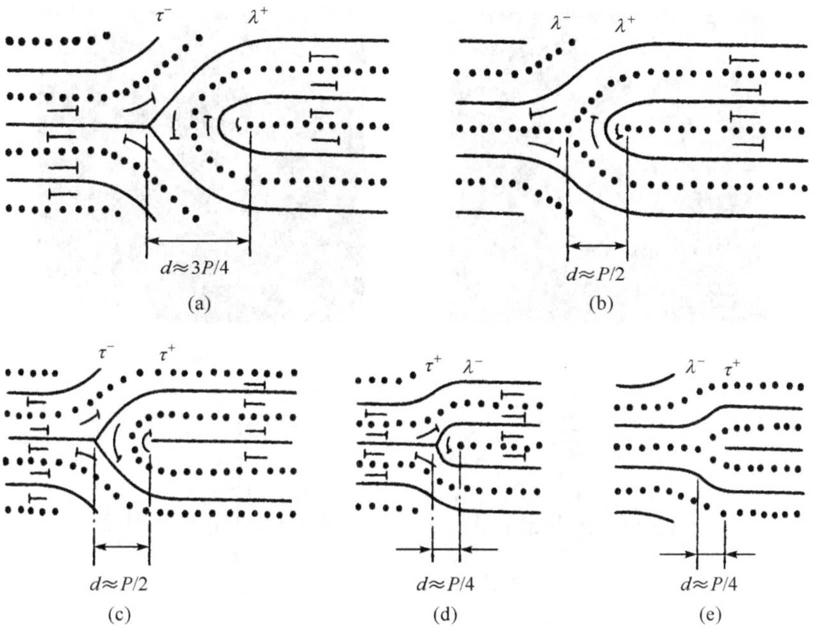

图 5.30　几种由具有相反符号的 λ 型和 τ 型向错组成的向错对

(a) $d\approx 3P/4$；(b) $d\approx P/2$；(c) $d\approx P/2$；(d) $d\approx P/4$；(e) $d\approx P/4$

2. 液晶聚合物胆甾相的缺陷的实验观察[56-60]

织态结构是液晶态中液晶行为与位错、向错缺陷的集合产物，不同的位错和向错会产生不同的织构。通常认为平面织构中只有位错；多边形织构中有位错和焦锥织构；扇形织构中有位错、焦锥织构和向错。但胆甾相与近晶相的多边形织构和扇形织构相比，缺少特征的向错线对（椭圆和双曲线）。所以常通过在偏光显微镜和电子显微镜下观察胆甾型相的织构来研究其缺陷结构。

在纤维素衍生物大分子溶致性液晶胆甾相中，随着溶液浓度的增加，液晶相呈现出多种织构特征。在液晶相刚开始形成时，在偏光显微镜下观察到同心圆环[图 5.31(a)]或螺旋线[图 5.31(b)]形态的圆盘织构[56]，这实际上就是 $s=1$ 的轴向向错结构。在这种向错结构中，取向的大分子链层垂直于液膜平面和“圆盘”的径向，存在扭曲、展曲和弯曲三种畸变，而且在圆盘织构的中心存在一个奇异点[图 5.31(c)]。

在纤维素衍生物大分子液晶胆甾相区很大或成为连续相以后，胆甾相呈现出具有明暗相间的“带状织构”和假各向同性织构。这种“带状织构”与前述的剪切诱发条带织构不同，它实质上是胆甾相所特有的“指纹织构”的延伸。在“带状织构”中可以观察到多种向错结构，如 λ 向错和 τ 向错；通常 λ 向错和 τ 向错出现在临近各向同性相的区域。强度为 1/2 和 $-1/2$ 的 λ 向错和 τ 向错的存在取决于拓扑学的限制，受到液晶相边界条件的影响。在液晶相是连续相时，向错的强度通常为 $-1/2$，在液晶相是非连续相时，向错强度通常为 1/2。

在电子显微镜[59]和原子力显微镜(AFM)[60]下可以观察高分子液晶胆甾相时呈现出周期性的层状结构形态。层状结构的周期与光学显微镜下所观察到的指纹织构中的周期相一致。这种周期性的层状结构反映出胆甾相中高分子链取向方向的周期性变化。而且，高分子液晶胆甾相的缺陷结构也可以从这种层状结构中反映出来。例如，通过透射电子显微镜(TEM)观察到的乙基氰乙基纤维素在丙烯酸中形成具有不同符号的 λ 向错和 τ 向错对组成 χ 向错(图 5.32)。在向

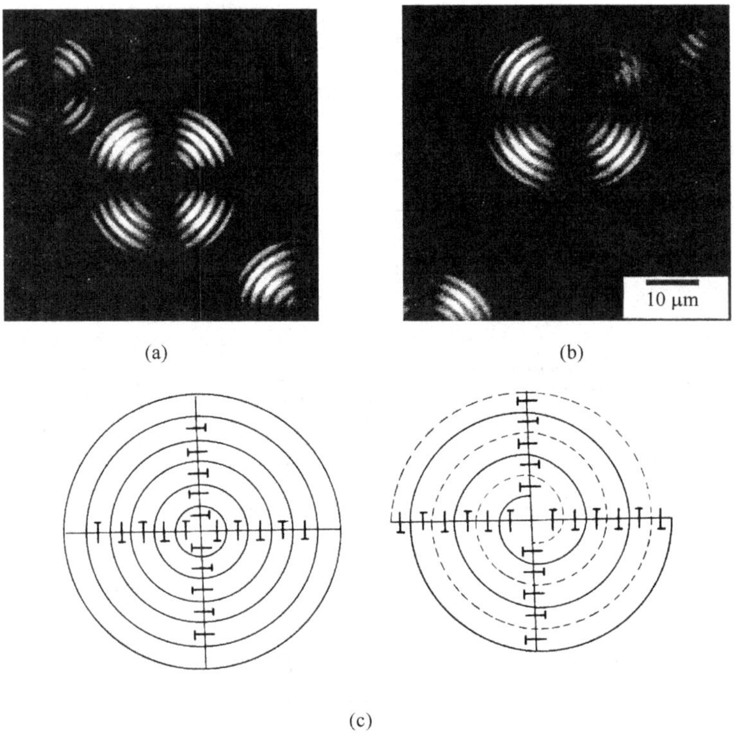

图 5.31　乙基氰乙基纤维素/二氯乙酸胆甾型液晶溶液的织构

(a) 同心圆环;(b) 螺旋线的圆盘织构;(c) 圆盘织构中向错周围指向矢图像

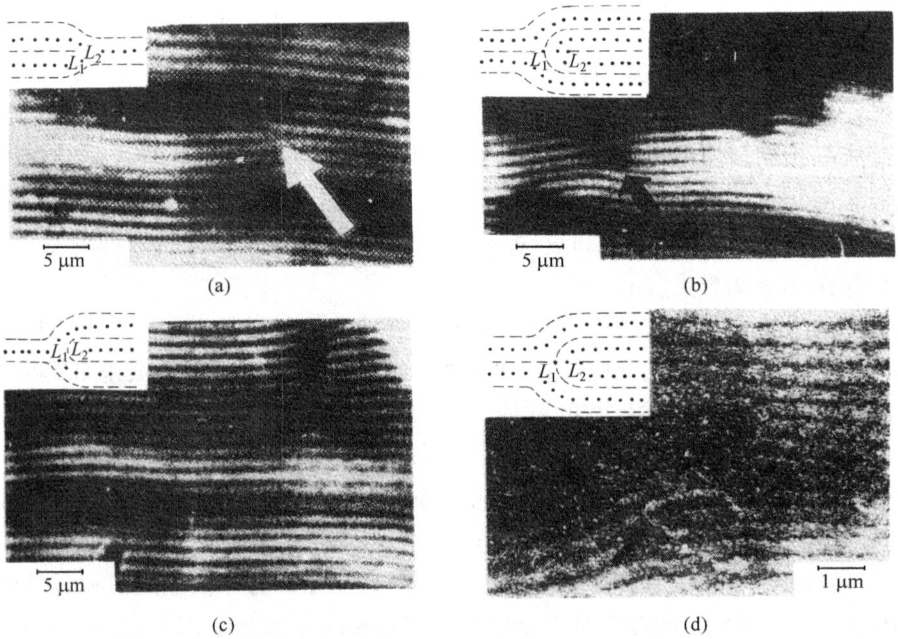

图 5.32　乙基氰乙基纤维素大分子胆甾型液晶相中的向错对(在二氯乙酸中)

(a) $\chi \rightarrow \tau^{+}+\lambda^{-}$;(b) $\chi \rightarrow \tau^{-}+\tau^{+}$;(c) $\chi \rightarrow \lambda^{+}+\lambda^{-}$;(d) 在丙烯酸中$\chi \rightarrow \tau^{-}+\tau^{+}$

错对中，λ 向错和 τ 向错旋转轴的垂直距离 d 一定是 1/4 螺距的倍数。如图 5.32(a)所示，$d=P/4$，在图 5.32(b)和(c)中，$d=P/2$。在生物大分子液晶胆甾相中通过偏光显微镜也可观察到向错 $\lambda^{-1/2}$、$\lambda^{+1/2}$ 以及向错对 $\chi\rightarrow\tau^{-}+\lambda^{+}$，$\chi\rightarrow\lambda^{-}+\lambda^{+}$ 和 $\chi\rightarrow\tau^{-}+\tau^{+}$ 结构。

5.6　聚合物液晶态的流变性与相转变电磁效应

5.6.1　液晶态的流变性[61]

溶致性液晶聚合物的溶液都存在一个临界浓度，其值的大小取决于分子链的轴比(刚性链段的长径比)和聚合物的分子量，轴比和分子量越大，临界浓度值越低。当溶液浓度低于临界浓度值时，溶液的黏度随溶液浓度的增加而升高；当溶液浓度达到临界浓度值时，溶液黏度出现极大值。超过临界浓度值时溶液开始转变为液晶态，这时溶液黏度反而开始下降；并随着浓度增加而逐渐降低(图 5.33)。这种黏度的反常现象是液晶聚合物向列相的特点，这是由于溶液浓度超过临界值时，形成了分子链规则排列的有序微区结构。这时聚合物液晶态的流动单元已不是分子链或链段，而是整个有序微区结构。人们利用聚合物液晶态形成有序微区结构在低剪切应力下容易产生取向和弛豫时间较长的特性，开发了液晶纺丝技术，可以制得高强度、高模量的有机合成纤维，如芳纶纤维。

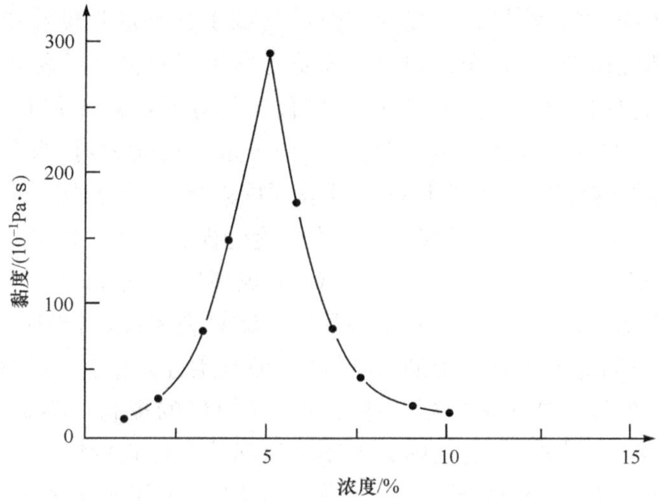

图 5.33　聚对苯甲酰胺/二甲基乙酰胺氯化锂溶液的黏度与浓度的关系

1. *液晶态纺丝*

液晶态纺丝技术是利用刚性链液晶聚合物在液晶向列相中棒状分子自发平行排列有序化，通过纺丝使分子链高度伸展取向排列，并被固定保持在纤维中。由于液晶态溶液(或熔体)中已存在有序微区，其纺丝时的流动单元已不是分子链或链段，而是有序微区。这些有序微区在低剪切应力下产生流动而取向。由于有序微区结构的弛豫时间较长，容易将其取向状态保持下来。因此，液晶态纺丝可以在普通纺丝设备条件下进行，得到普通柔性链聚合物所难以得到的高取向度和高性能的合成纤维。但是，对于溶致性液晶聚合物来说，多采用溶液法纺丝，根据纺丝液浓度的不同可分为湿法和干喷湿法两种。湿法纺丝一般只适用于纺丝液浓度不太高的体系，否则由于体系黏度太高而难于纺丝。但是纤维的强度与溶液的浓度成正比，特别是液晶态溶液,浓度越大,其有序度越高,所得纤维的强度也越高。当溶液的浓度较大时,其黏度也很高,以致在常温下成为凝固液,而只有在高温下才可能成为可纺的溶液。因此,对高浓度的聚合物液晶态溶液,只有采用干喷湿法纺丝才能发挥聚合物液晶态的特点,从而制得高强高模的合成纤维。所以即使是同一种液晶聚合物,如聚对苯二甲酰对苯二胺(PPTA),从不同性质溶液进行纺丝所得到的纤维的性能也有很大的差异,如表 5.4 所示。

表 5.4　PPTA 从不同纺丝液所得纤维的力学性能比较[59]

溶液性质	各向同性	各向异性	各向异性
纺丝液浓度/(%,质量分数)	<8	8～9	13～20
纺丝温度/℃	20	20	80～90
纺丝方法	湿法	湿法	干喷湿法
断裂强度/(g/d)[a]	<11	<20	25
断裂伸长/%	2～3	2～3	3～4
模量/(g/d)	400～800	400～800	600～1200

a. g/d 是单位,表示克/代。

2. 液晶聚合物的力学性能

大量理论研究表明,聚合物材料的强度和模量远低于其理论强度和模量。聚合物材料的结构和性能关系的研究结果指出,聚合物材料承受力学作用的主要因素是分子链的键合作用。因此,要想提高聚合物材料的力学性能,必须使聚合物的分子链处于伸直的构象,并结晶成伸直链晶体。同时,所有的分子链都要尽可能长,即分子量尽可能大,使得分子链间具有很强的相互作用力。人们按照这样的构思,先后研究开发了固态挤出、凝胶纺丝[62]和液晶态纺丝[63-64]等先进加工技术,使合成纤维的力学性能得到较大幅度的提高。其中利用凝胶纺丝技术,制得柔性链聚乙烯纤维的拉伸强度也达到了 3.3～5.0 GPa,提高近 10 倍;模量达到 150～200 GPa,提高近百倍之多。聚乙烯只是一个特例,对于多数聚合物材料来说,由于存在较高的分子间相互作用力,尽管拉伸可以明显地提高纤维的力学性能,但是柔性链聚合物所固有的链缠结和结晶时生成的折叠链晶体的倾向严重地限制了纤维强度和模量的提高。不难想象,如果用于纺丝的聚合物具有完全伸直链结构,并有足够大的刚性以保持其伸直构象,那么才有可能得到接近理论力学性能的材料。为此,人们合成了以芳香族为主链的刚性链液晶聚合物,这类聚合物在一定条件下可形成分子链排列有序的液晶相,并利用其液晶相的特性进行纺丝,即液晶态纺丝,以制得高强高模的合成纤维。例如,芳纶-49 纤维的拉伸强度为 3.4 GPa,模量为 130 GPa。

5.6.2　液晶态相转变的电磁场效应

液晶的研究到今天之所以仍很引人注目,非常重要的原因就是其分子在外场作用下易于重新排列和取向,具有极大的优越性能和发展前景。而利用这一特性开展的应用,如液晶显示器件,给人们的工作和生活带来了极大的方便和美的享受,并反过来促进对液晶材料和性能的基础研究和应用研究。

对于液晶聚合物在外场(电场、磁场和力场)作用下的研究起步较晚。本节着重介绍液晶聚合物在电场、磁场中的一些相转变行为和性能。

1. 液晶分子的电、磁性能的各向异性与分子取向

任何一种类型的液晶分子都是有各向异性的性能，即在平行于其分子长轴方向上的和垂直于分子长轴方向上的物理常数(如折射率、介电常数 ε、磁化率 χ 等)不相同。液晶分子在电场、磁场下的排列变化就是由其相关物理性质的各向异性造成的。下面就从弹性理论上，以磁场取向为例简单地介绍液晶分子在电磁场作用下的取向。

从液晶的弹性理论可知，在磁场作用下，液晶相的自由能密度[37,65]

$$G = G_D + G_H \tag{5.28}$$

式中，G_D 为液晶分子的弹性能密度；G_H 为液晶分子受外磁场影响的磁场能密度。

$$G_D = \frac{1}{2}[k_{11}(\boldsymbol{\nabla}\cdot\boldsymbol{n})^2 + k_{22}(\boldsymbol{n}\cdot\boldsymbol{\nabla}\cdot\boldsymbol{n} - k_2/k_{22})^2 + k_{33}(\boldsymbol{n}\cdot\boldsymbol{\nabla}\cdot\boldsymbol{n})^2] \tag{5.29}$$

式中，k_{11} 为展曲(splay)系数；k_{22} 为扭曲(twist)系数；k_{33} 为弯曲(bend)系数。k_2 为螺旋结构中螺旋系数，$k_2<0$ 时是正螺旋胆甾相液晶；$k_2>0$ 时是负螺旋胆甾相液晶；向列相液晶 $k_2=0$。一般 $k_{33}>k_{11}>k_{22}$，数量级约为 10^{-12} N/m，所以只要较小的能量就能使液晶相产生形变。

$$G_H = -\frac{1}{2}\chi_{\perp}\boldsymbol{H}^2 - \frac{1}{2}\chi(\boldsymbol{n}\cdot\boldsymbol{H})^2 \tag{5.30}$$

式中，第一项为与指向矢 $\boldsymbol{n}$ 的方向无关的项；第二项为与指向矢的方向相关的项，其中 $\chi=\chi_{/\!/}-\chi_{\perp}$，($/\!/$ 与 $\perp$ 分别表示平行与垂直液晶分子指向矢 $\boldsymbol{n}$ 的方向)为磁化率各向异性系数；$\boldsymbol{H}$ 为磁场矢量。当液晶处于平衡状态，液晶分子稳定排列时，自由能将达到最小值，即自由能密度为最小值，则磁能密度也要最小。在磁场作用下，如磁化率各向异性系数为正，即 $\chi>0$，则由式(5.30)可知，只有 $\boldsymbol{n}$ 与 $\boldsymbol{H}$ 平行(液晶分子长轴平行磁场排列)，磁能密度 G_H 最小。若 $\chi<0$，只有 $\boldsymbol{n}$ 与 $\boldsymbol{H}$ 垂直(液晶分子长轴垂直磁场排列)，磁能密度 G_H 才最小。若 $\chi\approx0$，则磁场对 G_H 无影响。可见 χ 决定了液晶分子受外磁场影响的取向排列方式和程度。

对于电场作用下的液晶相的自由能密度与磁场的类似

$$G = G_D + G_E \tag{5.31}$$

式中，G_E 为液晶分子受外电场影响的电场能密度。

$$G_E = -\frac{1}{2}\varepsilon_{\perp}\boldsymbol{E}^2 - \frac{1}{2}\varepsilon(\boldsymbol{n}\cdot\boldsymbol{E})^2 \tag{5.32}$$

同样，在电场作用下，如介电常数各向异性系数为正，即 $\varepsilon>0$，只有 $\boldsymbol{n}$ 与 $\boldsymbol{E}$ 平行(液晶分子长轴平行电场排列)，G_E 最小；$\varepsilon<0$，只有 $\boldsymbol{n}$ 与 $\boldsymbol{E}$ 垂直，G_E 最小。可见电、磁场取向液晶分子的原理一致。

对于含有极性基团的液晶聚合物，如乙基氰乙基纤维素，介电常数和磁化率各向异性的正负是与其分子结构相关的，它很大程度上受苯环上的共轭 π 电子和氰基影响。许多研究发现，由于氰基的强极性(偶极矩)，如果氰基接在链的端基上，分子将趋向于平行电场或磁场方向排列，而使 ε 或 $\chi>0$；如果氰基接在链的侧基上，它将使分子垂直于电场或磁场方向排列，而使 ε 或 $\chi<0$。对于主链含有苯环的聚合物，在磁场中，由于苯环上共轭 π 电子的影响，液晶分子长轴总是沿磁场方向取向，而呈现正磁化率各向异性。如果用环己基或环己烷类代替苯环，则分子会因其伸长的分子结构而呈现负磁化率各向异性。但氰基与苯环或环己基等六元环相比，其对液晶分子的磁化率系数的影响弱得多。

2. 液晶聚合物在电、磁场中的取向行为

现在已知的电场对液晶聚合物的作用可分为两种:①取向效应完全是电场对液晶聚合物的影响,没有电流的影响;②电光学效应是液晶电导率各向异性的贡献(电流影响)。下面将主要介绍第一种取向效应,而对液晶聚合物的第二种效应相对研究较少,具体变化可参考小分子液晶。而磁场对液晶聚合物的作用只有取向效应。

要使液晶分子的排列发生改变,外加电场、磁场的强度都必须超过一定值(临界强度),它们可以由对液晶相自由能[式(5.28)和式(5.31)]求极小值方法求出[54,65],对于最简单的向列相其结果分别为

$$E_c = \frac{\pi}{d}\left(\frac{k_{ii}}{|\varepsilon|}\right)^{1/2} \tag{5.33}$$

$$H_c = \frac{\pi}{d}\left(\frac{k_{ii}}{|\chi|}\right)^{1/2} \tag{5.34}$$

式中,E_c 和 H_c 分别为临界电场强度和临界磁场强度;d 为液晶盒厚度;k_{ii} 为对应于形变类别的弹性系数,即 $k_{ii}=k_{11}$(展曲),k_{22}(扭曲),k_{33}(弯曲)。因此,可以由液晶分子的 ε 或 χ 和弹性系数求得 E_c 或 H_c。

对于高分子向列相液晶,一般都是由侧链上带有氰基的丙烯酸、甲基丙烯酸和硅氧烷柔性间隔的向列相介晶基元共聚物。常见的变形是向列态的展曲形变,对这些形变的研究工作表明,通过施加直流或交流电场可以使介晶基元取向[8],并使得体系的光学性能发生变化。

例如,聚合物

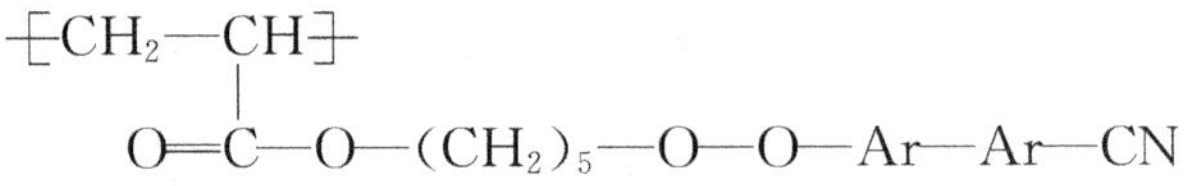

能形成向列相液晶,其 $\varepsilon>0$,即介晶基元将按外加电场方向取向。研究发现,当施加一低频电场后,其织构的透射光强度衰减至零。并且电场取向导致的光强下降的速率与所加电压直接相关,即随着电压的升高,其迅速增加。而临界电压与其频率的关系是以渐近线方式发散的。另外,电场作用取向时间 τ_{on} 与分子量的关系如表 5.5 所示。

表 5.5　电场作用取向时间 τ_{on}、分子量和清亮点之间的关系

M_w	聚合物(DP)	T_i/℃	τ_{on}/s
6.9×10^3	20	77	0.05
2.4×10^4	70	90	0.5
7.9×10^4	240	120	1.5
6.6×10^5	2000	120	10.0

表 5.5 中 T_i 为清亮点温度。由表 5.5 可以看出液晶聚合物的电场取向时间 τ_{on} 相对于小分子液晶($10^{-3}\sim10^{-1}$s)长很多。更重要的一点是它还取决于分子量,从表 5.5 中可以看出,聚合度(DP)增加 100 倍时,取向效应的作用时间增加了 200 倍。结果还表明,取向过程的动力学参数是由聚合物的宏观黏度决定的。侧链型聚合物液晶和小分子液晶的黏度差别决定了它们在电场作用下取向速率的差别,而且液晶相黏度对撤去电场时有序至无序过程速率的影响比对建立有序时速率的影响更大。

同样的聚合物在磁场作用下的取向结果[66]表明，介晶基元在施加磁场方向取向排列，体系具有正的磁化率，即$\chi>0$。取向达到平衡的时间要慢于施加电场时的情形，往往要经过几十分钟；由 NMR 测定获得的有序参数与小分子液晶的有序参数值相近。

由于胆甾相具有特殊的螺旋结构，其在电场、磁场作用下的变化要比向列相的更复杂。电场、磁场对聚合物胆甾型液晶相的研究已有一些报道，但它们大多是对介电常数或磁化率各向异性为正的胆甾相液晶，在电场、磁场作用下胆甾相液晶分子会沿平行于磁场方向排列，其胆甾相螺旋结构会发生“解螺旋运动”，这一过程伴随着螺距增大。随着电场强度、磁场强度的增大，开始螺距增大得较慢，在接近临界强度时，螺距快速增大。在临界强度下，其胆甾相结构将因液晶分子趋向平行电场或磁场排列而破坏并转变成向列相[67-68]，如图 5.34(a)、(b)所示。其典型的代表性液晶聚合物为聚-L-谷氨酸苄酯(PBLG)胆甾相溶液[69-73]，对其研究比较详细，包括对其磁化率各向异性系数χ 的测量和其扭曲弹性系数受温度、溶液浓度、分子量和溶剂等的影响。特别是其受磁场作用的螺距增大的实验值 P 对原始螺距 P_0 的比值 P/P_0 与磁场强度对临界磁场强度比值 H/H_c 的理论曲线符合得很好，如图 5.35 所示。如果胆甾相液晶分子的介电常数或磁化率各向异性为负，液晶分子会沿垂直于电场、磁场方向排列，但同时液晶分子还能在胆甾相扭转力的作用下形成螺旋轴平行于电场、磁场方向的螺旋结构，从而保持胆甾相的结构，如图 5.34(c)和图 5.36 所示。这意味着，可以用磁场来调整负性磁化率各向异性的胆甾相液晶的螺旋轴排列，所以寻找和研究这类胆甾相液晶物质具有重要的意义和应用

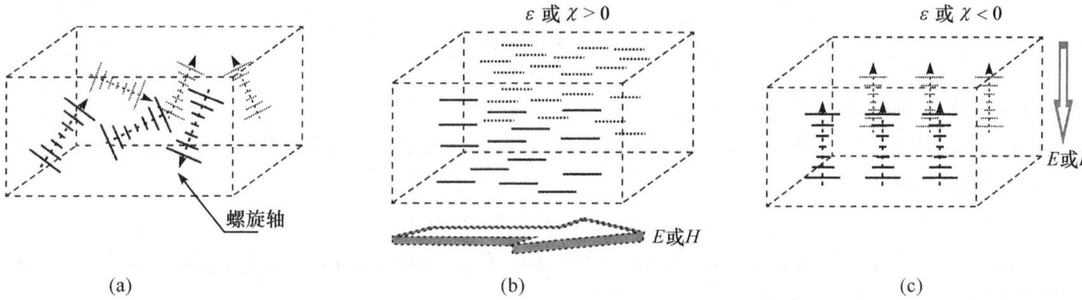

图 5.34　胆甾相在外场作用下的相转变示意图

(a) 为原始状态；(b) ε 或$\chi>0$ 时外场取向作用后；(c) ε 或$\chi<0$ 时外场取向作用后

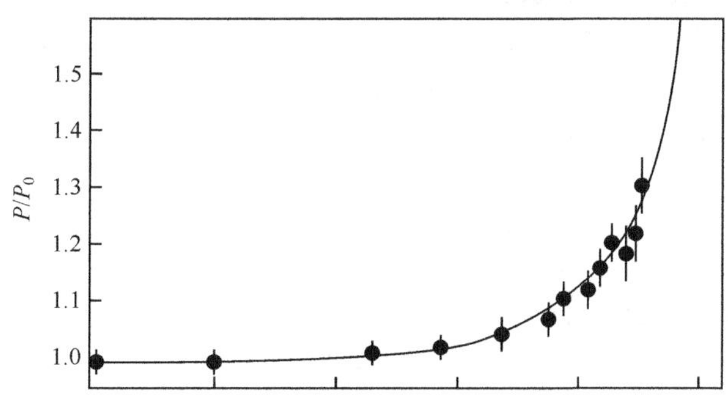

图 5.35　PBLG 的 P/P_0 与 H/H_c 的实验曲线[69]

圆点为实验值，实线为理论曲线[67]

前景。在聚合物中,对磁化率各向异性为负的大分子胆甾相液晶物质的研究还不多。一种DNA片段的溶致性胆甾型液晶[74]和纤维素溶致性胆甾型液晶[75-76]的这种行为已有报道。有意思的是它们都是生物大分子。

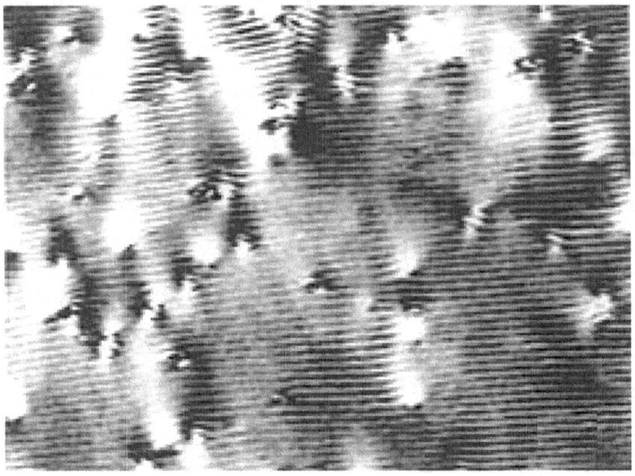

图5.36　磁场取向后的纤维素胆甾相液晶溶液指纹织构
磁场方向与照片平行,由上至下[76]

因此,研究液晶聚合物在电场、磁场中的取向变化,对揭示液晶聚合物结构特性和制造具有特殊光学性能的新材料都有非常重要的作用。

参 考 文 献

[1] Reinitzer F O. Monatsh. Chem. ,1888,9:421.

[2] Lehmann O. Flüssige Kristalle,Sowie Plästizitat von Kristallen im Allgemeinin,Molekulare Umlagerungeanderugen. Leipzig:Englemann,1904.

[3] 周其凤,王新久. 液晶高分子. 第2章. 北京:科学出版社,1999.

[4] Donald A M,Windle A H. Liquid Crystalline Polymers. Cambridge:Cambridge Univ. Press,1992:Chap. 6.

[5] Robinson G Frans. Faraday Soc. ,1955,52:571.

[6] 宋文辉,陈寿羲. 高分子学报,1999,(1):80.

[7] Oseen C W. Trans. Faraday Soc. ,1933,29:883.

[8] Zocher H. Trans. Faraday Soc. ,1933,29:945.

[9] Frank T C. Faraday Soc. Disc. ,1958,25:199.

[10] Onsager L. Ann. N. Y. Acad. Soc. ,1949,51:627.

[11] Flory P J. Proc. Roy. Soc. ,1956,A234:73.

[12] Odijk T. Macromolecules,1986,19:2313.

[13] Lasher G J. Chem. Phys. ,1970,53:4141.

[14] Flory P J. J. Chem. Phys. ,1942,10:51.

[15] Flory P J. Proc. Roy. Soc. ,1956,A234:73.

[16] Flory P J. Ronca G. Mol. Cryst. Liq. Cryst. ,1979,54:289.

[17] 吴大诚,谢新光,徐建军,等. 高分子液晶. 第2章. 成都:四川教育出版社,1988.

[18] Hermans J. Jr. J. Colloid. Sci. ,1962,17:638.

[19] Robinnov C,Ward J C,Bevers R B. Disc. Fraraday Soc. ,1958,25:29.

[20] Bruzone R. Thesis Institute of Industrial Chemistry. Univ. of Genoa,1986.

[21] Kwolek S L,Morgan P W,Schaefgen H R,et al. Macromolecules,1977,10:1390.

[22] Itou T,Van K,Teramoto A. J. Appl. Polym. Sci. ,Appl. Polym. Symp. ,1985,41:41.

[23] Maier W. A. Saupe,Z. Naturjorch,1958,13a:564.

[24] Cafrerri A, Krigbaum W R, Meyer R B, et al. Polymeric Liquid Crystals. New York:Academic Press, 1982,35.

[25] Bhattacharya S K,Misra A,SteinR S,et al. Polym. Bull. ,1986,16:465.

[26] 徐振淼,陈寿羲．高分子通讯,1979,3:129.

[27] Chen S X,Sun Z,Song W H,et al. Chinese J. Polym. Sci,1996,14:86.

[28] Liu X P,Hu S R,Shi L H,et al. Polymer,1989,30:273.

[29] Chen S X,Chinese J. Polym. Sci,1989,7:379.

[30] Tsukrak V,et al. Polym. Bull. ,1984,11:561.

[31] Huang Y,et al. J. Appl. Polym. Sci. ,1994,51:1979.

[32] Huang Y,et al. Mol. Cryst. Liq. Cryst. ,1996,281:27.

[33] Hu Z M,et al. J. Appl. Polym. Sci. ,2001,80:1770.

[34] Pracella M,et al. Mol. Cryst. Liq. Cryst. ,1984,113:225.

[35] Papkov V B,et al. J. Polym. Sci. ,Polym. Phys. Ed. ,1987,25:1859.

[36] Hans K,et al. Makromol. Chem. ,1988,189:1189.

[37] 谢毓章．液晶物理学．第四章．北京:科学出版社,1988.

[38] Frank F C. Discuss. Faraday Soc. ,1958,25:19.

[39] 钱人元,陈寿羲,宋文辉．化学进展,1996,8:1

[40] Song W H,Chen S X,Qian R Y. Makromol. Chem. Rapid Commun. ,1993,14:605

[41] Galli G,Laus M,et al. ,Eur. Polym. J. ,1985,21:727.

[42] Zhou Q F,Wan X H,Zhang F,et al. Liquid Crystals,1993,13:851.

[43] Wood B A,Thomas E L. Nature,1986,324:655.

[44] Chen S X,Cai L Y,Wu Y S,et al. Liquid Crystals,1993,13:365.

[45] Food R,Bassett D C,Mitchell G R. Mol. Cryst. Liq. Cryst. ,1990,180B:233.

[46] Chen S X,Song W H,Jin Y Z,et al. Liquid Crystals,1993,15:247.

[47] 陈寿羲,龙程奋,蔡丽英．高分子通讯,1981,6:424.

[48] Chen S X,Song W H,Jin Y Z,et al. Liquid Crystals,1993,15:247.

[49] Wang W,Lieser G,Wegner G, et al,Liquid Crystals,1993,15:1.

[50] Hu Z M,Chen S X,Qian R Y. Liquid Crystals,2001,28:451.

[51] Hu Z M,Chen S X,Zhang S F,et al. Macromol. Rapid Commun. ,2000,21:1028.

[52] Gu Q C,Wu C C,Chen S X,et al. Liquid Crystals,2003,30:117.

[53] Friedel J,Kleman M. *In*:Simmons J A,deWit R. Washington D. C. :Boullough R,-Special publicationn No. 317,(National Bureau of Standards),1970,Vol. 1:607.

[54] De Genes P G. The Physics of Liquid Crystals. Chap. 6. Oxford:Clarendon Press,1974.

[55] Nabarroed F R N. Dislocations in Solids. Ch. 22. North Holland Co. ,1980,5.

[56] Huang Y J. Macromol. Sci. ,Phys. ,1989,B28(1):131.

[57] Voss J,Voss B Z. Naturforsch. ,A,1976,31A:1661.

[58] Kleman M,Williams C E,Costello M J,et al. Philos. Mag. ,1977,35:33.

[59] Huang Y,Loos J,Yang Y Q,et al. J. Polym. Sci. PartB:Polym. Phys. ,1998,36:439.

[60] Huang Y,Yang Y Q,Petermann J. Polymer,1998,39:5301.

[61] Plate N A. Liquid-Crystal Polymers. New York:Plenum Press,1993:Chap. 9.

[62] 瞿金平,胡汉杰．聚合物成型原理及成型技术．第 11 章．北京:化学工业出版社,2001.

[63] 张树范,胡汉杰．高分子通讯,1979,(4):250.

[64] Plate N A. Liquid-Crystal Polymers. Chap. 10. New York:Plenum Press,1993.
[65] 施善定,黄嘉华,李秀娥．液晶与显示应用．第3章．上海:华东化工学院出版社,1993.
[66] Piskunov M V,Kostromin S G, Stroganov L B, et al. Makromol. Chem. Rapid Commun. ,1982,3:443.
[67] de Gennes P G. Solid State Commun. ,1968,6:163.
[68] Meyer R B. Appl. Phys. Lett. ,1968,12:281.
[69] Duke R W,et al. J. Chem. Phys. ,1974,60:2759.
[70] Duke R W,et al. Macromolecules,1974,7:374.
[71] Dupre D B,et al. J. Chem. Phys. ,1975,63:143.
[72] Duke R W,et al. J. Am. Chem. Soc. ,1976,98:3094.
[73] Patel D L,et al. J. Chem. Phys. ,1980,72:2515.
[74] Van Winkle D H,et al. Macromolecules,1990,23:4140.
[75] Dong X M,et al. Langmuir,1997,13:3029.
[76] Wang L,et al. Macromolecules,2000,33:7062.

第6章 聚合物共混物相分离热力学

6.1 引 言

聚合物共混物是由两种或更多种不同链化学结构的聚合物以不同方式组合在一起的共混物。所谓不同方式指的是用机械直接将不同链化学结构的聚合物熔融共混(也可称之为物理法),或者通过化学反应(如接枝共聚或嵌段共聚)将不同链化学结构的聚合物结合在一起(也可称之为化学法)。无论用什么办法将具有不同链化学结构的聚合物组合在一起,先假设组合在一起的聚合物都是不结晶的,可以想象共混物很难达到热力学平衡状态,因为具有不同链化学结构的聚合物混合在一起后的混合熵太小,难以实现混合自由能小于零的要求。实验早已证实,大多数具有不同链化学结构的聚合物混合物是热力学不相容的。与此同时,实验中也不断发现越来越多的具有不同链化学结构的聚合物呈现为热力学相容的。这里需要首先明确有关相容性的概念。

6.1.1 相容性定义

相容性(miscibility)聚合物共混物

组分相互均匀分散可至分子水平的聚合物共混物,它的混合自由能为负值,$\Delta G_m \approx \Delta H_m \leqslant 0$,混合自由能二阶导数为一正值,即$\partial^2 \Delta G_m / \partial \phi^2 > 0$。在实际判断过程中,也可认为它是这样的聚合物共混物,其微相区的尺寸与大分子统计链段的尺度具有可比性。

不相容性聚合物共混物

组分间混合自由能为正值的聚合物共混物,即 $\Delta G_m \approx \Delta H_m > 0$。

注:常作为聚合物共混物相容性判据的是聚合物共混物是否具有单一的玻璃化转变温度,及其玻璃化转变温度是否随聚合物共混物组成规则地变化,这一判据与聚合物共混物微相区尺寸具有与大分子统计链段尺度可比性的要求是一致的。

Miscible polymer blend

Polymer blend, homogeneous down to the molecular level, associated with the negative value of the free energy of mixing: $\Delta G_m \approx \Delta H_m \leqslant 0$, and a positive value of the second derivation: $\partial^2 \Delta G_m / \partial \phi^2 > 0$. Operationally, it is a blend whose domain size is comparable to the dimension of the macromolecular statistical segment.

Immiscible polymer blend

Polymer blend whose free energy of mixing: $\Delta G_m \approx \Delta H_m > 0$

6.1.2 混容性定义

混容性(compatibility)聚合物共混物

"Compatibility"一词已常被回避使用,在一种最适宜的实用中,混容性聚合物共混物作为非专用名词仅表示它是一种可推广应用(市场可销售的)的看上去均匀分散的聚合物共混物,它具有相对组分聚合物增强的性能。

注:大多数聚合物共混物是不相容的,而商品化的聚合物共混物中更是绝大多数不相容。正是这样的不相容性,聚合物共混物经物理方法或(和)化学方法改性而具有满足各种使用要求的好的综合性能,因为不相容性聚合物共混物的微相结构已经变了,虽然没有变成相容性聚合物共混物,但是却使不相容性聚合物共混物的组分间性能互补,从而使其性能得以本质的改进。对于这样的相结构状态,用部分相容性描述显然也不妥,因为相容性是热力学概念,所以用混容性的变化来描述就成为实际的需要了。

Compatible polymer blend

Term to be avoided! At best a utilitarian, non-specific term indicating a marketable, visibly homogeneous polymer mixture with enhanced performance over the constituent polymers.

6.1.3　聚合物合金和界面相定义

聚合物合金(polymer alloy)

经增容使相界面和相形态改善而改性的不相容性聚合物共混物。

界面相(interphase)

通过相区间扩散或增容而强化的二元聚合物合金的第三相。界面相的厚度随共混物组分和增容方法而变化,变化范围为 2～10 nm。

Polymer alloy

Immiscible, compatibilized polymer blend with modified interface and morphology.

Interphase

Third phase in binary polymer alloys, enhanced by inter-diffusion or compatibilization. Thickness of this layer varies with the blend components and compatibilization method from 2 to 10 nm.

6.1.4　增容定义

增容(compatibilization)

不相容性聚合物共混物的相界面性质的改进过程,其结果是相界面张力系数降低及所设计的相形态稳定化,从而导致创造一种聚合物合金。

Compatibilization

Process of modification of the interfacial properties in immiscible polymer blend, resulting in reduction of the interfacial tension coefficient and stabilization of the designed morphology, thus leading to the creation of a polymer alloy.

6.1.5　工程聚合物和工程聚合物共混物定义

工程聚合物(engineering polymer)

可加工成型的聚合物材料,成型具有严格的尺寸和稳定性,成型(部件)在高于 100 ℃温度下连续使用显示稳定的高性能,其抗张强度大于 40 MPa。

工程聚合物共混物(engineering polymer blend)

含有一种工程聚合物或具有工程聚合物性质的聚合物共混物或聚合物合金。

Engineering polymer

Processable polymeric material; capable of being formed to precise and stable dimensions, exhibiting high performance at the continuous use temperature CUT>100℃, and having tensile strength in excess of 40 MPa.

Engineering polymer blend

Polymer blend or polymer alloy that either contains or has properties of an engineering polymer.

以上所述定义主要参考 Vtracki 主编的《聚合物共混物手册》(*Polymer Blends Handbook*)[1]。

聚合物共混物中一个组分可结晶的聚合物共混物占很大比例，特别是大品种商品聚合物中聚烯烃(聚乙烯、聚丙烯及聚氯乙烯)共混物占有更为重要的位置，它们的不相容性共混物的相结构增容，它们的合金体系结构与性能关系很复杂。

聚合物共混物中两个组分都是可结晶的共混物，虽然比例不大，有些已是重要的合金体系，它们的相结构、相行为与结晶形态、结晶行为交错在一起更为复杂。

为什么在本书中单设三章叙述聚合物共混物相分离与相结构呢？首先是因为聚合物共混物的凝聚态结构具有独立特征和极其丰富的内容。相结构形成的热力学理论与动力学理论渐趋成熟，不仅可以解释聚合物共混物多相结构的形成，而且在设计控制聚合物共混物多相结构方面的作用更加重要。其次，聚合物共混物在整个高分子材料的发展中显示了越来越重要的优势，聚合物通过共混进行改性已成为聚合物改性的主流之一，聚合物共混改性要求人们进行更加有效地设计与控制，其核心所在也是如何有效地设计与控制聚合物共混物的相分离与相结构。

为了较好地认识与研究聚合物共混物的结构与性能的意义，这里简要介绍一些聚合物共混物的研究开发与应用的状况。

20 世纪初始(1900 年)塑料的世界产量约为 25 000 t。前 30 年世界产量翻了一番，之后又每 5 年增加一倍。20 世纪 40 年代初的塑料产量增长最为突出，那是第二次世界大战战争需要推动的结果，当时每年塑料增长率已达 25%。第二次世界大战后前 30 年塑料工业总产量保持在年平均增长率为 15%。到 1992 年，塑料的世界产量已达到 1.02 亿 m^3/a，而当时世界钢铁的产量是 0.5 亿 m^3/a，就是说当时论产品的体积，塑料年产量已是钢铁年产量的 2 倍以上了。而且，1980～1990 年，塑料产量增长了 62%，而钢铁的产量只增长了 21%。只是在最近过去的 20 年左右，塑料的消费才显示较小的和不稳定的增长。到 2000 年底世界塑料产量达到 1.51 亿 t。考虑到世界范围不平衡的聚合物消费，聚合物(高分子材料)生产具有到 21 世纪中可增长 10 倍的潜力。高分子材料已是增长最快的结构材料。

橡胶的共混早于热塑性塑料的共混约一个世纪。1846 年，Parkcs 引入了反式聚异戊二烯(*trans*-1,4-polyisoprene)和顺式聚异戊二烯(*cis*-1,4-polyisoprene)的第一个共混物，也就是天然橡胶(natural rubber, NR)同古塔波橡胶(Gutta percha, GP)的共混物。通过改变共混物的组成，同时加入填料，可制备出不同柔软程度或不同硬度的橡胶或橡皮。

聚合物共混物的发展一直是与聚合物的发展相伴的，硝化纤维素一经发明，就被用于与天然橡胶共混。硝化纤维素与天然橡胶共混的专利公布于 1865 年，是硝化纤维素商品化之前的 3 年。最先通过聚乙酸乙烯酯与聚氯乙烯共混对其进行增塑发生在 1928 年。聚氯乙烯塑料的商品化于 1931 年实现，而聚氯乙烯与丁腈橡胶共混的专利公布于 1936 年，丁腈橡胶合成的专利也仅早两年才公布。然而，真正的现代聚合物共混始于 20 世纪 60 年代。也就是 Hay 发明 2,4-二甲苯酚(2,4-xylenol)的氧化聚合，得到聚苯醚[poly(phenylene ether),PPE]之后。聚苯醚与聚苯乙烯共混后,加工性能得到显著改善,使聚苯醚成为加工性能优良的工程塑料,享誉于电器与医疗器械工业,它的商品牌号为 Noryl,于 1965 年研制成功。

当今,聚合物合金、共混物及复合材料的消耗已占整体塑料消耗的 80%。此外,塑料工业中的聚合物共混物方面的增长要比塑料工业整体的增长大约快 3 倍。聚合物共混已经被认为是生产能够满足复杂而高的性能要求材料的,最适应多方面且最经济的方法。截至 2000 年底,聚合物共混物世界市场达到 0.5 亿 t,其价值远超过 2000 亿美元,发展趋向是提供可以替代市场上的任何其他树脂的聚合物共混物;因为它们的加工性能肯定可以与单相聚合物加工性能密切匹配,同时提供大得多的性能选择范围的可能性。

在经济发达国家,塑料已经取代大多数应用中的传统材料。现今市场的压力将强迫树脂的生产能提供具有超级性能组合的物美价廉的材料,这些材料不仅要取代木材或钢铁,而且要取代越来越多的传统生物材料。这种状况将导致:①不断增长的产品生产规模;②采用多组分和多相材料;③开发新的加工方法。

例如,已投入加工成型用的双螺杆挤出机,其技术规格已达以下水平:①80 t/h 的生产效率;②注塑压力可达 100 000 kN;③注射量可达 100 L 聚合物。已开发成功的最新复合材料,其基质由 6 种不同聚合物组成的聚合物共混物。

采用新的加工成型技术:gas and multiple injection processes; melt-core technology; solid-state forming; microcellular forms,已经开发出性能更加先进的产品,整个聚合物工业技术水平变得更加高级精密。为了支持这些新的趋势,研究协会已经要求为多组分共混物提供更好的预测方法,为封闭线路的加工过程控制提供改进的敏感器件,特别是在配料复合和加工过程中形态的演变观测方面具有首要的意义。微观流变学与分子凝结的观测对于描述聚合物共混物的结构演变是关键的。

20 世纪 90 年代初,发展了首批能够预见聚合物共混物组合过程中形态演变的数学模型。完全可以预见的模型已经提供了与在双螺杆挤出机中实验测定的形态变化相符很好的结果。然而,必须认识到在组合与加工单元中发展的形态是动态的。由于应力的移除和有效增容的缺乏,聚合物共混物的形态在随时间而变化。

如今,很少直接使用不经共混改性的树脂。只是一些聚合物比另一些聚合物要求少一些改性。例如,已具有两相结构的半结晶聚合物可能不迫切需要共混改性,或需要比较简单的共混改性。然而一些基本上不结晶的非晶聚合物,如 PVC、PS、PPE 及双酚 A 聚碳酸酯(polycarbonate of bisphenol A,PC)等都有脆性问题,经常需要比较复杂有效的改性,特别还必须考虑成本问题。共混改性的优越性一般有两种范畴。

1. 通过共混改性树脂或产品性能的途径

(1) 以最低消耗生产具有全面设想的性能材料。

Producing materials having a full set of the desired properties at lowest cost.

(2) 通过与比较便宜的聚合物组合,实现扩展工程树脂的性能。

Extending the engineering resins, performance by incorporation of less expensive polymers.

(3) 改进特殊性能。

Improvement of specific properties.

(i) 增韧脆性聚合物，通过聚合物共混同时去除使用低分子量添加物(如去除柔性聚氯乙烯配方中的增塑剂)。

Toughening brittle polymers, thus eliminating the need to use low molecular weight additives (e. g. plasticizer in the flexible PVC formulations).

(ii) 将聚合物与更坚硬、更耐热的聚合物树脂组合，以改进其模量和尺寸稳定性。

Blending with more rigid and heat resistant resin may lead to improved modulus and dimensional stability.

(iii) 用不燃聚合物树脂与可燃聚合物树脂组合，以改进可燃聚合物的阻燃性质(如用聚氯乙烯改进聚苯乙烯或丙烯酸树脂的阻燃性质)。

Incorporation of non-flammable resin onto a flammable one improves flame resistance (e. g. styrenics or acrylics with PVC).

(iv) 与带有羟基(—OH)或硫醇基(—SH)官能团的聚合物共混可以形成永久抗静电聚合物共混物(如环氧乙烷-环氧氯丙烷共聚物与 ABS/PC 共混物混合)。

Blends with polymers having either —OH or —SH functionality leads to permanently anti-static blends (e. g. ethylene oxide-co-epichlorohydrin with ABS/PC blend).

(v) 半结晶聚合物与非晶聚合物共混可以改善非晶聚合物耐溶剂、抗化学性等稳定性(如用热塑聚酯 PET 或 PBT 与 PC 共混)。

Incorporation of semi-crystalline polymer into amorphous resin to improve solvent and chemical resistance (e. g. in blends of PC with PEST).

(vi) 用一种可生物降解的树脂与其他聚合物组合形成可生物降解材料。

Biodegradable materials produced by incorporation of a biodegradable resin.

(vii) 聚合物共混可能制造出一体化的多层结构的材料。

Blending makes it possible to produce integrated multi-layer structures.

(4) 聚合物共混提供了工业、事业与生活消费的塑料回收再生的方法。

Providing means for recycling of industrial and/or municipal plastics waste.

(5) 聚合物共混工业技术能使仅部分降解了的聚合物重新成为高分子量的聚合物，因而可以从废旧塑料制造出高性能高分子材料。

The blending technology makes it possible to rebuild high molecular weights of partially degraded polymers, thus to produce high performance articles from the plastics waste.

2. 聚合物共混技术用于改进聚合物加工性能

(1) 低玻璃化转变温度聚合物与高玻璃化转变温度聚合物组合成相容共混对，就可能使得高 T_g 聚合物在低于热降解温度的适宜温度下具有优良的加工性能和适宜的材料使用性能(如聚苯乙烯/聚苯醚共混对)。

Incorporation of a miscible resin with a lower glass transition temperature (T_g) makes it possible to process the high Tg resin at temperatures well below the thermal degradation limit (e. g. PS/PPE blends).

(2) 一种不相容的低黏度树脂与另一种高黏度、高玻璃化转变温度及高熔融温度聚合物共混组合在一起，可能明显地降低通过模头和流道时的压力，从而大大提高生产效率(如液晶聚合物/聚醚醚酮共混)。

Incorporation of an immiscible, low viscosity resin makes it possible to reduce pressure drop across dies or runners, thereby increasing productivity (e. g. LCP/PEEK).

3) 与某种树脂共混或树脂自身呈现高应变变硬(如低密度聚乙烯与另一种聚烯烃共混),或者反应性共混过程中形成长支链(如聚苯乙烯在与聚烯烃的共混物中),其结果导致了共混物具有可控程度的应变变硬。这些聚合物共混物材料显示出加工工艺中的比较好的加工性能,伸展流动场的工艺过程如吹塑薄膜、吹模塑、芯线涂层、发泡工艺等尤为重要。

Blending with resin that either by itself shows high strain hardening (SH) (e. g. LDPE in blends with another PO), or when reactively blended forms long chain branches (e. g. PS in blends with PO) results in blends having a controllable degree of SH. These materials show better processability in technologies where the extensional flow field is important, viz., film blowing, blow molding, wire coating, foaming, etc.

(4) 在泡沫塑料的发泡过程中,弹性体颗粒掺入发泡树脂中可改善气泡的成核,因而可使发泡过程稳定进行,并降低气泡尺寸和最后的泡沫塑料的密度。

Incorporation of elastomeric particles improves nucleation of gas bubbles, hence of stabilizes the forming process, reduces bubble size and the final foam density.

(5) 将某种可降解的树脂混入某种工程聚合物或某种特殊聚合物中,可使注塑成型后续阶段中产生某种可控量的发泡气体。

Incorporation of a degradable resin into an engineering or specialty one provides the means for generation of a controllable or amount of the foaming gas during the ensuring stages of processing, viz., injection molding.

(6) 将某种聚合物的不同牌号树脂相互搭配使用,以适应加宽分子量分布,使加工更容易、更稳定,也可改善产品的性能。

Blending different grades of the same resin broadens the molecular weight distribution, which in turn results in easier, more stable processing (as well as better mechanical performance).

(7) 聚合物共混可改进产品的稳定性和质量均匀性,少出废品,改善工厂的经济核算。

Blending improves product uniformity (scrap reduction) and plant economy.

(8) 聚合物共混可使生产工艺配方迅速改变并确定,从而使工厂灵活适应市场需要并提高生产率。

Blending ascertains quick formulation changes, thus plant flexibility and productivity.

(9) 聚合物共混可以减少工厂必须生产的牌号以及储存的产品牌号的数量。

Blending reduces the number of grades that need to the manufactured and stored.

(10) 聚合物共混技术可以提供生产审美价值材料的方法,如无凝胶颗粒薄膜涂层。

Blending technology offers methods for producing higher esthetic value materials, e. g. films or coatings without gel particle.

参 考 文 献

[1] Utracki L A. Polymer Blends Handbook, Vols. Ⅰ and Ⅱ. Dordeoht, Boston, London: Kluwer Academic Publishers, 2002.

6.2　聚合物共混物相分离热力学

相容聚合物共混物虽然相对较少,但也不断地被发现。一些相容聚合物共混物早已商品化,如聚苯醚/聚苯乙烯{poly(2,6-dimethylphenylene oxide)/polystyrene}[1]和聚氯乙烯/丁腈橡胶{poly(vinylchloride)/random copolymer of butadiene and acrylonitrile}[2]。前面已指出聚合物共混物呈现相容性的必要条件和充分条件,即 $\Delta G_{\mathrm{m}} \leqslant 0$ 和 $\partial^2 \Delta G_{\mathrm{m}}/\partial \phi^2 > 0$。何种不相似聚合物在什么条件下可能呈现为相容聚合物共混物?相容聚合物共混物在什么条件下又会发生相分离,从均相共混体系变成非均相共混体系?已经存在的和正在发展着的聚合物共混物热力学理论对这些问题给出了基本的解释。

6.2.1　Flory-Huggins 理论

Flory-Huggins 晶格模型理论奠定了高分子溶液理论基础,《聚合物结构与性能(性能篇)》"聚合物溶液性质"一章中给出了理论推导,其自由能表示式经简单调整[3]可适用于二元聚合物共混物混合自由能表示式,即

$$\frac{\Delta G_{\mathrm{m}}}{RT} = \frac{V}{V_{\mathrm{R}}}\left(\frac{V_{\mathrm{R}}}{V} n_1 \ln\phi_1 + \frac{V_{\mathrm{R}}}{V} n_2 \ln\phi_2 + \frac{V_{\mathrm{R}}}{V}\chi_{12} n_1 x_1 \ln\phi_1\right)$$

$$= \frac{V}{V_{\mathrm{R}}}\left(\frac{\phi_1}{x_1}\ln\phi_1 + \frac{\phi_2}{x_2}\ln\phi_2 + \chi_{12}\phi_1\phi_2\right) \tag{6.1}$$

式中,V_{R} 为每摩尔链节的体积(或称为参比体积);V 为体系的总体积。在调整过程中利用了

$$\phi_1 = \frac{n_1 x_1 V_R}{V} \qquad \phi_2 = \frac{n_2 x_2 V_R}{V} \tag{6.2}$$

式中,x_1、x_2 分别为聚合物 1、2 的聚合度;n_1、n_2 分别为聚合物 1、2 的物质的量。

式(6.1)中括号内前两项是熵对自由能的贡献,末项是焓的贡献。聚合物共混物能否相容,取决于熵项和焓项的相对大小。熵随聚合度的增加而降低,焓随相互作用参数χ_{12}的增加而升高。可以说χ_{12}与 x_1 和 x_2 的数值决定聚合物共混物是相容的还是不相容的。假定聚合度 x_1 和 x_2 都等于 100,相当于 $M=10^4$,分别设定χ_{12}值,可以计算混合自由能 ΔG_{m} 随体积分数 ϕ_1 和 ϕ_2 的变化,并以 ΔG_{m} 对体积分数作图,如图 6.1 所示[4]。

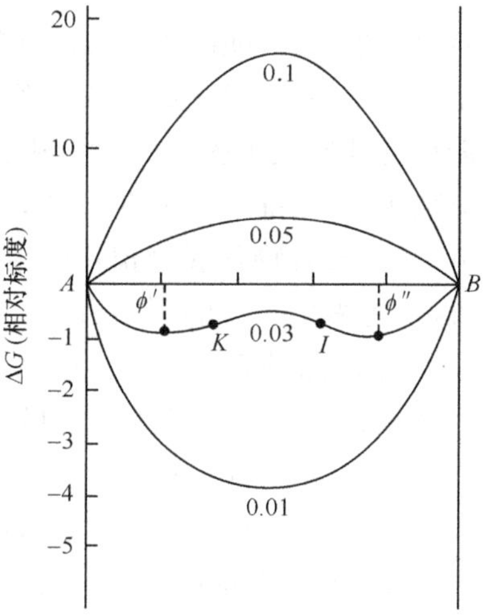

图 6.1　聚合物 1 和 2 的共混物混合自由能随组成的变化图
设定的相互作用参数值分别在曲线上注明

由图 6.1 可见,当χ_{12}很小时(如$\chi_{12}=0.01$),焓项极小,共混物的 ΔG_{m} 在整个组成范围内都小于零,而且有一极小值,此时共混物在整个组成范围内都是均相的,呈现为相容聚合物共混物。相反,当χ_{12}较高时(如$\chi_{12}=0.1$),熵项值小于焓项值,在整个组成范围内 ΔG_{m} 都大于零,曲线具有一极大值。显然,在这一情况下,在整个组成范围内,聚合物共混物的自由能都高于纯组分的自由能,聚合物共混物将呈现为非均相体系。

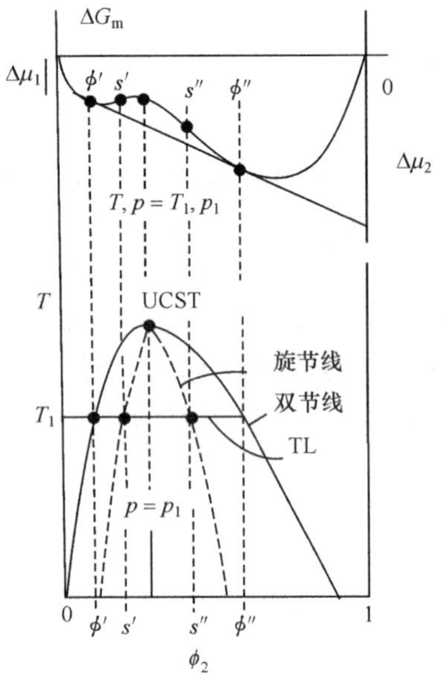

图 6.2 分子量不相等的聚合物 1 和 2 共混物的相互作用参数取χ_{12}中间值时的混合自由能 ΔG_m 随组成变化曲线

上图对应于压力和温度不变的情况;下图对应于压力不变,温度与组成关系相图

在相互作用参数χ_{12}取中间数值时,情况就变得比较复杂。例如,当$\chi_{12}=0.03$时,在整个组成范围内 ΔG_m 也均小于零,然而 ΔG_m 随组成变化的曲线呈现两个极小值,即在两个组成 ϕ'和 ϕ''混合自由能 ΔG_m 具有极小值,也就是说可能呈现两种组成的稳定均相,所以在这样的情况下,当共混物总组成处于 ϕ'和 ϕ''之间时,就会发生相分离,形成组成分别为 ϕ'和 ϕ''的两相,且两相的化学势相等。因为分相后所形成的两相对应的混合自由能更低。

如果聚合物共混物的组分分子量不相等,而且相互作用参数χ_{12}取中间值,那么混合自由能 ΔG_m 随组成变化的曲线就不再是对称的,如图 6.2 所示[5]。

无论聚合物共混物混合自由能 ΔG_m 随组成变化曲线对称与否,当相互作用参数χ_{12}取中间值时,曲线都显示两个拐点 s'和 s''。拐点的数学判别式是混合自由能 ΔG_m 的组成二阶导数等于零,是开始出现拐点的条件,所谓的临界条件则是混合自由能 ΔG_m 的组成二阶导数和三阶导数均为零。混合自由能 ΔG_m 随组成变化在拐点前后有本质的差别,从 $\phi_2=0$ 开始分析,拐点前,混合自由能 ΔG_m 随组成变化曲线向下凹,而在拐点后,混合自由能 ΔG_m 随组成变化曲线向上凸起。这就意味着,在两个拐点之间,混合自由能 ΔG_m 随组成变化曲线的曲率($\partial^2\Delta G/\partial\phi_1^2$ 或$\partial^2\Delta G/\partial\phi_2^2$)是负的,初始均匀的混合物在这样的条件下将呈现不稳定性,因为任意小的组成涨落都将引起混合自由能的降低,从而发生相应的相分离。与此同时,在拐点 s'或 s''与混合自由能最低点 ϕ'或 ϕ''之间,混合自由能 ΔG_m 随组成变化曲线的曲率是正的,任意均匀聚合物共混物在这样条件下将呈现一定的稳定性,任意小的组成涨落一般不引起混合自由能的降低,即使发生某种相分离,也不可能稳定地发展下去。聚合物共混物的混合自由能 ΔG_m 随组成变化曲线的 s'和 s''段对应的相分离为旋节(spinodal)相分离,而 $s'\phi'$和 $s''\phi''$所对应的相分离为双节(binodal)相分离(亚稳相分离)。聚合物共混物相互作用参数取中间值,且处于后一区域时,也不是绝对不能发生相分离,而是需要一定的驱动力,组成涨落使形成的新相尺寸足够大,新相界面能足够得低,恰好达到 ϕ'和 ϕ''点的条件,就会发生相分离,是一种成核过程,类似于结晶成核,一旦成核,新相就会继续成长下去,形成稳定的相分离的相[4]。

图 6.2 中的下方是一最高临界共容温度(UCST)相图,它是在相互作用参数取中间值时的聚合物共混物混合自由能随组成变化曲线引出的等压条件下,温度与组成的关系相图。从 Flory-Huggins 晶格模型热力学理论得到的一个直接结论就是相互作用参数χ_{12}是温度倒数的函数,即随着温度升高,表示聚合物共混物在一定温度下,相互作用参数可能取中间值,体系可能的相分离行为如上所述,s'和 s''两拐点对应于图 6.2 下方 UCST 相图曲线上的两个点,随着温度升高,聚合物共混物会变得混容得比较好,拐点 s'和 s''会逐渐靠近,UCST 曲线宽度变窄,甚至合为一点,那就是最高临界共容温度与组成共同决定的点,与此同时,ϕ'和 ϕ''是成核相分离形成的两相的组成,随温度升高,相互作用参数变小,ϕ'和 ϕ''及它们

对应的 UCST 相图曲线上的两点有自己的轨迹，但在一定温度下，也将合为一点，形成同一个最高临界共容温度与组成所决定的点。在图 6.2 中下方，s' 和 s'' 拐点对应的点组成的曲线表示为虚线，称为旋节线（spinodal），而 ϕ' 和 ϕ'' 点对应的点组成的曲线表示为实线，称为双节线（binodal）。

图 6.2 中下方给出的 UCST 曲线是从 Flory-Huggins 热力学理论的相互作用参数温度依赖性自然引出的，实际同时是该理论的局限性的表现，接下来将比较详细地讨论。这里给出两种 UCST 曲线，即旋节线和双节线。在旋节线内相关条件下，聚合物共混体系会自发地发生相分离，在旋节线与双节线之间相关的条件下，即使组成涨落引发某种相分离，它也不会稳定地发展下去，只有组成涨落形成的驱动力足以克服界面能增加的不利因素，引发成核，才会发生热力学平衡态的相分离。综上所述可以明确：

(1) 聚合物共混物混合自由能的二阶导数为零是发生相分离的必要条件，称为旋节相分离条件，即

$$\frac{\partial^2 \Delta G_{\mathrm{m}}}{\partial \phi_1^2} = \frac{\partial^2 \Delta G_{\mathrm{m}}}{\partial \phi_2^2} = 0 \tag{6.3}$$

(2) 聚合物共混物混合自由能的二阶导数和三阶导数均为零是临界相分离条件，即开始发生相分离的条件

$$\frac{\partial^2 \Delta G_{\mathrm{m}}}{\partial \phi_1^2} = \frac{\partial^3 \Delta G_{\mathrm{m}}}{\partial \phi_1^3} = 0 \tag{6.4}$$

(3) 两相聚合物共混物混合自由能的组成一阶导数，即化学势相等是双节相分离条件

$$\mu'_1 = \mu''_1 \qquad \mu'_2 = \mu''_2 \tag{6.5}$$

这些聚合物共混物相分离条件的具体表示式的推导结果如下：

旋节相分离条件

$$(\chi_{12})_{\mathrm{sp}} = \frac{1}{2}\left[\frac{1}{(\phi_1)_{\mathrm{sp}} x_1} + \frac{1}{(\phi_2)_{\mathrm{sp}} x_2}\right] \tag{6.6}$$

临界相分离条件

$$\left.\begin{aligned} (\chi_{12})_{\mathrm{cr}} &= \frac{1}{2}\left(\frac{1}{x_1^{1/2}} + \frac{1}{x_2^{1/2}}\right)^2 \\ (\phi_1)_{\mathrm{cr}} &= \frac{x_2^{1/2}}{x_1^{1/2} + x_2^{1/2}} \\ (\phi_2)_{\mathrm{cr}} &= \frac{x_1^{1/2}}{x_1^{1/2} + x_2^{1/2}} \end{aligned}\right\} \tag{6.7}$$

双节相分离条件

$$\left.\begin{aligned} \ln\phi'_1 + \left(1 - \frac{x_1}{x_2}\right)\phi'_2 + x_1\chi_{12}(\phi'_2)^2 &= \ln\phi''_1 + \left(1 - \frac{x_1}{x_2}\right)\phi''_2 + x_1\chi_{12}(\phi''_2)^2 \\ \ln\phi'_2 + \left(1 - \frac{x_2}{x_1}\right)\phi'_1 + x_2\chi_{12}(\phi'_1)^2 &= \ln\phi''_2 + \left(1 - \frac{x_2}{x_1}\right)\phi''_1 + x_2\chi_{12}(\phi''_1)^2 \end{aligned}\right\} \tag{6.8}$$

从临界相分离条件可以看出，当聚合物共混物的组分分子量很大时，相互作用参数趋近于零，这时从式(6.1)可以判断，这样的聚合物共混是吸热过程，所以一般高分子量聚合物共混体系是不相容的。

综上所述，Flory-Huggins 热力学理论简要地阐明了聚合物共混物许多相分离热力学基

本问题,同时也可以看到它们的理论只预见了最高临界共容温度类型的相分离行为,然而,实验研究结果证明,UCST 类型相分离行为虽然已经被观察到,但具有这样相分离行为的聚合物共混物至今发现得不多,而相当大量的聚合物共混体系具有最低临界共容温度(LCST)类型相分离行为。2002 年出版的 Utracki 主编的 *Polymer Blends Handbook* 报道的统计数字是:具有 UCST 相分离行为的聚合物共混物为 52 对,而具有 LCST 相分离行为的聚合物共混物已达 237 对。Flory-Huggins 热力学理论不能预示热致聚合物共混物相分离的局限性,早已引起人们的重视,发展了多种理论,并已明确地认识到,Flory-Huggins 热力学理论的局限性是它没有考虑聚合物共混体系的可压缩性。这里将主要介绍状态方程理论。

6.2.2　状态方程理论

1. Flory-Orwoll-Vrij (FOV)理论

1) 纯组分

为了从理论上解释高分子溶液和聚合物共混物相分离过程中出现的最低临界共容温度现象[6],Flory 等[7-10]结合 Tonk[11]理论和 Prigogine[12]的 3c 参数理论,对具有 N 个链长为 r 的高分子体系提出了以下配分函数:

$$Z(T,V) = \text{const}(v^{1/3} - v^{*1/3})^{3crN}\exp(-E_0/kT) \tag{6.9}$$

式中,T 和 V 分别为纯高分子体系的温度和体积;N 为高分子链数,v 和 v^* 分别为高分子链节的体积和硬芯体积;$3c(c<1)$为每个链节的平动自由度;k 为玻耳兹曼常量[13];E_0 为体系的范德华相互作用能,一般情况下,可表示如下:

$$E_0 = \text{const}/V^m \tag{6.10}$$

通常对于非极性流体,$m=1.0\sim1.5$,为了方便起见,在 Flory-Orwoll-Vrij 理论中,令 $m=1.0$,这样,体系的 van der Waals 相互作用能可写为

$$-E_0 = rNs\eta/2v \tag{6.11}$$

式中,s 为每个链节与其周围非键合链节间的接触数目,体系中这种相互接触对的总数为 $rNs/2$;η 为相邻非键合链节对之间的相互作用能量常数,J · m^3。分别定义约化体积、约化密度、约化温度和约化压力如下:

约化体积　$$\tilde{v} = V/rNv^* = v/v^* \tag{6.12}$$

约化密度　$$\tilde{\rho} = \rho/\rho^* = v_{sp}^*/v_{sp} = 1/\tilde{v} \tag{6.13}$$

约化温度　$$\tilde{T} = T/T^* = 2ckTv^*/s\eta \tag{6.14}$$

约化压力　$$\tilde{p} = p/p^* = 2pv^{*2}/s\eta \tag{6.15}$$

式中,ρ 和 ρ^* 分别为聚合物的密度和紧密堆砌聚合物的密度;v_{sp} 和 v_{sp}^* 分别为单位质量聚合物的体积和单位质量紧密堆砌聚合物的体积,那么

$$p^*v^* = ckT^* \tag{6.16}$$

$$-E_0/kT = crN\tilde{\rho}/\tilde{T} \tag{6.17}$$

所以,用约化变量表示配分函数

$$Z(T,V) = \text{const}v^{*crN}(\tilde{v}^{1/3} - 1)^{3crN}\exp(crN\tilde{\rho}/\tilde{T}) \tag{6.18}$$

通常流体体系的状态方程利用下面的热力学关系式获得

$$p = kT\partial\ln Z(T,V)/\partial V\Big|_T \tag{6.19}$$

将式(6.18)代入得

$$\tilde{p}\tilde{v}/\tilde{T} = \tilde{v}^{1/3}/(\tilde{v}^{1/3}-1) - 1/\tilde{v}\tilde{T} \tag{6.20}$$

或

$$\tilde{\rho}^2 + \tilde{p} - \tilde{T}\tilde{\rho}(1-\tilde{\rho}^{1/3})^{-1} = 0 \tag{6.21}$$

借助这种状态方程，从实验测得聚合物 P、V、T 数据，进而拟合出纯聚合物状态方程参数 T^*、p^* 和 v_{sp}^* 或 ρ^*，这些参数是计算聚合物及其共混物的热力学性质和相分离行为必不可少的。另外，当体系压力较低，即 $p\to 0$ 时，可从聚合物密度 $\rho(T)$ 或 $v_{sp}(T)$、热膨胀系数 $\alpha(T)$、等热压缩系数 $\beta(T)$ 和热压系数 $\gamma(T)$ 的实验数据计算得到状态方程参数 T^*、p^* 和 $v_{sp}^*(T)$ 或 ρ^*。这是因为热膨胀系数、等热压缩系数、热压系数可以通过约化变量定义如下：

$$\alpha = v^{-1}(\partial v/\partial T)_P = (\tilde{T}/T\tilde{v})(\partial\tilde{v}/\partial\tilde{T})_{\tilde{p}} \tag{6.22}$$

$$\beta = -v^{-1}(\partial v/\partial p)_T = -(\tilde{p}/p\tilde{v})(\partial\tilde{v}/\partial\tilde{p})_{\tilde{T}} \tag{6.23}$$

$$\gamma = (\partial p/\partial T)_v = \alpha/\beta = (\tilde{T}p/T\tilde{p})(\partial\tilde{p}/\partial\tilde{T})_{\tilde{v}} \tag{6.24}$$

代入式(6.20)可得

$$\frac{1}{\alpha T} = \frac{1}{3(\tilde{v}^{1/3}-1)} - 1 + \frac{2\tilde{p}\tilde{v}^2}{\tilde{p}\tilde{v}^2+1} \tag{6.25}$$

$$\frac{1}{\beta p} = \left[\frac{1}{3(\tilde{v}^{1/3}-1)} - 1\right]\left(1+\frac{1}{\tilde{p}\tilde{v}^2}\right) + 2 \tag{6.26}$$

$$\frac{\gamma T}{p} = 1 + \frac{1}{\tilde{p}\tilde{v}^2} \tag{6.27}$$

那么，在零压力下有

$$v_{sp}^* = v_{sp}\left(\frac{1+T\alpha}{1+4T\alpha/3}\right)^3$$

$$p^* = \tilde{v}^2 T\gamma = \tilde{v}^2 T\alpha/\beta$$

$$T^* = \frac{T\tilde{v}^{4/3}}{\tilde{v}^{1/3}-1} = \frac{T}{\tilde{\rho}(1-\tilde{\rho}^{1/3})}$$

参数 c 不能通过状态方程参数 T^*、p^* 和 v_{sp}^* 或 ρ^* 来确定，可从式(6.28)至式(6.30)得到

$$rv^* = Mv_{sp}^* \tag{6.28}$$

$$r\varepsilon^* = Mp^* v_{sp}^* \tag{6.29}$$

$$rc = Mp^* v_{sp}^*/kT^* \tag{6.30}$$

式中，M 为链长为 r 的聚合物分子量。类似过程也可得到聚合物的摩尔自由能

$$\begin{aligned}\mu^0 &= (-kT\ln Z + pV)/N \\ &= r\varepsilon^*[-\tilde{\rho} + \tilde{p}\tilde{v} - 3\tilde{T}\ln(\tilde{v}^{1/3}-1)]\end{aligned} \tag{6.31}$$

2) 二元聚合物共混物

用纯组分的理论处理手法也可写出二元聚合物共混物的配分函数，即

$$Z(T,V) = \text{const}Z_{\text{comb}}(v^{1/3} - v^{*1/3})^{3crN}\exp(-E_0/kT) \tag{6.32}$$

只是这里的一些参数的物理含义有了变化，T 和 V 分别为二元聚合物共混物的温度和体积，Z_{comb} 为体系的组合因子，一般情况下，可用 Flory-Huggins 组合熵来描述，即

$$k\ln Z_{\text{comb}} = -k(N_1\ln\phi_1 + N_2\ln\phi_2) \tag{6.33}$$

式中，N_i 为第 i 个组分的分子数；ϕ_i 为第 i 个组分的体积分数；v 和 v^* 分别为混合状态下定义

的每个链节的体积和硬芯体积；E_0 为聚合物共混物的范德华相互作用能；rN 为聚合物共混物的链节总数；N 为聚合物共混物的分子总数，即

$$N = N_1 + N_2 \tag{6.34}$$

为了使聚合物共混物状态方程参数与纯组分状态方程参数一致，Flory 等采用了以下组合原则：

(1) 聚合物共混物硬芯体积等于纯组分硬芯体积的和，即

$$V^* = V_1^* + V_2^* \tag{6.35}$$

或

$$\begin{aligned} rNv^* &= r_1 N_1 v_1^* + r_2 N_2 v_2^* \\ &= N(x_1 M_1 v_{sp,1}^* + x_2 M_2 v_{sp,2}^*) \end{aligned} \tag{6.36}$$

式中，r_i、M_i 和 $v_{sp,i}^*$ 分别为第 i 组分的链长、分子量和单位质量紧密堆砌体积；x_i 为第 i 组分的摩尔分数，即

$$x_i = N_i/N \tag{6.37}$$

为了方便起见，Flory 等进一步假定：各组分链节的硬芯体积与聚合物共混物的硬芯体积相等，即

$$v_1^* = v_2^* = v^* \tag{6.38}$$

从式(6.36)可知

$$r = x_1 r_1 + x_2 r_2 \tag{6.39}$$

(2) 聚合物共混物非键合链节间相互接触对的总数是各纯组分非键合链节间相互接触对数之和，即

$$srN/2 = A_{11} + A_{12} + A_{22} = (s_1 r_1 N_1 + s_2 r_2 N_2)/2 \tag{6.40}$$

式中，A_{11}、A_{22} 和 A_{12} 分别为对应组分及组分间的非键合链节间相互接触对的数目。按平均场近似，聚合物共混物的范德华相互作用能可表示为

$$\begin{aligned} -E_0 &= (A_{11}\eta_{11} + A_{12}\eta_{12} + A_{22}\eta_{22})/v \\ &= (s_1 r_1 N_1 \eta_{11} + s_2 r_2 N_2 \eta_{22} - A_{12}\Delta\eta)/2v \end{aligned} \tag{6.41}$$

式中，η_{11}、η_{12} 和 η_{22} 分别对应于聚合物共混物非键合链节间相互作用能量常数，其中

$$2A_{11} + A_{12} = s_1 r_1 N_1 \tag{6.42}$$

$$A_{12} + 2A_{22} = s_2 r_2 N_2 \tag{6.43}$$

$$\Delta\eta = \eta_{11} + \eta_{22} - 2\eta_{12} \tag{6.44}$$

为了给出 A_{12} 的解析表达式，Flory 等进一步认为：任意一个给定的位置与第 i 组分链节相互接触的概率等于第 i 组分的位置分数 θ_i，其定义为

$$\theta_i = \frac{s_i r_i N_i}{s_1 r_1 N_1 + s_2 r_2 N_2} = \frac{s_i r_i N_i}{srN} \tag{6.45}$$

基于这一假设可写出

$$A_{12} = s_1 r_1 N_1 \theta_2 = s_2 r_2 N_2 \theta_2 \tag{6.46}$$

代入范德华相互作用能表示式可得

$$\begin{aligned} -E_0/rN &= (s/2v)(\theta_1\eta_{11} + \theta_2\eta_{22} - \theta_1\theta_2\Delta\eta) \\ &= (s/2v)(\theta_1^2\eta_{11} + \theta_2^2\eta_{22} + 2\theta_1\theta_2\eta_{12}) \end{aligned} \tag{6.47}$$

再定义第 i 组分的链节分数如下：

$$\phi_i = \frac{r_i N_i}{r_1 N_1 + r_2 N_2} = \frac{r_i N_i}{rN} \tag{6.48}$$

根据组分链节硬芯体积与共混物硬芯体积相等[式(6.38)]假设可认为，第 i 组分的链节分数就是它的紧密堆砌体积分数(否则必须区分这两个概念)。借助式(6.48)可得出

$$\frac{1}{r} = \frac{\phi_1}{r_1} + \frac{\phi_2}{r_2} \tag{6.49}$$

$$s = \phi_1 s_1 + \phi_2 s_2 \tag{6.50}$$

$$\theta_i = (s_i / s)\phi_i \tag{6.51}$$

从式(6.15)可写出聚合物共混物中纯组分的状态方程参数

$$p_i^* = s_i \eta_{ii} / 2v^{*2} \tag{6.52}$$

令

$$X_{12} = s_i \Delta\eta / 2v^{*2} \neq X_{21} \tag{6.53}$$

进而可得

$$-E_0 / rN = p^* v^* / \tilde{v} = ckT^* / \tilde{v} \tag{6.54}$$

式中

$$c = \phi_1 c_1 + \phi_2 c_2 \tag{6.55}$$

$$p^* = \phi_1 p_1^* + \phi_2 p_2^* - \phi_1 \theta_2 X_{12} \tag{6.56}$$

$$T^* = p^* / (\phi_1 p_1^* / T_1^* + \phi_2 p_2^* / T_2^*) \tag{6.57}$$

式中，p_i^* 和 T_i^* 分别为纯组分的状态方程参数。聚合物共混物的配分函数重新写为

$$Z(T,V) = \mathrm{const} Z_{\mathrm{comb}} v^{*crN} (\tilde{v}^{1/3} - 1)^{3crN} \exp(crN / \tilde{v}\widetilde{T}) \tag{6.58}$$

将式(6.58)代入式(6.19)后，就可以得到与式(6.20)形式一致的状态方程，v^*、p^* 和 T^* 等参数就是聚合物共混物的状态方程参数。

与 Helmholtz 自由能相关的组分化学势定义为

$$\mu_1 = -kT(\partial \ln z)/\partial N_1 \Big|_{T,\tilde{v},N_2} + \Big[-kT(\partial \ln z)/\partial \tilde{v} \Big|_{T,N_1,N_2}\Big](\partial \tilde{v}/\partial N_1 \Big|_{T,V,N_2}) \tag{6.59}$$

这里

$$\partial \tilde{v}/\partial N_1 \Big|_{T,V,N_2} = V\partial(rNv^*)^{-1}/\partial N_1 = -\phi_1 \tilde{v}/N_1 \text{[14]} \tag{6.60}$$

式(6.59)中第二项是压力校正项。在常压下，第二项可以忽略，那么再将配分函数表示式代入，并结合纯组分化学势表示式[式(6.31)]，就可得到

$$(\mu_1 - \mu_1^0)/kT = \ln\phi_1 + (1 - r_1/r_2)\phi_2 + (c_1/\widetilde{T}_1)$$
$$\{r_1 X_{12}\theta_2^2/(p_1^* \tilde{v}) + r_1\{1/\tilde{v}_1 - 1/\tilde{v} + \tilde{p}_1(\tilde{v} - \tilde{v}_1) + 3\widetilde{T}_1 \ln[(\tilde{v}_1^{1/3} - 1)/(\tilde{v}^{1/3} - 1)]\}\} \tag{6.61}$$

这就是考虑了聚合物共混物可压缩性对体系相分离行为的作用后，得到的聚合物共混物的剩余化学势表示式。

最先将 FOV 理论用于聚合物共混物相图计算的是 McMaster[15]，用模型体系计算了 Spinodal、Binadal 和临界点随聚合物分子量、热膨胀系数、热压系数、相互作用参数、熵参数和分子量分布等的变化，当时缺少与实际聚合物共混物的实验结果进行比较。Hamada[16-18] 等应用分子配分函数因子分解方法，同时考虑几何因子的影响，具体化了 FOV 理论中配分函数中的常数因子。

对于纯组分

$$Z_i = Z_{\mathrm{com},i} q_{\mathrm{int},i}(T)^{r_i N_i} [(2\pi m_i kT/h^2)^{1/2} (g v_i^*)^{1/3}]^{3r_i N_i c_i} (\tilde{v}_i^{1/3} - 1)^{3r_i N_i c_i} \exp(r_i N_i c_i / \tilde{v}_i \widetilde{T}_i) \tag{6.62}$$

对于聚合物共混物

$$Z = Z_{\mathrm{com}} q_{\mathrm{int}}(T)^{rN} [(2\pi mkT/h^2)^{1/2} (g v^*)^{1/3}]^{3rNc} (\tilde{v}^{1/3} - 1)^{3rNc} \exp(rNc / \tilde{v} \widetilde{T}) \tag{6.63}$$

式中,$Z_{\mathrm{com},i}$和Z_{com}分别为第i组分和聚合物共混物的组合因子;$q_{\mathrm{int},i}(T)$和$q_{\mathrm{int}}(T)$分别为第i组分和聚合物共混物的内配分函数,即仅与化学键键合链内结构单元有关的配分函数;m_i和m分别为第i组分和聚合物共混物的每个链节的质量。

$$m = \sum_i \sigma_i m_i \tag{6.64}$$

式中,σ_i为第i个组分的链节分数,所以

$$\sigma_i = r_i N_i / rN = r_i N_i / (r_1 N_1 + r_2 N_2) \tag{6.65}$$

式中,h和g分别为普朗克常量和几何因子,其他参数的物理意义与FOV理论对应的参数相同。

Hamada等的成功之处在于修改了FOV理论的组合原则,并应用Prigogine近似,确定了纯组分流体的c参数,认为聚合物共混物的无规混合势能E_0满足式(6.66)。

$$-E_0/rN = (\sigma_1 \theta_1 s_1 \eta_{11} + \sigma_2 \theta_2 s_2 \eta_{22} + 2\sigma_1 \theta_2 s_1 \eta_{12})/2v \tag{6.66}$$

与原始FOV理论的不同在于$v_1^* \neq v_2^*$,并且聚合物共混物的链节硬芯体积符合下列组合规则

$$v^* = \sigma_1^2 v_1^* + 2\sigma_1 \sigma_2 v_{12}^* + \sigma_2^2 v_2^* \tag{6.67}$$

这里

$$v_{12}^* = \zeta[(v_1^{*1/3} + v_2^{*1/3})/2]^3 \tag{6.68}$$

式中,ζ为一个与组分链节硬芯体积形状有关的因子,对于硬球$\zeta=1$。

为了估算组分链节的硬芯体积,Hamada等采用了Prigogine近似[19],即

$$3c_i r_i = 2r_i + 1 \tag{6.69}$$

对于聚合物,一般r_i相当大,所以$c_i \approx \dfrac{2}{3}$。利用式(6.16),组分链节硬芯体积可表示为

$$v_i^* = c_i k T_i^* / p_i^* \tag{6.70}$$

状态方程参数T_i^*、p_i^*和$v_{\mathrm{sp},i}^*$可通过p、V、T数据拟合式(6.20)和式(6.21)而得到。与FOV理论处理类似,可得到纯组分的特性压力为

$$p_i^* = s_i \eta_{ii} / 2v_i^{*2} \tag{6.71}$$

如果定义

$$p_{12}^* = s_1 \eta_{12} / 2v_{12}^{*2} \tag{6.72}$$

$$p^* = s\eta / 2v^{*2} \tag{6.73}$$

$$s\eta = \sigma_1 \theta_1 s_1 \eta_{11} + \sigma_2 \theta_2 s_2 \eta_{22} + 2\sigma_1 \theta_2 s_1 \eta_{12} \tag{6.74}$$

$$p^* v^* = ckT^* \tag{6.75}$$

就可以得到式(6.76)

$$-E_0/rN = p^* v^* / \tilde{v} = ckT^* / v^* \tag{6.76}$$

$$p^* = \sigma_1 \theta_1 p_1^* (v_1^*/v^*)^2 + \sigma_2 \theta_2 p_2^* (v_2^*/v^*)^2 + 2\sigma_1 \theta_2 p_{12}^* (v_{12}^*/v^*)^2 \tag{6.77}$$

关于聚合物共混物的c参数,Hamada等给出了式(6.78)

$$c = \sigma_1 c_1 + \sigma_2 c_2 - \sigma_1 \theta_2 c_{12} \tag{6.78}$$

c_{12}是表征与线性加和关系的偏差,已被实验证实[20,21]。再与式(6.66)和式(6.76)结合可得

$$1/T^* = [\sigma_1 p_1^* (v_1^*/v^*)/T_1^* + \sigma_2 p_2^* (v_2^*/v^*)/T_2^* - \sigma_1\theta_2 k c_{12}/v^*]/p^* \tag{6.79}$$

基于 Flory 等的剩余化学势定义,Hamada 等得到了更复杂的关系式

$$\begin{aligned}(\mu_1-\mu_1^0)^R =& 3p_1^* V_1^{\perp}\ \widetilde{T}_1\left[\frac{1}{2}\ln(m_1/m)+\frac{1}{3}\ln(v_1^*/v^*)\right]-\frac{3}{2}\sigma_2 p^* V^{\perp}\ \widetilde{T}(m_1-m_2)/m\\ &+3r_1c_{12}RT\theta_2^2\ln K+3p_1^*V_1^{\perp}\ \widetilde{T}\ln[(\widetilde{v}_1^{1/3}-1)/(\widetilde{v}^{1/3}-1)]\\ &+3r_1c_{12}rRT\theta_2^2\ln(\widetilde{v}^{1/3}-1)+p_1^*V_1^{\perp}[1/\widetilde{v}_1-(\widetilde{T}_1/\widetilde{T})/\widetilde{v}]\\ &+(V^{\perp}/\widetilde{v})\{p_2^*(v_2^*/v^*)(\sigma_2/\sigma_1)[2(v_2^*/v^*)\theta_2-\widetilde{T}_2/\widetilde{T}]\\ &+2p_{12}^*(v_{12}^*/v^*)^2\theta_2-p^*(\theta_2/\sigma_1)\}+2\sigma_2p^*V^{\perp}(1/\widetilde{v}-\widetilde{T})\\ &\times[\sigma_1v_1^*-(\sigma_1-\sigma_2)v_{12}^*-\sigma_2v_2^*]/v^*+\theta_2r_1c_{12}RT/(\widetilde{v}\widetilde{T})\end{aligned} \tag{6.80}$$

这里

$$K = (2\pi mk/h^2)^{1/2}(gv^*)^{1/3}T^{1/2} \tag{6.81}$$

$$V_1^{\perp} = r_1 v_1^* \qquad V^{\perp} = r_1 v^* \tag{6.82}$$

一般情况下,使用紧密堆砌体积分数,而不使用链节分数。在 Hamada 等扩展了的 FOV 理论中,紧密堆砌体积分数表示如下:

$$\phi_i = r_i N_i v_i^*/(r_1 N_1 v_1^* + r_2 N_2 v_2^*) \tag{6.83}$$

Hamada 等还使用 Flory-Huggins 组合熵,定义了 Flory-Huggins 相互作用参数χ,推导了低压混合焓(ΔH^M)及聚合物共混物超额体积与纯组分体积和之比(V^E/V^0),得

$$\chi = (\mu_1-\mu_1^0)/(RT\phi_2^2)-[\ln(1-\phi_2)+(1-r_1v_1^*/r_2v_2^*)\phi_2]/\phi_2^2 \tag{6.84}$$

$$\Delta H^M = rN[-(3/2)\sigma_1\theta_2 r_1 c_{12}RT+\sigma_1 p_1^* v_1^*/\widetilde{v}_1+\sigma_2 p_2^* v_2^*/\widetilde{v}_2-p^*v^*/\widetilde{v}] \tag{6.85}$$

$$V^E/V^0 = v^*\widetilde{v}/(\sigma_1 v_1^*\widetilde{v}_1+\sigma_2 v_2^*\widetilde{v}_2)-1 \tag{6.86}$$

Hamada 等的理论比较成功地应用于聚合物共混物体系相图计算,如图 6.3 所示[22]。

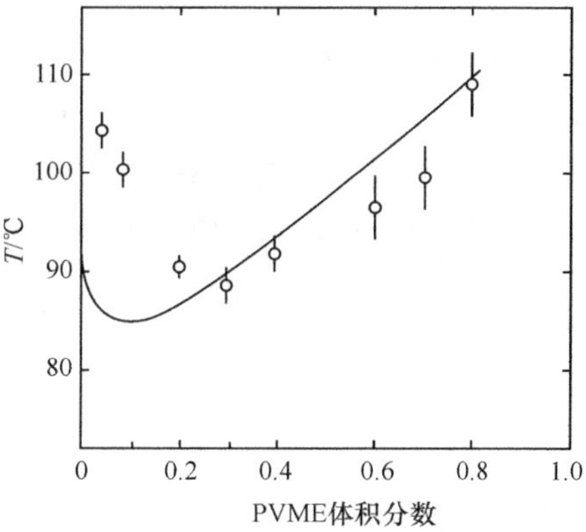

图 6.3　PS/PVME 共混体系的云点曲线

-o-实验点;—Hamada 等理论计算曲线

理论和实验都表明:聚苯乙烯(PS)/聚乙烯基甲醚(PVME)共混体系具有 LCST 相分离行为。状态方程理论自然地考虑了聚合物共混体系的可压缩性,从而能够正确地预见聚合物共混体系相分离行为。

2. Sanchez-Lacombe(SL)理论

继 FOV 理论之后,Sanchez-Lacombe 基于格子流体模型,提出了分子流体理论,从统计热力学角度描述了聚合物溶液及其共混物的相分离行为[23-26]。

1) 纯组分

格子流体模型理论认为,一个纯流体是由 N 个占有 r 个格子的分子链和 N_0 个空格组成。根据 Guggenheim[27-29]统计力学已知,体系的格子总数 N_r 为

$$N_r = N_0 + rN \tag{6.87}$$

格子的配位数为 z,体系的非键合最近邻格子对数 $(z/2)N_q$ 为

$$z/2N_q = (z/2-1)N_r + N + N_0 \tag{6.88}$$

式中

$$N_q = N_0 + [r(z-2)+2]N/Z \tag{6.89}$$

如果分子链的对称数为 σ,柔性参数为 δ,那么体系的可能的构型数[27-29]为

$$\Omega = \left(\frac{\delta}{\sigma}\right)^N \frac{N_r!}{N_0!N!}\left(\frac{N_q!}{N_r!}\right)^{Z/2} \tag{6.90}$$

应该注意,这里的构型(configuration)实际就是构象(conformation)。运用 Sterling 近似和 Flory[30] 的 $z\to\infty$ 近似,得到

$$\lim_{z\to\infty}\Omega = \left(\frac{1}{f_0}\right)^{N_0}\left(\frac{\omega}{f}\right)^N \tag{6.91}$$

式中

$$\omega = \delta r/\sigma e^{r-1} \tag{6.92}$$

$$f_0 = N_0/N_r \quad \text{(空格子的分数)} \tag{6.93}$$

$$f = rN/N_r \quad \text{(占有格子分数)} \tag{6.94}$$

如果每个格子的体积为 v^*,则体系的体积和密堆砌体积分别为

$$V = (N_0 + rN)v^* = N_r v^* \qquad V^* = rNv^* = Vf \tag{6.95}$$

在 SL 理论中,仅考虑了最近邻格子之间的相互作用,并且认为:最近邻非键合占有格子-格子之间的相互作用能为 ε,其他的最近邻格子-格子之间的相互作用能均为零,如空格子-空格子、键合的占有格子-格子、占有格子-空格子等。那么,体系的总相互作用能 E 为

$$E = -(z/2)N_r P^2 \varepsilon \tag{6.96}$$

式中,P 代表体系中最近邻非键合的占有格子-格子相互作用对出现的概率,对于无规混合

$$P = (qN)^2/N_q N_r$$

且

$$\lim_{Z\to\infty} P = (rN)^2 N_r^2 = f^2$$

因而可写出式(6.97)

$$E/rN = -\varepsilon^*(V^*/V) = -\varepsilon^* f \tag{6.97}$$

式中,$\varepsilon^* = z\varepsilon/2$ 为每个格子总的相互作用能。

由于 E 和 Ω 都是单参数 N_0 的函数,那么体系的配分函数为

$$\begin{aligned} Z(T,P) &= \sum_V \sum_E \Omega(E;V,N)\exp[-(E+PV)/kT] \\ &= \sum_{N_0=0}^{\infty} \Omega\exp[-(E+PV)/kT] \end{aligned} \tag{6.98}$$

式中,P 为体系的压力。体系的 Gibbs 自由能可写成

$$G = -kT\ln Z(T,P) \approx E + PV - kT\ln\Omega \tag{6.99}$$

代入式(6.91)、式(6.95)及式(6.97),就可以得到体系的约化自由能

$$\widetilde{G} = \frac{G}{rN\varepsilon^*} = -\tilde{\rho} + \widetilde{P}\tilde{v} + \widetilde{T}\left[(\tilde{v}-1)\ln(1-\tilde{\rho}) + \frac{1}{r}\ln\frac{\tilde{\rho}}{\omega}\right] \tag{6.100}$$

式中,$\widetilde{T}$、$\widetilde{P}$、$\tilde{v}$ 和 $\tilde{\rho}$ 分别为体系的约化温度、约化压力、约化体积和约化密度,并且

$$\widetilde{T} = T/T^* \qquad T^* = \varepsilon^*/k \tag{6.101}$$

$$\widetilde{P}=P/P^{*} \qquad P^{*}=\varepsilon^{*}/v^{*} \tag{6.102}$$

$$\widetilde{v}\equiv 1/\widetilde{\rho}\equiv V/V^{*} \qquad V^{*}\equiv N(rv^{*}) \tag{6.103}$$

对$\widetilde{v}$求$\widetilde{G}$的最小值，即

$$\partial\widetilde{G}/\partial\widetilde{v}\Big|_{\widetilde{T},\widetilde{P}}=0 \tag{6.104}$$

实际对式(6.100)取导后得纯组分的状态方程

$$\widetilde{\rho}^{2}+\widetilde{P}+\widetilde{T}\left[\ln(1-\widetilde{\rho})+\left(1-\frac{1}{r}\right)\widetilde{\rho}\right]=0 \tag{6.105}$$

根据热膨胀系数$\alpha(T)$、等热压缩系数$\beta(T)$和热压系数$\gamma(T)$的定义，并借助状态方程，可推得下列主要关系式：

$$T\alpha=\frac{1+\widetilde{P}\widetilde{v}^{2}}{\widetilde{T}\widetilde{v}[1/(\widetilde{v}-1)+1/r]-2} \tag{6.106}$$

$$P\beta=\frac{\widetilde{P}\widetilde{v}^{2}}{\widetilde{T}\widetilde{v}[1/(\widetilde{v}-1)+1/r]-2} \tag{6.107}$$

$$T\gamma=P^{*}(\widetilde{\rho}^{2}+\widetilde{P}) \tag{6.108}$$

在 SL 理论中，每种聚合物流体可以通过状态方程参数确定，即T^{*}、P^{*}、ρ^{*}或ε^{*}、v^{*}、r。这些状态方程参数可通过拟合实验的P、V、T数据获得；它们也可以借助于式(6.106)、式(6.107)和式(6.108)及实验测得的$\alpha(T)$、$\beta(T)$[或$\gamma(T)$]和$\rho(T)$得到[31]。

2) 一般流体混合物

假定一个流体聚合物共混物由N_1个占有r_1个格子的分子链(对称参数是σ_1，柔性参数是δ_1)、N_2个占有r_2个格子的分子链(对称参数是σ_2，柔性参数是δ_2)……N_n个占有r_n个格子的分子链(对称参数是σ_n，柔性参数是δ_n)和N_0个空格组成的。如果格子的配位数是z，则根据 Guggenheim 统计力学可知，共混体系可能的构型数是

$$\Omega=\left(\frac{\delta_1}{\sigma_1}\right)^{N_1}\left(\frac{\delta_2}{\sigma_2}\right)^{N_2}\cdots\left(\frac{\delta_n}{\sigma_n}\right)^{N_n}\frac{N_r!}{N_0!N_1!N_2!\cdots N_n!}\left(\frac{N_q!}{N_r!}\right)^{z/2} \tag{6.109}$$

式中

$$N_r=N_0+\sum_{i=1}^{n}r_iN_i \tag{6.110}$$

$$N_q=N_0+\sum_{i=1}^{n}q_iN_i \tag{6.111}$$

$$q_iz=r_i(z-2)+2 \tag{6.112}$$

$$(z/2)N_q=(z/2-1)N_r+N_0+\sum_{i=1}^{n}N_i \tag{6.113}$$

与纯组分处理方法相同，可以得到

$$\lim_{z\to\infty}\Omega=\left(\frac{1}{f_0}\right)^{N_0}\left(\frac{\omega_1}{f_1}\right)^{N_1}\left(\frac{\omega_2}{f_2}\right)^{N_2}\cdots\left(\frac{\omega_n}{f_n}\right)^{N_n} \tag{6.114}$$

式中

$$\omega_i=\delta_ir_i/\sigma_i\mathrm{e}^{r_i-1} \tag{6.115}$$

$$f_0=N_0/N_r \qquad f_i=r_iN_i/N_r \tag{6.116}$$

与获得纯流体总相互作用能类似，在 $z\to\infty$ 的近似下[$z\varepsilon_{ij}$ 保持有限，ε_{ij} 是最近邻非键合的占有格子(被第 i 个组分占有)-格子(被第 j 个组分占有)之间的相互作用能]，可推得聚合物共混物流体总相互作用能 E

$$E = -N_r \sum_i \sum_j f_i f_j \varepsilon_{ij}^* \tag{6.117}$$

$$\varepsilon_{ij}^* = \varepsilon_{ji}^* = (z/2)\varepsilon_{ij} \tag{6.118}$$

式中，ε_{ij}^* 为当一个第 i 组分占有的格子被 z 个最近邻的第 j 组分占有的格子包围时总的相互作用能。如果聚合物共混物的格子体积为 v^*，则聚合物共混物的体积、密堆砌体积和约化体积分别为

$$V = N_r v^* \equiv (N_0 + rN) v^* \tag{6.119}$$

$$V^* = v^* \sum_i r_i N_i \equiv rNv^* \tag{6.120}$$

$$\tilde{v} \equiv V/V^* = (N_0 + rN)/rN \tag{6.121}$$

式中

$$N = \sum_i N_i \tag{6.122}$$

$$rN = \sum_i r_i N_i \tag{6.123}$$

$$r = \sum_i x_i r_i \tag{6.124}$$

$$x_i = N_i/N \tag{6.125}$$

与 FOV 理论类似，为了获得聚合物共混物的每个格子体积 v^* 和每个格子总的相互作用能 ε^*，Sanchez-Lacombe 采用了以下组合规则：

(1) 各组分分子链的密堆砌体积守恒，即

$$r_i^0 v_i^* = r_i v^* \tag{6.126}$$

式中，r_i^0 为第 i 个组分的分子链在纯态时占有格子的数目；v_i^* 为第 i 个组分处于纯态时，每个格子的体积。这个组合规则保证了密堆砌体积的加和性，即

$$\sum_i r_i^0 N_i v_i^* = \sum_i r_i N_i v^* = V^* \tag{6.127}$$

(2) 密堆砌态的流体聚合物共混物的最近邻相互作用对总数等于各纯组分密堆砌状态下的最近邻相互作用对数之和，即

$$(z/2)\sum_i r_i^0 N_i = (z/2)\sum_i r_i N_i = (z/2)\sum_i rN \tag{6.128}$$

从式(6.127)和式(6.128)可推出聚合物共混物流体的每个格子的体积 v^* 与纯组分的每个格子的体积 v_i^* 之间的关系式

$$v^* = \sum_i \phi_i^0 v_i^* \tag{6.129}$$

其中

$$\phi_i^0 = \frac{r_i^0 N_i^0}{\sum_i r_i^0 N_i^0} = \frac{r_i^0 N_i^0}{rN} \tag{6.130}$$

式中，ϕ_i^0 为各纯组分占据的格子数的体积分数。

(3) 每个格子总的相互作用能 ε^* 可以表示为

$$\varepsilon^* = \sum_i \sum_j \phi_i \phi_j \varepsilon_{ij}^* = \sum_i \phi_i \varepsilon_{ii} - kT \sum_{i>j} \sum \phi_i \phi_j \chi_{ij} \tag{6.131}$$

式中，ε_{ij}^* 为第 i 组分纯态时，每个格子总的相互作用能；ϕ_i 为混合物共混物中第 i 组分的密堆砌体积分数，即

$$\phi_i = \frac{r_i N_i}{\sum_i r_i N_i} = \frac{r_i N_i}{rN} \tag{6.132}$$

$$\chi_{ij} = (\varepsilon_{ii}^* + \varepsilon_{jj}^* - 2\varepsilon_{ij}^*)/kT \tag{6.133}$$

与推导纯流体 Gibbs 自由能的方法相同，流体聚合物混合物体系的约化 Gibbs 自由能表示为

$$\widetilde{G} = \frac{G}{rN\varepsilon^*} = -\widetilde{\rho} + \widetilde{P}\,\widetilde{v} + \widetilde{T}\left[(\widetilde{v}-1)\ln(1-\widetilde{\rho}) + \frac{1}{r}\ln\widetilde{\rho} + \sum_i \frac{\phi_i}{r_i}\ln\frac{\phi_i}{\omega_i}\right] \tag{6.134}$$

式中，$\widetilde{T}$、$\widetilde{P}$ 和 $\widetilde{\rho}$ 分别为体系的约化温度、约化压力和约化密度，具体表示式为

$$\widetilde{T} = T/T^* \qquad T^* = \varepsilon^*/k \tag{6.135}$$

$$\widetilde{P} = P/P^* \qquad P^* = \varepsilon^*/v^* \tag{6.136}$$

$$\widetilde{v} \equiv 1/\widetilde{\rho} \equiv V/V^* \tag{6.137}$$

$$f_i = \frac{r_i N_i}{N_r} = \phi_i/\widetilde{v} = \widetilde{\rho}\,\phi_i \qquad f_0 = 1-\widetilde{\rho} \tag{6.138}$$

$$\phi_i^0/\phi_i = r_i^0/r_i \tag{6.139}$$

$$1/r \equiv 1/\sum_i x_i r_i \equiv \sum_i \phi_i/r_i \equiv \sum_i \phi_i^0/r_i^0 \tag{6.140}$$

$$1/v^* = \sum_i \phi_i/v_i^* \tag{6.141}$$

根据状态方程的定义[式(6.104)]可得

$$\widetilde{\rho}^2 + \widetilde{P} + \widetilde{T}[\ln(1-\widetilde{\rho}) + (1-1/r)\,\widetilde{\rho}] = 0 \tag{6.142}$$

第 i 组分的密堆砌密度为 ρ_i^*，分子量为 M_i，存在以下关系式：

$$\rho_i^* v_i^* = M_i/r_i^0 \tag{6.143}$$

$$\phi_i^0 = \frac{m_i/\rho_i^* v_i^*}{\sum_i m_i/\rho_i^* v_i^*} \tag{6.144}$$

$$\phi_i = \frac{m_i/\rho_i^*}{\sum_i m_i/\rho_i^*} \tag{6.145}$$

式中，m_i 为混合物中第 i 组分的质量分数，即

$$m_i = N_i M_i/\sum_i N_i M_i = x_i M_i/\sum_i x_i M_i \tag{6.146}$$

现定义聚合物混合物的密堆砌密度 ρ^* 为聚合物混合物的质量与密堆砌体积之商

$$\rho^* = \frac{\sum_i N_i M_i}{\sum_i r_i^0 N_i v_i^*} = \frac{1}{\sum_i m_i/\rho_i^*} \tag{6.147}$$

对于二组分流体聚合物混合物，根据化学势的定义，可推得[35]

$$\begin{aligned}\mu_1 &= \partial G/\partial N_1 |_{T,P,N_2} \\ &= kT\{\ln\phi_1 + (1-r_1/r_2)\phi_2 + r_1^0\,\widetilde{\rho}[\chi + (1-v_1^*/v_2^*)\lambda_{12}]\phi_2^2\}\end{aligned}$$

$$+r_1^0kT_1^*\{-\tilde{\rho}+\tilde{P}_1\tilde{v}+\tilde{T}_1[(\tilde{v}-1)\ln(1-\tilde{\rho})+(1/r_1^0)\ln(\tilde{\rho}/\omega_1)]\} \quad (6.148)$$

式中

$$\chi=\chi_{12}=\chi_{21} \quad (6.149)$$

$$\lambda_{12}\equiv\partial(\varepsilon^*/kT)/\partial\phi_1=1/\tilde{T}_1-1/\tilde{T}_2+(\phi_1-\phi_2)\chi=-\lambda_{21} \quad (6.150)$$

$$\tilde{T}_i=T/T_i^* \qquad T_i^*=\varepsilon_{ii}^*/k \quad (6.151)$$

$$\tilde{P}_i=P/P_i^* \qquad P_i^*=\varepsilon_{ii}^*/v_i^* \quad (6.152)$$

如果均相二组分流体聚合物混合物保持稳定,则化学势对组分摩尔分数的偏微商应当满足式(6.153)

$$\partial\mu_1/\partial x_1>0 \qquad \partial\mu_2/\partial x_2>0 \qquad \partial\mu_1/\partial x_2=\partial\mu_2/\partial x_1<0 \quad (6.153)$$

代入式(6.148),整理得

$$\tilde{\rho}\{2[(\phi_1+\nu\phi_2)\chi+(1-\nu)\lambda_{12}]+\tilde{T}\psi^2P^*\beta\nu/(\phi_1+\nu\phi_2)\}<1/r_1^0\phi_1+\nu/r_2^0\phi_2 \quad (6.154)$$

式中

$$\nu=v_1^*/v_2^* \quad (6.155)$$

$$\psi=\tilde{\rho}\lambda_{12}-\frac{\nu}{(\phi_1+\nu\phi_2)^2}\left(\frac{1}{r_1^0-r_2^0}\right)+\frac{\tilde{P}\tilde{v}}{\tilde{T}}\frac{(\nu-1)}{\phi_1+\nu\phi_2} \quad (6.156)$$

$$P^*\beta=\tilde{v}^2/\{\tilde{T}\tilde{v}[1/(\tilde{v}-1)+1/r]-2\}>0 \quad (6.157)$$

式中,β为流体聚合物混合物的等热压系数。式(6.154)取等号就是旋节线方程(spinodal equation),当$v^*=v_1^*=v_2^*$时,可得简单旋节线方程

$$\tilde{\rho}(2\chi+\tilde{T}\psi^2P^*\beta)=1/r_1\phi_1+1/r_2\phi_2 \quad (6.158)$$

利用这一方程,Sanchez 和 Lacombe 预测了二组分流体聚合物混合物的液-液相分离的五种典型相图形式,如图 6.4 所示。

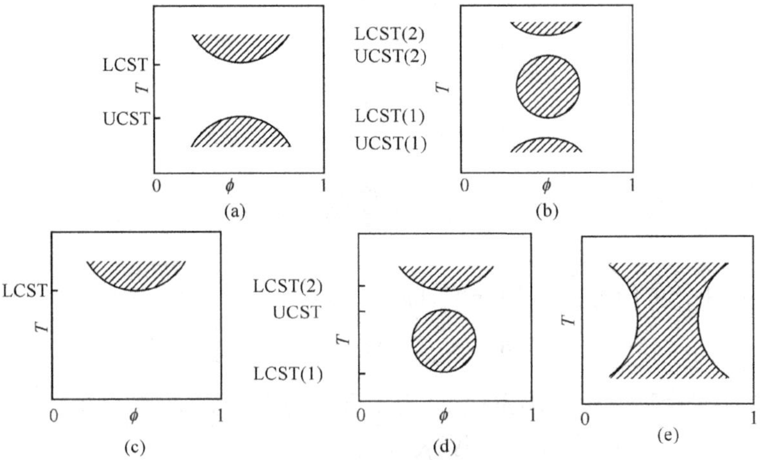

图 6.4　格子流体模型预测的五种类型相图

(a) $\chi>0$, $T_0\notin(0,T_s)$; (b) $\chi>0$, $T_0\in(0,T_s)$; (c) $\chi\leqslant0$, $T_0\notin(0,T_s)$;
(d) $\chi\leqslant0$, $T_0\in(0,T_s)$; (e) 上述四种形式相图的特殊情况

图注中,T_s为旋节线相分离温度(spinodal temperature),而T_0为ψ等于零时的温度,即

$$T_0=\tilde{\rho}[r_1r_2/r_2-r_1]T\lambda_{12}$$

3）具有特殊相互作用的二组分流体聚合物共混物

Sanchez 和 Balazs[32]在经典的格子流体理论基础上引入了分子间特殊相互作用，即二组分流体聚合物混合物中除较弱的范德华相互作用外，还存在氢键等较强的相互作用。两最近邻格子之间较弱的相互作用平均能量为 ε_{12}，较强相互作用平均能量为 $\varepsilon_{12}+\delta\varepsilon$，组分 1 和组分 2 占有最近邻格子对的总数为 N_{12}，其中较强相互作用对比例为 θ，较弱相互作用对比例为 $1-\theta$，体系中组分 1 和组分 2 之间相互作用能应写为

$$\begin{aligned}E_{12}&=-N_{12}[(1-\theta)\varepsilon_{12}+\theta(\varepsilon_{12}+\delta\varepsilon)]\\&=-N_{12}(\varepsilon_{12}+\theta\delta\varepsilon)\end{aligned}\tag{6.159}$$

在平均场近似下

$$N_{12}=z\tilde{\rho}(r_1N_1+r_2N_2)\phi_1\phi_2\tag{6.160}$$

若较弱相互作用和较强相互作用的统计简并度 q，即较弱相互作用方式数与较强相互作用方式数的比率为 q，那么组分 1 和组分 2 间，较强和较弱相互作用发生的概率为

$$P(\theta)=\frac{N_{12}!}{(\theta N_{12})![(1-\theta)N_{12}]!}\frac{q^{(1-\theta)N_{12}}}{(1+q)^{N_{12}}}\tag{6.161}$$

$\sum\limits_{\theta}P(\theta)=1$，组分 1 和组分 2 间相互作用相关的配分函数 Z_{12} 和自由能 F_{12} 可表示为

$$Z_{12}=\sum_{\theta}P(\theta)\exp[N_{12}(\varepsilon_{12}+\theta\delta\varepsilon)/kT]\tag{6.162}$$

$$F_{12}=-kT\ln Z_{12}=-N_{12}f_{12}\tag{6.163}$$

应用配分函数的一般项近似，可得

$$f_{12}=\varepsilon_{12}+\theta\delta\varepsilon-kT\{\theta\ln\theta+(1-\theta)\ln[(1-\theta)/q]+\ln(1+q)\}\tag{6.164}$$

按 θ 取 F_{12} 偏微商，令等于零后求得

$$\theta=[1+q\exp(-\delta\varepsilon/kT)]^{-1}\tag{6.165}$$

代入式(6.164)，整理得

$$f_{12}=\varepsilon_{12}+\delta\varepsilon-kT\ln\left[\frac{1+q}{1+q\exp(-\delta\varepsilon/kT)}\right]\tag{6.166}$$

在零压力下，他们分别推导出在较强的相互作用下，每个占有格子的自由能表达式和体系的状态方程为

$$f=-\tilde{\rho}\varepsilon_T^*+kT\left[\frac{\phi_1}{r_1}\ln\phi_1+\frac{\phi_2}{r_2}\ln\phi_2+\frac{(1-\tilde{\rho})}{\tilde{\rho}}\ln(1-\tilde{\rho})+\frac{1}{r}\ln\tilde{\rho}\right]\tag{6.167}$$

$$\tilde{\rho}^2\varepsilon_T^*/kT+\ln(1-\tilde{\rho})+(1-1/r)\tilde{\rho}=0\tag{6.168}$$

式中

$$\varepsilon_T^*=\phi_1^2\varepsilon_{11}^*+2\phi_1\phi_2f_{12}^*+\phi_2^2\varepsilon_{22}^*\tag{6.169}$$

$$f_{12}^*=\frac{z}{2}f_{12}=\varepsilon_{12}^*+\delta\varepsilon^*-\frac{zkT}{2}\ln\left[\frac{1+q}{1+q\exp(-\delta\varepsilon/kT)}\right]\tag{6.170}$$

$$\varepsilon_{12}^*=\frac{z}{2}\varepsilon_{12}\qquad\delta\varepsilon^*=\frac{z}{2}\delta\varepsilon\tag{6.171}$$

均相二组分混合体系的稳定条件和旋节线分别表示如下：

$$\frac{\mathrm{d}^2f}{\mathrm{d}\phi^2}>0\quad\text{稳定条件}\tag{6.172}$$

$$\frac{\mathrm{d}^2f}{\mathrm{d}\phi^2}=\frac{\partial^2f}{\partial\phi^2}+\frac{\partial^2f}{\partial\phi\partial\tilde{\rho}}\frac{\mathrm{d}\tilde{\rho}}{\mathrm{d}\phi}=0\quad\text{相分离旋节线形成条件}\tag{6.173}$$

推导过程中使用了状态方程定义$\partial f/\partial\tilde{\rho}=0$。Sanchez 和 Balazs 计算了氘代聚苯乙烯(D-PS)/聚乙烯基甲醚(PVME)共混体系的旋节线，获得了满意的结果，如图 6.5 所示。

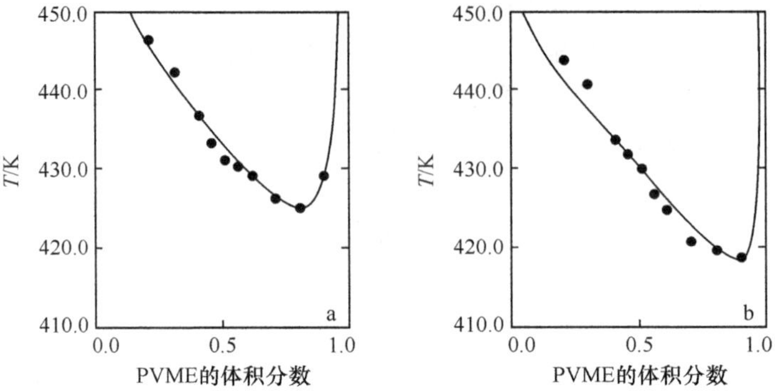

图 6.5　D-PS/PVME 共混体系的旋节线

● 实验点；—理论计算曲线

图 6.5 结果表明对于 D-PS/PVME 共混体系，理论计算的相分离旋节线与实验测定结果符合得相当好。

安立佳等将格子流体模型理论推广到多分散聚合物及其混合物体系[33-34]。安立佳与 Wolf 进一步将格子流体模型理论用于预测聚合物共混物的相分离行为，并得到以下结果：

对于纯组分的自由能与状态方程

$$\bar{\bar{G}}_i=\frac{G_i}{r_i^0N_i}=\varepsilon_{ii}^*\left\{-\tilde{\rho}_i+\tilde{P}_i\tilde{v}_i+\tilde{T}_i\left[(\tilde{v}_i-1)\ln(1-\tilde{\rho}_i)+\frac{1}{r_i^0}\ln\left(\frac{\tilde{\rho}_i}{\omega_i^0}\right)\right]\right\}\tag{6.174}$$

$$\tilde{\rho}_i^2+\tilde{P}_i+\tilde{T}_i\left[\ln(1-\tilde{\rho}_i)+\left(1-\frac{1}{r_i^0}\right)\tilde{\rho}_i\right]=0\tag{6.175}$$

对于二组分聚合物混合物的自由能与状态方程

$$\bar{\bar{G}}_i=\frac{G_M}{rN}=\varepsilon^*\left\{-\tilde{\rho}+\tilde{P}\tilde{v}+\tilde{T}\left[(\tilde{v}_i-1)\ln(1-\tilde{\rho})+\frac{1}{r}\ln\tilde{\rho}+\frac{\phi_1}{r_1}\ln\left(\frac{\phi_1}{\omega_1}\right)+\frac{\phi_2}{r_2}\ln\left(\frac{\phi_2}{\omega_2}\right)\right]\right\}\tag{6.176}$$

$$\tilde{\rho}^2+\tilde{P}+\tilde{T}\left[\ln(1-\tilde{\rho})+\left(1-\frac{1}{r}\right)\tilde{\rho}\right]=0\tag{6.177}$$

所得结果与 Sanchez 和 Lacombe 理论结果的差别仅在于下列表示式的选择：

$$\omega_i=\delta_{i,\max}r_i/\sigma_i\mathrm{e}^{r_i-1}\qquad\omega_i^0=\delta_{i,\max}^0r_i^0/\sigma_i^0\mathrm{e}^{r_i^0-1}\tag{6.178}$$

$$\delta_{i,\max}=z(z-1)^{r_i-1}\qquad\delta_{i,\max}^0=z(z-1)^{r_i^0-1}\tag{6.179}$$

这样，每个占有格子的 Gibbs 混合自由能可以定义如下：

$$\Delta\bar{\bar{G}}_M=\bar{\bar{G}}_M-(\phi_1\bar{\bar{G}}_1+\phi_2\bar{\bar{G}}_2)$$

对于没有特殊相互作用的聚合物共混物，每个占有格子的总能量可表示为

$$\varepsilon^*=\phi_1^2\varepsilon_{11}^*+2\phi_1\phi_2\varepsilon_{12}^*+\phi_2^2\varepsilon_{22}^*\tag{6.180}$$

对于有特殊相互作用的聚合物共混物，每个占有格子的总能量可表示为

$$\varepsilon^*=\phi_1^2\varepsilon_{11}^*+2\phi_1\phi_2f_{12}^*+\phi_2^2\varepsilon_{22}^*\tag{6.181}$$

$$f_{12}^*=\varepsilon_{12}^*+\delta\varepsilon^*-\frac{zkT}{2}\ln\left[\frac{1+q}{1+q\exp(-2\delta\varepsilon^*/zkT)}\right]\tag{6.182}$$

安立佳与 Wolf 改进了的格子流体模型理论与有关实验结果符合得很好，如图 6.6、图 6.7 和图 6.8 所示[35-37]。

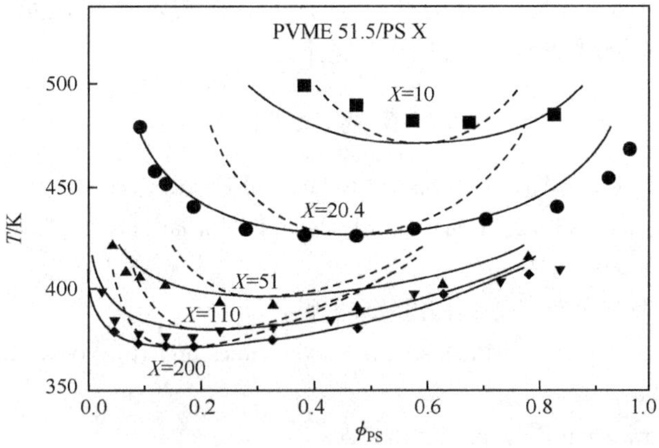

图 6.6　聚乙烯基甲醚与不同分子量聚苯乙烯混合物的相图

符号为实验的云点；－－－理论计算旋节线；——理论计算双节线

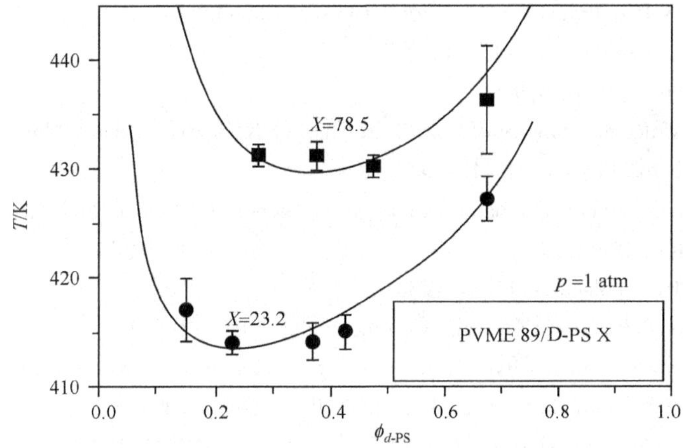

图 6.7　聚乙烯基甲醚与不同分子量氘代聚苯乙烯混合物的相图

符号代表观测旋节线相分离实验数据；——理论计算旋节线

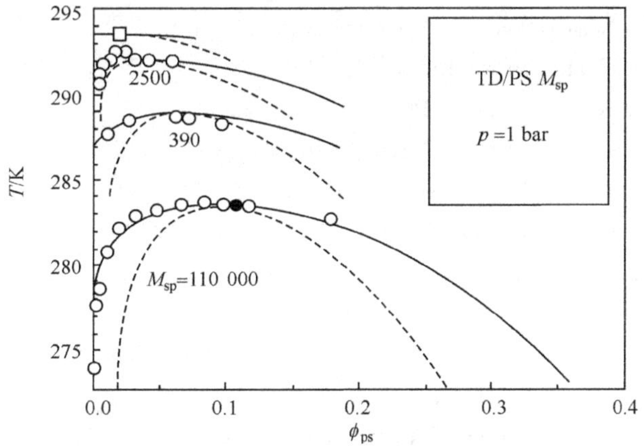

图 6.8　反式十氢化萘与不同分子量的聚苯乙烯溶液的相图

○实验测定的云点；●理论预测的临界点；□实验测定的临界点

－－－理论计算旋节线；——理论计算双节线

在理论计算过程中,采用了 Horst-Wolf 聚合物共混物相图计算方法[38-39]。理论计算结果仅存在一个可调参数:组分间的相互作用能(不考虑特殊相互作用情况)或特殊相互作用能增加量(考虑特殊相互作用情况)。理论计算结果与实验测定结果定量相符,并揭示了聚合物共混物相容区域随分子量增加而减小的变化规律。

参考文献

[1] Cizek E P. U. S. Pat,1968,3:383,435. assigned to General Electric Co.

[2] Matsuo M. Japan Plastics,1968,2:6; Matsuo M. Ueno T,Horino H,et al. Asai Polymer,1968,9:425.

[3] Scott R. J. Chem. Phys. ,1949,17:279.

[4] 江明 . 高分子合金的物理化学 . 成都:四川教育出版社,1988.

[5] Utracki L A. Polymer Alloys and Blends. Thermodynamics and Rheology. Munich,Vienna,New York: Hanser Publishers,1989.

[6] Freeman P J. J. S. Rowlinson Polymer,1960,1:20.

[7] Flory P J,Orwoll R A,Vrij A. J. Am. Chem. Soc. ,1964,86: 3507,3515.

[8] Flory P J. J. Am. Chem. Soc. ,1965,87: 1833.

[9] Eichinger B E,Flory P J. Trans. Faraday Soc. ,1968,64: 2035.

[10] Flory P J. Discuss. Faraday Soc. ,1970,49: 7.

[11] Tonks L. Phys. Rev. ,1936,50:955.

[12] Prigogine I. The Molecular Theory of Solutions. Chapter XVI. Amsterdam: North-Holland Publ. ,1957.

[13] Frank H S. J. Chem. Phys. ,1945,13:495.

[14] Sanchez I C. Statistical Thermodynamics of Polymer Blends. *In*: Paul D R,Nowman S. Polymer Blends. New York:Academic Press,1978.

[15] McMaster L P. Macromolecules,1973,6:760.

[16] Hamada F,Shiomi T,Fujisawa K,et al. Mcromolecules,1980,13:729.

[17] Shiomi T ,Fujisawa K,Hamada F,et al. J. Chem. Soc. ,Faraday Trans. Ⅱ,1980,76:895.

[18] Fujisawa K,Shiomi T,Hamada F,et al. Polym. Bull. ,1980,3:261.

[19] Prigogine I,Trppeneniers N. Mathot Discuss. Faraday Soc. ,1953,15:193.

[20] Kubota K,Kim Y,Kubo K,et al. Rep. Prog. Polym. Phys. Jpn. ,1977:20143.

[21] Kubota K. Tokyo: Tokyo University,1979.

[22] Shiomi T,Hamada K,Nasako T,et al. Macromolecules,1990,23:229.

[23] Sanchez I C,Lacombe R H. Nature,1974,252:381.

[24] Sanchez I C,Lacombe R H. J. Chem. Phys. ,1976,80:2352.

[25] Lacombe R H. Sanchez I C. J. Chem. Phys. ,1976,80:2568.

[26] Sanchez I C,Lacombe R H. Macromolecules. ,1978,11:1145.

[27] Guggenheim E A. Proc. R. Soc. London,Ser. A,1944,183:203.

[28] Guggenheim E A. Mixture. Chapter Ⅹ and Ⅺ. London: Oxford University Press,1952.

[29] Guggenheim E A. Application of Statistical Mechanics. Chapters 4 and 6. London: Oxford University Press,1946.

[30] Flory P J. J. Chem. Phys. ,1942,10:51.

[31] Sanchez I C,Lacombe R H. J. Polym. Sci. Polym. Lett. Ed. ,1977,15:71.

[32] Sanchez I C,Balazs A C. Macromoleules,1989,22:2325.

[33] An L J,Ma R,Kou X,et al. Polymer,1993,34:1028; 1993,34:2989.

[34] An L J,Jing B,Hu Y,et al. Macromol. Theory Simol. ,1994,3:743,751,781.

[35] An L J, Wolf B A. J. Macromol. Sci. Part A: Pure Appl. Chem. A, 1997, 34: 1629.
[36] An L J, Horst R, Wolf B A. J. Chem. Phys., 1997, 107: 2597.
[37] An L J, Wolf B A. J. Chem. Phys., 1995, 103: 3782.
[38] Horst R. Macnmol. Theor Simul., 1995, 4: 449.
[39] Horst R, Wolf B A. J. Chem. Phys., 1995, 103: 3782.

第 7 章　聚合物共混物相分离动力学

聚合物共混物相分离热力学理论和实验都已表明，由于聚合物共混物分子间相互作用与在一定温度和压力下的可压缩性，相分离行为呈现为最低临界共容温度（LCST）曲线和最高临界共容温度（UCST）曲线。聚合物共混物的综合相分离行为（或者说综合相图）如图 7.1 所示。

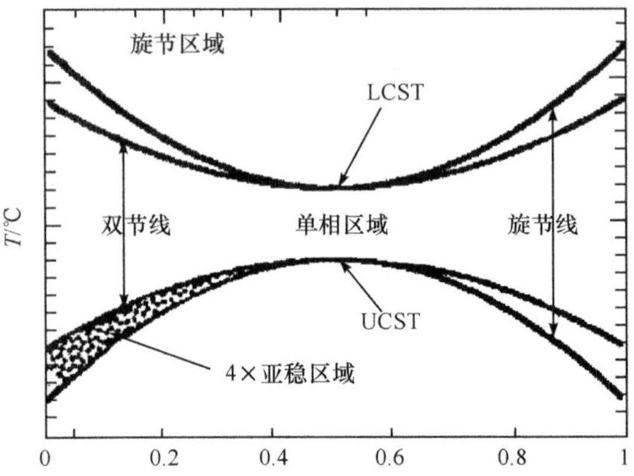

图 7.1　具有最低临界共容温度和（或）最高临界共容温度的聚合物共混物相图（LCST 和 UCST 共存）

同时具有两种临界共容温度的相图对于低分子量的混合物是多见的。对于聚合物共混物，比较多见的是相分离行为只呈现为最低临界共容温度相图，聚合物共混物相分离行为呈现为最高临界共容温度相图比较少见。很少见聚合物共混物相分离行为同时呈现为最低临界共容温度和最高临界共容温度共存的相图，然而实验已经观测到了，如下列二元聚合物共混物：

聚合物 Ⅰ	聚合物 Ⅱ	
1. 丙烯腈-苯乙烯共聚物 poly (acrylonitrile-co-styrene) (25% acrylonitrile，质量分数，下同)	丙烯腈-丁二烯共聚物 poly(acrylonitrile-co-butadiene) (40% acrylonitrile)	[1]
2. 聚丁二烯 polybutadiene	丁二烯-苯乙烯共聚物 poly(butadiene-co-styrene) (45% styrene)	[2]
3. 聚 ε-己内酯 poly(ε-caprolactone)	丙烯腈-苯乙烯共聚物 poly(acrylonitrile-co-styrene) (12.4% ～26.4% acrylonitrile)	[3]
4. 双酚-A 聚碳酸酯 poly(biphenol-A carbonate)	聚甲基丙烯酸甲酯 poly methyl methacrylate	[4]
5. 聚二甲基硅氧烷 polydimethylsiloxane	聚甲基苯基硅氧烷 poly methyl phenylsiloxane	[5]
6. 2-羟乙基丙烯酸酯-液晶丙烯酸酯共聚物 poly(2-hydroxyethyl acrylate-co-liquid crystalline acrylate) (6% 2-hydroxyethyl)	2-羟乙基丙烯酸酯-液晶丙烯酸酯共聚物 poly(2-hydroxyethyl acrylate-co-liquid crystalline acrylate) (6% 2-hydroxyethyl)	[6]

组成聚合物共混物的两种相似的共聚物的液晶聚丙烯酸酯有不同的间隔基团(spacer groups)

7. 邻甲基化酚醛树脂 *o*-methylated phenol formaldehyde resin (20%或 50%的羟基被甲基化)	聚甲基丙烯酸甲酯 poly methyl methacrylate	[7]

邻甲基化酚醛树脂
o-methylated phenol formaldehyde resin
(20%或 50%的羟基被甲基化)

8. 聚苯乙烯
polystyrene

甲基丙烯酸甲酯-苯乙烯共聚物
poly(methyl methacrylate-co-styrene)
(50%或 60%甲基丙烯酸甲酯)

羧基化 2,6-二甲基-1,4-苯醚
carborylated 2,6-dimethyl-1,4-phenylene ether　[8]
(8.0%～10.3%羧基,摩尔分数)

临界点产生的根源可以从相容性(miscibility)的温度效应跟踪得到解释。Patterson[9]分析认为二元混合物的相互作用参数主要取决于三种因素的贡献:色散力的作用(interaction of dispersion forces)、自由体积效应(free volume effects)及分子间特殊相互作用(specific interaction between molecules)。温度对这三种因素的影响是不同的,对于聚合物溶液和聚合物共混物如图 7.2 所示。

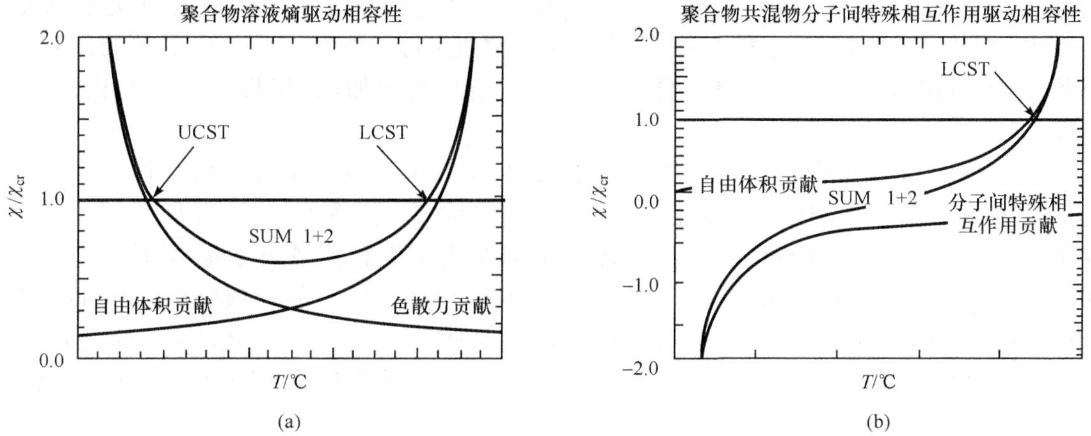

图 7.2　溶剂的混合物和溶液中观测到的依赖性(a)及大多数聚合物共混物中观测到的依赖关系(b)
聚合物溶液中的分子间相互作用通常由色散力与自由体积效应组合而成,而聚合物共混物中的分子间相互作用通常主要由分子间特殊相互作用与自由体积效应组合而成

如图 7.2(a)所示,聚合物溶液(聚合物分子链与小分子溶剂组成的体系)中色散力作用与体积效应的作用所形成的加和曲线为一 U 形曲线,它与二元相互作用参数的临界值在两个位置相交,这两交点对应的温度就反映了共存的最高临界共容温度和最低临界共容温度。与此相比,如图 7.2(b)所示的相互作用参数-温度曲线反映了聚合物共混物的特征,大多数相容的聚合物共混对的形成都与共混对中的分子间特殊相互作用相关,这类特殊相互作用的相互作用参数往往具有较大的负值,并且随温度的升高而增大。聚合物共混物的相容性自然也受自由体积效应和色散力的影响,但色散力相对就不那么重要了。聚合物共混物相行为常是相互作用加和的结果,且在一个温度下达到聚合物共混物的相分离临界值,常只能观测到最低临界共容温度出现。实验已经观察到的最低和最高临界共容温度可以同时出现在一个聚合物共混体系中的结果有待进一步认识和解释。

7.1　聚合物共混物相分离行为的两种机理:旋节相分离和成核生长相分离

聚合物共混物热力学理论与实验已经揭示了聚合物共混物相分离的本质,回答了在什么条件下会发生相分离,聚合物共混物相分离的基本性质与形成等问题。无论是最高临界共容温度曲线,还是最低临界共容温度曲线,它们所呈现出的相分离行为一般都可能具有两种不同的相分离机理:双节相分离(binodal decomposition,BD)与旋节相分离(spinodal decomposition,SD)。双节相分离曲线和旋节相分离曲线都已在图 7.1 中给出。这些曲线表明了聚合物共混物体系的最一般相图,可分为以下三种性质不同的相区:

(1) 单相区是具有最高临界共容温度和最低临界共容温度的双节相分离曲线间的区域,属于热力学平衡态均相区,聚合物共混物处于热力学相容态。

(2) 两相区(旋节区)是具有最高临界共容温度和最低临界共容温度的旋节相分离曲线所界定的区域,属于热力学非平衡态两相区,聚合物共混物处于不稳定的热力学不相容的状态,组成涨落不断引发持续发展的相分离。

(3) 亚稳区是具有最高临界共容温度和最低临界共容温度的两个双节相分离曲线和两个旋节相分离曲线相夹的四个从临界点向外抛射的区域,属于亚稳相区。聚合物共混物由于组成涨落不断引发相分离,但不能持续发展,不断回复原状。这种状态也不是持久地保持下去,不是绝对稳定,只是相对稳定,当组成涨落足够大,引发相分离后形成的新相达到临界尺寸,新相形成造成的能量降低已超过表面能量的增加,新相将是稳定的相,并不断发展。

显然,图 7.1 是聚合物共混物的综合相图,利用它可以进一步分析聚合物共混物相分离的发生和发展。假定聚合物共混物初始处于单相状态,体系的组成、温度或压力的变化将迫使它进入:旋节区(两相区)或者亚稳区,并且都将发生和发展相分离,只是具有不同的机理。进入亚稳区后的相分离是慢的,呈现为类似结晶过程中的成核(nucleation)和生长(growth);进入旋节区后的相分离立即发生,并自发地发展下去,呈现为周期性的发展过程,组成涨落的波幅和波长不断变化。整个相分离过程都可分为早期、中期与后期,具体如图 7.3 所示。

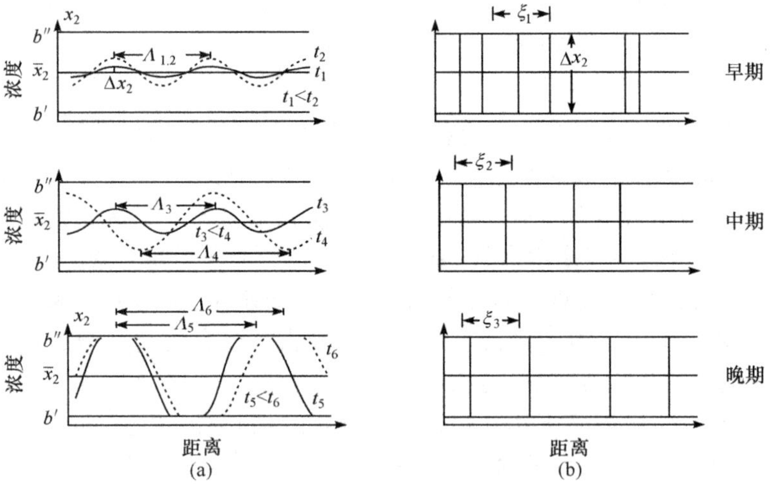

图 7.3　旋节相分离(a)和成核生长相分离(b)过程示意图

图 7.3(a)给出了旋节相分离的三个阶段。

(1) 早期:组成涨落的波长不变 $\Lambda(t_1)=\Lambda(t_2)$,但波幅增大。

(2) 中期:组成涨落的波长与波幅都在增大。

(3) 后期:组成涨落的波幅达到最大值,波长仍增大 $\Lambda(t_1)<\Lambda(t_2)$,分离的相区在粗化。

相分离时间 $t_1 < t_2 \ll t_3 < t_4$。

图 7.3(b)给出了成核生长相分离的三个阶段。

无论早期、中期还是后期，聚合物共混物组成涨落临界波幅对观测体系是确定的，都是一样的平台，只是平台的宽度、平台间的距离在三个相分离过程是不同的，趋势是平台越来越宽，平台间的距离越来越大。这与成核生长相分离的机理密切相关。

聚合物共混物的旋节相分离和成核生长相分离的理论和实验在不断地发展。

旋节相分离与双节相分离的定性观测实验结果如下。

如图 7.3(a)所示，旋节相分离后的相区的组成与尺寸都随时间变化不断增大。尽管旋节相分离三个阶段是有区别的，但总体上，组成涨落导致形成的新相组成(对应于涨落波幅)在增大，形成的新相区尺寸(对应于涨落波长)也在增大。

Siggia 对旋节相分离三个阶段性质的差别比作扩散、液体流动、粗化[10]，认为扩散阶段服从 Ostwald 方程，即

$$\mathrm{d}V_\mathrm{d}/\mathrm{d}t \propto v x_\mathrm{e} V_\mathrm{m} D_\mathrm{t}/RT \text{ 或 } d \propto t^{1/n_\mathrm{c}}$$

式中，n_c(=3)为粗化指数；v 为聚合物共混物的比容；d 和 V_d 分别为微滴的直径和体积；x_e(如 ϕ'或 ϕ'')为平衡组成(浓度)；V_m 为微滴的摩尔体积；D_t 为扩散系数。并且最早形成的微滴的尺寸限定在 $d_0 < d < 5d_0$，d_0 为分子分聚的最初始微滴的直径。Voigt-Martin 等见证了这一点，还观测了聚苯乙烯、聚甲基乙烯基醚(PS/PVME)共混物的 d_0 随淬火(从单相态进入旋节区)的深度 $\Delta T = |T - T_\mathrm{c}|$($T_\mathrm{c}$ 为临界温度)增加而降低，具体在 82 ℃、85 ℃及 94 ℃的 d_0 值分别为 9 nm、3 nm 及 2 nm[11]。

同时也已证明，当旋节相分离进入液体流动阶段时，微滴(微相区)的尺寸扩展到 $5d_0 \leqslant 0.9tv/\eta \leqslant 1\ \mu\mathrm{m} \approx d_{\max}$。其中 η 为分散液体的黏度(viscosity of dispersed liquid)[12]。d_0 和 $d_{\max}$ 值的变化依赖于分子参数。聚合物共混体系相分离的概率分布函数，进入流体流动阶段时，失掉了扩散阶段的高斯函数形式，变得不那么规整。在经过后期到粗化，以致变成与双节相分离所形成相结构图样相近。

Reich 观测了旋节相分离过程中的形态变化，如图 7.4 所示。

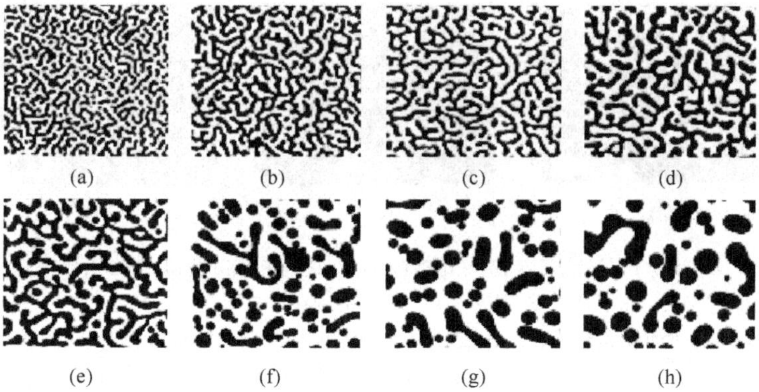

图 7.4　相容聚合物共混物(PS/PVME=4/6)旋节相分离过程中形态的发展[12]

(a)～(h)展示了旋节相分离过程形态的变化

如图 7.4 所示，初始旋节相分离形成的分散相是很均匀的图样，无论是基质还是分散相都呈现一定的连续性并相互贯穿；从扩散阶段过渡到流动液体状态，分散相变粗，变得不

那么均匀，不规则性加重；到后期图样显示了明显的粗化；分散相的连续性逐渐减弱，粗化过程发展的结果是形成越来越多的孤立的球状分散相，并且球与球合并成大的球状分散相。

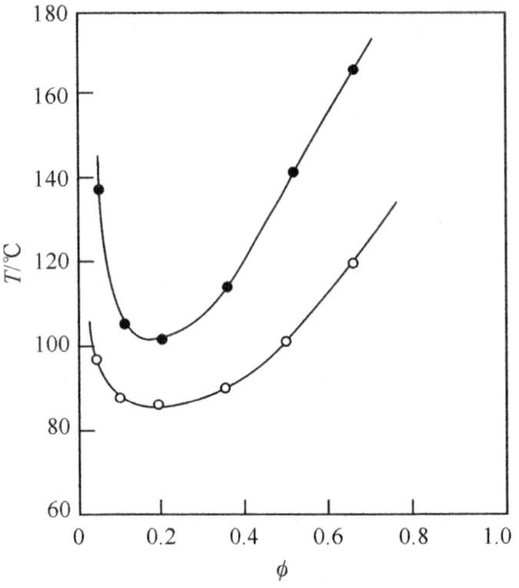

图 7.5　相容聚合物共混物体系 PS/PVME 不同组成时开始相分离的温度(○)和完成相分离的温度(●)对组成 ϕ 作图

升温速率为 0.2 ℃/min

亚稳区相分离过程如图 7.3(b)所示。只有当聚合物共混物组成涨落足以克服临界势垒时，才能形成核及可以稳定地存在下去的新相，新相的组成不变，但新相区的尺寸可以不断增大。分散相与基质界限分明，为孤立相区。

Nishi 等用比较直观的实验结果对比观察了旋节相分离和亚稳相分离过程，证实了成核生长相分离的发生，揭示了它们的特征[13]。

他们用浊点法观察了 PS/PVME 相容聚合物共混体系不同组成时开始相分离与完成相分离的温度，如图 7.5 所示。

图 7.5 表明 PS/PVME 聚合物共混体系的相分离行为符合 LCST 相图，它的最低相分离温度 T_{min} 为80～90 ℃，最低相分离体积分数 ϕ_{min} 约为 20%(PS)。

用带有热台的相差显微镜观测不同组成的 PS/PVME 聚合物共混物体系在不同温度下相分离形态随时间的变化，结果如图 7.6 所示。

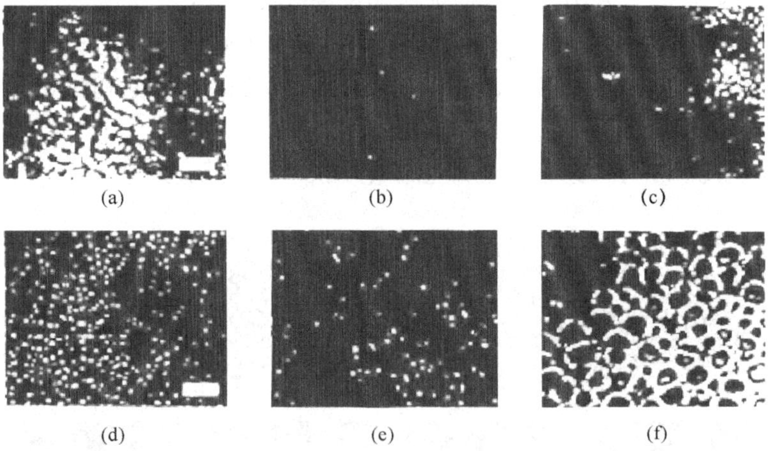

图 7.6　PS/PVME 聚合物共混物被迅速加热并保持在高温的相分离行为

图中的白杠表示 10 μm 标尺；PS/PVME=5/95 共混物在 115 ℃温度下保持 70 s(a)、600 s(b)、3800 s(c)的相分离图样；PS/PVME=20/80 共混物在 115 ℃温度下保持 300 s(d)、1800 s(e)、3800 s(f)的相分离图样

这两种组成 PS/PVME 共混体系相分离形态随时间变化的图样有相似的特征和变化过程：

(1) 开始相分离后，首先呈现两相都有一定的连续性，且相互贯穿，虽然不具有传统的有序性(如等同周期性)，但看上去是均匀的，相互贯穿是无规的。

(2) 相分离发生发展很快，自发地发展。

(3) 相分离后期，虽然形态图样仍保持一定的相互贯穿，但两相的尺寸与间隔增大，且已不那么均匀，变得比较复杂；甚至出现球状相区，相区合并，相区尺寸与间隔不是均匀的，有大有小。

(4)根据前面关于相分离的热力学分析和上述三点相分离特征[图 7.3(a)]表明，图 7.6 所示两种组成 PS/PVME 共混体系相分离结果均属于旋节区内所发生的旋节相分离。相分离之所以能迅速地自发持续发展，是因为相分离后形成的新相在能量上是有利的，即相分离后的新相自由能降低。初始阶段，聚合物共混物中组成涨落(正弦波形式)的波幅(组成峰值)逐渐增加，而波长不变；当聚合物共混物的相分离已充满所限体积后，波幅继续增大，同时波长也不断增大，也就是说相分离所形成新相组成不断增加，新相尺寸也不断增加。相分离过程中，组成涨落不断加强，新相区内和新相区间的组成梯度变得越来越大。这就是旋节相分离过程特征的逆扩散(uphigh diffusion)，扩散沿逆梯度方向发展，扩散使组成涨落增强[13]。

在 140 ℃温度下观测 PS/PVME＝65/35 聚合物共混物相分离，结果如图 7.7 所示。

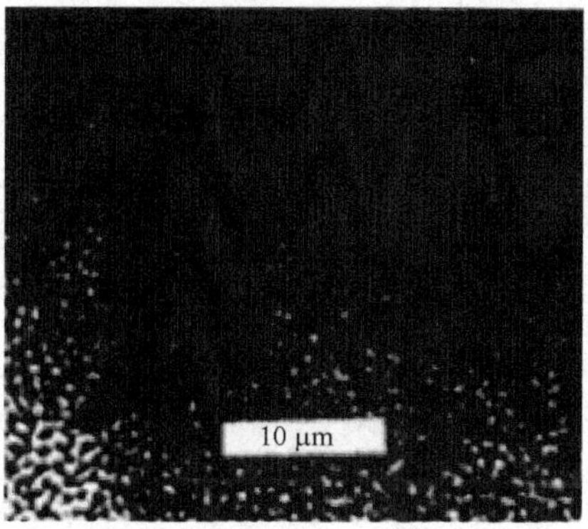

图 7.7　PS/PVME＝65/35 聚合物共混物在 140 ℃温度下保持 10 700 s 后发生相分离的图像

这一聚合物共混物在 140 ℃温度下的相分离特征如下：

(1) 相分离形成很慢。图 7.7 相分离图像开始出现的时间是图 7.6 相分离图像开始出现的时间的 36～150 倍，而相分离温度又比较高。

(2) 相分离图像中的分散相是尺寸很小的分离的球，球的尺寸远小于球间的平均距离，分散相不呈现连续性。

(3) 相分离图像中分散相与连续相色差趋向突变，而且保持不变。

(4) 根据前面关于相分离热力学分析和上述三点相分离特征[图 7.3(b)]表明，图 7.7 所示的相分离过程与结果属于成核生长相分离，它发生在亚稳相分离区。一般的组成涨落不能引发这种相分离，因为发生在亚稳区的相分离所形成的新相的总自由能升高而不降低，所以不能稳定和发展。只有聚合物共混体系中组成涨落达到足够大的临界值时，才能克服势垒，形成新相核而继续生长。所谓组成涨落临界值就是在这样组成涨落条件下，所形成的新相的表面能足够低，新相组成达到双节临界点，这时的分散相与连续相化学势相等，新的分散相得以稳定地存在下去，不断地组成涨落使得满足临界条件而不断发生双节相分离，稳定的新相不断形成或生长，它们可以是单独的也可能附着在已形成的稳定新相边缘长大，形成的新相都应具有同样的组成，所以这样的相分离过程中组成涨落波形是矩形波(平顶波)。如图 7.3(b)所示，尺寸比较大的新的双节相能量上更优越(表面能更低)，因此新的双节相的尺寸会自然地随时间变大，组成涨落的矩形波波长随时间不断增大。这样的相分离过程中，新的双节相形成后，组成涨落不继续发生，相分离的结果不是组成涨落不断加剧，而是组成梯度由大变小，相分离过程中发生的是沿组成梯度方向扩散，即正扩散，这就是亚稳相分离(双节相分离)所具有的扩散特征。

对于 PS/PVME＝50/50 聚合物共混物，在不同的温度下观测的相分离图像如图 7.8 所示。

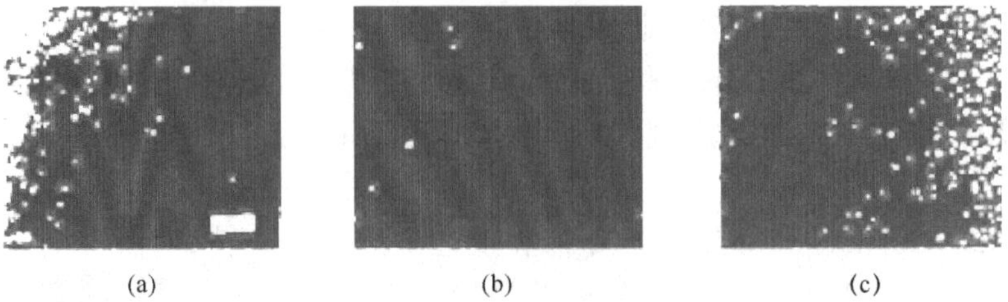

图 7.8　PS/PVME=50/50 聚合物共混物分别在 120 ℃、3800 s(a)，130 ℃、220 s(b)，140 ℃、80 s(c)下初始相分离图像

图中的白杠表示 10 μm 标尺

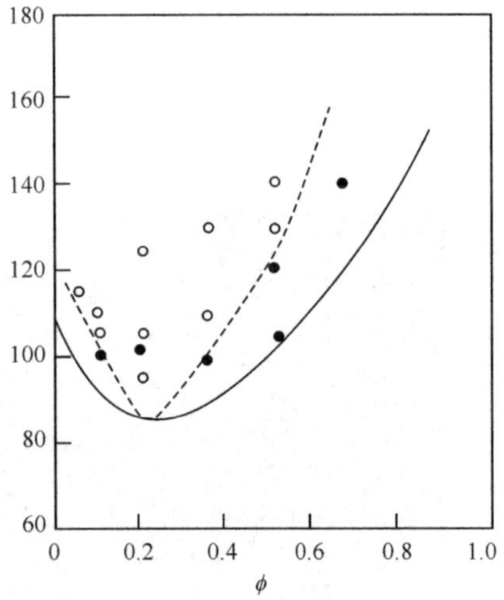

图 7.9　系列组成(φ)PS/PVME 聚合物共混物在系列温度的相分离，根据相差显微镜观测的相分离发生的时间与图像

区分旋节相分离和亚稳相分离并分别以圆圈和圆点标在以温度为纵坐标、组成(φ)为横坐标平面内(虚线为旋节线，实线为双节线)

如图 7.8(b)和(c)所示，它们的特征与旋节相分离的特征相符，这就表示对于 PS/PVME=50/50 聚合物共混物在 130 ℃和 140 ℃发生的相分离具有旋节相分离机理。与此同时，图 7.8(a)中的图像呈现为尺寸很小的分离的球形分散相，分散相与连续相的反差分明(或颜色突变)，整个图像不呈现互相贯穿的连续性，这些都表明，对于 PS/PVME=50/50，在 120 ℃温度下发生的相分离属于成核生长的亚稳相分离。Nishi 等在他们的工作中[13]分别在不同系列温度观测了不同组成的 PS/PVME 聚合物共混物的相分离行为，根据它们属于旋节相分离还是亚稳相分离，分别用圆圈和圆点标出，如图 7.9 所示。

图 7.9 所示的旋节相分离圆圈与亚稳相分离圆点的分界线(虚线)正是旋节线，它与双节线应有一共临界点就是最低临界共容点，再考虑原点的分布趋势，可以确定图 7.9 中的实线正是PS/PVME共混体系的双节线。对比图 7.9 和图 7.5 可以看出，图 7.9中的双节线(实线)与图 7.5中的起始相分离温度-组成曲线相似相近。图 7.5 中最低起始相分离温度和最低完成相分离温度都对应于 PS/PVME 聚合物共混物中 PS 体积分数为 0.2，即 $\phi_{min}=0.2$。图 7.9 中的双节线与旋节线的最低临界共容温度 $T_{LCST}=T_{crit}$对应的 PS 临界体积分数 ϕ_{crit}也约为 0.2。图 7.9 中旋节线与双节线相夹的两个从临界点向上向外抛射的区域就是所谓的亚稳相分离区，在这一区域内相分离的机理为成核生长。旋节线所限定的区域为不稳相分离区域，这一区域内的相分离为旋节相分离。旋节线、双节线及它们相夹所限定的向上向外抛射的区域的形状不对称性应与聚合物共混物组分链结构的不对称性有关。

7.2　聚合物共混物旋节相分离线性动态力学

早在半个世纪前，人们对金属合金的相结构与相分离进行了系统深入的研究，Cahn 提出的旋节相分离的线性理论影响比较大，对聚合物共混物相分离的认识与研究也起了十分重要的推动作用[14-17]。由于金属合金的相分离比较快,相结构尺寸比较小,因此实验研究有一定的局限性。与此同时,20世纪70年代以来,由于现代实时实验技术的发展,聚合物共混物相分离研究迅速发展,不仅成功地验证了Cahn提出的理论,它适用于描述聚合物共混物初始旋节相分离过程,而且用标度理论研究聚合物共混物相分离中后期行为也已取得重要成果,人们不断地将聚合物共混物相分离的研究成果应用于聚合物共混物实际加工成型中相结构形态的控制。

7.2.1 旋节相分离线性理论[14-16,18]

Cahn和Hilliad将一由小分子组成的非均相A和B二元混合物在不可压缩条件下的自由能用式(7.1)表示

$$F = \int \mathrm{d}V[f(c) + k(\nabla c)^2 + \cdots] \tag{7.1}$$

式中,$f(c)$为一个组分的组成(如体积分数)为c的混合物体系处于均相状态时的自由能密度;第二项为组成(浓度)梯度产生的超额自由能(excess free energy)。对自由能F取变分微熵(variational derivative)可得化学势差$\mu_A-\mu_B$。每个组分的物流J_A或J_B满足式(7.2)

$$J_A \text{ 或 } J_B = D_c(\mu_A - \mu_B) \tag{7.2}$$

而物流连续方程

$$\frac{\partial c}{\partial t} =- \operatorname{div} J_A \tag{7.3}$$

将J_A表达式代入连续方程,就形成了组分的扩散方程

$$\frac{\partial c}{\partial t} = D_c\left(\frac{\partial^2 f}{\partial c^2}\right)\nabla^2 c - 2D_c k\nabla^4 c + \cdots \tag{7.4}$$

式中,D_c为组分分子的平移扩散系数。这一方程的解应具有以下形式:

$$c(\boldsymbol{r}) - c_0 = \sum_q \exp[R(\boldsymbol{q})t][A(\boldsymbol{q})\cos(\boldsymbol{q}\cdot\boldsymbol{r}) + B(\boldsymbol{q})\sin(\boldsymbol{q}\cdot\boldsymbol{r})] \tag{7.5}$$

式中,$q=2\pi/\Lambda$,为空间组成涨落波数,Λ为相应的波长。认为组成涨落$\Delta c(\boldsymbol{r})=c(\boldsymbol{r})-c_0$是各向同性的,因此$A(\boldsymbol{q})=A(q)$,$B(\boldsymbol{q})=B(q)$及$R(\boldsymbol{q})=R(q)$。式(7.5)可改写为

$$\Delta c(\boldsymbol{r}) = c(\boldsymbol{r}) - c_0 = \sum_q \exp[R(q)t][A(q)\cos(\boldsymbol{q}\cdot\boldsymbol{r}) + B(q)\sin(\boldsymbol{q}\cdot\boldsymbol{r})] \tag{7.6}$$

空间组成的涨落弛豫速率

$$R(q) = D_c q^2[-(\partial^2 f/\partial c^2) - 2kq^2] \tag{7.7}$$

式(7.7)是忽略了式(7.1)和式(7.4)中的高次项而得到的。这就是所谓的旋节相分离线性理论的体现。

7.1节关于旋节与双节两种机理的相分离热力学实质的叙述中,已指明成核生长相分离所对应的聚合物共混物的自由能随组成变化曲线的曲率$\partial^2 f/\partial c^2$是正的,聚合物共混物所处的亚稳态保持相对稳定,因为无限小的组成涨落使体系能量升高,涨落不能发展。从式(7.7)也可看出这时$R(q)$是负的,从而式(7.6)所示的组成涨落$\Delta c(\boldsymbol{r})$一旦产生就会自行衰减下去。但这并不表明处于亚稳态的聚合物共混物绝对不可能相分离,当组成涨落足够大,达到一定的临界值时,仍然可能发生成核生长相分离。然而,旋节相分离时的情况正好相反,它所对应的聚合物共混物的自由能随组成变化曲线的曲率$\partial^2 f/\partial c^2$是负的,聚合物共混物处于不稳态,无限小的组成涨落使体系能量降低,涨落会自然地发展下去,涨落波的幅度迅速增长。从式

(7.7)也可看出,这时的 $R(q)$ 值是正的,从而式(7.6)所示的组成涨落 $\Delta c(\boldsymbol{r})$ 一旦产生就会自动增长下去。

如果说聚合物共混物的旋节区域的不稳态与亚稳态之间存在着某种临界状态(实际就是对应于旋节线所表明的状态),则在这两种状态之间,自由能随组成变化曲线的曲率 $\partial^2 f/\partial c^2$ 从正变负,存在着某种临界状态对应于 $\partial^2 f/\partial c^2=0$;同时组成涨落弛豫速率 $R(q)$ 从负变正,存在着某种临界状态对应于 $R(q)=0$,$q=q_{\text{crit}}$。从式(7.7)可以得出

$$q_{\text{crit}}^2=-(\partial^2 f/\partial c^2)/2k \tag{7.8}$$

利用旋节相分离线性理论已得到的结果可以得出最大组成涨落弛豫速率 $R(q_{\text{m}})$ 及相关的组成涨落波数 q_{m}。将式(7.7)取导,并令其等于零,首先可以解出

$$q_{\text{m}}^2=q_{\text{crit}}^2/2=-(\partial^2 f/\partial c^2)/4k \tag{7.9}$$

$$R(q_{\text{m}})=-D_{\text{c}}(\partial^2 f/\partial c^2)^2/8k \tag{7.10}$$

从 q_{m} 和 $R(q_{\text{m}})$ 的表示式可以看出,组成涨落波数 q_{m} 只取决于热力学因素,而最可几组成涨落弛豫速率 $R(q_{\text{m}})$ 既与热力学因素相关,也取决于聚合物共混物相分离过程中的传输性质(或输运性质)。聚合物共混物处于旋节线对应的状态,即 $T=T_{\text{s}}$ 时

$$\left(\frac{\partial^2 f}{\partial c^2}\right)_{T=T_{\text{s}}}=0 \tag{7.11}$$

因而

$$q_{\text{m}}^2=R(q_{\text{m}})=0 \tag{7.12}$$

进一步分析组成涨落波数取极端情况值时组成涨落弛豫速率 $R(q)$ 的性质是有意义的。当 $q\ll q_{\text{m}}$ 时,组成涨落弛豫速率表达式 $R(q)=D_{\text{c}}q^2[-(\partial^2 f/\partial c^2)-2kq^2]$ 中第一项和第二项的热力学部分都很小,聚合物共混物分子扩散性质(D_{c})对组成涨落弛豫有决定性的影响,而且 q 值越大,弛豫速率 $R(q)$ 也越大,因为 $R_{\text{diffusion}}(q)\sim q^2D_{\text{c}}$。另一极端情况是,当 $q\gg q_{\text{m}}$ 时,$R(q)$ 表达式中的两项都比较大,显然这种情况下,式中的热力学部分对组成涨落弛豫速率将起决定性作用,而且这时 q 值越大,梯度自由能的第二项将越大,组成涨落弛豫速率 $R(q)$ 更负,实际更小,因为 $R_{\text{thermodynamics}}(q)\sim(-\partial^2 f/\partial c^2-2kq^2)$,所以 q_{m} 和 $R(q_{\text{m}})$ 的存在是这两种物理因素平衡的结果。

7.2.2 旋节相分离组成涨落弛豫与聚合物分子参数关系

旋节相分离线性理论已表明线性旋节相分离动态力学取决于组成涨落弛豫速率 $R(q)$,而它又与输运参数(扩散系数)D_{c}、热力学函数 $-\partial^2 f/\partial c^2$ 及梯度自由能密度系数 k 相关。de Gennes 把二元聚合物共混物看成是二元不可压缩的液体混合物,在平均场理论框架内提出了旋节相分离理论,并计算得到每一个晶格位置的自由能 $\widetilde{F}$[19]。

$$\widetilde{F}/k_{\text{B}}T=(1/N)[c\ln c+(1-c)\ln(1-c)]+\chi c(1-c)+\{a^2/[36c(1-c)]\}(\nabla c)^2+\cdots \tag{7.13}$$

式中,N 为组分 A 和 B 聚合物的聚合度(假定 $N=N_{\text{A}}=N_{\text{B}}$);$a$ 为 Kuhn 统计链段长度(也假定 $a=a_{\text{A}}=a_{\text{B}}$)。式(7.13)中的右边前两项正好是均匀混合物 Flory-Huggins 晶格模型理论自由能,而第三项则是与只包含组成 c 局部变化的"熵效应"(entropy effect)的组成梯度项。这一熵效应表观上产生于单体单元的"关联性"(connectivity),因此它只是聚合物共混物体系所固有的。对于组成梯度项也有能量贡献,正如式(7.1)中组成梯度项,也与单体单元间能量

相互作用有限范围相关。一般情况下，能量贡献比熵贡献小。

从式(7.13)可推出线性旋节相分离中组成涨落生长弛豫速率为

$$R(q) = q^2 \Lambda(q)\left[2\chi - \frac{1}{Nc(1-c)} - \frac{a^2 q^2}{36c(1-c)}\right] \tag{7.14}$$

对于小的波数 q 值，Onsager 系数被 de Gennes 给定如下：

$$\Lambda(q) = Nc(1-c)D_c \tag{7.15}$$

正如前面已指出的那样，这种情况下旋节相分离取决于聚合物共混物中的组分分子平移扩散，也就是分子的蛇行运动。这里的 D_c 为聚合物平移扩散的自扩散系数，de Gennes 的蛇行理论曾预料 $D_c \propto N^{-2}$，至今已为很多实验结果所证实[20]。从式(7.14)和式(7.15)经整理可得

$$R(q) = q^2 D_c\left[\left(\frac{\chi - \chi_s}{\chi_s}\right) - \left(\frac{R_\theta^2}{36}\right)q^2\right] \tag{7.16}$$

比较式(7.16)与式(7.7)可得

$$-(\partial^2 f/\partial c^2) = \frac{\chi - \chi_s}{\chi_s} \tag{7.17}$$

$$k = R_\theta^2/72 \tag{7.18}$$

式中，χ_s 为在旋节临界温度下的相互作用参数

$$\chi_s = [2Nc(1-c)]^{-1} \tag{7.19}$$

式(7.18)中 R_θ^2 为聚合物分子链均方无扰旋转半径，$R_\theta^2 = Na^2$。从这里的分析结果已可明确，在平均场理论的近似条件下

聚合度	N_A	N_B
分子间相互作用参数	χ	
统计链段长度	a_A	a_B
聚合物扩散系数	D_c	
它本身是 N_A 与 N_B 的函数		

这些正是影响旋节相分离动态力学行为分子参数。对于给定组成 c 的聚合物共混物，如果 χ 和 D_c 的依赖关系式已知，则聚合物共混物相分离动态力学行为温度依赖性将是可以预见的。

7.2.3　光散射与旋节相分离过程中空间组成涨落弛豫的关系

前面旋节相分离线性动态力学理论已给出旋节相分离过程中空间组成涨落及其弛豫速率表达式如式(7.6)、式(7.7)及式(7.16)。与此同时，弹性散射理论指出弹性散射强度随时间的变化正比于旋节相分离过程中均方组成涨落，即

$$I(q,t) \sim \mathscr{F}\{\langle \Delta^2 c(r) \rangle\} \tag{7.20}$$

$$= I(q, t=0)\exp[2R(q)t] \tag{7.21}$$

这就表明 q 同时又是散射矢量 $\boldsymbol{q}$ 的矢量值，也就是动量迁移矢量(the momentum transfer vector)

$$q = (4\pi/\lambda)\sin(\theta/2) \tag{7.22}$$

式中，$\mathscr{F}$ 表示傅里叶变换(Fourier transform)；$\Delta^2 c(r)$ 为自相关函数或是 $\Delta c(r)$ 函数的自卷积；λ 为弹性散射波长(入射辐射波长)；θ 为介质中的散射角。所以实验测定在一定温度下，在不

同约化散射角(various reduced scattering angles)q 伴随聚合物共混物相分离弹性散射强度随时间变化,以 $\ln I(q)$ 对 t 作图就可以得到旋节相分离过程中空间组成涨落弛豫速率 $R(q)$。再以 $R(q)/q^2$ 对 q^2 作图,则根据式(7.7)和式(7.16)可得聚合物共混物的有关热力学参数和分子参数。

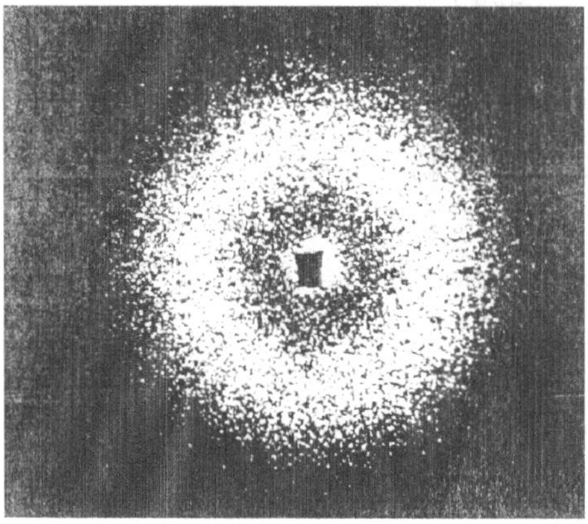

图 7.10　PS/PVME 聚合物共混物旋节相分离初期光散射花样

弹性散射包括可见光弹性散射、X 射线弹性散射及中子弹性散射。对于聚合物共混物相分离,由于它的相结构空间标尺、相分离过程的时间标尺都是足够大,可见光弹性散射很适用于跟踪研究,具有极大的优越性。这里先介绍下列聚合物共混体系的典型可见光的弹性散射花样:

(1) 聚苯乙烯/聚甲基乙烯基醚(PS/PVME)共混体系旋节相分离初期的典型光散射花样[21],如图 7.10 所示。

(2) 聚氯乙烯/丁腈橡胶(PVC/NBR-26)共混体系旋节相分离初期典型相结构、相差显微镜图像、光散射花样与强度角分布曲线[22],如图 7.11 所示。

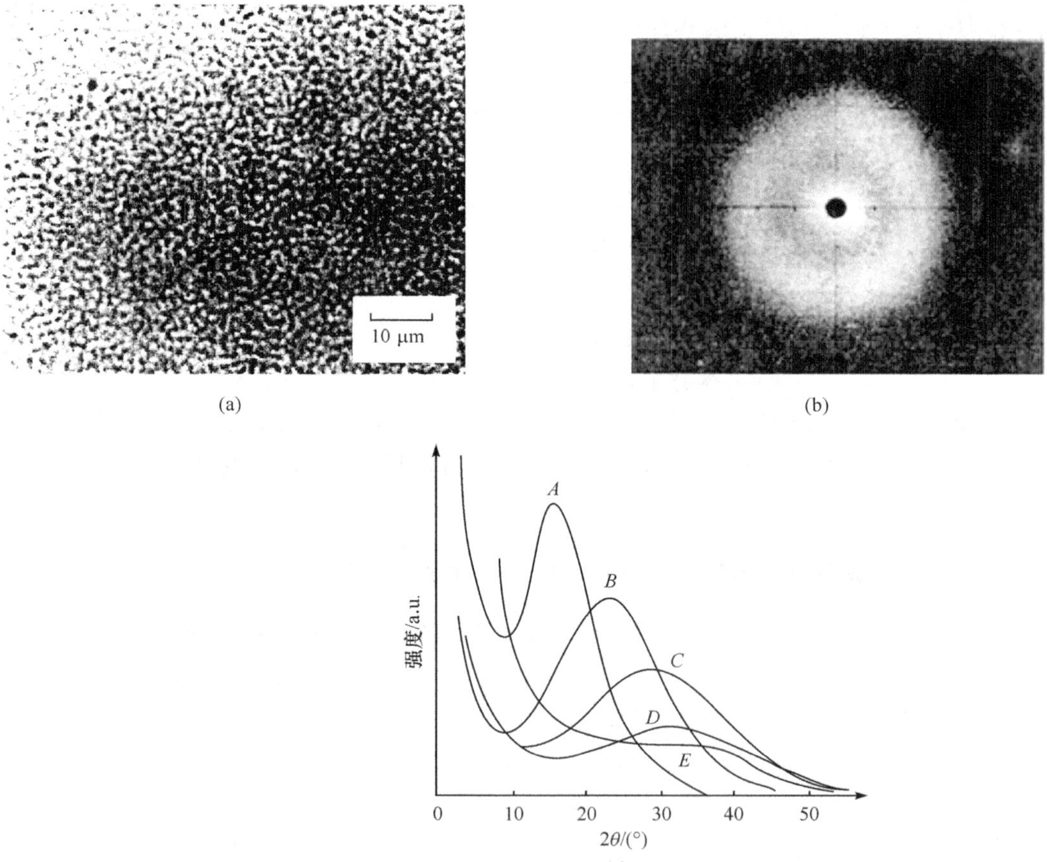

图 7.11　PVC/NBR-26(50/50)聚合物共混物旋节相分离初期相结构与变化表征

(a)相差显微镜照片;(b)光散射花样;(c)光散射强度角分布函数

PVC/NBR-26 共混物中丁腈橡胶的丙烯腈质量分数为 26%

图 7.11(a)为样品显微镜照片。图 7.11(b)为对应于光散射强度角分布曲线 A 的光散射花样。图 7.11(c)为 PVC/NBR-26 共混物的四氢呋喃的不同挥发速率制膜样品的光散射强度角分布曲线，曲线 A 对应最慢挥发，光散射曲线峰对应的散射角最小，相分离形态的周期距离最长；曲线 E 对应最快挥发，相应的峰对应的散射角最大，相分离形态的周期距离最短。

从光散射花样及光散射强度角分布曲线可以看出，存在着一个光散射强度极大值，它对应的角度 θ_m 对应于约化散射角 q_m。上述旋节相分离线性动态力学理论已明确，当 $q=q_m$ 时，组成涨落弛豫速率有极大值 $R(q_m)$，如式(7.9)和式(7.10)所示。散射曲线极大处的尖锐程度依赖于组成涨落弛豫速率 $R(q)$ 在 q_m 处的曲率，即

$$\left.\frac{\partial^2 R(q)}{\partial q^2}\right|_{q=q_m} = -8D_c\left(\frac{\partial^2 f}{\partial c^2}\right) \equiv 8D_{app} \tag{7.23}$$

式中，D_{app} 为“表观扩散系数”(apparent diffusivity)。以 $R(q)/q^2$ 对 q^2 作图，在 $q^2=0$ 时的截距即可确定为 D_{app}。

7.3　旋节相分离的时间分辨光散射实验研究

Hashimoto 等用时间分辨光散射方法系统地研究了模型聚合物共混体系——聚苯乙烯/聚甲基乙烯基醚(PS/PVME)的相分离动态力学，证明该聚合物共混体系的旋节相分离初期行为可以用 Cahn 线性动态力学理论描述，测定了该共混物共混体系相分离动态力学参数，并揭示了它们对聚合物共混体系分子参数的依赖关系。具体分述如下。

7.3.1　时间分辨光散射实验装置及原理

这一装置的光路示意图如图 7.12 所示。由图 7.12 可见，散射光路与入射光光路有一夹角，即散射角，它是可变的。散射角 θ 的变化是通过受计算机处理器控制的脉冲马达的驱动来实现的。散射光路的散射角度变化过程就是散射光路中光电倍增管取得散射光强度的扫描过程。光电倍增管的扫描可以是分步的或连续的。不同散射角的散射光强按顺序输送给计算机的接收端，散射角的变化也反映在另一接收端，这样就可以用散射光光强对散射角作图，得到散射光强随散射角度的变化曲线。另一种光散射实验数据是当散射角固定时散射光强随时间的变化。很容易理解，当散射光路的散射角不变时，散射光路中的光电倍增管会不断接收到样品的散射光强，并随时间将散射光强输送到计算机的接收端。这里我们感兴趣的是聚合物共混物从均相态进入开始发生相分离后，进行相分离的样品在不同散射角方向上散射光强随时间变化。同样这时随着相分离的发生与进行，散射光路中的光电倍增管会不断地将变化着的散射光强输送到计算机的一接收端，问题是随时间变化着的散射光强对应的时间数据必须同时反应给计算机的另一接收端，这里的关键是样品相分离的起始时间必须及时反应给计算机的另一接收端，以此标定时间轴。有了随相分离变化着的散射光强数据和相应相分离持续时间数据，就可以将不同散射角的散射光强对相分离开始的持续时间作图，从而得到在不同散射角时的散射光强随时间的变化曲线。

同理可以用这样的实时分辨的光散射装置测定不同组成的聚合物共混物样品，得到在不同温度(不同淬火深度)下的相分离过程的散射光强随时间和散射角变化的曲线。

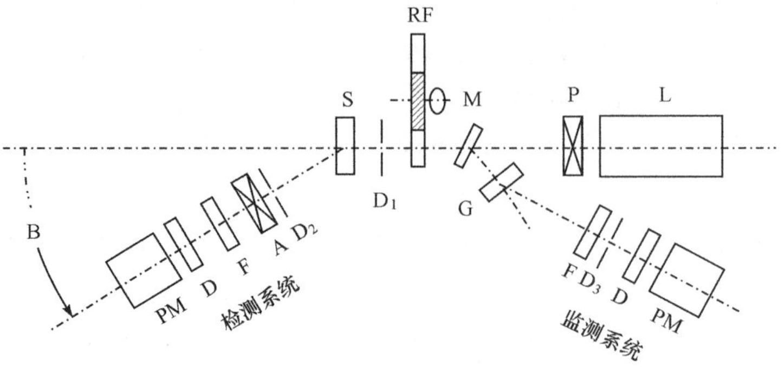

图 7.12　时间分辨光散射装置光路示意图

L 为光源，CW He-Ne 激光管，功率 20 mW；P 为起偏振片，它的偏振方向可旋转；M 为玻璃滑动片，入射光的一部分被它反射掉；G 为不透明的乳白玻璃，被 M 反射的光再被它散射；D_1、D_2、D_3 为孔隙；F 为滤光器，经 M 反射再经 G 散射，通过孔隙 D_3 和滤光器 F 的剩余光进入检测器 D 和光电倍增管 PM，此光路为监控系统(monitor)，以调节进入样品的光强；RF 为环形旋转过滤器，调节入射光强；D_1用于消除寄生散射；S 为聚合物共混物样品，它的散射光经孔隙 D_2、检偏振镜 A、滤光器 F、毛玻璃，进入接受散射的光电倍增管

7.3.2　时间分辨光散射测定相分离动态力学的聚合物共混物样品与制备

聚甲基乙烯基醚(PVME)

数均分子量 $\overline{M}_n = 4.6 \times 10^4$ (膜渗透压法测定)

分子量分布指数 $\overline{M}_w / \overline{M}_n = 2.7$ (凝胶渗透色谱法测定，又称多分散指数)

聚苯乙烯 (PS)

阴离子聚合法制备

数均分子量 $\overline{M}_n = 1.51 \times 10^5$

分子量分布指数 $\overline{M}_w / \overline{M}_n = 1.4$ (凝胶渗透色谱法测定，又称多分散指数)

聚苯乙烯/聚甲基乙烯基醚共混物用溶液法制备：配制质量分数为 10%的甲苯溶液，溶液成膜，膜厚度约为 150 μm。

聚合物共混物组成根据相分离研究需要选定，如 PS/PVME=70/30 或 30/70，具体聚合物共混物以 SE-30 或 SE-70 命名，这里的 30 或 70 表示 PVME 在共混物的体积分数。PS/PVME 共混物溶液成膜是均匀的，一般先在 T_a=65 ℃温度下，在真空烘箱或专用炉内热处理 24 h，这一退火温度 T_a 足够低于该共混物浊点温度 97 ℃，且足够高于该共混物的玻璃化转变温度。

聚合物共混物的相分离用热诱发，已知 PS/PVME 共混体系具有 LCST 的相分离行为，按上述条件处理好的聚合物共混物薄膜迅速转移到另一个恒温室，该恒温室的温度 T_x 总是高于该聚合物共混物的最低临界共容温度。样品转移到恒温温度为 T_x 的恒温室后一般达到平衡需 2 min，T_x 可被调节精确度为±0.1 ℃。

7.3.3　时间分辨光散射测定 PS/PVME 聚合物共混物相分离动态力学结果与分析

聚苯乙烯/聚甲基乙烯基醚共混物 SE-30 样品在 130 ℃诱发等温相分离后，散射强度取样数据随时间变化的典型曲线如图 7.13 所示。

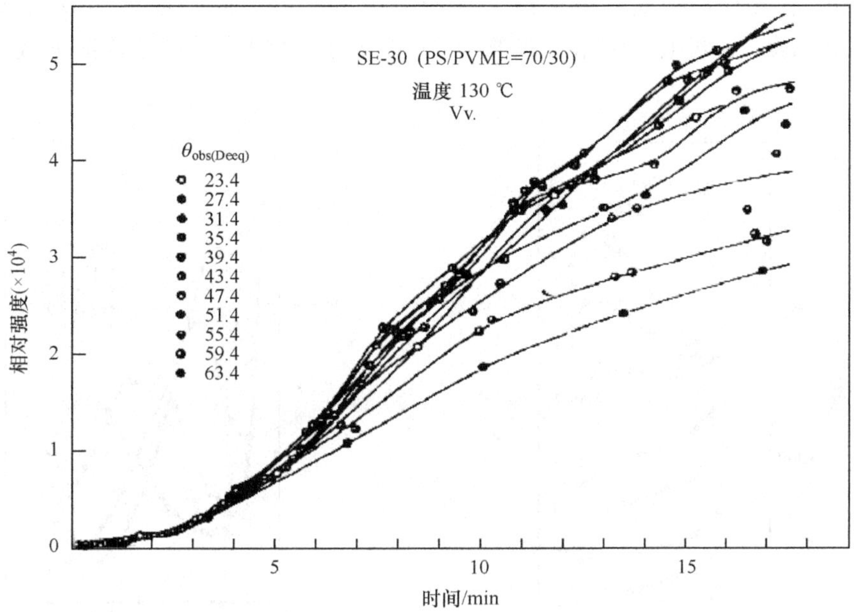

图 7.13　PS/PVME 共混物 SE-30 样品旋节相分离的散射光强在不同散射角随时间的变化曲线

自动控制扫描与强度记录时间分辨光散射的典型实验数据，光散射装置中的起偏振镜和检偏振镜的偏振方向相平行，即所谓的 Vv 状态

不难想象，从图 7.13 在不同散射角 θ 测得的散射光强随时间变化的曲线可以取出在开始相分离后一定时间的散射光强随散射角变化的数据。图 7.14 正是用这样的散射光强对散射角作图所得到的曲线。

从图 7.13 和图 7.14 可见一共同的结果，聚合物共混物发生相分离后，散射光强逐步升高，这正是旋节相分离的体现，形成了周期性空间涨落，这种组成涨落波的振幅 $\Delta c(\boldsymbol{r},q)$ 和波长 $\lambda=2\pi/q$ 随时间增加变大。图 7.14 所展示的散射光强在一定的时间段随散射角 θ(或约化散射角 q)变化的曲线还呈现出散射光强的极大值，它对应的散射角为 θ_m，约化散射角为 q_m。θ_m 和 q_m 都与进行相分离的聚合物共混物体系的分子参数有确定关系。

PS/PVME 聚合物共混物样品 SE-70 在 $T_x=99.7$ ℃和 101 ℃旋节相分离过程中在系列不同时间段散射光强随散射角变化曲线分别如图 7.15 和图 7.16 所示。

由图 7.15 和图 7.16 可以看到，PS/PVME 聚合物共混物 SE-70 样品在两个温度，相分离引起的散射光强随约化散射角 q 变化的典型相分离散射曲线在一定的时间段以后都呈现出极大值，而且峰的位

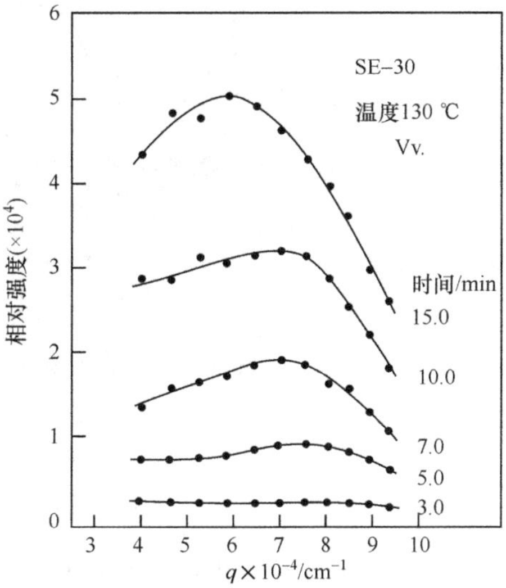

图 7.14　在一定时间段所引发的散射光强随散射角变化的曲线

时间分辨光散射装置在 Vv. 偏振条件下跟踪测定 PS/PVME 共混物 SE-30 样品经 65 ℃条件下退火处理 24 h 后跳至 130 ℃时发生的相分离

置随诱发相分离后的时间逐步趋向较低约化散射角 q 值，同时散射光强逐步增强。这种散射光强的变化，在相分离初期主要取决于相分离过程中的空间组成涨落波幅增大，到了相分离的中期和后期，空间组成涨落波的振幅与波长同时增大，同时导致散射光强以极大速率增强。

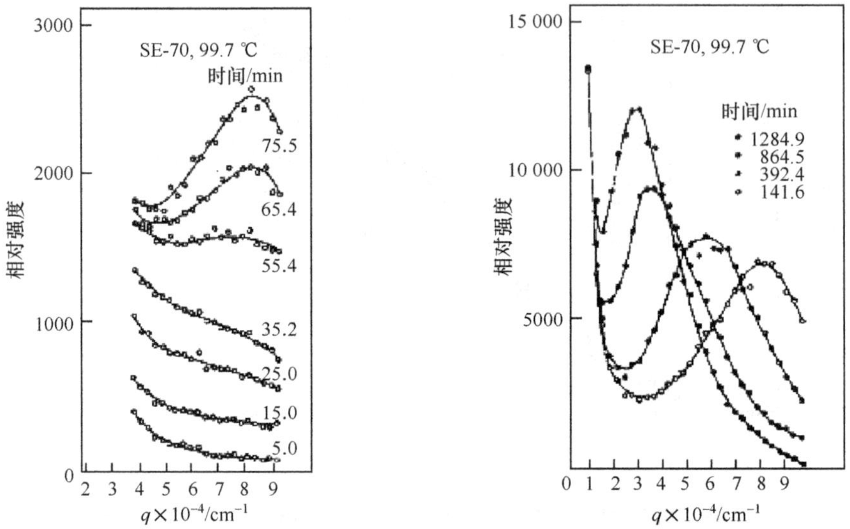

图 7.15　PS/PVME 聚合物共混物样品 SE-70 在 T_x=99.7 ℃旋节相分离过程中在系列不同时间段散射光强随散射角变化曲线

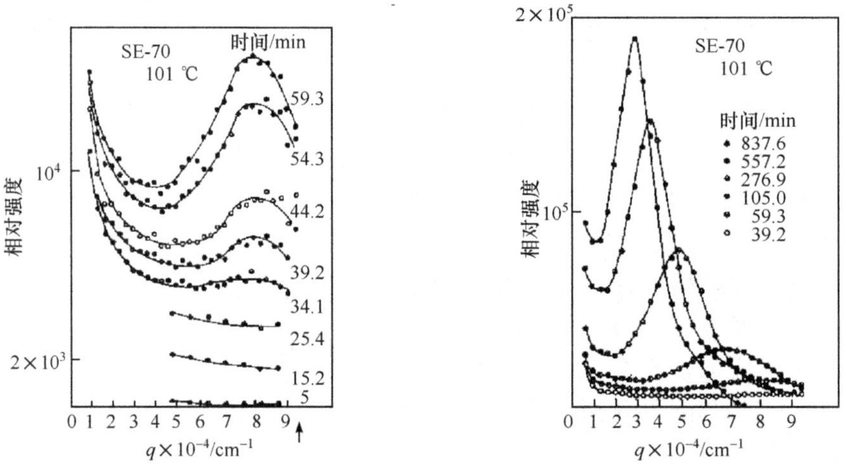

图 7.16　PS/PVME 聚合物共混物样品 SE-70 在 T_x=101 ℃旋节相分离过程中在系列不同时间段散射光强随散射角变化曲线

比较图 7.15 和图 7.16 还可以看出，散射光强随约化散射角变化曲线随诱发相分离后的时间变化率对相分离温度 T_x 很敏感，相分离温度 T_x 仅从 99.7 ℃升至 101 ℃，散射光强随约化散射角变化曲线的峰对应的散射光强随诱发相分离后的时间变化明显升高，一定时间后散射光强甚至出现数量级的差别；散射光强随约化散射角变化曲线的极大也以更快的速率向低约化散射角 q 值移动。这些现象也就表明旋节相分离过程中空间组成涨落对温度的敏感性。空间组成涨落对温度的敏感性源于热力学驱动力，也就是说，温度的略微升高就引起空间组成涨落明显地增强，涨落波的振幅与波长都会显著增大。在旋节相分离线性理论的框架内，这种热力学驱动在式(7.10)中用($\partial^2 f/\partial c^2$)表示，在式(7.16)中用($\chi-\chi_s$)/$\chi_s$表示。

实际上，图 7.15 和图 7.16 的数据都是从 PS/PVME 聚合物共混物 SE-70 样品分别在 99.7 ℃和 101 ℃ 温度下相分离时所记录的散射光强随引发相分离的时间变化曲线(类似于图 7.13 中的曲线)中取出的。如果不是以散射光强直接对引发相分离的时间作图，而是改为以散射光强的自然对数，即 $\ln I$ 为纵坐标，那么所得曲线将直观地显示聚合物共混物相分离的线性与偏离线性的行为，如图 7.17 所示。

分析图 7.17 可知，随着约化散射角 q 值变大，散射光强自然对数随诱发相分离后的时间变化的实验点越来越早地偏离线性。Cahn 线性相分离理论给出的结果如式(7.6)所示，进行相分离的聚合物共混物样品 SE-70 的散射光强随空间组成涨落弛豫(或增强或衰减)时间的指数函数即 $I\propto e^{[R(q)t]}$。这就是说，PS/PVME 聚合物共混 SE-70 样品在 99.7 ℃温度下，相分离过程中在不同的约化散射角 q 值的散射光强自然对数随诱发相分离后的时间变化在旋节相分离初期呈现线性行为，可以用 Cahn 的线性相分离理论描述。因此，从图 7.17 中线段的斜率可以得到 PS/PVME 聚合物共混物 SE-70 样品在 99.7 ℃温度下不同约化散射角 q 值的相分离初期的空间组成涨落弛豫(或增强或衰减)速率 $R(q)$。这是聚合物共混物相分离动态力学最主要的参数。

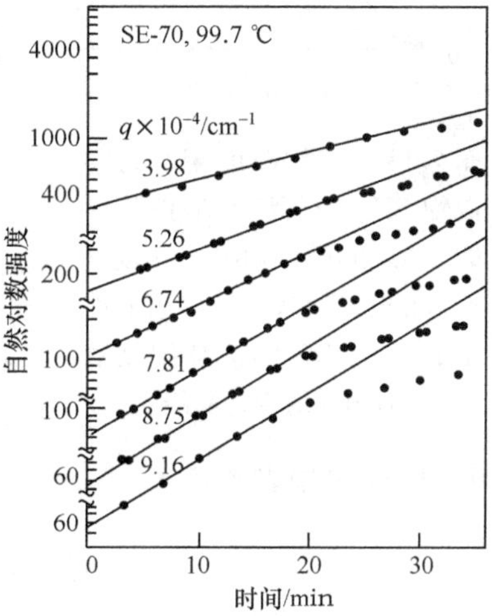

图 7.17　PS/PVME 聚合物共混物 SE-70 样品在 99.7 ℃温度下相分离过程中在不同约化散射角 q 值的散射光强自然对数随诱发相分离后的时间变化曲线

由图 7.17 可以看到，不同约化散射角 q 值的线段的斜率是不同的，弛豫速率 $R(q)$是约化散射角 q 值的函数。同时从图 7.17 可以看到，约化散射角不同，散射光强的自然对数随诱发相分离后时间的变化开始偏离线性行为的时间也是不同的。当约化散射角为 $4.0\times10^4\ \text{cm}^{-1}$时，开始偏离线性行为的时间也为 30 min，而约化散射角为$9.2\times10^4\ \text{cm}^{-1}$时，开始偏离线性行为的时间是 20 min。约化散射角越大，开始偏离线性行为的时间越早。偏离线性行为开始就意味着旋节相分离进入中期与后期，相分离形成的新相不断粗化，空间组成涨落弛豫的发展已不能再用 Cahn 线性理论描述，而必须发展能够反映中期、后期相分离理论(后文将详细讨论)。

在聚合物共混物旋节相分离过程中，空间组成涨落的弛豫速率$R(q)$不仅依赖于光散射的约化散射角 q，而且随相分离温度(T_x)也有明显的变化。图 7.18 给出了 PS/PVME 聚合物共混物 SE-70 样品分别在 T_x＝99.7 ℃、100 ℃及 101 ℃温度下，旋节相分离过程中空间组成涨落的弛豫速率 $R(q)$随约化散射角 q 变化的情况。如图 7.18 所示，三者实际都是该聚合物共混物旋节相分离可以用 Cahn 线性理论描述的初期。图中三个温度下 $R(q)$随 q 变化的曲线都呈现出极大值，峰顶对应的约化散射角为 q_m，相应的弛豫速率为 $R(q_m)$。从图中三条曲线可看出，温度从 99.7 ℃变到 101 ℃，极大弛豫速率$R(q_m)$的值从约为 $10^{-3}\ \text{s}^{-1}$变到约为 $4\times10^{-3}\ \text{s}^{-1}$，与弛豫速率互为倒数的弛豫时间则从 1000 s 变到 250 s。温度仅升高了 1.3 ℃，弛豫速率加快了 4 倍，弛豫时间缩短了 4 倍。在这里测定的约化散射角 q 的范围内弛豫速率 $R(q)$

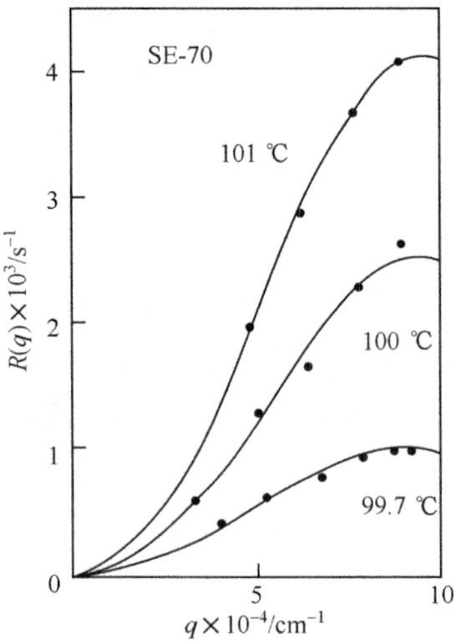

图 7.18　PS/PVME 聚合物共混物 SE-70 样品分别在 $T_x=99.7$ ℃、100 ℃及 101 ℃温度下旋节相分离过程中空间组成涨落的弛豫速率 $R(q)$ 随约化散射角 q 的变化曲线

随 q 值增大而增大的行为主要被体系的输运(扩散)性质所控制,即取决于 q^2D_c 项,而不取决于热力学项。

从式(7.7)和式(7.16)可以判断,如果以 $R(q)/q^2$ 对 q^2 作图,在已进行的光散射测定的约化散射角 q 范围内呈现为线性关系,那么就可以得到影响该聚合物共混物相分离过程中组成涨落的参数 D_{app}、q_m 及 $R(q_m)$ 等。图 7.19(a)正是 PS/PVME 聚合物共混物 SE-70 样品在 99.7 ℃、100 ℃及 101 ℃温度下旋节相分离过程中,以 $R(q)/q^2$ 对 q^2 的作图。

由此可见所得结果呈现为相当好的线性,因此从图 7.19(a)中直线的截距和斜率可以得到

$$D_{app}=\left.\frac{R(q)}{q^2}\right|_{q=0}=D_c\frac{\chi-\chi_s}{\chi_s} \tag{7.24}$$

$$|\text{斜率}|=2D_ck=R_\theta^2D_c/36 \tag{7.25}$$

式中,D_{app}为表观扩散系数;q_m 为最可几波数,或最可几约化光散射角,它所对应的组成涨落弛豫速率为最可几弛豫速率。将式(7.7)或式(7.16)取导,并令其等于零。从这一等式解出的 q 就是最可几波数 q_m,将 q_m 代入弛豫速率表示式,可得最可几弛豫速率表示式。

$$q_m^2=\frac{1}{2}q_c^2=\frac{18}{R_\theta^2}\frac{\chi-\chi_s}{\chi_s}\qquad R(q_m)^{1/2}=\frac{3D_c^{1/2}}{R_\theta}\frac{\chi-\chi_s}{\chi_s} \tag{7.26}$$

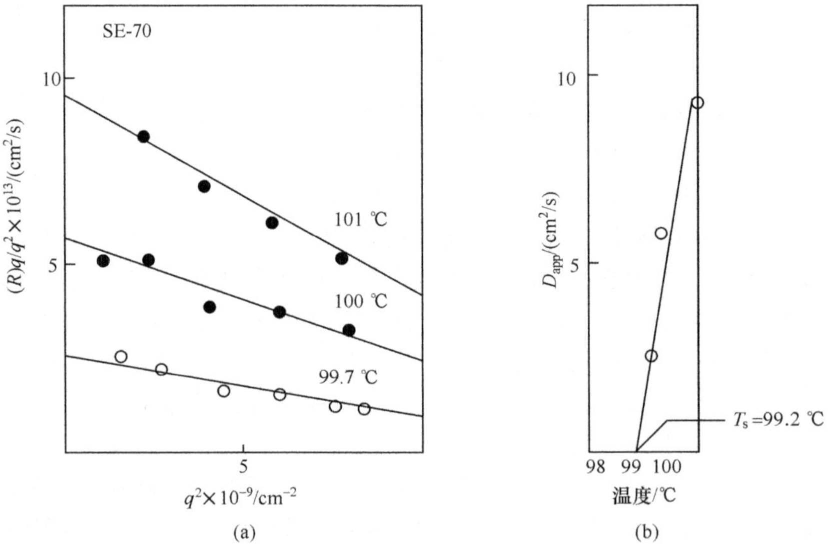

图 7.19　PS/PVME 聚合物共混物 SE-70 样品在 99.7 ℃、100 ℃及 101 ℃温度下旋节相分离过程中以 $R(q)/q^2$ 对 q^2 作图

利用图 7.19(a)所得结果,计算得到的参数值列于表 7.1。

表 7.1　PS/PVME 聚合物共混物 SE-70 样品在 99.7 ℃、100 ℃及 101 ℃温度下旋节相分离初期行为特征参数

T/℃	q_m/cm^{-1}	q_c/cm^{-1}	Λ_m/Å	Λ_c/Å	$R(q_m)/s^{-1}$	$D_{app}/(cm^2/s)$
99.7	9×10^4	1.27×10^5	6.98×10^3	4.94×10^3	1.07×10^{-3}	2.62×10^{-13}
100	9.34×10^4	1.32×10^5	6.72×10^3	4.76×10^3	2.57×10^{-3}	5.85×10^{-13}
101	9.43×10^4	1.33×10^5	6.66×10^3	4.72×10^3	4.23×10^3	9.47×10^{-13}

注：$q_c=2^{1/2}q_m$，$\Lambda_m=2\pi/q_m$，$\Lambda_c=2\pi/q_c$。Λ_c 为旋节相分离初期组成涨落临界波长；Λ_m 为旋节相分离初期组成涨落最可几波长。

从表 7.1 中所列数据可以看出，相分离温度稍微升高（相分离的热力学驱动力）就可引起表观扩散系数 D_{app} 和最可几组成涨落弛豫速率 $R(q_m)$ 相当大的变化，与此同时 q_m（及 q_c）变大，而 Λ_m（及 Λ_c）变小。这些一般性变化趋势也可借助式(7.24)、式(7.25)及式(7.26)得到解释，将 $\frac{\chi-\chi_s}{\chi_s}$ 作级数展开

$$\frac{\chi-\chi_s}{\chi_s}=\frac{1}{\chi_s}\left[\frac{\partial\chi}{\partial T}\right]_{T_s}(T-T_s)+\frac{1}{2\chi_s}\left[\frac{\partial^2\chi}{\partial T^2}\right]_{T_s}(T-T_s)^2+\cdots \tag{7.27}$$

$$\approx\frac{1}{\chi_s}\left[\frac{\partial\chi}{\partial T}\right]_{T_s}(T-T_s)\sim(T-T_s)\qquad 当(T\approx T_s) \tag{7.28}$$

PS/PVME 聚合物共混物相分离行为参数 D_{app} 和 $R(q_m)$ 具有如上所述的温度依赖性，即表观扩散系数 D_{app} 及组成涨落最可几弛豫率 $R(q_m)$ 具有大的温度系数，因而 PS/PVME 聚合物共混物的式(7.27)和式(7.28)中的温度系数 $\left(\frac{\partial\ln\chi}{\partial T}\right)$ 值较大。当温度靠近旋节点时，即 $T\approx T_s$ 时，参量 D_{app}、q_m^2 及 $R(q_m)^{1/2}$ 应随温度升高线性增加，因为在很靠近旋节温度 T_s 很窄的温度区域内，分子平移扩散系数 D_c 和聚合物链旋转半径 R_θ 不会明显地变化。在旋节点，$T=T_s$，如前所述参量 D_{app}、q_m^2 及 $R(q_m)^{1/2}$ 都将等于零。

图 7.19(b)是表观扩散系数 D_{app} 对温度作图，也呈现了相当好的线性关系，外推至 D_{app} 等于零，在温度横坐标轴上的交点正是旋节点(spinodal point)，$T_s=99.2$ ℃。同时，这一直线的斜率依赖于式(7.24)和式(7.28)所给定的特征参数，即

$$\begin{aligned}\partial D_{app}/\partial T&=5.5\times10^{-13}\ \mathrm{cm^2/(s\cdot ℃)}\\&=D_c(T_s)(\partial\ln\chi/\partial T)_{T_s}\end{aligned} \tag{7.29}$$

在服从线性旋节相分离机理范围内，得到的表观扩散系数值比较大。所确定的旋节点 T_s 尚存在一定的不确定性，有待于进一步分析研究。

7.4　聚合物共混物相分离的旋节线与双节线的光散射实验测定

对于上述 PS/PVME 聚合物共混物 SE-70 样品，在一特定的约化散射角 $q=5.6\times10^4\ \mathrm{cm^{-1}}$，在不同的温度下，测定散射光强随相分离引发后的时间的变化，其结果如图 7.20 所示。

前面 SE-70 样品的旋节温度(或称旋节点，对应于 PVME 体积分数为 70%，旋节线顶点

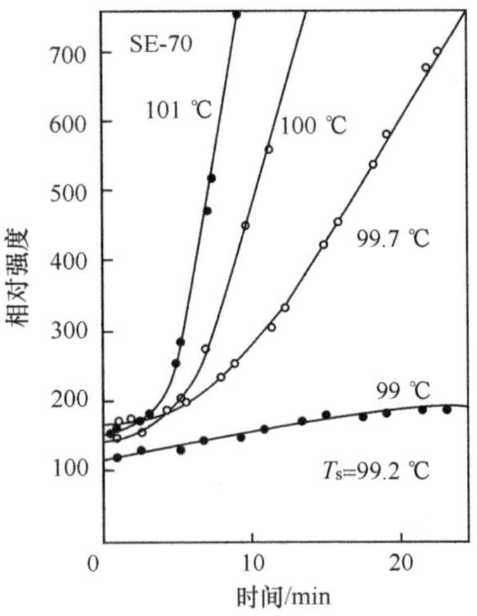

图 7.20　SE-70 样品在特定约化散射角 $q=5.6\times10^4\ cm^{-1}$，在 $T_x=99.7$ ℃、100 ℃及 101 ℃，同时在 $T_x=99$ ℃温度下，散射光强随引发相分离后的时间变化曲线

后一温度下发生的是成核生长亚稳相分离

相应温度) $T_s=99.2$ ℃已被测定，在这样的情况下，再分析图 7.20 不同温度下散射光强随引发相分离后的时间变化曲线，就可以明确地认识到，在 $T_x=99.7$ ℃、100 ℃及 101 ℃温度下的散射曲线反映了旋节相分离过程中空间组成涨落随时间的弛豫行为，而且由于散射光强随时间变化具有指数函数形式，就可以肯定这样的散射曲线反映的相分离行为可以用 Cahn 的线性理论描述(实际这里观察到的散射数据是旋节相分离初期的结果)。

显然，低于 $T_s=99.2$ ℃，且在 $T_x=99$ ℃温度下，在约化散射角 $q=5.6\times10^4\ cm^{-1}$ 方向上，散射光强随引发相分离后的时间变化曲线不再属于指数函数。这一现象告诉我们，在这样的条件下相分离行为可能进入亚稳相分离区。

分析图 7.20 各散射光强随引发相分离后的时间变化曲线可以想象，对应于从指数函数向非指数函数过渡的散射光强随引发相分离后的时间变化的曲线的温度与相应共混物样品的组成就可能构成相应旋节线上的点。正是基于这样的认识，Hashimoto 等用更标准的样品，展示了用散射方法测定 PS/PVME 聚合物共混物相图的实际过程与方法[23-24]。

7.4.1　PS/PVME 聚合物共混物相图的光散射法测定

样品：PS/PVME 聚合物共混物中的聚苯乙烯是活性阴离子法合成的单分散样品。

$$\overline{M}_n=2.0\times10^5\qquad \overline{M}_w=2.1\times10^5\qquad 分散指数\ \overline{M}_w/\overline{M}_n=1.05$$

商品聚甲基乙烯基醚(Lutonal® M40，BASF)

$$\overline{M}_n=2.36\times10^4\qquad \overline{M}_w=5.66\times10^4\qquad 分散指数\ \overline{M}_w/\overline{M}_n=2.398$$

以苯为溶剂，正己烷(*n*-hexane)为沉淀剂，将 PVME 样品经沉淀分级后，得到的级分为

$$\overline{M}_n=4.70\times10^4\qquad \overline{M}_w=7.00\times10^4\qquad 分散指数\ \overline{M}_w/\overline{M}_n=1.498$$

这样级分 PVME 就已经是相对窄分子量分布的聚甲基乙烯基醚。

聚苯乙烯与聚甲基乙烯基醚以 10%(质量分数)浓度溶于甲苯中，溶液成膜厚度为 10～70 μm，呈均匀状。薄膜再经温度 $T_a=65$ ℃的真空烘箱中热处理 24 h，已知 T_a 足够高于玻璃化转变温度且足够低于浊点温度。

该共混体系有最低临界共容温度，因而该共混体系的相分离是通过使体系从处理温度 T_a 跃变到体系的双节线以上被诱发的。温度的跃变通过将薄膜样品从温度为 T_a 的真空烘箱中迅速转移至温度控制在 T_x 温度下的测试室内实现。因为相分离动力学，特别是其初始阶段，对吸湿是极为敏感的，所以薄膜样品一直保持不暴露在大气中。样品达到温度平衡最长需要 2 min，相分离温度 T_x 的控制精确度为±0.1 ℃。

7.4.2　时间分辨(实时)光散射测定

在前面所述光散射装置上增添一光电二极管，在实现测定等温相分离过程中时间依赖性的光散射曲线的同时，用以测定薄膜样品在相分离过程中透过率的变化。这里所测的是相对散射光强，但是这种相对散射光强曲线是经过除以薄膜厚度归一化了的，所以可以相互比较所测得的结果。已有在任意一散射角 θ 方向上的散射光强作浊度校正的报道[25]，即

$$I_c(\theta) = I_m(\theta)\exp(\zeta d/\cos\theta)[\zeta d(\cos^{-1}\theta - 1)] \times \{\exp[\zeta d(\cos^{-1}\theta - 1)] - 1\}^{-1} \tag{7.30}$$

式中，ζ 为浊度；d 为样品厚度。

$$\zeta d = -\ln T(t) \tag{7.31}$$

式中，I_c 和 I_m 分别为校正了的和所测的散射光强分布；$T(t)$ 为在某一相分离开始后指定时间的样品透过率。校正过的散射光强 I_c 可以用于进一步分析，下面 I_c 将简单表示为 I。

7.4.3　PS/PVME 聚合物共混物相分离相图测定

浊点(或云点)曲线以用 1/12 ℃/min 的升温速率，通过在特定约化散射角 $q=3.09\times10^4\ \text{cm}^{-1}$ 观测散射光强随温度变化而被测定，结果如图 7.21 所示。

确定约化散射角下的散射光强度随温度变化的曲线有一转折点，它可以从其前后实验观察点引两直线，其交叉点就是相分离过程中的浊点(或称云点)。

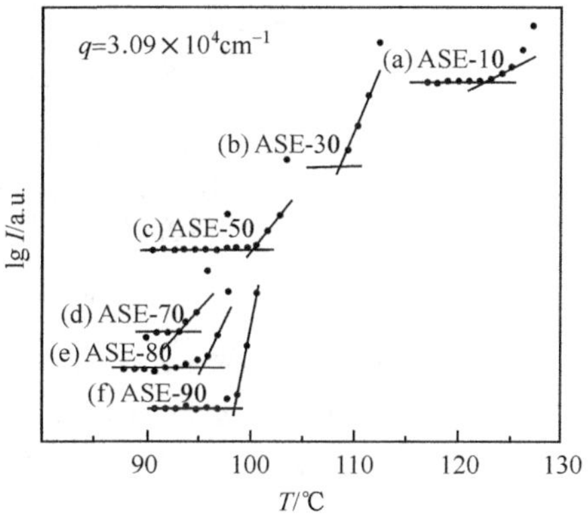

图 7.21　聚苯乙烯/聚甲基乙烯基醚共混物样品 ASE-N(N 为 PVME 的体积分数)散射光强的温度依赖性

在约化散射角 $q=3.09\times10^4\ \text{cm}^{-1}$ 以1/12 ℃/min 的升温速率被测定，浊点(或云点)用散射光强温度依赖曲线的两直线交叉点确定

此外，旋节点(旋节点连线就是旋节线)用时间分辨光散射动态技术测定。图 7.22 给出了聚苯乙烯/聚甲基乙烯基醚共混物 ASE-N 在特定约化散射角 $q=7.28\times10^4\ \text{cm}^{-1}$ 所测定的从处理温度 T_a 跃变到浊点(云点)以上的不同 T_x 温度下随着相分离的进行散射强度随时间变化的曲线。

图 7.22 中圆圈为实验点。实线和虚线分别为指数函数和幂律函数拟合曲线，旋节点被确定为对应于一个共混物组成的这两种函数行为的交界处的温度(the crossover temperature)。

如图 7.22 所示，在不同相分离温度下，约化散射角为 $q=7.28\times10^4\ \text{cm}^{-1}$ 的散射光强随时间变化的曲线可以看出，在旋节点以上，旋节相分离初始阶段的散射光强随时间按指数函数增加，即

$$I(q,t) \sim I(q,t=0)\exp[2R(q)t] \tag{7.32}$$

然而，当相分离温度 T_x 在浊点(或云点)和旋节点之间时，散射光强被发现随时间不是按指数函数增加，而是服从于幂律(the power law)函数，即

$$I(q,t) \sim I(q,t=0)t^n \tag{7.33}$$

所以说，旋节点就是这样的交界温度，在这一温度下相分离过程中散射光强随时间演变由服从指数函数转变成服从幂律函数。

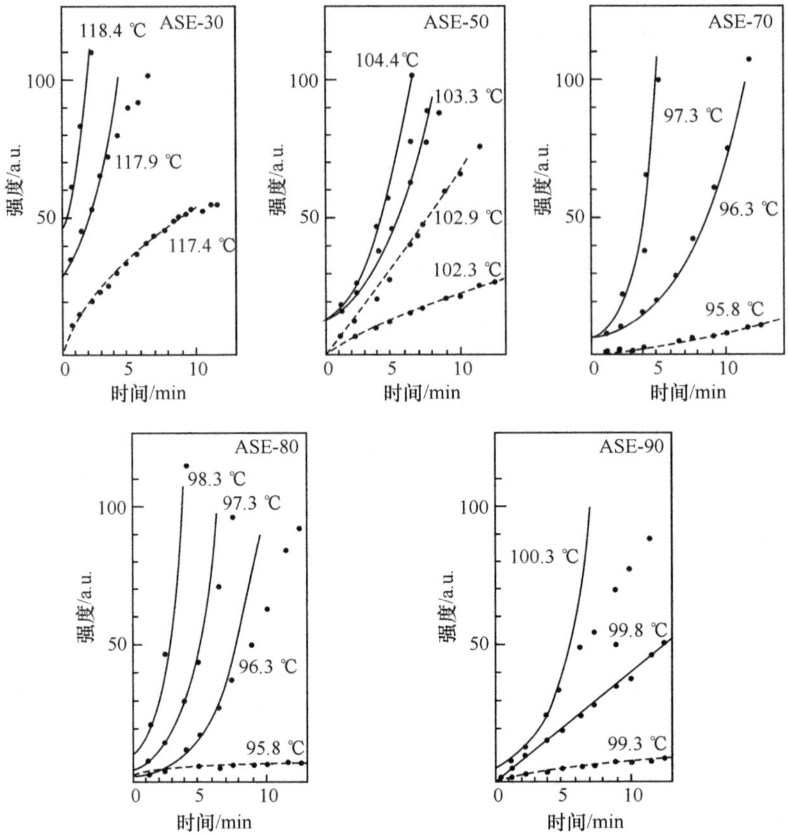

图 7.22　当聚苯乙烯/聚甲基乙烯基醚共混物 ASE-N(N 为聚甲基乙烯基醚的体积分数)从 $T_a=65$ ℃跃变到各种浊点之上的相分离温度(如图中所注)后，随着相分离发生在特定约化散射角，散射光强随时间的变化曲线

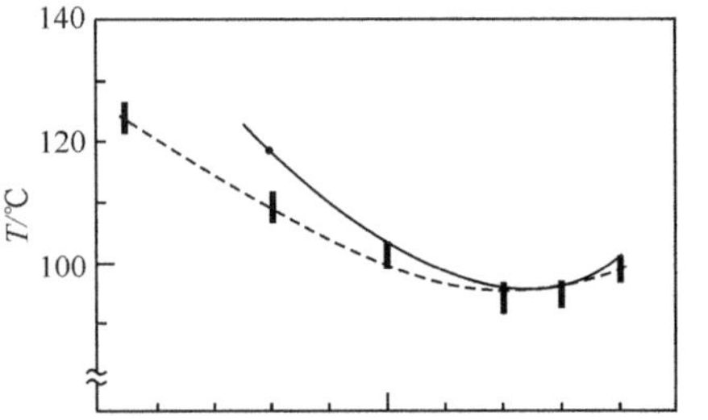

图 7.23　浊点(或云点)温度和旋节点温度对不同组成 PS/PVME 共混物中的 PVME 体积分数作图

实线为旋节点(圆点)连线，虚线为浊点(或云点)(圆圈)连线

更严格的旋节点的确定是通过测定旋节相分离过程中空间组成涨落弛豫速率随温度变化而得到的。旋节点温度就定义为共混体系中空间组成涨落弛豫速率 $R(q)$ 变为零时的温度。

如上所述，所确定的浊点(或云点)曲线和旋节点曲线如图 7.23 所示。

浊点曲线和旋节点曲线所共有的 PVME 临界组成和临界温度为

$$\phi_c = 0.8 \text{ 和 } T_c = 95.8 \text{ ℃} \tag{7.34}$$

值得指出的是，如同 Binder[26] 所预料的，浊点曲线与旋节曲线之间的间隙是很窄的。

旋节点：确定组成聚合物共混物的旋节相分离过程中，特定约化散射角下的散射光强按指数函数随时间变化，空间组成涨落弛豫速率 $R(q)$ 变为零的温度。

双节点：确定组成聚合物共混物的亚稳相分离过程中，特定约化散射角下的散射光强按幂律函数随时间增长(变化)，空间组成涨落弛豫速率 $R(q)$ 变为零的温度。

7.5　旋节相分离中后阶段动态力学行为标度率

为了获得跨越既包括初始阶段又包括中后期阶段的宽时间标尺范围的表征旋节相分离动态力学参数，将散射光强峰值 I_m 及其对应的约化散射角 q_m 作为足够宽的时间函数作图，如图 7.24 所示。

图 7.24 中垂直的划点线粗略地标明受粗化效应的影响，旋节相分离偏离 Cahn 线性旋节相分离理论的边界线(the borderlines)。按线性相分离机理，散射光强峰值 I_m 按指数函数增加，而且相应的约化散射角不依赖于发生相分离后的时间。

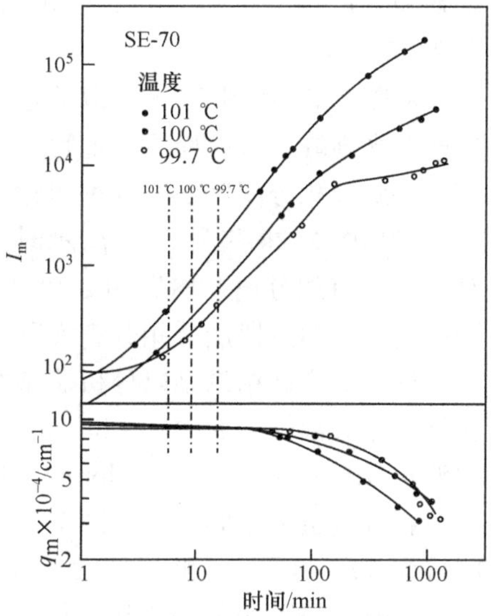

图 7.24　聚苯乙烯/聚甲基乙烯基醚共混物 SE-70(聚甲基乙烯基醚体积分数为 70%)的散射光强峰值 I_m 及其对应的约化散射角 q_m 在 T_x=99.7 ℃、100 ℃及 101 ℃的旋节相分离初始阶段和中后期阶段随时间变化的曲线

分析图 7.24 曲线可见，到了旋节相分离后期，散射光强峰值 I_m 偏离了按指数函数随时间增强，散射光强峰值增强速率逐渐下降，而它对应的约化散射角 q_m 开始随时间降低，从而共混体系的空间组成涨落的波长随时间增大。正如图 7.17 所示的结果，当进行旋节相分离所实施的淬火深度确定为 $\Delta T=T_x-T_s$ 时，散射光强随时间变化偏离指数函数变化规律受约化散射角影响是明显的，约化散射角越大，偏离指数函数变化规律越早。如果 t_c 定义为开始偏离的临界时间，那么对于不同约化散射角 $q=9.2\times10^4\ \text{cm}^{-1}$ 和 $4.0\times10^4\ \text{cm}^{-1}$，这一临界时间分别为 t_c=14 min 和26 min。图 7.24 所示为另一种情况，即当约化散射角选定不变，温度跃变后的淬火深度越深，散射光强随时间变化偏离指数函数规律越早。与图 7.17 相关的SE-70样品相同，从图 7.24 中的划点线就可看到，约化散射角 $q=7.8\times10^4$，t_c=17 min、9 min 及 6 min 时，淬火温度分别为 99.7 ℃、100 ℃及 101 ℃(这里 T_s=99.2 ℃)。

Langer[27]认为旋节相分离后期需要考虑式(7.1)和(或)式(7.4)中的高次项，从而预见对应于散射光强峰值的约化散射角 q_m 随相分离开始后的时间变化在旋节相分离后期服从于相分离幂律，即

$$q_m \sim t^{-\alpha} \qquad \alpha = 0.21 \tag{7.35}$$

Binder 和 Stauffer[28]在云团(cluster)动态力学理论基础上得到了旋节相分离后期散射光强峰值随时间变化的幂律和它对应的约化散射角随时间变化的幂律，即

$$I_m \sim t^{\beta} \qquad \beta = 1$$
$$q_m \sim t^{-\alpha} \qquad \alpha = 1/3 \tag{7.36}$$

Hashimoto 的实验用这两种理论公式对旋节相分离后期散射光强峰值随时间变化和对应的约化散射角随时间变化进行了拟合，结果不太理想，特别是当淬火深度很小时，如淬火至 99.7 ℃时的旋节相分离。当淬火深度较大时，呈现了较好的结果。例如，对于散射光强峰值 I_m 及其对应的 q_m 值随时间变化的幂律值 100 ℃和 101 ℃分别为 α=0.39 和 α=0.42，而 β=

0.8 和 $\beta=1.1$。Nojima 等的实验结果表明，对于齐聚物聚苯乙烯和聚甲基苯基硅烷(poly methyl phenyl siloxane)共混体系，旋节相分离后期也呈现了类似的情况[29]。

Hashimoto 用更严格的阴离子聚合单分散聚苯乙烯与窄分子量分布聚甲基乙烯基醚组成的 ASE-N 系列共混物样品进一步研究了这一共混体系旋节相分离的全过程，特别是后期动态力学的表征与本质。

实验测定所用样品为具有该共混物临界体积分数 $\phi_c=0.8$ 的 ASE-80 样品。在淬火深度分别为 $\Delta T=T_x-T_s=2.4$ ℃和 11.0 ℃温度下，所测得的时间分辨光散射曲线如图 7.25 和图 7.26 所示。

从图 7.25 和图 7.26 可以清楚地看到从旋节相分离开始后很短时间内就已开始出现单一的散射光强峰。散射峰不断地移向比较小的约化散射角 q，并且峰散射光强随时间增加，这些都反映旋节相分离后期的各种粗化过程。

对如图 7.25 和图 7.26 所示时间分辨光散射曲线做进一步分析，图 7.25(c)的散射曲线 1 对应的旋节相分离开始后的 2.98 min。后面更浅的淬火深度实验证明，可以用 Cahn 线性理论描述的初始阶段旋节相分离实际发生在开始相分离后的 3 min 时间标尺范围之内，也就是说从这样的实验结果难以分析旋节相分离初始阶段，实际上图 7.25(c)中散射曲线 1～11 对应旋节相分离开始后的 3～40 min，在这一时间段空间组成涨落振幅和涨落主傅里叶变换模的波长(the wavelength of dominant Fourier mode of fluctuations)都在随时间增加，也就是说旋节相分离进入中间阶段。图 7.25(b)和(a)中的散射曲线分别对应旋节相分离开始后的时间段为 60～110 min 和 120～300 min。这一时间段的散射曲线反映相分离中的自相似(self-similarity)结构，也就是说旋节相分离进入了后期阶段。图 7.26 给出的是这一组实验中淬火深度最深的相分离(相分离温度 $T_x=106.8$ ℃)，旋节相分离发生和发展更迅速，比如图 7.25 所示的相分离不仅更快，而且散射光强大得多，散射光强曲线峰很快呈现自相似结构特征，对于这样的相分离，分析其中间阶段也难以深入。

显然，在这种情况下，为了能用光散射实验对 PS/PVME 共混体系的旋节相分离全过程进行深入的研究分析，在更浅的淬火深度观测相分离就更加必要了。图 7.27 是在相分离温度 $T_x=96.8$ ℃($T_s=95.8$ ℃)条件下测得的时间分辨光散射强度随约化散射角变化的曲线。

图 7.27(a)中各散射强度随约化散射角变化曲线 1～8 所对应的实现温度跃变后相分离开始后的时间分别为：173.3 min、238 min、302.7 min、367.3 min、431 min、496.6 min、561.3 min及 626 min。图 7.27(b)中各散射强度随约化散射角变化曲线 1～5 所对应的实现温度跃变后相分离开始后的时间分别为：85.8 min、99.0 min、114.2 min、128.3 min 及 142.5 min。图 7.27(c)中各散射强度随约化散射角变化曲线 1～7 所对应的实现温度跃变后相分离开始后的时间分别为：1.71 min、6.7 min、11.7 min、21.7 min、43.3 min、57.5 min 及 71.7 min。

图 7.27 与图 7.25 和图 7.26 具有共同变化趋势，即当等温相分离开始后，很快就呈现出散射光强随约化散射角变化峰，散射光强峰值 I_m 随时间增加，而与其对应的散射矢量 q_m 随时间移向较小的约化散射角 q。这一般变化趋势反映由于旋节相分离和旋节相分离后期发生的粗化过程所引起的周期组成涨落的演变。这些时间分辨光散射曲线的深入分析表明：整个旋节相分离过程可划分为三个阶段，即初始阶段、中间阶段及后期阶段。正如 Hashimoto 等首先提出的，如图 7.28 所示。

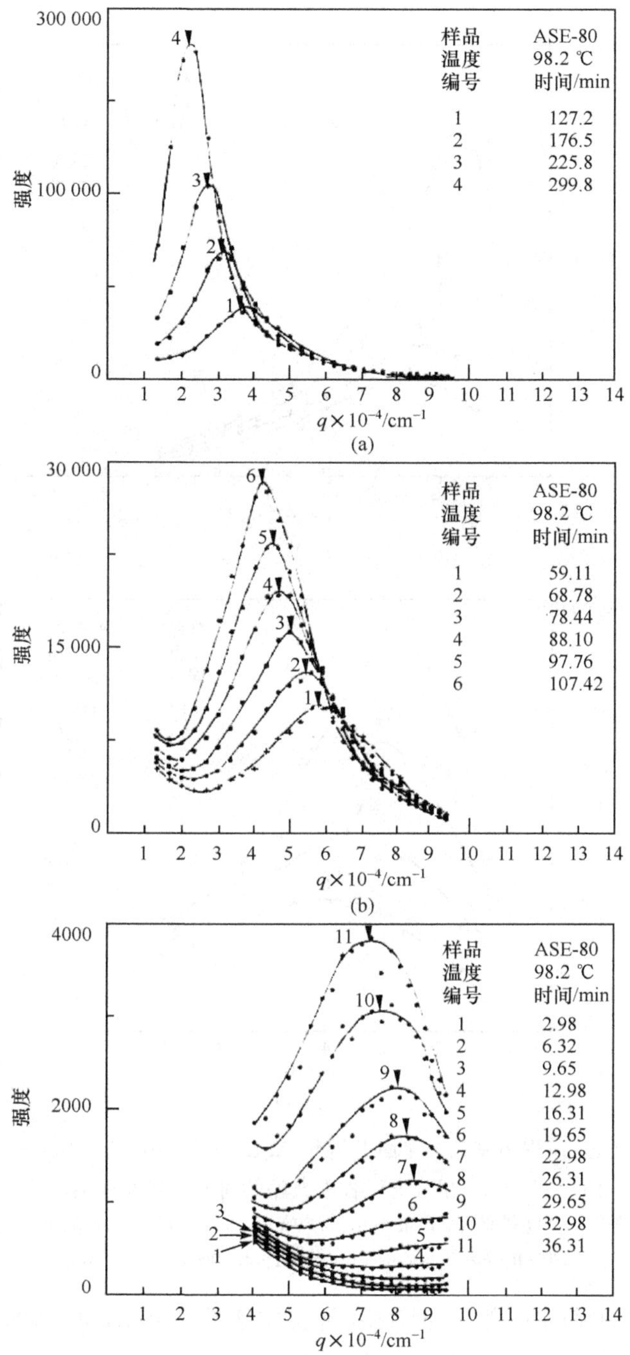

图 7.25　聚苯乙烯/聚甲基乙烯基醚共混物 ASE-80 样品相分离过程中典型的时间分辨光散射曲线(从各种约化散射角测得的散射光强随时间变化的曲线转换为各时刻散射光强随约化散射角变化的曲线)

图(a)和图(b)展示的是旋节相分离后期时间分辨散射曲线;相分离温度 T_x=98.2 ℃相应的淬火深度为 2.4 ℃。
图(a)中的曲线 1～4 为相分离开始后 127.2 min、176.5 min、225.8 min 及 299.8 min 时所测得;
图(b)中的曲线 1～6 为温度跃变后 59.11 min、68.78 min、78.44 min、88.10 min、97.76 min 及 107.42 min 时所测得;
图(c)展示的主要是旋节相分离中期时间分辨散射曲线,曲线 1～11 得到的时间分别 2.98 min、6.32 min、9.65 min、12.98 min、16.31 min、19.65 min、22.98 min、26.31 min、29.65 min、32.98 min 及 36.31 min

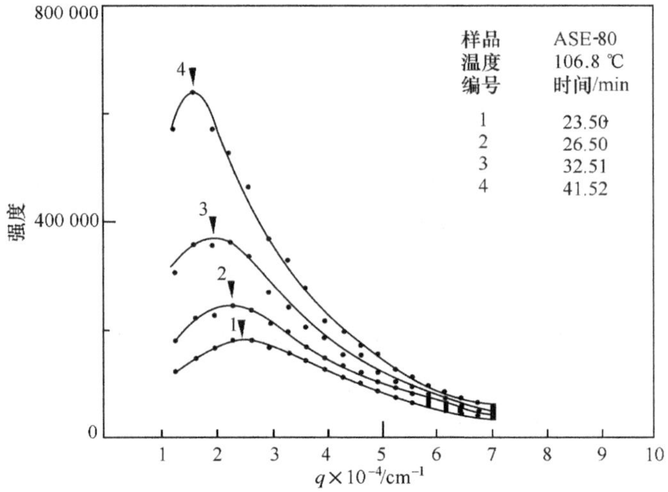

(a)

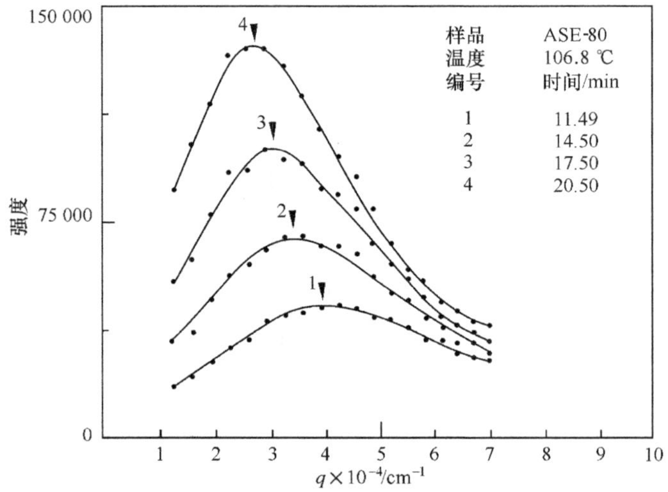

(b)

图 7.26　聚苯乙烯/聚甲基乙烯基醚共混物 ASE-80 样品在 $T_x=106.8$ ℃(淬火深度 $\Delta T=11.0$ ℃)相分离过程中典型的时间分辨光散射曲线

图(a)中的曲线 1～4 分别为温度跃变后 23.50 min、26.50 min、32.51 min 及 41.52 min 时观测到的散射曲线；图(b)中的曲线 1～4 分别为旋节相分离开始后的 11.49 min、14.50 min、17.50 min 及 20.50 min 时的散射曲线

空间组成涨落波随时间演变，t_1 时刻涨落波用实线表示，t_2 时刻的涨落波用虚线表示，$t_1<t_2$。相应的涨落波长 $\Lambda_1<\Lambda_2$。单一组分的平衡组成表示为 ϕ_α 和 ϕ_β 两液相共存。

(1) 旋节相分离初始阶段的动态力学行为近似地可以用线性理论描述，保持足够好的精确度直至相分离开始后的 5 min，反映这种行为的时间分辨光散射曲线如图 7.27(c)中曲线 1 和曲线 2 所示。

(2) 图 7.27(c)中曲线 7～27 和图 7.27(b)中曲线 1～5 的时间分辨光散射曲线反映旋节相分离中间阶段的动态力学行为。无论空间组成涨落波的振幅 $\Delta\phi(t)$ 还是波长 $\Lambda(t)=2\pi/q_m(t)$ 都随时间而增长。

(3) 图 7.27(a)中的时间分辨光散射曲线反映旋节相分离后期阶段的动态力学行为。这

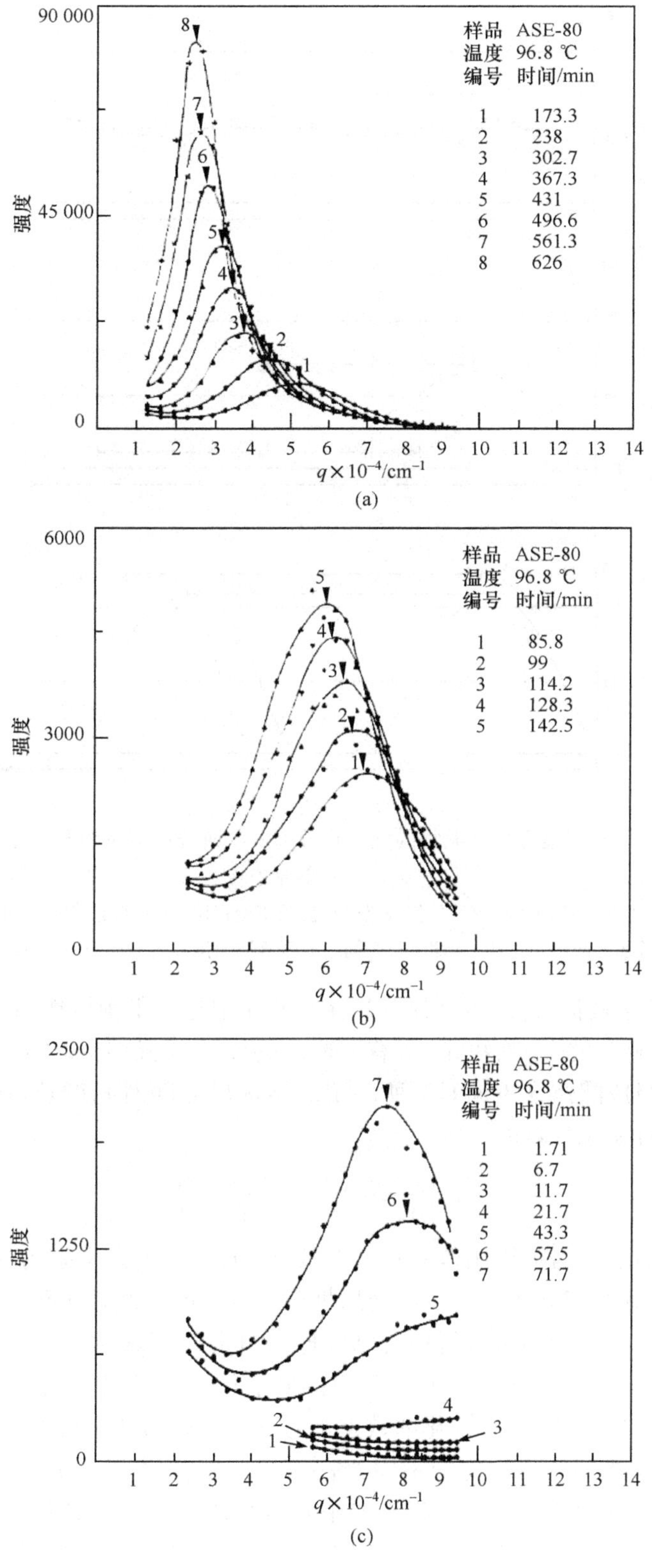

图 7.27　聚苯乙烯/聚甲基乙烯基醚共混物 ASE-80 样品在 $T_x=96.8$ ℃（淬火深度 $\Delta T=1.0$ ℃）相分离过程中典型的时间分辨光散射曲线

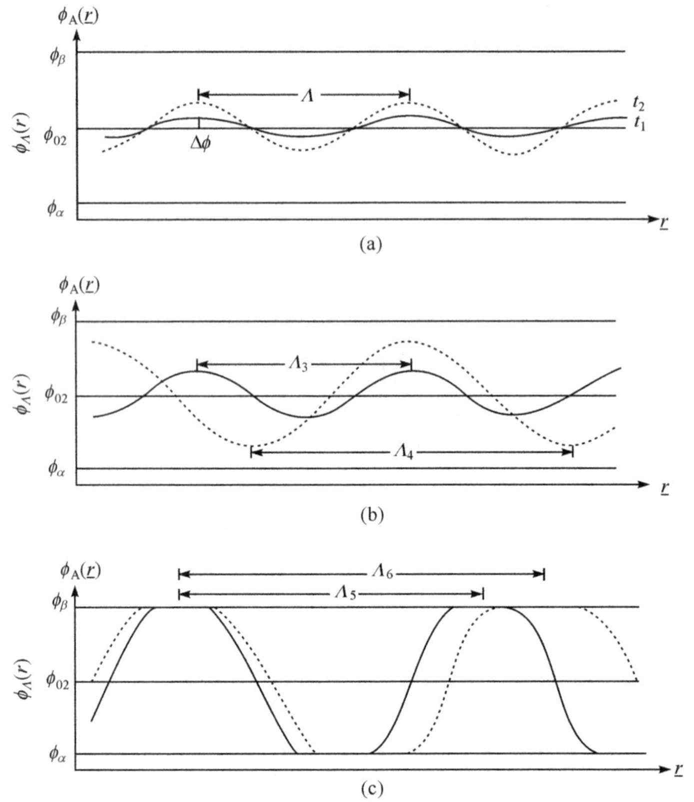

图 7.28　相容聚合物共混物的旋节相分离三个阶段中单一组分的空间组成 [$\phi_A(r)$]涨落示意图

(a) SD 初始阶段空间组成涨落波的振幅增长而波长不变;(b) SD 中间阶段空间组成涨落波的振幅和波长都在增长;(c) SD 后期阶段空间组成涨落波的振幅达一平衡值,而波长继续增长

时涨落振幅 $\Delta\phi$ 达到平衡值 $\Delta\phi_e$,即组分在共存两液相中达到平衡浓度,它由共存曲线(coexistence curve)和相分离温度 T_x 所决定,只有涨落波的波长 Λ 随时间增长。所以后期阶段旋节相分离过程中空间组成涨落在不同时刻所决定的结构尺寸随时间增长,在不同时间标尺范围相分离的结构具有自相似性,即

$$\phi_A\left(\frac{r}{\Lambda_1},t_1\right)=\phi_A\left(\frac{r}{\Lambda_2},t_2\right) \tag{7.37}$$

这时的相分离动态力学行为可以用单一长度参数 $\Lambda(t)$标度(所谓动态力学标度)[30-32]。

如前所述,对于旋节相分离中间阶段与后期阶段,Cahn 的线性理论已经不适用,而用时间幂律函数对 I_m 和 q_m 的实验结果进行拟合已经取得进展。将聚苯乙烯/聚甲基乙烯基醚共混物的临界组成样品 ASE-80 在各种淬火深度下的旋节相分离过程中,散射光强峰值 I_m 及其所对应的极大约化散射角 q_m 随时间变化的数据汇总作图比较分析,如图 7.29 和图 7.30 所示。

图 7.29(a)和(b)的时间标尺完全不同,图 7.29(a)为旋节相分离初始阶段的线性理论分析结果,而图 7.29(b)为 ASE-80 共混物旋节相分离的光散射实验结果。无论图 7.29 中 q_m 随时间变化,还是图 7.30 中 I_m 随时间变化,都表明不仅线性理论有很大的局限性,而且前面指出的幂律函数[如式(7.35)和式(7.36)]在宽时间标尺范围内失去有效性。正如 Snyder 和 Meakin[33]、Kawasaki 和 Ohta[34]及 Furukawa[35]的理论所预料的那样,α 和 β 指数本身就是依

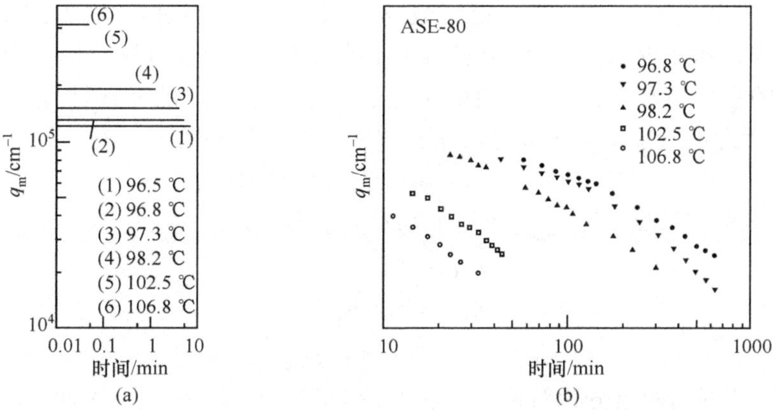

图 7.29 临界组成样品 ASE-80 在不同淬火深度的温度下，等温旋节相分离过程中极大约化散射角 q_m 随时间变化曲线

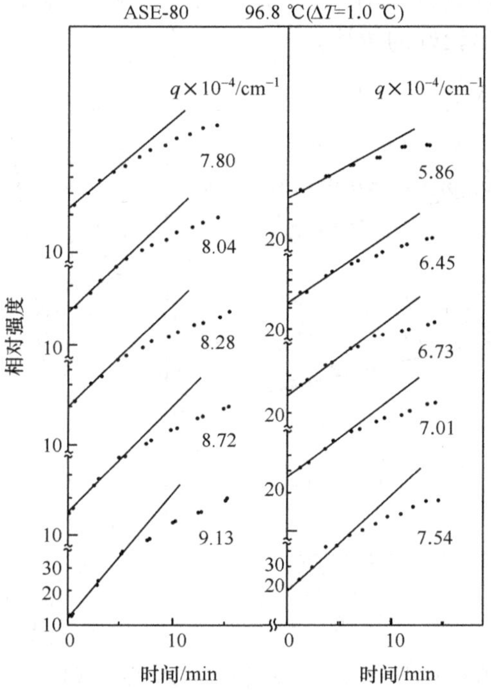

图 7.30 聚苯乙烯/聚甲基乙烯基醚共混物 ASE-80 样品在 T_x=96.8 ℃(淬火深度 ΔT=1.0 ℃)旋节相分离初始阶段中，在各个散射矢量的散射光强随时间变化情况

赖于时间的函数，所有这些都反映了各种粗化机理是相互交叉、相互转换的。

7.5.1 聚苯乙烯/聚甲基乙烯基醚临界组成共混物在旋节点温度下旋节相分离初始阶段动态力学结果与讨论

聚苯乙烯/聚甲基乙烯基醚共混物 ASE-80 样品在相分离温度 T_x=96.8 ℃(淬火深度 ΔT=1.0 ℃)旋节相分离初始阶段中，在各约化散射角的散射光强随时间变化情况如图 7.30 所示。

由图 7.30 可见，纵坐标为散射光强，横坐标为时间轴，散射光强是时间的指数函数，根据式(7.38)可知,其斜率给出具有一定波数(q)的旋节相分离过程中的空间组成涨落某一傅里叶组分的增长速率 $R(q)$。在旋节相分离后期阶段,散射光强随时间变化偏离线性是由组成涨落导致的粗化过程所致,它反映的正是旋节相分离特征的非线性性质。

Cahn 的线性理论所预示的组成涨落增长速率为波矢的函数

$$R(q) = D_{\text{app}} q^2 [1 - (1/2q_{\text{m}}^2) q^2] \tag{7.38}$$

根据 de Gennes[19],D_{app}和 q_{m}^2 均依赖于基本分子参数,即

$$\left.\begin{aligned} D_{\text{app}} &= D_c \varepsilon \\ q_{\text{m}}^2 &= 18\varepsilon / R_\theta^2 \\ \varepsilon &= (\chi - \chi_s)/\chi_s \end{aligned}\right\} \tag{7.39}$$

对于聚合物共混物两组分为对称聚合物情况,聚合度 $N_A = N_B = N$,Kuhn 统计链段长度 $b_A = b_B = b$,自扩散系数 $D_A = D_B = D_c$。两组分热力学相互作用参数χ,而χ_s 为旋节点的热力学相互作用参数。R_θ 为聚合物大分子线团的无扰末端距。

以 $R(q)/q^2$ 对 q^2 作图,如图 7.31(a)所示,对于三个淬火深度比较浅的温度(也就是比较接近旋节点的温度),呈现出较好的线性。

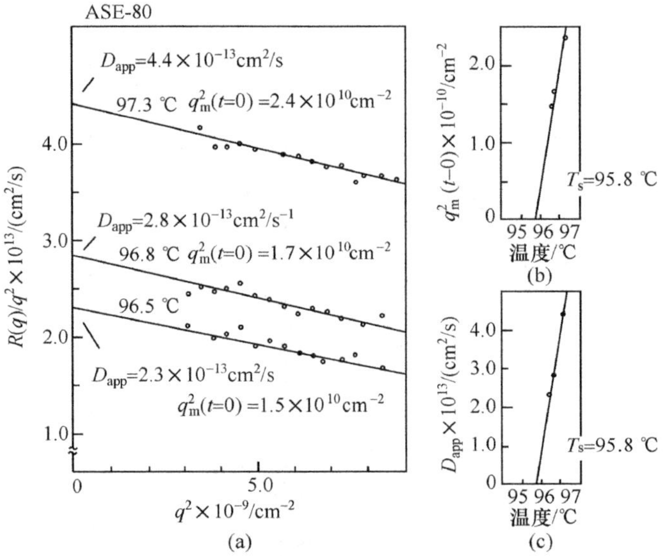

图 7.31 聚苯乙烯/聚甲基乙烯基醚共混物临界组成样品 ASE-80 分别在 97.3 ℃、96.8 ℃、96.5 ℃ 的旋节相分离过程中空间组成涨落增长速率 $R(q)$

(a) 以 $R(q)/q^2$ 对 q^2 作图;(b) $q_{\text{m}}^2(t=0)$的温度依赖性;(c) D_{app}的温度依赖性

从图 7.31(a)中各直线的斜率和截距分别得到在三个比较接近旋节点的相分离温度的 q_{m}^2 和 D_{app}值,图 7.31 (b)和(c)则是所得到的 q_{m}^2 和 D_{app}对温度作图,也呈现为直线,外推到 $q_{\text{m}}^2=0$,根据 $q_{\text{m}}^2 = 18\varepsilon/R_\theta^2$ 和 $\varepsilon = (\chi - \chi_s)/\chi_s$ 可知,与横轴交点正好对应于旋节点 T_s,又由于这里所研究的是临界组成的 PS/PVME 共混物,所得到的 $T_s = 95.8$ ℃为该聚苯乙烯/聚甲基乙烯基醚共混物的最低临界共容温度 T_{LCST},与前面所得结果一致。

在比较高的相分离温度,如 $T_x = 98.2$ ℃、102.5 ℃及 106.8 ℃(高淬火深度的温度,PS/PVME 共混物具有 LCST 相分离行为,跃变后的温度越高,淬火深度越高),上述时间分辨光散射技术直接研究在高淬火深度发生的 ASE-80 样品旋节相分离行为未能得到适宜用线性

理论分析的结果，然而对于约化波数(the reduced wave number)$Q_m(t)$和约化散射光强$\widetilde{I}_m(\tau)$的标度分析，在这样淬火深度下的组成涨落相关参数q_m^2和D_{app}是需要知道的。为此，必须利用已有的三个浅淬火深度(温度接近旋节点，相分离速率或组成增长速率比较慢)的q_m^2和D_{app}数据，采用某种外推方法，设法得到三个比较深的淬火深度的相应参数数据。在这一外推过程中还做了以下近似考虑：

(1) 在外推过程中假定链尺寸R_θ是不依赖于温度的。该实验所覆盖的温度范围比较窄(约10 ℃)，这一假设不带来不可忽略的误差。

(2) 平均场理论也预见这些参数对温度的线性依赖性正如式(7.40)所描述的那样，即

$$\varepsilon = \frac{1}{\chi_s}\left(\frac{\partial \chi}{\partial T}\right)_{T_s} \Delta T + O(\Delta T^2) \tag{7.40}$$

式中，$\Delta T = T - T_s$，T_s为旋节点温度。

(3) 自扩散系数的温度依赖性假设服从阿伦尼乌斯(Arrhenius)关系式，即

$$D_c \sim \exp(-\Delta H_a/RT) \tag{7.41}$$

式中，$\Delta H_a = 7.4$ kcal/mol。

应该指出，将在比较低的淬火温度的$q_m^2(t=0)$和D_{app}数据外推到比较高的温度所取得的这些参数值包含有某种不确定性。在这种情况下，外推值被这样选择，以给出约化波数Q_m和约化散射光强I_m对约化时间作图为最佳叠合曲线(主曲线)为原则。图7.32和图7.33分别展示出$q_m^2(t=0)$和D_{app}参数的温度依赖性。

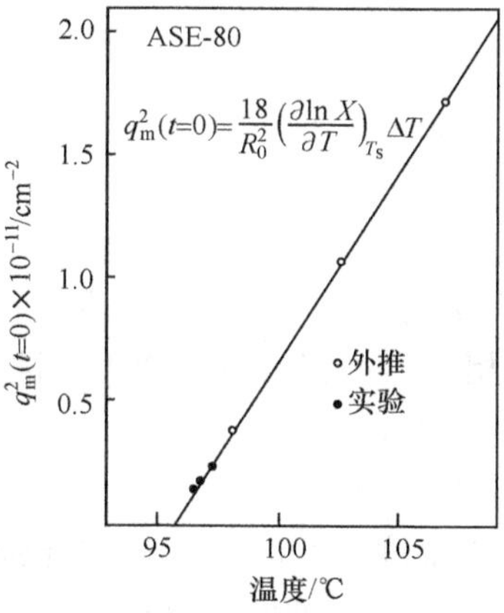

图7.32　$q_m^2(t=0)$的温度依赖性

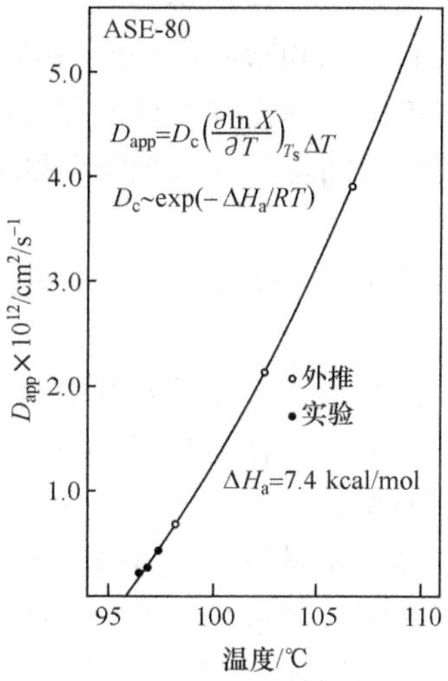

图7.33　表观扩散系数D_{app}的温度依赖性

图7.32中圆点是从图7.31(b)得到的数据，圆圈是外推得到的数据。外推过程中取平均场近似，并假设R_θ是常数，不随温度变化(在窄温度范围0～10 ℃)。

图7.33中圆点是从图7.31(c)得到的数据，圆圈是外推得到的数据。外推过程中取平均场近似，并假设自扩散系数(self-diffusivity)的温度依赖性可用阿伦尼乌斯公式表示，且表7.2汇总了特征参数D_{app}、$q_m^2(t=0)$，相关长度(the correlation length)定义为$\xi \equiv 1/q_m(t=0) = \Lambda_m/2$，及$t_c = \xi^2/D_{app}$为特征时间。

表 7.2　表征旋节相分离初始阶段的特征参数

$T(\Delta T)$ /℃	D_{app} /(cm²/s)	$q_m(t=0)$ /cm⁻¹	ξ[a] /Å	t_c[b] /s	Λ_m/R_o^c		比率[e]
					实验	理论[d]	
96.5(0.7)	2.3×10^{-13}	1.2×10^5	830	3.0×10^2	47	21	2.2
96.8(1.0)	2.8×10^{-13}	1.3×10^5	770	2.1×10^2	44	18	2.5
97.3(1.5)	4.4×10^{-13}	1.5×10^5	670	1.0×10^2	38	14.5	2.6
98.2(2.4)	7.0×10^{-13}	1.9×10^5	530	4.0×10	30	11.5	2.6
102.5(6.7)	2.2×10^{-12}	3.3×10^5	300	4.1	17	7	2.4
106.8(11.0)	3.9×10^{-12}	4.2×10^5	240	1.5	14	5.5	2.6

a. $\xi=1/q_m(t=0)$。

b. $t_c=\xi^2/D_{app}$。

c. $\Lambda_m=2\pi\xi$。

d. $\Lambda_m/R_{g0}=(2\pi\sqrt{6}/3)\varepsilon^{-1/2}$。

e. 比率$=(\Lambda_m/R_{g0})_{实验}/(\Lambda_m/R_{g0})_{理论}$。

这些参数是从旋节相分离初始阶段测定的。$t_c=\xi^2/D_{app}$定义为特征时间，而 Λ_m 为组成涨落的主傅里叶组分的波长。相互扩散系数或表观扩散系数(the mutual diffusivity 或 apparent diffusivity)随淬火深度增加从 10^{-13} cm²/s 增至 10^{-12} cm²/s。而相关长度从约 10^3 降至 10^2 Å，相应的特征时间 t_c 也随淬火深度增加从 100 s 降至 1 s。

对于一些共混体系，如聚苯乙烯/聚甲基乙烯基醚(PS/PVME)、聚丁二烯/苯乙烯-丁二烯无规共聚物(PB/SBR)，以及聚苯乙烯/聚丁二烯/甲苯(中性溶剂)(PS/PB/MB)的相分离研究表明，它们的旋节相分离初始阶段可以近似地用 Cahn 线性理论进行处理。在分析处理过程中再引入约化时间这一概念和量是很有意义的。

约化时间定义为无量纲时间，即

$$\tau = t/t_c \tag{7.42}$$

而且 τ_c 为临界约化时间，定义为

$$\tau_c = t_{max}/t_c \tag{7.43}$$

式中，t_{max}为相分离过程可以用线性理论近似处理的真实时间的上限，换句话说，当温度跃变，开始相分离后的真实时间 $t<t_{max}$时，聚合物共混物的相分离过程可以近似用线性理论处理，并测得有关参数。

临界约化时间 τ_c 的确定举例如下：

对于窄分子量分布的 PS/PVME 共混物，当相分离温度为 96.8 ℃，散射光强以指数函数形式随时间增强，一直保持到相分离开始后的 400 s 为止。这一结果从图 7.30 得到。而共混体系的特征时间 t_c 在表 7.2 中已列出，即根据式(7.43)得

$$\tau_c = \frac{t_{max}}{t_c} = \frac{400\ \text{s}}{210\ \text{s}} = 2.0$$

就是说对于窄分子量分布的 ASE-80 共混物，旋节相分离的临界约化时间 $\tau_c=2$。在这一条件下，这一共混体系的旋节相分离行为可以用 Cahn 的线性理论处理。

7.5.2　旋节相分离后期阶段中粗化过程的讨论

这里我们需要研究是否相分离过程中组成涨落随时间变化可以用单一的长度参数 $\xi(t)$而被标度，就是说是否存在旋节相分离后期阶段不同时间标尺范围内所发展起来的逾渗结构间

的自相似。一般情况下，在设定时刻（或在某时间段）对于守恒有序参数体系散射光强给定如下：

$$I(q,t) \sim V\langle \eta^2(t)\rangle \xi(t)^3 \widetilde{S}[q\xi(t)] \tag{7.44}$$

式中，V 为辐照系统的体积；$\langle \eta^2(t)\rangle$ 为折光指数均方涨落；$\xi(t)$ 为相关长度；$\widetilde{S}[q\xi(t)]$ 为结构因子，随约化散射矢量 $q\xi(t)$ 的增加而从 1 变到 0。

这样，当折光指数均方涨落 $\langle \eta^2(t)\rangle$ 达到某种平衡值，即由共存曲线和相分离温度所决定某种常量，那么在同一温度散射光强 $I(q,t)$ 或结构因子 $\widetilde{S}[q\xi(t)]$ 随时间的变化就应当能够用单一的、时间依赖的相关长度参数 $\xi(t)$ 来标度。这里的相关长度对应于确定的周期性结构的波长，并且可以从产生极大散射强度的散射矢量 $q_m(t)$ 确定。

$$\xi(t) \equiv \Lambda(t)/2\pi = 1/q_m(t) \tag{7.45}$$

在这种情况下，从式(7.44)和式(7.45)得到标度的结构因子，并从时间依赖性的散射函数确定为

$$\widetilde{S}(x) \sim I(q,t)q_m^3(t) \equiv F(x) \tag{7.46}$$

式中

$$x = q(t)/q_m(t) \tag{7.47}$$

然后需要定义两个主要约化量，约化波数为

$$Q_m(\tau) \equiv q_m(\tau)/q_m \qquad (\tau = 0) \tag{7.48}$$

组成涨落主傅里叶组分的约化散射光强为

$$I_m(\tau) \equiv I_m(\tau)q_m^3(\tau = 0)\Big/\int_{x_{min}}^{x_{max}} x^2 F(x)\mathrm{d}x \tag{7.49}$$

式中

$$F(x) \equiv I(q,t)q_m^3(t) \qquad x \equiv q(t)/q_m(t)$$

应指出 x 是在 t 时刻的约化波数，并且

$$\int_{x_{min}}^{x_{max}} x^2 F(x)\mathrm{d}x = \int_{q_{min}}^{q_{max}} q^2 I(q,t)\mathrm{d}q \tag{7.50}$$

因此，对于在不同温度下的两共存相之间平衡浓度涨落的差 $\Delta\phi_e$，因子 $\int x^2 F(x)\mathrm{d}x$ 就是归一化因子。

曾经选用 $x_{min}=0.5$，而 $x_{max}=1.5$。因子 $q_m^3(t=0)$ 对于在不同温度下的主组成涨落波的波长 Λ_m 的差也是归一化因子 τ。

图 7.34 为具有临界组成的 ASE-80 共混物样品的约化波数 $Q_m(\tau)$ 随约化时间 τ 在不同相分离温度下的变化。

图 7.34 的结果表明，在不同温度下的相分离过程中 $Q_m(\tau)$ 随 τ 变化的实验点都平滑地进入单一的叠合曲线，而且是平均偏差属于实验允许范围内。这就表明：

(1) 在不同相分离温度下所呈现出的粗化过程实质上是相同的，温度的变化在约化作图中仅引起时间标尺的位移。

(2) 这样平滑的叠合曲线可用式(7.51)拟合

$$Q_m(\tau) \sim \tau^{-\alpha} \tag{7.51}$$

但不能保持在比较宽的时间标尺 τ 的范围，正如理论预测所阐述的那样[33-35]，α 本身也是 τ 的函数。这种实验现象正是各种不同的粗化过程相互交叠的结果。也曾发现

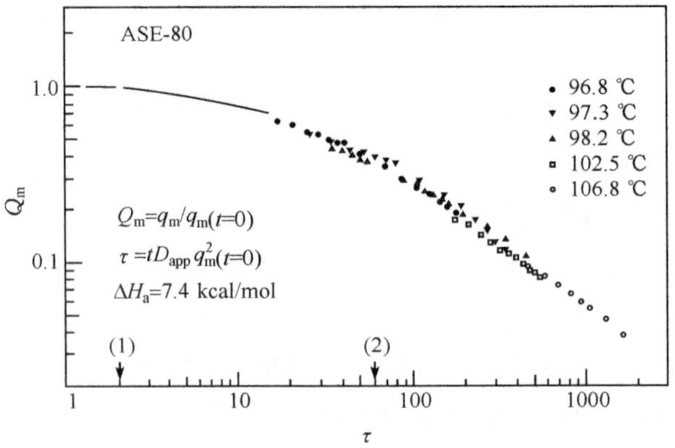

图 7.34　具有临界组成的 ASE-80 共混物样品的约化波数 $Q_m(\tau)$ 随约化时间 τ 的变化曲线

$$Q_m(\tau) \sim \tau^0 \qquad 当 \tau < \tau_c \approx 2 \tag{7.52}$$

也就是说与旋节相分离初始阶段线性理论处理结果一致。

图 7.35 给出了极大散射光强 I_m 作为约化时间 τ 的函数作图。在不同相分离温度下所测得的极大散射光强曲线没有形成单一的叠合曲线,这容易理解,由于组成涨落 $\Delta\phi_e$ 和相关体积 $\Lambda_m^3 \sim \xi^3(t=0) = q_m^{-3}(t=0)$ 依赖于温度,极大散射光强 I_m 必然随温度而变。考虑到这一效应,将极大散射光强进行约化以后以 $\widetilde{I}_m$ 再对约化时间 τ 作图,如图 7.36 所示。

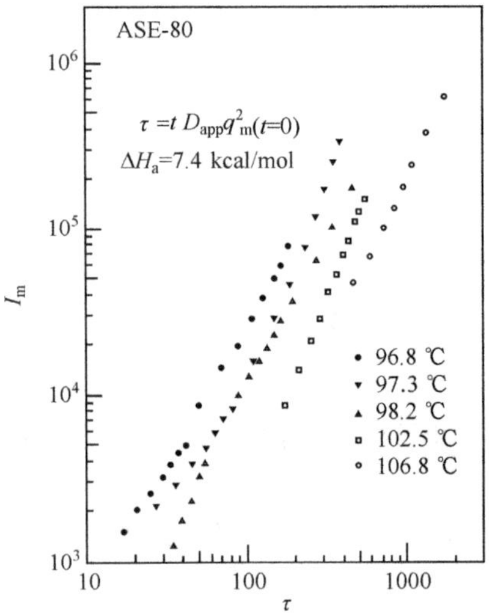

图 7.35　聚苯乙烯/聚甲基乙烯基醚共混物临界组成样品 ASE-80 在不同相分离温度的极大散射光强 I_m 作为约化时间 τ 的函数作图

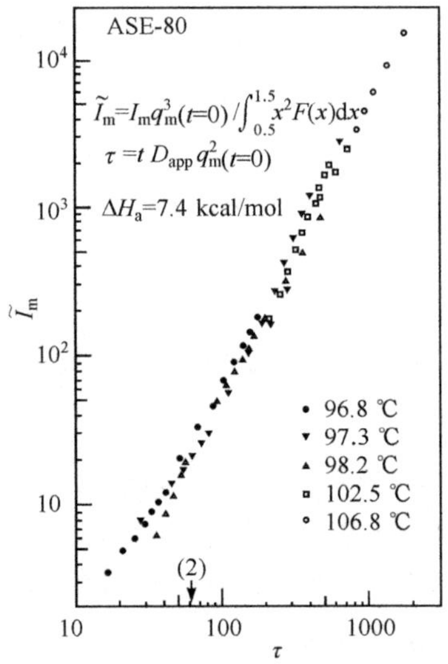

图 7.36　聚苯乙烯/聚甲基乙烯基醚共混物临界组成样品 ASE-80 在不同相分离温度的约化极大散射光强 $\widetilde{I}_m$ 作为约化时间 τ 的函数作图

由图 7.36 可见,极大散射光强约化以后,再对约化时间作图,实验点也就比较平滑地落入同一个叠合曲线。显然,也就可以对这样的曲线进行标度化。同样可以引出相似的结论:

(1) 在不同相分离温度下所呈现出的粗化过程本质上是相同的,温度的变化在约化作图中仅引起时间标尺的位移。

(2) 这样平滑的叠合曲线可用式(7.53)拟合，即

$$\tilde{I}_m(\tau) \sim \tau^{\beta} \tag{7.53}$$

同样，从旋节相分离初始阶段时间分辨光散射结果的分析也可得出以下结果，即

$$I_m(\tau) \sim \exp\{2R[q_m(\tau=0)]\tau\} \qquad 当\ \tau < \tau_c \approx 2 \tag{7.54}$$

比较从图 7.34 和图 7.36 所得结果，可以得出以下结论：

当旋节相分离从初始阶段发展到后期阶段的过程中，对约化波数 Q_m 和约化极大散射光强 $\tilde{I}_m(\tau)$ 随约化时间变化标度结果是

$$\beta > 3\alpha \qquad 当\ \tau_e \leqslant \tau \leqslant 60 \tag{7.55}$$

而当旋节相分离进行到后期阶段时，即当 $\tau \gg \tau_c$ 时，对约化波数 Q_m 和约化极大散射光强 $\tilde{I}_m(\tau)$ 随约化时间变化标度结果是

$$\beta = 3\alpha \qquad 当\ \tau > 60 \tag{7.56}$$

相应于这种旋节相分离中间阶段的幂指数不等式还是组成涨落波的波长与振幅在同时变化引起粗化的结果。而当 $\tau > 60$ 时，旋节相分离进入后期阶段，幂指数等式正是组成涨落及其动态力学可以用单一的长度参数标度的粗化结果，这时组成涨落波的振幅 $\Delta\phi_e$ 达到饱和，只是组成涨落波的波长长度在增大。

在旋节相分离的中间阶段曾观测到幂指数 α 从 0.2 增加到 0.3，并且相应的幂指数 β 从 1.0 增加到 1.2，正如式(7.55)所示。而在旋节相分离后期阶段，观测到的幂指数 α 从 0.5 增加到 0.8，并且幂指数 β 相应地从 1.5 增加到 2.4，这样的数值变化恰好满足式(7.56)。甚至 Hashimoto 等的实验还观测到在很长的相分离时间范围内，如 $\tau = 1000$，幂指数仍然是约 0.8，并没有达到 MacMaster[36] 和 Siggia[37] 所预示的值。

参 考 文 献

[1] Oswald H J, Kubu E T. SPE Trans., 1963, 3: 168.

[2] Tager A A, Adamova L V, Blinov V S, et al. Vysokomol. Soedin. Ser. A., 1987, 29: 2327; Polym. Sci. USSR, 1987, 29: 2557.

[3] Svoboda P, Kressler J, Chiba T, et al. Macromlecules, 1994, 27: 1154.

[4] Brannock G R, Barolw J W, Paul D R. J. Polym. Sci. Polym. Phys. Ed., 1990, 28: 871; Kyu T, Lim D S. J. Polym. Sci., Polym. Letter. Ed., 1989, 27: 421; Kyu T, Ko C C, Lim D S, et al. J. Polym. Sci., PartB, Polym. Phys. Ed., 1993, 31: 1641.

[5] Kundu A K, Rays S, Maiti S. Eur. Polym. J., 1986, 22: 821.

[6] Guo W, Mitchell G R. Polymer, 1994, 35: 3706.

[7] Kim H I, Pearce E M, Kwei T K. Macromolecules, 1989, 22: 3498.

[8] Cong G, Huang Y, Macknight W J, et al. Macromolecules, 1986, 19: 2675.

[9] Patterson B D. Polym. Eng. Sci., 1982, 22: 64.

[10] Siggia B D. Phys. Rev., 1979, A20: 595.

[11] Voigt-Martin I G, Leister K H, Rasenace R, et al. J. Polym. Sci. Polym. Phys. Ed., 1986, 24: 723.

[12] Reich S. Phys. Lett. 1986, 114A: 90.

[13] Nishi T, Wang T T, Kwei T K. Macromolecules, 1975, 8: 227.

[14] Cahn J W, HiHiard J E. J. Chem. Phys., 1958, 29: 258.

[15] Cahn J W, HiHiard J E. J. Chem. Phys., 1959, 31: 688.

[16] Cahn J W. J. Chem. Phys. ,1965, 42:93.
[17] Hashimoto T . Phase Transitions,1988,12:47-119.
[18] Hashimoto T,Kumaki J,Kawai H. Macromolecules, 1983,6:641-648.
[19] de Gennes P G. J. Chem. Phys. ,1980, 7:4756.
[20] de Gennes P G. J. Chem. Phys. ,1971,55:572.
[21] Snyder H L,Meakin P,Reich S. Macromolecules, 1983,16:757.
[22] Inoue T,Ougizawa T,Yasuda O, et al. Macromolecules,1985,18:57.
[23] Hashimoto T,Itakura M, Hasegawa H. J. Chem. Phys. ,1986, 85:6118.
[24] Hashimoto T,Itakura M,Shimiclzu N. J. Chem. Phys. , 1986,85:6773.
[25] Stein R S, Jkana J. J. Polym. Sci. , 1955,17:21.
[26] Binder K. J. Chem. Phys. ,1983,79:6387.
[27] Langer J S,Bar-on M,Miller H S. Phys. Rev. , 1975,A11:1417.
[28] Binder K,Stauffer D. Phys. Rev. Lett. ,1974,33:1006.
[29] Nojima S,Tsutsumi K,Nose T. Polym. J. ,1982,14:225.
[30] Furukawa H. Physica A,1984,123:497.
[31] Binder K, Stauffer D. Phys. Rev. Lett,1984,33:1006.
[32] Binder K. Phys. Rev. B,1977,15:4425.
[33] Snyder H L, Meakin P. J. Chem . Phys. ,1983,79:5588.
[34] Kawasaki K, Ohta T. Pragr. Thear. Phys. , 1978,59:362.
[35] Furukawa H. Phys. Lett. Sect A. ,1983,98:28; Adv. Phys. ,1985,34:703.
[36] MacMaster L P. Adv. Chem. Ser. ,1975,142:43.
[37] Siggia E D. Phys. Rev. ,1979, A201:595.

第 8 章　结晶聚合物共混物相容性、结晶、熔融与相分离

商品化了的通用大品种聚合物大部分是结晶聚合物，这一事实充分地说明结晶聚合物在高分子材料中的重要地位。结晶聚合物像所有的聚合物一样，常需要改性，以适应实际使用中的要求，如需要提高抗冲击性能，特别是低温抗冲击性能、抗撕裂性能，改善加工中的流变性能，增强耐热、耐辐射及可生物降解性等，总之需要具有好的综合性能。聚合物共混已被充分证实是实现结晶聚合物改性要求的有效的理想途径，只是结晶聚合物共混物（指单一组分能结晶）的结构及结构与性能的关系更为复杂，结晶聚合物共混物组分间的混容、组分间的相容性必然要受结晶组分的结晶性结晶行为的影响，反过来组分间的相容性也必然影响结晶组分的结晶行为与结晶形态。结晶聚合物共混物也可以呈现 LCST 和 UCST 的相分离行为，这里的复杂性常是相分离过程与结晶过程交织在一起，互相竞争。显然，控制结晶聚合物共混物的相结构，进而实现改性的目的，其难度是可以想象的。正因如此，研究结晶聚合物共混物具有突出重要的应用前景的同时，其学术意义也是很富有吸引力的。本章内容由四部分组成：结晶聚合物共混物相容性、结晶聚合物共混物结晶、结晶聚合物共混物熔融、结晶聚合物共混物相分离[1-3]。

8.1　结晶聚合物共混物相容性

在重点讨论结晶聚合物共混物相容性之前，先概要地叙述非晶聚合物共混物的相容性，研究这样的聚合物共混物比较单纯，没有组分结晶的影响。聚甲基乙烯基醚/无规立构聚苯乙烯（PVME/aPS）和聚 2,6-二甲基-1,4-苯氧醚/无规立构聚苯乙烯（PPO/aPS）两个均聚物共混体系是具有代表性的热力学相容的二元非晶聚合物共混物。它们都是聚合物共混物相分离热力学与相分离动力学研究的典型聚合物共混物，后者是聚合物共混改性十分成功并且已经实现商品化的热力学相容的二元非晶聚合物共混物。这两个聚合物共混物的相容性研究都已经取得了深入的比较充分的结果（PVME/aPS[4-7]，PPO/aPS[8-13]）。对于二元非晶聚合物共混物，相容性的根本判据（必要条件）是混合自由能是负的，即 $\Delta G_m<0$，同时对于一般分子量（聚合度约为 10^5）的聚合物，混合熵是很小的，所以混合自由能是否小于零主要就取决于混合热是否小于零，即 $\Delta H_m<0$ 是否成立。然而，直接测定聚合物共混物混合热实际上是很困难的。为此发展了直接测定聚合物共混物的小分子模拟物的混合热，这样可以得到模拟物混合热随组成的变化，已经成功地证实了一些聚合物共混物的相容性，但这种方法仍不是直接测定聚合物共混物相容性的方法。从聚合物共混物热力学理论可知

$$\Delta H_m = B\phi_1\phi_2 \tag{8.1}$$

式中，B 为相互作用能密度；ϕ_1 和 ϕ_2 分别为二元聚合物共混物组分的体积分数。另一个等效的参数是分子间相互作用参数 χ_{12}，它表示为

$$\chi_{12} = \frac{BV_{ref}}{RT} \tag{8.2}$$

式中，V_{ref} 为参比体积。从这两个关系式可见，对于二元非晶聚合物共混物相容性判断，测定相互作用能密度 B 和分子间相互作用参数 χ_{12} 与测定混合热具有等效性。所以，如果有了非晶聚合物共混物的 B 和 χ_{12} 的数据，就可以确定共混物的相容性。

实际上,一些聚合物共混物包括上述两种二元非晶聚合物共混物已经测定过 B 或χ_{12},特别是小角中子散射实验直接测定了聚合物共混物固体状态或熔体状态的分子间相互作用参数,为认识聚合物共混物的相容性建立了坚实的基础。对于一些二元非晶聚合物共混物,如PVME/aPS 和 PPO/aPS 两个聚合物共混体系,相互作用参数的测定结果充分确证了它们是热力学相容的共混体系。与此同时,也比较早地用热分析(如 DSC 或 DMA)方法测定了这两个共混物不同组成的玻璃化转变温度 T_g,都只显示一个 T_g,而 T_g 随组成规律性地变化。事实上,这样的热分析测定结果也比较早地被人们承认为二元非晶聚合物共混物热力学相容的判据,或者说二元非晶聚合物共混物的组分间呈现为分子水平分散的判据。显然,用测定玻璃化转变的方法研究非晶聚合物共混物相容性方便、简单、快速,自然就被迅速地广泛应用。下面比较深入细致地讨论结晶聚合物共混物的相容性。

8.1.1 聚ε-己内酯/聚氯乙烯(PCL/PVC)共混体系相容性[14]

1. 样品与动态力学测试

聚ε-己内酯(PCL)以二丁基锌为催化剂,ε-己内酯经溶液聚合,黏均分子量为41 000;聚氯乙烯(PVC)QYTQ 以环己酮为溶剂,303 K 测得特性黏数为 0.2 dL/g,聚氯乙烯中经双滚混炼机加入 1.5%热稳定剂。

动态力学测定仪为扭摆式,在主要转变区温度范围所用频率为 1~2 cps。测试样品:长0.50 in(1 in=2.54 cm),宽 0.25 in,厚 0.050 in。样品在升温扫描过程中在每一个温度停留10 min,以保证达到热平衡,温度扫描从 83 K 开始,每隔 10 K 取一数据,在主转变区温度间隔为 2.5 K。所有动态力学损耗数据都经三次重复,取对数减量平均值计算每一温度的损耗 Q^{-1}。复数剪切模量的实分量 G'、虚分量 G''及损耗 Q^{-1} 分别从振动周期和对数减量计算得到。

2. 淬火与退火研究

1) 聚ε-己内酯

聚ε-己内酯结构式

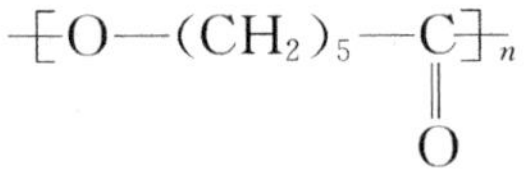

结晶的聚ε-己内酯经双折射消失法测定熔点为 333 K(60 ℃)。在室温退火几天后,用比容法测定的密度和晶格密度计算 PCL 的结晶度为 50%。另一种 PCL 样品是从熔体直接浸入液氮淬火,虽然得不到玻璃态聚ε-己内酯样品,但可以使样品中无定形态含量显著增加,从后面的测试结果可以看到确是如此。

聚ε-己内酯经室温退火和液氮淬火的样品的动态力学温度谱如图 8.1(G'和G''温度谱)和图 8.2(Q^{-1}温度谱)所示。

所谓退火 PCL 样品是经从熔体缓慢降温至室温退火一周的 PCL 样品,而所谓淬火 PCL 样品是经从熔体(约 400 K)淬火至液氮的 PCL 样品。淬火样品从液氮直接转移至经预冷的扭摆样品室,以保证尽量使样品不升温,并且扫描前没有进一步结晶。这样的实验操作曾经过小分子样品测试检验确认。这样的实验操作虽然不能得到玻璃态的 PCL 样品,但本实验所要求的对结晶度的控制还是有保证的。淬火样品的半透明状表示其内部是由结晶和无定形两相构成,熔融后变为透明体。

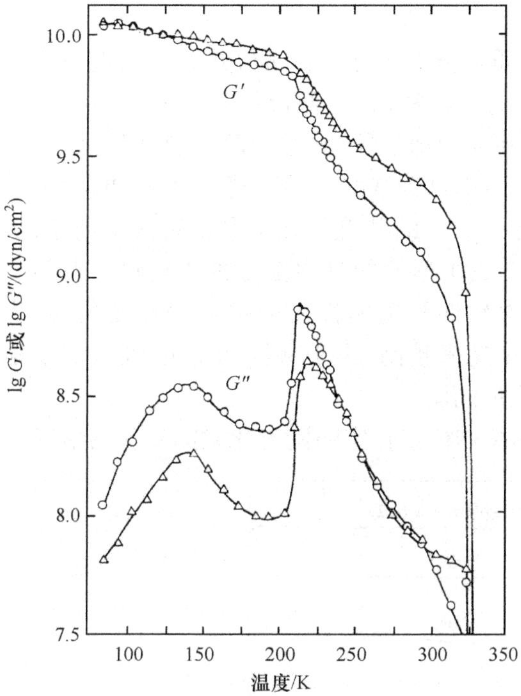

图 8.1　聚 ε-己内酯复数剪切模量的实数分量和虚数分量的温度谱

△退火 PCL 样品;○淬火 PCL 样品

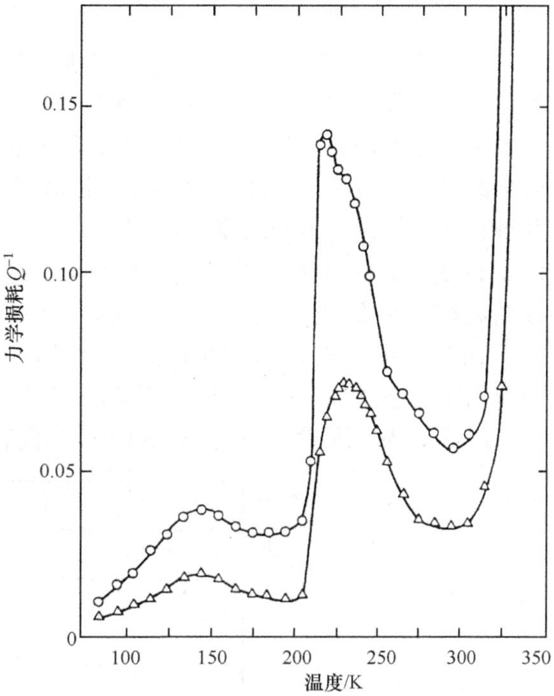

图 8.2　聚 ε-己内酯动态力学损耗温度谱

△退火 PCL 样品;○淬火 PCL 样品

由图 8.1 和图 8.2 可见,在实验温度范围内,出现两个损耗模量和 Q^{-1} 的峰,低温峰是三个以上的亚甲基序列的弛豫峰,在这里不讨论。损耗模量 G''随温度变化的曲线在 210 K 附近显示玻璃化转变峰,对于退火样品和淬火样品此峰分别出现在 218 K 和 213 K,储能模量 G'随温度变化曲线在低温转变之前重叠在一起,随后就分离开来,在余下的温度范围内,退火样品有较高的模量,这表明退火样品因结晶度较高而显得刚性较大,而淬火样品显得柔性比较大,多像非晶的橡胶那样,在转变温度区域呈现为更强的损耗模量峰,具有更大的滞后弛豫行为。

图 8.2 的力学损耗 Q^{-1} 随温度变化曲线显示了退火和淬火 PCL 样品间的差别更突出。两种样品的动态力学谱的数据列于表 8.1,力学损耗 Q^{-1} 曲线的主损耗峰温度对于淬火样品和退火样品分别为 218 K 和 231 K。Q^{-1} 曲线与 G''曲线的主损耗峰温之差对于淬火样品和退火样品分别为 5 K 和 13 K。从 G''曲线得到的主转变峰温比从 Q^{-1} 曲线得到的主转变峰温低几开尔文,对于无定形聚合物是正常的。这里观测到的这两条曲线主转变峰温之差呈现出十几开尔文之大,应认为是聚合物结晶性质的反映。这样大的转变峰温差是聚 ε-己内酯结晶度对其玻璃化转变温度 T_g 影响的结果。淬火 PCL 样品的 Q^{-1} 曲线在 T_g 以上的温度出现的肩和曲挠也应是随温度升高在这样的样品中分子链获得更大的自由度而且结晶不断变化的体现。

表 8.1　淬火和退火 PCL 样品在低频时的转变性质

	淬火样品	退火样品
从 G''得 T_g/K	213	218
从 Q^{-1}得 T_g/K	218	231
$(T_g)_{Q^{-1}}-(T_g)_{G''}$/K	5	13
在$(T_g)_{G''}$的频率/cps	2.0	2.2
在$(T_g)_{Q^{-1}}$力学损耗	0.14	0.075

2) 聚ε-己内酯/聚氯乙烯(PCL/PVC)共混物

PCL/PVC共混物通过双滚捏合而成，当PCL质量分数低于50%时，共混物呈现为透明的、柔软的，像增塑的PVC那样。PCL是高度结晶的聚合物，其拉伸模量为50 000 psi，聚氯乙烯是坚硬的塑料，然而在这样的组成范围它们的共混物却是软的、柔韧的，这是因为聚ε-己内酯的结晶被破坏，它同时又对PVC起增塑作用。然而这种状况对于不同的PCL质量分数，共混物随时间将有不同的变化，PCL的质量分数低于30%的共混物几个月都观察不到变化，PCL的质量分数高于40%的共混物几个星期就会变成半透明的且逐渐变得比较硬。当PCL在共混物中的质量分数大于50%以后，共混物的柔软性与透明性就会更明显地变化，因为PCL组分就容易结晶了，结晶速度越来越快，结晶度越来越高，由于共混物中的PCL不断地分离出来自己结晶，它对PVC的增塑作用也会相应地削弱。

图8.3为不同组成淬火PCL/PVC共混物样品拉伸模量在室温随老化时间变化的情况。

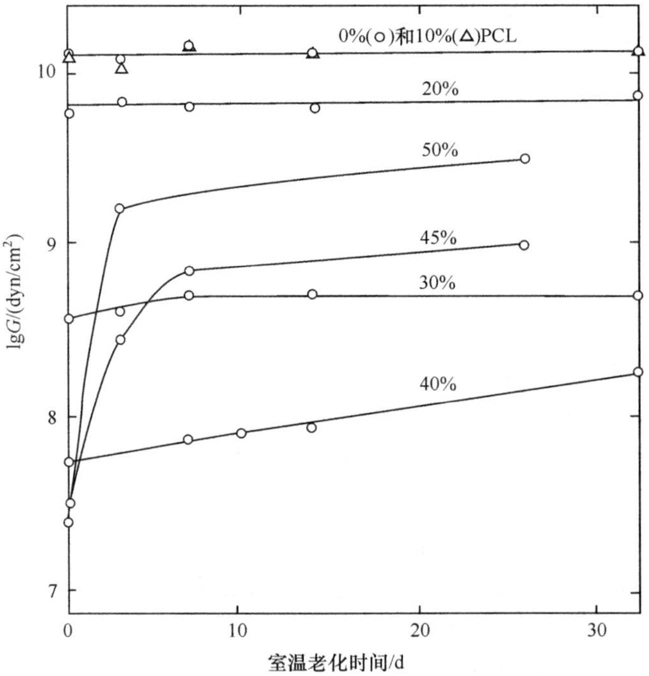

图8.3　不同组成淬火PCL/PVC共混物样品拉伸模量在室温随老化时间变化的情况

图8.3表明，拉伸模量随时间变化与上述共混物中结晶行为一致，可见PCL/PVC共混物中随PVC的质量分数下降模量先下降，PVC的质量分数从100%降至60%时都是如此。当PVC的质量分数降为55%时，共混物的模量最初虽然更低，但随时间很快就升高直到达平衡；PVC的质量分数为50%时，共混物模量升高更快且更显著；显然，这后两种情况是PCL组分结晶造成的。一般PVC样品中含有百分之十几间同立构序列，也可以结晶，但结晶度低于10%，因此PVC结晶状况的变化不会有明显的影响。

如上所述，PCL/PVC共混物样品从熔体至液氮淬火可以实现使样品中无定形部分的比例足够高，加之扭摆样品室预冷，可以认为PCL/PVC共混物的样品在动态力学温度谱的测定过程中可以保证至少在玻璃化转变温度之前基本上是无定形的，可以有效地观测玻璃化转变。实验结果证实了这一判断，图8.4展示了各种组成的PCL/PVC共混物的储能模量G'随温度的变化曲线。

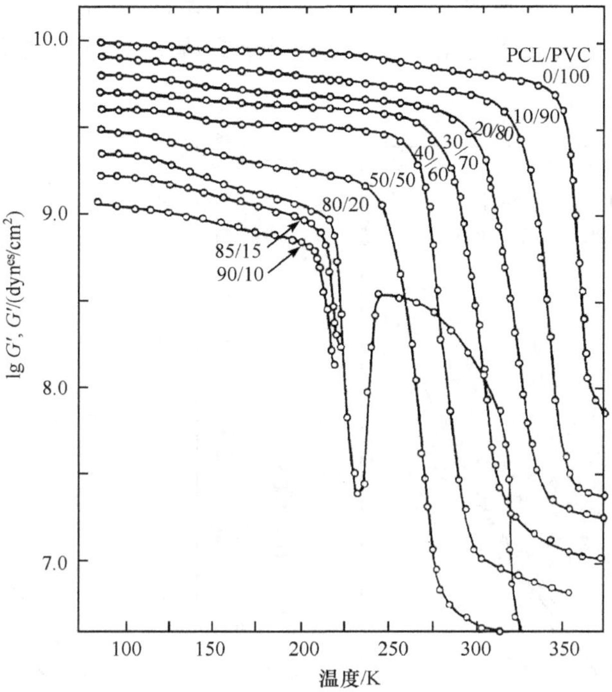

图 8.4　不同组成 PCL/PVC 共混物的储能模量 G' 温度谱

显然，当共混物中 PCL 质量分数小于或等于 5%时，实模量 G' 温度曲线在整个扫描温度范围内显示了单相体系（无定形相）的行为特征。PCL 质量分数为 80%的共混物直至 225 K 之前仍显示了类似行为，只是到玻璃化转变温度以上时，无定形相中的 PCL 才结晶，模量 G' 很陡地升高，当某种准平衡被建立后，模量 G' 直到 PCL 组分熔点温度达到之前缓慢下降，温度再高时模量 G' 快速下降。PCL 质量分数为 85%和 90%的共混物的模量 G' 温度曲线这里只给出了 PCL 组分发生结晶的温度之前的部分。这两个组成的共混物模量 G' 温度曲线未显示部分与 PCL 质量分数为 80%的共混物类似。

在同一个动态力学实验中，从损耗模量 G'' 温度谱中所得到的不同组成 PCL/PVC 共混物的玻璃化转变温度数据列于表 8.2。

表 8.2　不同组成淬火 PCL/PVC 共混物样品的损耗模量 G'' 温度谱给出的玻璃化转变温度（频率为 1～2 cps）

共混物质量组成 PCL/PVC	玻璃化转变温度 T_g/K
0/100	355
10/90	328
20/80	305
30/70	286
40/60	271
50/50	253
80/20	218
85/15	215
90/10	211
100/0	202[a]

a. 外推值。

从所得结果看,每一个组成的 PCL/PVC 共混物在动态力学谱中都只有一次玻璃化转变,且玻璃化转变温度随组成的变化用 Gordon-Taylor 方程[16]和 Fox 方程[15]拟合的情况如图 8.5 和图 8.6 所示。

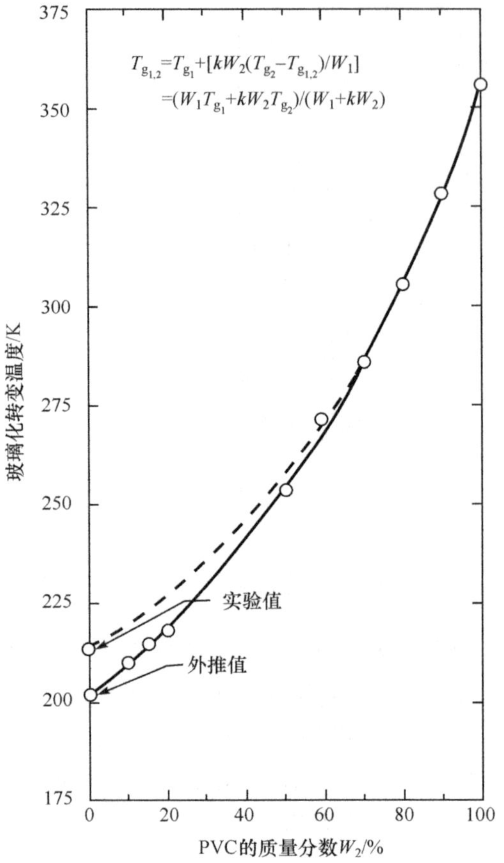

图 8.5　Gordon-Taylor 方程拟合 T_{g_1}、T_{g_2} 及 $T_{g_{1,2}}$ 随组成变化关系

T_{g_1} 为纯 PCL 玻璃化转变温度,W_1 为 PCL 的质量分数;T_{g_2} 为纯 PVC 玻璃化转变温度,W_2 为 PVC 的质量分数;$T_{g_{1,2}}$ 为 PCL/PVC 共混物的玻璃化转变温度
——实线是取 $T_{g_1}=202$ K 和 $k=0.519$ 由 G-T 方程计算而得;——虚线是取 $T_{g_1}=213$ K 和 $k=0.420$ 由 G-T 方程计算而得;○ 动态力学实验测得的共混物玻璃化转变温度,$T_{g_2}=365$ K

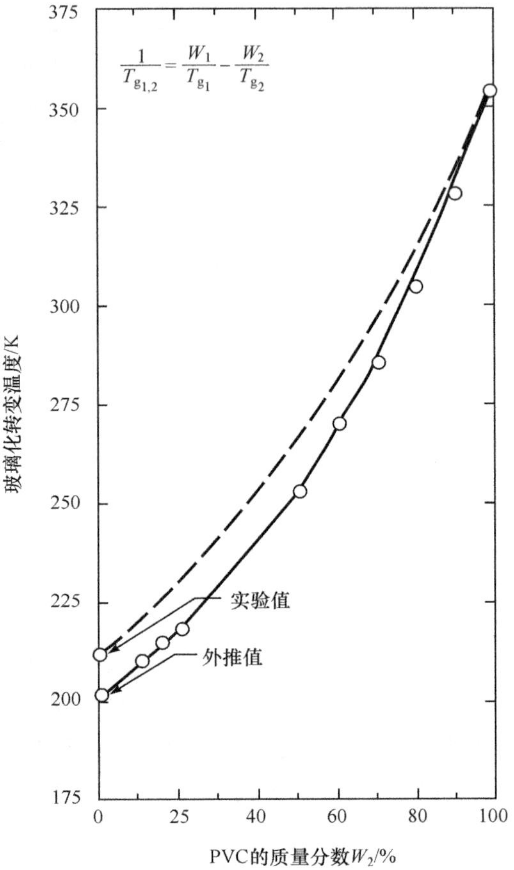

图 8.6　Fox 方程拟合 T_{g_1}、T_{g_2} 及 $T_{g_{1,2}}$ 随组成变化关系

T_{g_1}、T_{g_2}、$T_{g_{1,2}}$、W_1、W_2 的意义与图 8.5 同
——实线是取 $T_{g_1}=202$ K 由 Fox 方程计算而得;
——虚线是取 $T_{g_1}=213$ K 由 Fox 方程计算而得;
○ 动态力学实验测得的共混物玻璃化转变温度,$T_{g_2}=365$ K

$T_{g_1}=202$ K 是将动态力学实验测得不同 PCL/PVC 共混组成的 $T_{g_{1,2}}$ 各实验点利用 Gordon-Taylor 方程,做最小二乘法分析后外推至$(T_{g_2}-T_{g_{1,2}})W_2/W_1=0$ 所得。

Gordon-Taylor 方程　　$T_{g_{1,2}}=T_{g_1}+kW_2(T_{g_2}-T_{g_{1,2}})/W_1$　　(8.3)

外推线斜率 $k=0.519$;而 $T_{g_1}=213$ K 是动态力学实验测得结果,利用此值,并经 PCL 质量分数 50%共混物 $T_{g_{1,2}}$ 测定值进行实验分析,得到 Gordon-Taylor 方程理论曲线(虚线)。实验拟合结果 $k=0.420$。

Fox 方程　　$(1/T_{g_{1,2}})=(W_1/T_{g_1})+(W_2/T_{g_2})$　　(8.4)

用 Fox 方程拟合除 PCL 纯组分玻璃化转变温度实验测定值之外的不同组成的 PCL/PVC 共混物的动态力学实验测定的玻璃化转变温度 $T_{g_{1,2}}$，并取 $T_{g_1}=202$ K，$T_{g_2}=365$ K，再次取得很好的效果。

取 $T_{g_1}=202$ K 比取实验测定的 $T_{g_1}=213$ K 两个方程都取得了比较满意的结果，从上述淬火和退火 PCL 样品的动态力学实验情况可以解释，实验测定的 $T_{g_1}=213$ K 并不是完全无定形 PCL 样品的玻璃化转变温度，而是受淬火过程中未能完全消除的结晶影响而偏高的玻璃化转变温度，因此取 202 K 为完全无定形 PCL 样品的玻璃化转变温度比较合理。

这里总结 PCL/PVC 共混物动态力学实验测定结果与用两个方程拟合分析的结果可以得出结论：PCL/PVC 共混物在其无定形态呈现为热力学相容的共混对。

8.1.2　聚 ε-己内酯/聚氯乙烯共混体系的氢键相互作用

上述动态力学研究结果表明，PCL/PVC 共混物在其无定形态是热力学相容的，然而在上述结果发表时热力学相容的聚合物共混对还是相当稀罕的，因为一般聚合物的混合熵是很小的，混合热是负的也不多见，混合自由能小于零难以实现。所以，人们虽然可以承认PCL/PVC 共混物在其无定形态是热力学相容的，但那时尚不完全理解，没有直接的热力学证据。后来才逐步认识到，不相似聚合物能成为热力学相容的共混对，在它们之间存在分子间特殊相互作用。例如，不相似聚合物分别含有能形成氢键的给体和受体基团，是一种必要条件。Coleman 用红外光谱的方法证明了 PCL/PVC 共混物中确实存在氢键相互作用[17]，使对这一聚合物共混对的相容性的认识大大深入了一步。

Coleman 较早地用傅里叶变换红外光谱系统地研究了聚合物共混物。在研究PCL/PVC 共混物的分子间相互作用工作中有关样品与仪器如下：

PCL 样品经凝胶渗透色谱测定$M_n=13\ 000$，$M_w=14\ 000$，$T_m\approx61$ ℃，$T_g=-60$ ℃。

PVC 样品经凝胶渗透色谱测定$M_n=35\ 000$，$M_w=70\ 000$，用红外光谱测定结晶度为 8%。

PCL、PVC、PCL/PVC 薄膜样品为溶液成膜，溶剂为四氢呋喃，溶液浓度为 1%（质量分数），直接在溴化钾盐片上成膜。

PCL 膜和 PVC 的质量分数小于 75%（PVC 与 PCL 的物质的量比约为 5 ∶ 1）PCL/PVC 共混物膜，溶剂移除是在室温用稳定的空气流。

PVC 膜和（PVC 的质量分数大于 75%）PCL/PVC 共混物膜，溶剂移除是在 60 ℃抽真空。

在制膜过程中一定要严格控制其厚度，以保证它足够薄，在它的吸光度范围内朗伯-比尔（Lambert-Beer）定律有效。

傅里叶变换红外光谱仪光谱扫描过程中累加次数为 200，分辨率为 2 cm^{-1}，信号存储于光盘。光谱仪内按氦氖激光参比光束标定频率标尺，其精度为 0.2 cm^{-1}，光谱仪装配有 SPECAC 高温池和配套的温度控制器，在 75 ℃高温测定光谱时，温度控制精度为±2 ℃。

1. PCL 和 PVC 均聚物光谱测定与分析

1）聚 ε-己内酯红外光谱分析

Tadokoro 利用 a Urey-Bradley force field 程序对 PCL 远红外光谱进行了有限简正坐标分析（NCA），确定这一光谱区域的谱带归属[18]。

Kirkpatrick 采用 a valance force field 程序对一系列聚内酯进行了简正坐标计算[19]。

Holland-Moritz 及其同事检验了很多种聚酯，用基团频率方法对有关 PCL 的光谱分析结果进行了归纳和确认[20-22]。

聚 ε-己内酯在固体状态是半结晶的,它的红外光谱应该看成是由结晶相和无定形相的贡献所组成的。聚 ε-己内酯的链重复单元是比较大的,利用数字差减技术[23-24]可以比较容易地将其红外光谱的结晶组分与无定形组分分离。图 8.7 给出了在室温处于固体状态的 PCL 的 700～1600 cm^{-1}的傅里叶变换红外光谱(FTIR)(谱图 B),同时显示出在 75 ℃的 PCL 熔融态或无定形态的 FTIR(谱图 A)。根据1161 cm^{-1}处无定形谱带的去除状况采用适当的权重因子,从谱图 B 中减去谱图 A,从而得到 PCL 结晶相的纯谱图(谱图 C)。谱图 A、B、C 羰基伸缩振动谱带单独如图 8.8 所示,把它们分别给出在两个图中的原因是两个频率区域的谱带吸收强度相差悬殊[23-24]。

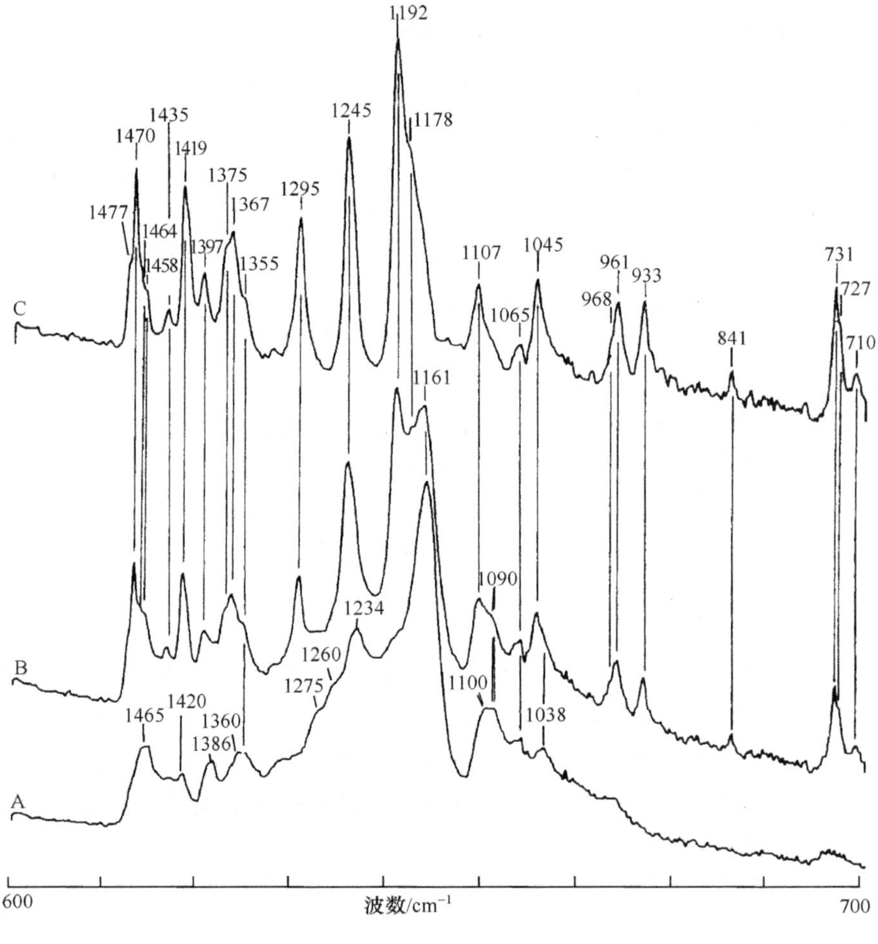

图 8.7 在 700～1600 cm^{-1} PCL 的 FTIR

A. 在 75 ℃测定的 PCL 谱(无定形 PCL);

B. 在室温老化超过一个月并在室温测定的 PCL 谱(半结晶 PCL);

C. 谱图 B 减去谱图 A 得到的差谱(PCL 纯结晶相谱)

很有意义的一个实验结果是,聚 ε-己内酯的晶相和无定形相的羰基伸缩振动频率分别为 $\nu_s(C=O)=1724\ cm^{-1}$和 $\nu_s(C=O)=1737\ cm^{-1}$。无定形谱带比结晶谱带具有较高特征振动频率且谱带比较宽,这反映了无定形相链构象变化的自由度大。在 700～1600 cm^{-1}的差谱由相对更尖锐的明确确定的高度有序分子链所特有的谱带组成,最引人注目的是羰基伸缩振动频率谱带和 1100～1300 cm^{-1}的谱带。后者是与C—C—H和O—C—H 弯曲振动及 C—C 和 C—O 伸缩振动有多种关联的偶合型谱带。光谱这一区域是复杂的。至少在 1192 cm^{-1}、1178 cm^{-1}和 1161 cm^{-1}处的三个谱带在半结晶聚合物的红外光谱中被观测到，而 1161 cm^{-1}谱带被认为是与无定形态有关的，另两个谱带则是与 PCL 链有序构象联系在一起的。已被确定 1192 cm^{-1}和 1178 cm^{-1}谱带对链的取向是敏感的，这两个谱带的相对强度正好与羰基伸缩振动 1737 cm^{-1}和 1724 cm^{-1}谱带的相对强度相反。

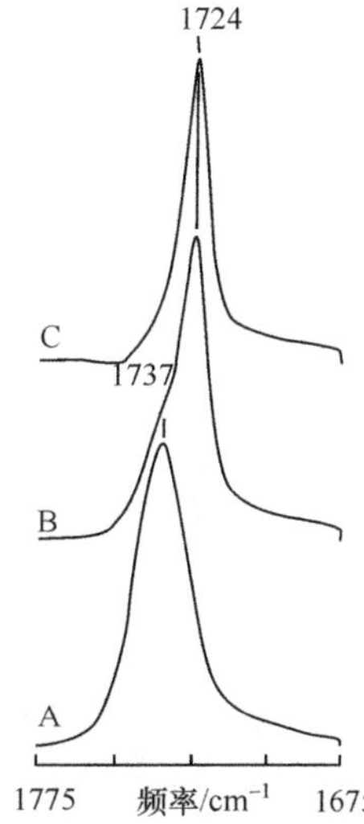

图 8.8　在 1675～1775 cm^{-1} PCL 的 FTIR

A. 在 75 ℃测定的 PCL 谱(无定形 PCL)羰基伸缩振动谱带；
B. 在室温老化超过一个月并在室温测定的 PCL 谱(半结晶 PCL)羰基伸缩振动谱带；
C. 谱图 B 减去谱图 A 得到的差谱(PCL 纯结晶相谱)羰基伸缩振动谱带

2) 聚氯乙烯(PVC)红外光谱

与聚 ε-己内酯相反，PVC 的振动光谱已是很好地被认识了的，Opaskar 和 Krimm[25-26]与 Rubcic 和 Zerbi[27]的理论研究为认识和理解 C—Cl 伸缩振动模式及 PVC 中特殊的构型序列和缺陷结构效应的频率依赖性奠定了极好的基础。此外，Koenig 和 Antoon[28]利用 FTIR 差谱研究了作为退火(时间)与温度的函数的 PVC 链的构象(构型)变化。这里需要确定的是在 PCL/PVC 共混物中 PVC 构象的变化是否可以被检测到。

2. 熔融状态下的 PCL/PVC 共混物

为了检验在 PCL/PVC 共混物中是否存在分子间特殊相互作用，首先从共混物的熔融态入手，先避开共混物中 PCL 结晶的影响。图 8.9 给出了在 75 ℃记录的 PCL 和不同组成的 PCL/PVC 共混物的羰基伸缩振动谱带变化情况。

从图 8.9 中谱带变化可见，羰基谱带随 PVC/PCL 共混物中 PVC 与 PCL 的物质的量比增加移向低频，而且羰基谱带的半高宽随 PVC/PCL 共混物中 PVC 的质量分数增加而变宽，如图 8.10 所示。

由图 8.10 可见，共混物中羰基伸缩振动谱带半高宽随共混物中 PVC 的质量分数增加呈 S形曲线变化，这表明共混物中 PCL 的羰基与 PVC 的相互作用随共混物中 PVC 的质量分数增加而增强，并逐渐达到饱和，从 S 形曲线可以看出，当共混物中 PVC 与 PCL 物质的量比近似为 4∶1 时(相当于共混物中 PVC 的质量分数为 60%)，组分间的相互作用达到饱和。这一相互作用饱和现象可从聚 ε-己内酯和聚氯乙烯结构的比较得到解释，假定聚 ε-己内酯的链呈平面锯齿构象，PCL 与 PVC 链重复单元长度比值近似等于 3.4，这就是说，通常 PVC 与 PCL 的物质的量比为 4∶1 是实现它们之间相互作用达到饱和的一个必要条件。与此同时，在熔融态(75 ℃)链构象的活动性和聚氯乙烯链有规立构序列分布也一定会起作用，并限定相互作用的有效性。这虽然是一种粗略分析，但与实验结果符合得很好。

图 8.11 给出物质的量比为 5∶1 的 PVC/PCL 共混物在 75 ℃记录的 500～1600 cm^{-1}的 FTIR。纯 PVC 在 600～750 cm^{-1}的谱带被取用为确定差减参数的谱带。

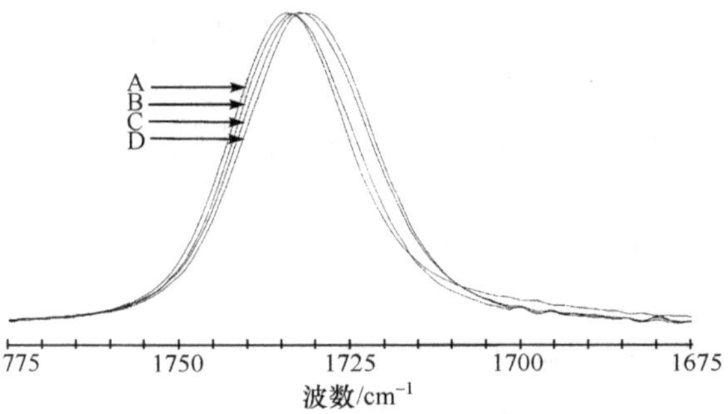

图 8.9　在 75 ℃测定的不同组成的 PVC/PCL 共混物在 1675～1775 cm^{-1}的 FTIR

A. 纯 PCL;B. PVC 与 PCL 的物质的量比为 1∶1;C. PVC 与 PCL 的物质的量比为 3∶1;D. PVC 与 PCL 的物质的量比为 5∶1

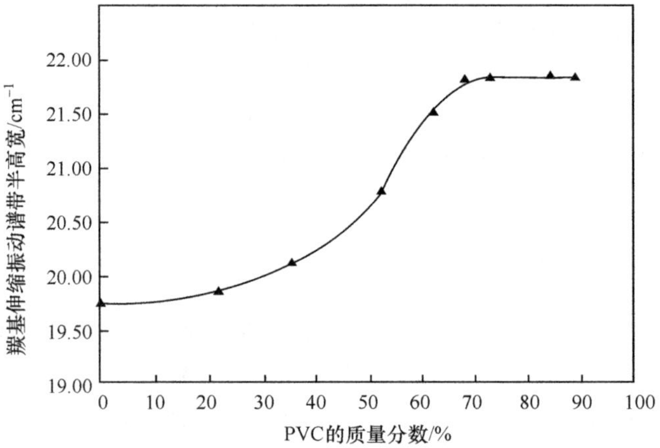

图 8.10　在 75 ℃测定的 PVC/PCL 共混物的羰基伸缩振动谱带半高宽随共混物中 PVC 的质量分数增加的变化

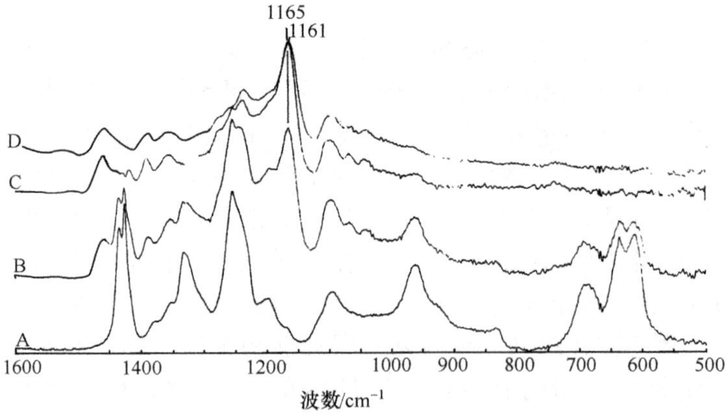

图 8.11　在 75 ℃记录的物质的量比为 5∶1 的 PCL/PVC 共混物在 500～1600 cm^{-1}的 FTIR

A. PVC 谱;B. 物质的量比为 5∶1 的 PVC/PCL 共混物谱;C. 从谱图 B 中减去谱图 A 的差谱;D. PCL 谱

在物质的量比为 5∶1 的 PVC/PCL 共混物谱图中纯 PCL 谱图中原 1161 cm^{-1} 谱带移至 1165 cm^{-1}。这一移动是共混物中聚氯乙烯含量的函数，把它仍归属为包含 C—O 伸缩振动和 O—C—H 弯曲振动的贡献是合理的[19]。这一移动与同一谱图中羰基谱带的移动是一致的。聚氯乙烯在 600～750 cm^{-1} 的谱带是构象敏感的 C—Cl 键谱带。在从共混物谱图中差减 PVC 谱图过程中，这一谱带可以被完全地减掉，这一事实表明聚氯乙烯链的构象在共混物中变化不大。

3. 固体状态的 PCL/PVC 共混物

在 PCL/PVC 共混物的固体中存在着随组成变化的两相结构，最简单的说法是它们由结晶的聚 ε-己内酯组分与无定形的 PCL/PVC 共混物组分组成。图 8.12 给出了在室温记录的 1675～1775 cm^{-1} 的 PCL/PVC 共混物羰基谱带随组成变化的情况。

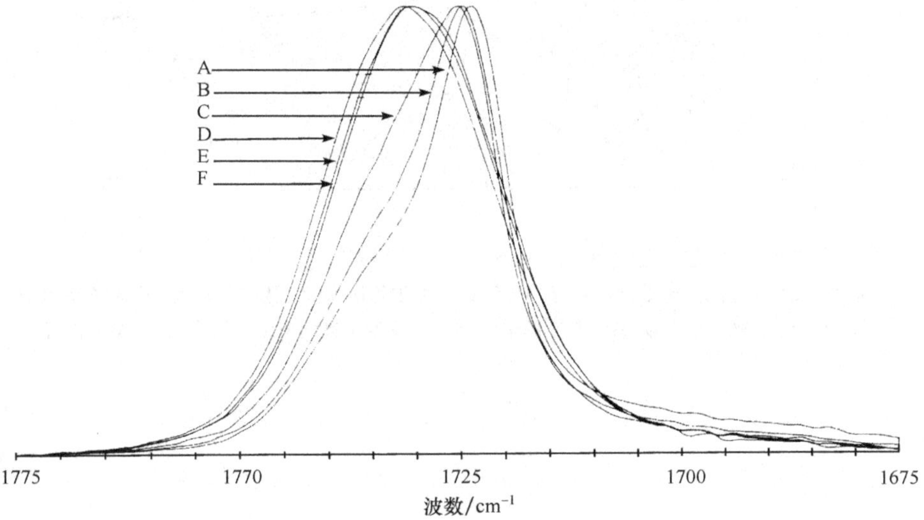

图 8.12　在室温记录的不同组成 PVC/PCL 共混物在 1675～1775 cm^{-1} 的 FTIR

A. 纯 PCL；B～F. PVC 与 PCL 的物质的量比分别为 1∶1、2∶1、3∶1、5∶1、10∶1

图 8.12 的所有样品都经过在室温老化超过一个月，以确保这些样品中 PCL 组分达到最大程度的结晶度。对于纯 PCL 样品，仍观测到两个谱带，一个是峰顶位于 1724 cm^{-1} 的结晶谱带，另一个是中心近似位于 1737 cm^{-1} 的无定形谱带。当共混物中 PVC 与 PCL 物质的量比为1∶1 和 2∶1 时，原来峰顶位于 1724 cm^{-1} 处的结晶谱带移向高频，而中心近似位于 1737 cm^{-1} 的无定形谱带增强并变宽，这些是比较复杂的现象，不能直接地进行判断。然而，当共混物中 PVC 与 PCL 物质的量比为 3∶1、5∶1 和 10∶1 时，羰基谱带呈现出另一种情况，共混物中 PVC 的质量分数都超过了 50%，也就是说虽然共混物处于固体状态，但其 PCL 组分已不结晶了，共混物处于无定形态，羰基谱带呈现为一个宽峰，峰顶随聚氯乙烯含量增加向低波数位移，而且峰宽变大，与在 75 ℃ 记录的 PVC/PCL 共混物羰基谱带随聚氯乙烯含量增加时的变化情况相似。这样的结果表明，PVC/PCL 共混物在固体状态也存在着聚 ε-己内酯的羰基与聚氯乙烯的特殊相互作用。

图 8.13 和图 8.14 给出了 PCL 和 PVC 纯组分及物质的量比为 2∶1 和 3∶1 的 PVC/PCL 共混物在 500～1600 cm^{-1} 的 FTIR 及相应的差谱。同样，所测样品都经室温老化超过一个月。

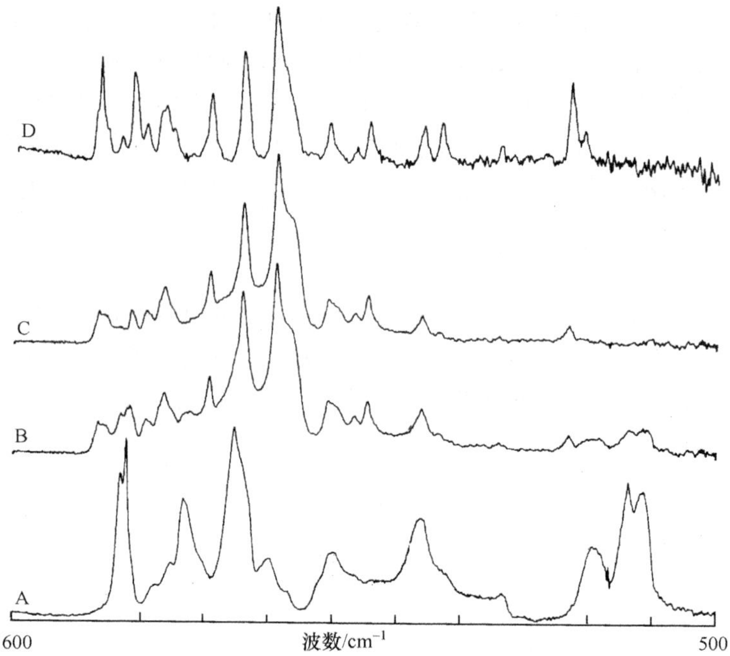

图 8.13　在室温记录 500～1600 cm^{-1}的 PCL/PVC 共混物的 FTIR

A. 纯 PVC 谱;B. 物质的量比为 2∶1 的 PVC/PCL 共混物谱图;C. 从谱图 B 减去谱图 A 的差谱;
D. 从半结晶 PCL 谱中减去在 75 ℃的熔融 PCL 的无定形谱的差谱,即 PCL 的纯结晶相谱

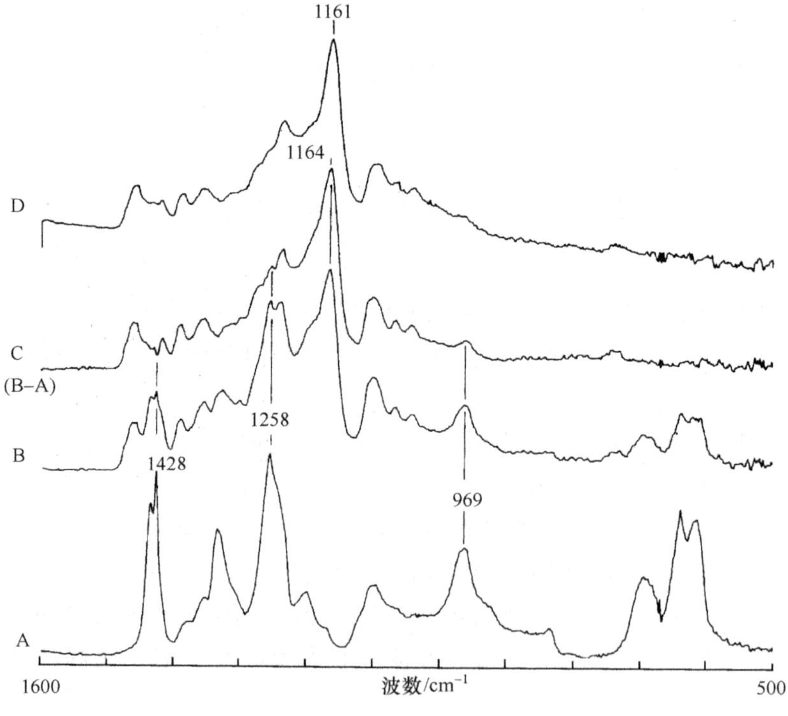

图 8.14　500～1600 cm^{-1}的纯组分及 PCL/PVC 共混物的 FTIR

A. 室温纯 PVC 谱;B. 物质的量比为 3∶1 的 PVC/PCL 共混物室温记录的谱图;
C. 从谱图 B 减去谱图 A 的差谱;D. 在 75 ℃记录的纯 PCL 谱

图 8.13 中谱图 B 是由晶相和无定形相组成的 PCL/PVC 共混物谱图，从它减去纯 PVC 谱得到差谱 C，利用 PVC 在 600～750 cm^{-1}的 C—Cl 伸缩振动谱带决定差减参数。由图 8.13 可见，差谱 C 呈现为很像 PCL 纯结晶相谱 D，而且看上去好像在共混物中的 PCL 比半结晶 PCL 更显结晶性。正像讨论纯 PCL 谱时所述，1150～1200 cm^{-1}谱带是复杂的。仔细看共混物差谱的这一区域可以发现，与半结晶的 PCL 谱带相比，差谱中无论结晶组分还是无定形组分的相应谱带都更宽。

图 8.14 中的谱图总体表明物质的量比为 3：1 的 PVC/PCL 共混物谱图实质上是无定形的，正像同一共混物的羰基谱带所呈现的那样，差谱 C 与在熔融态的 PCL 谱（谱图 D）相似，同样说明了这一结论。

后续报道的研究工作也已揭示，在 PCL/PVC 共混物中，聚 ε-己内酯的羰基主要与聚氯乙烯链 α-氢互为氢键的受体与给体，PCL 的羰基也可与聚氯乙烯链 β-氢形成氢键。

8.1.3　聚 ε-己内酯/聚氯乙烯共混体系分子间相互作用参数（反相色谱测定法）[29]

所谓反相色谱就是被检测的聚合物置于色谱柱子的载体上作为固定相，将不同小分子有机化合物作为探针，气化后通过柱子，成为流动相，由于它们与被检测的聚合物的分子间相互作用不同，在柱子内保留时间或者说保留体积不同。从热力学理论可以建立保留体积与分子间相互作用参数之间的关系。

比保留体积实质上就是小分子探针在流动相与固定相之间的分配系数。它可表示为

$$V_g^\circ = T_n \times J \times F/w \tag{8.5}$$

式中，T_n 为纯保留时间；w 为在载体上的聚合物质量；F 为折合 0 ℃时的载体气流；J 为气体压缩性的校正因子[30]。由于气流速率的涨落，柱内聚合物载荷的确定及气体压缩系数校正等引入的保留体积 V_g°的估算综合误差约为±0.5 cm^3/g，可信度为 95%。

探针/聚合物相互作用参数χ_{12} 与比保留体积的关系式[30]为

$$\chi_{12} = \ln\left(\frac{273.15Rv_2}{P_1^\circ V_g^\circ V_1}\right) - (1 - V_1/V_2)\phi_2 - \frac{P_1^\circ}{RT}(B_{11} - V_1) \tag{8.6}$$

式中，R 为摩尔气体常量；P_1° 为 120 ℃探针的饱和蒸气压；V_1 和 V_2 分别为探针和聚合物的摩尔体积；B_{11}为探针蒸气的第二维里系数；v_2 为聚合物的比容；ϕ_2 为聚合物的体积分数。以同样的方法，探针/聚合物共混物相互作用参数$\chi_{1(23)}$ 与比保留体积的关系式可以确定如下：

$$\begin{aligned}\chi_{1(23)} &= \ln\left[\frac{273.15R(w_2v_2 + w_3v_3)}{V_g^\circ P_1^\circ V_1}\right] - (1 - V_1/V_2)\phi_2 \\ &\quad - (1 - V_1/V_3)\phi_3 - \frac{P_1^\circ}{RT}(B_{11} - V_1)\end{aligned} \tag{8.7}$$

式中，w_2 和 w_3 为共混物中聚合物 2 和聚合物 3 的质量分数；脚注 1 表示探针；v_i 为聚合物 i 的比容；V_i 为聚合物 i 的摩尔体积；ϕ_i 为聚合物 i 的体积分数。

聚合物的密度与膨胀系数取自文献[32-37]，或者利用文献的有关数值计算膨胀系数，需要假设膨胀系数随聚酯的[CH_2]/[COO]值规律性变化。P_1° 值取自文献[38-40]，V_i 值取自文献[41-42]，而 B_{11}值取自文献[43]，正如 Al-Saigh 和 Munk 指出的那样，这些 B_{11}值有较大误差约为 5%，它使得χ_{12} 和$\chi_{1(23)}$ 有 0.05 的误差[44]。

最后，聚合物/聚合物相互作用参数χ'_{23} 的计算方式由文献[45-46]给出

$$\chi_{1(2,3)} = \chi_{12}\phi_2 + \chi_{13}\phi_3 - \chi'_{23}\phi_2\phi_3 \tag{8.8}$$

式中，χ'_{23}为超额参数，设想它与探针/聚合物相互作用参数的线性组合关系，χ'_{23}为 Flory-Huggins 相互作用参数归一化到共混物中聚合物组分 2 的单个链段。

1. 实验部分

反相色谱柱子是铜质管子，内径为 0.32 cm，长为 1.5m，在装载体前先用甲醇和四氢呋喃冲洗，柱内填上牌号为 CHROMOSORB-G 60～80 目的载体，载体经非酸洗，并涂上6%～8%的样品聚合物。

聚合物或聚合物共混物溶于适当的溶剂(多数情况下溶于四氢呋喃)，载体加入后，溶剂挥发，聚合物或聚合物共混物沉积在载体上。在沉积聚合物共混物过程中要注意在溶剂挥发时不断地搅动，以使聚合物共混物均匀地涂在载体上。柱子载荷由聚合物和载体的质量计算而得。

柱子曾在 120 ℃处理了长达 6 h，测试是在 Victoreen 4000 chromatograph 色谱仪上进行。色谱仪配有气体离子化检测器。测试温度为(120±0.3)℃。

保留时间在累加 12 h 时间范围检验，载体上的聚合物降解的任何漂流。聚 δ-戊内酯和聚 ε-己内酯都有漂流，因而它们的保留体积取外推至实验开始时的值。聚琥珀酸乙二醇酯在有聚氯乙烯同时存在时降解，因此这两种聚合物共混物的χ'_{23}就不可能测定了。对于 PVC、PCL 及 PVC/PCL 共混物，当气体流动速率为 30～80 mL/min 时，保留体积对气体流动速率依赖性不明显。其他聚酯与聚 ε-己内酯的玻璃化转变温度和熔融温度相似，一般在玻璃化转变温度 T_g 稍高一些时，保留时间对气流速率依赖性最大。对于反相色谱实验，在聚合物和聚合物共混物的玻璃化转变温度 T_g 之上约 50 ℃进行研究为好，目的是避免非平衡效应和探针的主表面吸附。所以对本工作的共混物测定温度最低为 120 ℃，也就是在 PVC 的 T_g 之上约 50 ℃。对于聚酯和相容的 PVC/聚酯共混物可以考虑在较低的温度测定。然而，为容易和简单解释实验结果，选择一致的测定温度，所有聚酯都处于熔融态，足够高于 PVC 的玻璃化转变温度比较恰当，在这样的情况下保留体积不依赖于气流速率[47]。

每个探针的保留时间测定都至少重复三次。试剂级的探针注入量一般为 0.1～0.4 μL，在这一范围内保留体积不依赖于注入的探针量。载气是超纯氮。聚合物的分子量与来源列于表 8.3。

2. 研究结果

1) 探针/聚合物相互作用参数χ_{12}

作用于各种聚酯和 PVC 的不同探针的保留体积列于表 8.4。

相应的相互作用参数χ_{12}列于表 8.5。

四个系列探针按与聚合物相互作用增强顺序列于表 8.4 和表 8.5。第一组是正烷烃(正戊烷、正己烷及正庚烷)，具有低保留体积，因此所测相互作用参数χ_{12}值的误差较大。第二组是含羰基的探针(丙酮、乙酸乙烯酯、甲基乙基酮)，与氯化聚合物如 PVC 作用较强。第三组探针是氯化物(如四氯化碳、氯仿、二氯甲烷)，它们与聚酯有不同程度的作用。最后一组探针是苯、芳环，与醚和羰基有一定作用。

对于保留体积，高值表示探针在固定相保留高浓度，也就是与聚合物相互作用强。对于χ_{12}按惯例，负值或小值意味着强相互作用，而正值和大值表示排斥力和吸热混合。

表 8.5 给出：

正庚烷与聚酯在高[CH_2]/[COO]值情况下相互作用参数值比较低。

表 8.3　实验所用聚合物的参数

聚合物	缩写	链单元结构式	$[CH_2]/[COO]$值	分子量	来源	与 PVC 相容性	无定形密度，25 ℃ /(g/cm^3)
聚 *dl*-乳酸	PL	$-\!\!\!\left[CH_2-O-\overset{\overset{O}{\Vert}}{C}\right]\!\!\!-$	约为 1	M_n 26 000 M_w 63 000	Polysciences	否(13)	1.248(20)(15)
聚丁二酸乙二酯	PES	$-\!\!\!\left[(CH_2)_2-O-\overset{\overset{O}{\Vert}}{C}-(CH_2)_2-\overset{\overset{O}{\Vert}}{C}-O\right]\!\!\!-$	2	M_n 4 100 M_w 9 100	Aldrich	否(10)	1.32(14)
聚己二酸乙二酯	PEA	$-\!\!\!\left[(CH_2)_2-O-\overset{\overset{O}{\Vert}}{C}-(CH_2)_4-\overset{\overset{O}{\Vert}}{C}-O\right]\!\!\!-$	3	M_w 2 600	Kodak	否(10)	1.21(14)
聚己二酸丁二酯	PBA	$-\!\!\!\left[(CH_2)_4-O-\overset{\overset{O}{\Vert}}{C}-(CH_2)_4-\overset{\overset{O}{\Vert}}{C}-O\right]\!\!\!-$	4	M_n 9 500 M_w 22 000	Aldrich	否(14)	1.13(14)
聚 ε-戊内酯	PVL	$-\!\!\!\left[(CH_2)_4-O-\overset{\overset{O}{\Vert}}{C}\right]\!\!\!-$	4	M_n 17 000 M_w 46 000	Our laboratory(12)	是(14)	1.13
聚 ε-己内酯	PCL	$-\!\!\!\left[(CH_2)_5-O-\overset{\overset{O}{\Vert}}{C}\right]\!\!\!-$	5	M_w 36 000	Aldrich	是(14)	1.024(16)
聚癸二酸己二醇酯	PHMS	$-\!\!\!\left[(CH_2)_6-O-\overset{\overset{O}{\Vert}}{C}-(CH_2)_8-\overset{\overset{O}{\Vert}}{C}-O\right]\!\!\!-$	7	M_w 30 000	Sp^2	是(10)	1.03(14)
聚氯乙烯	PVC	$-\!\!\!\left[\begin{array}{cc} H & H \\ \vert & \vert \\ C & -C \\ \vert & \vert \\ H & Cl \end{array}\right]\!\!\!-$	—	M_n 41 000 M_w 85 000			

表 8.4 作用于各种聚酯和 PVC 的不同探针在 120 ℃的比保留体积 V_g^o(cm^3/g)

探针 \ 聚合物	PL	PES	PEA	PVL	PBA	PCL	PHMS	PVC
正戊烷	1.4	0.5	1.4	1.7	2.0	2.4	2.8	1.1
正己烷	1.8	1.9	1.9	2.9	3.7	4.5	9.8	1.4
正庚烷	3.4	3.6	3.1	5.5	6.4	8.6	11.2	3.0
乙酸乙酯	12.4	9.2	11.7	12.3	14.1	14.7	13.4	6.7
丙酮	8.9	8.0	9.2	8.8	10.0	10.3	8.3	6.3
甲基乙基酮	13.9	11.2	14.4	16.6	17.0	17.1	16.0	10.1
四氯化碳	9.1	5.6	9.5	13.0	14.1	17.4	18.6	6.2
氯仿	14.3	11.5	15.3	21.7	23.1	28.0	22.5	7.0
二氯甲烷	9.1	7.8	9.7	11.2	13.4	13.2	14.0	4.2
苯	15.2	11.1	14.9	19.7	21.6	26.6	25.2	10.6

表 8.5 探针与各种聚酯和 PVC 在 120 ℃的相互作用参数χ_{12}值

探针 \ 聚合物	PL	PES	PEA	PVL	PBA	PCL	PHMS	PVC
正戊烷	1.6	2.6	1.8	1.5	1.3	1.2	1.1	1.7
正己烷	2.0	1.9	2.0	1.6	1.4	1.2	1.2	2.1
正庚烷	2.0	1.9	2.1	1.6	1.5	1.2	1.0	2.0
乙酸乙酯	0.46	0.70	0.55	0.54	0.43	0.42	0.57	0.94
丙酮	0.56	0.61	0.53	0.64	0.54	0.54	0.82	0.77
甲基乙基酮	0.53	0.69	0.88	0.43	0.43	0.45	0.58	0.72
四氯化碳	0.89	1.32	0.88	0.61	0.55	0.37	0.37	1.14
氯仿	0.32	0.49	0.29	−0.02	−0.06	−0.22	−0.06	0.91
二氯甲烷	0.99	1.09	0.96	0.86	0.70	0.75	0.81	1.63
苯	0.52	0.79	0.58	0.34	0.27	0.11	0.21	0.75

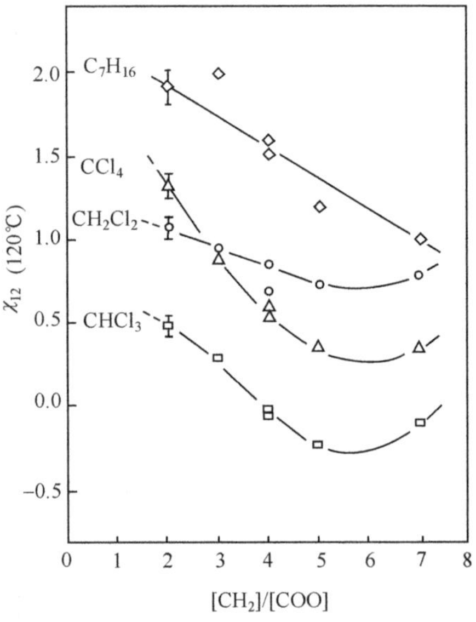

图 8.15 探针/聚酯相互作用参数χ_{12}作为[CH_2]/[COO]值的函数的变化
◇ 正庚烷;○ 二氯甲烷;△ 四氯化碳;□ 氯仿

对于[CH_2]/[COO]值很大的情况,将趋向于正庚烷/聚乙烯的相互作用参数值 0.3[48]。

图 8.15 显示正庚烷与氯化物探针与聚酯相互作用参数χ_{12}随[CH_2]/[COO]值的增加而降低。

在高羰基含量的情况下,相互作用参数χ_{12}值升高是因为羰基与亚甲基之间存在不利相互作用(聚合物与探针之间的自由体积差别对于这一系列聚合物仍保持相同)。

含羰基的探针不显示χ_{12}随聚酯中[CH_2]/[COO]值明显变化。氯化物探针及苯随聚酯的[CH_2]/[COO]值增加显示更强的相互作用,当[CH_2]/[COO]值为 5 时χ_{12}达到最低值,然后探针与聚癸二酸己二醇酯的相互作用χ_{12}就又增大了,这一聚酯的[CH_2]/[COO]值为 7。

所有含氯的探针显示同样的趋势,但不同的探针相互作用强度不同。氯仿与 PCL 的相互作用最强,相应的χ_{12}值是很负的。然而,当羰基浓度小时,如聚癸二酸己二醇酯,这一相互作用下降,当羰基含量太多时，这一相互作用也下降。苯与聚酯的相互作用参数χ_{12}在[CH_2]/[COO]值为 5 时也是最小。

2）保留体积随共混物组成的变化

参数$\chi_{1(23)}$描述的是探针与两个聚合物混合物之间的相互作用，它具有探针分别与组分聚合物相互作用参数$\chi_{1,2}$和$\chi_{1,3}$之间的中间值。一些作者已经指出不相容聚合物共混物的保留体积是每个组分聚合物的保留体积的线性组合，即

$$V_g^o = w_2 V_{g,12}^o + w_3 V_{g,13}^o \tag{8.9}$$

式中，V_g^o为聚合物共混物的保留体积；w_i为聚合物组分i的质量分数；$V_{g,1i}^o$为其保留体积[49-51]。

对于 PVC/PCL 共混物，图 8.16(a)给出保留体积作为聚合物体积分数的函数的图，氯仿

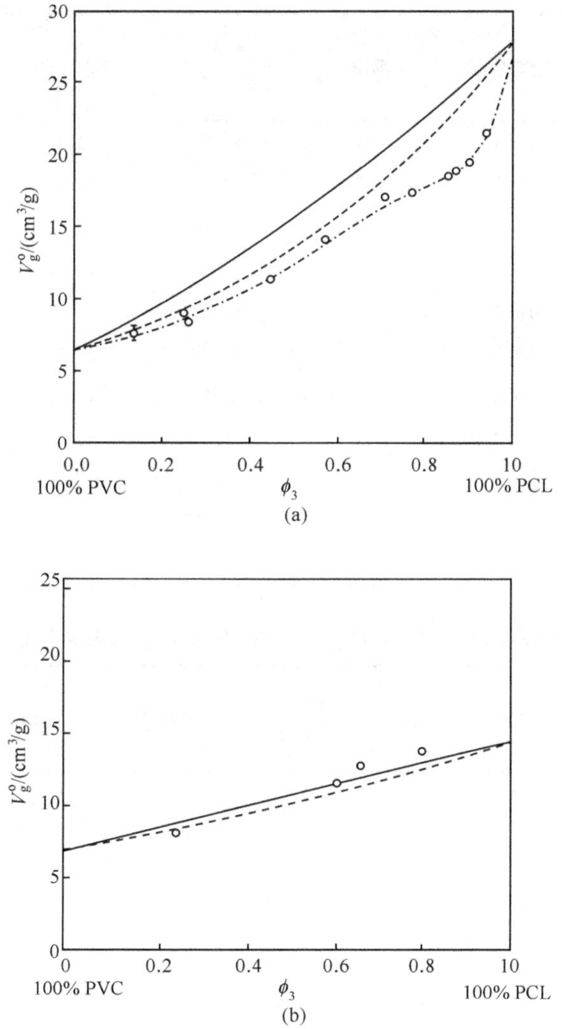

图 8.16　比保留体积随共混物中组分 3 的含量的变化曲线

-·-·- 实验测定的聚合物共混物保留体积；

----- 对应于$\chi'_{23}=0$时的计算聚合物共混物保留体积；

—— 对应于相分离共混物计算的聚合物共混物保留体积

(a) 聚氯乙烯/聚 ε-己内酯；(b) 聚氯乙烯/聚 dl-乳酸

为探针。对应于$\chi'_{23}=0$的比保留体积V_g^o的值随组成的变化在同一图中给出,对应于相分离的共混物的保留体积变化情况[式(8.9)]也一起给出。

实验测定的保留体积比对应$\chi'_{23}=0$情况下的保留体积小,并且是一个相容共混物的典型的保留体积,对于相容的共混物探针肯定要与相容聚合物之一竞争相互作用的作用点(sites),因而给出比较小的淋出时间或比较小的保留体积,相容的聚甲基丙烯酸乙酯/氯化聚乙烯共混物也显示了相似的V_g^o下降。与此相对照,计算得到的相分离 PVC/聚 *dl*-乳酸共混物的保留体积很接近于纯组分保留体积的线性组合,如图 8.16(b)所示。

3) 聚氯乙烯/聚 ε-己内酯共混物相互作用参数χ'_{23}

表 8.6 和表 8.7 分别给出了 PVC/PCL 共混物的保留体积和它们的相互作用参数χ'_{23}。

表 8.6 作用于各种组成的 PVC/聚 ε-己内酯共混物的不同探针在 120 ℃的保留体积 V_g^o(cm^3/g)

PVC 的体积分数 \ 探针	乙酸乙酯	丙酮	甲基乙基酮	四氯化碳	氯仿	苯
0.064	12.0	8.1	14.7	14.1	21.5	20.8
0.100	11.2	7.7	13.2	13.4	19.5	19.3
0.127	11.0	7.6	13.6	12.8	19.1	19.3
0.144	10.7	6.9	13.3	12.3	18.7	18.9
0.231	10.9	7.7	13.7	12.3	17.5	17.4
0.291	10.8	7.6	13.2	12.5	17.1	17.6
0.435	10.2	7.2	13.9	11.1	14.2	16.5
0.552	8.3	6.1	11.6	9.1	11.4	13.7
0.740	8.8	7.2	12.4	6.5	8.2	13.5
0.755	8.4	6.7	11.7	7.6	9.7	12.5
0.868	7.1	6.1	10.7	6.4	7.8	11.3

表 8.7 利用不同探针在 120 ℃测得的 PVC/聚 ε-己内酯各种组成共混物的χ'_{23}值

PVC 的体积分数 \ 探针	乙酸乙酯	丙酮	甲基乙基酮	四氯化碳	氯仿	苯	平均值
0.064	−2.4	−3.4	−1.9	−2.3	−2.9	−2.8	−2.6
0.100	−2.1	−2.6	−2.3	−1.8	−2.4	−2.3	−2.3
0.127	−1.7	−2.2	−1.5	−1.6	−1.8	−1.7	−1.7
0.144	−1.6	−2.6	−1.4	−1.6	−1.6	−1.5	−1.7
0.231	−0.6	−0.9	−0.5	−0.6	−0.8	−1.1	−0.8
0.291	−0.4	−0.8	−0.5	−0.1	−0.4	−0.6	−0.5
0.435	−0.1	−0.6	−0.0	−0.0	−0.3	−0.2	−0.2
0.552	−0.5	−1.0	−0.4	−0.3	−0.5	−0.6	−0.5
0.740	0.4	0.1	0.4	−1.1	−1.0	−0.0	−0.2
0.755	0.2	−0.3	0.2	−0.3	0.0	−0.3	−0.1
0.868	−0.4	−0.9	−0.1	−1.0	−0.6	−0.5	−0.6

表 8.6 和表 8.7 中数据表明，为所有探针所感知的比保留体积随 PVC 体积分数增加而规则地下降。这些保留体积值在高 PCL 含量时更快地下落，这表示在高 PCL 含量时χ'_{23}为很负的值，并且在中等和高 PVC 浓度时，χ'_{23}是小且很接近于零的值，如图 8.17 所示。

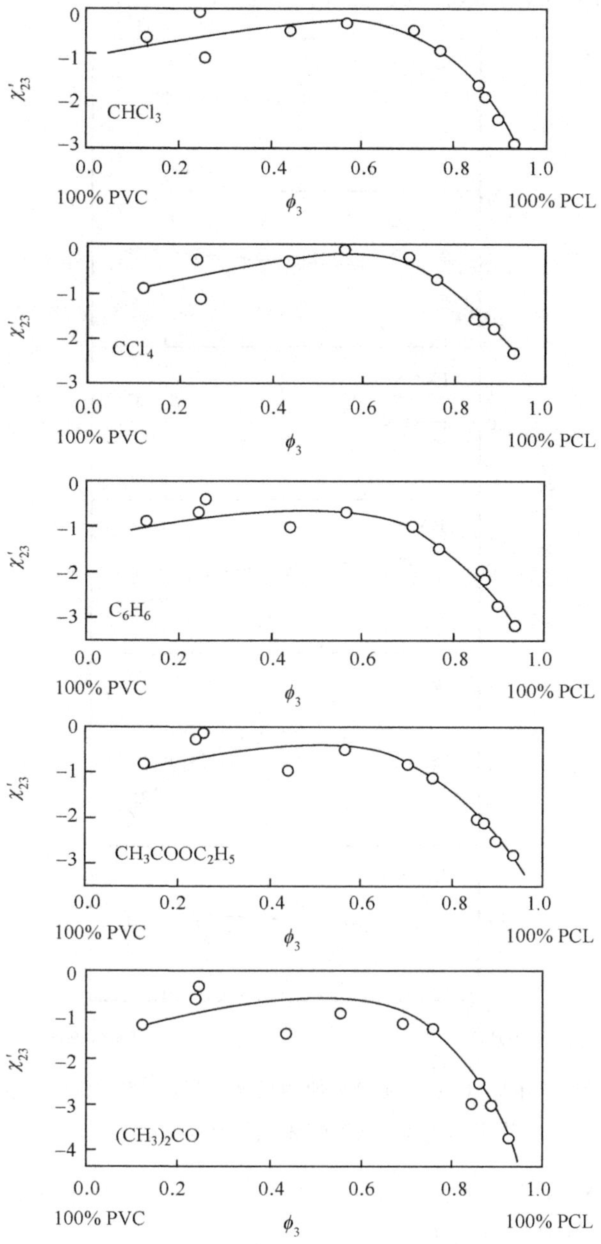

图 8.17　聚氯乙烯/聚 ε-己内酯共混物χ'_{23}值随聚 ε-己内酯体积分数变化曲线

所用 5 种探针在图中给出

因为在表 8.7 所列 6 种探针中，对于每种探针一定组成的 PVC/PCL 共混物的χ'_{23}的值比较相近，变化很小，所以在此表最后一行列出了 6 个χ'_{23}的平均值。有关正烷烃和二氯甲烷探针的数据未列入表 8.7。因为它们的保留时间太低，整个测试和计算过程中的误差比较大。

4）聚氯乙烯与一系列线形聚酯共混物的相互作用参数χ'_{23}对其组成的依赖性

图 8.18 给出了在 120 ℃测定的一系列 PVC/聚酯共混物的相互作用参数χ'_{23}随其组成变化(不同 PVC 体积分数)的曲线。所用聚酯在表 8.3 中列出。图 8.18 中未给出 PVC/聚琥珀酸乙二醇酯共混物的测定结果，因为聚琥珀酸乙二醇酯在 PVC 存在条件下，在 120 ℃发生分解。

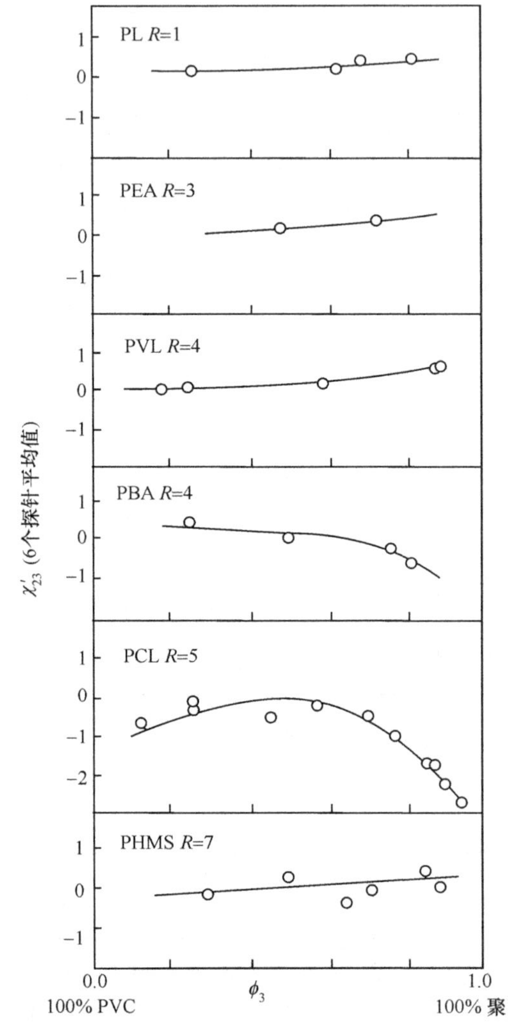

图 8.18　对于不同[CH_2]/[COO]值的聚酯、聚氯乙烯/聚酯共混物的相互作用参数χ'_{23}随聚酯体积分数变化的曲线

从图 8.18 可见，当 PVC 含量为高和中等值时，χ'_{23}较小。对于[CH_2]/[COO]值小于或等于 4 时，χ'_{23}的值随聚酯含量增加稍有增大，而对于聚己二酸丁二醇酯及特别是聚 ε-己内酯，χ'_{23}的值都明显降低；对于聚癸二酸己二醇酯[CH_2]/[COO]值为 7，χ'_{23}保持变化很小。

图 8.19(a)和(b)给出了固定聚酯在共混物中的含量时，PVC/聚酯共混物的相互作用参数χ_{23}随[CH_2]/[COO]值的变化曲线。

当 ϕ_3(聚酯在 PVC/聚酯共混物中的体积分数)为 0.5 时，相互作用参数χ'_{23}随[CH_2]/[COO]值变化不很大；当 ϕ_3 为 0.8 时，相互作用参数χ'_{23}随[CH_2]/[COO]值变化大，而且当比值靠近 5 时χ'_{23}有一极小值。对于 PVC/聚 *dl*-乳酸和 PVC/聚癸二酸己二醇酯共混物

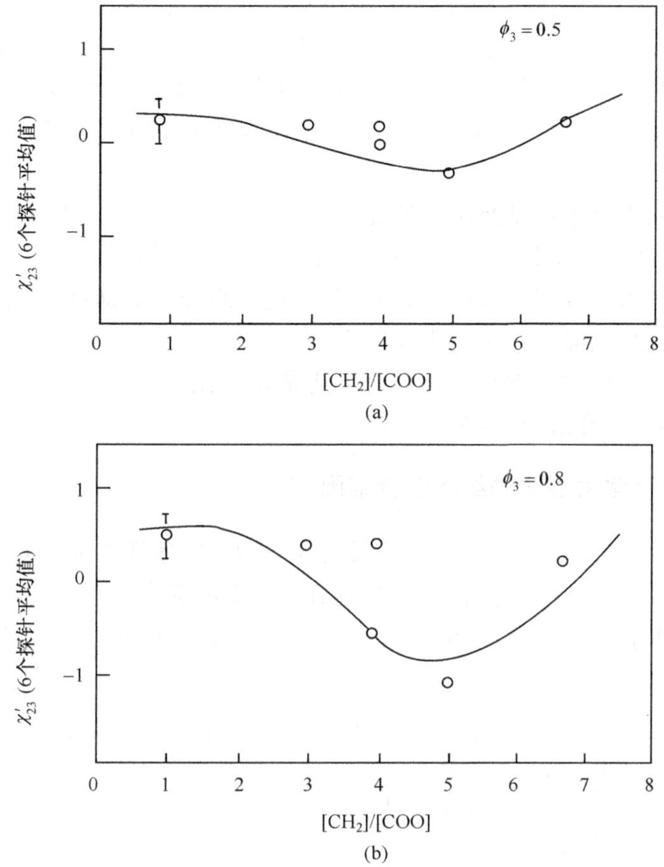

图 8.19　聚酯在共混物中含量固定[图(a)$\phi_3=0.5$,图(b)$\phi_3=0.8$],PVC/聚酯共混物的相互作用参数χ'_{23}随[CH_2]/[COO]值变化曲线

[CH_2]/[COO]值分别为 1 和 3 相互作用参数χ'_{23}值高,这两个聚酯与聚氯乙烯不相容。然而聚戊内酯也为不很高的正的χ'_{23}值,虽然有报道这一聚酯与聚氯乙烯是相容的[32]。

至此可以从反相色谱研究结果得出,PCL/PVC 共混物相互作用参数χ'_{23}是负的,可以充分肯定 PCL/PVC 是热力学相容共混对。

8.2　结晶聚合物共混物结晶[3]

相容和不相容聚合物共混物的结晶可以显著地区别于纯的可结晶组分的结晶。对于可结晶的相容聚合物共混物,组分的化学本质与分子量,共混物组成及组分间的分子间相互作用等都是关系其结晶的重要影响因素。

在相容聚合物共混物中决定结晶的热力学条件是聚合物共混物显示出结晶时的自由能比液-液聚合物共混物的自由能更负。当相容的聚合物共混物熔体冷却至聚合物共混物的玻璃化转变温度和可结晶组分的平衡熔点之间时,液-固相分离可能发生。在单一组分可结晶的二元聚合物共混物中,无定形组分的存在可以增大或减少结晶的趋势,这依赖于组成对玻璃化转变温度的影响和组成对结晶组分的平衡熔点的影响。

半结晶聚合物共混物的形态在很大程度上取决于无定形组分的分聚类型。当无定形组分在球晶间分聚时,结晶组分的球晶镶嵌在无定形基质中,半结晶聚合物的形态将比无定形组分渗入球晶内部的情况在较少程度上受到影响(例如,比渗入晶片间和纤维晶间分聚受影响少)。决定分聚类型的参数还不完全认识。至今的研究表明,结晶条件、共混物的组成、分子链的刚与柔、组分的分子量都是重要的影响因素。由两个结晶聚合物组成的共混物可以显示分立行为或共结晶。

在相容聚合物共混物中可结晶组分的球晶生长一般要受无定形组分的类型与分子量的影响:前者影响两组分间的分子相互作用,而后者影响非晶组分的扩散。

聚合物共混物的组成、结晶条件、相容性、共混物两组分的活动性、无定形组分的成核活性都是影响聚合物共混物结晶动力学的重要因素。

相容的可结晶的聚合物共混物的熔融行为通常是复杂的,所揭示出的多重熔融吸热峰可能缘于重结晶、次期结晶和液-液相分离。

8.2.1 结晶相容聚合物共混物的结晶温度范围

聚合物在有限的温度范围结晶,玻璃化转变温度 T_g 是其低温端,而平衡熔点 T_m^0 是其高温端。在 T_g 以下聚合物链的活动性被冻结,而在 T_m^0 附近聚合物链不能结晶成核。

对于可结晶的聚合物相容共混物,其玻璃化转变温度位于两纯组分聚合物的玻璃化转变温度中间,如图 8.20 所示。

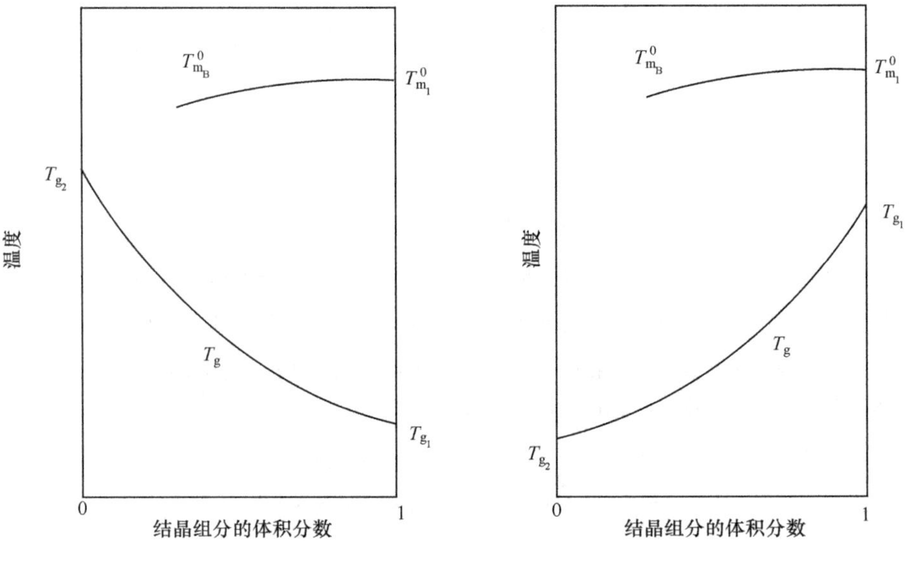

图 8.20 可结晶的相容聚合物共混物的可能的结晶温度范围

T_{g_1} 表示共混物的可结晶组分的玻璃化转变温度;T_{g_2} 表示共混物的无定形组分的玻璃化转变温度

由图 8.20 分析可见,可结晶的相容聚合物共混物中的无定形组分的存在是扩大结晶组分的结晶趋势还是缩小结晶组分的结晶趋势,依赖于无定形组分的 T_g 与结晶组分的 T_g 的相互关系。当无定形组分的 T_g 低于结晶组分的 T_g 时,共混物结晶温度范围($T_m^0-T_g$)将加宽,并且结晶将变得更容易。在相反的情况下,当共混物的无定形组分的 T_g 高于结晶组分的 T_g 时,相容的聚合物共混物的 T_g 也将高于结晶组分的 T_g,结晶组分的结晶温度范围将变窄。一种极端情况是,当共混物的 T_g 高于相容聚合物共混物结晶组分的平衡熔点 T_m^0

时，结晶组分的结晶可能被禁止，特别是无定形组分含量高时。一些可结晶的相容聚合物共混物实例列于表 8.8。

表 8.8　可结晶的相容聚合物共混物无定形组分对结晶组分结晶能力的影响

聚合物共混物	共混物组成（质量比）	结晶组分 T_g	和 T_m^0/℃	无定形组分 T_g/℃	共混物 T_g/℃	结晶	参考文献
PCL/CPE42	50/50	−63	60	1.5	38	是	[Defieuw and
PCL/CPE49	50/50	−63	60	18.5	28	是	Grocninckx, 1989a]
PCL/PECH	10/90	−60	60	−15	ns	是	[Runt and Martynowicz, 1986]
PCL/SAN24	50/50	−63	60	110	30	是	[Defieuw and Groeninckx, 1989c]
PBT/PAr	70/30	31	219	179	43	是	[Iruin et al., 1989]
	50/50				51	是	
	30/70				87	是	
	10/90				147	否	
PEG/PEMA	90/10	−55	75	71	−47	是	[Cimmino et al., 1989]
	80/20				−39	是	
	70/30				−30	是	

值得指出的是，可结晶相容聚合物共混物（PBT/PAr＝10/90）不显示结晶的倾向，虽然共混物的 T_g 位于 PBT 的熔点之下。一种可能的解释是这一共混物结晶组分结晶太慢，以至于在允许的观测时域无法感知。

8.2.2　结晶相容聚合物共混物结晶的特征现象与行为

绝大多数结晶聚合物从熔体结晶时都显示一种特征的球状结构。球晶一般由片晶堆砌而成，结晶层与无定形层交替，从球晶中心（主核）放射状形成球晶，如图 8.21 所示。

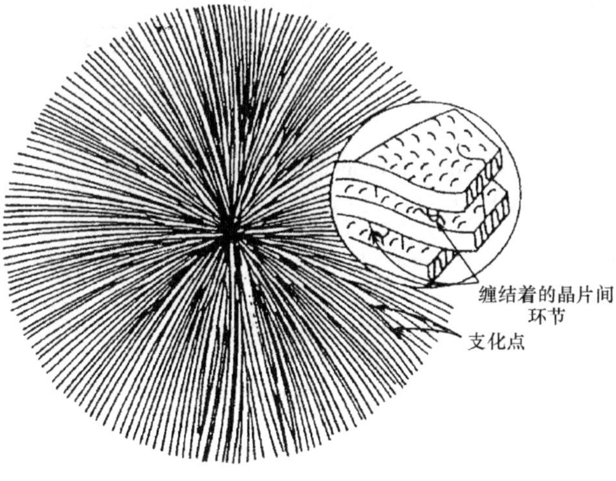

图 8.21　半结晶聚合物球晶织构的示意图[52]

1. 结晶/无定形聚合物共混物的结晶组分结晶过程中无定形组分的分聚模式

在结晶聚合物与无定形聚合物组成的二元共混物中，其形态在很大程度上取决于无定形组分分聚的类型。在相容的聚合物共混物中结晶包括两类输运过程：结晶组分扩散到结晶的前沿和无定形组分同时退出。这后一现象称为分聚(segregation)。无定形组分可以按三种水平分聚:球晶间分聚、微纤晶间分聚、片晶间分聚,如图 8.22 所示。

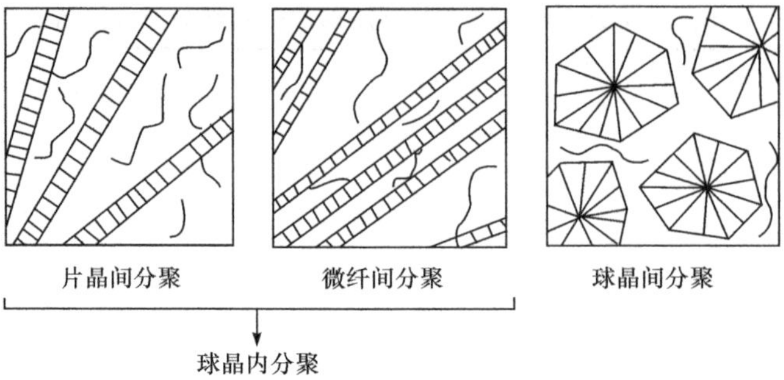

图 8.22　结晶相容聚合物共混物中无定形组分不同类型分聚的示意图

球晶间分聚(interspherulitic)时球晶镶嵌在无定形基质中,利用光学显微镜,可以区分这种分聚和其他两种分聚。其他两种分聚又常称为球晶内分聚(intraspherulitic),其特征是可以观察到体积-填充织构(a volume-filling texture);无定形组分分聚在片晶间(interlamellar)或者片晶堆砌体(微纤晶)间(interfibrillar)。用小角 X 射线散射(SAXS)可以区分片晶间分聚和微纤晶间分聚。结晶层与无定形层的平均厚度的加和称为长周期(long spacing),这种长周期随无定形组分浓度的增加而增加,或结晶层间的无定形层的厚度也随无定形组分浓度增加而增加,这两种随无定形组分浓度变化长周期常作为指示片晶间分聚的参数。

表 8.9 汇集了各种无定形组分分聚类型的实例,并提供了分聚类型和用于鉴别的相关参数与技术。

表 8.9　结晶相容聚合物共混物中无定形组分的分聚类型及用于鉴别的相关参数与技术

聚合物共混物	无定形组分(质量分数/%)	分聚类型	参数	表征手段	参考文献
PCL/PVC	0～50%PVC	interlamellar	long spacing	SAXS,OM	[Stein et al. ,1978 and 1981; Khambatta et al. , 1976; Ong and Price (1), 1978; Russell and Stein, 1980 and 1983]
PCL/PC		interfibrillar or interspherulitic	long spacing	SAXS	[Vandermarliere, 1986; Cruz et al. , 1979; Fernandez et al. , 1986]
PCL/CPE	0～30% CPE	interfibrillar	long spacing	SAXS,OM	[Defieuw and Groeninckx, 1989a; Defieuw, 1989]
	>30% CPE	interspherulitic	long spacing	SAXS,OM	[Defieuw and Groeninckx, 1989a]
PCL/SMAx	0～40% SMA	interlamellar	long spacing	SAXS,OM	[Defieuw, 1989; Defleuw and Groeninckx, 1989b; 1989c]
	0～10% SMA14	interlamellar	amorphous layer thickness	SAXS	[Vanneste, 1993]
PCL/SANy	0～50% SAN24	interlamellar	long spacing	SAXS,OM	[Defieuw and Groeninckx, 1989c]
	0～20% SAN15	interlamellar	amorphous layer thickness	SAXS	[Vanneste and Groeninckx, 1995]
PCL/Phenoxy	0～50% Phenoxy	interlamellar/interfibrillar	long spacing	SAXS,OM	[Defieuw, 1989; Defieuw and Groeninckx 1989d]

续表

聚合物共混物	无定形组分（质量分数/%）	分聚类型	参数	表征手段	参考文献
	0～10% Phenoxy	interlamellar	amorphous layer thickness	SAXS	[Vanneste, 1993]
PEG/aPMMA	0～40% PMMA	interlamellar	long spacing	SAXS	[Silvestre et al., 1987a]
PEG/sPMMA	0～40% PMMA	interlamellar	long spacing	SAXS	[Silvestre et al., 1987a]
PEG/iPMMA	0～40% PMMA	interfibrillar or interspherulitic	long spacing	SAXS	[Silvestre et al., 1987a]
PEG/PVAc	0～40% PVAc	interlamellar and interfibrillar	amorphous thickness	SAXS, OM	[Silvestre et al., 1987b]
		interfibrillar			[Kalfoglou et al., 1988]
PEG/PEMA		intraspherulitic			[Cimmino et al., 1989]
PEG/EVA	0～20% EVA	interlamellar		OM	[Cimmino et al., 1993]
aPHB/iPHB		interlamellar and interfibrillar			[Abe et al., 1994]
aPMMA/iPHB		interlamellar			[Canetti et al., 1994]
PVDF/PMMA	ns	interlamellar, interfibrillar or interspherulitic	amorphous layer thickness	SAXS, OM	[Morra et al., 1982 and 1984; Sein et al., 1981]
PVDF/PMMA	0～40% PMMA	partially interlamellar/partially interfibrillar		SAXS, OM	[Saito and Stuhn, 1994]
PVDF/PMMA	0～75% PMMA	interlamellar	amorphous layer thickness	SAXS	[Ullmann and Wendorff, 1985]
PVDF/iPEMA	0～50% iPEMA	interlamellar	long spacing	SAXS	[Eshuis et al., 1982]
iPS/PPE	0～30% PPE	interlamellar	lamellar thickness	SAXS	[Wenig et al., 1975]
iPS/PS	0～30% PS	interfibrillar	amorphous layer thickness	SAXS	[Warner et al., 1977; Stein et al., 1981; Russell and Stein 1980]
LLDPE/LLDPE		interlamellar	long spacing	SAXS	[Defoor et al., 1993]
PEEK/PEI	0～50% PEI	interfibrillar or interspherulitic	long spacing	SAXS	[Crevecoeur and Groeninckx, 1991]
PEEK/PEI	0～50% PEI	interlamellar	melting behavior	DSC	[Chen and Porter, 1994]
PEEK/PEI	<50% PEI	interfibrillar	long spacing	SAXS	[Hsiao and Sauer, 1993]
PEKK/PEI	<0～50% PEI	interspherulitic	long spacing	SAXS	[Hsiao and Sauer, 1993]

2. 结晶/无定形聚合物共混物的中间相

晶区-无定形区（或有序-无序）界面概念最先被 Flory（1962 年）提出，它是指二元结晶/无定形聚合物共混物的界面。有序-无序中间相被定义为失掉结晶有序的区域。Kumar 和 Yoon[53]检验了这种界面，并且发现在共混物中这一过渡区域的厚度实质上不依赖于共混物中两种聚合物间的相互作用参数，他们检验的共混物的参数χ_{12}在$-1\sim-0.005$变化。根据理论的预见，这一区域的厚度对于比较刚性链的聚合物稍有增加。由于可结晶组分的链段有序度较高，无定形组分渗入这一区域受到限制。然而，对于聚合物共混物中间相的组成既受两组分链刚性的影响，也受相互作用参数的影响（界面厚度随$[\chi_{12}]^{1/2}$倒数而变化）。这一预见看来已被实验所证实。iPS/PS 共混物及 HDPE/LDPE 共混物（该共混物在其熔点之上被检测）具有零附近相互作用参数χ_{12}，其结果是在晶片间区域将不形成混合相，无定形聚合物被排除出晶片间区域。

这看上去与对 iPS/PS 共混物[54]和 HDPE/LDPE 共混物[55]的观测结果相符。在 PVDF/PMMA 共混物中[56]已用小角 X 射线散射和介电弛豫实验观测到纯有序-无序中间相的存在。Jonas 等确定了 PEEK 在与 Polyetherimide[PEI]共混物中有序-无序中间相的空间扩展。

Runt 等[57]检验了可结晶的 PEG 与三个不同无定形组分[PMMA 、PVAc 及 PHS(polyhydroxystyrene,聚羟基苯乙烯)]的共混物。前两个无定形聚合物(PMMA、PVAc)显示与 PEG 存在弱的相互作用,而 PHS 能够与 PEG 形成氢键,显示强的相互作用。在前两种共混物中观测到纯 PEG 中间相,而弛豫实验表明在 PEG/PHS 共混物中存在混合中间相。Barron 等[58]用介电弛豫实验研究了 PCL 与 PC、PVC 及酚氧树脂等混合形成的强相互作用共混物,观测到了纯组分的弛豫之间的介电弛豫,表明混合无定形中间相的存在。观测这种转变(过渡)行为的可能性依赖于所采用的频率,上述情况下所用频率为 10 Hz,所以不能用动态力学实验(DMA,通常用 1 Hz 频率)或示差扫描量热法(DSC)研究这种转变(或过渡性结构)。Russell 和 Stein[59]研究了 PCL/PVC 共混物,其中 PVC 呈现为片晶间分聚,有三种转变值得注意:①纯无定形 PCL 区域(γ-弛豫);②混合无定形相,它位于比较高的温度,并且随 PVC 含量增加而移向更高的温度;③对于相互作用比较强的两个聚合物组分,中间相转变也移向比较高的温度。如果频率低于 10 Hz,与混合相和中间相关联的转变会重叠;如果频率高于 10 Hz,在中间相转变区域会呈现 γ-弛豫。

3. 结晶/结晶聚合物共混物的结晶模式

对于含两个结晶聚合物组分的相容共混物可能有几种结晶模式:分别结晶、同时结晶、共结晶等。

结晶聚合物共混物 PET/PBT(聚对苯二甲酸乙二醇酯/聚对苯二甲酸丁二醇酯)研究结果表明,它们属于两组分分别结晶[60-61]。这一共混物的纯组分结晶形成球晶,当一个组分含量很少时,共混物的主组分也结晶形成球晶,而小组分的晶体长在主组分球晶中间,使得它具有粗化了的结构。

如果聚合物共混物两个结晶组分的温度范围是重叠的且结晶能力相似,那么它们可以同时结晶。

如果聚合物共混物两个结晶组分具有同晶形性(isomorphic)或者两组分,即无定形相和晶相都是相容的,那么它们才可能共结晶。

在后两种情况下可能形成混合的晶体。对于同时结晶的情况,所形成的晶体结构与纯组分结晶的晶体结构相同。对于共结晶情况,两组分需要是化学友好的,链构象紧密匹配,晶格对称性匹配,晶格尺寸匹配[62]。

聚合物共混物两结晶组分的结晶类型的实例列于表 8.10。

表 8.10 两结晶组分相容聚合物共混物构成共混物结晶类型

聚合物共混物	结晶类型	参考文献
LDPE/LLDPE	concurrent crystallization	[Hu et al., 1977]
	separate crystallization	[Kyu et al., 1987]
UHMWPE/HDPE	concurrent crystallization	[Kyu and Vadhar, 1986]
UHMWPE/LLDPE	concurrent crystallization	[Kyu and Vadhar, 1986]
	cocrystallization/separate crystallization	[Vadhar and Kyu, 1987]

续表

聚合物共混物	结晶类型	参考文献
UHMWPE/LDPE	separate crystallization	[Kyu and Vadhar, 1986 1987]
LLDPE/LLDPE	cocrystallization	[Rego Lopez and Gedde, 1988]
LDPE/EPDM	cocrystallization	[Starkweather, Jr., 1980]
HDPE/LLDPE	cocrystallization	[Hu et al., 1987; Edward, 1986; Gupta et al., 1994]
LLDPE/VLDPE	cocrystallization	[Huang et al., 1990]
LDPE/VLDPE	partial cocrystallization	[Huang et al., 1990]
HDPE/VLDPE	cocrystallization	[Huang et al., 1990]
DHDPE/LLDPE	cocrystallization	[Tashiro et al., 1992; 1994]
DHDPE/LLDPE	partial cocrystallization	[Tashiro et al., 1994]
DHDPE/HDPE	partial cocrystallization	[Tashiro et al., 1994]
PEEK/PEK	cocrystallization/separate crystallization	[Sham et al., 1988]
PEEK/PEK	cocrystallization	[Harris and Robeson, 1987]
PEEK/PEEEK	cocrystallization	[Harris and Robeson, 1987]
PEEK/PEEKK	cocrystallization	[Harris and Robeson, 1987]
PEEK/P(E)$_{0.43}$(K)$_{0.57}$	cocrystallization	[Harris and Robeson, 1987]
PEEK/PEK/PEI	cocrystallization of PEEK and PEK	[Harris and Robeson, 1988]
PVF/PVDF	cocrystallization	[Natta et al., 1965]
VDF-TFE/VDF-HFA	cocrystallization	[Cho et al., 1993]
iPS/iP(p-Me-S)	cocrystallization	[Natta et al., 1961]
P(iPr-vinylether)/P(sec-But-vinyl ether)	cocrystallization	[Wunderlich, 1973]
P(4-Me-pentene)/P(4-Me-hexene)	cocrystallization	[Wunderlich, 1973]
PBT/PEE	cocrystallization	[Gallagher et al., 1993]
PET/PBT	separate crystallization	[Stein et al., 1978]
iPMMA/sPMMA	cocrystallization	[Liquori et al., 1965]
PCL/PC	separate crystallization	[Vandermarliere, 1986]
PPE/iPS	separate crystallization	[Hammel et al., 1975]
PED/EVAc	cocrystallization	[Clough et al., 1994]

注：separate crystallization 为分别结晶；concurrent crystallization 为同时结晶；cocrystallization 为共结晶；partial cocrystallization 为部分共结晶。

8.2.3　结晶相容聚合物共混物中结晶组分的球晶生长

1. 结晶聚合物球晶生长速率

对于单一的结晶聚合物，片晶生长速率受两种过程的控制：一是在结晶表面形成核的能力（取决于过冷度 $\Delta T = T_m^0 - T_c$）；二是链分子扩散到结晶前沿的能力（取决于结晶温度 T_c 和玻

璃化转变温度 T_g 的差)。这两个过程对温度的依赖性是相反的,存在一个晶体生长最快的温度,常被观测到此温度接近 $T_{max} \approx \frac{T_g + T_m}{2}$。

半结晶聚合物本体晶体生长速率动力学已有论述[52,63],Mandelkern 等[63]和 Hoffman 等[52]利用 Turnbull 和 Fisher 修正过的成核理论[64]提出式(8.10)

$$G = G^{\circ}\exp[-\Delta E/R(T_c - T_0)]\exp(-\Delta F^*/k_B T) \tag{8.10}$$

式中,G° 为一常数,不依赖于温度,但依赖于结晶机理,而且与聚合物的分子量成反比[65];T_0 为分子输运通过液-固边界所需要的运动停止的温度;T_c 为结晶温度;k_B 为玻耳兹曼常量。

晶体生长速率 G 取决于两个过程:输运结晶分子通过固-液界面所需要的活化能(ΔE)和形成临界核所必需的功(ΔF^*)。在低过冷度时晶体生长速率由成核控制,而在高过冷度时,生长速率由分子扩散控制,其结果是式(8.10)所描述的晶体生长速率与结晶温度的关系曲线呈现为钟形曲线。

2. 结晶相容聚合物共混物的球晶生长速率

当涉及含有非晶组分的可结晶的相容聚合物共混物时,其球晶生长动力学需进行一些细致的修正。Alfonso 和 Russell 于 1986 年、Cimmino 等[66-67]于 1989 年考虑到在结晶组分结晶同时非晶组分自身可能有三种分聚模式(如前所述),对球晶生长动力学提出了修正。

第一,由于与聚合物组分间相容性所对应的特殊相互作用,液相的化学势可能会改变。这样的相互作用可能会改变形成临界核及结晶组分和无定形组分的运动所需要的自由能。

第二,非结晶组分必须扩散从晶体生长前沿离开到片晶间区域。因此晶体生长前沿移动的速率将依赖于结晶组分结晶生长的固有能力和无定形组分分聚撤离晶体生长前沿的速率之间的竞争。

结晶相容聚合物共混物的晶体生长动力学最终将取决于这两种现象中比较慢的趋势。其直接的结果是晶体生长速率对两组分分子量的依赖性。

第三,结晶组分在晶体生长前沿的浓度随晶体生长而降低,因而结晶组分在晶体生长前沿的晶体生长速率随之降低。

第四,结晶相容聚合物共混物的玻璃化转变温度和熔融温度会受到添加的无定形聚合物的影响。共混物的 T_g 将处于两纯组分 T_g 之间,具体 T_g 值是共混物组成的函数。依赖于无定形组分的 T_g 值是高于还是低于结晶组分的 T_g 值,结晶组分的结晶温度范围将变窄或变宽。

结合如上讨论的概念,描述结晶相容聚合物共混物晶体生长速率的公式可表示为

$$G_m = [(\phi_2 k_1 k_2)/(k_1 + k_2)]\exp(-\Delta F_m^*/k_B T_c) \tag{8.11}$$

式中,ϕ_2 为结晶组分的体积分数;T_c 为结晶温度;k_1 为可结晶分子通过液-固边界的输运速率;ΔF_m^* 为在非晶组分存在下形成核(二次成核)的自由能。

$$k_1 = G^{\circ}\exp[-\Delta E/R(T_c - T_0')] \tag{8.12}$$

式中,T_0' 为聚合物共混物中的 T_0 值,可以借助玻璃化转变温度和常数 C 表示(常数 C 与 WLF 常数 C_2 相联系)[68];k_2 为无定形组分分聚的速率。

$$k_2 = D/d = 2\overline{D}/L \tag{8.13}$$

式中，d 为在结晶组分结晶时无定形组分必须扩散离开的最大距离，设 L 是晶片厚度，$d=L/2$；D 为无定形组分的扩散系数。因为无定形组分和结晶组分的扩散是同时发生的，所以这里实际起作用的是相互扩散系数 $\bar{D}$。

表 8.11 列出了一些结晶相容聚合物共混物，它们的球晶生长速率对结晶温度的依赖性已被研究，表中数据为相应的研究结果。

表 8.11　一些结晶相容聚合物共混物球晶生长速率对结晶温度的依赖关系

聚合物共混物	无定形组分（%，质量分数）	温度范围 T_c/℃	钟形曲线	参考文献
iPS/PS	0～30% PS	130～230	完全	[Keith and Padden, 1964]
PEG/PMMA	0～30% PMMA	40～55	部分	[Cimmino et al., 1989]
PEG/PMMA	0～30% PMMA	10～60	部分	[Alfonso and Russell, 1986]
PEG/PMMA	0～40% PMMA	35～55	部分	[Martuscelli, 1984]
PEG/PMMA	0～40% PMMA	44～58	部分	[Calahorra et al., 1982]
PEG/PVAc	0～40% PVAc	45～55	部分	[Martuscelli, 1984]
PVDF/PMMA	0～50% PMMA	110～160	部分	[Wang and Nishi, 1977]
PCL/PVC	25～50% PVC	20～35	部分	[Ong and Price, 1978b]
	0～10% PVC	30～41	部分	[Nojima et al., 1986]

表 8.11 列出了 iPS/PS 聚合物共混物的球晶生长速率对温度的依赖性呈现为完全的钟形曲线，如图 8.23 所示。

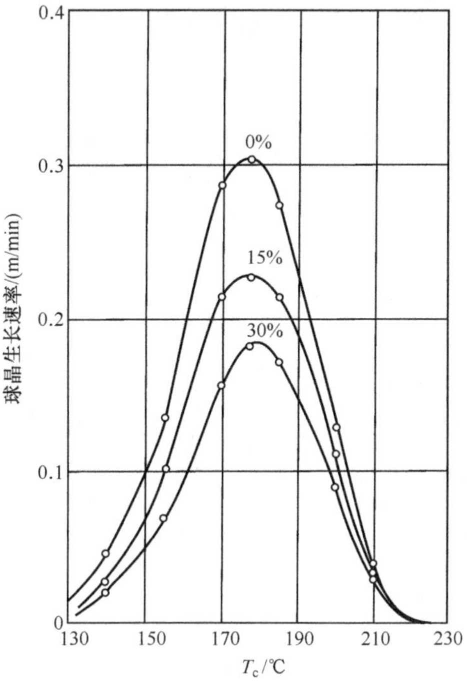

图 8.23　iPS/PS 聚合物共混物中 iPS 球晶生长速率对温度依赖关系曲线

图中标示的百分数为无规立构聚苯乙烯在共混物中的质量分数[69]

iPS/PS 聚合物共混物中，无定形聚苯乙烯(a-PS)就像杂质一样抑制 iPS 结晶组分的晶体生长速率，浓度越大，抑制 iPS 结晶越厉害。这种杂质的种类、含量及分子量都是重要参数。表 8.11 中列出的其他结晶相容聚合物共混物的球晶生长速率的温度依赖关系曲线都只能观测到一部分，而不能完全观测到。

通常用光学显微镜和固体小角激光光散射法观测球晶生长速率，图 8.24 给出了酚氧树脂/聚 ε-己内酯(Phenoxy/PCL)共混物在 $T_c=45$ ℃和不同组成条件下球晶直径随时间的变化。

对于固体小角激光光散射实验，球晶半径表示为

$$R = 4.1\lambda/4\pi[1/\sin(0.5\theta_m)] \qquad (8.14)$$

式中，θ_m 为散射花样中极大强度方向的方位角(the azimuthal angle)；R 为球晶半径；λ 为在介质中的光波长[70]。表 8.12 列出了不同聚合物共混物及不同组成时的球晶生长。

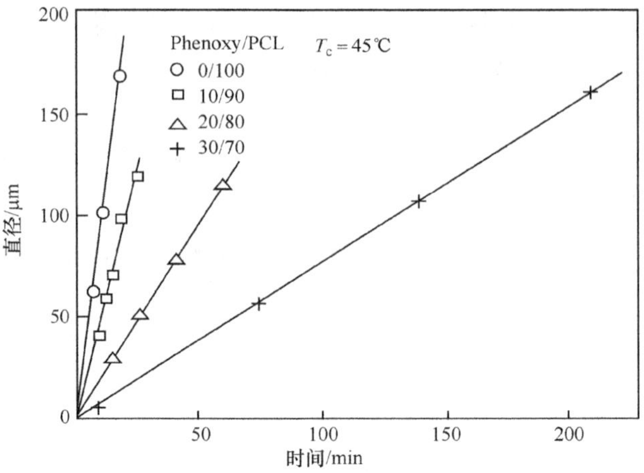

图 8.24　不同组成的 Phenoxy/PCL 共混物在 $T_c=45$ ℃时的球晶生长

表 8.12　结晶相容聚合物共混物中极大球晶半径随结晶时间和共混物组成的变化

聚合物共混物	组成比 /(%,质量分数)	T_c /℃	R_{max} /μm	测定 R_{max} 时间 t_c/min	参考文献
PCL/PVC	100/0	30	21	a	[Khambatta et al., 1976]
	90/10	30	36	a	
	80/20	30	31	a	
	70/30	30	26	a	
	60/40	30	19	a	
	50/50	30	10	a	
	75/25	20	33	7	[Ong and Price, 1978]
		25	32	9	
		30	60	20	
		35	63	33	
	90/10	33.2	136	8	[Nojima et al., 1986]
		35.1	157	12	
		37.8	150	19	
		39.2	122	31	
PCL/CPE 42.1	100/0	45	70	3	[Defieuw et al., 1989]
	90/10	45	150	25	
	80/20	45	119	43	
PCL/Phenoxy	100/0	45	168	19	[Defieuw et al., 1989]
	90/10	45	119	25	
	80/20	45	114	61	
	70/30	45	160	209	
PCL/SMA 14	100/0	45	165	16	[Defieuw et al., 1989]
	90/10	45	169	77	
	80/20	45	111	187	
PEG/iPS	100/0	ns	ns		[Wenig et al., 1975]
	90/10				
	70/30				

a. 对每一组成结晶可持续的时间都比其半结晶时间长很多。

一般规律是,当结晶温度和结晶时间相同时,共混物的球晶半径随无定形组分含量增加而降低。

3. 从球晶生长速率测定晶体生长侧面与折叠表面自由能

Alfonso 和 Russell[66]将式(8.11)各项与聚合物共混物的可测定的或特征的性质关联,结果导致了以下关系式：

$$G_m=\{\phi_2 G^\circ \exp[-\Delta E/R(T_c-T'_0)]2\overline{D}/L\}/\{G^\circ \exp[-\Delta E/R(T_c-T'_0)]+2\overline{D}/L\}$$
$$\times \exp\{(-2b\sigma\sigma_e)/(k_B T\Delta h_u f[1-T_c/T_m^0-RTV_{2u}\chi(1-\phi_2)^2/\Delta h_u f V_{1u}])\} \quad (8.15)$$

在这一关联过程中曾考虑聚合物共混物中的无定形组分分聚到了片晶间区域。式中，b 为单分子层的厚度；$\sigma\sigma_e$ 为片晶侧面与折叠表面自由能的乘积；V_{iu} 为组分 i(1 或 2)的摩尔体积；χ 为 Flory-Huggins 相互作用参数；Δh_u 为结晶组分每摩尔单体单元熔融热，它的温度依赖性通过参数 f 予以考虑，表示为

$$f=2T_c/(T_c+T_m^0) \quad (8.16)$$

这里假设 $\sigma\sigma_e$ 和 χ 都是不依赖于温度和共混物组成的。在式(8.15)中，$\overline{D}/G$ 是一修正了 Keith 和 Padden 的 δ 参数[69]的新参数，它的量纲是长度，与片晶厚度(L)相关联，对于结晶相容聚合物共混物中的晶体生长是临界参数。式(8.15)可以写成另一种形式，即

$$\alpha=-\sigma\sigma_{ei}\beta \quad (8.17)$$

这里
$$\alpha=\ln G_m-\ln\phi_2-\ln G^\circ+\Delta E/R(T_c-T'_0)$$
$$+\ln\{1+\{G^\circ L\exp[-\Delta E/R(T_c-T'_0)]/2\overline{D}]\} \quad (8.18)$$

式(8.15)也可写成第三种形式，即

$$\alpha=\ln G^\circ-(K_g/T_c\Delta Tf) \quad (8.19)$$

$$K_g=(nb\sigma\sigma_e T_m^0)/(\Delta h_u k_B) \quad (8.20)$$

式中，n 等于 2 或 4，依赖于结晶机理(Hoffman[71]，Ong 和 Price[72]，Runt 和 Martynowicz[2]) $n=2$ 属于中间生长行为(regimeⅡ)，而 $n=4$ 对应于(regimeⅠ和Ⅲ)分别属于低过冷度和高过冷度生长行为。基于 WLF 关系式(Williams 等[73])，晶体生长速率可以写成

$$\alpha=\ln G^\circ-C_3[T_m^0/T_c(T_m^0-T_c)] \quad (8.21)$$

$$C_3=(4b\sigma\sigma_e)/(k_B\Delta h_u) \quad (8.22)$$

当 $n=4$(regimeⅠ或Ⅲ时 $K=C_3T_m$)

$$\beta=(2b/k_BT_c)\{(\Delta h_u f\Delta T/T_m^0)-[RTV_{2u}\chi(1-\phi_2)^2]/V_{1u}\}^{-1} \quad (8.23)$$

式中，α 表示式中含有与动力学过程相关的参数，而热力学参数出现在 β 表示式中，如果片晶侧面和折叠表面自由能乘积 $\sigma\sigma_e$ 不依赖于共混物组成和温度，则根据式(8.17)，α 对 β 作图应形成一直线，与无定形组分的浓度和分子量无关。这样所得直线的斜率给出乘积 $\sigma\sigma_e$。

还有另一方法可以重写式(8.15)[67]，即

$$\alpha=\ln G_m-\ln\phi_2+C_1/[R(C_2+T_c-T_0)]$$
$$-[0.2T_m^0\ln\phi_2/(T_m^0-T_c)] \quad (8.24)$$

虽然式中应取用平衡熔点，但实际上常采用实验直接测定的 T_m。

根据式(8.19)和式(8.21)，以 α 分别对 $1/(T_c\Delta Tf)$ 和 $T_m^0/(T_c\Delta T)$ 作图，应成一直线，其斜率可给出 $\sigma\sigma_e$ 乘积。图 8.25 给出了后一种作图结果。

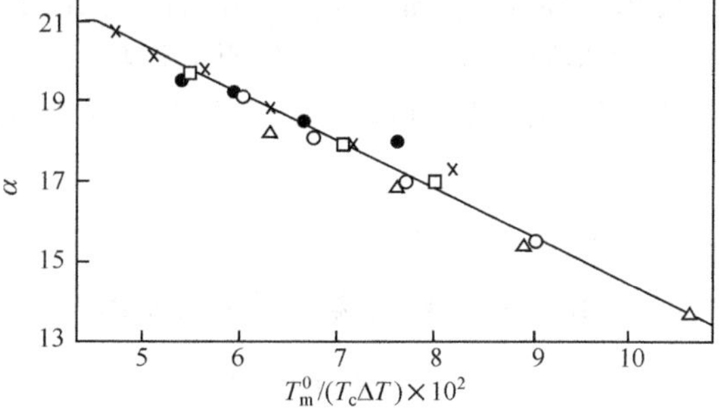

图 8.25　PEG/PMMA 聚合物共混物各种组成以 α 对 $T_m^0/(T_c\Delta T)$ 作图结果[73]

△ 100/0；○ 90/10；□ 80/20；× 70/30；● 60/40

图 8.25 中的直线表示：利用 WLF 常数 $C_1=17.250$ cal/mol 和 $C_2=72$ K [如式(8.24)]后，式(8.21)可拟合实验数值(C_2 的值高于 51.6 K)。另

一些研究结果也是采用比较高的 C_2，理论式才能拟合晶体生长速率的实验值[74-76]。

表 8.13 列出了一些结晶相容聚合物共混物的指前因子 G°、片晶侧面自由能(σ)、折叠面自由能(σ_e)及它们的乘积($\sigma\sigma_e$)计算结果。

表 8.13　利用式(8.17)、式(8.20)和式(8.22)计算所得一些聚合物共混物的 G°、σ、σ_e 及($\sigma\sigma_e$)结果

聚合物共混物	组成比	G°/($\times10^{-3}$ m/s)	$\sigma\sigma_e$/($\times10^{6}$ J²/m⁴)	σ_e/($\times10^{3}$ J/m²)	σ/($\times10^{3}$ J/m²)	参考文献
PEG/PMMA	100/10					[Alfonso and Russell, 1986]
	13 000	3.6	363			
	145 000	2.2	496			
	594 000	8.0	627			
	990 000	48.3	724			
PEG/PMMA	0～40% PMMA	4.1	186	18.8	9.9	[Calahorra et al., 1982]
PEG/PMMA	100/0			58/60/57		[Martuscelli et al., 1984]
	90/10			43/48/26		
	80/20			38/39/27		
	70/30			36/39/22		
	60/40			36/37/—		
PEG/PEMA	100/0			58		[Cimmino et al., 1989]
	90/10			28		
	80/20			24		
	70/30			14		
PCL/PVC	25～50% PVC	0.72	175	27	6.5	[Ong and Price, 1978b]
PCL/SAN19.5	90/10		567			[Kressler et al., 1993]
	80/20		507			
	70/30		518			
	60/40		491			
PVDF/PMMA	100/0	0.182	464	47	9.76	[Wang and Nishi, 1977]
	75/25	0.131	495	51	9.76	
	50/50	0.012	396	40	9.76	

如图 8.25 所示，拟合结果较好表明：在相容聚合物共混物中，结晶组分的球晶生长速率的温度依赖性完全类似于均聚物晶体生长情况。显然，σ_e 是不依赖于聚合物共混物中无定形组分(如 PMMA)的浓度。只是要慎重将这一结果推广，因为无定形组分的高浓度未被研究过，所研究的温度范围也限于熔点附近。另一经验关系式为

$$\sigma = 0.1b\Delta h_u \tag{8.25}$$

曾被 Thomas 和 Staveley[77]、Geil[78]及 Vidotto 等[79]得到过，也有一定参考价值。

8.2.4　结晶相容聚合物共混物结晶组分的整体结晶

1. 阿夫拉米等温结晶理论

聚合物共混物的整体结晶动力学常用阿夫拉米方程[80]来描述，即

$$\alpha = 1 - \exp(-kt^n) \tag{8.26}$$

式中，α 为在时间 t 结晶度的质量分数；n 为阿夫拉米指数，它依赖于成核类型与晶体生长几

何;k 为整体结晶速率常数。

$$k = \ln(2/t_{1/2}^{n}) \tag{8.27}$$

式中,$t_{1/2}^{n}$ 为半结晶时间,常用于度量整体结晶速率。这一理论首先被 Morgan[81] 和 Mandelkern[82] 用于聚合物体系。

图 8.26 给出了 PEG/PEMA(80/20)聚合物共混物等温结晶的 α 对结晶时间作图。

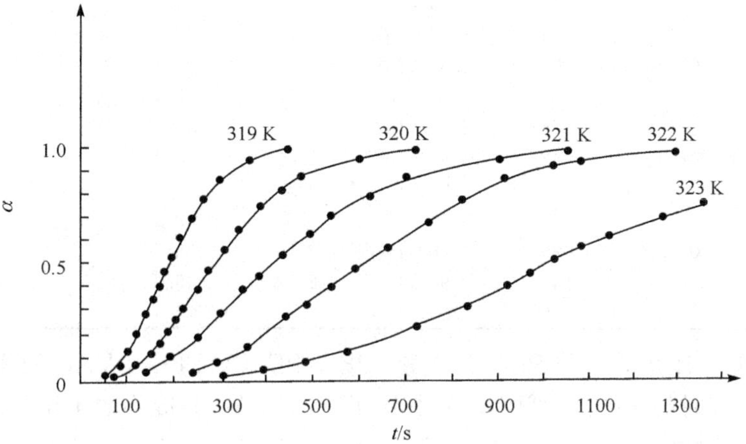

图 8.26　聚乙二醇/聚甲基丙烯酸乙酯(PEG/PEMA=80/20)共混物在不同的结晶温度等温结晶曲线

从这些曲线可以得到不同结晶温度下的半结晶时间 $t_{1/2}^{n}$。

式(8.26)可以重写为

$$\lg[-\ln(1-\alpha)] = \lg k + n\lg t \tag{8.28}$$

以式(8.28)的左边对 $\lg t$ 作图可得一直线,其斜率给出 n,而截距给出 k。表 8.14 列出了一些聚合物共混物的阿夫拉米指数与半结晶时间,这些参数随结晶温度和共混物组成而变化。

表 8.14　一些结晶相容聚合物共混物的整体结晶速率常数 k、阿夫拉米指数 n 及半结晶时间 $t_{1/2}^{n}$

聚合物共混物	组成比	T_c/℃	k/s^{-n}	n	$t_{1/2}^{n}$/min	参考文献
PCL/PVC	70/30	5	4.36×10^{-2}	2.86	3.6	[Ong and Price, 1978b]
		15	1.41×10^{-2}	2.60	6.2	
		25	1.95×10^{-3}	2.55	20	
	65/35	5	1.99×10^{-3}	2.82	10	
		15	7.60×10^{-4}	2.70	15	
		25	9.57×10^{-5}	2.93	37	
	60/40	5	4.57×10^{-6}	3.23	46	
		15	8.50×10^{-6}	3.14	35	
		25	2.62×10^{-6}	3.26	58	
	50/50	5	2.45×10^{-9}	3.16	630	
		15	3.98×10^{-9}	3.22	480	
		25	3.16×10^{-9}	3.08	595	
PCL/PVC	100/0	29.6	19.95×10^{-3}	3.5	45	[Nojima et al., 1986]
		38.0	3.88×10^{-3}	2.2	217	
		42.1	1.01×10^{-3}	2.4	848	

续表

聚合物共混物	组成比	T_c/℃	k/s^{-n}	n	$t_{1/2}^n$/min	参考文献
	90/10	28.4	13.80×10^{-3}	2.1	61	
		38.4	2.16×10^{-3}	1.7	374	
		40.4	0.87×10^{-3}	1.9	949	
PEG/PMMA	100/0	47	1.09^c	2.53	0.8	[Martuscelli et al., 1984]
		51	5.18×10^{-3}	2.78	5.8	
		54	3.52×10^{-5}	2.63	42.9	
	90/10	46	2.84×10^{-1}	2.52	1.4	
		50	7.53×10^{-3}	2.67	5.4	
		53	8.46×10^{-5}	2.57	33.3	
	80/20	42	3.57×10^{-2}	2.45	3.4	
		47	4.94×10^{-4}	2.46	19.0	
		50	5.40×10^{-5}	2.50	39.1	
	70/30	39	9.26×10^{-3}	2.56	5.7	
		44	2.90×10^{-4}	2.82	16.8	
		49	6.05×10^{-6}	2.72	72.4	

Cimmino 等[67]计算了三种 PEG 共混物(PEG/PEMA、PEG/PVAC 及 PEG/PMMA)组成和结晶温度相同时的半结晶时间($t_{1/2}$),其中 PEG/PVAC 共混物的半结晶时间 $t_{1/2}$最小,而 PEG/PEMA 共混物的 $t_{1/2}$最大。填加到 PEG 中的无定形组分有重要影响。所观测到的这些聚合物共混物的半结晶时间 $t_{1/2}$和球晶生长速率的差别依赖于:

(1) 组分间的相容性(相互作用的强弱)和结晶组分与无定形组分的活动性。

(2) 无定形组分对结晶组分 PEG 成核的影响。

(3) 非晶组分对结晶组分的二次成核或结晶机理的影响。

纯 PEG 和 PEG/PEMA 共混物结晶机理属于 regime Ⅰ,PEG/PVAC 和 PEG/PMMA共混物结晶机理属于 regime Ⅱ,添加 PMMA 到 PEG 中导致了 $k=\ln2t_{1/2}^n$的下降,这一效应在图 8.27 中的 $1/t_{1/2}$对结晶温度的曲线清楚地展示出来。

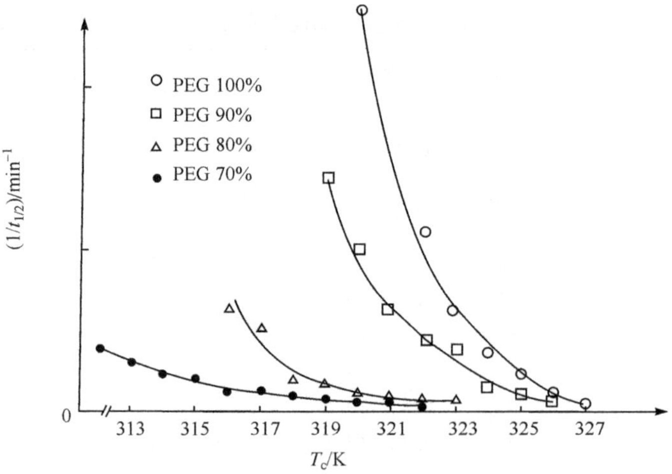

图 8.27 纯 PEG 及其与 PMMA 共混物的半结晶时间的倒数对结晶温度 T_c(K)作图

PEG 的分子量为 10 000

2. 修正阿夫拉米方程

常发现偏离阿夫拉米理论预见的情况,如聚合物及其共混物的阿夫拉米指数 n 是非整数。

阿夫拉米模型是建立在一系列假设基础上的，如生长着的晶体形状是不变的；径向生长速率是恒定的；不存在诱导期；单一的成核模式；样品具有完全的结晶性；核的分布是无规的；径向密度是不变的，主期成核过程(primary nucleation process)(非次期成核，nosecondary nucleation)以及结晶前缘之间不相互重叠。这些假设常在聚合物及其共混物的结晶中是不被满足的。也就是说，错误地确定"零"结晶时间(起始结晶时间)和过分判定聚合物在给定时间的熔融热都可以导致非整数阿夫拉米指数 n[83]。

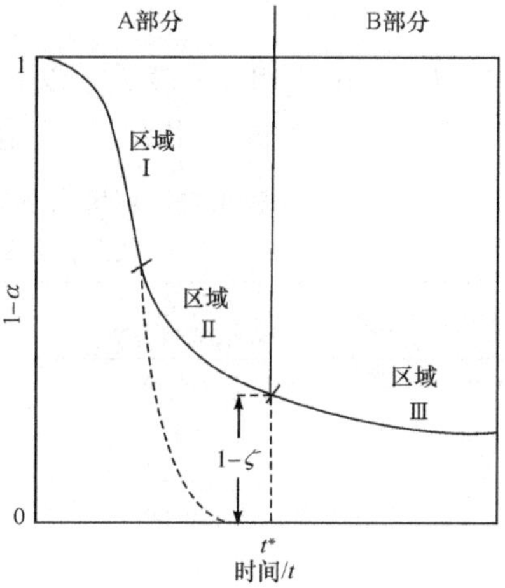

图 8.28　典型的等温结晶实验曲线(实线)和阿夫拉米方程描述的曲线(虚线延长线)比较[84]
图中注明结晶过程的三个区域

P′erez-Cardenas 等[84]发展了一种修正了的阿夫拉米方程，他们考虑了次期结晶的效应。结晶度的质量分数 α 可表示为两项和，即

$$\alpha = \alpha_p + \alpha_s \tag{8.29}$$

式中，脚标 p 和 s 分别表示主期结晶(primary crystallization)和次期结晶(secondary crystallization)。

结晶过程可以分为三个区域：

(1) 初始主期结晶区域。

(2) 主期结晶和次期结晶都发生的区域。

(3) 只有次期结晶存在。

引入一参数 ζ，它表示当主期结晶已经结束时刻(区域Ⅱ的尾端)的主期结晶和次期结晶的质量分数，如图 8.28 所示。这样整个结晶过程就可以用以下两个方程描述：

$$1-\alpha = \exp(-kt^n - k't^{n'})[kn(1-\zeta)]\left[\int_0^t \exp(k\tau^n + k'\tau^{n'})\tau^{n-1}\mathrm{d}\tau + 1\right] \tag{8.30}$$

$$1-\alpha = (1-\zeta)\exp(k't^{*n'})\exp(-k't^{n'}) \tag{8.31}$$

式(8.30)对于 $\alpha \leqslant \zeta$ 情况是有效的，式(8.31)对于 $\alpha > \zeta$ 情况是有效的。这一方程组包含五个参数，而不是像阿夫拉米方程那样只包含两个参数。

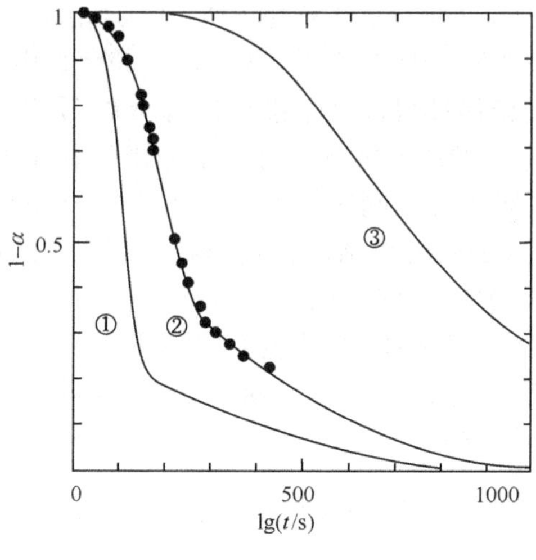

图 8.29　利用三组上述五参数并根据式(8.30)和式(8.31)计算所得理论曲线[84]很好地拟合了 Doremus 等在 128 ℃测定的线形聚乙烯等温结晶的实验点

这五个参数的物理意义如下：

k 和 n 为主期结晶参数，它们依赖于结晶温度、主期成核本质及快速结晶生长本质；k' 和 n' 为次期结晶参数，它们依赖于在剩余无定形区域所发生的慢速结晶的条件；ζ 为第五个结晶参数，即直至主期结晶已经结束的时刻已结晶了的部分所占质量分数。t^* 是这样一时刻，从其纯次期结晶，即第三结晶区域开始。

关于线形聚乙烯(PE)在 128 ℃等温结晶实验结果[Doremus et al. 1958]用式(8.30)和式(8.31)拟合效果很好，如图 8.29 所示。

拟合最严格所得到的五个参数值：$n=4$，$k=3.7\times10^{-10}$，$n'=2$，$k'=4\times10^{-6}$ 及 $\zeta=0.68$。

3. 从整体结晶动力学数据计算折叠表面自由能

对于结晶相容聚合物共混物,文献中[74,85,86]曾提出整体结晶速率常数 k 的温度依赖性的表示式

$$1/n\ln k-\ln\phi_2+\Delta E/[R(T_c-T_0)]-[(0.2T_m^0\ln\phi_2)/\Delta T]$$
$$=\alpha_2=\ln A_n-(K_g/T_c\Delta Tf) \qquad (8.32)$$

式中,K_g 仍由式(8.20)表示。以 α_2 对 $1/(T_c\Delta Tf)$ 作图可得一直线,其斜率可给出折叠表面自由能[67,87]。表 8.15 和图 8.30 给出所得结果。

表 8.15 利用式(8.30)和式(8.31)处理 PEG/PEMA 和 PEG/PMMA 共混体系等温结晶数据作图得到折叠表面自由能

聚合物共混物	组成比(%,质量分数)	σ_e(×10³J/m²)式(8.19)	σ_e(×10³J/m²)式(8.32)	参考文献
PEG/PEMA	100/0	58	75	[Cimmino et al., 1989]
	90/10	28	42	
	80/20	24	34	
	70/30	14	29	
PEG/PMMA	100/0	58	60	[Martuscelli et al., 1984]
	90/10	43	48	
	80/20	38	39	
	70/30	36	39	
	60/40	36	37	

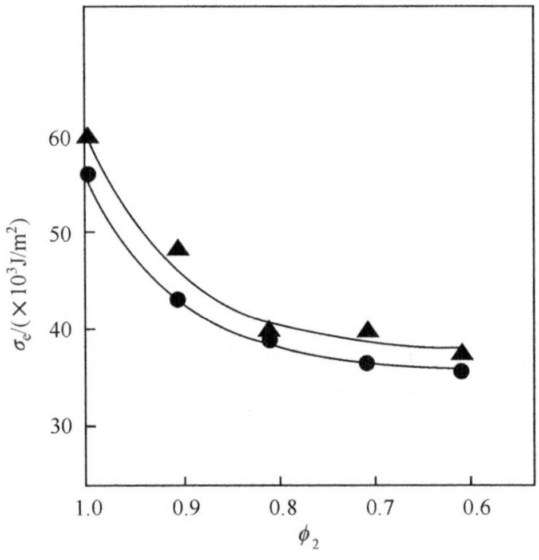

图 8.30 从不同组成 PEG/PMMA 共混物等温结晶的球晶生长速率和整体结晶生长速率数据分别得到的折叠表面自由能 σ_e 对结晶组分体积分数 ϕ_2 作图

PEG 分子量为 10 000;● 球晶生长速率实验点;▲ 整体结晶生长速率实验点

如表 8.15 和图 8.30 所示的 PEG/PEMA 和 PEG/PMMA 两聚合物共混物分别从球晶生长速率和整体结晶生长速率得到的折叠表面自由能 σ_e 随共混物组成变化结果可知,两种实验方法所得结果是相似的,只是从整体结晶生长速率所得的 σ_e 稍高。

对于 PEG/PMMA 共混物,折叠表面自由能 σ_e 对组成的依赖性可以从浓度效应部分说明,因为折叠表面能 σ_e 的浓度依赖部分每平方米只有几焦耳。这可能是处于片晶间区域的 PMMA 分子比较容易与 PEG 分子形成缠结,因而有利于在 PEG 晶体表面形成大的环,这就可以导致贡献于折叠表面自由能($\sigma_e=H_e-TS_e$)的折叠表面热和折叠熵的增加。当向 PEG 中添加PMMA时所引起的表面折叠自由能降低,缘于熵项的增加超过了焓项。

4. 结晶相容聚合物共混物非等温结晶动力学

阿夫拉米理论限于等温结晶过程,而聚合物加工大多数是在非等温过程中进行的。为了适应实际需要,非等温结晶理论也已被发展。

Ozawa[88]指出聚合物样品在任意温度下的结晶度可用式(8.33)表示

$$-\ln(1-\alpha)=C(t)/q^{n''} \quad (8.33)$$

式中,q 为升温或降温速率;$C(t)$为过程的降温函数;n''为 Ozawa 指数。

Ziabicki[89-90]提出了一种假说,任意一个非等温结晶过程可以看成由一些等温结晶过程组合而成,即

$$E(t)=kt^n=\ln 2\left\{\int_0^t \mathrm{d}s/t_{1/2}[\alpha(s)]\right\}^n \quad (8.34)$$

这一方程与式(8.27)类似。在非等温结晶条件下,最终的阿夫拉米参数将是相应的等温结晶过程参数的平均值。

Gupta 等[91]将 Ziabicki 理论与 Kamal 和 Chu 的理论[92]结合对 HDPE/LLDPE 共混物的共结晶非等温行为用式(8.35)描述

$$[\alpha'_{\mathrm{p}}(T_{\mathrm{p}}-T_{\mathrm{ons}})]/[\beta(1-\alpha_{\mathrm{p}})]=(n-1)-[E(T_{\mathrm{p}}-T_{\mathrm{ons}})]/RT_{\mathrm{p}}^2 \quad (8.35)$$

式中,$\alpha'=\mathrm{d}\alpha/\mathrm{d}t=nkt^{(n-1)}(1-\alpha)$;$\beta$ 为升温速率,在降温实验情况下,β 将是负的,并且 β 应为 $-\beta$ 所取代;T_{ons}为 onset 温度(初始转变温度);T_{p} 为 t 时间之后的温度($T_{\mathrm{p}}-T_{\mathrm{ons}}=\beta t$),这里的脚标 p 表示峰温;$E$ 为结晶过程的活化能。

以式(8.35)左边部分对$(T_{\mathrm{p}}-T_{\mathrm{ons}})/T_{\mathrm{p}}^2$ 作图应呈现为一直线,其斜率和截距应分别为 E/R 和$(n-1)$。对于 HDPE、LLDPE 及组成为 50/50 的 HDPE/LLDPE 共混物非等温结晶根据式(8.35)作图,如图 8.31 所示。

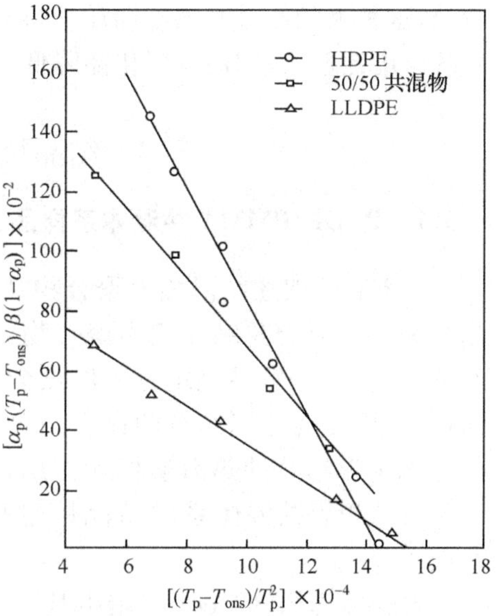

图 8.31　对于 HDPE、LLDPE 纯聚合物和 HDPE/LLDPE(50/50)共混物非等温结晶,分别以$[\alpha'_{\mathrm{p}}(T_{\mathrm{p}}-T_{\mathrm{ons}})/\beta(1-\alpha_{\mathrm{p}})]$对$(T_{\mathrm{p}}-T_{\mathrm{ons}})/T_{\mathrm{p}}^2$ 作图

α 是从单位质量样品结晶峰面积比计算而得。α_{p} 是结晶峰极大处结晶程度,它取决于从 onset 温度 T_{ons}至峰温 T_{p} 的放热峰面积相对于放热峰总面积的面积分数。在实验基础上计算所得 HDPE/LLDPE 共混物的阿夫拉米指数 n 与活化能列于表 8.16。

表 8.16　HDPE、LLDPE 聚合物及它们的共混物的阿夫拉米指数和活化能

组成比(%,质量分数) HDPE/LLDPE	阿夫拉米指数 n	活化能 E /(kJ/mol)
100/0	2.94	121.67
75/25	2.65	99.44
50/50	2.30	85.83
20/80	1.93	59.04
0/100	1.72	49.16

如何认识所述结果?Gupta 等认为阿夫拉米指数可以被看成为两个过程的加和:成核过程和生长过程贡献的加和,即

$$n=n_{\text{成核}}+n_{\text{生长}} \quad (8.36)$$

因为 HDPE /LLDPE 共混物的两个组分是共结晶[91,93-94]，它们的结晶生长可以看成是等同的。其结果在共混物所呈现出的阿夫拉米指数 n 的差别应该是依赖于共混物组成的成核行为的差别所致。成核指数值从 0[瞬时成核指数(instantaneous nucleation)]变到 1[偶然成核指数(sporadic nucleation)]曾经被分别归于 LLDPE 聚合物和 HDPE 聚合物的成核对于阿夫拉米指数的贡献。阿夫拉米指数剩余部分(1.94 为 HDPE 生长贡献，而 1.74 为 LLDPE 生长贡献)则表示结晶生长过程的阿夫拉米指数值。LLDPE聚合物比 HDPE 聚合物的活化能低这一结果似乎是在结晶边界大的侧链基团(bulky pendant groups)存在所引起的晶体热能存储所致，这种大的侧链基团施加斥力(repulsive force)。共结晶增强了这种斥力，由于大侧链基团的丰度比较大，因而其活化能降低。

8.3　结晶聚合物共混物熔融与熔点降低

8.3.1　PVDF/PMMA 共混体系样品、制备与 DSC 测定扫描程序

8.2 节已叙述结晶相容聚合物共混物中无定形组分如何影响结晶组分的结晶形态和结晶行为。可以想象结晶相容聚合物共混物中的无定形组分必然也要影响结晶组分结晶后的熔融转变，一般结晶组分的熔点会有所降低。造成结晶组分熔点降低的原因可能有两方面：一方面是无定形组分的存在与分聚会影响结晶组分结晶的完善程度；另一方面结晶组分与无定形组分的热力学相互作用也一定会使结晶组分熔点降低。这里将以 PVDF/PMMA 结晶相容共混体系的结晶熔融行为为典型例子，研究认识其熔融转变的各种特征与本质[95]。

聚偏氟乙烯(PVDF)和聚甲基丙烯酸甲酯(PMMA)的分子量①如下：

	$\overline{M}_n$	$\overline{M}_w$	$\overline{M}_Z$	$\overline{M}_w/\overline{M}_n$	$\overline{M}_Z/\overline{M}_w$
PVDF	215 800	404 300	661 000	1.87	1.63
PMMA	36 600	91 500	170 000	2.50	1.86

PVDF 和 PMMA 两样品以二甲基甲酰胺(dimethyl formamide，DMF)为溶剂在 25 ℃测得特性黏数分别为 1.45 dL/g 和 0.303 dL/g。PVDF 和 PMMA 及它们的共混物的测试样品制备如下：

(1) 所有实验测定的样品都是以 DMF 为溶剂在室温溶液成膜。

(2) 每种样品的 DMF 溶液初始浓度都是 3 g/100 mL。

(3) PVDF/PMMA 共混物的组成都是按质量分数。

(4) 在溶液成膜过程中，为了使 DMF 溶剂很慢地挥发，采用了控制减压法，保持压力约为 1/3 atm(1 atm=1.013 25×10^5 Pa)，溶剂完全挥发至少为 1 周。

(5) 溶剂基本挥发后，在玻璃板上已成的膜再在高于玻璃化转变温度 30 ℃或更高的温度下继续抽真空约 1 周，以除净剩余溶剂，最后缓慢冷却至室温。

(6) 所有薄膜样品的厚度为 0.02 cm。

---

① $\overline{M}_n$、$\overline{M}_w$及$\overline{M}_Z$分别表示数均分子量、质均分子量及 Z 均分子量，它们都是从凝胶渗透色谱所测分子量分布曲线计算得来，凝胶渗透色谱经聚苯乙烯标定，$\overline{M}_w/\overline{M}_n$和$\overline{M}_Z/\overline{M}_w$为 PVDF 和 PMMA 样品的分子量分布宽度指数。

(7) 制备好的 PVDF 膜的晶形为 β 晶形。在后续测试过程中，热处理可能对晶体结构有影响，这里不予考虑。

(8) PVDF/PMMA 共混物样品的均一性采用 Brillouin 光散射法检测[96]，检测结果表明共混物薄膜样品是在分子标尺水平均匀的。

PVDF、PMMA 及它们的共混物的热处理程序与热性能测试如下：

(1) 示差扫描量热仪(DSC)被用于在各种温度条件下处理样品和热转变行为研究。

DSC 每一次测试所用样品量为 20.0 mg。

DSC 测试温度经三种标样标定：萘(naphthalene)的熔点为 80.3 ℃；铟(indium) 的熔点为 156.3 ℃；蒽醌(anthraquinone)的熔点为 284.2 ℃。

(2) DSC 测试所采用的升温或降温扫描程序如图 8.32 所示。

程序(a)：每一溶液成膜样品要经 10 ℃/min 的升温扫描，研究它们的热行为或消除热历史[图 8.32(a)]。

程序(b)：这一程序用于研究溶液成膜样品等温结晶过程。

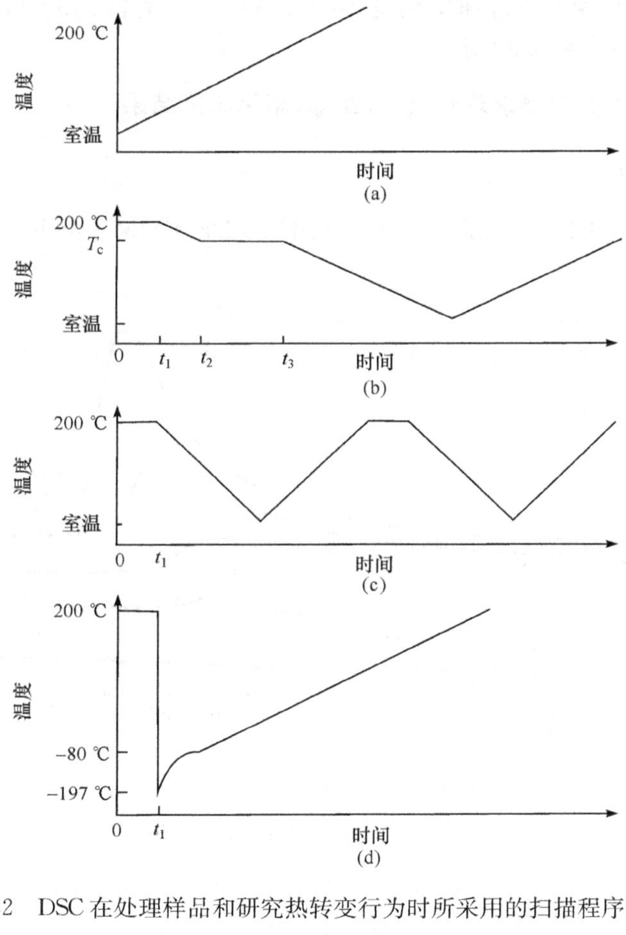

图 8.32　DSC 在处理样品和研究热转变行为时所采用的扫描程序示意图

程序(b)的具体操作：样品经程序(a)扫描至 200 ℃，停留 30 min 以保证 PVDF 晶体完全熔融，然后以 10 ℃/min 降温至各种设想的结晶温度 T_c。在 T_c 温度各种样品结晶持续 17～65 h，保证结晶完全，再以 10 ℃/min 降温至室温；从这一最后降温扫描过程所观测到的热谱可以判断是否发生了次期结晶。对于 PVDF/PMMA(50/50)共混物取用的结晶温度最低T_c＝95 ℃，而对于纯 PVDF 样品取用的结晶温度最高 T_c＝160 ℃，在所有最后降温扫描过程中均未观察到次期结晶。程序(b)的最后步骤是，对最后降温至室温的样品再做一次升温扫描，升温速率仍是 10 ℃/min，以得到等温结晶后的样品的熔融热谱和熔融温度[图 8.32(b)]。

程序(c)：用于研究 PVDF/PMMA 共混物结晶与熔融的降温速率与升温速率效应。DMF 为溶剂溶液成膜样品首先还是按程序(a)升温至 200 ℃并停留 30 min。然后按设定的降温速率等速降温并观测其结晶行为。待温度降至室温之后，再以与相应降温速率相同的速率，使样品升温直至 200 ℃，观测其熔融行为。这一温度扫描循环进行必要次数的重复。每一温度扫描循环所得数据重复性满足研究实验要求。这里所采用的升温速率和降温速率为 0.625～40 ℃/min[图 8.32(c)]。

程序(d)：用于研究淬火对溶液成膜样品的热行为的影响。按程序(a)样品升温至 200 ℃并停留 30 min 后，迅速进入液氮浴淬火，淬火后的样品立即转移至恒温在－80 ℃的 DSC 样品室内，并以设定的升温速率立即进行温度扫描至 200 ℃，观测样品的玻璃化转变、结晶及熔融行为。对大多数样品采用的升温速率仍是 10 ℃/min，对于有区别的结晶行为的样品用不同的升温速率进一步研究[图 8.32(d)]。

8.3.2　PVDF/PMMA 共混物玻璃化转变、结晶、熔融研究结果

1. 溶液成膜样品

图 8.33 给出了 PVDF、PMMA 及三种组成的 PVDF/PMMA 共混物的 DSC 热谱，升温扫描速率为 10 ℃/min。

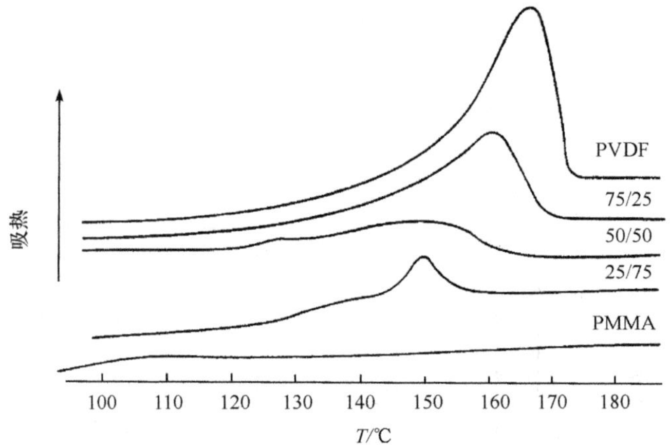

图 8.33　溶液成膜 PVDF、PMMA 及 PVDF/PMMA (75/25,50/50,25/75)共混物的 DSC 热谱

从图 8.33 中可以明显地看到 PVDF 及它的共混物经溶液成膜都是部分结晶的，而 PMMA 的 DSC 曲线只显示玻璃化转变，为无定形样品。共混物中的 PVDF 的熔点比纯 PVDF 明显降低。图 8.34 和图 8.35 给出了 PVDF/PMMA 共混物溶液成膜的熔融温度 T_m、玻璃化转变温度以及结晶组分 PVDF 熔融的吸热峰总面积如何依赖于 PVDF 的质量分数 ϕ_w。熔点 T_m 采用常规方法测定，即 T_m 为在对应的 DSC 曲线上可以检测的结晶度完全消逝的温度[97]。而玻璃化转变温度 T_g 定义为在对应的 DSC 曲线上升温过程中比热发生阶跃的起始点温度。这

里所得到的纯 PVDF 的熔点是 170.6 ℃，与前文献[98-99]报道一致。PVDF/PMMA(17.5/82.5)共混物的熔点 T_m 为 147.6 ℃，比纯 PVDF 的熔点约低 23 ℃。

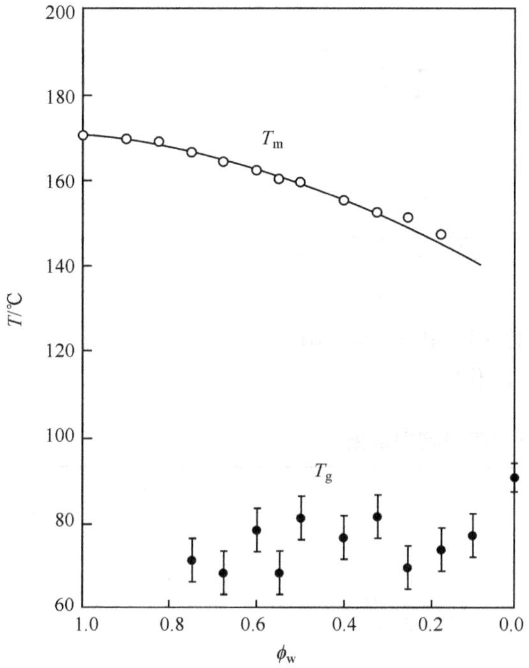

图 8.34　溶液成膜的 PVDF/PMMA 共混物的熔融温度 T_m 和玻璃化转变温度 T_g 对 PVDF 质量分数 ϕ_w 的依赖性

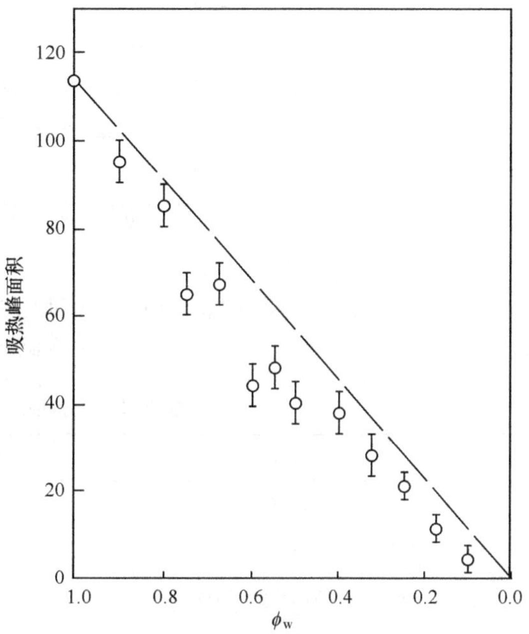

图 8.35　在溶液成膜的 PVDF/PMMA 共混物中 PVDF 晶体熔融所构成的熔融吸热峰面积对 PVDF 质量分数 ϕ_w 的依赖性

在大多数情况下，对于 PVDF/PMMA 共混物的溶液成膜样品，所呈现出的 T_g 对 ϕ_w 的依赖性是弱的、不明显的，如果说有依赖性，也只能说共混物的 T_g 随 ϕ_w 的降低呈现出轻微地增加。图 8.35 中的虚线表示的极限情况即共混物的组分间不存在相互作用，并且设想共混物中的 PVDF 组分完全分离出来且完全结晶。应该指出，这里所呈现出的结果明显与文献报道的熔融共混体系的情况[98-100]不同，对于 PVDF/PMMA 熔融共混物，当 PVDF 质量分数低于 0.5 时，观察不到结晶 PVDF 的熔融。

2. 等温结晶样品

图 8.36 给出了结晶温度 T_c 对所观测到的 PVDF 和三种组成的 PVDF/PMMA 共混物熔融温度 T_m^* 的影响，T_m^* 对 T_c 的依赖关系呈现线性，这种效应在文献中[97,101]已有报道，认为是结晶完善程度和晶体的有限尺寸等形态因素所致。

如果假设晶体是完善的，尺寸有限，且在熔融过程中未发生重结晶，图 8.36 中的直线可用式(8.37)描述

$$T_m^0 - T_m^* = \phi(T_m^0 - T_c) \tag{8.37}$$

式中，T_m^0 为平衡熔点；ϕ 为依赖于晶体厚度的稳定性参数。利用式(8.37)用最小二乘法拟合 T_m^* 和 T_c 数据所产生的 T_m^0 和 ϕ 值列于表 8.17。

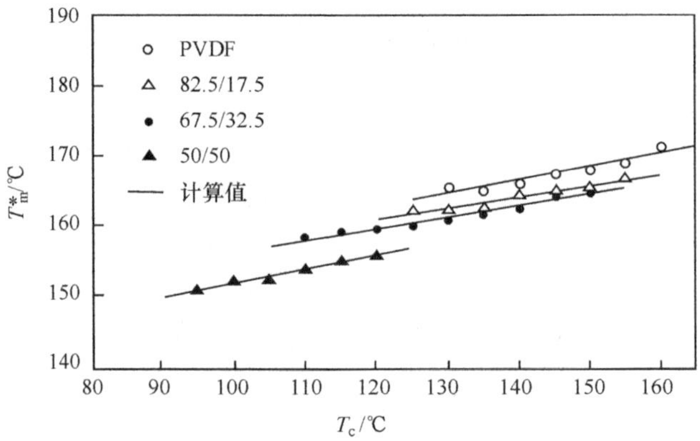

图 8.36 PVDF/PMMA 共混物的 PVDF 晶体的熔融温度 T_m^* 对等温结晶温度 T_c 作图

表 8.17 分析等温结晶及相应的熔融数据

组成比	T_m^0/℃	ϕ	S
PVDF	173.8	0.198	90±5
PVDF/PMMA=82.5/17.5	169.8	0.173	74±5
PVDF/PMMA=67.5/32.5	168.5	0.175	60±5
PVDF/PMMA=50/50	165.2	0.200	43±3

注:T_m^0 为 DSC 升温扫描曲线直接给出的值;T_c 为等温结晶温度;S 为 DSC 升温扫描熔融曲线吸热峰包含的面积平均值;利用式(8.37)经最小二乘法拟合得 T_m^0 和 ϕ。

平衡熔点 T_m^0 也可用 Hottman-Weeks 作图法从另外的独立实验得到[2,52,74,97]。

表 8.17 中数据表明,纯 PVDF 的平衡熔点比 PVDF/PMMA(50/50)共混物的 PVDF 晶体的平衡熔点高约 8.6 ℃。这一结晶相容聚合物共混物等温结晶样品熔点降低的程度与相应的溶液成膜样品的熔点降低的程度可比。

设想式(8.37)中的 ϕ 值在 0 和 1 之间变化,对于所有的 T_c,$\phi=0$ 意味着 $T_m^*=T_m^0$,而$\phi=1$ 意味着 $T_m^*=T_c$。所以,当 $\phi=0$ 时,晶体最稳定,而 $\phi=1$ 时,晶体处于自身固有的不稳定状态。如表 8.17 列出的 $\phi\approx0.2$,对于不同组成的 PVDF/PMMA 共混物偏离不大,这表明 PVDF/PMMA 共混物的晶体稳定性良好。值得指出的是,一些其他聚合物晶体的量热测定结果也具有可比的 ϕ 值[97]。

表 8.17 最后一列给出了 PVDF/PMMA 共混物中的 PVDF 晶体熔融吸热峰面积 S(任意单位)平均值。如果假设 PVDF/PMMA 共混物中的 PVDF 组分完全从 PMMA 分聚出来,并完全结晶,则三种组成共混物中 PVDF 结晶熔融峰的面积 S 应是 75、61 和 45,因为纯 PVDF 的熔融吸热峰面积 $S=90$。可以看到从量热测试所得到的熔融峰面积(表 8.17)最后一列的数据与这一推论面积及相互比例很接近,因此,可以认为 PVDF/PMMA 共混物的所有可结晶的 PVDF 组分从 PMMA 分离出来,并在等温结晶过程中完全结晶。

已有报道[102],由于在高温退火或等温结晶,PVDF 的熔点显著升高,因为在 PVDF 样品中形成了第Ⅲ晶形(γ 晶形)。这里观测结果没有这种现象,PVDF 晶体在 175 ℃以下全熔融了,并且 X 射线衍射研究表明 PVDF 样品中第Ⅱ晶形(β 晶形)具有优势。这种差别可能产生于两个研究工作中所用 PVDF 样品的分子量不同和头尾接序列结构不同。

3. 在各种降温速率和升温速率下的结晶与熔融行为

图 8.37 给出了在各种降温速率下 PVDF 及其共混物的结晶热谱。由图 8.37 可见，随着 PMMA 浓度和降温速率的增加，结晶温度显著地下降。在降温速率变化的整个范围内，直至 PVDF 浓度低于 82.5%和降温速率超过 5 ℃/min，PVDF/PMMA 共混物降温结晶放热峰的面积没有很大变化；PVDF 浓度低于 67.5%和降温速率超过 5 ℃/min 之后，共混物的结晶行为变得难以观测。例如，当 PVDF/PMMA 共混物组成为 60/40 时和降温速率大于 10 ℃/min 时，已观测不到该共混物结晶迹象。

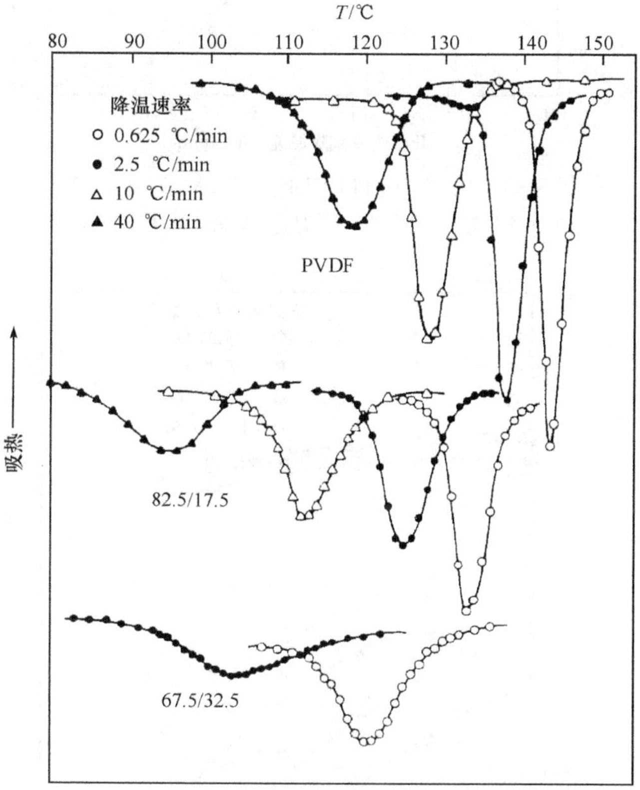

图 8.37 不同组成的 PVDF/PMMA 共混物在各种降温速率下非等温结晶放热热谱

降温速率和升温速率与纯 PVDF 和 PVDF/PMMA(67.5/32.5)共混物 T_c 和 T_m 的依赖关系如图 8.38 所示。

对于这里的 PVDF/PMMA 共混物，更完全地描述在各种升温速率和降温速率下 T_c 和 T_m 对 PVDF 浓度的依赖性如图 8.39 所示。

这里 T_c 定义为在给定降温速率下放热曲线峰对应的温度。从图 8.38 和图 8.39 可知，在每一给定的升温速率或降温速率下聚合物共混物熔融温度和结晶温度随 PMMA 组分的增加都有较大的下降。图 8.38 中在比较高的升温速率下 PVDF 的 T_m 增加，这一异常可能是在较高升温速率下引起的“过热”(super heating)所致。

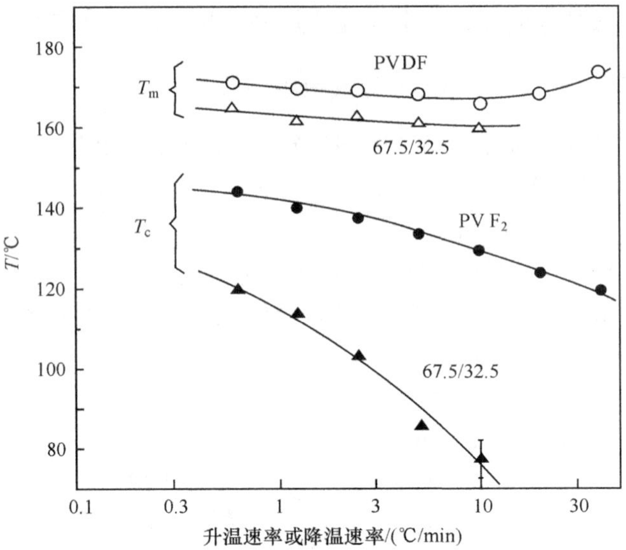

图 8.38　纯 PVDF 和 PVDF/PMMA(67.5/32.5)共混物的 T_m 和 T_c 对升温速率和降温速率作图

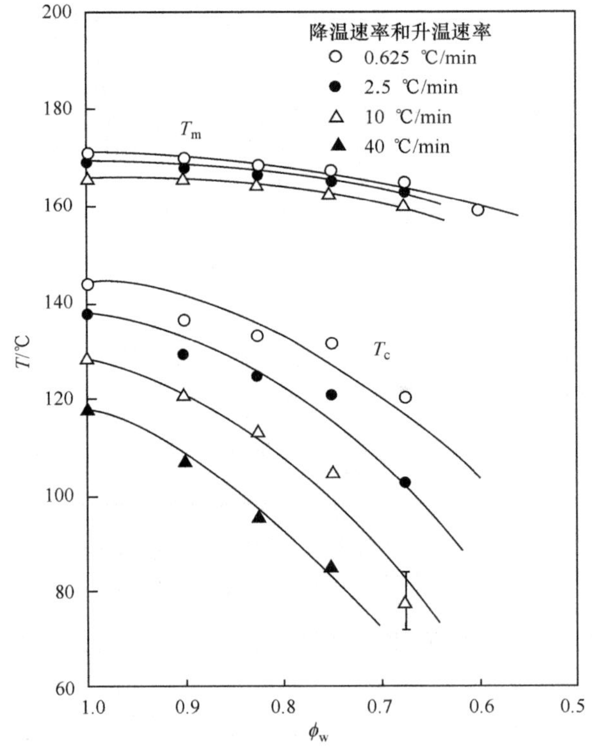

图 8.39　PVDF/PMMA 共混物的熔融温度 T_m 和结晶温度 T_c 对 PVDF 质量分数和升或降温度速率的依赖性

4. 淬火样品

图 8.40 给出了 PVDF、PMMA 及 PVDF/PMMA 共混物淬火样品的 DSC 升温(升温速率为 10 ℃/min)扫描曲线。由图可见，PVDF/PMMA(50/50)共混物淬火样品不显示结晶与熔

融，但它所显示的玻璃化转变温度是 PVDF 的 T_g(约为－50 ℃)和 PMMA 的 T_g(约为 90 ℃)的中间值。

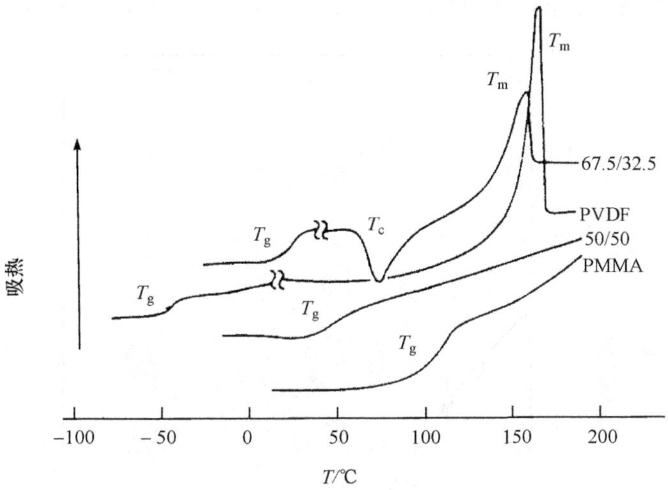

图 8.40　PVDF、PMMA 及 PVDF/PMMA(67.5/32.5、50/50)共混物淬火样品的 DSC 升温扫描曲线

此外，PVDF/PMMA(67.5/32.5)共混物淬火样品显示出在 10 ℃处发生玻璃化转变，在约 70 ℃发生冷结晶，然后在约 160 ℃发生熔融。图 8.41 汇总了 PVDF/PMMA 共混物 T_g、T_c 及 T_m 随 PVDF 质量分数的变化。

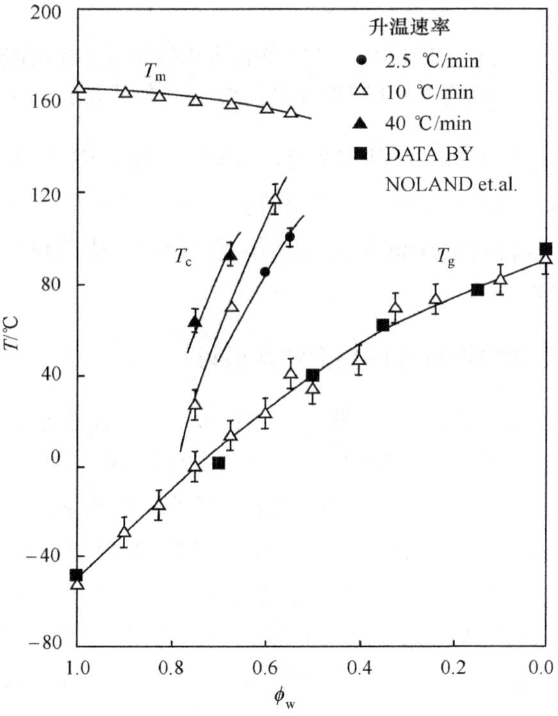

图 8.41　PVDF/PMMA 共混物淬火样品的玻璃化转变温度 T_g、冷结晶温度 T_c 及熔融温度 T_m 对 PVDF 质量分数 ϕ_w 的依赖关系

图 8.41 中同时给出在不同升温速率下 T_c 随 PVDF 质量分数的变化。这里所得到的 T_g 值与文献[100]中从熔融共混样品所得数据一致。这里实验所得 PVDF/PMMA 共混物淬火样品升温扫描熔融吸热峰面积随 PVDF 质量分数 ϕ_w 的变化如图 8.42 所示。

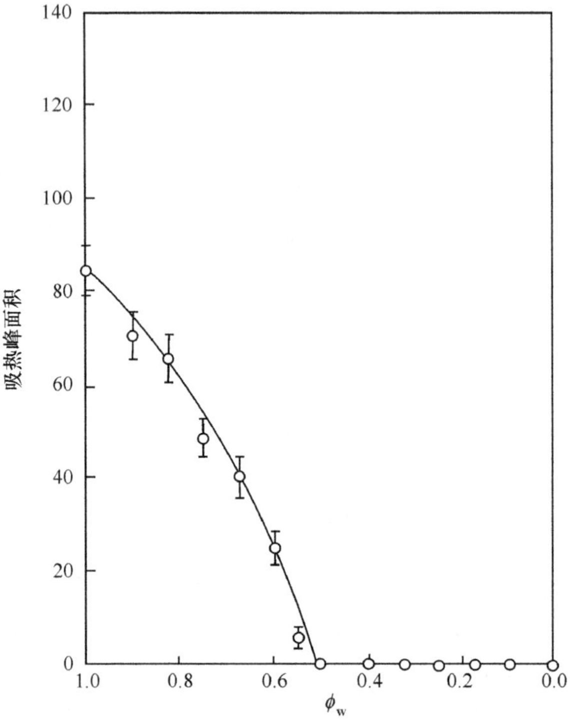

图 8.42　PVDF/PMMA 共混物淬火样品升温扫描熔融吸热峰面积对 PVDF 质量分数 ϕ_w 的依赖关系

这里再一次显示 PVDF/PMMA 共混物的熔融温度随 PVDF 质量分数降低而本质地下降。甚至当 $\phi_w \leqslant 0.5$ 时,PVDF/PMMA 共混物已经不显示结晶的痕迹了。事实上,只要 PVDF 质量分数 $\phi_w \leqslant 0.7$,就可以用液氮使其从熔融态淬火,从而得到在室温呈现为无定形态的 PVDF/PMMA 共混物。

8.3.3　PVDF/PMMA 共混物熔点降低热力学本质讨论

从研究结果的图(图 8.34、图 8.36、图 8.39、图 8.41)可清楚地认识到,无论是样品的热历史还是实验中所采用的温度程序,都对聚合物共混物总体混合状态及特征有着重要的影响。正如程序(d)所描述的淬火实验中的情况,看上去 PVDF 和 PMMA 两组分在 T_m 以上的温度是相容的,而且淬火后的共混物显示纯 PVDF 和纯 PMMA 两组分玻璃化转变之间的中间 T_g 值。然而,如果这些淬火样品被缓慢升温至熔点之下的适当温度或在这样高的温度停留一段时间,PVDF 组分就会开始结晶。类似地,如果 PVDF/PMMA 共混物样品已在 T_m 之上的温度保持了一段时间,然后缓慢降温至室温,PVDF 组分也会结晶(热结晶)。考虑到 PVDF/PMMA 共混物的热力学状态如此强烈地依赖于温度程序,将实验结果分别按两种程序作用进行讨论比较方便合理,即程序(a)和(b)的作用属于"准平衡"实验("quasi-equilibrium"experiments),而程序(c)和(d)的作用属于"动力学"实验("kinetic"experiments)。

1. 准平衡实验

在“准平衡”实验所获得的结果中最引人注目的是 PVDF/PMMA 共混物的强烈依赖于组成的熔融行为。在这里的量热研究中，随着 PVDF 含量的降低熔点降低越来越厉害。这一现象带有与结晶聚合物-稀释剂体系的熔点降低的密切相似性。对于 PVDF/PMMA 共混体系的熔点降低已经提出了解释，即如结晶区域的尺寸与完善程度的形态效应是熔点降低的原因[98]。

然而，就这里所得到的结果至少有两个情况令人怀疑形态效应的解释：

(1) 等温结晶的实验中程序(b)作用结果表明，实际上也是一种形态参数的稳定性参数 ϕ 不依赖于 PVDF/PMMA 共混物的组成。如果 PVDF/PMMA 共混物的熔点降低主要是由形态效应所造成的，那么稳定性参数 ϕ 不应是一常数，图 8.36 中的直线应该有不同的斜率，而且外推后形成单一的平衡熔点。这种推论与实验结果矛盾。

(2) 图 8.39 所显示的 PVDF/PMMA 共混物的熔融行为表明，共混物的熔点降低受共混物中 PMMA 组分影响是明显的，而升温速率对其影响是微弱的。如果形态效应对这里的熔点降低是重要的，那么熔融行为应该对升温速率的变化更敏感。

作为所观察到的熔点降低的现象的另一种解释是把它看成聚合物熔点降低的热力学效应分析[101]扩展到结晶聚合物-无定形聚合物体系。如上所述液氮淬火 PVDF/PMMA 共混物所形成的无定形共混物显示出相容行为促进了这一思路的形成。

两聚合物的热力学混合曾被 Scott[104] 用 Flory-Huggins 近似[103]进行了处理。对于结晶聚合物-无定形聚合物共混体系，共混体系中每摩尔结晶聚合物链结构单元化学势 μ_{2u}^{1} 相对于其纯液体的化学势 μ_{2u}^{0} 可以表示为

$$\mu_{2u}^{1}-\mu_{2u}^{0}=\frac{RTV_{2u}}{V_{1u}}\left[\frac{\ln V_{2}}{m_{2}}+\left(\frac{1}{m_{2}}-\frac{1}{m_{1}}\right)(1-V_{2})+\chi_{12}(1-V_{2})^{2}\right] \tag{8.38}$$

式中，脚标 1 表示无定形聚合物，脚标 2 表示结晶聚合物；V 为体积分数；V_{u} 链重复单元的摩尔体积；m 实质上是聚合度[104]；χ_{12} 为聚合物-聚合物相互作用参数；R 为摩尔气体常量；T 为热力学温度。

结晶聚合物链结构单元的化学势 μ_{2u}^{c} 和结晶聚合物在其纯液态的链结构单元化学势 μ_{2u}^{0} 之间的差值为

$$\mu_{2u}^{c}-\mu_{2u}^{0}=-(\Delta H_{2u}-T\Delta S_{2u})=-\Delta H_{2u}[1-(T/T_{m}^{0})] \tag{8.39}$$

式中，ΔH_{2u} 和 ΔS_{2u} 分别为每摩尔重复单元的熔融热和熔融熵；$\Delta H_{2u}/\Delta S_{2u}$ 设想为不依赖于温度，而等于平衡熔融温度 T_{m}^{0}。

在聚合物共混物的熔点，晶相与无定形相处于平衡状态，结晶组分在晶相和液相的化学势应是相等的，所以式(8.38)和式(8.39)的左边相等，右边也相等，从而得到

$$\frac{1}{T_{m}}-\frac{1}{T_{m}^{0}}=-\frac{RV_{2u}}{\Delta H_{2u}V_{1u}}\left[\frac{\ln V_{2}}{m_{2}}+\left(\frac{1}{m_{2}}-\frac{1}{m_{1}}\right)(1-V_{2})+\chi_{12}(1-V_{2})^{2}\right] \tag{8.40}$$

由于式(8.40)右边的 m_{1} 和 m_{2} 都很大，可以简化为

$$\frac{1}{T_{m}}-\frac{1}{T_{m}^{0}}=-\frac{RV_{2u}}{\Delta H_{2u}V_{1u}}\chi_{12}(1-V_{2})^{2} \tag{8.41}$$

正是这一方程描述了相容的结晶聚合物和无定形聚合物混合后的熔点降低。同时应该注意，如果 $m_{1}=1$ 而 $m_{2}\rightarrow\infty$，式(8.40)就可简化为已经熟悉的结晶聚合物-稀释剂体系的熔点降低表示式

$$\frac{1}{T_m} - \frac{1}{T_m^0} = \frac{RV_{2u}}{\Delta H_{2u} V_{1u}} [(1 - V_2) - \chi_{12}(1 - V_2)^2] \tag{8.42}$$

这时检验式(8.41)就可以提出两个重要的推论:

(1) 不同于结晶聚合物-稀释剂体系,对于结晶聚合物-无定形聚合物体系,相互作用参数χ_{12}对体系的熔融行为起着决定性作用。只有χ_{12}为负值时,才可能出现熔点降低。

此外,如果χ_{12}是正值,如很多聚合物共混物那样,那么按照式(8.41),结晶聚合物-无定形聚合物共混体系的熔点应该高于平衡熔融温度。这一点是很有趣的,但要求用实验证明。

(2) 由于χ_{12}和ΔH_{2u}以比率形式出现在式(8.41)中,因此从单一的量热测试中不可能同时得到这两个量的值,然而从式(8.42)可以看出,对于结晶聚合物-稀释剂体系,这一难做的事却可以实现。

实际上,只有χ_{12}是负值才能实现结晶聚合物-无定形聚合物共混体系的熔点降低,这一结论与两聚合物的相容性的 Scott 条件[104]是一致的,即

$$\chi_{12} \leqslant \frac{1}{2}\left(\frac{1}{m_1^{1/2}} + \frac{1}{m_2^{1/2}}\right)^2 \tag{8.43}$$

这里要求相容的聚合物共混时的χ_{12}必须是接近于零或者为负值,因为对于相容聚合物共混对m_1和m_2都远大于1。

为了说明如何从量热实验中得到相互作用参数χ_{12},需要将式(8.41)做适当调整。聚合物共混物的混合熵很小,假定可以忽略,并局限于分析V_2相当小的组成共混物[105],那么相互作用参数可取以下形式:

$$\chi_{12} = BV_{1u}/RT \tag{8.44}$$

式中,B为相容聚合物共混对的特征的相互作用能密度。将此χ_{12}表示式代入式(8.41)可得下列线性关系:

$$\frac{1}{V_1}\left(\frac{1}{T_m} - \frac{1}{T_m^0}\right) = -\frac{BV_{2u}}{\Delta H_{2u}} \frac{V_1}{T_m} \tag{8.45}$$

利用图 8.34 相关的实验数据,以$\frac{1}{V_1}\left(\frac{1}{T_m} - \frac{1}{T_m^0}\right)$作为变量$V_1/T_m$的函数作图,如图 8.43 所示。

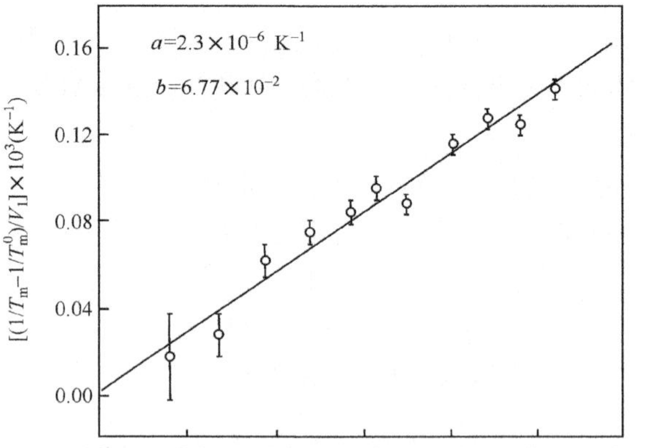

图 8.43　以$(1/T_m - 1/T_m^0)/V_1$对V_1/T_m作图,取 PVDF/PMMA 共混物中 PVDF 晶体的熔融温度T_m和纯 PVDF 晶体的熔融温度T_m^0及共混物中 PMMA 体积分数V_1等数据

将图 8.43 中实验点经最小二乘法拟合产生一直线。此直线在接近于零值截纵坐标，计算结果为截距 $a=2.3\times10^{-6}\,\mathrm{K}^{-1}$，而斜率 $b=6.77\times10^{-2}$[鉴于 a(截距)极小，式(8.44)中采用的表示量看上去应是已证明其正确性]。

具体计算所采用的有关参数值和数据[106-107]

$$V_{1u}=84.9\ \mathrm{cm^3/mol}\qquad V_{2u}=36.4\ \mathrm{cm^3/mol}$$

$$\Delta H_{2u}=1.6\ \mathrm{kcal/mol}$$

$$\rho_1=1.20\ \mathrm{g/cm^3}\qquad \rho_2=1.80\ \mathrm{g/cm^3}$$

根据式(8.45)，从图 8.43 直线斜率得

$$B=-2.98\ \mathrm{cal/(cm^3PMMA)}$$

$$\chi_{12}=-0.295(160\ ℃)$$

PVDF/PMMA 共混体系的相互作用参数 χ_{12} 为负值，表明在式(8.41)所决定的 PVDF 组分熔点以上的温度该共混体系为热力学稳定的相容共混对。此外，这里所得到的 χ_{12} 量值与其他聚合物-聚合物共混体系的数据比较是合理的[45,108-109]。

上述论述已表明用 Scott 的聚合物-聚合物间共混的热力学处理方法可以说明 PVDF/PMMA 共混体系的 PVDF 晶体的熔点降低，而且如果 ΔH_{2u} 可以用其他方法单独测定，Scott 方程允许直接确定结晶聚合物-无定形聚合物共混体系的相互作用参数。

2. 动力学实验

程序(c)的作用可以看成是一种经过熔融再冷却至室温的 PVDF/PMMA 共混物的特定的热历史的形成过程。正如图 8.38 和图 8.39 所给出的 PVDF/PMMA 共混物的结晶行为强烈地依赖于 PVDF 的浓度和降温速率。当 PVDF 的浓度比较高时($\phi_w>0.6$)，结晶温度随降温速率增加和 PVDF 浓度降低而逐渐下降。当 PVDF 浓度 $\phi_w<0.6$ 时，PVDF/PMMA 共混物的结晶放热峰变得难以检测。实际上，当 PVDF 浓度低于 $\phi_w=0.55$ 时，用很慢的降温速率(如 0.625 ℃/min)就可以得到在室温的无定形态的 PVDF/PMMA 共混物。这种无定形态的共混物明显的是亚稳态或至少几乎是室温亚稳态，并且经过从式(8.41)所决定的 T_m 和图 8.41 所得到的 T_g 之间的温度适当地处理就可以变成稳定的或几乎稳定的。例如，像图 8.36 所给出的可以使处于无定形态的 PVDF/PMMA(50/50)共混物中的 PVDF 组分在 95～120 ℃温度下结晶。另外，处于无定形态的 PVDF/PMMA(40/60)共混物在 85 ℃温度下保持 65 h 后也会观察到 PVDF 组分结晶。

如同聚合物-稀释剂体系一样，聚合物共混物中熔融温度的降低可以用一些因素来解释，并且这类效应好像在聚合物共混体系中变得更明显，因为无定形聚合物的分子量比较高且随之而来的黏度也高。

(1) 随着结晶的进行，熔融体中可结晶聚合物减少，因而伴随着有利于结晶的热力学驱动力减弱。

(2) 随着 PVDF 被更多的 PMMA 所稀释，PVDF 链段向晶体-熔体界面输运过程变得更加拖延，从而引起在成核和晶体生长速率上延迟。

(3) PVDF/PMMA 共混物的 T_g 随 PMMA 含量的增加而升高，其结果是使 PVDF 链段在熔体中的扩散变慢。

(4) 随着共混物中 PMMA 含量的增加熔点 T_m 下降更大，在降温扫描过程中样品在 T_m 和 T_g 之间温度窗口停留的时间下降。

所有这些趋势都将进一步限制可结晶聚合物组分的迁移。以上的讨论是以假设聚合物共混体系在熔融态是相容的这一前提为基础的。

再一次检验如图 8.41 所示结果，PVDF 的浓度 $\phi_w<0.3$ 的任何共混物样品将可能需要在室温发展晶体很长时间，因为这样的共混物将具有高于 65 ℃的玻璃化转变温度 T_g，并且其熔点降低将超过 20 ℃。实际上，这样的共混物样品($\phi_w<0.3$)是处于亚稳态，因而，这就可能使度量聚合物共混体系相溶性的 T_g 的加和法则和 Gordon-Taylor 方程更难满足[14,100]，必须考虑升温和降温的动力学效应。

上述结晶相容聚合物共混体系的熔点降低理论与实验研究结果已比较广泛地用于测定结晶相容聚合物共混体系的相互作用参数χ_{12}，表 8.18 列出了一些聚合物共混体系的结果。

表 8.18　从熔点降低数据得出的一些结晶相容聚合物共混物的相互作用参数χ_{12}和相互作用能密度 B_{12}

聚合物共混物	相互作用参数χ_{12}	相互作用能密度 $B_{12}/(\times10^6 J/m^2)$	参考文献
PVDF/PMMA	−0.295(160 ℃)	−12.48	[Nishi and Wang, 1975]
PVDF/PEMA	−0.34(160 ℃)	−11.94	[Kwer et al., 1976]
		−13.11	[Imken et al., 1976]
PEG(20 000)/PMMA	−1.93(76 ℃)	−65.32	[Martuscelli and Demma. 1980]
PEG(100 000)/PMMA	−0.35(74 ℃)	−11.93	[Martuselli et al., 1984]
PEG/PVC	−0.094(65 ℃)	−6.56(65 ℃)	[Maro et al., 1993]
PCL/SAN 19.2	−0.18		[Kressler and Kammer, 1988]
PBA/Phenoxy		−16.20(61 ℃)	[Harris et al., 1982]
PEA/Phenoxy		−9.67(49 ℃)	[Harris et al., 1982]
PCL/Phenoxy		−10.09(56 ℃)	[Harris et al., 1982]
PCL/Penton		−15	[Cuo, 1990]
PCL/P(VCl_2-VC)80/20	−0.46		[Zhang and Prud'homme, 1987]
PCL rich	−0.02		[Aubin et al., 1983]
P(VCl_2-VC)rich	−0.21		[Aubin et al., 1983]
PCL/P(VCl_2-VA)80/20	−0.53		[Zhang and Prud'homme, 1987]
PCL rich	−0.01		[Aubin et al., 1983]
P(VCl_2-VA)rich	−0.28		[Aubin et al., 1983]
PCL/P(VCl_2-AN)80/20	−0.37		[Zhang and Prud'homme, 1987]
P(VCl_2/VCl)/PDPS		−0.84	[Woo et al., 1983]
P(VCl_2/VCl)/PDPA		−4.60	[Woo et al., 1983]
P(VCl_2/VCl)/PCL		−8.37	[Woo et al., 1983]

续表

聚合物共混物	相互作用参数χ_{12}	相互作用能密度 $B_{12}/(\times 10^6 J/m^2)$	参考文献
$P(VCl_2/VCl)/PCDS$		−12.98	[Woo et al.,1983]
PCL/PVDF	−1.5		[Jo et al.,1992]
FVA/EVAc	−0.06	−15.07	[Clough et al.,1994]
PI/EVAc	−0.02	−7.12	[Clough et al.,1994]
PED/EVAc	−0.38	−115.56	[Clough et al.,1994]
PEEK/PEI	−0.40(400 ℃)	−5.02	[Chen and Porter,1993]
iPS/PS(2 200)	−0.002		[Runt,1981]
iPS/PS(50 200)	−0.003		[Runt,1981]
iPS/PPE	0.17		[Plans et al.,1984]
	−0.022	[Punt,1981]	

与此同时，也有报道在应用熔点降低法时遇到了困难，具体情况[68]如下：

(1) 用可观测的熔融温度代替热力学平衡温度。

(2) 用式(8.41)的左边对其右边作图不是纵坐标轴零截距，而截距中含有关于结晶形态的信息[110-111]。

按照式(8.40)截距应该等于 $1/m_1$，当稀释剂为高分子量的无定形聚合物代替时，$1/m_1$ 变成零。

(3) 相互作用参数的浓度依赖性增加了式(8.41)左边对 V_2(或 ϕ_2)作图以得到单值χ_{12} 的限制[110-111]。

(4) 对于一些相容聚合物共混体系，相对于纯的可结晶组分的熔点，共混物结晶组分在同样温度下结晶后呈现的熔点更高已有报道[113-114]。

8.4　结晶相容聚合物共混物相分离

在各种体系中，如金属合金、液体混合物及聚合物合金，相分离行为的动态力学已经有了多年的研究。一般来说，相分离过程与其他有序过程如结晶偶合的可能性总是存在的，而且这些非平衡过程间的偶合都已从理论和实验进行了研究。两种非平衡过程同时发生和发展，相互竞争可能产生多种复合结构。无论所形成的复合结构，还是结构形成的复合动态力学行为都可能引起学术上和实际应用上的发展[115-116]。

聚合物相分离的理论和实验研究都已表明存在着两种相分离类型：成核生长相分离，其相图称为双节曲线；旋节相分离，其相图称为旋节曲线。前者发生在双节曲线与旋节曲线之间的亚稳区(metastable region)，而后者发生在旋节线内的不稳区(unstable region)。这里主要介绍一个结晶相容聚合物共混物相分离的例子，即共混物由一个结晶聚合物(聚 ε-己内酯)和一个无定形聚合物(聚苯乙烯)组成。当聚苯乙烯的分子量比较低时(如$\overline{M}_n$<1000),这一共混物的组分间有一相容窗(后面将给出其相图),同时结晶组分聚合物的熔点是共混物组成的函数,当共混物呈现为均相时如8.3节所述将有熔点降低,而且随无定形组分的增加熔点降低也增加(熔点降低更厉害)。共混物结晶组分的熔点随组成变化呈现为相图中的熔融曲线,当温度低于这一熔融曲线时,结晶组分就会结晶。因此这样的结晶相容聚合物共混体系可能相分离和结晶会交织在一起并相互竞争。这种聚合物共混物对于研究这样复杂的两种非平衡过程交织在一起的相行为具有重要的优越性,由于长链分子的特点聚合物共混物两种非平衡过程的变化速率总体上是较慢的,允许实验进行精确观测;另外,聚合物共混物组分的结构参数调节范围比较宽,这样就可能在不同条件下实现对非平衡过程选择性地控制,最终实现聚合物共混物相结构的控制。

8.4.1　模型结晶相容聚合物共混对及其相图[116-119]

这里所说的模型聚合物共混对就是由结晶组分(聚ε-己内酯)和无定形组分(低分子量聚苯乙烯)组成的共混对。聚ε-己内酯的质均分子量M_w=33 000,而数均分子量M_n=10 700,聚苯乙烯的质均分子量M_w=950,而数均分子量M_n=840。聚ε-己内酯和聚苯乙烯共混物用溶液成膜法制备,溶剂为甲苯,溶液的初始浓度为5%(质量分数),溶剂在70 ℃温度下抽真空除去,干燥时间为几天。共混物PCL/PS的组成为7/3,薄膜样品夹于盖玻片之间,首先加热至熔点之上的100 ℃,样品处于单相状态,保持30 min以消除热历史,然后淬火至所选择的结晶温度T_c,在恒温热台上用偏光显微镜观测共混物样品结晶,球晶生长过程,记录测量方法可以直接地得到球晶半径随时间变化,也可从照片上量取。结晶长了球晶的共混物样品的熔点可以用偏光显微镜随升温直接观测,也可用示差扫描量热法测定。有了不同组成样品的熔点T_m就可以在相图上画出熔融曲线。聚合物共混物相分离可以在带热台的相差显微镜上直接观测,也可以用示差扫描量热仪观测,无论用什么方法,都需要选择观测相分离的温度T_s,将熔融的不同组成共混物样品淬火,从而得到随组成变化的相分离温度,以建立双节曲线和旋节曲线。

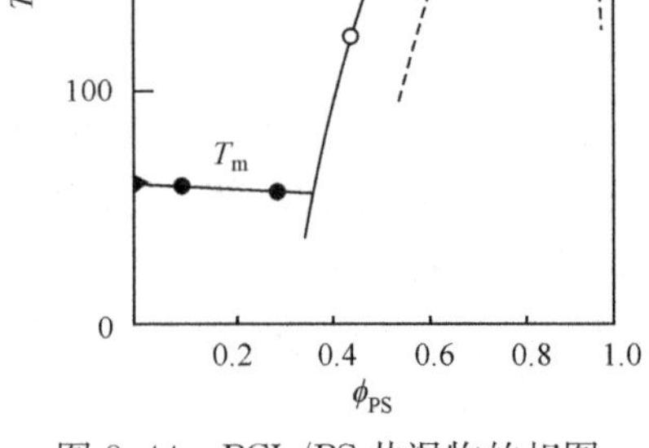

图8.44　PCL/PS共混物的相图
○实验测得的浊点,●该共混物不同组成时的熔点;实线和虚线为用Flory-Huggins-Scott理论拟合实验点所得到的双节曲线和旋节曲线

图8.44给出了PCL/PS共混物的相图。由图可见,这一聚合物共混体系具有最高临界共容温度,即呈现UCST曲线。图中同时给出共混物熔点随组成变化的熔融曲线。由于聚苯乙烯是低分子量的,因此这一共混物的熔点降低比较大,有利于选择性地观测相互竞争的两个不平衡过程。

8.4.2　PCL/PS共混物的相分离与结晶行为

严格地说,双节曲线不可能在平衡相图中的熔融曲线之下被确定。然而,实际上各种相结构的形成都是两种不平衡现象与过程相互竞争的结果。为了分析PCL/PS共混体系的相分离和结晶过程的相互竞争与影响,根据图8.44所给出的该共混物的相图,图8.45给出了这一共混物相分离与结晶过程可能相互交叠的各种情况分析示意图。

当两种或更多不平衡现象同时发生时，最终的相结构强烈地依赖于这些不平衡现象衍变的动态力学，不可能由一种平衡相图所决定。如图 8.45 所示，A 和 B 情况下，结晶和相分离过程同时发生，它们所形成的结构强烈地受结晶温度 T_c 的影响，在 A 情况下，旋节相分离发生，周期性调制的结构将出现，特别是在相分离的初始阶段，在这一情况下相分离立即发生，不存在诱导时间问题。在 B 情况下，双节相分离发生，将形成滴状相结构；但需要一定的诱导时间。在 C 情况下，将首先发生结晶，在初期不发生相分离，但由于结晶组分的结晶而排挤掉无定形组分，并形成具有不同于初始共混物组成的区域，其中必定有这样的区域，其组成满足双节相分离要求的条件，因而将发生双节相分离，就是说初期发生结晶结果诱发了相分离。在 D 情况下，当温度高于熔点时，即 $T>T_m$ 时就会发生旋节相分离，相分离的结果使体系中有的区域的组成已是结晶组分足够富积，以至于在相分离温度下实现了满足结晶所要求的过冷度，因而发生结晶，这就是相分离诱发了结晶。

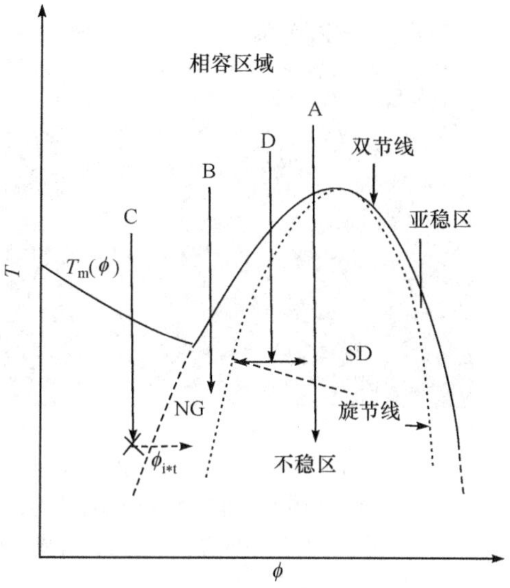

图 8.45　PCL/PS 共混物相分离与结晶过程相互交叠分析示意图

ϕ 为共混物中的 PS 浓度，T 为热力学温度。$T_m(\phi)$表示熔融曲线。熔融曲线处于双节线之下，这一熔融曲线是在只考虑结晶的情况下得到的，所以在双节曲线之内用虚线表示。与此同时，在熔融曲线之下，双节线也不可能在平衡相图中被确定，所以在熔融曲线之下，双节线也用虚线表示。箭头线 A、B、C 和 D 表示淬火条件与过程

8.4.3　结晶与相分离同时发生机理的进一步认识

这里选择 PCL/PS 共混物组成为 40/60 的样品，在 220 ℃熔融后淬火至 25 ℃，从图 8.45 可以看出，这一过程相当于 A 情况。这一情况下，结晶的过冷度表示为 $\Delta T_m=T_m-T_c$，淬火至相分离成有序两相状态的深度表示为 $\Delta T_p=T_p-T_c$，T_p 为相分离温度。在 A 情况下，ΔT_m 和 ΔT_p 都相当大，对于 PCL/PS(40/60)共混体系，虽然熔点降低较大，但仍比较有限，由于无定形 PS 的质量分数为 60%，对体系中 PCL 组分的结晶速率影响更大，因此结晶起始比较慢，而与此同时，由于 ΔT_p 相当大，旋节相分离立即开始并很快进入此条件下的旋节相分离后期。图 8.46(a)和(b)给出了在样品同一位置上分别用偏光显微镜和相差显微镜观测到的最终结构图样。

图 8.46(a)为球晶的双折射特性所决定的消光十字，而图 8.46(b)为滴状的 PS 富集区，很明显滴状聚苯乙烯富积区的尺寸比球晶要小得多。实验观测这一图像形成过程也正是相分离首先开始，而后结晶也随之开始[116]。纤维晶沿球晶半径方向生长，同时避开 PS 滴状微区。在 PS 富积的滴状微区内，由于结晶组分 PCL 含量太低，实现不了二次成核和长晶体。从图 8.46 可以看出，PS 滴状微区分布是不均匀的，受结晶过程影响而成。PS 滴状微区在球晶中心密度高，而在球晶边界密度低。在球晶生长之前，旋节相分离所形成 PS 滴状微区的分布是均匀的，整体相结构所呈现的不同组成微区的分布取决于旋节相分离 Cahn 组成涨落，尺寸分布取决于旋节相分离 Cahn 组成涨落波波长。球晶开始生长后，必然要绕开原有的 PS 微区，同时不断排挤出 PS，这样就必然破坏原来存在过的 PS 滴状微区的均匀分布；整体相结构及 PS 滴状微区

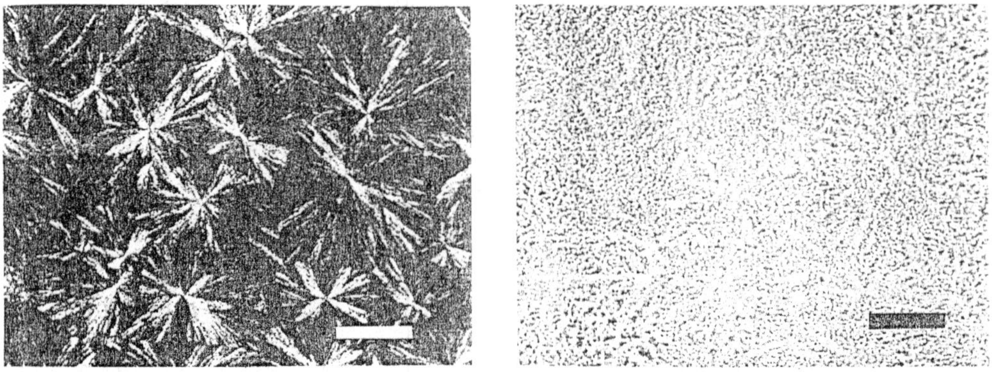

(a)　　(b)

图 8.46　PCL/PS(40/60)共混物 220 ℃熔融后淬火至 25 ℃相分离与结晶的最终图像

(a) 在偏光显微镜下观测的球晶形态；(b) 在相差显微镜下观测的样品同一位置的相结构，PS 富积区的滴状相形态为主被观测到，横杠表示 200 μm 标尺

分布取决于两种不平衡过程的相互竞争。又由于在球晶内部 PS 的扩散常数小，PS 滴状微区实际生长处于停滞状态，在 PCL 富积相内，在球晶生长时，PS 可以留在晶片间区域[120]。

从这里的具体分析可以概括出一种结晶与相分离同时发生的机理，所谓结晶与相分离同时发生指的是淬火过程同时允许两个不平衡过程发生，而实际上还是有先有后的，就看哪种不平衡过程发生发展速率快，一种过程先发生发展了，它又会促进或者阻碍另一过程的发生发展，这就是两种不平衡过程的相互竞争。

可以想象在 B 情况下，原则上淬火过程也同时允许两个不平衡过程发生。B 情况与 A 情况不同的是淬火进入的是亚稳区，这就要求 PCL/PS 组成比符合这一情况，在这种情况下，双节相分离要有诱导时间，结晶也要有诱导时间，具体淬火所至的温度将对两过程有主要的影响，取决于所造成的 ΔT_m 和 ΔT_p 的相互关系，仍将有一种过程先发生。如何发生和发展，有待设计相关实验，并观察分析所得结果。

8.4.4　结晶与相分离两过程

这里选择 PCL/PS 共混物组成为 70/30 的样品，在 220 ℃熔融的淬火至 50 ℃。在这样的条件下，从图 8.45 可以看出，这一过程相当于 C 情况，淬火点离双节曲线很近，但仍在双节线之外，所以这一共混物在淬火点开始处于相容的均相状态，与此同时，淬火点在熔融曲线之下，因而会比较快地先开始结晶，但结晶速率比较慢，因为 50 ℃温度所对应的 ΔT_m 是比较小的过冷度。随着 PCL 组分结晶，形成球晶并不断生长，无定形组分 PS 不断地被撤离出来，可以留住在片晶间和微纤晶之间，也可以被挤向球晶生长前沿。必然会出现 PS 富积的相区，由于这样相区的组成已不是初始的组成，这样的组成使相区从原来的淬火点移向双节曲线之内的亚稳区，并酝酿发生 NG 相分离形成滴状 PS 富积甚至纯 PS 微区。图 8.47 给出了 PCL/PS(70/30)共混物长成的球晶，结晶温度为 50 ℃，结晶时间为 6000 min。

图 8.47 是将偏光显微镜调节成起偏镜和检偏镜的偏振方向相互夹角 45°状态下观测到的图像，为的是同时看清楚具有双折射的球晶消光图案和双节相分离形成的 PS 滴状微区。结果两个不平衡过程所形成的结构图像清楚地显示出来。对于这样的 PCL/PS 共混物在这样条件下双节相分离形成的 PS 滴状微区能够凝聚在球晶生长前沿，是因为这一体系中的 PS 分子量相当低，以及 50 ℃的温度保证了 PS 分子的扩散能力与速率，同时也是因为 PCL 结晶趋

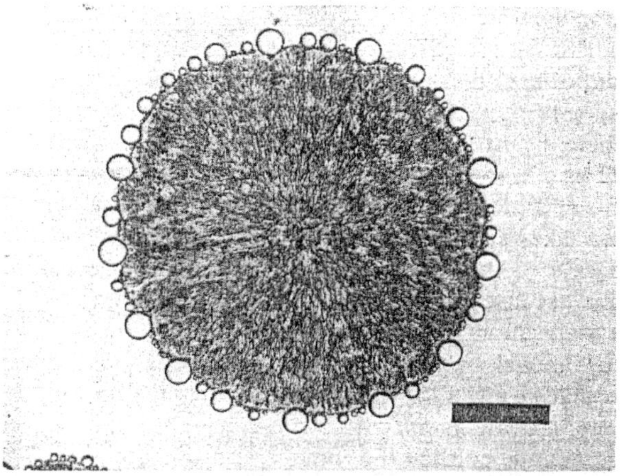

图 8.47　PCL/PS(70/30)共混体系在 50 ℃温度下结晶过程中在 PCL 球晶生长前沿的相分离行为

横杠表示 100 μm 标尺

向最稳定状态尽可能多地将 PS 驱散开来。

随着球晶的生长，在生长界面处 PS 的浓度ϕ_{int}变得越来越大，粗略地假设所有 PS 组分都被排挤到球晶之外，并忽略在初始阶段球晶间的相互影响，这样 PS 在界面处的浓度分布可用函数 $\phi(\gamma,t)$描述，即

$$\phi(\gamma,t)=[R(t)/\delta]\exp(-r/\delta) \tag{8.46}$$

式中，t 为淬火后的时间；$R(t)$为球晶半径；r 为距球晶生长前沿的距离；$\delta=D/G$；D 为 PS 分子的扩散常数；G 为球晶生长速率，$G=\mathrm{d}R(t)/\mathrm{d}t$。随着球晶生长，$\phi_{int}$逐渐变大，最后生长界面处的组成越过双节相分离曲线，进入亚稳区，因而双节相分离发生，在球晶生长界面处形成 PS 滴状微区，初始为小滴状微区，之后小滴状微区逐渐变大或相互合并以使表面能降得最低。

表 8.8 至表 8.18 参考文献

Abe H, Doi Y. Satkowski M, et al. *Macromolecules*, **27**: 50(1994).

Aifonso G C, Russell T P. *Macromolecules*, **19**: 1143 (1986).

Aref-Azar, A., Hay, J., Marsden, B., Walker, N., *J. Polym, Sci., Polym, Phys.* Ed., **B18**. 637 (1980).

Aubin, M., Bédard, Y., Morrissette, M. F., Prud'homme, R. E., *J. Polym. Sci. Polym, Phys. Ed.*, **B21**, 233 (1983).

Avrami, M. J., *Chem, Phys.*, **7**, 1103(1939).

Baïltoul, M., Saint-Guirons, H., Xans, P., Monge, P., *Eur. Polym, J.*, **17**, 1281(1981).

Barron, C. A., Kumar, S. K., Runt. J. P., *ACS Polymer Preprints*. **2**, 610(1992)

Bartczak, Z., and Galeski, A., *Polymer*, **27**, 544(1986).

Bartczak, Z., Galeski, A., Krasnikova, N. P., *Polymer*, **28**, 1627(1987).

Bartczak, Z., Galeski, A., Martuscelli, E., *Polym, Eng Sci.*, **24**, 1155(1984).

Bartczak, Z., Galeski, A., Pracella, M., *Polymer*, **27**, 537(1986).

Bartczak, Z., Martuscelli, E., Galeski, A., in '*Polypropylene: Structure, Blends and Composites*', Vol. 2, Karger-Kocsis (Ed.), Chapman & Hall, London(1995).

Bassett, D. C., Olley, R. H., Al Raheil, I. A. M., *Polymer*, **29**, 1745(1992).

Bianchi, L., Cimmino, S., Forte, A., et al, *J. Mater, Sci.*, **20**. 895(1985).

Boon, J, and Azcue, J. M., *J. Polym, Sci.*, *Part A-2*, **6**, 885(1968).

Boon, J., Challa, G., Van Krevelen D. W., *J. Polym. Sci.*, *Part A-2*, **6**, 1791(1968).

Burghardt, W. R., *Macromolecules*, **22**, 2482(1989).

Burns, J. R., Turnbull, D., *J. Appl. Phys.*, **37**, 4021(1966).

Calahorra, E., Cortazar, M., Guzman, G., M., *Polymer*, **23**, 1322(1982).

Canetti, M., Sadocco, P., Siciliano, A., et al, *Polymer*, **35**, 2884(1994).

Chang, F. C., Yang, M. Y., Wu. J.-S., *Polymer*, **32**, 1394(1991).

Chen, C. C., Fontan, E., Min. K., et al, *Polym. Eng. Sci.*, **28**, 69(1988).

Chen, H. L., Porter, R. S., *J. Polym, Sci.*, *Polym, Phys. Ed.*, **B31**. 1845(1993).

Chen, T. H., Su, A. C., *Polymer*, **34**, 4826(1993).

Cheng, S. Z. D., Cao, M. Y., Wunderlich, B., *Macromolecules*, **19**, 1868(1986).

Cho, J. W., Tasaka, S., Miyata, S., *Polym, J.*, **25**, 1267(1993).

Cimmino, S., Di Pace, E., Martuscelli, E., Silvestre, C., *Polym, Comm.*, **32**, 251(1991).

Cimmino, S., Di Pace, E., Martuscelli, E., Silvestre, C., *Polymer*, **34**, 2799(1993).

Cimmino, S., Martuscelli, E., Silvestre, C., *Macromol. Chem.*, **16**, 147(1988).

Cimmino, S., Martuscelli, E., Silvestre, C., et al, *J. Polym, Sci.*, *Polym, Phys. Ed.*, **B27**, 1781(1989).

Cimmino, S., Martuscelli, E., Silvestre, C., et al, *Polymer*, **34**, 1207(1993).

Cissé, J., Bolling, G., *J. Cryst, Growth*, **10**, 56(1971).

Clough, N. E., Richards, R. W., Ibrahim, T., *Polymer*, **35**, 1044(1994).

Coppola, F., Greco. R., Martuscelli, E., et al, *Polymer*, **28**, 47(1987).

Cormia, R., Price, F., Turnbull, D., *J. Chem, Phys.*, **37**, 1333(1962).

Crevecoeur, G., Groeninckx, G., *Macromolecules*, **24**. 1190(1991).

Crevecoeur, G., Ph. D. dissertation, KU Leuven(1991).

Cruz, C. A., Barlow, J. W., Paul, D. R., *Macromolecules*, **12**, 726(1979).

Defieuw, G., Groeninckx, G., Reynaers, H., *Polymer*, **30**, 595(1989a); Ibid., **30**, 2158(1989b); Ibid., **30**. 2164 (1989d).

Defieuw, G., Groeninckx, G., Reynaers, H., in '*Contemporary Topics in Polymer Science: Multiphase Macromolecular Systems*', Plenum Publi. Corp., New York. **6**, 423(1989c). Defieuw, G., PhD. dissertation, KU Leuven(1989).

Defoor, F., Groeninckx, G., Reynaers, H., et al, *J. Appl. Polym. Sci.*, **47**, 1839(1993).

Edward, G. H., *British Polym. J.*, **18**, 88(1986).

Erhardt, P., Stein, R. S., *J. Polym, Sci.*, *Polym. Phys. Ed.*, **B3**, 553(1965).

Escala, A., Stein, R. S., in '*Multiphase Polymers*', *Cooper, S. L., and Ester, G. M. (Eds.)*, Adv. in Chem. Ser., **176**, *American Chemical Society, Washington D. C.*, *p* 455(1979).

Eshuis, A., Roerdink, E., Challa, G., *Polymer*, **23**, 735(1982). Favis. B. D., and Chalifoux, J. P., *Polyme, Eng, Sci.*, **27**, 1591(1987).

Favis, B. D., Chalifoux, J. P., *Polymer*, **29**. 1761(1988).

Favis, B. D., *J. Appl. Polym, Sci.*, **39**, 285(1990).

Favis, B. D., *Makromol, Chem.*, *Macromol, Symp.*, **56**, 143(1992).

Favis, B. D., Lavallee, C., Derdouri, A., *J. Mater, Sci.*, **27**, 4211(1992).

Fernandez, A. C., Barlow, J. W., Paul, D. R., *Polymer*, **27**, 1799(1986).

Flaris, V., Wasiak, A., Wenig, W., *J. Mater, Sci.*, **28**, 1685(1993).

Folkes, M. J., Hope, P. S. (Eds.), '*Polymer Blends and Alloys*', Blackie Academic and Professional, London

(1993).

Frensch, H., Jungnickel, B. J., *Colloid Polym. Sci.*, **267**, 16(1989).

Frensch, H., Jungnickel, B. J., *Plastics, Rubber and Composites Processing and Applications*, **16**, 5(1991).

Frensch, H., Harnischfeger, P., Jungnickel, B. J., in '*Multiphase Polymers: Blends and Ionomers*', Utracki, L. A., and Weiss, R. A. (Eds.), *ACS symp. Ser.*, **395**. 101(1989).

Friedrich, Ch., *Progr. Colloid Polym, Sci.*, **66**, 299(1979).

Galeski, A., Bartczak, Z., Pracella, M., *Polymer*, **25**, 1323(1984).

Gallagher, K. P., Zhang, X., Runt, J. P., et al, *Macromolecules*, **26**, 588(1993).

Geil, P. H., in *Polymer Single Crystals*, Wiley, New York, p. 229 (1963).

Geil, P. H., in '*Polymer Single Crystals*', Krieger, R. E. (Ed.), New York(1973).

Ghijsels, A., Groesbeek, N., Yip, C. W., *Polymer*, **23**. 1913(1982).

Greco. R., Mancarella, M., Martuscelli, E., et al, *Polymer*, **28**, 1922(1987a); Ibid., **28**, 1929, (1987b).

Grenier, D., Prud'homme, R. E., *J. Polym, Sci.*, *Polym, Phys, Ed.*, **B18**, 1655(1980).

Grof, I., Durcova, O., Marcincin, A., *Acta Polymerica*, **40**, 344(1989).

Guo. Q., *Makromol, Chem.*, **191**, 2639(1990).

Gupta, A. K., Rana, S. K., Deopura B. L., *J. Appl. Polym, Sci.* **44**, 719(1992); ibid., **51**, 231(1994).

Gupta, A. K., Gupta, V. B., Peters, R. H., et al, *J. Appl. Polym, Sci.*, **27**, 4669(1982).

Hahn, B. R., Herrmann-Schönherr, O., Wendorff, J. H., *Polymer*, **28**, 201(1987).

Han, C. D., Villamizar, C. A., Kim, Y. W., et al, *J. Appl. Polym, Sci.*, **21**, 353(1977).

Harris, J. E., Robeson, L. M., *J. Appl. Polym. Sci.*, **35**, 1877(1988); *J. Polym. Sci.*, *Polym, Phys, Ed.*, **B25**, 311(1987).

Harris, J. E., Goh, S. H., Paul, D. R., et al, *J. Appl, Polym. Sci.*, **27**, 839(1982).

Hay, J. N., *J. Polym, Sci.*, *Polym, Chem, Ed.*, **A14**, 2845(1976).

Helfand, E., Tagami, Y., *J. Chem, Phys.*, **56**, 3592(1972).

Helfand, E., Sapse, A., *J. Chem. Phys.*, **62**, 1327(1975).

Hlavatá, D., Horák, Z., *Eur. Polym, J.*, **30**, 597(1994).

Hoffman, J, D., Weeks, J. J., *J. Chem, Phys.*, **37**, 1723-1741(1962a).

Hoffman, J. D., Weeks, J. J., *J. Res, Natl, Bur, Stand.*, *Sect, A.* **66**, 13-28(1962b).

Hoffman, J. D., Davis, G. T., Lauritzen, J. I., in '*Treatise on Solid State Chemistry*', **vol3**, chapter 7, Hannay N. B. (Ed.). Plenum Press, ; New York(1976).

Hoffman, J. D., *Polymer*, , **24**, 3(1983).

Hoffmann, J. D., Miller, R. L., Marand. H., Roitman, D. B., *J. Nat, Bur. Stand.*, **79A**, 671(1992).

Holsti-Miettinen, R., Seppälä, J., Ikkala, O. T., *Polym, Eng. Sci.*, **32**, 868(1992).

Holsti-Miettinen, R., Heino, M., Seppälä, J., *J. Appl. Polym. Sci.*, **57**, 573(1995).

Hsiao, B. S., Sauer, B. B., *J. Polym, Sci.*, *Polym, Phys. Ed.*, **B31**, 901(1993).

Hu, S. R., Kyu, T., Stein, R. S., *J. Polym, Sci.*, *Polym. Phys, Ed.*, **B25**, 71(1987).

Huang, B., Wang, J., Pang, D., in '*Third European Symposium on Polymer Blends*' (PRI), Cambridge, UK, p B3(1990).

Hudson, S. D., Davis, D. D., Lovinger, A. J., *Macromolecules*, **25**, 3446(1991).

Icenogle, R. D., *J. Polym, Sci.*, *Polym, Phys, Ed.*, **B23**, 1369(1985).

Ide, F., Hasegawa, A., *J. Appl. Polym, Sci.*, **18**. 963(1974).

Ikkala, O. T., Holsti-Miettinen, R. M., Seppälä, J., *J. Appl. Polym, Sci.*, **49**, 1165(1993).

Imken, R. L., Paul, D. R., Barlow, J. W., *Polym, Eng. Sci.*, **16**. 593(1976).

Iruin, J. J., Eguiazabal, J. I., Guzman, G. M., *Eur. Polym, J.*, **25**. 1169(1989).

Jackson, K. A., Ind, Eng. Chem., 57, 29(1965).

Jo. W. H., Park, S. J., Kwon, I. H., *Polymer International*, **29**, 173(1992).

Jog, J. P., Shingankuli, V. L., Nadkarni, V. M., *Polymer*, **34**. 1966(1993).

Jonas, A. M. Russell T. P., Yoon, Y. D., to be published.

Jonza, J. M., Porter, R. S., *Macromolecules*, **19**, 1946(1986).

Kalfoglou, N. F., Sotiropoulou, D. D., Margaritis, A. G., *Eur, Polym, J.*, **24**, 389(1988).

Kalfoglou, N. K., *Angew, Makromol. Chem.*, **129**, 103(1985).

Kamal, M. R., Chu, E., *Polym, Eng. Sci.*, **23**, 27(1983).

Karger-Kocsis, J., Kallo, A., Szafner, A., et al, *Polymer*, **20**, 37(1979).

Keith, H. D., and Padden, F. J., Jr., *J. Appl. Phys.*, **34**. 2409(1963); ibid., **35**, 1286(1964).

Khambatta, F. B., Warner, F., Russell, T., et al, *J. Polym. Sci.*, *Polym. Phys, Ed.*, **B14**, 1391(1976).

Khanna, Y. P., Kumar, R., Reimschuessel, A. C., *Polym. Eng. Sci.*, **28**, 1607(1988).

Khanna, Y. P., Reimschuessel, A. C., Banerjie, A. et al, *Polym, Eng. Sci.*, **28**, 1600(1988).

Klemmer, N., Jungnickel, B. J., *Colloid Polym, Sci.*, **262**, 381(1984).

Koutsky, J. A., Walton, A. G., Baer, E., *J. Appl. Phys.*, **38**, 1832(1967).

Kressler, J., Kammer, H. W., *Polymer Bull.*, **19**. 283(1988).

Kressler, J., Svoboda, P., Inoue, T., in *ACS Polymer Preprints*, **vol 33**, p 612, papers presented at the Washington D. C. Meeting (August 1992); *Polymer*, **34**. 3225(1993).

Kumar, S. K., Yoon, D. Y., *Macromolecules*, **24**, 5414(1991).

Kunori, T., Geil, P. H., *J. Makromol, Sci.*, *Phys: Ed.*, **B18**, 135(1980).

Kwei, T. K., Frisch, H. L., *Macromolecules*, **11**, 1267(1978). Kwei, T. K., Patterson, G. D., and Wang, T. T., *Macromolecules*, **9**, 780(1976).

Kwei, T. K., Frisch, H. L., Radigan, W., et al, *Macromolecules*, **10**, 157(1977).

Kyu, T., Vadhar, P., *J. Appl. Polym, Sci.*, **32**, 5575(1986).

Kyu, T., Hu, S. R., Stein, R. S., *J. Polym, Sci.*, *Polym. Phys, Ed.*, **B25**, 89(1987).

Lattimer, M. P., Hobbs, J. K., Hill, M. J., Barham, P. J., *Polymer*, **33**, 3971(1992).

Lauritzen, J. I., Hoffman, J. D., *J. Appl. Phys.*, **44**, 4340(1973).

Lee, Y., Porter, R. S., *Macromolecules*, **20**, 1336(1987).

Lee, Y., Porter, R. S., Lin, J. S., *Macromolecules*. **22**, (1756)1989.

Li, Y., Jungnickel, B. J., *Polymer*, **34**, 9(1993).

Li, Y., Stein, M., Jungnickel, B. J., *Colloid Polym, Sci.*, **269**, 772(1991); and '*Mitteilungen aus dem Deutschen Kunststoff-Insitut*', Nr. 53, April. Darmstadt(1991).

Liang, B., Pan, L., *J. Appl. Polym, Sci.*, **54**, 1945(1994).

Liang, B. R., White, J. L., Spruiel, J. E., et al, *J. Appl. Polym, Sci.*, **28**, 2011(1983).

Liquori, A. M., Anzuino, G., Coiro, V. M., D'Alagni, M., de Santis, P., and Savino, M., *Nature*, **206**, 358 (1965).

Long, Y., Stachurski, Z., Shanks, R. A., *Polym, International*, **26**, 143(1991).

Lotz, B., Kovacs, A. J., *ACS Div. Polym, Chem.*, *Polym, Prepr.*, **10**, 820(1969).

Lovinger, A. J., Williams, M. L., *J. Appl, Polym, Sci.*, **25**, 1703(1980).

Lovinger, A. J., Chua, J. O., Gryte, C. C., *J. Polym. Sci.*, *Polym. Phys, Ed.*, **B15**, 641(1977).

Müller, A. J., Arnal, M. L., Morales, R. A., *Eur. Physics Conference Abstracts*. **19D**, P2, Prague, 17-20 July (1995).

Magill, J. H., *J. Appl. Phys.*, **35**, 3249(1964).

Mai, K., Zhang, M., Zeng, H., et al, *J. Appl. Polym. Sci.*, **51**, 57(1994).

Mandelkern, L., in '*Crystallization of Polymers*', McGraw Hill, New York(1964).

Mandelkern, L., Quinn, F. A., and Flory, P. J., *J. Appl. Phys.*, **25**, 830(1954).

Marco, C., Gomez, M. A., Fatou, J. G., et al, *Eur, Polym, J.*, **29**, 1477(1993).

Martuscelli, E., Demma, G. B., in '*Polymer Blends: Processing, Morphology and Properties*', Martuscelli, E., Kryszewski, and Palumbo(Eds.), Plenum Press, New York(1980).

Martuscelli, E., in: '*Polymer Blends and Mixtures*', Walsch (Ed.), 217-243(1985).

Martuscelli, E., *Polym, Eng. Sci.*, **24**, 563(1984).

Martuscelli, E., Pracella, M., Wang, P. Y., *Polymer*, **25**, 1097(1984).

Martuscelli, E., Pracella, M., Avella, M., et al, *Makromol, Chem.*, **181**, 957(1980).

Martuscelli, E., Silvestre, C., Abate, G., *Polymer*, **23**, 229(1982).

Martuscelli, E., Silvestre, C., Bianchi, L., *Polymer*, **24**, 1458(1983).

Moon, H. S., Ryoo, B. K., Park, J. K., *J. Polym, Sci.*, *Polym, Phys*, Ed., **B32**, 1427(1994).

Morales, R. A., Arnal, M. L., Müller, A. J., *Polymer Bull.*, **35**, 379(1995).

Morgan, L. B., *Phila, Trans, Roy, Soc. (London)*, **247**, 13(1954).

Morra, B. S., Ph. D. dissertation, Univ. of Amherst, MA(1980).

Morra, B. S., Stein, R. S., *J. Polym, Sci.*, *Polym, Phys, Ed.*, B **20**, 2261(1982).

Morra, B. S., Stein, R. S., *Polym, Eng. Sci.*, **24**, 311-318(1984).

Mucha, M., *Colloid Polym. Sci.*, **264**, 859(1986).

Nadkarni, V. M., Jog, J. P., in '*Two-phase Polymer Systems*', Utracki L. A. (Ed.), Hanser Publishing, Munich-New York (1991).

Nadkarni, V. M., Jog, J. P., *J. Appl. Polym, Sci.*, **32**, 5817(1986).

Nadkarni, V. M., Jog, J. P., *Polym. Eng. Sci.*, **27**, 451(1987).

Nadkarni, V. M., Shingankuli, V. L., Jog; J. P., *Int. Polym. Proc.*, **2**, 53(1987).

Natta, G., Bassi, I. W., Sianesi, D., et al, *J. Polym, Sci.*, *Polym, Chem, Ed.*, **A3**, 4263(1965).

Natta, G., Corradini, P., Sianesi, D., et al, *J. Polym, Sci.*, **51**. 527(1961).

Nishi, T., Wang, T. T., *Macromolecules*, **8**. 909(1975).

Noel. O. F., Garley, J. P., *Polym, Eng. Sci.*, **24**, 488(1984).

Nojima, S., Tsutsui, H., Urushihara, M., et al, *Polymer J.*, **18**, 451(1986).

O'Malley, J. J., Crystal, R. G., Erhardt, P. F., *ACS Div. Polym, Chem.*, *Polym, Prepr.*, **10**, 796(1969).

Olabishi, O., Robeson, L. M., Shaw, M. Y., in '*Polymer-Polymer Miscibility*', Academic Press, New York (1979).

Omenyi, S., Neumann, A., Martin, W., et al, *J. Appl, Phys.*, **52**, 789(1981).

Ong, C. J., Price, F. P., *J. Polym. Sci.*: *Polym, Symp.*, **63**, 45(1978a); ibid., **63**, 59(1978b).

Ozawa, T., *Polymer*, **12**, 150(1971).

Park, S. J., Kim, B. K., Jeong, H. M., *Eur. Polym, J.*, **26**, 131(1990).

Perepezko, J. H., Paik, J. S., 'Undercooling Behavior of Liquid Metals', In: '*Rapidly solidified Amorphous and Crystalline Alloys*', Kear, B. H., Giessen, B. C., and Cohen, M. (Eds.), North Holland Pub. Comp., New York(1982).

Pérez-Cardenas, F. C., Felipe DEL Castillo, L., Veragraziano, R., *J. Appl. Polym, Sci.*, **43**, 779(1991).

Plans, J., Macknight, W. J., Karasz, F. E., *Macromolecules*. **17**, 810(1984).

Plawky, U., Wenig, W., *J. Mater, Sci, Lett*, **13**, 863(1994).

Plesek, M., Malac, Z., in '*Morphology of Polymers*', Sedlacek, B. (Ed.), Proceedings of the 17th Europhysics Conference on Macromolecular Physics, Prague, July 15-18, 1985(1986).

Pound, G. M., LaMer, V. K., *J. Am. Chem. Soc.*, **74**, 2323(1952).

Prasad, A. , Marand, H. , *Bull, Am. Phys, Soc.* , **36**, 632(1991).

Pukanszky, B. , Tudos, F. , Kallo, A. , and Bodor, G. , *Polymer.* **30**, 1399(1989).

Quirk, R. P. , Ma. J. -J. , Chen, C. C. , et al, in '*Contemporary Topics in Polymer Science*', *Vol.* 6. *Multiphase Macromolecular Systems*, Culbertson, B. M. , (Ed.), Plenum Press, New York and London(1989).

Rego Lopez, J. M. , Gedde, U. W. , *Polymer.* **29**, 1037(1988).

Rim, P. B. , Runt J. P. , *Macromolecules*, **16**, 762-768(1983); ibid. , **17**, 1520-1526(1984).

Robitaille, C. , Prud'homme, J. , *Macromolecules*, **16**, 665(1983).

Rostami, S. , *Polymer*, 31, 899-904(1990).

Runt, J. P. , Martynowicz, L. M. , in '*Multicomponent Polymer Materials*', Paul, D. R. and Sperling, L. H. (Eds.), *Adv, in Chem, Ser.* , **211**, American Chemical Society, Washington D. C. (1986).

Runt, J. P. , Barron, C. A. , Zhang, X. F. , et al, *Macromolecules*, **24**, 3466(1991).

Runt, J. P. , *Macromolecules*, **14**, 420(1981).

Runt, J. , Rim P. B. , Howe S. E. , *Polymer Bull.* , **11**, 517(1984).

Russell, T. P. , Stein, R. S. , *J. Macromol, Sci.* , *Phys. Ed.* , **B17**, 617(1980).

Russell, T. P. , Stein, R. S. , *J. Polym. Sci.* , *Polym, Phys. Ed.* , **B21**, 999(1983).

Rybnikâr, F. *J.* , *Macromol, Sci.* , *Phys, Ed.* , **B27**, 125(1988).

Saito, H. , Stühn, B. , *Macromolecules*, **27**, 216(1994).

Saito, H. , Okada, T. , Hamane, T. , et al, *Macromolecules*, **24**, 4446(1991).

Sanchez, I. , Di Marzio, E. A. , *Macromolecules*, **4**, 677(1971).

Santana, O. O. , Müller, A. J. , *Polymer Bull.* , **32**, 471(1994).

Schouterden, P. , Groeninckx, G. , Reynaers, H. , et al. *J.* , *Polym, Bull.* , **13**, 533(1985).

Sham, C. K. , Guerra. G. , Karasz, F. E. , and Macknight, W. J. , *Polymer*, **29**, 1016(1988).

Shibanov, Y. D. , Godovsky, Y. K. , *Makromol, Chem.* , *Macromol, Symp.* , **44**, 61(1991).

Shibanov, Y. D. , Godovsky, Y. K. , *Polymer Science USSR.* **A25**, 395(1983).

Shibanov, Y. D. , Godovsky, Y. K. , *Progr. Colloid Polym, Sci.* , **80**, 110(1989).

Shingankuli, V. L. , Jog, J. , P. , Nadkarni, V. M. , *J.* , *Appl. Polym, Sci.* , **36**, 335(1988).

Shingankuli, V. L. , PhD. thesis, Bombay University. India(1990).

Siegmann, A. , Nir, Y. , *Polym, Eng. Sci.* , **27**, 1182(1987).

Silvestre, C. , Cimmino, S. , Martuscelli, E. , et al, J. , *Polymer*, **28**, 1190(1987a).

Silvestre, C. , Karasz, F. E. , MacKnight, W. J. , and Martuscelli. E. , *Eur. Polym, J.* , **23**, 745(1987b).

Song, H. H. , Wu, D. Q. , Ree, M. , et al, *Macromolecules*, **21**, 1180(1988)

Starkweather, H. W. , Jr. , *J. Appl. Polym, Sci.* , **25**, 139(1980).

Stein, R. S. , in '*Newer Methods of Polymer Characterization*', Chapter 4, Ed. by Wiley, New York(1964).

Stein, R. S. , Khambatta, F. B. , Warner, F. P. , Russell, T. , Escala, A. , and Balizer, E. , *J. Polym, Sci.* , *Polym, Symp.* , **63**, 313(1978).

Stein, R. S. , Russell, T. P. , Morra B. S. , et al, in '*Structural Order in Polymers*', Ciardelli, F. , and Giusti, P. (Eds.), Pergamon Press, New York, p. 195(1981).

Suzuki, T. , Kovacs, A. , *Polymer J.* , **1**, 82(1970).

Tanaka, H. , Nishi, T. , *Phys. Rev. Letters*, **55**, 1102(1985).

Tanaka, H. , Nishi, T. , *Phys, Rev, (A).* **39**, 783(1989).

Tang, T. , Huang, B. , *J. Appl, Polym, Sci.* , **53**, 355(1994a).

Tang, T. , Huang, B. , *J. Polym, Sci.* , *Polym, Phys, Ed.* , **B32**, 1991(1994b).

Tang, T. , Li, H. , Huang, B. , *Macromol, Chem, Phys.* , **195**, 2931(1994).

Tashiro, K. , Izuchi, M. , Kaneuchi, F. , et al, *Macromolecules*, **27**, 1140(1994).

Tashiro, K., Izuchi, M., Kobayashi, M., et al, *Maromolecules*, **27**, 1121(1994a); ibid., **27**, 1128(1994b); ibid., **27**, 1134(1994c).

Tashiro, K., Satkowski, M. M., Stein, R. S., et al, *Macromolecules*, **25**, 1809(1992).

Tashiro, K., Stein, R. S., Hsu, S. L., *Macromolecules*, **25**, 1801(1992).

Teh, J. W., Blom, H. P., Rudin, A., *Polymer*, **35**, 1680(1994b).

Teh, J. W., *J, Appl. Polym, Sci.*, **28**, 605(1983).

Teh, J. W., Rudin, A., Keung, J. C., *Adv. Polym, Tech.*, **13**, 1(1994a).

Thomas, D. G., Staveley, L. A. K., *J. Chem, Soc.*, 4569(1952).

Turnbull, D., Oech, R. E., *J. Appl. Phys.*, **21**, 804(1950).

Turnbull, D., Fisher, J. C., *J. Chem, Phys.*, **17**, 71(1949).

Turnbull, D., *J. Chem. Phys.*, **18**. 198(1950).

Ullmann, W., Wendorff. J. H., *Compos. Sci. Technol.*, **23**, 97(1985).

Utracki, L. A., '*Polymer Alloys and Blends*', Hanser Publishers. Munich(1989).

Vadhar, P., Kyu, T., *Polym, Eng, Sci.*, **27**, 202(1987).

Van Antwerpen, F., Van Krevelen, D. W., *J. Polym, Sci.*, *Polym, Phys, Ed.*, **B10**, 2423(1972).

Van Krevelen D. W., '*Properties of Polymer*', Elsevier, New York(1976).

Van Riemsdyk, A. D., *Ann. Chim, Phys.*, **20**, 66(1880).

Vandermarliere, M., PhD. dissertation, KU Leuven(1986).

Vanneste, M., Grovninckx, G., *Polymer*, **35**, 1051(1994); ibid., **36**, 4253(1995).

Vanneste, M., PhD, dissertation, KU Leuven(1993).

Vidotto, G., Levy, D. L., Kovacs A. J., *Kolloid Z. Z. Polymer*, **230**, 289(1969).

Walsh, D. J., Rostami, S., Singh, V. B., *Macromol, Chem.*, **186**, 145(1985).

Wang, T. T., Nishi, T., *Macromolecules*, **10**, 421(1977).

Warner, F. P., MacKnight, W. J., Stein, R. S., *J. Polym. Sci.*, *Polym, Phys, Ed.*, **B15**. 2113(1977).

Wei-Berk, C., *ACS*, **68**, 299(1993).

Wenig, W., Fiedel, H. W., Scholl, A., *Colloid Polym. Sci.*, **268**, 528(1990).

Wenig, W., Karasz, F. E., MacKnight, W. J., *J. Appl. Phys.*, **46**, 4194(1975).

Wenig, W., Meyer, K., *Colloid Polym. Sci.*, **258**, 1009(1980).

Wilfong, D. L., Hiltner, A., Baer, E., *J. Mater. Sci.*, **21**. 2014(1986).

Williams, M. L., Landel. R. F., Ferry, J. D., *J. Am. Chem. Soc.*, **77**, 3701(1955).

Willis, J. M., Favis, B. D., Lavallé, C., *J. Mater, Sci.*, **28**. 1749(1993).

Woo, E. M., Barlow, J. W., Paul, D. R., *J. Appl. Polym. Sci.*, **28**, 1347(1983).

Wunderlich, B., *Macromolecular Physics*', Academic Press. New York(1973).

Wunderlich, B., in '*Macromolecular Physics, Vol. 2. Crystal Nucleation-Annealing*', Academic Press, New York/San Francisco/London(1976).

Zhang. H., Prud'homme, R. E., *J. Polym. Sci.*, *Polym. Phys, Ed.*, **B24**, 723(1987).

Zhou, X. Q., Hay, J. N., *Polymer*, **34**, 4710(1993).

Ziabicki, A., *Appl, Polym. Symp.*, **6**, 1(1967).

Ziabicki, A., in '*Fundamentals of Fibre Formation: the Science of Fibre Spinning and Drawing*', Wiley, New York, p111(1976).

参 考 文 献

[1] Runt J P. *In*: Paul D R, Bucknall C B. Polymer Blends: Formulation & Performance" Vol. Ⅰ, John Wiley & Sons, Inc. 2000, 中译本"聚合物共混物:组成与性能"上卷. 殷敬华, 韩艳春, 安立佳, 等译校. 北京: 科

学出版社,2003:124

[2] Runt J P,Martynowicz L M. *In*:Paul D R,Sperling L H. Multicompount Polymer Materials. Washington D. C. :Adv. in Chem. Ser. ,211,American Chemical Society,1986.

[3] Groeninckx G,Vanneste M,Everaert V. *In*:Utracki L A. Polymer Blends Handbook. Kluwer Academic Publishers,Printed inter Notherlands. 2003:203 - 294.

[4] Bank M. J. Leffingwell and C. Thias,Macromolecules,1971,4:43.

[5] Kaplan S. Am. Chem. Soc. Polym. Prepr. ,1984,25:356.

[6] Kwei T K,Nishi T T,Roberts R F. Macromolecules,1974,7:667.

[7] Caravatir P,Braunschweiler L,Ernst R R. Chem. Phys. Lett. ,1983,100:305.

[8] Macknight W J,Karasz F E,Fried J R. *In*:Paccl O R,Newman S. Polymer Blends. New York:Academic Press:1978,1:185.

[9] Fried J R. *In*:Dawkins J V. Developments in Polymer Characterization. Appl. Sci. ,London,1983,4:39.

[10] Stejskal E ô,Schaefer J,Segcik M D,et al. Macromolecules,1981,14:276.

[11] Wignall C D,Child H R,Li-Ararena F. Polymer,1980,17:640.

[12] Kambour R P,Bopp R C,Maconnachie A,et al. Polymer,1980,21:133.

[13] Maconnachie A,Kambour R P,White D M,et al. Walsh Macromolecules,1984,17:2645.

[14] Koleske J V,Lundberg R D. J. Polym. Sci. Part A-2,1969,7:795.

[15] Fox T G. Bull. Am. Phys. Soc. ,1956,2:123.

[16] Gordon M,Taylor J S. J. App. Chem. ,1952,2:493.

[17] Coleman M M. ,Zarian J. J. Polym. Sci. ,Polym. Phys. Ed. ,1979,17:837.

[18] TadoKoro H,Kobayashi M,Yoshidome H, et al. J. Chem. Phys. ,1968,49:8.

[19] Kirkpatrick H,Thesis M S. University of Cincinnati,1975.

[20] Hummel D O,Holland-Moritz K,Zoschke E. Mol. Spectrosc. ,1971,297.

[21] Holland-Moritz K,Hummel D O. J. Mol. Struct. ,1973,19:289.

[22] Holland-Moritz K,Siesler H W. Appl. Speetrosc. Rev. ,1976,11(1):1.

[23] Coleman M M,Painter P C. Tabb D L, et al. J. Polym. Sci. Polym. Lett. Ed. ,1974,12:577.

[24] Tabb D L,Koenig J L,Coleman M M. J. Polym. Sci. Polym. Phys. Ed. ,1975,13:1145.

[25] Opaskar C G,Krimm S. Spectrochim. Acta,1967,23A:2261.

[26] Opaskar C G,Krimm S. J. Polym. Sci. ,1969,A2:57.

[27] Rubcic A,Zerbi G. Macromolecules,1974,7:754:759.

[28] Koenig J L,Antoon M K. J. Polym. Sci. Polym. Phys. Ed. ,1977,15:1379.

[29] Riedl B,Prud'homme R E. J. Polym. Sci. Polym. Phys. Ed. ,1986,24:2565.

[30] Gray D G. Progress Polym. Sci. ,1977,5:1.

[31] Despandes D D,Patterson D,Schreiber H P,et al. Macromolecules,1974,7:530.

[32] Harris J E,Paul D R,Barlow J W. Poly. Eng. Sci. ,1983,23:676.

[33] Fisher E W,Sterzel H J,Wegner G. Kolloid Z. Z. Polym. ,1973,251:980.

[34] Manzini G,Crescenzi V. Polymer,1973,14:343.

[35] Aubin M,Prud'homme R E. Macromolecules,1980,13:365.

[36] Hobbs S Y,Billmeyer F W. J. Polym. Sci. Part A-2. 1970,28:1387.

[37] Hellwege K H,Knappe W,Lehman P. Kolloid Z. ,1962,183:110.

[38] Dreishache D R. Adv. Chem. Series #15. Washington D. C. :Am. Chem. Soc. ,1955.

[39] Ibid,#22,(1959)

[40] Ibid,#29,(1961)

[41] Timmermans J. Physical-Chemical Constants of Bure Brganic Compounds. New York:Elsevier,1950.

[42] Ibid Vol. Ⅱ,(1965)
[43] Dymond J H. ,Smith E B. The Virial Coefficients of Puri Gasesand Plintures. Oxford:Clarendon Press, 1980.
[44] Al-Saigh Z Y. ,Munk P. Macromolecules,1984,17:803.
[45] Olabisi O. Macromolecules,1975,8:316.
[46] Su C S,Patterson D. Macromolecules,1977,10:708.
[47] Braun J M,Guillet J E. Macromolecules,1975,8:882.
[48] Dipaola G,Guillet J E. Makromol. Chem. ,1980,181:215.
[49] Zhikuan C,Walsh D J. Eur. Polym. J. ,1983,19:519.
[50] Galin M,Ruprecht M C. Macromolecules,1928,12:506.
[51] Klein J,Widdecke H,Walter G. J. Polym. Sci. ,Polym. Symp. ,1980,68:221.
[52] Hoffman J D,Davis G T,Lauritzen J I,*In*:Chapter T,Hannay N B. Treatise on Solid State Chemistry. Vol. 3. New York:Plenum Press,1976.
[53] Kumar S K,Yoon D Y. Macromolecules,1991,24:5414.
[54] Warner F P,Macknight W J,Stein R S. J. Polym. Sci. Polym. Phys. Ed. ,1977,B15:2113.
[55] Song H H,Ree D-Q,Stain M R S,et al. Macromolecules,1988,21:1180.
[56] Wenig W,Karasz F E,Macknight W J. J. Appl. Phys. ,1975,46:4194.
[57] Runt J P,Barron C A. Zhang X F, et al. Macromolecules,1991,24:3466.
[58] Barron C A,Kumar S K,Runt J P. ACS Polymer Preprints,1992,2:610.
[59] Russell T P,Stein R S. J. Polym. Sci. Polym. Phys. Ed. ,1983,B21:999.
[60] Escala A,Stein R S,*In*: Cooper S L,Ester G M. Multiphase Polymers. Washington D. C. ,Adv. in Chun. Ser. 176,ACS,1979:B455.
[61] Jtein R S,Russell T P. Morra B S,et al. *In*: Giusti P. Structure Order in Polymers. New York:Pergamon Press,1981:195.
[62] Olabishi O,Robeson L M,Shaw M Y. *In*:Polymer-Polymer Miscibility. New York: Academic Press, 1979.
[63] Mandelkern L,Quinn F A,Flory P J. J. Appl. Phys. ,1954,25:830.
[64] Turnbull D,Fisher J C. J. Chem. Phys. ,1949,17:71.
[65] Van Antwerpen F,Van Krevelen D W. J. Polym. Sci. Polym. Phys. Ed. ,1972,B10:2423.
[66] Alfonso G C,Russell T P. Macromolecules,1986:19:1143.
[67] Cimmino S,Martuscelli E,Silvestre C,et al. J. Polym. Sci. Polym. Phys. Ed. ,1989,B27:1781.
[68] Rostami S. Polymer,1990,31:899-904.
[69] Keith H D,Padden F J Jr. J. Appl. Phys. ,1963,34:2409;Ibid,1964,35:1286.
[70] Stein R S. *In*:Newer Method of Polymer Characterization. Chapter 4. New York:Wiley,1964.
[71] Hoffman J D. Polymer,1983,24:3.
[72] Ong C J,Price F P. J. Polym. Sci. Polym. Symp. ,1978a,63:45;Ibid,1978b,63:59.
[73] Calaborra E,Cortazar M,Guzman G M. Polymer,1982,23:1322.
[74] Hoffman J D,Weeks J J. J. Chem. Phys. ,1962a,37:1723-1741.
[75] Magill J H. J. Appl. Phys. ,1964,35:3249.
[76] Boon J,Challa G,Van Krevelen D W. J. Polym. Sci. Part A-2,1968,6,1791.
[77] Thomas D G,Staveley L A K. J. Chem. Soc. ,1952,4569.
[78] Geil P H. *In*:Polymer Singhe Crystals. New York:Wiley,1963:229.
[79] Vidotto G,Lery D L,Kovaes A J. Kolloid Z. Z. Polymer,1969,230:289.
[80] Avrami M. J. Chem. Phys. ,1939,7:1103.

[81] Morgan L B. Phila. Trans. Roy. Soc. (London), 1954, 247:13.
[82] Mandelkern L, Qwinn F A, Flory P J. J. Appl. Phys., 1954, 25:830.
[83] Grenier D, Prud'homme R E. J. Polym. Sci. Polym. Phys. Ed., 1980, B18:1655.
[84] Perez-Cardenas F C, Felipe DEL Castillo, L., et al. Appl. Polym. Sci., 1991, 43:779.
[85] Boon J, Azcue J M. J. Polym. Sci. Part A-2, 1968, 6:885.
[86] Wunderlich B. Macromolecular Physics. New York: Academic Press, 1973.
[87] Martuscelli E. Polym. Eng. Sci., 1984, 24:563.
[88] Ozawa T. Polymer, 1971, 12:150.
[89] Ziabicki A. Appl. Polym. Symp., 1967, 6:1.
[90] Ziabicki A. *In*: Fundamentals of Fiber Formation: Hugcience of Fick Spinning and Drawing. New York: Wiley, 1976:111.
[91] Gupta A K, Rana S K, Deopara B L. J. Appl. Polym. Sci., 1994, 51:231.
[92] Kamal M R, Chu E. Polym. Eng. Sci., 1983, 23:27.
[93] Edward G H. British Polym. J., 1986, 18:88.
[94] Hu S R, Kyu T, Stein R S. J. Polym. Sci. Polym. Phys. Ed., 1982, B25:71.
[95] Mishi T, Wang T T. Macromolecules, 1975, 8:909.
[96] Patterson G D, Nishi T, Wang T T. Macromolecules, 1976, 9:603.
[97] Hoffman J D, Weeks J J. J. Res. Natl. Bur. Stand., Sect. A., 1962, 66:13.
[98] Paul D R, Altamirano J O. Polym. Prepr. Am. Chem. Soc. Div. Polym. Chem., 1974, 15:409.
[99] Yano S. J. Polym. Sci. Part A-2, 1972, 8:1057.
[100] Noland J S, Hsu NN-C, Saxon R, et al. Adv. Chem. Ser., 1971, 99:15.
[101] Mandelkern L. Crystallization of Polymers. New York: McGraw-Hill, 1964.
[102] Osaki S, Ishida Y. J. Polym. Sci. Polym. Phys. Ed., 1975, 13:1071.
[103] Flory P J. Principles of Polymer Chemistry. New York: Cornell University Press, 1953.
[104] Scott R L. J. Chem. Phys., 1949, 17:279.
[105] Koningsweld R, Kleintjens L A, Shultz A B. J. Polym. Sci. Part A-2, 1970, 8:1261.
[106] Joshi R M. Encyclopedia of Polymer Science and Technology. Vol. 13. New York: Interscience, 1970:788
[107] Nakagawa K, Ishida Y. J. Polym. Sci. Polym. Phys. Ed., 1973, 11:2153.
[108] Bueche F. Physical Properties of Polymers. New York: Interscience, 1962.
[109] Kwei T K, Nishi T, Roterts R F. Macromolecules, 1974, 7:667; Rubber Chem. Technol., 1975, 48:218.
[110] Kwei T K, Frisch H L. Macromolecules, 1978, 11:1267.
[111] Walsh D J, Rostami S, Singh V B. Macromol. Chem., 1985, 156:345.
[112] Plans J, Macknight W J, Karasz F E. Macromolecules, 1984, 17:810.
[113] Rim P B, Runt J P. Macromolecules, 1983, 16:762; Ibid., 1984, 17:1520.
[114] Eshuis A, Roerdink E, Challa G. Polymer, 1982, 23:735.
[115] Gunton J D, San Miguel M, Sahni P. *In*: Domb C, Lebowitz J H. Phase Transition and Critical Phenomena. Vol. 8. London: Academic, 1983.
[116] Tanaka H, Nishi T. Phys. Rev. Lett., 1985, 55:1102.
[117] Tanaka H, Nishi T. Phys. Rev. (A), 1989, 39:783
[118] Li Y, Stein M, Jungnickel B J. Colloid Polym. Sci., 1997, 269:772.
[119] Li Y, Jungnickel B J. Polymer, 1993, 34:9.
[120] Russell T P, Stein R S. J. Macromol. Sci. Phys., 1980, B17:617.
[121] Mullins W W, Sekerka R F. J. Appl. Phys., 1963, 34:323.
[122] Keith H D, Padden F J Jr. J. Appl. Phys., 1963, 34:2409.

第 9 章　聚合物分子运动

聚合物分子链构象变化、凝聚态结构的形成、力学性能的表现以及各种功能的发挥无不通过大分子链的运动来实现。大分子链运动(无论是局部的还是整体的)贯穿高分子材料制备、结构形成及实现各种性能的全过程。它的重要作用是明显可见的。为了认识大分子链的运动,这里从描述一种宏观力学行为入手。

聚合物的模量(弹性模量或剪切模量)随温度变化已被研究很多了,模量就是单位应力产生应变的能力,它反映聚合物的力学状态。图 9.1 给出了典型的聚合物模量-温度曲线[1]。

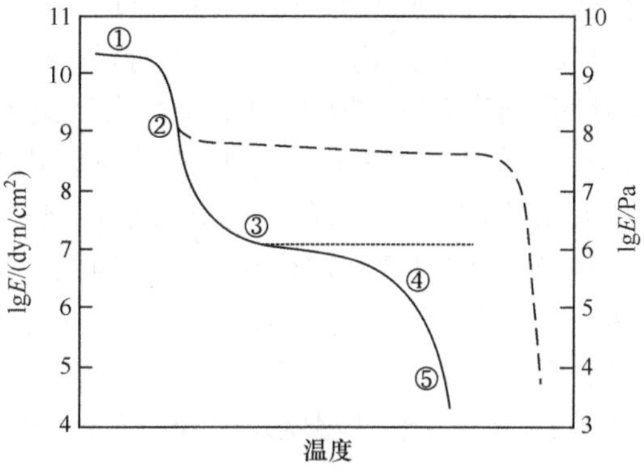

图 9.1　聚合物模量-温度曲线

图 9.1 中的实曲线反映了无定形线形聚合物的模量随温度的变化行为。实际上,很多重要的聚合物在室温上下(比较低的温度)不结晶而呈现为玻璃体,在比较高的温度,它们变成黏性液体。这样的聚合物模量-温度曲线可以按聚合物状态不同划分为五个区域:①玻璃态;②玻璃化转变区域;③橡胶高弹平台区域;④橡胶态流动区域;⑤液态流动区域。鉴于聚合物黏弹行为强烈的温度与时间依赖性,一般这样的模量-温度曲线的测定采用准静态方式,测定时间为 10 s 或 100 s(取实验点间隔的时间),对应的升温速度为 1 ℃/min。在区域①,玻璃体聚合物通常是硬而脆的,如室温上下的聚苯乙烯和聚甲基丙烯酸甲酯,它们的弹性模量约为 3×10^{10} dyn/cm^2(3×10^9 Pa)。随着升温样品进入区域②状态,弹性模量陡降,在 20～30 ℃衰减三个数量级,也就是说在玻璃化转变过程中弹性模量变为 2×10^7 dyn/cm^2(2×10^6 Pa)。随后继续升温,样品进入区域③状态,但样品呈现模量变化相对很小,即所谓高弹(或橡胶态)平台出现,而且分子量越大,平台区延续的温度越高(平台区越长),模量变化也相对越小。再继续升温到一定温度,样品进入区域④状态,样品的模量有了稍明显的下降,但下降的量仍不大,在这一区域内样品呈现的是橡胶流动状态,就是说在这一区域所属的温度范围内,大分子链本身的运动状态已经可以表现为流动了,由于拓扑缠结,大分子链在设定的实验条件(作用时间长度)下尚来不及弛豫而呈现流动。温度再升高,大分子链的活动状态已经来得及弛豫并解脱缠结而呈现为液体流动,也就是说这时样品进入区域⑤已经可以像液体一样流动,即所谓蛇行运动。聚合物熔融了的液体所呈现的流动黏度仍是很高的,为 $10^3\sim10^4$ 泊(poise)或 $10^2\sim10^3$ 帕・秒(Pa・s)。

如果聚合物样品是化学交联的网,像硫化橡皮一样,那么它的模量-温度曲线则不呈现如图 9.1所示的模量-温度曲线区域③后面的部分,而呈现为如图 9.1 所示的点线。如果聚合物样品是结晶的,则其模量-温度曲线如图 9.1 中虚线所示,在样品熔融温度以前曲线呈现为较长的平台区,当温度高于样品的熔点时,样品的模量陡然下降,呈现为高黏度的流体。

从图 9.1 的模量-温度曲线可以看出,在区域②和区域⑤,即在聚合物玻璃化转变过程中和开始呈现液体流动后,大分子链运动状态变化比较大,在玻璃化转变过程中,局部链结构单元(链段)运动,而呈现为液体,流动过程中大分子链整体运动自然是人们感兴趣的研究内容,事实上这两个区域的大分子链的运动现象本质和规律也是研究得相对多的,本章就这两个区域大分子链的运动做比较详细的叙述。

9.1 聚合物的玻璃化转变

玻璃化转变温度 T_g 是决定非结晶聚合物应用的非常重要的单一参数。它的数值直接反映着在环境温度下聚合物可能呈现什么样的力学性能,聚合物可能用作什么样的材料。例如,如果 T_g 为摄氏负几十度,那么这种聚合物就可能用作橡胶弹性体。实际上,在室温为非晶聚合物的天然橡胶和顺丁橡胶广泛用于制造轮胎,它们的玻璃化转变温度分别为 −70 ℃和 −105 ℃。如果 T_g 为 100 ℃左右,那么这样的聚合物就可能用作塑料。实际上,玻璃化转变温度分别为 80~100 ℃的无规立构聚氯乙烯、聚苯乙烯及聚甲基丙烯酸甲酯都是通用塑料。聚乙烯则是一个突出的例外,它的玻璃化转变温度为 −80~−70 ℃,然而它却是第一通用塑料大品种,因为聚乙烯很容易结晶,而且结晶度可以达到 70%以上,所以呈现为环境温度下的塑料,与此同时低玻璃化转变温度的聚乙烯的非晶相又可以改善聚乙烯的柔韧性。实际上,很多结晶聚合物都只能是部分结晶,常同时含有相当量的非晶相,尽管它们的非晶相的玻璃化转变温度由于结晶而可能升高,T_g 仍是结晶聚合物的重要参数之一。从聚合物结构与性能关系角度考虑,玻璃化转变温度是聚合物大分子链的本体柔性(多链体柔性)极为重要的表征参数。

9.1.1 聚合物玻璃化转变的实验观测

1. 玻璃化转变过程中聚合物热力学性质变化

1) 体积与热焓的变化

图 9.2(a)是一种结晶材料的体积随温度变化示意图,当这样的材料受热时,直到到达熔点之前,体积将以通常方式膨胀。如果材料是完全结晶的,那么它就会有一尖锐的熔点,体积继续膨胀并将发生不连续变化,即在很窄的温度范围内体积显著增加。对于一般结晶的聚合物,这一熔融过程却发生在相当宽的温度范围,如图 9.2(a)所示的非不连续变化(无突变)升温曲线。在熔点 T_m 以上继续加热,如图 9.2(a)直线 CD 所示,聚合物样品以快得多的速率体积膨胀。这一快速体积膨胀表明聚合物熔体比结晶聚合物有序度低得多,加热熔融使聚合物样品引入了更多的自由体积。自由体积概念在后续部分将做比较详细的讨论。

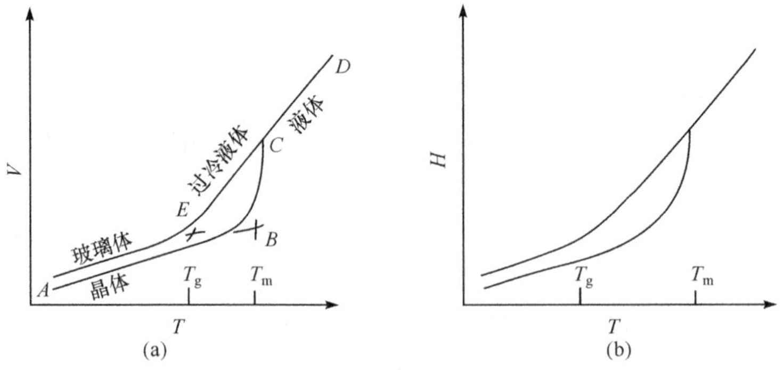

图 9.2 一种结晶材料在玻璃化转变过程中体积和热焓随温度的变化[2]

聚合物冷却时发生体积收缩，从 D 点冷却至 C 点聚合物体积收缩是线性的。冷却过 C 点以后，对于非晶聚合物或在实验条件下仍不结晶的结晶聚合物（如全同立构聚苯乙烯），体积将继续线性收缩。当冷却收缩至 E 点时，将会发现在相对窄的温度范围内，体积温度曲线的斜率突然发生明显变化，再继续降温，体积收缩仍将是线性的，只是收缩速率明显变慢。实际上，CD 区聚合物是熔体，DE 区聚合物是过冷熔体但处于高弹态，EA 区聚合物已经转变成玻璃体，E 点附近就是聚合物的玻璃化转变区域，虽然这一区域不宽，但这一区域前后，聚合物体积收缩速率发生了改变，相应的两部分直线斜率不同，分别将直线相对延伸，其交点所对应的温度一般就定为聚合物的玻璃化转变温度。对于同一样品，也可以测定热焓在玻璃化转变过程中随温度的变化，如图 9.2(b)所示，与体积随温度的变化相似。

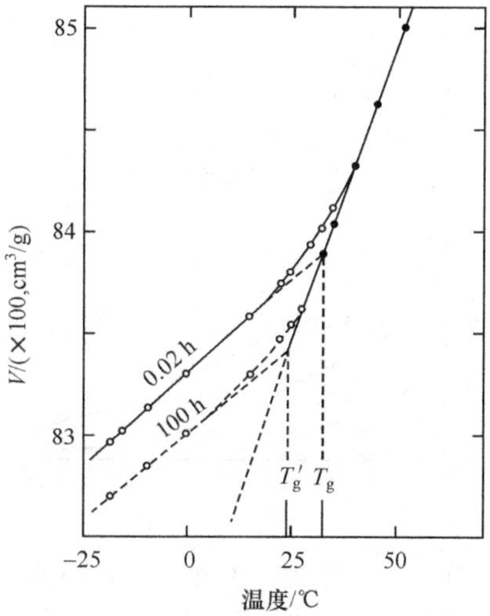

图 9.3　聚乙酸乙烯酯的比容-温度曲线

聚合物玻璃化转变过程的动力学可以通过不同降温速率的体积收缩实验进行研究。图 9.3 给出了用膨胀计法研究聚乙酸乙烯酯的比容-温度曲线，不同降温速率对玻璃化转变有显著的影响[3]。

从远高于 T_g 的温度下，将样品急速淬火至每一个实验温度，淬火之后停留一定时间测定体积。观测两种不同停留时间（0.02 h 和 100 h）的玻璃化转变过程。实点表示平衡态行为。

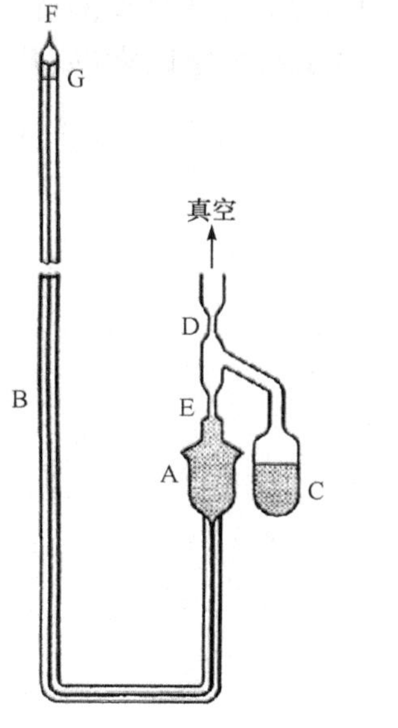

图 9.4　一种水银基质膨胀计[4]
玻璃容器 A 装有聚合物约 1 g，毛细管 B 内装有水银，用于记录 Hg 与聚合物的体积变化，G 为标定毛细管刻度，F 点为毛细管封端，玻璃容器 C 储存填充用水银。D 和 E 为两截制点。样品与水银同处于一温控体系中

由图 9.3 可以看到，在玻璃化转变温度以上比较高的温度下，实点表明体积收缩没有受到在实验温度停留时间的影响，也就是没有受到降温速率的影响。然而，在比较低的实验温度下，体积收缩受停留时间影响很大，停留时间为 100 h 的降温过程中体积收缩要大，而且在比较低的温度下才观察到体积对温度收缩率的转折，也就是说，降温速率比较慢的过程中在比较低的温度发生玻璃化转变。降温体积收缩实验表明，玻璃化转变温度是降温速率的函数。

一种可以用于测定玻璃化转变温度的膨胀计如图 9.4 所示，是用于观测聚合物体积收缩的仪器，试剂是水银，它不会溶胀聚合物，在测定聚合物体积收缩的温度范围内它没有自身的转变发生。膨胀计测定聚合物体积收缩实验并不简单，但实验条件比较容易规范，所以常用于聚合物玻璃化转变温度的标准测定。

用膨胀计可以进行另一种实验。观测冷却过程中体积收缩，不改变降温速率，而是都以同样快速淬火至不同温度，然后保持在各个不同温度下观测聚合物样品随时间延续的体积收缩。文献[5]报道了这种实验观测的结果，如图 9.5 所示。

等温体积收缩过程中任意时刻 t 的体积用 $V(t)$ 表示，而

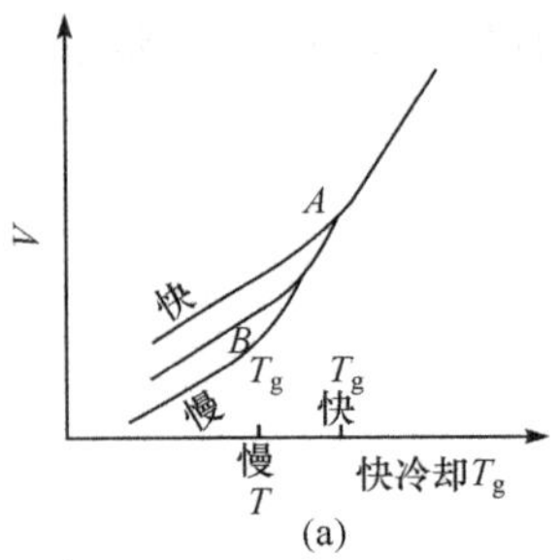

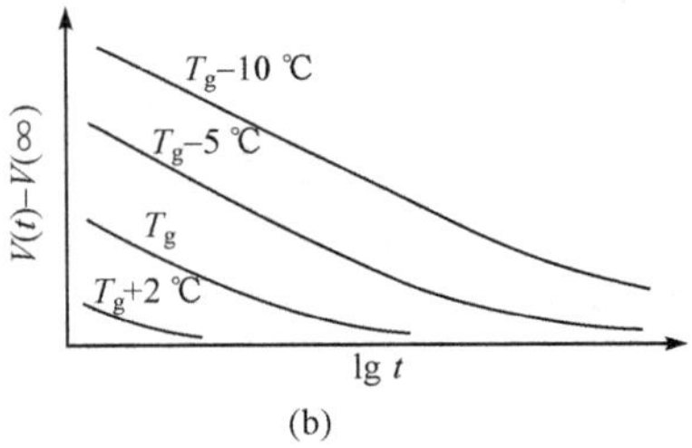

图 9.5　作为降温速率函数的体积随温度变化行为(a)以及在玻璃化转变温度附近不同温度下的等温体积收缩与时间对数的关系示意图(b)[5]

$V(\infty)$ 是等温收缩很长时间体积，即平衡体积。体积收缩 $V(t)-V(\infty)$ 与时间对数的关系如图 9.5(b)所示。聚合物样品玻璃化转变温度值是按比较公认的标准实验条件下的测定值，即以约 1 ℃/min 冷却速率降温膨胀计实验测定的值。聚合物样品 T_g 上下体积收缩观测温度为 T_g-10 ℃、T_g-5 ℃及T_g+2 ℃。从图 9.5(b)可以看出，T_g-5 ℃温度下的体积收缩比T_g-10 ℃温度下的体积收缩快，而在 T_g 和 T_g+2 ℃温度下的体积收缩更快。这些观测结果对于聚合物的选择和控制实际应用性质(如尺寸稳定性)具有重要参考价值。

2) 体膨胀系数与热容变化

在升温和降温过程中，聚合物的热焓变化与聚合物的体积变化有相似行为，如图 9.2 所示。与此同时，体积对温度的一阶导数与热焓对温度的一阶导数对温度作图也指示出相似行为。图 9.6 给出了体积 V、体膨胀系数$\frac{1}{V}\left(\frac{\partial V}{\partial T}\right)_p=\alpha$、热焓 H、热容$\left(\frac{\partial H}{\partial T}\right)_p=C_p$ 与温度的关系示意图。

从图 9.6 的体膨胀系数 $\frac{1}{V}\left(\frac{\partial V}{\partial T}\right)_p=\alpha$ 和热容$\left(\frac{\partial H}{\partial T}\right)_p=C_p$ 对温度作图可清楚看到，在玻璃化转变温度 T_g 附近发生了不连续变化，这是二级转变的特征，但不能认为玻璃化转变就是热力学二级转变，正如前面所述，这一转变随动力学因素(如升温速率、降温速率)变化而变化，尽管所显示的动力学现象有热力学根源。

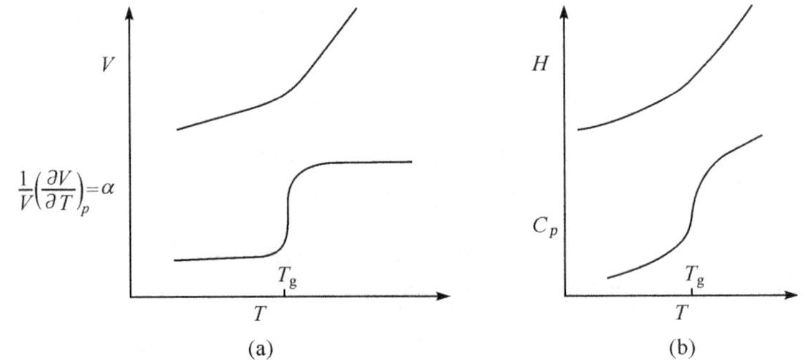

图 9.6　体积 V、体膨胀系数$\frac{1}{V}\left(\frac{\partial V}{\partial T}\right)_p=\alpha$ 和热焓 H、热容$\left(\frac{\partial H}{\partial T}\right)_p=C_p$ 在玻璃化转变温度附近的温度依赖性[6]

用功率补偿型示差扫描量热计(DSC)测定的无规聚苯乙烯热容-温度曲线如图 9.7 所示。从图 9.7 可以看到，在玻璃化转变过程中出现热容不连续变化，而且不连续变化点随降温速率不同稍有变化，而不连续变化点处的吸热峰随降温速率变慢有明显变化，这是所谓物理老化现象。热熔温度曲线的变化也反映出玻璃化转变温度受热历史的影响。

2. 玻璃化转变过程中聚合物动态力学与介电性质变化

如前所述聚合物随温度的体积收缩、热焓变化都受温度变化速率的影响，致使聚合物玻璃化转变也受到相应的影响，使玻璃化转变过程不能达到热力学平衡。温度变化速率即受热升温速率或冷却降温速率对玻璃化转变的影响表明，这一转变过程是外界作用时间的函数。人们自然可以想象，不同频率作用于聚合物样品的机械力场或电场对玻璃化转变的不平衡过程会有更明显的影响，动态力学法和动态介电法会更敏锐地观测到聚合物玻璃化转变过程对作用时间的依赖性。

1）动态力学实验

一般一正弦交变应力作用于聚合物样品，线性黏弹行为意味着应变也是一正弦函数，其振幅比例于所施加的应力，然而一般应变滞后于应力，存在一相角差 δ。角频率为 ω 的周期变化的应力与滞后周期变化的应变可表示为

$$\sigma(t)=\sigma_0\exp(i\omega t) \tag{9.1}$$

$$e(t)=e_0\exp i(\omega t-\delta) \tag{9.2}$$

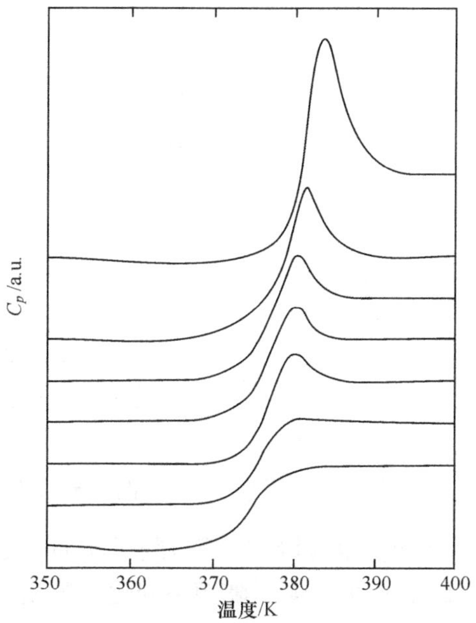

图 9.7　在加热速率为 9.0×10^{-2} ℃/s 时测得的无规聚苯乙烯的系列热容-温度曲线
由上至下的线性降温速率(℃/s)为 1.4×10^{-4}、3.2×10^{-3}、1.8×10^{-2}、4.13×10^{-2}、8.7×10^{-2} 和 0.5，从远高于 T_g 的温度处开始降温[7]

复数模量定义为

$$\frac{\sigma(t)}{e(t)}=E^*=\left(\frac{\sigma_0}{e_0}\right)\exp i\delta=\left(\frac{\sigma_0}{e_0}\right)(\cos\delta+i\sin\delta)=E'(\omega)+iE''(\omega) \tag{9.3}$$

式中，E' 和 E'' 分别为储能模量和损耗模量，它们的比为损耗角正切，即 $\frac{E''}{E'}=\tan\delta$。

单位体积样品在每一作用周期中能量损耗为

$$\Delta W=\int_0^{\frac{2\pi}{\omega}}\sigma(t)\mathrm{d}\varepsilon(t)=\pi E''(\omega)e_0^2 \tag{9.4}$$

无论实模量 E' 还是虚模量 E'' 都是频率函数。在动态力学实验中，直接测量能量的损耗有困难，一般都测量对数减量 Δ，而 Δ 与复数模量的分量关系为

$$\Delta=\pi\frac{E''(\omega)}{E'(\omega)}$$

聚合物样品的 $\lg E'(\omega)$、$\lg E''(\omega)$ 和 $\tan\delta$ 对 $\lg\omega$ 作图如图 9.8 所示。

图 9.8 中曲线是典型的交联聚合物的实验曲线。在低频时，聚合物呈现类橡胶状态，模量 E' 很低，约为 10^7 dyn/cm^2，随频率变化很小。在高频时，E' 具有较高的数值，约为 10^{10} dyn/cm^2，也不随频率而变化，聚合物呈现为玻璃态固体。介于这两种频率之间，聚合物呈现出橡胶态向玻璃态的转变，即玻璃化转变。

损耗模量 E'' 随频率也呈现其特征的变化，在低频和高频时应变都能跟上应力的变化，应力做功没有损耗，所以损耗模量 E'' 为零。在介于这两种频率之间的转变区，E'' 值先随频率增加而升高，在 E' 变化最大的频率，E'' 达到最大值，然后 E'' 随频率继续增加而下降，在损耗模量

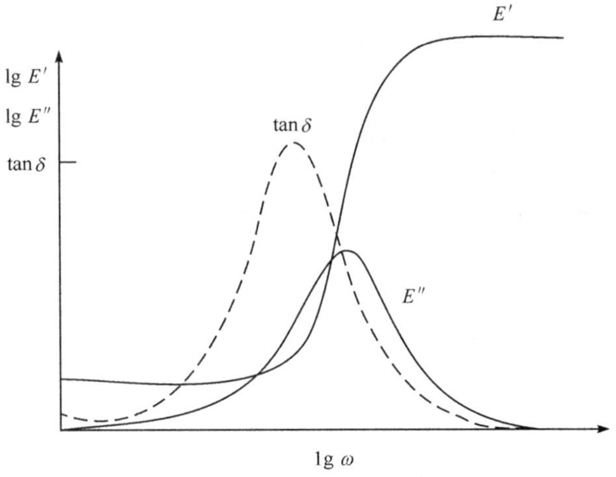

图 9.8　$\lg E'(\omega)$、$\lg E''(\omega)$和 $\tan\delta$ 对 $\lg\omega$ 作图[8]

呈现极值的频率下,聚合物样品的应变滞后于应力变化最厉害,损耗最大。可以推断,损耗角正切 $\tan\delta$ 也与 E''随频率变化行为相似,呈现极值,只是极值对应的频率稍低。

动态力学谱的频率谱测定是比较困难的。因为动态力学实验的频率变化范围比较有限。图 9.9 给出了一些聚合物的动态力学频率谱。

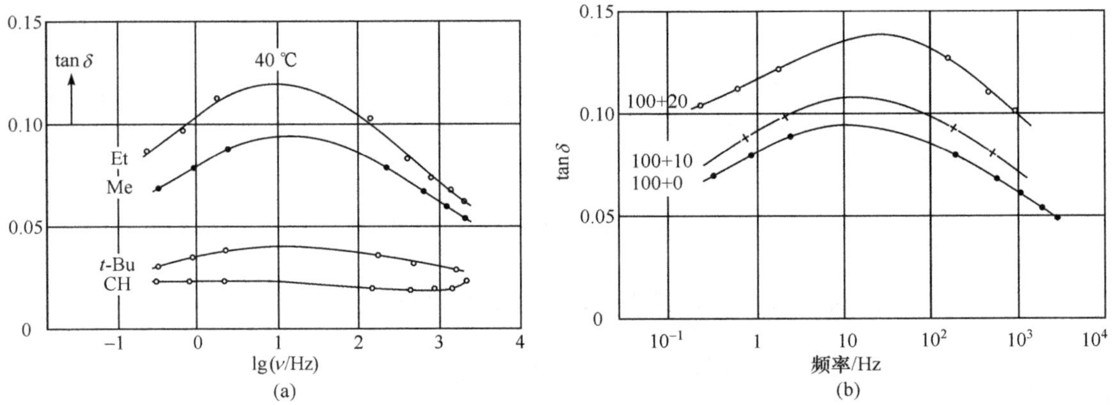

图 9.9　聚合物动态力学频率谱

(a) 四种聚甲基丙烯酸酯在 40 ℃的损耗正切对频率对数 $\lg\nu$ 作图[9],侧基分别为 Et 表示乙基(ethyl);Me 表示甲基(methyl);t-Bu 表示叔丁基(t-Butyl);CH 表示环己基(cyclohexyl)

(b) 聚甲基丙烯酸甲酯及其两种质量组成为(100+20)和(100+10)的邻苯二甲酸二丁酯溶液在 40 ℃的损耗正切对频率作图[10]

在动态力学实验中,固定应力变化的频率,改变温度即进行温度扫描,在不同温度下测得的储模量 E'和损耗角正切 $\tan\delta$ 对温度作图,可得聚合物动态力学温度谱,如图 9.10 所示。

如图 9.10 所示,从聚氯乙烯动态力学温度谱可以看到,随测试频率升高,储能模量 E'的陡降和损耗角正切 $\tan\delta$ 的峰都向高温移动。这表明,随测定频率的增加,周期应力作用时间减小,分子运动使聚氯乙烯样品应变滞后更加严重,致使聚氯乙烯样品在比较高的温度下才能发生玻璃化转变。这样的实验结果也表明,玻璃化转变是一弛豫过程,它依赖于外力作用的时间。

2) 介电实验

聚合物可以作为电介质,它的介电性质具有时间、频率和温度的依赖性,在周期变化的外

电场作用下，聚合物的介电系数是一复数，即

$$\varepsilon^* = \varepsilon' - i\varepsilon'' \tag{9.5}$$

式中，ε'为介电系数，反映聚合物介质的储电能力；虚数项的ε''为介电损耗，因为在外电场作用下，聚合物介质的分子偶极矩取向不能瞬时跟上外电场的变化，而是常表现出一种弛豫过程，介电极化唯象理论表明，复数介电系数与介电弛豫时间τ的关系为

$$\varepsilon^* = \varepsilon_\infty + \frac{\varepsilon_s - \varepsilon_\infty}{1 - i\omega\tau} \tag{9.6}$$

无论介电系数的实数项还是虚数项都是外电场作用频率的函数。

$$\varepsilon' = \varepsilon_\infty + \frac{\varepsilon_s - \varepsilon_\infty}{1 + (\omega\tau)^2} \qquad \varepsilon'' = \frac{(\varepsilon_s - \varepsilon_\infty)\omega\tau}{1 + (\omega\tau)^2}$$

$$\tan\delta = \frac{\varepsilon''}{\varepsilon'} \tag{9.6a}$$

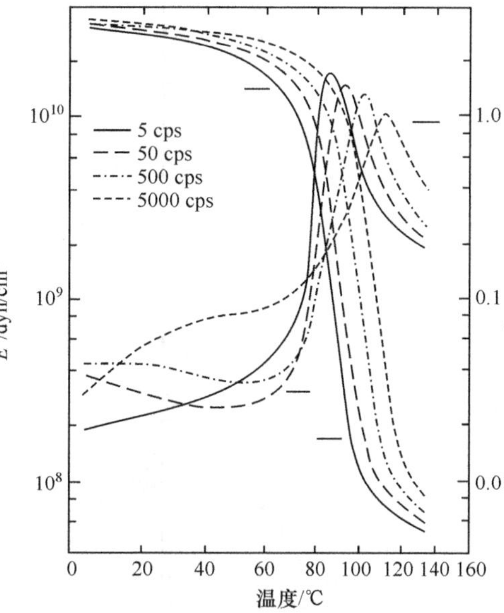

图 9.10　不同频率下聚氯乙烯的 E'和 $\tan\delta$ 对温度的依赖性[11]

式中，ε_s为静电场作用下的介电系数；ε_∞为光频电场作用下的介电系数；τ为聚合物某种结构单元取向过程中的弛豫时间，本章这里τ为聚合物玻璃化转变中分子链链段取向的弛豫时间。

如果以介电系数ε'和介电损耗ε''对角频率ω对数作图，那么当外场频率ω与聚合物链段的弛豫时间的倒数$1/\tau$接近或相当时，链段偶极矩取向滞后于外场变化的相位差最大，损耗出现极值，呈现介电损耗峰，其峰值为$\frac{\varepsilon_s - \varepsilon_\infty}{2}$，相应的介电系数陡降的值为$\frac{\varepsilon_s + \varepsilon_\infty}{2}$，如图 9.11 所示。

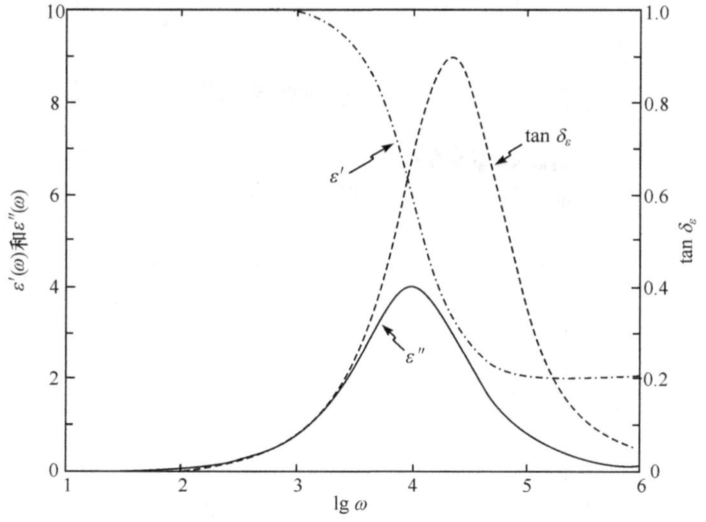

图 9.11　按 Debye 模型 ε'与ε''随频率的变化[12]

顺式聚异戊二烯本体的ε'和ε''与频率的关系测定结果如图 9.12 所示。

图 9.12 中ε'和ε''的频率谱证实了上述介电唯象理论分析，只是频率谱还表明顺式聚异戊二烯分子量的影响。用介电法研究聚合物玻璃化转变常还固定频率测定ε'和ε''的温度谱，如图 9.13 所示。

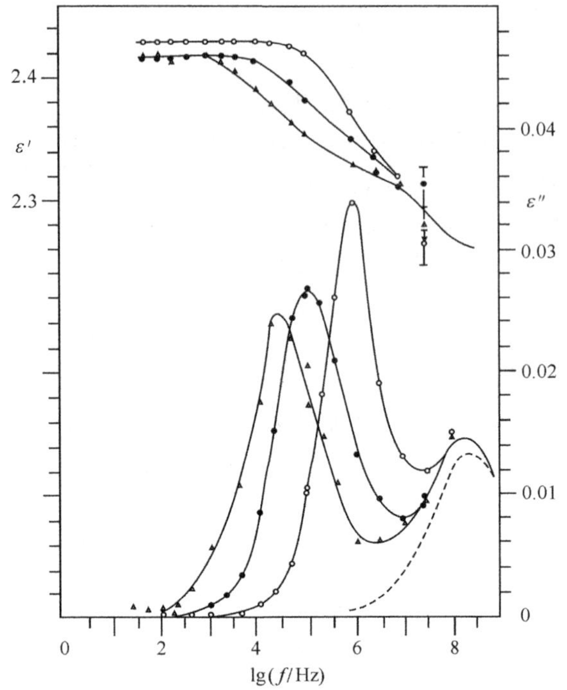

图 9.12　顺式聚异戊二烯的 ε′和 ε″频率关系

分子量 M_n 约为 10^3、3.3×10^3 和 6.6×10^3 的样品分别用符号 ∘、• 和 ▴ 表示,测试温度为 320 K[13]

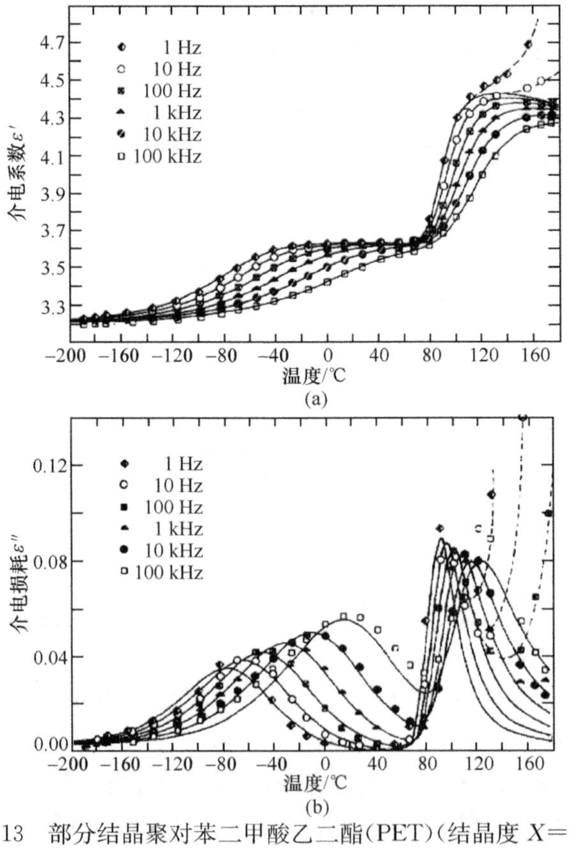

图 9.13　部分结晶聚对苯二甲酸乙二酯(PET)(结晶度 $X=0.38$)

在各种频率下介电系数 ε′和介电损耗 ε″的温度谱[14]

图 9.13 中 ε' 和 ε'' 温度谱都反映出聚对苯二甲酸乙二酯呈现 α 转变和 β 转变。α 转变出现在 100 ℃左右，与非晶区链的较大尺寸微布朗运动有关，与多种研究结果所认为的反映聚合物链段运动的玻璃化转变相符。β 转变出现在 −40 ℃左右，与玻璃态非晶相中链节的局部运动相关。无论温度谱中的 α 转变还是 β 转变都随外场作用频率增加而向高频位移，与力学谱观测的结果一致，都明确显示玻璃化转变过程是一种非平衡弛豫过程，它对外力或外场作用时间很敏感。无论动态力学实验还是动态介电实验都可以提供玻璃化转变呈现为时间函数的重要信息。这两种动态实验研究结果中都明显地通过力学损耗与介电损耗展示了玻璃化转变的弛豫性质。它们的频率谱中损耗峰对应的频率与聚合物玻璃化转变过程中链段在确定温度下特征弛豫时间相关；它们的温度谱中损耗峰对应的温度为聚合物玻璃化转变过程中链段在确定外力或外场作用频率下开始运动的特征温度。两种动态实验方法具有重要的共性，同时也有性质与作用的差别，明显可见的是介电实验频率变化范围比较宽，从 10^{-4} Hz 直到光频的 10^{14} Hz，为比较多的聚合物测定频率谱提供了可能性。聚合物的极性不同，有接近非极性的主链、极性主链，非极性主链带有极性侧基。一般来说，从实验方法的原理可以推断，动态力学实验对非极性主链的运动比较敏感，而动态介电实验对极性主链或侧链比较敏感。图 9.14 给出了两种动态方法测定聚甲基丙烯酸甲酯的温度谱。

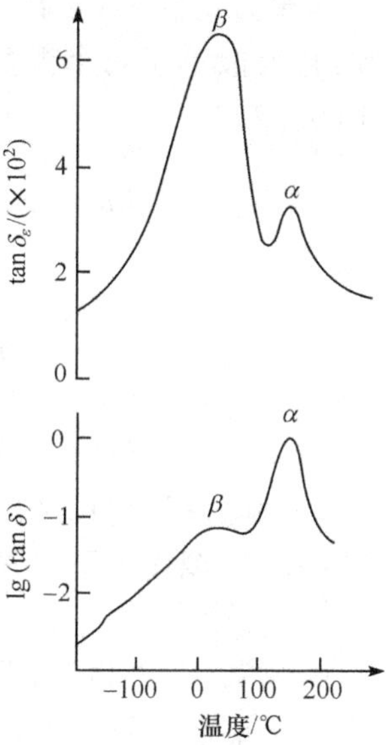

图 9.14　PMMA 的 $\tan\delta_\varepsilon$（介电损耗正切）和 $\tan\delta$（力学损耗正切）温度谱比较[15]

聚甲基丙烯酸甲酯的力学损耗和介电损耗温度谱都表明大约在 50 ℃和 105 ℃附近有两损耗峰，它们对应两种转变过程，高温转变通常称为 α 转变，也就是 PMMA 的玻璃化转变，而低温转变称为 β 转变，它与非晶态 PMMA 的侧链酯基运动有关。比较两种损耗的温度谱，可以看出力学损耗谱的 α 转变峰比较强，而介电损耗谱的 α 转变峰相对比较弱，低频力学损耗谱对聚甲基丙烯酸甲酯的基本上是非极性主链运动比较敏感；与此同时，介电损耗谱的 β 转变峰相对比较强，而力学损耗谱的 β 转变峰相对比较弱，高频介电损耗谱对聚甲基丙烯酸甲酯的极性较强的侧链酯基偶极矩取向比较敏感。力学损耗谱与介电损耗谱相结合可以成为研究聚合物链的分子运动弛豫行为的强有力的手段。

9.1.2　聚合物玻璃化转变理论

聚合物玻璃化转变的实验研究很多，理论研究也不少，但至今比较完善的玻璃化转变理论尚不存在，这里仅就影响比较大的自由体积理论、热力学理论和动力学理论做简要介绍。

1. 自由体积理论

Doolittle[16]首先提出本体黏度与自由体积的经验关系式

$$\eta = A\exp(BV_0/V_f) \tag{9.7}$$

式中，η 为本体黏度；V_0 和 V_f 分别为分子占有体积和自由体积；A 和 B 为常数。这一关系式为具有非常重要意义的聚合物黏弹性 Williams-Landel-Ferry 方程（简称 WLF 方程）提供了理论背景[17]。式(9.7)两边取自然对数

$$\ln\eta = \ln A + BV_0/V_f \tag{9.8}$$

自由体积分数 f 定义为 V_f/V_0+V_f，由于 $V_0 \gg V_f$，$f \approx V_f/V_0$，式(9.8)可改写成

$$\ln\eta = \ln A + B/f \tag{9.9}$$

在玻璃化转变温度，自由体积分数表示为 f_g，高于玻璃化转变温度时，自由体积分数 f_T 随温度升高的比例系数为 α_f，这一膨胀系数近似等于玻璃化转变温度上下膨胀系数之差，因此，玻璃化转变温度以上的任意温度下的自由体积分数可表示为

$$f_T = f_g + \alpha_f(T - T_g) \tag{9.10}$$

根据式(9.9)黏度比的自然对数应呈现为式(9.11)

$$\ln\left(\frac{\eta_T}{\eta_{T_g}}\right) = \ln a_T = B(1/f_T - 1/f_g) \tag{9.11}$$

式中，η_T 为任意温度 T 时的聚合物本体黏度；η_{T_g} 为玻璃化转变温度时的聚合物本体黏度；a_T 为聚合物黏弹行为的移动因子，后续章节可知它是实现聚合物模量时温变换的关键参数，它近似等于两个温度下的黏度比，即 $a_T \approx \eta_T/\eta_{T_g}$，再将式(9.10)代入式(9.11)可得式(9.12)

$$\ln a_T = B\left[\frac{1}{f_g + \alpha_f(T - T_g)} - \frac{1}{f_g}\right] = \frac{B}{f_g}\left[\frac{f_g - f_g - \alpha_f(T - T_g)}{f_g + \alpha_f(T - T_g)}\right]$$

$$= -\frac{B}{f_g}\left(\frac{T - T_g}{f_g/\alpha_f + T - T_g}\right)$$

$$\lg a_T = -\frac{B}{2.3f_g}\left[\frac{T - T_g}{(f_g/\alpha_f) + T - T_g}\right] \tag{9.12}$$

实验数据表明常数 B 很接近于 1。式(9.12)实际是 WLF 方程的一种形式。实验数据已表明在 T_g 温度上下有限温度范围内(如±50 ℃)，WLF 方程具体如下：[17]

$$\lg a_T = -17.4(T - T_g)/(51.6 + T - T_g) \tag{9.13}$$

式中，常数 17.4 和 51.6，对于很广泛的聚合物范围，为合理的近似值，因而是有效的。比较式(9.12)和式(9.13)，首先可以发现

$$1/2.3f_g = 17.4 \quad 即 \quad f_g = 0.025 \tag{9.14}$$

这就是说，对于广泛已知聚合物，在玻璃化转变温度下自由体积分数几乎是相同的，而且其值为 2.5%。同时可以看到另一常数

$$f_g/\alpha_f = 51.6 \quad 即 \quad \alpha_f = 4.8 \times 10^{-4}\,\mathrm{K}^{-1} \tag{9.15}$$

玻璃化转变温度以上，这一体膨胀系数数值对于广泛已知聚合物是一合理的近似值。这一结果就是所谓玻璃化转变自由体积理论的核心内容。聚合物在发生玻璃化转变时必须具备的条件之一是聚合物内自由体积分数已经达到 2.5%。在同一温度变化过程中，不同的聚合物在不同的温度(不同的玻璃化转变温度)下才具有这一自由体积分数。

聚合物的玻璃化转变温度，在分子量比较低时，对分子量有依赖性。聚苯乙烯的玻璃化转变温度对分子量的依赖关系如图 9.15 所示[18]。

从自由体积概念出发可以理解聚合物玻璃化转变温度的分子量依赖关系。可以设想聚合物的每个分子链链端比链中间链结构单元具有较大的活动性，因为它的一头是自由的，而链中间的结构单元都是两头与其他链结构单元相连。这种比较大的活动性实际是较大自由体积的反映，也就是说，链端比链中间的结构单元平均起来对自由体积分数贡献更大。如果每一个链端贡献的多余的自由体积用 θ 表示，那么，2θ 就是每一个链贡献的多余自由体积，$2\theta N_A$ 就是每摩尔高分子链贡献的多余的自由体积。

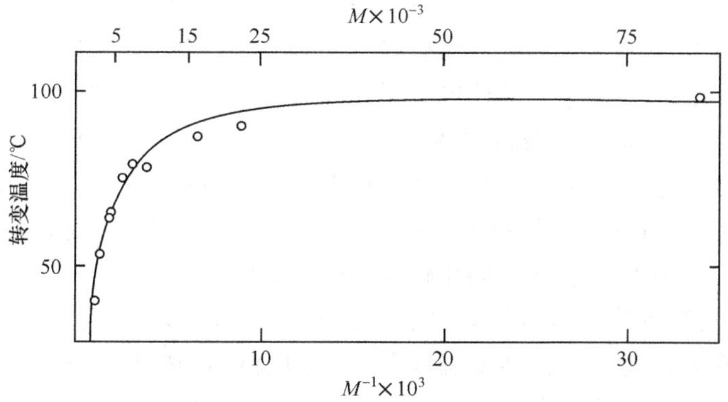

(a)

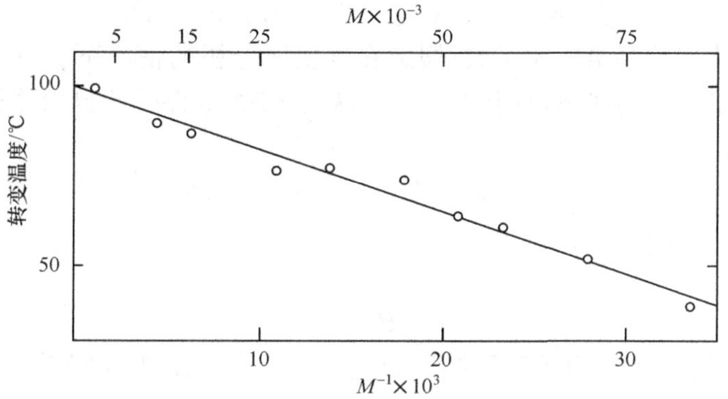

(b)

图 9.15　聚苯乙烯各级分的 T_g 对分子量及其倒数作图

$$2\theta N_A/M = \text{每克聚合物的高分子链贡献的多余的自由体积} \tag{9.16}$$

式中，M 为聚合物的分子量；N_A 为阿伏伽德罗常量。式(9.16)的左边再乘以聚合物的密度 ρ，就给出每单位体积聚合物的分子链所贡献的多余自由体积，即

$$(2\theta N_A/M)\rho = \text{每立方厘米聚合物的分子链贡献的多余的自由体积} \tag{9.17}$$

上述情况是理想情况，相当于将无穷大分子链组成的聚合物都截分成分子量为 M 的分子链组成的聚合物。如果无穷大分子链组成的聚合物在其玻璃化转变温度 $T_g(\infty)$时的自由体积分数 $f_g=0.025$，那么截分成分子量为 M 的分子链组成的聚合物在 $T_g(\infty)$温度下，多出来的链端贡献多余的自由体积使自由体积分数要超过 0.025。根据玻璃化转变自由体积理论所得出的结论，截分后的聚合物在 $T_g(\infty)$温度下不会发生玻璃化转变，必须以同样降温速率继续降温才能在相应的 $T_g(M)$温度下发生玻璃化转变，因为截分后的聚合物在 $T_g(M)$温度下的自由体积分数才可能降到 0.025。对于单位体积聚合物而言，在继续降温过程中，由于聚合物收缩而压缩掉的自由体积量应比例于无限大分子量聚合物与分子量为 M 的聚合物的玻璃化转变温度的差值$[T_g(\infty)-T_g(M)]$，比例系数值为 α_f，所以

$$2\rho\theta N_A/M = \alpha_f[T_g(\infty) - T_g(M)] \tag{9.18}$$

整理得

$$T_g(M) = T_g(\infty) - 2\rho\theta N_A/d_f M = T_g(\infty) - K/M \tag{9.19}$$

用式(9.19)可以很好地拟合图 9.15(b)的实验点，图中实线就是拟合结果。同时图 9.15(a)反映出，当聚苯乙烯分子量足够大时，其玻璃化转变温度已经不随分子量增加而升高。这一结果

表明,当聚苯乙烯的分子量升高到一定值以后,分子量继续升高,由于链端数减少所引起的自由体积减少的量已不足以影响聚合物的玻璃化转变。这样的实验结果还表明,玻璃化转变主要取决于聚合物分子链局部链结构单元的协同运动。从图 9.15(b)的直线斜率可以得 K 值,从而可以得到聚合物链端可能造成的多余自由体积,为 20~50 $Å^3$,相当于链结构单元体积的数量级。链中间的链结构单元可能有什么样平均尺寸的自由体积尚不知。问题的关键是自由体积分数为 0.025 时,这样尺寸的自由体积是否可能允许聚合物分子链局部协同运动?链局部协同运动的含义是什么?这些仍是认识聚合物玻璃化转变的非常重要的问题。

压力对玻璃化转变的影响同样可以从自由体积理论来认识。把压力想成具有“排出”自由体积的效应,因此压力将使玻璃化转变温度升高。假设聚合物从状态 1(用 P_1 和 T_{g1}表征)转变成状态 2(用 P_2 和 T_{g2}表征),那么状态 2 的自由体积分数为

$$f_2 = f_1 + \alpha_f(T_2 - T_1) - \beta_f(P_2 - P_1) \tag{9.20}$$

式中,β_f 表示自由体积的等温压缩系数,假定在这里所分析的情况下 β_f 不依赖于压力。如果聚合物保持在 T_g 温度下的状态,从状态 1 变到状态 2 时,应保持等自由体积,即自由体积分数应不变,$f_2=f_1$,则

$$\alpha_f(T_{g2} - T_{g1}) = \beta_f(P_2 - P_1) \tag{9.21}$$

对于微小温度和压力变化

$$\frac{dT_g}{dP} = \frac{\beta_f}{\alpha_f} \tag{9.22}$$

令 $\beta_f=\Delta\beta$,即 T_g 以上和以下的压缩系数差,并令 $\alpha_f=\Delta\alpha$,即膨胀系数差,那么

$$\frac{dT_g}{dP} = \frac{\Delta\beta}{\Delta\alpha} \tag{9.23}$$

由于精确测定压力是很困难的,表 9.1 列出了一些已报道的不多的数据。

表 9.1 T_g 对压力的依赖性 [19]

聚合物	$TV\ \Delta_\alpha/\Delta C_p$ /(℃/atm)	dT_g/dP /(℃/atm)	$\Delta\beta/\Delta\alpha$ /(℃/atm)
聚乙酸乙烯酯	0.025[a]	0.02[a]	0.05[a]
聚苯乙烯	—	0.036[b]	0.10[b]
天然橡胶	0.020[a]	0.024[c]	0.024[c]
聚甲基丙烯酸甲酯	—	0.023[d]	0.065[e]

a. O'Reilly J M. J. Polym. Sci., 1962,57:429.
b. Matsuoka S, Maxwell B. J. Polym. Sci., 1958,32:131.
c. Mckinney J E, Belcher H V, Marvin R S. Trans. Soc. Rheol., 1960,4:347.
d. Shishkin N. Sov. Phys. Solid State, 1960,2:322.
e. Allen G, Sims D, Wilson G J. Polymer, 1961,2: 375.

可见表 9.1 中所列无定形聚合物的行为至少近似符合式(9.23)。聚合物的玻璃转变温度的压力依赖性另一报道如图 9.16 所示[20],从比较典型的玻璃化转变温度的压力依赖性的实验测定结果可以总结出玻璃化转变温度随压力升高的近似增加速率为 20 ℃/1000 atm,当压力变化为几个大气压时,玻璃化转变温度变化很小,但在高压条件下如在海底或某些特殊情况下压力可能为几百或几千大气压,聚合物的玻璃化转变温度的变化就不容忽视了。

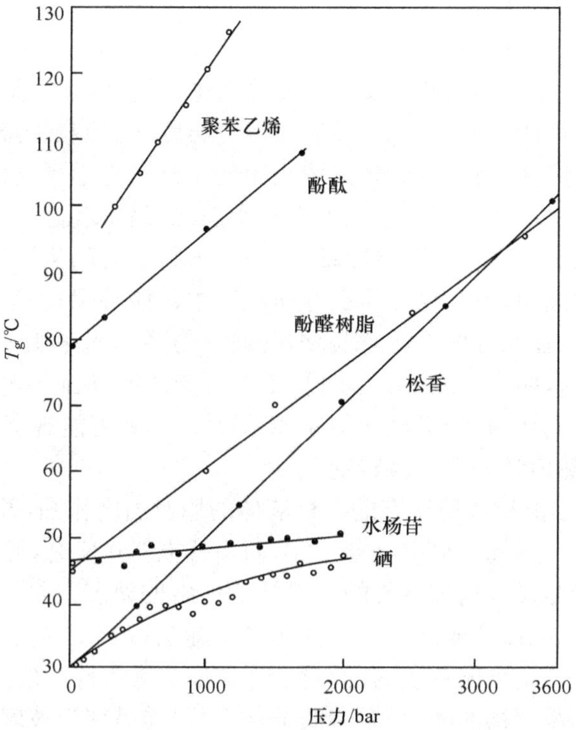

图 9.16　聚苯乙烯、酚酞、酚醛树脂、松香、水杨苷及硒的玻璃的转变温度的压力依赖关系

2. 热力学理论[21-23]

根据对平衡热力学的定义，平衡相转变可分成多级，这里首先明确一级和二级转变的热力学函数的典型变化。对于熔融和气化转变，在转变温度两相的 Gibbs 自由能相等

$$G_1 = G_2 \text{或} \ \mathrm{d}G_1 = \mathrm{d}G_2 \tag{9.24}$$

但是两相的体积和熵是不相等的

$$S_1 \neq S_2 \qquad V_1 \neq V_2 \tag{9.25}$$

已知

$$\mathrm{d}G = -S\mathrm{d}T + V\mathrm{d}P \qquad S = -\left(\frac{\partial G}{\partial T}\right)_p \qquad V = \left(\frac{\partial G}{\partial p}\right)_T \tag{9.26}$$

在转变点 Gibbs 自由能的一阶偏微分是非连续的，所以把上述相转变称为一级转变。推广到高阶转变，在转变点 Gibbs 自由能二阶偏微分出现非连续变化的转变称为二级转变。类推三级转变过程中 Gibbs 自由能三阶偏微分变化不连续等。

对于二级转变

$$\left.\begin{aligned} -\left(\frac{\partial^2 G}{\partial T^2}\right)_p &= \left(\frac{\partial S}{\partial T}\right)_p = \frac{C_p}{T} \\ \left(\frac{\partial^2 G}{\partial p^2}\right)_T &= \left(\frac{\partial V}{\partial p}\right)_T = -\beta V \\ \left[\frac{\partial}{\partial T}\left(\frac{\partial G}{\partial p}\right)_T\right]_p &= \left(\frac{\partial V}{\partial T}\right)_p = \alpha V \end{aligned}\right\} \tag{9.27}$$

这些量应有非连续性变化，即

$$\Delta C_p = C_{p2} - C_{p1} \qquad \Delta\beta = \beta_2 - \beta_1 \qquad \Delta\alpha = \alpha_2 - \alpha_1 \tag{9.28}$$

在玻璃化转变过程中，正是这些量发生非连续变化，所以热力学理论很自然地把它看成是二级转变。然而正如前面所述实验事实，玻璃化转变温度 T_g 依赖于降温速率、交变应力的变化频率即作用力作用的时间，所以不能认为玻璃化转变是热力学平衡态过程。热力学理论认为，虽然如此，并不能排除存在着真正的热力学平衡态二级转变温度。例如，在膨胀实验过程中，橡胶态、高弹态或液态的聚合物开始冷却时，当还远高于玻璃化转变温度 T_g 时，大分子链的构象重排跟得上降温速率，聚合物样品在冷却过程中还能够保持热平衡；但随着温度下降，终将达到这样一个温度，在此温度下，体积收缩的速率与降温速率相当，当温度低于这一温度时，在实验的时间标尺内，体积收缩(构象重排)不再可能发生，从而观察到 ΔC_p、$\Delta\beta$ 和 $\Delta\alpha$ 的非连续变化。热力学理论则认为，如果使冷却速率无限缓慢，就可能观察到这样一个二级转变温度，使转变成为真正的热力学平衡二级转变。

Kauzmann[24]把许多能形成玻璃态的有机液体的熵对温度作图，并向低温外推，他发现当温度尚未到达绝对零度(0 K)时，熵已经变为零，而当外推至 0 K 时，便得到负熵，如图 9.17 中虚线延长线所示。负熵是没有物理意义的。于是他提出玻璃态不是平衡态，在熵达到零的温度之前，液体分子已经结晶而形成晶体。这种解释实际上否定了热力学二级转变的存在。这种解释对低分子物质来说是可能兑现的，而对于许多聚合物的行为是没意义的，因为许多聚合物如无规立构聚苯乙烯是不结晶的，当温度低于 T_g 时只能呈现为玻璃态。

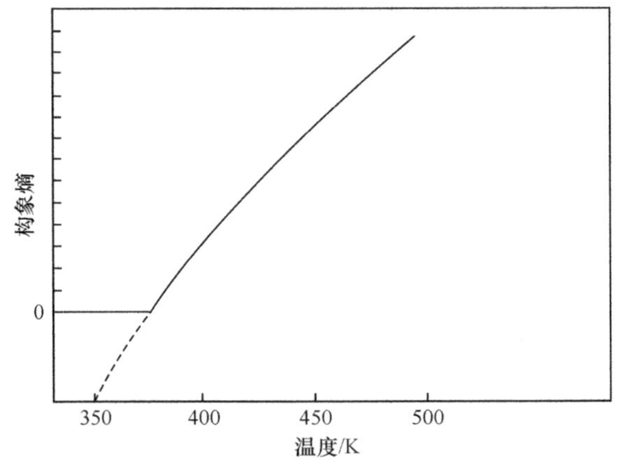

图 9.17　聚合物构象熵对温度依赖关系[25]

Gibbs 和 Dimarzio 从玻璃化转变热力学理论[22]出发，认为在低于玻璃化转变温度 T_g 存在温度 T_2，在这一温度聚合物平衡构象熵为零，在 T_2 和 0 K 之间，熵不再变化，如图 9.17 所示中实线延长线所示。他们采用 Flory 的晶格模型，计算得到大分子链构象配分函数。

$$Q = \sum_{\cdots, f_i n_x, \cdots, n_0} W(f_1 n_x, \cdots, f_i n_x, \cdots, n_0) \exp[-E(f_1 n_x, \cdots, f_i n_x, \cdots, n_0)/KT] \tag{9.29}$$

式中，f_i 为取构象 i 的分子所占的分数；$f_i n_x$ 为具有构象 i 的分子数；W 为构象分布为 $f_i n_x$ 的大分子放入晶格 $xn_x + n_0$ 个位置的可能方法；n_x 为聚合度为 x 的大分子总数；n_0 为空穴数；E 为分子内和分子间作用能总和。

自由能

$$G = -kT\ln Q \tag{9.30}$$

构象熵
$$S = kT\left(\frac{\partial \ln Q}{\partial \mathrm{T}}\right)_{V,N} + k\ln Q \tag{9.31}$$

当温度低到温度 T_2 时，$W=1$，他们计算得到构象熵等于零时的热力学二级转变温度 T_2 的表示式

$$\frac{S_{构象}(T_2)}{n_x K T_2} = 0 = \varphi\left(\frac{\alpha}{KT_2}\right) + \lambda\left(\frac{\varepsilon}{KT_2}\right) + \frac{1}{x}\ln\left\{[(z-2)x+2]\frac{z-1}{2}\right\} \tag{9.32}$$

式中

$$\varphi\left(\frac{\alpha}{KT_2}\right) = \ln\left(\frac{V_0}{S_0}\right)^{\frac{z}{2}-1} + \frac{V_0}{V_x}\ln\left(\frac{V_0}{S_0}\right)$$

$$\lambda\left(\frac{\varepsilon}{KT_2}\right) = \frac{x-3}{x}\left\{\ln\left[1+(z-2)\exp\left(\frac{-\varepsilon}{kT}\right)\right] + \frac{\varepsilon}{kT}\,\frac{(z-2)\exp(-\varepsilon/kT)}{1+(z-2)\exp(-\varepsilon/kT)}\right\}$$

$$V_0 = \frac{n_0}{n_0 + x n_x} \qquad 未占位置分数$$

$$S_0 = V_0\left(1 - \frac{V_x}{z/2} - \frac{2}{n}\right) \qquad z\ 为配位数$$

$$S_x = 1 - S_0 \qquad V_x = 1 - V_0$$

式(9.32)表明 T_2 是分子内旋转异构态的能量之差($\varepsilon=\varepsilon_2-\varepsilon_1$)和空穴能 α 的函数。它的数值很难直接计算出来，因为参数 ε、α 均和温度有关，实际无法确定。尽管如此，如果令 $T_2=T_g$，根据式(9.32)所可能推测的 T_g 与各种影响因素(如分子量、共聚物组成、增塑剂作用)的关系和实验事实还是比较符合的。压力对 T_2 的影响可以从平衡态热力学关系式求出，对于一级转变，Clapeyron 方程

$$\frac{\mathrm{d}T}{\mathrm{d}p} = \frac{\Delta V}{\Delta S} \tag{9.33}$$

但式(9.33)不能直接用于该二级转变，因为此时 ΔV 和 ΔS 都为零。所以先按 L'Hopital 法则将分子和分母分别求导，以求极值，根据式(9.29)，式(9.33)对 T 微分得

$$\frac{\mathrm{d}T_2}{\mathrm{d}p} = \frac{\partial\Delta V/\partial T}{\partial\Delta S/\partial T} = \frac{V\Delta\alpha T_g}{\Delta C_p} \tag{9.34}$$

对压力求微分，其结果为

$$\frac{\mathrm{d}T_2}{\mathrm{d}p} = \frac{\partial\Delta V/\partial p}{\partial\Delta S/\partial p} = \frac{\Delta\beta}{\Delta\alpha} \tag{9.35}$$

式(9.34)和式(9.35)表示了 T_2，进而表示了 T_g 对压力的依赖关系。与前面自由体积理论推导出的方程是一致的。表 9.1 中所列数据也表明热力学理论推出的结果的近似合理性。

Gibbs 和 Dimarzio 认为，在比较高的温度时，每一个大分子链可以具有的构象数很大，其中必存在一种能量最低的构象。当聚合物从高温冷却至低温时，具有高能量的构象数越来越少。但体系的构象熵仍大于零。当进一步降低温度至 T_2 时，体系中的自由体积已经很少，体系中的大分子链将只有一种堆砌方式，构象重排已不能发生，体系进入玻璃态的最低能态的基态，此时体系内大分子链的构象熵等于零。毫无疑问，随着温度降低，构象重排的速度越来越慢，只有当无限缓慢冷却时，才有可能使体系的全部大分子链进入最低能态的构象。

基于这样的认识，利用 WLF 方程，假定有限时间标尺下的实验推移到无限时间标尺下，就是说 $\lg a_T$ 值趋于无穷大。这时 WLF 方程右边的分子应是有限值，而其分母变为零，即

$$C_2 + T_2 - T_g = 0 \tag{9.36}$$

由于实验已证实,对于大量聚合物 C_2 值是比较恒定的,将其数值代入式(9.36),可得

$$T_2 = T_g - C_2 \approx T_g - 52 \tag{9.37}$$

也就是说,当实验进行得无限缓慢时,在低于一般实验检测到的 T_g 约 50 ℃处,可能观察到热力学二级转变。遗憾的是无限缓慢降温的实验是实际无法实现的。比较近的研究[26]也已表明玻璃化转变热力学理论所要证明的所谓理想的热力学玻璃化转变对于具有有限分子量和传统的分子间相互作用的物质是不可能存在的。

3. 动力学理论

自由体积理论的一个局限性就在于它认为在 T_g 温度以下的自由体积不变。前面介绍的 Kovacs 工作已表明,把淬火后的聚合物在恒温条件下放置,聚合物体积随时间变小,自由体积减少,只是在 T_g 温度以下体积收缩速度变慢,自由体积减少的速度慢,温度越低减少的速度越慢。动力学理论正是对聚合物等温条件下随时间体积收缩过程用动力学方程来表征,在玻璃化转变温度上下,体积收缩的速度的跃变也可用动力学方程参数变化进行解释。这里先以一种分子量比较低的葡萄糖的等温体积收缩为例介绍动力学理论。图 9.18 给出了玻璃状低分子量葡萄糖等温体积收缩曲线。

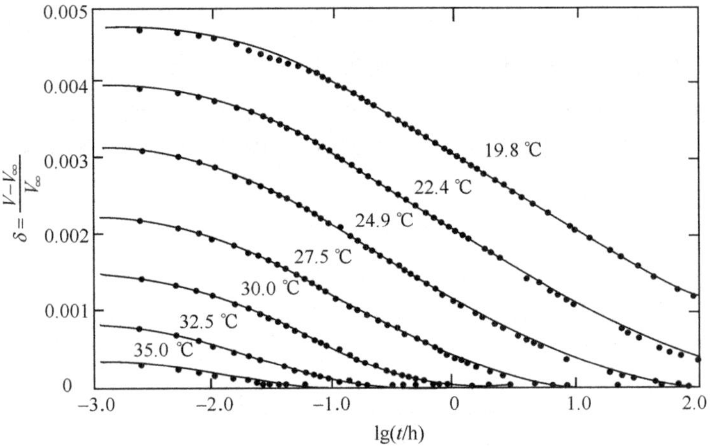

图 9.18　玻璃状低分子量葡萄糖等温体积收缩曲线[27]

一般来说,聚合物玻璃化转变过程受分子量影响不大,这里所用葡萄糖的玻璃化转变区的行为应与高分子量的无定形聚合物的行为基本相同。葡萄糖在标准条件下(1 ℃/min 的降温速度用膨胀计测试)测得 T_g=35 ℃,图中所示实验点均是将葡萄糖样品首先在玻璃化转变温度之上在 40 ℃下退火至达到平衡,然后用适当的办法将样品迅速冷却至实验温度,测定体积随时间变化。实验温度范围为 19.8～35.0 ℃。在温度突变后,样品体积发生"瞬时"变更,然后发生延续时间很长的、很大的体积收缩。归一化的与平衡态的体积偏差 $(V-V_\infty)/V_\infty$ 可用 δ 表示,V 为任意时刻的体积,V_∞ 为样品在某一实验温度达到平衡态时的体积。图 9.18 给出的正是 δ 作为时间对数函数的曲线。在较高的实验温度下,样品体积很快达到平衡,而在 19.8 ℃时,几天之后仍未达到平衡。

对于大部分简单物质,如气体或单相液体,比容是温度和压力的单值函数。对于可成玻璃状的材料,在玻璃化转变区,情况变得复杂得多。例如,实验温度为 19.8 ℃的曲线显示,样品中仅含有 0.5%的非平衡状态的体积的情况仍可能维持很长时间。这种情况表明,样品体积

不是温度和压力的单值函数。因此动力学理论提出把 V 写成 $V(T,p,\xi)$，其中 ξ 为有序度参数(ordering parameter)，它是样品偏离平衡体积程度的尺度。当达到平衡时，ξ 参数变成也只依赖平衡时的 T 和 P，所以体积再次成为温度和体积的单值函数。

上述葡萄糖样品从开始时的平衡态，经温度跃变后进入非平衡态，然后再逐渐达到新的平衡态，最简单的动力学理论处理是用一级动力学方程来描述这种非平衡态变化过程，即

$$\frac{\mathrm{d}\delta}{\mathrm{d}t}=-\frac{\delta}{\tau(\delta)} \tag{9.38}$$

式中，δ 依然是归一化的对平衡态的偏离。该方程假设趋近于平衡的速率 $\frac{\mathrm{d}\delta}{\mathrm{d}t}$ 与 δ 本身成正比。可以把弛豫时间也考虑成一个比例常数。如果 τ 较小，则达到平衡快；如果 τ 较大，则达到平衡慢。该方程描述的是在温度跃变后恒温体积收缩对时间的依赖关系。在体积收缩过程中通过分子运动调整大分子链的构象，可以想象自由体积也就随时间变化。式(9.38)中的弛豫时间本身是 δ 的函数 $\tau=\tau(\delta)$，同时随时间而变，将式(9.10)改写为

$$f=f_{\mathrm{g}}+\alpha_f(T-T_{\mathrm{g}})+\delta \tag{9.39}$$

现在就可进一步分析样品的体积收缩过程。式中 f 已不限于平衡态时的自由体积分数，也就是说式(9.39)不限于描述平衡态时的自由体积的变化，如果 $\delta=0$，那么式(9.39)就变成了式(9.10)，它只适于描述样品在高于 T_{g} 比较多的温度下的平衡态样品的自由体积分数。弛豫时间对自由体积的依赖关系与样品所具有的黏度对自由体积依赖关系是等同的，因此式(9.12)可写为

$$\tau(T,\delta)=\tau(T_{\mathrm{g}},\delta=0)\exp\left[\frac{1}{f_{\mathrm{g}}+\alpha_f(T-T_{\mathrm{g}})+\delta}-\frac{1}{f_{\mathrm{g}}}\right] \tag{9.40}$$

利用通常的自由体积参数，该方程把在 T_{g} 时体积平衡条件下测得的参比弛豫时间 $\tau(T_{\mathrm{g}},\delta=0)$ 与适用于任何温度下和体积条件下的弛豫时间联系起来了，选定 $T_{\mathrm{g}}=35$ ℃，$f_{\mathrm{g}}=0.025$，$\alpha_f=3.6\times10^{-4}$ ℃$^{-1}$，$\tau(T_{\mathrm{g}},\delta=0)=0.015$ h，利用式(9.38)和式(9.40)计算得 δ 在 19.8～35 ℃各温度下随时间变化，如图 9.18 中实线所示。显然，对于低分子量葡萄糖的等温体积收缩弛豫过程，上述一级动力学方程是适用的，理论与实践相当符合。然而对于很多聚合物，体积收缩过程要复杂得多，一个有序参数模型是不能适应的，需要发展多项有序参数理论[28]。

9.2　聚合物大分子链的整体运动

大分子链的局部运动在玻璃化转变过程中表现尤为突出，9.1 节已经叙述了理论和实验的研究结果。聚合物大分子链的整体运动表现也很突出。在溶液中大分子链的运动更为自由，特别是稀溶液中的大分子链可以单独运动，大分子链之间相互扰动不严重，只是大分子链的链段在运动时要克服溶剂的作用，溶剂分子的摩擦阻力呈现为所谓的黏度。比较多见的黏度实验就是测定聚合物稀溶液流经毛细管的黏度，在流动过程中大分子链与溶剂分子一起流动，大分子链整体移动，由于从毛细管中心到壁溶液流动的速度有一梯度，大分子链受到剪切力作用同时呈现旋转运动。因此说在简单的毛细管中，聚合物溶液的流动并不简单。

非晶聚合物熔化可以呈现为流动态，结晶聚合物熔融也可以呈现为流动态，只是熔体的流动过程中聚合物大分子链相互扰动很严重，每一个大分子链运动时都会感受到其他分子链的阻力，特别是当聚合物的分子量大于临界分子量时，大分子链之间存在着拓扑缠结，大分子链只有不断地从缠结中解脱出来才能实现大分子链的整体运动。实际上，线形聚合物在热塑成

型过程中,如熔融挤出、注塑,熔融纺丝等,都可以观察到聚合物的流动。当温度足够高时,即使尚未真正发生熔融或融化以及流动,大分子链已经可以通过自身扩散运动而实现不断地从缠结中解脱和重心移动。20 世纪 70 年代以来,人们已经进行了大量的理论和实验工作,对大分子链整体运动的认识有了长足的进展,这里就稀溶液和熔体中的分子动态力学研究做一些最初步的介绍。

9.2.1　珠簧链模型分子理论[29-33]

Rouse 首先提出了珠簧链模型,把大分子链描述成一串由弹簧分隔的珠子,如图 9.19 所示。

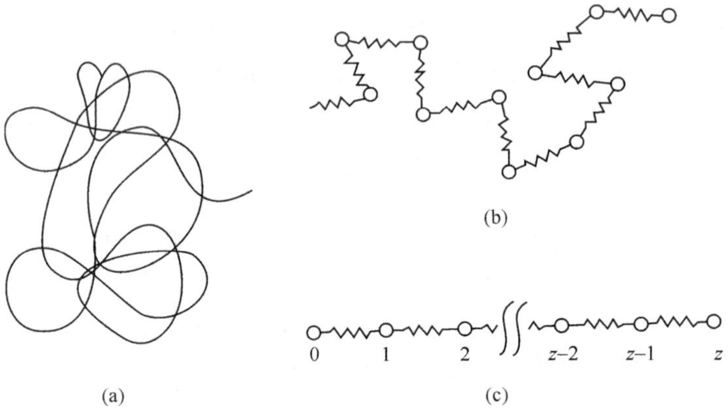

图 9.19　用珠子和弹簧模拟稀溶液中的聚合物分子链

(a) 高斯线团;(b) 珠簧链;(c) x 轴方向上的一维链

整个大分子链呈现为高斯链,由 N 个亚分子(亚单元,类似于链段)组成,每个亚分子所含链结构单元数相当大,以使在平衡态下亚分子的末端距也近似呈现高斯分布。亚分子的质量集中在珠子上,弹簧无质量;珠子的半径和摩擦系数都相同,z 个弹簧的力常数相同。欲分析这样的体系在 x 方向上受到单向作用时的响应,在垂直于 x 方向上取向的弹簧不发生形变,采用 x 方向上的"有效弹性常数",即把体系描绘成一堆方向上的分子链,如图 9.19(c)所示,由于聚合物分子链是线性的允许线性化,这不会影响理论处理的结果。珠簧链本身的取向是任意的。作为一级近似,假定珠簧链上只有相邻亚单元间存在相互作用,忽略相距较远的亚单元间的相互作用。大分子链的熵弹性使得高斯链形变为 Δx 时,其回复力为

$$f=\frac{3k_{\mathrm{B}}T}{\bar{h}^2}\Delta x$$

式中,k_{B} 为玻耳兹曼常量。这样就可以突出线形的珠子-弹簧模型的运动方程

$$\left.\begin{aligned}
f_{0x}&=\frac{-3k_{\mathrm{B}}T}{b^2}(x_0-x_1)\\
f_{1x}&=\frac{-3k_{\mathrm{B}}T}{b^2}(-x_0+2x_i-x_2)\\
f_{ix}&=\frac{-3k_{\mathrm{B}}T}{b^2}(-x_{i-1}+2x_i-x_{i+1})\\
&1\leqslant i\leqslant z-1\\
f_{zx}&=\frac{-3k_{\mathrm{B}}T}{b^2}(-x_{z-1}+x_z)
\end{aligned}\right\}\tag{9.41}$$

式中，f_{ix}为作用在第 i 个珠子的 x 方向上的力；x_i 为第 i 个珠子偏离它的平衡位置的距离；b^2 为亚分子的均方末端距。作用在第 i 个珠子上的 x 方向上的力是作用在第 i 个和第$(i+1)$个亚单元上的在 x 方向上的力之差。这一模型本身就设想聚合物分子链浸于某种黏性介质（溶剂）中，珠簧链模型链上的每个珠子在介质中运动都会感受到黏性阻力。假设珠子像圆珠一样在黏性介质中运动，那么作用在每一个珠子上的方向相反的阻力应为

$$f_{ix}=\zeta\frac{\mathrm{d}x_i}{\mathrm{d}t}=\zeta\dot{x}_i \tag{9.42}$$

式中，ζ 为亚单元的摩擦因子。进一步假设，引起珠子加速作用的力很小，弹性回复力与黏性阻力可认为是相互平衡的，因此下列方程组成立：

$$\left.\begin{aligned}&\zeta\dot{x}_0=\frac{-3\,k_{\mathrm{B}}T}{b^2}(x_0-x_1)\\&\zeta\dot{x}_i=\frac{-3\,k_{\mathrm{B}}T}{b^2}(-x_{i-1}+2x_i-x_{i+1})\\&1\leqslant i\leqslant z-1\\&\zeta\dot{x}_z=\frac{-3\,k_{\mathrm{B}}T}{b^2}(-x_{z-1}+x_z)\end{aligned}\right\} \tag{9.43}$$

用矩阵表示式(9.43)的一阶线性微分方程组

$$[\dot{x}]=-B[A][x] \tag{9.44}$$

其中

$$[\dot{x}]=\begin{bmatrix}\dot{x}_0\\\dot{x}_1\\\vdots\\\dot{x}_z\end{bmatrix}[x]=\begin{bmatrix}x_0\\x_1\\\vdots\\x_z\end{bmatrix}$$

而$[A]$是$(z+1)\times(z+1)$方阵

$$[A]=\begin{bmatrix}1&-1&0&\cdot&\cdot&\cdot&\cdot&\cdot&\cdot&\cdot\\-1&2&-1&0&\cdot&\cdot&\cdot&\cdot&\cdot&\cdot\\0&-1&2&-1&0&\cdot&\cdot&\cdot&\cdot&\cdot\\0&0&\cdot&\cdot&\cdot&\cdot&\cdot&\cdot&\cdot&\cdot\\0&0&\cdot&\cdot&\cdot&\cdot&\cdot&-1&2&-1\\\cdot&\cdot&\cdot&\cdot&\cdot&\cdot&\cdot&0&-1&1\end{bmatrix}$$

式中，B 为组合常数 $3k_{\mathrm{B}}T/b^2\zeta$。

式(9.43)描述了珠簧链模型链在黏性介质中的运动。珠簧链中的珠子的运动是相互关联的，对于只考虑相邻珠子相互作用的一级近似，$\dot{x}_i$ 并不是第 i 个珠子本身的位置函数，而是直接依赖于相邻的珠子的位置。为了求解方程组，引入简正坐标，定义新坐标系 q_i 是由 x_i 的线性组合构成的，即

$$q_i=\sum_j Q_{ij}x_j \tag{9.45}$$

用矩阵表示

$$[q]=[Q][x]$$

式中，$[q]$和$[x]$为列矩阵；$[Q]$ 为$(z+1)\times(z+1)$方阵。用简正坐标 q_j 和它的时间导数$\dot{q}_j$ 表

示式(9.43),其矩阵表示式为

$$[\dot{q}]=-B[\Lambda][q] \tag{9.46}$$

式中,$[\Lambda]$与$[A]$不同,是对角矩阵。式(9.46)中的第 j 个方程应为

$$\dot{q}_j=-B\lambda_j q_j \tag{9.47}$$

在式(9.47)中出现的是第 j 个简正坐标和它对时间的微分,所以直接积分后便得到珠子在 q 坐标系中的运动与时间的关系。尽管简正坐标与实际坐标的关系并不那么直观,但所有简正坐标随时间变化(珠子的运动)与所有的实际坐标的变化(同样珠子的运动)整体上是等效的,因为两种坐标之间互为线性变换。

用矩阵运算,也可以将式(9.44)转换成式(9.46),其方法就是将矩阵$[A]$变换成对角矩阵。一般总可以找到矩阵$[Q]$,它可以使矩阵$[A]$变成对角矩阵$[\Lambda]$,即

$$[Q^{-1}][A][Q]=[\Lambda] \tag{9.48}$$

而

$$[Q^{-1}][Q]=[I] \tag{9.49}$$

式(9.49)中$[I]$是对角矩阵,又称为单位矩阵,其中所有非零的阵元的值均为 1。对式(9.44)用$[Q^{-1}]$进行左乘得

$$[Q^{-1}][\dot{x}]=-B[Q^{-1}][A][Q][Q^{-1}][x] \tag{9.50}$$

可以设定

$$[Q^{-1}][\dot{x}]=[\dot{q}] \quad 及 \quad [Q^{-1}][x]=[q] \tag{9.51}$$

这样式(9.50)就变成

$$[\dot{q}]=-B[\Lambda][q] \tag{9.52}$$

实际上矩阵$[Q^{-1}]$的确切本质对于解出上述问题的物理内容不影响。引入简正坐标的方法仅是实际坐标的一种线性变换,由全部 q_i 变化表示的聚合物分子链运动必与由全部 x_i 变化所表示的聚合物分子链运动等效。

解式(9.46)所得珠簧链珠子第 p 种简正运动模式本征值为

$$\lambda_p=4\sin^2\left[\frac{p\pi}{2(z+1)}\right] \tag{9.53}$$

式中,λ_p 为对角矩阵$[\Lambda]$的阵元;p 值为 $1\sim z$;对角矩阵$[\Lambda]$为

$$[\Lambda]=\begin{bmatrix} \lambda_1 & 0 & 0 & \cdot & \cdot & \cdot \\ 0 & \lambda_2 & 0 & \cdot & \cdot & \cdot \\ 0 & 0 & \lambda_3 & \cdot & \cdot & \cdot \\ \cdot & \cdot & \cdot & \cdot & \cdot & \cdot \\ \cdot & \cdot & \cdot & \cdot & \lambda_{z-1} & 0 \\ \cdot & \cdot & \cdot & \cdot & 0 & \lambda_z \end{bmatrix} \tag{9.54}$$

以及

$$\dot{q}_p=-B\lambda_p q_p \tag{9.55}$$

对式(9.55)积分得

$$q_p(t)=q(0)\mathrm{e}^{-Bt\lambda_p}=q_p(0)\mathrm{e}^{-t/\tau_p}$$

$$\tau_p=\frac{1}{B\lambda_p} \qquad p=1\sim z \tag{9.56}$$

式中，$q_p(0)$为时刻为零时，也就是开始施加扰动时的简正坐标值；$q(t)$为 t 时刻的坐标值；τ_p 为第 p 种简正运动模式的弛豫时间。简正运动中坐标的响应是指数型函数，所有简正坐标响应的总和就是体系的响应——整个珠簧链的响应。

一般从简正坐标的扰动不容易看出实际扰动的本质。简正坐标的扰动，即式(9.55)求解时所用的边界条件，时刻为零时每个简正坐标都瞬时位移至 $q_p(0)$，然后体系在边界条件下运动。与这种扰动相对应的既不是蠕变也不是应力弛豫。相应于实际实验的边界条件在简正坐标中是非常复杂的[30]，但应力弛豫实验表明实际的弛豫时间正好是按式(9.56)计算得到的值的一半[32]，所以下面讨论中采用根据应力弛豫实验校正了的弛豫时间 τ_p，即

$$\tau_p = \frac{1}{2B\lambda_p} \tag{9.57}$$

将这种弛豫时间与 Maxwell-Wiechert 应力弛豫模型中的弛豫时间联系起来，珠子弹簧模型的应力弛豫性质可用式(9.58)表示

$$E(t) = \sum_{p=1}^{z} E_p e^{-t/\tau_p} \tag{9.58}$$

式中，$E(t)$为时间函数模量；τ_p 的每一个值由式(9.57)给出，需要定义每一个 E_p 值，通常把橡胶弹性动态力学理论应用于珠簧链的亚单元，扰动使弹簧的尾端发生某种位移 Δx，那么珠簧链的弹簧将承受弹性回复力为

$$f = \frac{3k_B T}{b^2}\Delta x \tag{9.59}$$

考虑每立方厘米有 N 个聚合物分子链，每个分子链的平均截面积为 a^2，那么每个珠簧链的弹簧承受的应力为

$$\sigma = \frac{f}{a^2} = \frac{3k_B T}{a^2 b^2}\Delta x \tag{9.60}$$

瞬时拉伸模量是应力除以应变

$$E(0) = \frac{\sigma}{e} = \frac{3k_B T}{a^2 b} \tag{9.61}$$

式(9.61)右边的分母正是每个亚单元占有的体积，即

$$a^2 b = \frac{1}{cz} \tag{9.62}$$

式中，c 为以每立方厘米中分子数表示的聚合物浓度。将式(9.62)代入式(9.61)得

$$E(0) = 3ck_B Tz \tag{9.63}$$

式(9.58)在时间趋于零时刻时的极值为

$$E(0) = \sum_{p=1}^{z} E_p \tag{9.64}$$

通常假定所有珠子的 E_p 都是相等的，所以

$$E_p = 3ck_B T \tag{9.65}$$

已知 Maxwell-Wiechert 模型中的 τ_p 和 E_p，对 $E'(\omega)$可写出

$$E'(\omega) = 3ck_B T\sum_{p=1}^{z} \frac{\omega^2\tau_p^2}{1+\omega^2\tau_p^2} \tag{9.66}$$

这就是描述珠簧链动态应力弛豫实模量的表示式。

上述是珠簧链模型在稀溶液中的运动和力学行为，现继续考察溶液黏弹性响应的符合情

况。亚单元的均方末端距 b^2 和亚单元的摩擦系数 ζ 都是难以得到的,所以应尽力将这样的量取代。溶液黏度高于溶剂黏度正是聚合物溶质溶入的结果,如果也用 Maxwell-Wiechert 应力弛豫模型来处理溶液的黏滞行为,则溶液黏度的增值应是模型中每一个亚单元的黏度之和,即

$$\eta - \eta_s = \sum_{p=1}^{z} G_p \tau_p \tag{9.67}$$

式中,η 为溶液的切变黏度;η_s 为溶剂的切变黏度;G_p 为 E_p 的 1/3。根据式(9.53)、式(9.57)、式(9.65),式(9.67)可写成

$$\eta - \eta_s = c k_B T \sum_{p=1}^{z} \frac{1}{2B\lambda_p} = \frac{cb^2\zeta}{24} \sum_{p=1}^{z} \frac{1}{\sin^2\{p\pi/[2(z+1)]\}} \tag{9.68}$$

当 x 值很小时

$$\sin x \approx x \tag{9.69}$$

而且因为正弦项位于式(9.68)的每一个被加和项的分母,当正弦函数的自变量最小时,对加和项的贡献最大,所以可将式(9.68)的加和项写成

$$\sum_{p=1}^{z} \frac{1}{\sin^2\{p\pi/[2(z+1)]\}} \approx \sum_{p=1}^{z} \frac{4(z+1)^2}{p^2\pi^2} = \frac{4(z+1)^2}{\pi^2} \sum_{p=1}^{z} \frac{1}{p^2} \tag{9.70}$$

当 z 值很大时,即 $z \gg 1$, $\sum_{p=1}^{z} \frac{1}{p^2} \approx \frac{\pi^2}{6}$, 所以

$$\eta - \eta_s \approx \frac{cb^2\zeta z^2}{36} \tag{9.71}$$

类似的分析方法可以从式(9.57)得到

$$\tau_p = \frac{b^2\zeta z^2}{6\pi^2 k_B T p^2} \qquad 当\ p < z\ 时 \tag{9.72}$$

式(9.71)与式(9.72)相比较可得

$$\tau_p = \frac{6(\eta - \eta_s)}{c k_B T \pi^2 p^2} \tag{9.73}$$

式中,溶液黏度增值实验可测,浓度已知。聚苯乙烯甲苯稀溶液测定结果,复数黏度的实部对频率作图,如图 9.20 所示[34]。

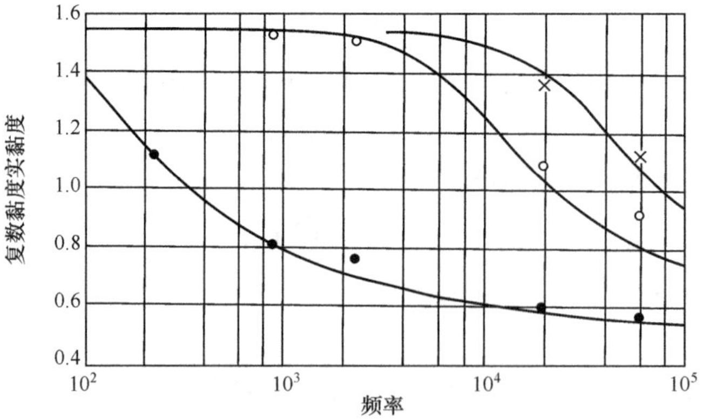

图 9.20　实验测定结果(实验点)与 Rouse 理论计算结果(实线)比较

不同分子量聚苯乙烯: ● 6.2×10^6、o 0.52×10^6、× 0.25×10^6,以每一个聚苯乙烯-甲苯溶液的($\eta - \eta_s$)近似相同为标准选择浓度。理论曲线根据式(9.66)和式(9.73)计算所得[34]

比较实验结果和理论计算结果可见在稀溶液中符合良好。需要指出的是式(9.73)中已不明确含有摩擦系数 ζ 和亚单元均方末端距 b^2，但在式(9.73)的推导过程中，这两个参数通过所采取的近似方法，相当于被调整过，以使式(9.71)和式(9.72)成立。

Zimm 对 Rouse 的珠簧链模型理论做了重要修正[31]。上述讨论在式(9.42)中用 $\zeta\dot{x}_i$ 表示珠子承受的黏滞阻力，无论 x_i 是属于卷曲分子链的内部还是表面的珠子，实际上它们所承受的黏滞阻力是不同的，因为在卷曲的分子链的不同位置的珠子对溶剂有不同的扰动，其结果使溶剂的速度梯度变化。对于聚合物良溶剂稀溶液，忽略这种分子链线团内外黏滞阻力差别有时还可以，如上述聚苯乙烯-甲苯溶液，分子链的形态比较伸展，分子链的一部分对另一部分溶剂的速度梯度屏蔽效应很小，对于聚合物-不良溶剂体系(如聚苯乙烯-氯化三联苯体系)，大分子链呈现为高斯线团，线团内和表面的这种屏蔽效应差别，必须予以严格考虑。Zimm 提出了流体力学屏蔽效应理论，在考虑珠簧链的亚单元之间的流体力学相互作用时，引入了 Kirkwood 和 Riseman[35] 对稀溶液稳态黏流体所采用的 Oseen 相互作用张量，但尚未考虑内黏度的影响。再经珠簧链亚单元运动分析和相应的简正坐标的变换可得新的分立弛豫时间谱[36]

$$H = ck_{\mathrm{B}}T\sum_{p=1}^{z}\tau_p\delta(\tau-\tau_p) \tag{9.74}$$

$$\tau_p = 0.806\eta_{\mathrm{s}}b^3z^{3/2}/K_pk_{\mathrm{B}}T \tag{9.75}$$

式中，η_{s} 为溶剂的黏度；K_p 为与亚单元第 p 种运动模式相关的系数，对于 $p=1$、2、3、4，K_p 值为 4.04、12.79、24.2、37.9。珠子运动的摩擦阻力不再用其摩擦系数表示，而是用溶剂黏度 η_{s} 来体现。经过适当处理可以得到类似于式(9.71)和式(9.73)的结果

$$\eta-\eta_{\mathrm{s}} = 0.47c\eta_{\mathrm{s}}b^3z^{3/2} \tag{9.76}$$

$$\tau_p = 1.71(\eta-\eta_{\mathrm{s}})/K_pck_{\mathrm{B}}T \tag{9.77}$$

利用式(9.77)得到的亚单元的第 p 运动模式的弛豫时间比式(9.73)得到的稍低，当然 c 值和 $\eta-\eta_{\mathrm{s}}$ 值应相同[37]。以 Zimm 和 Rouse 理论得到的动态黏度实数部分 η' 的耗散性形式稍有区别，Zimm 理论预见的黏度响应频率稍高。图 9.21 给出了 Rouse 理论和 Zimm 理论推导结果比较。

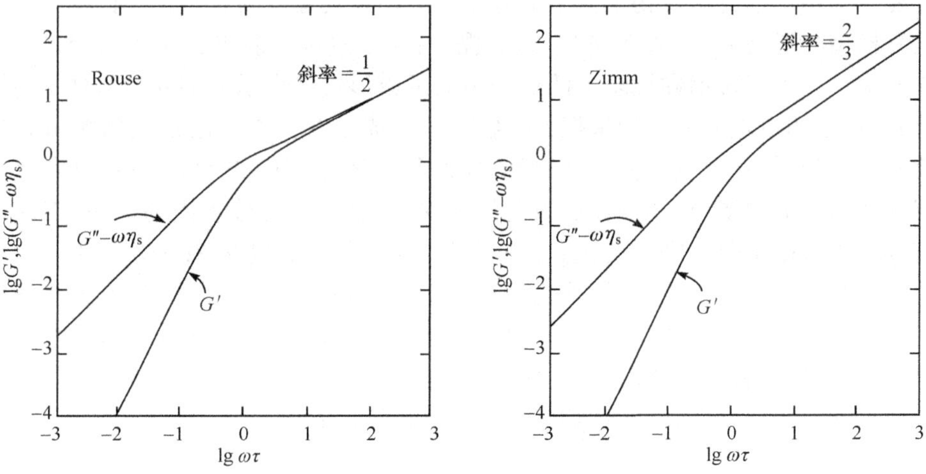

图 9.21　Rouse(a)和 Zimm(b)理论推断的动态切模量的频率依赖性[38-39]

比较图 9.21 中两种理论的处理结果，$\lg G'$ 对 $\lg\omega\tau$ 作图的线的斜率极限值在高频时，

Rouse 分析结果为 1/2,而 Zimm 分析结果为 2/3。这一差别是两种理论所推断的弛豫时间分布不同所致。图 9.22 为聚苯乙烯-氯化三联苯溶液的实验结果[40]。

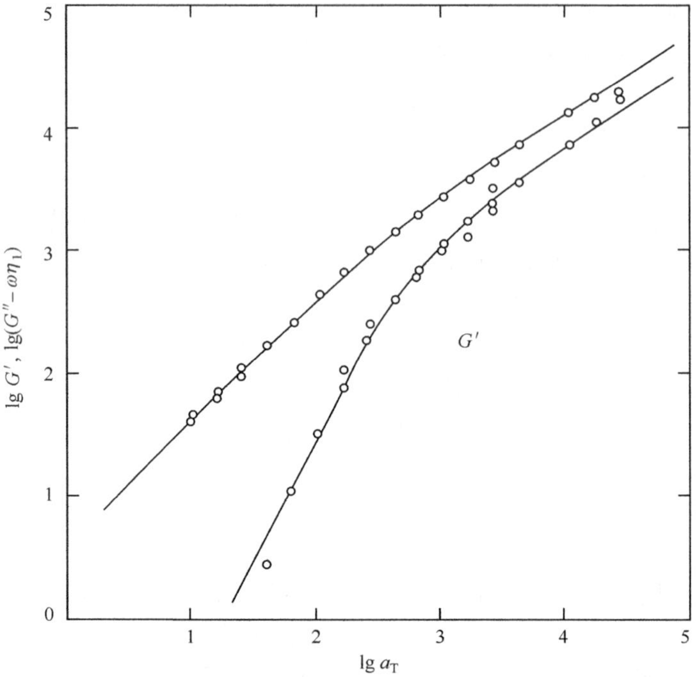

图 9.22 聚苯乙烯-氯化三联苯体系的实验结果
图中实线是 Zimm 理论推断结果

氯化三联苯是聚苯乙烯的不良溶剂,聚苯乙烯分子链比较紧密地卷曲,流体力学屏蔽效应对分子链运动影响已很突出,然而 Zimm 理论计算结果与实验测定结果符合得很好。

在稀溶液中,珠簧链模型理论在描述高分子链的运动和弛豫行为取得了相当好的结果。这一理论能否适用于描述聚合物本体中的分子链运动和弛豫行为自然是人们感兴趣的问题。

珠簧链模型的运动方程[式(9.43)]的前提是:珠子浸没在黏度为 η_s 的溶剂中,受到黏滞阻力。在此运动方程中表示黏性阻力的那一项的函数形式仅表示溶剂介质对珠子有相同的阻滞作用,而与珠子的位置无关。如果把聚合物本体看成是溶液中的溶剂被珠簧链式聚合物分子所取代,式(9.43)的左边只改变摩擦系数 ζ,而函数形式不变,式(9.43)右边表示由于亚单元受到扰动而引起的回复力,至少在一级近似条件下,它是一种分子内的性质,因此聚合物分子取代溶剂后也可以不引起剧烈变化。这样分析结果,如果将摩擦系数 ζ 和亚单元均方末端距的数值作适当调整后,式(9.43)似乎仍可适用于聚合物本体。通常的简正坐标分析直接得到 z 个弛豫时间分布方程,如式(9.57)。对于聚合物本体,即聚合物分子整体取代了珠簧链周围的溶剂分子,分模量就将是 Nk_BT,而不是 ck_BT,在这里 N 是每立方厘米的本体聚合物分子链数。采用上述式(9.67)至式(9.73)的分析方法可以得到

$$\tau_p = \frac{6\eta}{Nk_BT\pi^2p^2} \tag{9.78}$$

式中,η 为聚合物本体的稳流切变黏度。因而切变应力弛豫模量与时间关系应为

$$G(t) = Nk_BT\sum_{p=1}^{z} e^{-t/\tau_p} \tag{9.79}$$

以 $\lg G(t)$ 对 $\lg(t/\tau)$ 作图，如图 9.23 所示[41]。在计算作图过程中，曾假设 $N=6\times10^{18}$ 个/cm^3，该值大致相当于分子量为 10^5 和密度为 1 g/cm^3，因此 Nk_BT，即与每个弛豫时间对应的模量，在 385 K 温度下的值为 3.2×10^4 Pa。

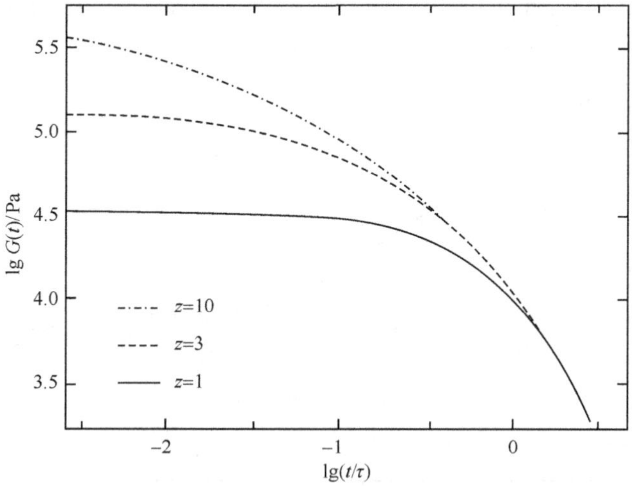

图 9.23　按式(9.79)以 $\lg G(t)$ 对 $\lg(t/\tau)$ 作图

式(9.79)中需加和的项数，即聚合物分子中的亚单元数 z 是变化的，对几个 z 值画出了 $G(t)$ 随时间变化曲线。显然珠簧链模型用于聚合物本体处理结果只预言了一个转变，而在本书有关章节所示出的实验观测结果，聚合物本体的模量随作用时间变化显示两个主转变。珠簧链理论预测与聚合物本体黏弹行为不符。

Ferry 等[42]对上述理论存在的问题提出了引人注目的解释并进行了修正。已经比较多的实验证明第一个主转变区(由玻璃态向高弹态转变)聚合物分子链可以转动和平移，但局限在比较小的范围内，即短程平移运动，只涉及几个或再稍多一些链结构单元，这时聚合物链的缠结点对链运动影响很小；从发展的高弹态到流动态为第二转变区，聚合物分子链可以远程平移，分子链的重心移动，而且可以发生分子链间的重心平移，显然这时缠结点对聚合物分子链运动限制就比较大了。对于珠簧链，显然应该考虑两种亚单元的摩擦阻力：一种是几乎可以不考虑缠结点限制的摩擦阻力；另一种是必须考虑缠结点限制的摩擦阻力。其中之一反映具有短弛豫时间的亚单元进行近程的协同运动中遇到的黏性阻力；另一个则表示具有长弛豫时间的亚单元进行远程协同运动时遇到的黏性阻力。

现在的问题是式(9.78)表示的弛豫时间 τ_p 对应的是哪一种亚单元的摩擦系数。Ferry、Landel 和 Williams 分析指出，在式(9.78)中的 η 反映远程协同运动的推论是合理的；而近程协同运动中的摩擦因子可以通过测定低分子量聚合物而得到，因为在这样的聚合物中可以认为不存在缠结。已经熟悉聚苯乙烯分子链发生缠结的临界分子量为 30 000，即 $M_c=30\ 000$，假定它的临界弛豫时间为 τ_c，ζ_0 和 ζ 分别为聚合物分子链近程和远程协同运动的摩擦因子，那么

$$\tau_p=\frac{\zeta_0 b^2 z^2}{6\pi^2 k_B T p^2}\qquad \tau_p<\tau_c \tag{9.80}$$

$$\tau_p=\frac{\zeta b^2 z^2}{6\pi^2 k_B T p^2}\qquad \tau_p\geqslant\tau_c \tag{9.81}$$

他们还假设 ζ/ζ_0 有下列关系：

$$\lg(\zeta/\zeta_0)=2.4\lg M/M_c \tag{9.82}$$

也就是说他们假设了一个随分子量的 2.4 次方变化的摩擦因子 ζ，而 ζ_0 不依赖于分子量。式(9.81)中给出的弛豫时间分布可以用于绘制如图 9.24 所示的应力弛豫叠合曲线。

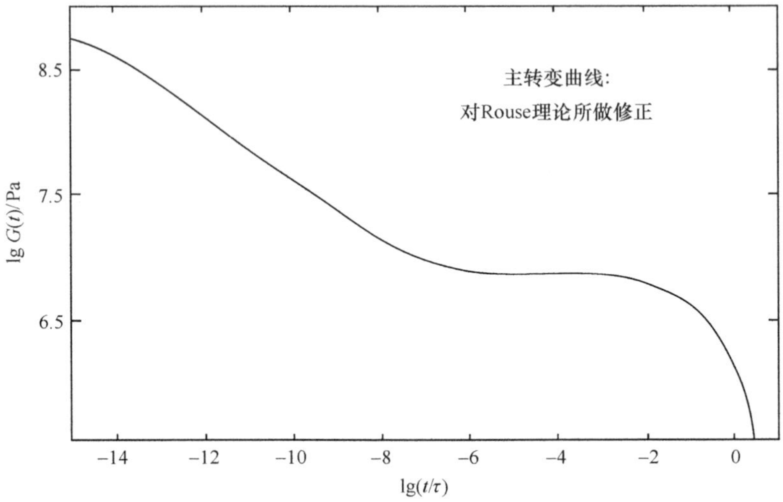

图 9.24　利用 Ferry、Landel、Williams 对 Rouse 理论修正后推断出的两个主转变[42]

在处理过程中取 τ_c 为 $\tau/400$，Nk_BT 为 1×10^4 Pa，ζ/ζ_0 取任意值。高分子量的聚合物的黏度对应于聚合物分子链远程协同运动，相应的弛豫时间 $\tau_p>\tau_c$，而且摩擦因子 ζ 起作用，因此

$$\eta=\sum_{p=1}^{z}G_p\tau_p \qquad \tau_p>\tau_c \tag{9.83}$$

以及

$$\eta=\frac{Nk_BT\zeta b^2z^2}{6\pi k_BT}\sum_{p=1}^{p_c}\frac{1}{p^2} \tag{9.84}$$

式中，p_c 定义为

$$p_c=\sqrt{\frac{\tau}{\tau_c}} \tag{9.85}$$

当 $p_c>5$ 时，p_c 继续改变使加和不会有多大变化，可近似把加和考虑成一个常数。分析式(9.84)中每一项对分子量依赖性，每立方厘米中的聚合物分子链数目与分子量成反比，而每一个聚合物分子的亚单元数 z 与分子量成正比，再考虑到流动实验已经证明的结果是

$$\eta\propto M^{3.4} \tag{9.86}$$

就可以理解为什么 Ferry、Landel 和 Williams 认为摩擦系数 ζ 应随聚合物分子量的 2.4 次方变化。到此为止可以感觉到他们对 Rouse 理论修正的合理性，他们的修正表明 Rouse 理论不适用于解释聚合物本体分子链运动，同时也提供了一种发展适用于聚合物本体的分子动态力学理论的思想。

9.2.2　蛇行运动模型分子理论[43-44]

高分子动态力学理论的主要困难在于只考虑热涨落引起的大分子链的微布朗运动，计算链平衡构象的一套统计方法(第 2 章)在这里已经难以解决问题。对于聚合物浓溶液体系和熔体尤为突出，因为这时链间相互作用已占主要地位，柔性长链间可能生成不同形式的缠结；而缠结点的精确结构，缠结点的统计学，缠结点的生成、移动、变化与消逝等有关缠结的基本问题还远没有认识清楚。

一般缠结被认为是某种拓扑限制，分子链之间发生缠绕，同时分子链彼此不能相互穿过，这种缠结是一种十分强的分子间相互作用，而且不是静态的，具有动态性质的缠结必然严重地影响聚合物的黏弹行为，缠结强烈地限制了高分子链的很多运动方式，显然定量表征这种缠结肯定是很复杂的。de Gennes 最早成功地提出了一种模型[43]，在熔体或浓溶液中，高分子链的运动受到链间相互作用特别是相互缠结的限制，他设想存在一种“试验链”，陷落在周围的群链中，它的运动与树丛中间蛇的运动相似，受限于交叠的树干和树枝中，只能在孔道中蠕动。对于高度缠结的分子链体系，“试验链”运动受到的限制用管道来模拟，“试验链”的运动不能超过模拟的管道，管道的中心线就是“试验链”的轮廓线。分子链的实际长度远大于管道长度，因为链上有许多段落会离开管道中轴，而成为一种“缺陷”，如图 9.25 所示。

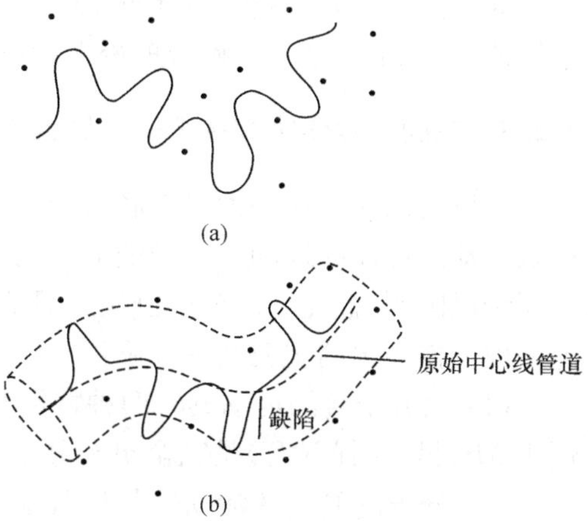

图 9.25 柔性链周围其他链拓扑限制组成的管道

(a)缠结网中的“试验链”；

(b)拓扑限制形成的管道

de Gennes 把这些缺陷比拟为无相互作用的气体，其运动方式好像蠕虫的弓背运动，如图 9.26 所示。

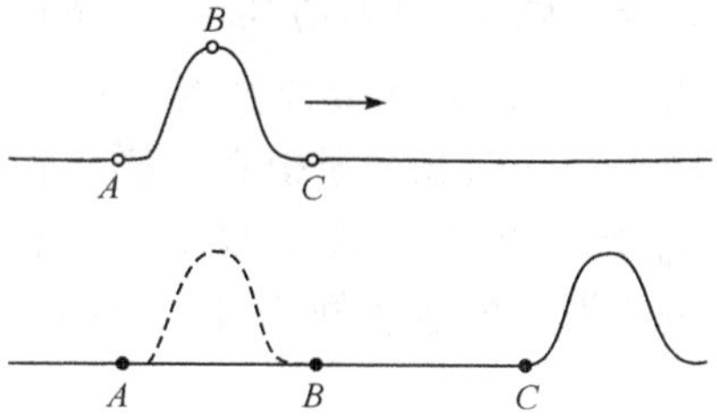

图 9.26 分子链弓背运动示意图

由于这种运动中管道本身也随时改变，如在图 9.27 中，A_0B_0 链无规选择某一方向蛇行，创造出一段新的管道 B_0B，同时原有的一段管道 A_0A 已经变空，也就是消失了。

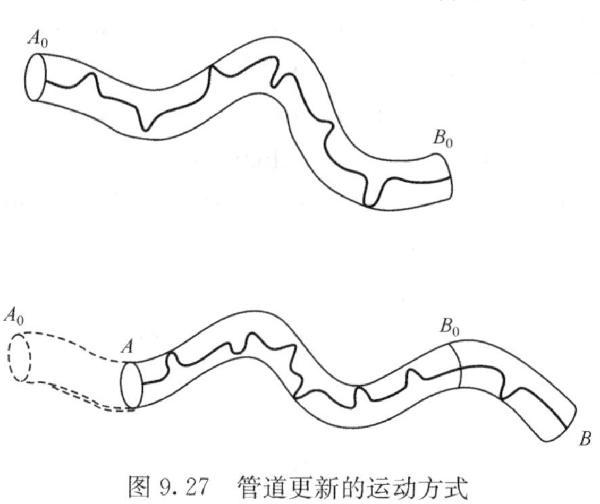

图 9.27 管道更新的运动方式

试验链在管道中以蛇行方式前进或后退，伴随管道在不断地变化和更新。

Doi 和 Edwasds 发展了这一蛇行理论，形成了更加完善和系统的聚合物链蛇行动态力学理论[44-45]。他们的理论有说服力地阐明了大分子链蛇行运动是聚合物本体中特别是熔体中高度缠结线形大分子链弛豫行为的主体机理。动态力学、动态黏度和扩散实验结果已经证明蛇行理论得出的结论的正确性[46-48]。

为了使读者能够更好地理解 1991 年诺贝尔物理奖获得者 de Gennes 开创的蛇行理论,这里将他的 1971 年第一篇蛇行理论文章原文翻译出来,供大家学习与思考。

9.2.3 在固定障碍物存在下一个聚合物分子链的蛇行运动①

这里我们讨论在一种强交联聚合物凝胶 G 内一个聚合物分子链 P(质量为 M)进行着蠕虫状移动的可能的运动。分子链 P 不可以截穿过凝胶 G 的任意分子链的拓扑条件通过严格程序予以阐明:被允许的分子链运动只能是与沿着分子链的“缺陷”的位移联系在一起的。从这一模型推导出的主要结论如下:

(1) 大分子链的运动具有两种特征时间:一种是(T_d),指一定缺陷浓度的平衡时间,它比例于 M^2;另一时间(T_r)是完全更新分子链构象所需要的时间,它比例于 M^3。

(2) 分子链 P 整体活动性与扩散系数比例于 M^{-2}。

(3) 当时间 $t<T_r$ 时,分子链 P 的一个单体单元的均方位移随时间增加只是如同 $\langle(r_i-r_0)^2\rangle=\text{const}\ t^{1/4}$ 一样。

这些结果也可以被证明对于在未联系在一起的熔融聚合物中缠结效应(更难的)问题是很有用的。

注:此摘要的第一句中 de Gennes 用了“a strongly crosslinked polymeric gel G”一词,译者翻译为“一种强交联聚合物凝胶 G”。这是模型,“强交联”与“固定障碍”是对应的,本文题目“在固定障碍物存在下的聚合物分子链的蛇行运动”可以理解为“在一强交联聚合物凝胶 G 中一自由聚合物分子链的蛇行运动”,本文揭示的正是这样的一种自由聚合物分子链在这样一强交联聚合物凝胶中的蛇行运动规律。正如本文作者在摘要最后指出的“对于在未联系在一起的熔融聚合物中”强拓扑缠结的聚合物分子链的蛇行运动,这里所揭示的运动规律可能同样很有用。

Reptation of Polymer Chain in the Presence of Fixed Obstacles①

We discuss a possible motions for one polymer molecule P (of mass M) performing wormlike displacements inside a strongly cross-linked polymeric gel G. The topological requirement that P cannot intersect any of the chains of G is taken into account by a vigorous procedure: The only motions allowed for the chain are associated with the displacement of certain “defects” along the chain. The main conclusions derived from this model are the followings:

①There are two characteristic times for the chain motion: One of them (T_d) is the equilibration time for the defect concentration, and is proportional to M^2. The other time (T_r) is the time required for complete renewal of the chain conformation, and is proportional to M^3.

②The over-all mobility and diffusion coefficients of the chain P are proportional to M^{-2}.

③At times $t<T_r$ the mean square displacement of one monomer of P increases only like $\langle(r_i-r_0)^2\rangle=\text{const}\ t^{1/4}$.

---

① de Gennes P G. J. Chem. Phys. ,1971,55:572.

These results may also turn out to be useful for the (more) problem of entanglement effects in unlinked molten polymers.

1. 引言

溶解在低分子量溶剂中的聚合物单链的随机运动已经用 Rouse[49] 提出的模型相当合理地认识和解释，并且被 Zimm[50] 所改进。此外，聚合物浓溶液（或熔体）的动态力学性质仍尚未被很好地认识。Ferry[51] 已经给出了实验方面情况的极好的综述。所呈现出的主要特征如下：

(1) “蠕变柔量”$J(t)$（一应力阶跃函数增长诱导的应变推迟响应）在短时间内（$t \ll T'$）显示类玻璃体行为，然后呈现一种近似于平台（类橡胶行为 $T' < t < T''$），最后呈现一种类液体行为（$t \gg T''$）。一些典型聚合物体系“终止时间”T''的分子质量依赖性被测定为[3]

$$T'' \sim M^{3.3} \tag{9.87}$$

(2) 在类液体区域，$J(t)$是时间的线性函数

$$J(t) \approx J_e^0 + (t/\eta)$$

对于高分子量 M 聚合物，零频率黏度 η 强烈依赖于 M，并且遵从著名的规律[52]

$$\eta \sim M^{3.4} \tag{9.88}$$

(3) 只是在一些情况下，运动在其他分子链间的一条聚合物分子链的自扩散系数 D 已经被测定，而 D 对 M 的依赖关系尚未被很好地确定。对于聚乙烯，McCall 等[53]已发现

$$D \sim M^{-5/3} \tag{9.89}$$

Bueche[54] 和 Graessley[55] 已经给出了决定黏度式(9.88)的定性实验证据，但这些证据用于推断相应的式(9.87)（$T'' \sim M^{4.5}$）或式(9.89)（$D \sim M^{-3.5}$），却得到很不满意的指数。另一种富有吸引力的描述聚合物链缠结效应的方法[56]是以瞬间网思想为基础的，在一些点由于摩擦阻力而偶合在一起的聚合物链集合的弛豫模式[57]也已经被提出。然而，模型所依据的一些统计假设（缠结所有时间都发生在同样的单体单元的事实）仍然是令人怀疑的。

这些研究结果促使我们去尝试另一条路：代替熔融聚合物，我们将注意力集中在一种有区别的体系上，这种体系中缠结也占有主要地位，但它们的效应可以用更严格的统计分析而被认识。这里我们提及的体系是由陷落在一种类似聚合物凝胶那样的三维网络 G 中的理想的聚合物单链（P）所构成。这种情况的二维示意图如图 9.28 所示，网 G 简化成固定障碍物集合 $O_1O_2\cdots O_n\cdots$。不允许链 P 通过任意一个障碍物；然而，链 P 仍可以像蠕虫一样在障碍物群中间蠕动。这一模型的细节在第 2 节中给出。在第 3 节中我们给出整个链 P 活动性（mobility）的基本计算（或者说与 Einstein 关系式表明的活动性相关的自扩散系数的基本计算）。我们发现两种系数都随 M^{-2} 而变化。在第 4 和第 5 节中我们详细地研究了一些微观性质：一个单体单元的布朗（Brownian）运动以及末端矢量的涨落等。在第 6 节中对从这些结果导出的两种不同时间给予讨论。

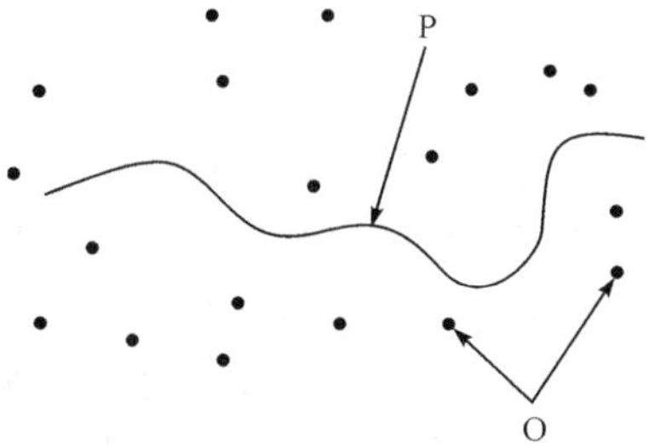

图 9.28　分子链 P 在固定障碍物 O 之间自由运动，但不能穿过它们

2. 一种蛇行运动模型

我们考虑一个由 N 个单体单元(monomer)组成的自由联结链。系列连续单体单元的位置用 $r_1, r_2, \cdots, r_n, \cdots, r_N$ 标记。矢量间隔(the vector intervals)为

$$a_n = r_{n+1} - r_n \approx \partial r/\partial n \tag{9.90}$$

假定它们之间是统计地独立的

$$\langle a_n(t) \cdot a_m(t) \rangle = \delta_{nm} a^2 \tag{9.91}$$

我们假定与固定障碍网内相邻(联)结点间距离相比较,聚合物分子链的长度很大,那么可能的链运动受到强烈的限制。

我们再假设只有对应于一定"缺陷"沿着分子链迁移的运动被允许。这样的一个缺陷的定性图形如图 9.29 所示。n 和 m 两单体单元间的曲线间隔在不存在缺陷的情况下应等于 $(n-m)a$。但是,如果在这个曲线间隔内有 ν 个缺陷,它们中的每一个缺陷储存长度为 b 的链,曲线间隔就变成

$$sn - Sm = (n-m)a - \nu b \tag{9.92}$$

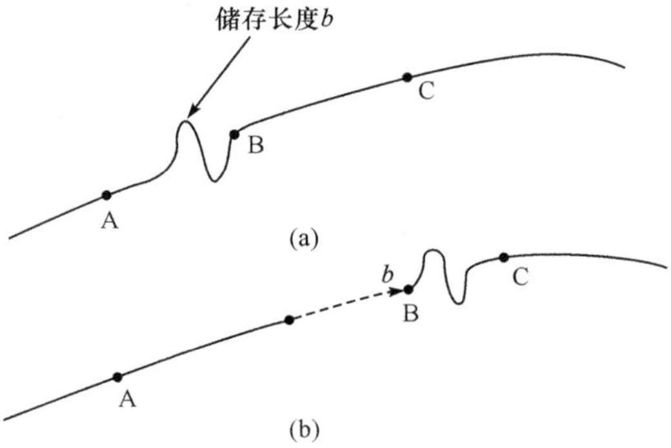

图 9.29 "缺陷"沿着分子链从 A 移向 C

当它穿过单体单元 B 时,这一单体单元移动的量为 b,b 是储存长度

为了简化起见,我们取所有缺陷储存的链长相同都等于 b(b 值的分布可以容易地被考虑和计算,但它并不导致最终结果的有意义的变化)。式(9.92)的最重要的结果是,存在着缺陷数(defect number)的一种守恒定律:只有当某一缺陷穿过间隔的端点(n 或 m)之一时 ν 才变化。这个守恒定律,再加上短程力(short-range forces)的假设(非 Zimm 类型的反流效应)[50],就导致了沿分子链方向缺陷气体的一维扩散方程。为了写出这一方程,我们引入连续链每单位长度的缺陷数 ρ[以式(9.92)为例,$\rho=\nu/(n-m)a$]。我们通常假设 ρ 是很小的,即我们有一种缺陷的稀疏气体。我们再定义一缺陷流 J_n(等于单位时间通过点 n 的缺陷数)。这样守恒定律就是

$$(\partial \rho_n/\partial t) + (\partial/a\partial n) J_n = 0 \tag{9.93}$$

而 J_n 有着明确的形式

$$J_n = \Delta[-(\partial\rho/a\partial n) + (\rho/k_B T)\varphi_n] \tag{9.94}$$

式中,Δ 为缺陷沿分子链的扩散系数:它是一微观常数,局部跳跃过程的特征,并且不依赖于分子量 M(M 很大)。式(9.94)的第二项表示由于作用于单体单元的外力 f_n 引起的缺陷漂移。φ_n 是每个缺陷受的力;为了建立 φ_n 与 f_n 的关系,我们写出当一个缺陷沿链移动量为 $(a\delta n)$ 所做的功:这意味着有 δn 单体单元被移动了,它们当中的每一个单体单元移动量为 b,**b** 是量为 b

的矢量，链的切线方向是矢量 $\boldsymbol{b}$ 的方向。这样

$$\delta n \boldsymbol{f}_n \cdot \boldsymbol{b} = a \delta n \varphi_n$$

$$\varphi_n = a^{-1} \boldsymbol{b} \cdot \boldsymbol{f}_n \tag{9.95}$$

对于像气体一样存在的缺陷，式(9.93)和式(9.94)应该被补充在两链端即 $n=0$ 和 $n=N$ 的边界条件[58]，我们假设，在链端密度 ρ 很快弛豫到不变的平衡值 $\bar{\rho}$

$$\rho_0 = \rho_N = \bar{\rho}$$

在外力不存在情况下，扩散方程[式(9.93)和式(9.94)]的一般解取以下形式：

$$\rho_n - \bar{\rho} = \sum_p c_p \sin(p\pi n/N) \exp(-t/\tau_p) \tag{9.96}$$

式中，p 为正整数，它是各种弛豫模式的标记；c_p 为常数。而弛豫时间 τ_p 就可以给出如下：

$$\tau_p = (1/\pi^2)[(Na)^2/\Delta p^2] \tag{9.97}$$

这些弛豫时间中最长的弛豫时间则是

$$T_{\mathrm{d}} \equiv \tau_{(p=1)} = \pi^{-2}(Na)^2/\Delta \tag{9.98}$$

由此可见，它比例于分子质量的平方。我们可以认为 T_{d} 是缺陷气体达到平衡的时间。

当缺陷移动时，大分子链前进，如图 9.31 所示。第 n 个单体单元的移动速度与缺陷流量 J_n 的关系如式(9.99)

$$\frac{\mathrm{d}r_n}{\mathrm{d}t} = \boldsymbol{b} J_n \tag{9.99}$$

式(9.99)也应被补充边界条件。例如，当一个缺陷在链端(N)离开该链时，一个新的端弧线(长为 b)形成，并可以取各种取向：用动物语言说，蛇头一定会决定在交联网中它应该选择什么路。我们设想这一选择是无规的，也就是说，最后一个矢量 $\boldsymbol{b}$ 与前一紧挨着的矢量完全不相关的。

蛇行方程式(9.93)、式(9.95)及式(9.99)比自由联结链[49]的同样的方程要复杂得多。然而，正如我们将会在后几节看到，从其中可能提取出关于随机行为的一些确定的预见。

3. 整体活动性的基本计算

我们暂时假设，大分子链的构象完全更新所需的时间 T_{r} 比缺陷达到平衡所需的时间 T_{d} 要大得多。这一不相等性将在第 5 节中被确认。在这一不相等性被保持的情况下，我们就可以用很简单的论据推导出大分子链的活动性(定义为漂移速率与施加力之比)。

这里我们考虑在一固定的(弱的)力 $\boldsymbol{F}$ 作用下进行蛇行运动的大分子链 P，力 $\boldsymbol{F}$ 沿确定方向(Z)被施加在分子链上。每个单体单元受力 $f_n=\boldsymbol{F}/N$，而且根据式(9.95)每个缺陷受力

$$\varphi_n = \boldsymbol{b} \cdot \boldsymbol{F}/Na \tag{9.100}$$

矢量 $\boldsymbol{b}$ 有时间依赖性，但它们只能按 T_{r} 标尺变化。另一方面，缺陷气体在外力作用下在短得多的时间 T_{d} 内达到稳态。因此我们可以把 φ_n 看成常量，并将缺陷气体的响应写成一种稳态导流 J

$$J = \bar{\rho}\mu N^{-1} \int_0^N \mathrm{d}n \varphi_n \tag{9.101}$$

式中，$\mu=\Delta/k_{\mathrm{B}}T$，为缺陷活动性。从式(9.100)我们就得到

$$J = (\bar{\rho}\mu/N^2 a) \int \boldsymbol{F} \cdot \boldsymbol{b} \mathrm{d}n = [\bar{\rho}\mu b/(Na)^2] \int \boldsymbol{F} \cdot \mathrm{d}\boldsymbol{l} \tag{9.102}$$

式中，$\mathrm{d}\boldsymbol{l}$ 为链的线基元。积分得

$$\int \mathrm{d}\boldsymbol{l} = \boldsymbol{P} \tag{9.103}$$

即链末端矢量,从而我们得到平均缺陷流

$$J = [\bar{\rho}\mu b F/(Na)^2] P_Z \tag{9.104}$$

链的重心 $\dot{\boldsymbol{g}}$ 移动速度为

$$\dot{\boldsymbol{g}} = N^{-1}\int_0^N \mathrm{d}n\,\dot{\boldsymbol{r}}_n$$

我们可以将 $\dot{\boldsymbol{r}}_n$ 用式(9.99)转换后,再内插式(9.104)作为缺陷流,而得

$$\dot{g} = \frac{\bar{J}}{N}\int_0^N \boldsymbol{b}\,\mathrm{d}n = \frac{Jb}{Na}\boldsymbol{P} \tag{9.105}$$

按所有 P 值平均,我们就只留下一个非零速度分量

$$\dot{g}_Z = \mu_{\text{tot}} F$$

这里整体活动性 μ_{tot} 明确地给定为

$$\mu_{\text{tot}} = \mu[\bar{\rho} b^2 \langle P_z^2 \rangle / (Na)^3] = \mu \bar{\rho} b^2 / N^2 a \tag{9.106}$$

式(9.106)也可以利用自扩散系数 $D_{\text{tot}} = k_B T \mu_{\text{tot}}$ 被写出来。两个系数都可认为是随 N^{-2}(或 M^{-2})降低。这一结果应该与自由 Rouse 链的结果 $D_{\text{tot}} \sim M^{-1}$ 进行比较。

4. 一个单体单元的位移

位移量

$$\langle [\boldsymbol{r}_n(t) - \boldsymbol{r}_n(0)]^2 \rangle = \Gamma(t) \tag{9.107}$$

给出一个单体单元运动的适宜描述。其结果是当 t 比缺陷的平衡时间 T_d 还小时,可以非常简单地计算得到[如果(n)距端点(o)或(N)不太靠近]$\Gamma(t)$。因此末端效应可以被忽略,并且可以考虑成为(环绕 n)链的相关部分在一个薄的永久不变形的管子内链沿其路线蠕动(图 9.30)。

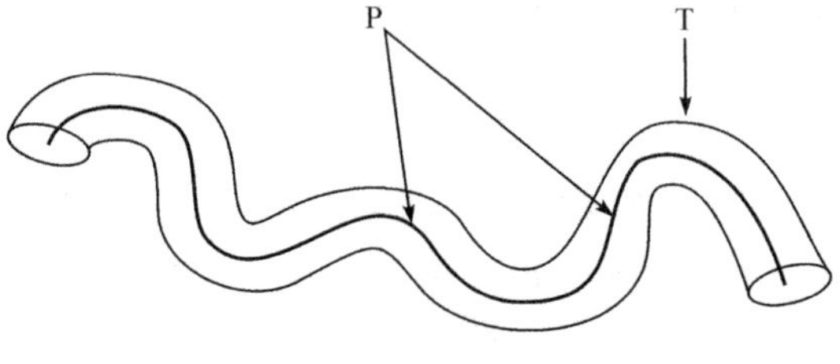

图 9.30　一无限长链 P 不可以向侧边倾斜地移动:
它陷在一个薄细管子 T 内

链单体单元的位置(n)就可以用沿管子曲线横坐标 $s_n(t)$(代替用 r_n)来确定。我们首先讨论量

$$c(t) = [s_n(t) - s_n(0)]/b \tag{9.108}$$

式中,$c(t)$为在时间 t 区间从 n 单体单元左到右已通过的缺陷数减去从 n 单体单元右到左已通过的缺陷数。平均数$\langle c(t)\rangle$由于对称的原因等于零。此外,$\langle c^2\rangle$是在时间 t 区间从右至左或从左至右相互补偿的缺陷的平均数。因此在某一时刻 t 通过一时间长度$(\Delta t)^{1/2}$发生了扩散,这一数值将有$\bar{\rho}(\Delta t)^{1/2}$的数量级。附录 A 中的计算确认了这一点,并且给出

$$\langle c^2(t)\rangle = (2/\pi^{1/2})\,\bar{\rho}(\Delta t)^{1/2} \tag{9.109}$$

也可通过标准的 Holtsmark-Markoff 分析[59]证明,如果"迁移缺陷数"(number of migrating defect)$\bar{\rho}(\Delta t)^{1/2}$比 1 大得多，在某一给定时刻 t，c 的分布 $P_t(C)$属于高斯分布

$$P_t(c) = [1/2\pi(\langle c^2\rangle)^{1/2}]\exp[-c^2/2\langle c^2(t)\rangle]$$

当

$$\bar{\rho}(\Delta t)^{1/2} \gg 1 \tag{9.110}$$

现在我们可以继续进行并描述 $\boldsymbol{r}_n(t)-\boldsymbol{r}_n(0)$在三维空间的展开。两个曲线距离为 $s=bc$ 的分离的两点具有在空间中的均方距离

$$\langle r_c^2\rangle_{AV} = |s|a = |c|ba \tag{9.111}$$

因为管子具有无规线团构象，所以我们可以写出

$$\langle[\boldsymbol{r}_n(t)-\boldsymbol{r}_n(0)]^2\rangle = ba\int \mathrm{d}cP_t(c)\ |\ c\ | = ba(2/\pi)^{1/2}[\langle c^2(t)\rangle]^{1/2}$$

$$\langle[\boldsymbol{r}_n(t)-\boldsymbol{r}_n(0)]^2\rangle = (2/\pi^{3/4})ba\rho^{1/2}(\Delta t)^{1/4}$$

$$(T_{\mathrm{d}} \gg t \gg 1/\Delta\bar{\rho}^2) \tag{9.112}$$

式(9.112)是我们的中心结果之一：它描述了一种很特殊的布朗运动类型。为了比较，我们将写出比较更熟悉的体系的规律。

(1) 一个小分子的扩散

$$\langle r^2\rangle \sim t$$

(2) 自由 Rouse[60]链中一个单体单元的运动

$$\langle r^2\rangle \sim t^{1/2}$$

$$(t = N^2W^{-1}, \text{其中 } W \text{ 为一基本跃迁频率})$$

式(9.112)指出，对于处于蛇行运动中的一个大分子链 $\langle r^2\rangle \sim t^{1/4}$，其运动是极慢的。正是这一原因，式(9.112)不能用非弹性中子散射进行检测(起码在现今的技术状态下，即 20 世纪 70 年代初)。此外，这种很慢的蠕动可能导致在核弛豫过程中的可观测到的效应。这一点在附录 C 中对于一种有限情况进行了讨论。

在结束这一节时谨慎指出：虽然分布函数 $P_t(C)$是高斯型的[当$\bar{\rho}(\Delta t)^{1/2}\gg 1$ 时]，而 $\boldsymbol{r}=\boldsymbol{r}_n(t)-\boldsymbol{r}_n(0)$的分布不是高斯型的：粗略地说，在 r 足够大时，随 $\exp(-r^{4/3})$函数衰减。

5. 构象更新时间 T_{r}

在这一节里，我们的目的是讨论链末端距矢量 $\boldsymbol{P} = \sum_n a_n$ 的相关性

$$\langle \boldsymbol{P}(0)\cdot\boldsymbol{P}(t)\rangle = \phi(t) \tag{9.113}$$

推导 $\phi(t)$相关函数之后，我们将定义构象更新时间 T_{r}，超过这一时间 $\phi(t)$将变成可忽略的小数。

将得出的结论是 T_{r} 比 T_{d} 大得多：这一观测结果使理论分析相当地简化了。在 T_{r} 数量级的时间区间(for times of order T_{r})我们可以完全不考虑在观测的大分子链内蛇行过程细节，特别是可以忽略其链长 $L = Na(1-\bar{\rho}b) \approx Na$ 的涨落。

1) 矢量相关性与沿一管子迁移间的关系

引用向量 $\boldsymbol{a}_n$，函数 $\phi(t)$[式(9.113)]可改写为

$$\phi(t) = \sum_{n,m}\langle \boldsymbol{a}_n(0)\cdot\boldsymbol{a}_m(t)\rangle = a^2\sum_{n,m}G_{nm}(t) \tag{9.114}$$

我们的任务是推导 $t\gg T_{\mathrm{d}}$ 时间区间的"矢量相关函数"(vector correlation functions)$G_{nm}(t)$。

我们首先考虑初始时 $t=0$ 的分子链 P。它展开(以一链长 Na)于一曲线线路(I_0J_0)上，称其为"初始管道"[图 9.31(a)]。

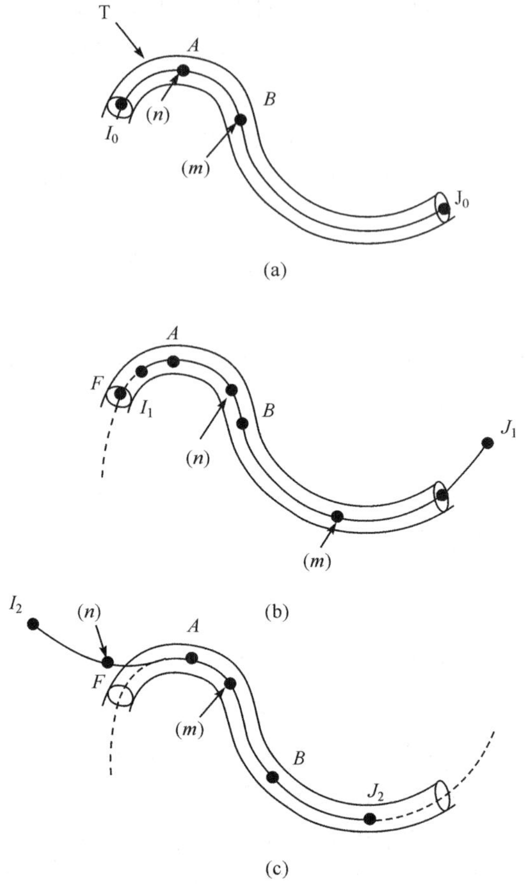

图 9.31　在一凝胶中一分子链在长时间(t～T_r)中连续地逐步运动的连续步骤

(a) 初始位置:分子链被限制在一定的管道 T 中;(b) 第一阶段:分子链以蛇行运动已经移动至右边;(c) 第二阶段:分子链已经移向左边;极端 I 已经选择另一路线(I_1J_2)。注意对于这样的例子,分子链的一定分数(I_1J_2)在阶段(c)仍陷落在初始的管道内

我们在 $t=0$ 时,取 A 为单体单元(n)的位置,而 B 为单体单元(m)的位置。初始管道中的分子链呈一理想线团的构象,因而 a_m 和 a_n 矢量的取向(两者均在同一时刻 $t=0$ 测定)当 $n\neq m$时是不相关的。这就可以写出

$$G_{nm}(0)=\delta_{nm} \tag{9.115}$$

现在我们考虑后一时刻 t:管道中的分子链向前和向后移动,其某一部分这时移出了初始管道[图 9.31(b)、(c)]。只要还有链的某些部分在原管道内,我们就将有非零相关函数 $G_{nm}(t)$。对于属于这一部分的单体单元(r),我们仍可以确定沿初始管道度量的曲线横坐标$s_r(t)$。因此对于感兴趣的时间标尺(约为 T_r),链长的变化可被忽略,我们可写出所有单体单元 r 沿管道移动了同样的量$\sigma(t)$

$$s_r(t)=s_r(0)+\sigma(t) \tag{9.116}$$

如果下列条件被满足,而且只有如此,我们将得到对函数 $G_{nm}(t)$的非零贡献:

(1) 单体单元(m)一定已经移动到点 A(因为沿管道不同的线基元是不相关的)。

(2) 矢量 $a_m(t)$应该指向管道所限定的方向上:也就是说,(m)应该属于上述所确定的单体单元(r)族。这就要求在时间区间内所有时刻 t',链的两端(I 和 J)没有通过点 A(图 9.31 给

出如果 I 已过 F 点，在 F 点相关性是如何被失掉的）。

因此我们应具有

$$s_m(t) = s_n(0) \tag{9.117a}$$

$$s_n(0) - s_I(0) > \sigma(t') > s_n(0) - s_J(0) \tag{9.117b}$$

最后，我们可以说明 $G_{nm}(t)$ 为无规函数 $\sigma(t')$ 从 0（在时刻 0）到 $s_n(0) - s_m(0) = (n-m)a$（在时刻 t）未曾超越界限[式(9.117b)]时的概率[60a]。

2）沿一无限长管道的迁移

无规函数 $\sigma(t')$的随机性质只依赖于缺陷气体的密度涨落，而且不依赖于分子链的三维结构：为了研究 $\sigma(t')$，解出分子链恒定不变地被限定在无限长且无支化的管道内的受限问题就足够了(图 9.31)。

受限问题是一维的，因而容易得到解决。对于一个单体单元的曲线横坐标 s_n，解出的结果如下：

(1) 在时刻 $t \ll T_d$（并且对于不太靠近端点的 n）式(9.109)被遵守，从而我们拥有

$$\langle [s_n(t) - s_n(0)]^2 \rangle = (2/\pi^{1/2})\, \bar{\rho} b^2 (\Delta t)^{1/2}$$

(2) 在时刻 $t \sim T_d$ 或 $t > T_d$，考虑末端效应的更细致的分析是需要的：关于这一点在附录 B 中作了描述。当 $t \gg T_d$ 时，结果就变得简化

$$\langle [s_n(t) - s_n(0)]^2 \rangle = 2D_c t \qquad (t \gg T_d) \tag{9.118a}$$

式(9.118a)描述了分子链沿其固定的曲线路程的整体扩散。曲线扩散系数 D_c 将被明确地给出

$$D_c = \bar{\rho} b^2 \Delta / Na \tag{9.119}$$

式中，D_c（或者相对应的曲线迁移率 $\mu_c = D_c / k_B T$）与分子质量成反比例关系，这一点是很本质的，因为分子链所产生的摩擦阻力（在均匀的曲线运动中）比例于其长度。

结果式(9.118)不依赖于指标 n：在时间 $t(\gg T_d)$的标尺和所感兴趣的曲线距离（$\sim Na$）的标尺范围内，链的内部收缩可以被忽略，如同式(9.113)之下所表明的那样，式(9.118)就是整体位移 σ 的方程

$$\langle \sigma^2(t) \rangle = 2D_c t \tag{9.118b}$$

也可以指出，当 $t \gg T_d$ 时，$\sigma(t)$就变成为一种有独立的增值随机函数。这一观测结果是根本性的，因为只有对于它们这一类函数，像式(9.117b)这样的限制是容易控制实现的。

3）第二弛豫时间谱

现在让我们将注意力限制在 $t \gg T_d$ 的时段，并且引入给定 $\sigma(0)=0$ 和 $\sigma(t)=\sigma$ 时的统计权重的函数 $W(t,\sigma)$。函数 W 取决于标准扩散方程

$$\frac{\partial W}{\partial t} = D_c (\partial^2 W / \partial \sigma^2) \qquad t \gg T_d \tag{9.120}$$

我们要计算只有无规函数 $\sigma(t')$保持在式(9.117b)所规定的（长度 Na）区间内的函数 W。获得这一结果的前提是如果我们附加下列边界条件：

$$W[t', s_n(0) - s_I] = W[t', s_n(0) - s_J] = 0 \tag{9.121}$$

然后，W 就只区别 G_{nm} 于一个比例因子[61]

$$G_{nm}(t) = aW[t, (n-m)a] \tag{9.122}$$

为了找到 $G_{nm}(t)$函数明显的形式[满足初始条件，即式(9.115)]，我们将式(9.120)和式(9.121)的解展开为在区间两端点趋于零的正弦波的级数，从而得到

$$G_{nm}(t)=(2N)^{-1}\sum_{p}\sin(\pi pm/N)\sin(\pi pn/N)\times\exp(-t/\theta_p)$$
$$t\gg T_{\mathrm{d}} \tag{9.123}$$

式中,p 还是正整数,而 θ_p 表示一个新的弛豫时间集合:

$$1/\theta_p=\pi^2p^2(D_{\mathrm{c}}/N^2a^2)=p^2(1/T_{\mathrm{r}})$$
$$T_{\mathrm{r}}=(Na)^2/\pi^2D_{\mathrm{c}}=(Na)^3/\pi^2\bar{\rho}b^2\Delta \tag{9.124}$$

在这里关于 T_{r} 应该做两点说明:

(1) T_{r} 比例于 N^3 或者 M^3,而 T_{d} 如同式(9.98)所给出的那样,只比例于 N^2。因此,对于很大的 N,$T_{\mathrm{r}}\gg T_{\mathrm{d}}$,如已指出的那样。

(2) T_{d} 不依赖于缺陷密度($\bar{\rho}$)和每个缺陷的储存长度 b。与此同时,T_{r} 强烈地依赖于这两个量。

最后,我们将式(9.123)代入式(9.114)并明确地推导出末端矢量的相关函数 $\phi(t)$

$$\phi(t)=\langle p(0)\cdot p(t)\rangle=(a^2/2N)\sum_{p}\sum_{nm}\exp(-t/\theta_p)\times\sin(p\pi n/N)\sin(p\pi m/N) \tag{9.125}$$

用积分代替按 n 和 m 的加和,我们就将得到作为快速收敛级数的 $\phi(t)$ 函数

$$\phi(t)/Na^2=(8/\pi^2)\sum_{p\,\mathrm{odd}}(1/p^2)\exp(-p^2t/T_{\mathrm{r}}) \tag{9.126}$$

对于 $t<T_{\mathrm{r}}$,$\phi(t)\to Na^2$。对于 $t\gg T_{\mathrm{r}}$,$\phi(t)$ 以含时间常数 T_{r} 的指数函数形式衰减。这就再一次指示出,T_{r} 确实是链构象更新时间。

6. 讨论

1) 在一凝胶中的蛇行运动

我们找到了对于一个在蛇行中的分子链的两个弛豫时间的集合(τ_p 和 θ_p)。其中每个集合都具有 Rouse 链的结构记忆性,然而与两个弛豫时间集合紧密相连的物理过程是很不相同的:

(1) 弛豫时间的第一集合(τ_p)对应于沿分子链缺陷密度的弛豫,对于这一集合弛豫时间的基础时间是 $T_{\mathrm{d}}\sim M^2$。

(2) 某一时刻 $t\sim T_{\mathrm{d}}$ 之后,链仍然基本上被限制在时刻 $t=0$ 时完全容纳它的"管道"内。链的每一个单体单元只是沿管道移动了很小的一段距离[$\delta s\sim b(\bar{\rho}aN)^{1/2}$]。

(3) 为了使分子链完全从其初始的管道解脱出来,我们需要长得多的时间 $T_{\mathrm{r}}\sim M^3$。T_{r} 可以被解释为某种介电弛豫时间,如果单体单元具有一沿链轴 a_n 的有限的永久偶极矩。

当然,现在关于陷在凝胶内的自由链的动态力学实验数据基本上没有;但是自扩散系数应该比较容易测定。我们预见 $D\sim M^{-2}$。在凝胶中由于多链 P 的存在而产生的超额力学损耗应该也是有意义的,但是在需要有若干个独立的分子链的很低的浓度下测试是极困难的。在任何情况下,黏度 η 的理论分析看上去是困难的,并且黏度的分子质量依赖性仍需要被得到。

这里提出的模型的弱点是:

(1) 初看起来,我们引入"缺陷"好像是很任意的。然而,所有我们的结果对蛇行过程中的细节是不敏感的:考虑在"管道"中的滞留和总链长守恒这样的事实是多么重要。

(2) 反流效应尚未被考虑。对于在某种惯用溶剂中的分子链,反流效应实际上是很重要的[2]。然而,在一个凝胶内,我们预计环绕一个运动的客体的反流在一有限距离 λ 内以指数函

数衰减，如 Debye[62] 首先指出的那样：因此，如果分子链的半径平均值比 λ 值大得多，我们的结果可能受反流的影响不太严重。

(3) 排除体积效应没有被考虑：这种效应可能稍有修正各种定律的指数。这里对于分子链自身可能打结也没有专门考虑。这一问题可能也不太严重，因为这些分子链本身的结也可以被我们讨论的蛇行运动过程所解开。

2) 关于聚合物熔体的猜想

显然，特征时间 T_r 与聚合物浓溶液和熔体的力学性能研究推出的“终止时间”密切相关。式(9.124)表示的 M^3 依赖关系事实上与实验[51]指数 $M^{3.3}$ 距离不很远。

将时间 T_d 解释为玻璃态-橡胶态转变的特征时间也是诱人的。然而，所有这些解释在现阶段只是猜想：我们的结果(关于一固定凝胶中一分子链的蛇行运动)转换到很多活动链的体系中去将是一极细致的研究工作，并且将需要分别地理论研究。如果研究得出的结论是，对于两个问题(指扩散系数和黏度与分子量的关系)指数是相同的(指与蛇行理论论证的两种指数 $D\sim M^{-2}$ 和 $T_r\sim M^3$)，我们就可以宣布与 Bueche[54] 和 Graessley[55] 所预见的很不相同的对于 D 和 T_r 的定律。

致谢

The present author has greatly benefited from discussions with G. Agren who is currently attempting to test of these ideas by computer simulation.

附录 A：一个单体单元的均方曲线位移

我们考虑沿无限长的分子链 P 的位置为 $m_1\cdots m_i\cdots$ 的缺陷气体。单体单元(n)的曲线横坐标可以写为

$$s_n=\text{const}+b\sum_i\theta(m_i-n)$$

这里

$$\theta(x)=\frac{1}{2}\text{sign}(x)$$

我们就具有

$$\begin{aligned}\langle c^2(t)\rangle &=(1/b^2)\langle[s_n(t)-s_n(0)]^2\rangle\\ &=\sum_{ij}\langle[\theta_{mi(t)}-\theta_{mi(0)}][\theta_{mj(t)}-\theta_{mj(0)}]\rangle\end{aligned}$$

不同的缺陷是不相关的，只有 $i=j$ 的各项保留下来(不为零)。有贡献的缺陷是这些，它们的 $\theta_{m(t)}$ 与 $\theta_{m(0)}$ 有着相反的符号。这就导致

$$\langle c^2(t)\rangle=a\bar{\rho}\sum_{m>n;m'<n}[p(m0\mid m't)+p(m'0\mid mt)]$$

式中，$p(m0|m't)$ 为一个缺陷初始在 m、t 时刻移动到 m' 的概率。为了计算 $\langle c^2\rangle$，对其进行按时间 t 微分是比较方便的，并且也为了利用扩散方程

$$\begin{aligned}\partial p/\partial t &=(\Delta/a^2)(\partial^2 p/\partial m^2)\\ &=(\Delta/a^2)(\partial^2 p/\partial m'^2)\\ &=-(\Delta/a^2)(\partial^2 p/\partial m\partial m')\end{aligned}$$

然后按 m 和 m' 的积分就容易进行了，并给出

$$(\partial/\partial t)\langle c^2\rangle = 2\,\bar{\rho}(\Delta/a)p(n0\mid nt)$$

利用标准的扩散结果

$$p(m0\mid m't) = (2\pi u)^{-1/2}\exp[-(m-m')^2/2u^2] \qquad (u^2 = 2\Delta t/a^2)$$

再积分,我们就得到式(9.109)。

附录 B:一个无限管道中的一个有限分子链的一个单体单元的曲线运动

虽然物理内容是很不同的,但是$\langle[s_n(t)-s_n(0)]^2\rangle$的计算在形式上与文献[63]中的附录是一样的;因此在这里我们只是给出证明的主线。在施加力f_n的作用下曲线运动方程(我们取f_n与管道每一点上共线)从式(9.94)和式(9.95)推导出,并写为

$$\dot{s}_n \equiv \frac{\partial s_n}{\partial t} \equiv bJ_n = \Delta\left(\frac{\bar{\rho}b^2}{ak_B T}f_n + \frac{1}{a^2}\frac{\partial^2 s_n}{\partial n^2}\right)$$

对应于时间依赖性的力f_n的集合的响应$\dot{s}_n$就可以通过傅里叶级数展开而得到。其结果有着因果形式

$$\dot{s}_n(t) = \sum_m \int_{-\infty}^{t} dt'\beta_{nm}(t-t')f_m(t')$$

这里响应函数β_{nm}也可作为显函数被给出

$$\beta_{nm}(t) = \frac{\bar{\rho}b^2\Delta}{a}\left\{N^{-1}\delta_+(t) + (2/N)\sum_p \cos(\pi pn/N)\right.$$
$$\left.\times\cos(\pi pm/N)[\delta_+(t) - \tau_p^{-1}\exp(-t/\tau_p)]\right\}$$

式中,$\delta_+(t)$为一 delta 函数,其峰于$t=+0$;p为正整数。从β函数我们利用 Kubo 定理推导出相关函数

$$\langle\dot{s}_n(0)\,\dot{s}_m(t)\rangle = k_B T\beta_{nm}(t) \qquad (t>0)$$

并且通过两个时间积分可以得到,对于对角项($n=m$)有

$$\langle[s_n(0)-s_n(t)]^2\rangle = \frac{2\,\bar{\rho}b^2\Delta}{a}\left\{N^{-1}t + (2/N)\sum_p \cos^2(\pi pn/N)\tau_p[1-\exp(-t/\tau_p)]\right\}$$

这一方程中的第二项在时间段($t<T_d$)是主要的,并与式(9.109)等同。在长时间段($t>T_d$)第一项则作主要贡献,并且是式(9.118a)仅保持下来的项。

附录 C:蛇行运动引起的核弛豫

为了成为适于核弛豫研究的,我们假设分子链 P 携带有一些质子:它们的自旋-晶格弛豫包含来自于通过分子链运动对它们的偶极相互作用的调制的贡献[64]。在这些运动中我们将只考虑慢蛇行运动,忽略所有较快的(及比较不重要的)组分,如甲基旋转等。如果核的频率ω_n足够低,蛇行运动确实是决定性的。

被调制的自旋-自旋偶合可能包括两个分子链 P 的质子[情况(1)]或分子链 P 上的一个质子和属于障碍物的一个固定质子自旋[情况(2)][65]。在两种情况下我们都必须跟踪与给定单体单元(n)联系着的运动客体:对于情况(1)是一对质子(i和j),或对情况(2)是一个单个质子。

我们现在将把我们的注意力限制在有着密集分布的障碍物的介质(一分子链 P 运动在橡胶体中),原因如下:考虑在时刻$t=0$有一定位置和取向的一个单体单元(n)。在很长时间t

之后，它通过蛇行已经移动了。感兴趣的偶极相互作用 $k_D(t)$ 就强烈地变化了，并且变成与 $k_D(0)$ 不相关，除非如果偶然单体单元 (n) 已经回复到其初始位置（或在距初始位置很近的小区间 δc 内）：所对应的概率是 $P_t(c=0)\delta c$。如果周围的介质是硬而致密的，当单体单元 (n) 回复到其初始位置时，它的初始取向也复原。因此，偶极相互作用 k_D 的相关函数可能取以下形式：

$$\langle k_D(0)k_D(t)\rangle = \text{const}\ P_t(c=0)$$

利用式(9.110)（对于长时间 t）给出

$$\langle k_D(0)k_D(t)\rangle = \text{const}\ (t)^{-1/4}$$

自旋-晶格弛豫速率 $1/T_1$ 比例于在核频率 ω_n 或其倍频 $2\omega_n$ 取的这类相关函数的傅里叶变换。因此

$$\int_0^\infty t^{-1/4}\cos\omega t\,\mathrm{d}t = \text{const}\omega^{-3/4}$$

这就导致

$$1/T_1 = \text{const}\omega_n^{-3/4} \qquad (\text{for } \omega_n \to 0)$$

这一指数，在情况(2)下，也可利用不同证据被推导出。我们为了寻求自旋 (i) 在 0 时刻的 r_i 和 t 时刻的 r_i' 及在与其相互作用的（固定）自旋 j 的存在下的概率分布

$$P(\boldsymbol{r}_i 0;\boldsymbol{r}_i' t;\boldsymbol{r}_j)$$

写出弛豫速率 $1/T_1$，然后取近似为

$$p(\boldsymbol{r}_i 0;\boldsymbol{r}_i' t;\boldsymbol{r}_j) \to \omega(\boldsymbol{r}_i 0;\boldsymbol{r}_i' t)$$

式中，$\omega(\boldsymbol{r}_i 0;\boldsymbol{r}_i' t)$ 为自相关函数，其二次矩被式(9.112)给出。所需要的函数正是空间间隔为

$$r = \boldsymbol{r}_i' - \boldsymbol{r}_i$$

的 ω 函数，这一空间间隔的 ω 函数与原子间距可比。对于这样的间隔（和长时间 t）函数 ω 的明确计算给出[66]

$$\omega(\boldsymbol{r}_i 0 | \boldsymbol{r}_i' t) = (3/2\pi rab)P_t(c=0)$$

这将再一次地导致长时间段相关函数的 $|t|^{-1/4}$ 依赖性。

为了给出这一附录的结论，我们应该强调，弛豫速率的 $\omega_n^{-3/4}$ 定律只是提出一种高度理想化的界限，由于多种原因实际上它可能是不能观测的：

(1) 与具体的链单体单元结构，链的刚性等有关的效应尚未被考虑。

(2) 在时间区间 $t\sim\omega_n^{-1}$ 蛇行过程对于很有意义的渐进定律肯定包含很多单体单元 $[\bar{\rho}(\Delta t)^2 \gg 1]$。这可能是难以获得的，甚至在很高的温度和很低的频率观测。

这些结果对于有关的但不同的聚合物熔体问题是否仍然有效还不明确。这里一个现代实验[67]指示出在低频界限内 $1/T_1 \sim \omega_n^{-0.5}$。

参 考 文 献

[1] Sperling L H. Introduction to Physical Polymer Sciences. Chapter 8. New York: John Wiley and Sons, 2001: 301.

[2] Mark J E, Eisenberg A. Graessley W W, et al. Physical Properties of Polymer. Chapter 2. 2nd ed. Washington DC: American Chemical Society, 1993: 61

[3] Kovacs A J. J. Polymer. Sci., 1958, 30: 131.

[4] Meares P. Trans. Faraday. Soc, 1957, 53: 31.

[5] Kovacs A J. Fortschr. Hochpolym. Forsch, 1963, 3: 394.

[6] 同[2]，P. 68

[7] Wunderlich B,Bodily D M,Kaplan M H. J. Appl. Phys. ,1964,35:95.
[8] Ward I M. Mechanical Properties of Solid Polymers. 2nd ed. Chichester:Wiley-Interscience, 1983; 固体高聚物的力学性能 . 2 版 . 徐懋,漆宗能等译校 . 北京:科学出版社,1988 :115.
[9] Heijboer J. Int. J. Polym. Mater. ,1977,6:11.
[10] Heijboer J. Kolloid Z. ,1956,148:36.
[11] Beeker G W. Kolloid Z. ,1955,140:1.
[12] Aklonis J J. Macknight W J. Introduction to Polymer Viscoelasticity. New York,Chichester,Brisbane,Toronto,Singapore:John Wiley and Sons,1983:196;聚合物黏弹性引论. 吴立衡译 . 北京:科学出版社,1986:212.
[13] Adachi K. Kotaka T. Macromolecules,1985,18:466.
[14] Coburn J C. Boyd R H. Macromolecules,1986,19: 2238.
[15] 同[2], P. 208
[16] Doolittle A K. J. Appl. Phys. ,1951, 22: 1471.
[17] Williams M L,Landel R F,Ferry J D. J. Am. Chem. Soc. ,1955,77:3701.
[18] Fox J G,Flory P J. J. Appl. Phys. , 1950,21: 581.
[19] 同[12], P. 64 P. 70(中文版)
[20] Eisenberg A. J. Phys. Chem. ,1967, 67:1333.
[21] Ehrenfest P. Leiden Comm. , 1933,Suppl:756.
[22] Gibbs J H, DiMazrzio E A. J. Chem. Phys. ,1958,28:373
[23] 冯新德,唐敖庆,钱人元,等 . 高分子化学与物理专论 . 广州:中山大学出版社,1984:186.
[24] Kauzmann W. Chem. Rev. ,1948,43:219.
[25] Gibbs J H. *In*: Mackonzie J D. Modern Aspect of the Vitreous State. London:Butterworth,1960.
[26] Stillinger F H. J. Chem. Phys. ,1988,88:7818.
[27] Kovacs A J. Adv. Polym. Sci. ,1964,3:394.
[28] Kovacs A J,Aklonis J J,Hutchinson J M, et al. J. Polym. Sci. Polym. Phys. Ed. ,1979,17:1097.
[29] Rouse P E. J. Chem. Phys. ,1953,21:1272.
[30] Bueche F . J. Chem. Phys. ,1954,22:603.
[31] Zimm B H. J. Chem. Phys. ,1956,24:269.
[32] Peticolas W L. Rutter Chem. Technol. ,1963,36:1422.
[33] 同[12], P. 157(英文版) P. 171(中文版)
[34] Rouse P E, Sittel K. J. Appl. Phys. ,1954,24: 690.
[35] Kirkwood J G, Riseman J. J. Chem. Phys. ,1948,16:565.
[36] Zimm B H,Roe G M, Epstein L F. J. Chem. Phys. ,1956,24:279.
[37] Cerf R. Adv. Polym. Sci. , 1959,1: 382.
[38] Ferry J D. Viscoelastic Properties of Polymers. 3rd ed. New York:Wiley,1980:190.
[39] Osakik. Macromolecules,1972,5:141.
[40] DeMallie R B, Jr, Birnboim M H, Frederick J E, et al. J. Phys. Chem. ,1962,66:586.
[41] 同[12], P. 169(英文版) P. 183(中文版)
[42] Ferry J D, Landel R F, Williams M L. J. Appl. Phys. ,1955,26:359.
[43] de Gennes P G. J. Chem. Phys. ,1971,55:572.
[44] Doi M,Edwards S F. J. Chem. Soc. Faraday. Trans. ,11,74,1789,1802,1818(1978)
[45] Doi M,Edwards S F. The Theory of Polymer Dynamics. Oxford:Oxford University Press,1986.
[46] Grasessley W M. J. Polym. Sci. Polym. Phys. Ed. ,1980,18:27.
[47] Fetters L J, Lohse D J, Richter D,et al. Macromolecules, 1994,27:4639.

[48] Watanabe H. Prog. Polym. Sci. ,1999,24:1253.
[49] Rouse P E. J. Chem. Phys. ,1953,21: 1272 .
[50] Zimm B H. J. Chem. Phys. ,1956,24: 269.
[51] Ferry J D. Viscoelastic Properties of Polymers. 2nd ed. New York:Wiley,1970.
[52] Berry G C,Fox T G. Adv. Polym. Sci. ,1968,5: 261.
[53] McCall D W, Douglass D C, Anderson E W, J. Chem. Phys. ,1959,30: 771.
[54] Bueche F. J. Chem. Phys. , 1952,20:1959;Bueche F. The Physical Properties of Polymers. New York: Interscience, 1962.
[55] Graessley W W. J. Chem. Phys. , 1965,43:2696;1967,47:1942.
[56] Lodge A S. Rheol. Acta,1968,7:379.
[57] Chompff A J,Prins W. J. Chem. Phys. ,1968,48: 235.
[58] Note that, in the limit of large N which is of interest here, we make no difference between $n=0$ or $n=1$. For the statement of boundary conditions leading to the mode of Eq. (Ⅱ. 7) it is more convenient to put the origin at $n=0$.
[59] For a review on the Holstein Markoff method, see for instance S. Chandrasckhar, Rev. Mod. Phys. , 1943,15, 2
[60] de Gernnes P G. Physics,1967,3: 37.
[60a] We assumed here that, if monomer (m) returns to its initial position in the tube, it also recuperates the exact initial orientation. In fact, the arguments of Secs. V. B and V. C require only that (m) recuperates a finite fraction of its initial orientation. This fraction will appear as a time-independent scaling factor in Eq. (V. 10)
[61] G_{nm} is a statistical weight per monomer while W is a weight per unit length
[62] Debye P. J. Chem. Phys. ,1946,14: 636.
[63] Dubois V E, de Gennes P G. Physics,1967,3:181.
[64] Abragam A. Principles of Nuclear Magnetism. Chapter 8. London:Oxford University Press,1961.
[65] The fixed species might be a nuclear spin, or a paramagnetic impurity of spin S (acting through terms such as $S_z I_+$ in the dipolar interaction)
[66] Again it must be emphasized that ω is strongly non-Gaussian: imposing a Gaussian form, one would come out with a very different correlation function ($\sim |t|^{-3/8}$).
[67] Lenk R, J P. Cohen Addad. Solid State Commun, 1970,8: 1864.